TEMAS ATUAIS DE DIREITO DA CONCORRÊNCIA

LEVY & SALOMÃO
ADVOGADOS

Editora Singular

TEMAS ATUAIS DE DIREITO DA CONCORRÊNCIA

ORGANIZADORA:
Ana Paula Martinez

Alexandre Ditzel Faraco
Ana Paula Martinez
Damien Geradin
Einer R. Elhauge
Francisco Enrique González-Díaz
Ian S. Forrester
José Tavares de Araujo Jr.
Marcio Benvenga Chede
Mariana Tavares de Araujo
Nicolas Petit
Pablo Márquez
Steven C. Salop

LEVY & SALOMÃO
ADVOGADOS

Editora Singular

São Paulo
2012

T278 **Temas atuais de Direito da concorrência. / Organizadora: Ana Paula Martinez. São Paulo: Singular, 2012.**
488 p.
ISBN: 978-85-86626-60-9
Colaboradores: Alexandre Ditzel Faraco, Ana Paula Martinez, Damien Geradin, Einer R. Elhauge, Francisco Enrique González-Díaz, Ian S. Forrester, José Tavares de Araujo Jr., Marcio Benvenga Chede, Mariana Tavares de Araujo, Nicolas Petit, Pablo Márquez, Steven C. Salop.
1. Direito da Concorrência. 2. Concentração econômica. 3. Conduta anticompetitiva. 4. Regulação. I. Martinez, Ana Paula (Org.). II. Araujo Jr., José Tavares de. III. Araujo, Mariana Tavares de. IV. Chede, Marcio Benvenga. V. Elhauge, Einer R. VI. Faraco, Alexandre Ditzel. VII. Forrester, Ian S. VIII.Geradin, Damien. IX. González-Díaz, Francisco Enrique. X. Márquez, Nicolas Petit, Pablo. XI. Salop, Steven C.

CDU: 339.137:34

Revisão: *Ana Paula Martinez*
Clarice Chiquetto
Diagramação: *Maria do Carmo de Oliveira*
Projeto da capa: *Juliana Garcia Teixeira*
Imagem da capa: *Clóvis Graciano*, "Construção", década 1960, 210x590cm
Realização da capa: *Aeroestudio*
Impressão: *Prol Gráfica*

Editora Singular Ltda
Tel/Fax: 55 11 3862-1242
www.editorasingular.com.br
singular@editorasingular.com.br

Apresentação

A presente publicação de Levy & Salomão Advogados discute temas atuais e relevantes de direito e política de defesa da concorrência. O momento é especialmente propício para esse exercício em razão da promulgação da nova lei de defesa da concorrência no Brasil - Lei nº 12.529, de 30 de novembro de 2011.

O Brasil possui legislação para a defesa da concorrência desde a década de 1930. No entanto, foi o arcabouço institucional correspondente a uma economia de mercado, introduzido pelas reformas liberais iniciadas nos anos 1990, que permitiu que a legislação antitruste passasse a ter papel importante na garantia da eficiência dos mercados. A aplicação da Lei nº 8.884, de 11 de junho de 1994, ganhou novos contornos nos últimos anos: melhor aproveitamento dos recursos públicos para amenizar sobreposições de funções impostas pela lei às autoridades de defesa da concorrência; utilização crescente de sofisticado instrumental econômico na análise de atos de concentração; e uso de mecanismos de obtenção de prova direta na investigação de ilícitos antitruste, o que possibilitou a imposição de multas recordes pelo CADE.

A Lei nº 12.529/11, aprovada após longa gestação no Congresso Nacional, viabilizará alinhamento da política antitruste brasileira às melhores práticas internacionais, com a criação de agência única de defesa da concorrência (o chamado "Supercade") e a introdução de controle prévio de atos de concentração. Espera-se que a atual jurisprudência do CADE seja levada em conta pelo novo órgão na aplicação dos numerosos dispositivos da nova lei que refletem a lei anterior. Para os temas em que o Brasil é principiante - notadamente, a análise prévia de fusões e aquisições e a existência de agência única antitruste -, a experiência internacional servirá como importante guia, feitas as devidas adaptações ao nosso sistema.

É esse o pano de fundo para os onze artigos incluídos na presente publicação, que cobrem as quatro áreas principais de direito da concorrência: controle de estruturas, controle de condutas, concorrência e regulação e controle judicial. Os textos abordam desde a aquisição de participação societária minoritária em concorrentes à intersecção de concorrência e regulação no setor de gás liquefeito de petróleo (GLP). Os trabalhos trazem equilíbrio entre teoria e prática antitruste e têm a ambição de constituir instrumento útil para a condução de negócios no Brasil.

Além de integrantes de Levy & Salomão Advogados, também contribuíram para este projeto outros profissionais e acadêmicos renomados na esfera nacional e internacional: *José Tavares de Araujo Jr.*, ex-Secretário de Acompanhamento Econômico do Ministério da Fazenda e Diretor do CINDES; *Damien Geradin*, Professor da Tilburg University e William Cook Global Law Professor na University of Michigan Law School, além de sócio do escritório Covington & Burling; *Einer Elhauge*, Professor da Harvard Law School; *Francisco Enrique González-Díaz*, sócio do escritório Cleary Gottlieb Steen & Hamilton; *Ian Forrester*, sócio do escritório White & Case; *Nicolas Petit,* Professor da University of Liège; *Pablo Márquez*, Diretor da Divisão de Concorrência da Superintendência de Indústria e Comércio da Colômbia; e *Steven Salop*, Professor da Georgetown University Law Center.

Ana Paula Martinez

Preface

Levy & Salomão Advogados is pleased to present this publication, which addresses current topics in competition law and policy, focused in Brazil. This release coincides with the enter into force of Brazil's new competition law regime, as a result of the passage of Law No. 12,529 of November 30, 2011, and therefore comes in a particularly important moment for the shape of competition law and policy in our country.

Brazil has had legislation in place to protect competition since the 1930's, but it was only as a result of liberal reforms initiated in the 1990's, including the passage of a new competition law (Law No. 8,884 of June 11, 1994), that antitrust law in Brazil began to play an important role in ensuring the efficiency of markets. The 1994 law has taken on new dimensions in recent years and has resulted in better use of public resources to minimize the overlap of duties occurring among the country's three antitrust agencies; it has also introduced sophisticated analytical tools to the economic analysis of mergers, and provided investigatory mechanisms that have uncovered direct evidence of antitrust violations, resulting in the imposition of record fines by Brazil's antitrust tribunal, CADE.

The long expected reform introduced by Law No. 12,529/11 aims to continue the effort to align Brazil's antitrust policy with international best practices through the creation of a single agency antitrust – the so-called "Supercade" – and the introduction of a pre-merger system. It is hoped that CADE's current body of decisions will be looked to by the new super agency in its interpretation of the numerous provisions of the new law that replicate partly or wholly provisions of Law No. 8,884/94. For the new provisions, and in particular, the single-agency approach and the pre-merger system, the international experience will serve as an important guide that will inform necessary adjustments to our system.

With this background, the eleven articles selected for discussion cover four areas of competition law: merger review, review of anticompetitive practices, competition and regulated industries, and judicial review. The various articles, which address issues such as the acquisition of minority shareholdings in competitors and the intersection of competition law and regulated industries in the liquefied petroleum gas (LPG) sector, strike a balance between antitrust theory and practice and aim to be a useful tool for promoting business growth in Brazil.

In addition to attorneys of Levy & Salomão Advogados, other contributors include practitioners and academics of both domestic and international standing, such as *José Tavares de Araujo Jr.*, former Secretary of Economic Monitoring of Brazil's Ministry of Finance and Director of the economic think tank CINDES; *Professor Damien Geradin* of Tilburg University and a William Cook Global Law Professor at the University of Michigan Law School, and also a partner with the law firm of Covington & Burling; *Professor Einer Elhauge* of Harvard Law School; *Francisco Enrique González-Díaz*, partner with the law firm of Cleary Gottlieb Steen & Hamilton; *Ian Forrester*, partner with the law firm of White & Case; *Professor Nicolas Petit* of the Law School of the University of Liège; *Pablo Márquez*, Head of the Antitrust Division of the Superintendence of Industry and Commerce, Colombia; and *Professor Steven Salop* of Georgetown University Law Center.

Ana Paula Martinez

Índice / Contents

Abreviaturas e Siglas
Abbreviations and Acronyms

ANATEL	Agência Nacional de Telecomunicações Brazil's Telecommunications Agency
CADE	Conselho Administrativo de Defesa Econômica Brazil's Antitrust Tribunal
CF	Constituição Federal Federal Constitution
DOJ	Departamento de Justiça dos Estados Unidos da América U.S. Department of Justice
DOU	Diário Oficial da União Brazil's Official Journal
FTC	Comissão Federal do Comércio dos Estados Unidos da América U.S. Federal Trade Commission
ICN	Rede Internacional da Concorrência International Competition Network
OCDE	Organização para a Cooperação e Desenvolvimento Econômico
OECD	Organization for Economic Cooperation and Development
OFT	Comissão de Comércio do Reino Unido U.K. Office of Fair Trading
PL	Projeto de Lei Bill
SBDC	Sistema Brasileiro de Defesa da Concorrência Brazil's Antitrust System
SDE	Secretaria de Direito Econômico Secretariat of Economic Law

SEAE	Secretaria de Acompanhamento Econômico Secretariat for Economic Monitoring
STF	Supremo Tribunal Federal Brazil's Supreme Court
STJ	Superior Tribunal de Justiça Brazil's Superior Court
TCC	Termo de Compromisso de Cessação de Prática Settlement with CADE in Conduct Cases
TCD	Termo de Compromisso de Desempenho Settlement with CADE in Merger Cases

Perfil dos Autores

Alexandre Ditzel Faraco atua nas áreas de Concorrência e Regulação de Levy & Salomão Advogados representando clientes em processos administrativos e judiciais, além de desenvolver ampla atividade de consultoria na revisão de práticas de mercado adotadas por empresas. Presta consultoria em questões referentes à regulação de setores de infraestrutura, com destaque para telecomunicações e mídia. É Doutor em Direito Comercial e Livre-Docente em Direito Econômico pela USP e foi *Visiting Scholar* em Yale University. Autor de *Regulação e Direito Concorrencial – As Telecomunicações* (Livraria Paulista) e *Democracia e Regulação das Redes Eletrônicas de Comunicação – Rádio, Televisão e Internet* (Fórum). **Email:** afaraco@levysalomao.com.br.

Ana Paula Martinez assessora clientes de Levy & Salomão Advogados em matéria de Concorrência, Regulação, Governança e Ética Corporativa e Relações de Consumo. Foi integrante do Governo Federal de 2007 a 2010, em cargos relativos a concorrência, regulação, anticorrupção e lavagem de dinheiro. Copresidiu o subgrupo de cartéis da Rede Internacional da Concorrência ao lado do Departamento de Justiça dos EUA. Foi associada ao escritório Cleary Gottlieb Steen & Hamilton em Bruxelas. Integra o Comitê de Concorrência da American Bar Association – ABA e o da International Bar Association – IBA, além do Conselho Consultivo do IBRAC. É considerada uma das 100 mulheres mais influentes da área de antitruste no mundo (GCR), foi incluída na prestigiosa lista internacional dos *"40 under 40"* e tem licença para advogar no Brasil e em Nova Iorque. É consultora da UNCTAD e do Governo da Colômbia para temas de concorrência. É membro do Conselho Consultivo do Centro David Rockefeller para Estudos Latino-Americanos da Harvard University no Brasil e da Comissão Externa de Avaliação do Insper. É Mestre em Direito por Harvard e pela USP e Doutoranda em Direito Penal Econômico pela USP. **Email:** amartinez@levysalomao.com.br.

Damien Geradin é sócio do escritório Covington & Burling, com ampla experiência no Direito Concorrencial Europeu. Sua atuação está voltada para a interface entre concorrência e propriedade intelectual, bem como para a regulação de indústrias de rede. Aconselha empresas, governos e agências reguladoras em questões que afetam diversos setores, incluindo telecomunicações, mídia, energia e transporte. É professor de Direito Concorrencial e Economia na Tilburg University e professor da William Cook Global Law na University of Michigan. Foi professor visitante em faculdades de Direito de excelência nos Estados Unidos, incluindo Columbia, Harvard e Yale. É coeditor do *Journal of Competition Law and Economics* (Oxford University Press). Possui Mestrado pelo King's College e pela University of London e é Doutor pela Cambridge University. **Email:** dgeradin@cov.com.

EINER R. ELHAUGE é professor na Harvard Law School e Diretor fundador do *Petrie-Flom Center for Health Law Policy, Biotechnology and Bioethics*. Leciona diferentes cursos, entre os quais Direito Concorrencial, Contratos, Direito Societário e Direito Previdenciário. Foi Diretor do Comitê de Concorrência da campanha presidencial de Barack Obama nos Estados Unidos. Antes de compor o corpo docente de Harvard, foi professor de Direito na University of California, em Berkeley, e assessor do Juiz Federal William Norris e do Ministro William Brennan da Suprema Corte dos Estados Unidos. É formado em Direito em Harvard. **Email:** elhauge@law.harvard.edu.

FRANCISCO ENRIQUE GONZÁLEZ-DÍAZ é sócio do escritório Cleary Gottlieb Steen & Hamilton. Presta assessoria em relação a Direito da Concorrência comunitário e espanhol, incluindo fusões e aquisições, práticas restritivas, abuso de posição dominante e auxílio estatal. Entre 1998-2003 ocupou diferentes cargos em instituições europeias, tendo inclusive sido responsável por umas das unidades da Força-Tarefa de Atos de Concentração da Comissão Europeia, coordenando a análise de operações complexas em diferentes setores da economia. Entre 1996 e 1998, trabalhou junto ao Juiz García Valdecasas no Tribunal de Primeira Instância em Luxemburgo. De 1990 a 1996, foi membro do Departamento Jurídico da Comissão Europeia. Nessa qualidade, era responsável por prestar assessoria jurídica à Comissão Europeia, em especial à sua unidade de Concorrência, e também por representar a instituição ante os Tribunais Europeus em Luxemburgo em um diverso número de questões no âmbito do Tratado da União Europeia. Possui diplomas em Direito da University of Granada, da Free University of Brussels e da Harvard University, assim como diploma em Economia da Open University. **Email:** fgonzalez-diaz@cgsh.com.

IAN S. FORRESTER é sócio do escritório White & Case e assessora empresas, bem como governos e outras autoridades públicas, associações industriais e indivíduos em matérias relacionadas ao Direito Comunitário Europeu, notadamente direito da concorrência, direito comercial, comércio exterior, regras de mercado interno, propriedade intelectual e direitos constitucionais em diversos setores, incluindo radiodifusão, químico, tecnologia da informação, farmacêutico, softwares e esportivo. É autor de diversos artigos e capítulos em livros sobre direito concorrencial, sigilo advogado-cliente, regulação de produtos, política comercial, comércio exterior e *dumping*. **Email:** iforrester@whitecase.com.

JOSÉ TAVARES DE ARAUJO JR. é Diretor do centro de estudos econômicos CINDES e sócio da consultoria econômica Ecostrat. É Doutor em Economia pela University of London, ex-Secretário de Acompanhamento Econômico do Ministério da Fazenda (2003 a 2004), ex-consultor da Organização dos Estados Americanos – OEA (1995 a 2002), ex-Secretário Executivo da Comissão de Política Aduaneira – CPA (1985 a 1988) e da Câmara de Comércio Exterior – CAMEX (1995). É especializado nas áreas de comércio internacional, política da concorrência e regulação e prestou serviços a diversos outros organismos internacionais, como Banco Mundial, Banco Inter-Americano de Desenvolvimento – BID, Comissão Econômica para América Latina – CEPAL, Associação

Latino Americana de Integração – ALADI e Organização das Nações Unidas para o Desenvolvimento Industrial – UNIDO. **Email:** jtavares@cindesbrasil.org.

Marcio Benvenga Chede foi advogado do escritório Levy & Salomão Advogados. É formado em Direito pela USP e em Administração de Empresas pela Fundação Getúlio Vargas – São Paulo. É Mestrando em Regulação de Mercado e Economia da Concorrência na Barcelona Graduate School of Economics. **Email:** marcio.chede@barcelonagse.eu.

Mariana Tavares de Araujo assessora clientes de Levy & Salomão Advogados em matéria de Concorrência, Regulação, Governança e Ética Corporativa e Relações de Consumo. Integrou o Governo Federal (2002 a 2010), atuando principalmente nas áreas de defesa da concorrência, consumidor, regulação, políticas anticorrupção e lavagem de dinheiro. Junto à OCDE, participou da revisão de políticas de concorrência de países em desenvolvimento e presta consultoria ao Banco Mundial em matéria de concorrência. Integra o Comitê de Concorrência da American Bar Association – ABA e o da International Bar Association – IBA. Foi considerada uma das 100 mulheres mais influentes na área de antitruste no mundo (GCR). Foi Diretora Jurídica de empresa de biotecnologia. É Mestre por Georgetown University Law Center. **Email:** mtavares@levysalomao.com.br.

Nicolas Petit é professor de Direito Concorrencial e Economia na Faculdade de Direito da University of Liège, na Bélgica. É codiretor do Institute for European Legal Studies e coordenador acadêmico do programa de LL.M em Concorrência e Propriedade Intelectual. É Diretor do Global Competition Law Centre do College of Europe e fundador e Diretor da Brussels School of Competition. Escreveu diversos artigos sobre abuso de posição dominante e interação entre economia industrial e direito concorrencial, dentre outros. É formado pelas Universidades Paris V (René Descartes) e Paris II (Panthéon Assas). Possui LL.M em Direito Europeu pelo College of Europe, em Bruges (Bélgica). Foi assistente de Juiz perante a Suprema Corte Francesa (Cour de Cassation, Chambre Commerciale) e pesquisador convidado na Harvard Law School. Integra o Conselho Consultivo do Global Competition Policy. **Email:** nicolas.petit@ulg.ac.be.

Pablo Márquez é Diretor da Divisão de Concorrência da Superintendência de Indústria e Comércio da Colômbia. Nos últimos anos, ocupou cargos importantes no Governo da Colômbia, como assessor jurídico do Superintente da Indústria e Comércio e do Ministro da Justiça. Antes de atuar no governo, foi advogado associado dos escritórios Jaime Enrique Granados Peña Abogados e Escobar Gil Associados. É Professor de Direito nas Universidades Javeriana, Externado de Colombia, EAFIT e Rosário. É Bacharel em Filosofia e Mestre em Economia pela Universidad Javeriana (Bogotá), Mestre em Direito pela Harvard Law School e Doutor pela University of Oxford. **Email:** cpmarquez@correo.sic.gov.co.

Steven C. Salop é professor de Economia e Direito na Georgetown University Law Center, onde leciona Direito Concorrencial e Economia. É também consultor econômico na Charles River Associates – CRA. Sua linha de pesquisa e consultoria concentra-se em microeconomia, direito concorrencial e regulação econômica. É autor de artigos em diversas áreas de Direito Concorrencial e Econômico (*e.g.* conduta exclusionária, fusões, *joint ventures*, coordenação tácita), muitos dos quais adotam uma visão "pós-Escola de Chicago". Steven Salop é Doutor em Economia pela Yale University. Antes de ser professor em Georgetown, trabalhou na Federal Trade Commission, no Civil Aeronautics Board e no Federal Reserve Board dos Estados Unidos. **Email:** ssalop@crai.com.

Authors' Résumés

Alexandre Ditzel Faraco practices in the Antitrust and Regulation Practice Groups of Levy & Salomão Advogados where he represents clients in administrative and judicial matters, and provides broad-based consulting in connection with business practices and antitrust compliance. He has experience in working with complex issues in a wide range of industries, including telecommunications and media. Mr. Faraco holds a Ph.D. and a Post-Doctoral Certification (*Livre-Docência*) from the University of São Paulo and was a Visiting Scholar at Yale University. He is the author of *Regulação e Direito Concorrencial – As Telecomunicações* (Livraria Paulista) and *Democracia e Regulação das Redes Eletrônicas de Comunicação – Rádio, Televisão e Internet* (Fórum). **Email:** afaraco@levysalomao.com.br.

Ana Paula Martinez is a partner with the Antitrust, Regulatory, Corporate Governance and Compliance and Product Liability Practice Groups of Levy & Salomão Advogados. Ms. Martinez worked with the Brazilian federal administration from 2007 to 2010, in competition, regulation, anti-corruption and money laundering matters. She co-headed the cartel sub-group of the International Competition Network – ICN with the U.S. Department of Justice. Before entering the government, Ms. Martinez was an associate with Cleary Gottlieb Steen and Hamilton in Brussels. She is a member of the International Bar Association and of the American Bar Association Sections of Antitrust Law, and a member of the Advisory Board of IBRAC, Brazil's most prestigious competition think thank. Global Competition Review named her on its international lists of the "Top 100 Women in Antitrust" and "40 under 40" and she is licensed to practice law in Brazil and New York. She serves as an antitrust advisor to UNCTAD and to the Government of Colombia. Ms. Martinez holds a Master of Laws from both the University of São Paulo and from Harvard Law School and is currently a Ph.D. Candidate in Criminal Law. Ms. Martinez also serves as an advisor to the David Rockefeller Center for Latin American Studies at Harvard University and to Insper. **Email:** amartinez@levy-salomao.com.br.

Damien Geradin is a partner with Covington & Burling, with broad experience in EU competition law. Mr. Geradin's practice focuses on the interface between competition and intellectual property, as well as the regulation of network industries. He advises businesses, governments and regulatory agencies on issues affecting a variety of industries, including telecommunications, media, energy and transport. Mr. Geradin is also a Professor of competition law and economics at Tilburg University and a William Cook Global Law Professor at the University of Michigan Law School. Over the years, he has held visiting Professorships at leading US law schools including Columbia,

Harvard and Yale. He is the co-editor of the *Journal of Competition Law and Economics* (Oxford University Press). Mr. Geradin holds a Masters Degree from King's College, University of London, and a Ph.D. Degree from Cambridge University. **Email:** dgeradin@cov.com.

EINER R. ELHAUGE is the Petrie Professor of Law at Harvard Law School and Founding Director of the Petrie-Flom Center for Health Law Policy, Biotechnology and Bioethics. He teaches a gamut of courses ranging from Antitrust, Contracts, Corporations, Legislation, and Health Care Law. He served as Chairman of the Antitrust Advisory Committee to the Obama Campaign. Before Harvard, he was a Professor of Law at the University of California at Berkeley, and clerked for Judge Norris on the 9th Circuit and Justice Brennan on the Supreme Court. He received his J.D. from Harvard. **Email:** elhauge@law.harvard.edu.

FRANCISCO ENRIQUE GONZÁLEZ-DÍAZ is a partner with Cleary Gottlieb Steen & Hamilton. His practice focuses on European and Spanish competition law, including mergers and acquisitions, restrictive practices, abuse of dominance and State aid. Between 1998 and 2003, Mr. González-Díaz held a number of positions within the European institutions, including heading one of the enforcement units of the European Commission's Merger Task Force and leading the European Commission in its review of a number of large and complex cases in a wide array of market sectors. Between 1996 and 1998, Mr. González-Díaz clerked for Judge García Valdecasas at the European Court of First Instance in Luxembourg. From 1990 to 1996, Mr. González-Díaz was a member of the European Commission's Legal Service. His responsibilities included providing legal advice to the European Commission, in particular to DG Competition, and representing the European Commission before the European Courts in Luxembourg in a significant number of cases on a wide range of issues arising under the EC Treaty. Mr. González-Díaz has Law degrees from the University of Granada, the Free University of Brussels and Harvard University as well as an Economics Degree from the Open University. **Email:** fgonzalez-diaz@cgsh.com.

IAN S. FORRESTER is a partner with White & Case and advises companies, as well as sovereign states and other governmental authorities, industry associations and private individuals, on European Union law, especially competition law, trade law, customs, internal market rules, intellectual property and constitutional rights in a variety of sectors, including broadcasting, chemicals, information technology, pharmaceuticals, software and sport. Mr. Forrester has written numerous articles and chapters on competition law, legal privilege, science and good regulatory practice, trade policy, customs and dumping. **Email:** iforrester@whitecase.com.

José Tavares de Araujo Jr. is a Director of the economic think tank CINDES and partner of the consulting firm Ecostrat. Mr. Tavares holds a MSc from Fundação Getúlio Vargas and a PhD in Economics from the University of London. He was Secretary of Economic Monitoring of the Brazilian Ministry of Finance (2003 to 2004), an advisor to the Organization of American States (1995 to 2002), Executive Secretary of the Brazilian Customs Policy Commission (1985 to 1988) and of the Board of Trade (1995). He is specialized in the areas of International Trade, Competition Policy and Regulation and provided services to several other international bodies as the World Bank, Inter-American Development Bank, UN Economic Commission for Latin America, Latin American Integration Association and the United Nations Industrial Development Organization. **Email:** jtavares@cindesbrasil.org.

Marcio Benvenga Chede is a former associate at Levy & Salomão Advogados. He holds a LL.B. degree from the University of São Paulo Law School and a degree in Administration from Fundação Getulio Vargas de São Paulo. He is a Master Candidate in Economics of Competition and Market Regulation at Barcelona Graduate School of Economics. **Email:** marcio.chede@barcelonagse.eu.

Mariana Tavares de Araujo is a partner with the Antitrust, Regulatory, Corporate Governance and Compliance and Product Liability Practice Groups of Levy & Salomão Advogados. She worked with the Brazilian federal administration (2002-2010), acting in competition, consumer, regulation and anti-corruption matters. Within the OECD, Ms. Araujo participated in peer reviews of competition law and policy of developing countries and serves as an antitrust advisor to the World Bank. Ms. Araujo is a member of the International Bar Association and of the American Bar Association Section of Antitrust Law. Global Competition Review named her on its international list of the "Top 100 Women in Antitrust". Ms. Tavares served as a General Counsel in a biotechnology company. She holds a Master of Laws from Georgetown University Law Center. **Email:** mtavares@levysalomao.com.br.

Nicolas Petit teaches Competition Law and Economics at the Law School of the University of Liège, Belgium. He is the Co-Director of the Institute for European Legal Studies and the academic coordinator of the LL.M in competition and IP law, Director of the Global Competition Law Centre of the College of Europe, and Founder and Director of the Brussels School of Competition. He has written a number of articles on abuse of dominance under Article 82 EC, the relationship between competition rules and sector specific regulation, vertical agreements under Article 81 EC, the interplay between industrial economics and competition law, among others. Mr. Petit holds Bachelor of Laws degrees from the universities Paris V (René Descartes) and Paris II (Panthéon Assas). He holds a LL.M in European Law from the College of Europe in Bruges (Belgium). He served as an assistant to a Judge at the French Supreme Court (Cour de Cassation, Chambre Commerciale) and was a research fellow at Harvard Law School. Mr. Petit is also a Member of the Advisory Board of Global Competition Policy. **Email:** nicolas.petit@ulg.ac.be.

PABLO MÁRQUEZ serves as the Head of the Antitrust Division of the Superintendence of Industry and Trade in Colombia. Over the past years, he has held a number of other key positions in the Colombian government, including being the legal advisor to the Superintendent of Industry and Trade and the legal advisor to the Ministry of Justice. Before entering government, Mr. Márquez was an associate with Jaime Enrique Granados Peña Abogados and Escobar Gil Associates. He is a Professor of Law at universities Javeriana, Externado de Colombia, EAFIT and Rosario. Mr. Márquez holds a Bachelors Degree in Philosophy and a Magister Degree in Economics from Javeriana University (Bogotá), a Master of Laws Degree from Harvard Law School and a PhD Degree from the University of Oxford. **Email:** cpmarquez@correo.sic.gov.co.

STEVEN C. SALOP is a Professor of Economics and Law at the Georgetown University Law Center, where he teaches Antitrust Law and Economics. He is also an economic consultant at Charles River Associates. His research and consulting focuses on microeconomics, antitrust, competition, and regulation. He has written numerous articles in various areas of antitrust economics and law (e.g., exclusionary conduct, mergers, joint ventures, and tacit coordination) many of which take a "Post-Chicago" approach. Professor Salop earned his Ph.D. in Economics from Yale University. Before joining the Georgetown faculty, he worked at the U.S. Federal Trade Commission, the Civil Aeronautics Board, and the Federal Reserve Board. **Email:** ssalop@crai.com.

Controle de Estruturas
Merger Review

Histórico e Desafios do Controle de Concentrações Econômicas no Brasil*

An Overview of Merger Review in Brazil and Upcoming Challenges

Ana Paula Martinez

Sumário

Contents

Resumo

O artigo apresenta primeiramente o histórico do controle de concentrações econômicas no Brasil, com posterior análise dos desafios enfrentados pelas autoridades, empresários e advogados de modo a se ter um sistema em que os benefícios superem os custos, públicos e privados, de sua implementação. A possibilidade do controle de acordos de cooperação e concentração entre agentes econômicos já estava prevista em nossa legislação, ainda que sem regulamentação, desde a década de 30. Mais do que isso, a análise prévia - há muito pleiteada perante o Congresso e recentemente introduzida em nosso ordenamento jurídico por meio da Lei nº 12.529, de 30 de novembro de 2011 - já foi contemplada pelo legislador no passado.

Abstract

The article first provides an historical overview of merger review in Brazil and then discusses the upcoming challenges faced by the authorities, businessmen and private practioners to have a system which passes the cost-benefit test. The possibility of reviewing cooperative and concentrative agreements among market players has been introduced in Brazil's legal system since the 1930's. More than that, the long awaited pre-merger system, which has been recently introduced by Law Nº 12.529 of November 30, 2011, has already been provided for by the legislator in the past.

Palavras-chave: Concorrência, Controle de Estruturas, Atos de Concentração, Evolução, Histórico.

Keywords: Competition, Merger Review, Merger Control, Overview, Developments.

* Versão anterior do artigo publicada em Campilongo, Celso et al. (org.), *Concentração de Empresas no Direito Antitruste Brasileiro: Teoria e Prática dos Atos de Concentração*, São Paulo: Singular, 2011.

1. INTRODUÇÃO

O nível de concorrência dos mercados no Brasil hoje pode ser justificado pela agenda econômica liberal que norteou a ação governamental a partir da década de 90. No início de referida década, a economia brasileira passou por intensa reforma, com liberalização comercial, ampla reforma tributária, adoção de política fiscal mais severa, controle da inflação, privatização e desregulamentação dos mercados, com abandono de modelos anteriores que pouco favoreciam a concorrência (como o modelo de substituição de importações e controle de preços). Foi nesse pacote de reformas que foi promulgada uma nova lei de defesa da concorrência (Lei nº 8.884, de 11 de junho de 1994), com um sistema obrigatório de notificação de concentrações e cooperações econômicas.

Aqui há que se ter muito cuidado para não se precipitar na conclusão de que foi a lei antitruste que ocasionou o incremento de concorrência nos mercados brasileiros na última década. É bem mais provável que tenha sido o conjunto de reformas institucionais acima referidas que, ao reduzir as barreiras à entrada para novos agentes e facilitar o acesso ao crédito e investimentos estrangeiros, incrementou o grau de rivalidade no mercado. Não se quer anular o papel da legislação antitruste para o incremento da concorrência, apenas quer-se dizer que esta tem *papel acessório* na consecução desse objetivo e que sua *implementação só é factível com um marco legislativo e político adequado à economia de mercado*. Isso pode ser facilmente ilustrado pelo fato de que o Brasil possuía desde a década de 30 legislação antitruste (Decreto-Lei nº 869, de 11 de novembro de 1938, de caráter penal, e Lei nº 4.137, de 10 de setembro de 1962, de caráter administrativo), mas foi apenas quando um pacote de medidas mais amplas foi adotado na década de 90 – e com o abandono de órgãos como o Conselho Interministerial de Preços (CIP), que deixava pouco espaço para que as forças de mercado agissem "invisivelmente" – é que o país avançou no quesito *concorrência*.[1]

[1] Tal linha de argumentação, que pode parecer estranha a alguns leitores, é reconhecida pela OCDE, quando analisou a política antitruste brasileira (OECD & Inter-American Development Bank, *Lei e Política de Concorrência no Brasil: Uma revisão pelos pares*, Paris: OECD Publishing, 2005) e pela Carta Interministerial de 2002 dos Ministros da Fazenda, Justiça e Planejamento, Orçamento e Gestão endereçada ao Presidente da República (carta anexa ao Aviso nº 805 do Ministro da Fazenda, de 02.12.2002 – "*(...) até a instauração do Plano Real, a defesa da concorrência cumpriu um papel secundário na política governamental. Características que marcaram a economia brasileira ao longo de décadas – forte presença do Estado, recurso a controle de preços, elevado nível de proteção à indústria nacional, altos índices de inflação – eram naturalmente incompatíveis com tal política*").

Tendo isso em mente, passemos ao tema central do artigo: um histórico do controle de concentrações econômicas no Brasil, com posterior análise dos desafios colocados às autoridades e entes privados de modo a se ter um sistema em que os benefícios superem os custos (públicos e privados) de sua implementação. Poucos sabem, mas a possibilidade do controle de acordos de cooperação e concentração entre agentes econômicos já estava prevista em nossa legislação, ainda que sem regulamentação, desde a década de 30. Mais do que isso, a análise prévia – há muito pleiteada perante o Congresso e recentemente introduzida pela nova lei de defesa da concorrência, Lei nº 12.529, de 30 de novembro de 2011 – já foi contemplada pelo legislador no passado. Vejamos.

2. DA CONSTITUIÇÃO DE 1934 À LEI Nº 8.884/94

As Constituições brasileiras de 1934[2] e 1937[3] faziam referência à possibilidade de o Estado intervir no domínio econômico sem, contudo, prever de forma expressa a repressão ao "*abuso do poder econômico*". Em seguida, foi promulgado pelo Presidente Getúlio Vargas o Decreto-Lei nº 869, de 18

---

2 "*Art 115. A ordem econômica deve ser organizada conforme os princípios da Justiça e as necessidades da vida nacional, de modo que possibilite a todo existência digna. Dentro desses limites, é garantida a liberdade econômica.*

Parágrafo único. Os Poderes Públicos verificarão, periodicamente, o padrão de vida nas várias regiões do País.

Art 116. Por motivo de interesse público e autorizada em lei especial, a União poderá monopolizar determinada indústria ou atividade econômica, asseguradas as indenizações, devidas, conforme o art. 112, nº 17, e ressalvados os serviços municipalizados ou de competência dos Poderes locais.

Art. 117. A lei promoverá o fomento da economia popular, o desenvolvimento do crédito e a nacionalização progressiva dos bancos de depósito. Igualmente providenciará sobre a nacionalização das empresas de seguros em todas as suas modalidades, devendo constituir-se em sociedades brasileiras as estrangeiras que atualmente operam no País."

3 "*Art. 135. Na iniciativa individual, no poder de criação, de organização e de invenção do indivíduo, exercido nos limites do bem público, funda-se a riqueza e a prosperidade nacional. A intervenção do Estado no domínio econômico só se legitima para suprir as deficiências da iniciativa individual e coordenar os fatores da produção, de maneira a evitar ou resolver os seus conflitos e introduzir no jogo das competições individuais o pensamento dos interesses da Nação, representados pelo Estado. A intervenção no domínio econômico poderá ser mediata e imediata, revestindo a forma do controle, do estimulo ou da gestão direta.*"

de novembro de 1938,[4] de autoria de Nelson Hungria, que tratava dos crimes contra a economia popular, incluindo ilícitos anticoncorrenciais, como a venda de mercadorias abaixo do preço de custo com o fim de impedir a concorrência. Era também crime inafiançável, punível com pena restritiva de liberdade de dois a dez anos e multa, "*promover ou participar de consórcio, convênio, ajuste, aliança ou fusão de capitais, com o fim de impedir ou dificultar, para o efeito de aumento arbitrário de lucros, a concorrência em matéria de produção, transporte ou comércio*".[5] Vê-se, portanto, uma preocupação com a concentração empresarial desde ao menos 1938, período em que o controle era *a posteriori* e no campo criminal, a cargo do Tribunal de Segurança Nacional.

O referido Decreto-Lei teve pouca ou nenhuma efetividade. Nelson Hungria chegou a afirmar que: "*o Decreto nº 869 que, como já disse, foi por mim elaborado; mas devo confessar que ele foi feito de afogadilho. Encomendado com urgência tive que organizá-lo um tanto atabalhoadamente*".[6] Na mesma linha, noticia Shieber que: "*um exame da jurisprudência e de livros de doutrina revelou um só caso em que os dispositivos antitruste do decreto-lei foram executados, e isto ocorreu não em um processo judicial mas em um parecer do Consultor-Geral da República respondendo a uma consulta da Standard Oil Company of Brazil*".[7]

Em 1942, foi criada a Comissão de Defesa Econômica (CDE) pelo Decreto-Lei nº 4.807, de 7 de outubro de 1942,[8] composta por membros dos Ministérios da Fazenda, Relações Exteriores, Guerra, Justiça e Negócios Interiores e Trabalho, Indústria e Comércio, todos nomeados pelo Presidente da República. Entre as funções da CDE estava "*resolver, por solicitação ou 'ex-officio', a recisão ou forma de liquidação dos contratos em que sejam partes pessoas cuja atividade econômica se torne necessário reprimir*".

---

[4] Publicado na CLBR (Coleção de Leis do Brasil), 31.12.1938, p. 24. Posteriormente reproduzido pela Lei nº 1.521, de 26.12.1951.

[5] Decreto-Lei nº 869, art. 2º, III.

[6] *Apud* José Inácio Gonzaga Franceschini & José Luiz Vicente de Azevedo Franceschini, *Poder Econômico: Exercício e Abuso - Direito Antitruste Brasileiro*, São Paulo: RT, 1985, p. 9.

[7] Benjamin M. Shieber, *Abusos do poder econômico*, São Paulo: Revista dos Tribunais, 1966, p. 6. A *Standard Oil Company of Brazil* (posteriormente *Esso Brazil*) integrava o grupo econômico que teve que se desintegrar por ordem da primeira decisão da Suprema Corte dos Estados Unidos contra os *trustes* (*Standard Oil Co. of New Jersey v. U.S.*, 221 U.S. 1 (1911).

[8] Publicado na CLBR, 31.12.1942, p. 42.

Em seguida, o então Ministro da Justiça e Negócios Interiores Agamenon Magalhães redigiu o anteprojeto do que veio a se tornar o Decreto-Lei nº 7.666, de 22 de junho de 1945,[9] que dispunha sobre os atos "contrários à ordem moral e econômica", dando caráter de ilícito administrativo aos atos anticompetitivos contrários ao "interesse da economia nacional". O referido Decreto-Lei (por vezes referido como "Lei Malaia") criou a Comissão Administrativa de Defesa Econômica (CADE), órgão diretamente subordinado ao Presidente da República e presidido pelo Ministro da Justiça e Negócios Interiores.[10] O Decreto-Lei previu instrumental para o controle obrigatório e prévio de estruturas em determinados setores da economia (bancário, de mineração, transportes, alimentos, entre outros):

> ***Art. 1º Consideram-se contrários aos interesses da economia nacional:***
>
> *I - os entendimentos, ajustes ou acordos entre emprêsas comerciais, industriais ou agrícolas, ou entre pessoas ou grupo de pessoas vinculadas a tais emprêsas ou interessadas no objeto de seus negócios, que tenham por efeito:*
>
> *a) elevar o preço de venda dos respectivos produtos;*
>
> *b) restringir, cercear ou suprimir a liberdade econômica de outras emprêsas;*
>
> *c) influenciar no mercado de modo favorável ao estabelecimento de um monopólio, ainda que regional;*
>
> *II - os atos de compra e venda de acervos de emprêsas comerciais, industriais ou agrícolas, ou de cessão e transferência das respectivas cotas, ações, títulos ou direitos, ou de retenção de estoques de mercadorias, desde que de tais atos resulte ou possa resultar qualquer dos feitos previstos nas alíneas a, b e c do item I;*
>
> *(...)*
>
> *V - a incorporacão, fusão, transformação, associação ou agrupamento de emprêsas comerciais, industriais ou agrícolas, ou a concentração das respectivas cota, ações ou administrações nas mãos de uma emprêsa ou grupo de empresas ou nas mãos de uma pessoa ou grupo de pessoas, desde que de tais atos resulte ou possa resultar qualquer dos efeitos previstos nas alíneas a, b e c do item I.*
>
> *Parágrafo único. Para os efeitos dêste Decreto-lei a palavra "empresa", abrange as pessoas físicas ou jurídicas de natureza comercial ou civil que disponham de organização destinada à exploração de qualquer atividade com fins lucrativos.*

---

[9] Publicado na CLBR, 31.12.1945, p. 256.

[10] Os demais membros eram o Procurador Geral da República, o Diretor Geral da CADE, um representante do Ministério do Trabalho, Indústria e Comércio, um representante do Ministério da Fazenda, um representante das classes produtora e distribuidora e um técnico em economia de comprovada idoneidade e competência.

DA FISCALIZAÇÃO DO EXERCÍCIO DO PODER ECONÔMICO

Art. 8º Não se poderão fundir, incorporar, transformar, agrupar de qualquer modo, ou dissolver, sem prévia autorizacão da C.A.D.E.:

a) os estabelecimentos bancários;

b) as empresas que tenham por objeto a produção ou distribuição de gêneros alimentícios;

c) as empresas que operem em seguros e capitalização;

d) as empresas de trensportes ferroviário, rodoviário e as de navegação marítima, fluvial ou aérea;

e) as empresas editoras, jornalísticas, de rádio e teledifusão, de divulgação e publicidade;

f) as indústrias bélicas, básicas, de interesse nacional e as empresas distribuidoras dos respectivos produtos;

g) as indústrias químicas, de especialidades farmacêuticas ou de laboratório e de materiais odontológicos;

h) as indústrias de tecidos e calçados;

i) as empresas de mineração;

j) a produção e distribuição de instrumentos de trabalho, de um modo geral;

k) as empresas de eletricidade, gás, telefone e transportes urbanos e, em geral, os concessionários de serviços de utilidade pública.

Art. 9º A partir da data da publicação dêste decreto-lei, o Departamento Nacional da Indústria e Comércio e as Juntas Comerciais não poderão registrar alterações nos contratos ou estatutos de quaisquer firmas ou sociedades das espécies referidas no art. 8º, nem atos relativos à fusão, transformação ou incorporação das mesmas, sem a prévia audiência e autorização da C.A.D.E.

Parágrafo único. São nulos de pleno direito os registros feitos com inobservância dêste dispositivo. (g.n.)

Com relação à necessidade de controle prévio estrutural, o autor do anteprojeto, inspirado na experiência norte-americana (notadamente no julgamento da Suprema Corte dos Estados Unidos no caso *Standard Oil Co. of New Jersey v. U.S.*[11]), esclareceu na exposição de motivos transcrita abaixo que a intervenção do Estado na economia poderia "*impedir a formação de 'trusts' e outras formas de agrupamentos*", que causariam efeitos deletérios para as classes média e trabalhadora e para a pequena indústria. Vê-se que longe de evidenciar uma preocupação com o incremento do bem-estar agregado (eficiência econômica), o Decreto-Lei nº 7.666/45 tem em sua razão de ser fun-

[11] *Standard Oil Co. of New Jersey v. U.S.*, 221 U.S. 1 (1911).

damentos voltados à proteção das classes rurais e menos abastadas (*defesa da economia popular*), em linha, aliás, com a política altamente intervencionista do Estado Novo. A notificação prévia resulta da convicção de que o Estado deveria primeiro manifestar-se a respeito da licitude de tais concentrações para então lhe garantir a validade – em linha com sua política econômica, evidenciando alto grau de discricionariedade:

> *(...) A concentração do poder econômico gerou o capitalismo financeiro. A paixão pelo lucro substituiu o senso da utilidade e do serviço. Os valores, em vez de servirem ao homem, passaram a contribuir para o seu aniquilamento. Os "trusts", desorganizando a pequena indústria, colocaram as classes médias e as classes trabalhadoras à sombra da indigência econômica. (...)*
>
> *Novas medidas se impõem. Lucros extraordinários provocados de nossos latifúndios. Acelera-se o êxodo dos campos em benefício das cidades, onde se levantam faustosos arranha-céus, com dinheiro arrancado, muitas vezes, da zona rural depauperada. E os latifúndios não vão formar-se nas zonas desertas. Não vão beneficiar as regiões áridas. Invadem centros mais populosos e prósperos. Desmantelam as pequenas propriedades criando para os trabalhadores uma situação moral e econômica inferior à dos escravos do tempo do império.*
>
> *Esses fenômenos constituem consequências fatais do exercício abusivo do poder econômico contra o qual se tem sistematicamente insurgido a opinião pública (...).*
>
> *Vale salientar, a este propósito, as conclusões votadas pelo I Congresso Brasileiro de Economia, reunido no Rio de Janeiro, em 1943, pela Conferência das Comissões de Desenvolvimento Interamericano, realizada no mesmo ano, recomendando aos governos providenciar no sentido de* ***impedir a formação de "trusts" e outras formas de agrupamentos prejudiciais ao comércio e à população.***
>
> *Particularmente significativo é o fato de que economias bem mais sólidas do que a nossa já se têm valido de medidas legislativas de defesa contra os efeitos desastrosos do abuso do poder econômico, em todas as suas variadas formas. Os Estados Unidos vêm se aparelhando, desde 1890, para o combate a essas instituições de opressão econômica, através do seu Federal Anti-Trust Act (Lei Sherman). (...)*
>
> *Partindo do fato, unanimemente reconhecido de que nem todos os agrupamentos são contrários ao interesse público, de vez que os há inofensivos e, até mesmo, benéficos à economia nacional, as legislações existentes, via de regra, têm procurado caracterizar a nocividade das coalizões ou dos agrupamentos, com base na natureza ilícita, imoral ou prejudicial dos objetivos ou intenções que as uniram. Esse critério subjetivista criou as maiores dificuldades práticas, no momento da aplicação da lei e determinou oscilações e indecisões da jurisprudência, altamente perturbadoras dos intuitos dos legisladores, conforme o atesta a crítica unânime dos estudiosos do assunto.*

> *Ora, parece evidente que, sob o ponto de vista econômico,* ***o aspecto lícito ou ilícito da intenção animadora dos ajustes ou coalizões é, muitas vezes, irrelevante. Neste particular o que importa, realmente, é a nocividade do resultado, ainda mesmo quando não desejado ou não previsto, no momento da celebração do ajuste.***
>
> *Por isso, o projeto que ora tenho a honra de submeter à apreciação de vossa excelência procurou afastar-se, no que tange à caracterização da nocividade das coalizões, dos critérios seguidos pelas leis similares estrangeiras, baseando as suas distinções na natureza dos efeitos alcançados por tais entendimentos. Todavia,* ***como julgamento sobre a natureza lícita ou ilícita do ajuste se inclui entre as funções privativas do Executivo, porque decorre da política econômica por ele seguida, a validade dos entendimentos lícitos fica na dependência da aprovação do Poder Público.****(g.n.)*

Contudo, por suas previsões inovadoras à época e pelo momento político, o ato foi revogado antes mesmo de sua regulamentação por meio do Decreto-Lei nº 8.167, de 9 de novembro de 1945.[12] No ano seguinte foi promulgada a nova Constituição Brasileira, que dispunha em seu artigo 148 (inclusão resultante dos esforços de Agamenon Magalhães) que "*A lei reprimirá toda e qualquer forma de abuso do poder econômico,* ***inclusive as uniões ou agrupamentos de empresas individuais ou sociais****, seja qual for a sua natureza, que tenham por fim dominar os mercados nacionais, eliminar a concorrência e aumentar arbitrariamente os lucros.*" (g.n.).[13]

A despeito da previsão constitucional da década de 40, foi apenas duas décadas depois que o Brasil adotou, após extensas discussões legislativas (que contaram com a participação ativa de Agamenon Magalhães e, após sua morte, de seu filho),[14] sua primeira lei antitruste efetiva: a Lei nº 4.137, de 10 de setembro de 1962.[15] Referida lei criou o Conselho Administrativo de Defesa Econômica (CADE), com competência para reprimir o abuso ao poder eco-

---

12 Publicado na CLBR, 31.12.1945, vol. 7, p. 90.

13 A Constituição Brasileira de 1967 seguiu a mesma linha, ao prever em seu artigo 157, VI, que "*A ordem econômica tem por fim realizar a justiça social, com base nos seguintes princípios: (...) repressão ao abuso do poder econômico, caracterizado pelo domínio dos mercados, a eliminação da concorrência e o aumento arbitrário dos lucros.*"

14 Agamenon Magalhães apresentou o Projeto de Lei nº 122/48. Com sua morte em 1952, o projeto perdeu força. Em 1955, seu filho Paulo Germano de Magalhães apresentou o Projeto de Lei nº 3/55, reprodução do projeto anteriormente apresentado.

15 Regulamentado primeiramente pelo Decreto nº 52.025, de 20.05.1963, e, posteriormente, pelo Decreto nº 92.323, de 23.01.1986.

nômico[16] Na justificativa da Lei nº 4.137/62, que teve como inspiração a experiência norte-americana, encontram-se trechos de autoria de Agamenon Magalhães, em que se afirma que:

> *(...) na luta contra os trustes não há legislação perfeita tal a soma de artifícios de que dispõe o poder econômico. V. Exa. até propôs figurar o poder econômico como um dos quatro poderes da República. Sr. Presidente, está explicado que o projeto se inspirou na legislação norte-americana, servindo-se do seu sistema em combinação com o nosso e levando em conta as adaptações resultantes da organização judiciária brasileira.*
>
> *Justificado o projeto em suas linhas gerais, quero declarar à Câmara que não há lei mais oportuna ou mais urgente do que esta ora apresentada à consideração dos meus pares. (...) A América do Norte só conseguiu dominar os trustes de petróleo depois que a Suprema Corte em 1911 decretou a dissolução da "Standard Oil" (...).*
>
> *Essa lei emancipa não só a nação brasileira, mas o Govêrno atual e os futuros. Como disse Wilson, o governo invisível, formado pelo abuso do poder econômico, é um poder de corrupção, em matéria econômica e política. (...) Essa lei será a carta, será a nova liberdade – liberdade do consumidor brasileiro e liberdade do Govêrno, porque com ela não estará sujeito às influências de grupos econômicos. (...) para que o Estado brasileiro seja um Estado que comande, que dirija, deve pairar acima de qualquer poder econômico.*[17]

Percebe-se que da preocupação em se proteger as classes médias e rurais, refletida no Decreto-Lei de 1938, passou-se a uma preocupação com o consumidor propriamente dito e em se preservar a política determinada pelo Governo. Nesse contexto de preocupação com a formação dos trustes e o abuso do poder econômico, foram inseridos os artigos 2º e 74 da Lei nº 4.137/62, que previam um controle estrutural:

> *Art. 2º Consideram-se formas de abuso do poder econômico:*
>
> *I - Dominar os mercados nacionais ou eliminar total ou parcialmente a concorrência por meio de: (...)*
>
> *b) aquisição de acervos de emprêsas ou de cotas, açoes, títulos ou direitos;*
>
> *c) coalizão, incorporação, fusão, integração ou qualquer outra forma de concentração de emprêsas;*
>
> *Art. 74.* ***Não terão validade, senão depois de aprovados e registrados pelo CADE os atos, ajustes, acordos ou convenções entre as emprêsas, de***

---

[16] Referida lei foi regulamentada pelo Decreto nº 92.323, de 23.01.1986, publicada no DOU de 24.01.1986.

[17] Diário do Congresso Nacional, 16.04.1948, p. 2.444.

> ***qualquer natureza****, ou entre pessoas ou grupo de pessoas vinculadas a tais emprêsas ou interessadas no objeto de seus negócios que tenham por* ***efeito****:*
>
> *a) equilibrar a produção com o consumo;*
>
> *b) regular o mercado;*
>
> *c) padronizar a produção;*
>
> *d) estabilizar os preços;*
>
> *e) especializar a produção ou distribuição;*
>
> *f) estabelecer uma restrição de distribuição em detrimento de outras mercadorias do mesmo gênero ou destinadas à satisfação de necessidades conexas.*
>
> *§ 1º Os atos de categoria referidos neste artigo já vigentes na data da publicação desta lei, deverão ser submetidos à aprovação do CADE dentro do prazo de 120 (cento e vinte) dias;*
>
> *§ 2º Os atos a que se refere a parágrafo anterior que não forem apresentados ao CADE, no prazo regulamentar, tornarão os seus responsáveis passíveis de multa que variará entre 5 (cinco) a 100 (cem) vezes o maior salário-mínimo, sem prejuízo do cumprimento dessa exigência legal, sob pena, de intervenção. (g.n.)*

Vê-se, portanto, que determinados tipos de concentrações e cooperações econômicas estavam sujeitas a dois tipos de controle: um *prévio*, no âmbito do controle de estruturas previsto no artigo 74,[18] e outro *a posteriori*, no âmbito do controle de condutas anticompetitivas previsto no artigo 2º.[19] Não era

[18] Operação entre empresas do mesmo grupo não tinha o potencial lesivo previsto no artigo 74. O então Conselheiro-Relator do Processo Administrativo nº 20.654/68, Olympio José de Abreu (Representante: Chefe de Gabinete do Presidente do CADE; Representadas: Indústria Brasileira de Embalagens S.A. e Fábrica Nacional de Tambores Ltda.) conclui que "*Não se constatou no processo nenhuma dessas hipóteses [do artigo 74 da Lei nº 4.137/62] posto que a fusão aprovada que foi pela COIFE verificou-se no âmbito de empresas que possuem idêntica composição societária. O que ocorreu foi a integração de uma subsidiária com a que lhe detinha o controle acionário. Não se trata, pois, de um procedimento tendente a fraudar a lei*". *Apud* José Inácio Gonzaga Franceschini & José Luiz Vicente de Azevedo Franceschini, *Poder Econômico: Exercício e Abuso – Direito Antitruste Brasileiro*, São Paulo: RT, 1985, pp. 59-60.

[19] De modo a facilitar o controle *a posteriori*, foram incluídas as previsões do artigo 73 da mesma lei:

"*Art. 73. O Departamento Nacional da Indústria e Comércio as Juntas Comerciais ou órgãos correspondentes nos Estados, enviarão ao CADE quando solicitado, um resumo de cada um dos atos, contratos, estatutos ou alterações que hajam arquivado ou registrado, com as informações a que se refere o artigo anterior.*"

qualquer tipo de ato entre empresas que exigia o *controle prévio*, mas apenas aqueles que preenchessem as condições (subjetivas, há que se dizer,[20] sem presunção de lesividade) do artigo 74. Como os efeitos esperados de uma concentração não são aqueles enumerados nas alíneas do artigo 74,[21-22] e no juízo de discricionariedade do CADE, a jurisprudência foi evoluindo[23] para o registro

[20] Tercio Sampaio Ferraz Junior, "A Concentração Econômica e a Fiscalização Administrativa: Entendimento do art. 74 da Lei nº 4.13762, segundo a redação do art. 13 da Lei nº 8.158/91", in *Revista de Direito Administrativo* vol. 193, 1993, p. 68, indica que "*a experiência foi demonstrando que as práticas mencionadas no caput abrangiam de fato todos os expedientes concentracionistas habituais, enquanto os efeitos apontados nas alíneas a) até f) não exauriam, por si só, as técnicas econômicas capazes de efetivá-los. Daí resultou um alto grau de discricionariedade que implicava uma verdadeira permissão para o CADE intervir na política econômica dos entes privados*".

[21] Por exemplo, em voto no Processo nº 20.218/71, de 24.03.1971 (Requerente: Ciba-Geigy Química S.A., DOU de 18.04.1972, Seção I, Parte I, pp. 3.423 e ss.), o Conselheiro-Relator Gratuliano Brito afirmou que: "*Ora, é de ver-se que um simples negócio de fusão ou incorporação de empresas pelo só fato dessa fusão ou incorporação não se inclui na sistemática específica de controle prévio instituída no artigo 74 da Lei n. 4.137, de 10 de setembro de 1962.*" *Apud* José Inácio Gonzaga Franceschini & José Luiz Vicente de Azevedo Franceschini, *Poder Econômico: Exercício e Abuso – Direito Antitruste Brasileiro*, São Paulo: RT, 1985, p. 394.

[22] Previa o Decreto nº 52.025, de 20.05.1963, DOU de 21.05.1963, p. 4.946, primeiro a regulamentar a Lei nº 4.317/62, que "*Art. 96, § 1º Independem de registro os ajustes previsto neste artigo quando visem realizar operações normais aos usos e praxes comerciais para contratos da mesma natureza.*" O mesmo artigo ainda fixou um prazo (curto) para a apresentação dos acordos contados de sua data de assinatura (e que por previsão legal não teriam validade até a concessão do registro pelo CADE): "*§2º Os atos, ajustes, acôrdos e convenções previstos neste artigo não terão validade senão depois de aprovados e registrados pelo CADE. § 3º O registro não impede o CADE se positivado posteriormente o intuito fraudulento do pedido, de promover processo para verificar abuso de poder econômico. § 4º O pedido de registro deverá ser submetido ao CADE no prazo de dez (10) dias, contados da data do ato, ajuste, acôrdo ou convenção.*" O Decreto nº 52.025/63 foi revogado pelo Decreto nº 92.323, de 23.01.1986, DOU de 24.01.1986, p. 1.296.

[23] O Conselheiro-Relator J. C. de Mendonça Braga (Processo nº 20.080/70, de 18.04.1970, Requerente: Junta Comercial do Estado do Rio de Janeiro, Requerida: Flumipesca Indústria Fluminense de Pesca S.A.; DOU de 13.05.1970, Seção I, Parte I, p. 3.523) incorporou em seu voto o entendimento de Benjamin Schieber: "a) que a alínea primeira do art. 74 da Lei do CADE refere-se a 'acordos entre concorrentes para limitar a produção, em vez desta limitação ocorrer em resposta à

prévio restrito essencialmente de cooperações econômicas entre concorrentes, contratos de distribuição que impunham restrições a concorrentes[24] e de exclusividade.[25] Contudo, a implementação de tal lei foi muito aquém do esperado, em vista do contexto econômico do país no período de sua vigência (política de substituição de importações, tabelamento de preços e proteção da indústria nacional)[26] e pouco se viu de resultado para a promoção da concor-

---

operação da lei de oferta e procura no mercado'; b) que a alínea segunda cogita 'do estabelecimento', por meio de acordos entre empresas, de normas concernentes ao funcionamento do mercado, v.g., o estabelecimento de normas para dar crédito a compradores; c) que a alínea terceira trata de ajustes que fixam 'standards de qualidade de produtos e de medidas e pesos'; d) que a alínea quarta admite a substituição da lei de oferta e procura, como o agente determinante de preços, por acordos entre empresas que tenham por efeito estabilizar preços; e) que a alínea quinta permite a aprovação de acordos que objetivem a partilha do mercado em base de especialização da produção ou distribuição; f) que a derradeira alínea versa sobre 'acordos que visem o estabelecimento de vendedores exclusivos, isto é, vendedores que não possam vender produtos do mesmo gênero ou destinados a satisfação de necessidades conexas, produzidos por outras empresas concorrentes'". *Apud* José Inácio Gonzaga Franceschini & José Luiz Vicente de Azevedo Franceschini, *Poder Econômico: Exercício e Abuso – Direito Antitruste Brasileiro*, São Paulo: RT, 1985, p. 396.

24 Por exemplo, em voto no Processo nº 20.247/76, de 25.04.1977 (Requerente: Cia. Vidraria Santa Marina, DOU de 23 de maio de 1977, Seção I, Parte I, pp. 6.197 e ss.), o Conselheiro-Relator Geraldo de Rezende Martins afirmou que: "*a nosso ver, os termos dos instrumentos de fls. e fls. configuram um daqueles ajustes de restrição para a distribuição de mercadorias, cuja validade ficou condicionada à aprovação e ao registro neste E. Conselho, por força do art. 74 da Lei n. 4.137, de 10 de setembro de 1962*". *Apud* José Inácio Gonzaga Franceschini & José Luiz Vicente de Azevedo Franceschini, *Poder Econômico: Exercício e Abuso – Direito Antitruste Brasileiro*, São Paulo: RT, 1985, p. 388-389.

25 Por exemplo, em voto no Processo nº 40.016/75, de 09.09.1976 (Requerente: Petri do Brasil S.A., DOU de 19.10.1976, Seção I, Parte I, pp. 13.852 e ss.), o Conselheiro-Relator Hamilton Bittencourt Leal afirmou que: "*No referido contrato, a concedente dá à concessionária a exclusividade de distribuição dos volantes esportivos, em todo o território nacional pelo prazo de um ano. (...) Assim, voto no sentido de ser aprovado e registrado o contrato de concessão apresentado*". *Apud* José Inácio Gonzaga Franceschini & José Luiz Vicente de Azevedo Franceschini, *Poder Econômico: Exercício e Abuso – Direito Antitruste Brasileiro*, São Paulo: RT, 1985, p. 389-390.

26 Não há dados disponíveis acerca do número de atos e contratos que foram registrados perante o CADE nos termos do artigo 74 no período de vigência da Lei nº 4.137/62. Contudo, é esperado que esse número tenha sido bastante reduzido.

rência. Esse ambiente protecionista era inclusive refletido nos julgamentos do CADE.[27]

Com a Constituição de 1988, a ordem econômica ganha um novo *status* e a livre concorrência, prevista no artigo 170, IV, passa a ser um de seus princípios balizadores. Ademais, no artigo 173, § 4º, CF foi estabelecido que "*A lei reprimirá o abuso do poder econômico que vise à dominação dos mercados, à eliminação da concorrência e ao aumento arbitrário dos lucros.*" A isso se soma o novo contexto político e econômico do Brasil, em um forte movimento de liberalização e abertura da economia, com controle da inflação. Nesse contexto, foi adotada a Lei nº 8.158, de 8 de janeiro de 1991, resultante da Medida Provisória nº 204, de 2 de agosto de 1990 e de suas reedições[28] (com poucas alterações).[29] Na Exposição de Motivos da referida Medida Provisória, os

---

Como indicativo, de 1963 a 1990 o CADE instaurou 117 processos administrativos, que resultaram em apenas 16 condenações (todas suspensas no Judiciário). Vide Lúcia Helena Salgado, *A economia política da ação antitruste*, São Paulo: Singular, 1997, p. 176. Segundo Arthur Badin, *Prestação de Contas da Procuradoria do CADE*, 2007, in www.cade.gov.br, 302 processos foram julgados pelo CADE no período 1962-1993.

27 Por exemplo, em voto nas Averiguações Preliminares nº 112, de 14.12.1981 (Representante: Bombril S/A Indústria e Comércio; Representadas: Colgate Palmolive Ltda. e Colgate Palmolive Co., DOU de 24.12.1981, seção I, p. 24.765 e ss.), o Conselheiro-Relator Feres Osrraia Nader do processo afirmou que o: "*Estado-Nação, para sobreviver como tal, tem de ser poderoso, também, fora das suas tradicionais fronteiras. Tem de fomentar, apoiar, empurrar financeira, técnica e logisticamente, as suas multinacionais, as multinacionais de raiz interna. (...) há que se proteger as empresas brasileiras de modo a que possam desabrochar para o mundo, em expansão de mercados, de técnica, de grandeza financeira. Assim, temos de interpretar a nossa Lei 4.137/62 no sentido do conhecimento desses fatos. Repito: sem denegrir a multinacional estrangeira que aqui, no Brasil, atua legalmente, ajudando ao progresso, mas tendo sempre em vista que, no corpo do art. 160 da Carta Constitucional está bem vincado o fim do desenvolvimento nacional*". *Apud* José Inácio Gonzaga Franceschini & José Luiz Vicente de Azevedo Franceschini, *Poder Econômico: Exercício e Abuso – Direito Antitruste Brasileiro*, São Paulo: RT, 1985, pp. 19-20.

28 Medida Provisória nº 218, de 03.09.1990, DOU de 03.08.1990, p. 16.807; Medida Provisória nº 246, de 13.10.1990, DOU de 15.10.1990, p. 19.509; Medida Provisória nº 276, de 05.12.1990, DOU de 06.12.1990, p. 23.464.

29 Tercio Sampaio Ferraz Junior, "Lei de Defesa da Concorrência, Origem Histórica e Base Constitucional", in *Arquivos do Ministério da Justiça* nº 180, ano 45, 1992, p. 181, afirma que "*a Lei nº 4.137/62, de raízes relativamente frágeis, tornou-se largamente inoperante. Neste quadro desagregador, a proposta de liberalização da economia trazida por um novo Governo, em março de 1990, tinha dois objetivos*

então Ministros da Justiça e da Economia, Fazenda e Planejamento apontavam para as insuficiências do quadro legislativo para a tutela da concorrência:

> *A Constituição Federal, no seu art. 173, § 4º, reserva à lei tarefa de reprimir os abusos do poder econômico e a consequente produção de anomalias de comportamento concorrencial no mercado.*
>
> ***Num passado recente, a forte tutela econômica exercida pelo poder público, estabelecendo e aplicando mecanismos de controle de preços, bem como a facilidade com que paralelamente se estimulavam práticas indesejáveis de cartelização e de dumping criaram no País um comportamento empresarial que acabou por prejudicar o justo equilibro das forças de mercado.***
>
> *Tal situação, que deita raízes em nossa cultura, ensejou a providencial liberação do controle de preços, no contexto da atual política industrial que Vossa Excelência em tão boa hora houve por bem implantar. Essa liberação, imprescindível para viabilizar uma saudável concorrência, voltada para o aumento e aperfeiçoamento da produção e comercialização de bens, para se tornar eficaz necessita, com redobrada urgência, de um mecanismo legal capaz de prevenir distorções e corrigir abusos. E esta é a razão pela qual temos a honra de encaminhar a Vossa Excelência a presente proposta de medida provisória.*
>
> ***A legislação brasileira pertinente, em particular a Lei nº 4.137, de 10 de setembro de 1962, vem merecendo de longa data críticas acerbas da doutrina, sobretudo pela ineficiência dos procedimentos ali estabelecidos, em razão dos quais até mesmo os processos mais simples chegam a consumir anos de infrutífera discussão, sem nenhum senso prático.*** *As alterações que nesta proposta são sugeridas visam, nuclearmente, a conferir eficiência e rapidez à atuação do poder público neste relevante aspecto*[30] *(g.n.).*

Foi com base nessa mesma fundamentação, referida nas medidas provisórias subsequentes, que a Lei nº 8.158/91 foi aprovada pelo Congresso Nacional e sancionada, com vetos, pelo Presidente da República. Tal lei, ao criar a Secretaria Nacional de Direito Econômico (SNDE)[31] e introduzir

---

básicos: a renúncia do Estado às diferentes formas interventivas e o desbloqueio da iniciativa privada, pela implosão dos cartéis e dos 'cartórios'. E com essa finalidade, a ressureição da lei antitruste era uma peça fundamental".

30 Diário do Congresso Nacional, 22.08.1990, Seção Conjunta, p. 3.661.

31 Órgão subordinado ao Ministério da Justiça com a função de "*apurar e propor as medidas cabíveis com o propósito de corrigir as anomalias de comportamento de setores econômicos, empresas ou estabelecimentos, bem como de seus administradores e controladores, capazes de perturbar ou afetar, direta ou indiretamente, os mecanismos de formação de preços, a livre concorrência, a liberdade de iniciativa ou os princípios constitucionais da ordem econômica*" (artigo 1º da Lei nº 8.158/91).

mudanças na Lei nº 4.137/62, muniu a sociedade de um instrumental mais eficaz e adequado à regulação dos comportamentos no mercado.[32] O artigo 74 da Lei nº 4.137/62 ganhou nova redação dada pelo artigo 13 da Lei nº 8.158/91.[33] O controle de estruturas passou a ser claramente obrigatório (afastando a

---

[32] A Lei nº 8.158/91 foi regulamentada pelo Decreto nº 36, de 14.02.1991 (publicado no DOU de 15.02.1991). De acordo com o Decreto, no caso de consulta feita com base no artigo 74 da Lei, a SNDE deveria consultar a Secretaria Nacional de Economia do Ministério da Economia, Fazenda e Planejamento sobre a operação. Nos termos do artigo 22 do referido decreto, o parecer técnico da Secretaria Nacional de Economia vinculava a SNDE e o CADE.

[33] Nova redação: "*Art. 74. Os ajustes, acordos ou convenções, sob qualquer forma manifestados, que possam limitar ou reduzir a concorrência entre empresas, somente serão considerados válidos desde que, dentro do prazo de trinta dias após sua realização, sejam apresentados para exame e anuência da SNDE, que para sua aprovação deverá considerar o preenchimento cumulativo dos seguintes requisitos:*

a) tenham por objetivo aumentar a produção ou melhorar a distribuição de bens ou o fornecimento de serviços ou propiciar a eficiência e o desenvolvimento tecnológico ou econômico ou incrementar as exportações;

b) os benefícios decorrentes sejam distribuídos equitativamente entre os seus participantes, de um lado, e os consumidores ou usuários finais, do outro;

c) não sejam ultrapassados os limites estritamente necessários para que se atinjam os objetivos visados;

d) não implique a eliminação da concorrência de uma parte substancial do mercado de bens ou serviços pertinentes.

§ 1º Também poderão ser considerados válidos os atos de que trata este artigo, ainda que não atendidas todas as condições previstas no "caput", quando a restrição neles contida for necessário por motivos preponderantes da economia nacional e do bem comum, e desde que a restrição tenha duração pré-fixada e, ao mesmo tempo, se comprove que, sem a sua prática, poderia ocorrer prejuízo ao consumidor ou usuário final.

(...)

§ 3º A validade dos atos de que trata este artigo, desde que aprovados pela SNDE, retroagirá à data de sua realização;

(...)

§ 5º Poderão as partes que pretenderem praticar atos de que trata este artigo, previamente à sua realização, consultar a SNDE sobre a validade dos atos a serem celebrados, devendo a consulta respectiva ser apreciada no prazo de sessenta dias, considerando-se a falta de resposta nesse prazo como concordância com a realização do ato, ressalvada a ocorrência de fato previsto na parte final do § 3º acima. (...)."

interpretação anterior) e de responsabilidade da SNDE.[34] O objetivo de tal mudança seria a criação de um ambiente propício à atividade econômica e seus movimentos naturais, com intervenção mínima no mercado. Caso houvesse um ato de concentração que se mostrasse lesivo à concorrência e que não pudesse ser aprovado com base em fundamentos outros como eficiência e interesse nacional, então a SNDE interviria. Outra mudança significativa é que os atos entre empresas que deveriam ser apresentados para aprovação da SNDE eram todos aqueles com potencial lesivo à concorrência, fugindo-se do rol (ainda mais discricionário) das alíneas da antiga redação. Foi também incluída uma presunção de lesividade, qual seja, a detenção de participação de ao menos 20% do mercado afetado pelas partes de uma operação, caso no qual a notificação era obrigatória.[35]

Apesar da nova redação da lei prever a apresentação de atos em até 30 dias de sua "*realização*", as partes poderiam optar por apresentar a chamada "*Consulta Prévia*", nos termos do § 5º do artigo 74 da lei. Foi o que ocorreu com a operação São Paulo Alpargatas S.A. e Empresas Têxteis Santista, que criou à época a maior empresa têxtil no Brasil. A SNDE reprovou a operação em um primeiro momento, aprovando-a com restrições após análise de recurso interposto pelas partes perante o Ministro da Justiça.[36]

---

[34] A nova redação do artigo 74 foi polêmica. Por exemplo, Modesto Carvalhosa afirmou que: "O *Poder Público não pode desconstituir uma fusão ou incorporação de uma companhia. A Constituição Federal e a Lei de Sociedades Anônimas garantem a livre contratação*" (vide Daniela Fernandes, *Nova Lei Antitruste causa polêmica*, Gazeta Mercantil, 18.10.1990, p. 33). Na mesma matéria, há posicionamento do advogado Jayme Vita Rosso ("*Este artigo é surrealista, de uma incompetência técnica total*") e do advogado Mauro Grinberg, que preferia a redação anterior – segundo sua interpretação ela já permitia o controle pleno de estruturas ("*A redação anterior do artigo 74 era melhor, só faltava aplicá-la*").

[35] "*Art. 74, § 2º Incluem-se nos atos de que trata o "caput", aqueles que visem a qualquer forma de concentração econômica, seja através de fusão ou incorporação de empresas, constituição de sociedade para exercer o controle de empresas ou qualquer outra forma de agrupamento societário ou concentração econômica, cuja consequência implique a participação da empresa ou grupo de empresas resultante, em vinte por cento de um mercado relevante de bens ou serviços.*"

[36] Vide Despacho do Secretário nº 49, de 18.05.1994, publicado no DOU de 25.05.1994, nº 98, Seção I, pp. 7675 e 7676. As condições foram: "*1) remessa de relatórios semestrais, pelo prazo mínimo de 04 (quatro) anos, contados da presente aprovação, ao DPDE/SDE, para acompanhamento do desempenho da nova sociedade, na forma projetada pelas conscientes nos presentes autos; 2) manutenção das plantas existentes; 3) manutenção das marcas já comercializadas, sem diminuição das opções dos*

Ainda no bojo dessa mesma reforma legislativa foi aprovada a Lei nº 8.137, de 27 de dezembro de 1990,[37] que prevê em seu artigo 4º que o abuso do poder econômico mediante concentração empresarial de qualquer natureza (coalizão, incorporação, fusão, integração, concentração de ações, aquisição de acervos de empresas ou quotas, ações, títulos e direitos) é crime contra a ordem econômica, punível com reclusão de dois a cinco anos ou multa. Quis-se, assim, assegurar tratamento dos mais severos (de ordem criminal) para aqueles atos de concentração que pudessem lesar a concorrência.

Contudo, as Leis nº 4.137/62 e nº 8.158/91, com suas respectivas regulamentações passaram a coexistir com previsões contraditórias e sem a criação da noção propriamente de um sistema. Além disso, havia outras legislações esparsas – como a Lei nº 8.002, de 14 de março de 1990, que estabelecia tratamento criminal a determinadas condutas anticompetitivas[38] – que dificultavam ainda mais a aplicação coerente do direito da concorrência. Para sistematizar e consolidar os novos conceitos e procedimentos, foi promulgada então a Lei nº 8.884, em 11 de junho de 1994, da qual tratamos abaixo.

3. A IMPLEMENTAÇÃO DA LEI Nº 8.884/94

Os anos 90 alçaram a defesa da concorrência a um patamar nunca antes atingido no Brasil, fruto do contexto econômico e político liberal que permitiu, entre outros, o aperfeiçoamento e consolidação da matéria concorrencial

consumidores; 4) manutenção dos níveis de empregos; 5) garantia de pleno e regular abastecimento do mercado; 6) investimentos em melhorias tecnológicas e aperfeiçoamento dos níveis de eficiência industrial; 7) implementação de programa de exportações face ao aumento da capacidade produtiva e 8) demonstração da efetiva divisão equitativa dos benefícios decorrentes da associação entre as associadas e os consumidores finais. O descumprimento de qualquer um dos compromissos a serem implementados, como pressupostos básicos que autorizaram a aprovação, deverá implicar na imperfeição do objeto da consulta, o que ensejará a sua revisão."

[37] Publicada no DOU de 28.12.1990, p. 25.534.

[38] Publicado no DOU de 14.03.1990, p. 5.167. Previa que: "*Art. 1º Fica sujeito à multa, variável de 500 a 200.000 Bônus do Tesouro Nacional - BTN, sem prejuízo das sanções penais que couberem na forma da lei, aquele que: I – recusar a venda de mercadoria diretamente a quem se dispuser a adquiri-la, mediante pronto pagamento, ressalvados os casos de intermediação regulados em leis especiais; II – condicionar a venda de mercadoria ao seu transporte ou à prestação de serviço acessório, pelo próprio vendedor ou por terceiro que ele indicar ou contratar, quando o comprador se dispuser a transportá-la por sua conta e risco.*"

na esfera legislativa.[39] O texto da Lei nº 8.884/94 foi resultado do trabalho de comissão constituída pela Portaria do Ministério da Justiça nº 28, de 27 de janeiro de 1993, com o objetivo de "*estudar e propor o aperfeiçoamento e a consolidação da legislação sobre defesa da concorrência e abuso do poder econômico, visando à fixação de novo modelo institucional que propicie melhor ação governamental nesse campo*". Na Exposição de Motivos encaminhada pelo Ministro da Justiça Maurício Corrêa ao Exmo. Senhor Presidente da República, foram indicadas as principais preocupações que motivaram a reforma, sendo requerido regime de urgência na tramitação do projeto:

> *Uma política de não-intervenção no livre mercado não deve significar um aval a um mercado que perverte a liberdade. A Constituição Federal, art. 173, § 4º, exige da lei a repressão do abuso do poder econômico. Trata-se de peça importante para a livre concorrência, capaz de trazer saudáveis consequências para a produção e o consumo. A legislação atual tem meios substantivos bastante razoáveis para que se implemente essa repressão. Mas, para dar-lhe efetividade, é preciso dotar o Poder Público de instrumentos hábeis, suficientes para superar alguns problemas essenciais.*
>
> *Primeiro, a falta de quadros especializados. (...) Em segundo lugar, a tradição brasileira mostra que o combate ao abuso do poder econômico por meios administrativos tende a ser sempre questionado no Poder Judiciário (...) impõe-se dotar o órgão de instrumentos processuais adequados notadamente de uma Procuradoria especializada. Terceiro, a própria ação administrativa ressente-se da falta de meios que permitam sejam os agentes econômicos alertados quanto às condutas abusivas que praticarem, assumindo o compromisso de cessá-las. Em quarto lugar, alguns tipos de abuso, como o aumento arbitrário de preços, não encontram satisfatória configuração legal. Finalmente, o processo administrativo na atual legislação não tem claramente formulada a discriminação de competências entre os órgãos encarregados de promovê-lo, o que conduz não poucas vezes a incertezas que só delongam os prazos, em detrimento da necessária celeridade no combate ao abuso do poder econômico.*[40]

Estava clara a busca pela efetividade do sistema: corpo técnico especializado, instrumental para garantir a validade das decisões no Judiciário e agilizar o processo administrativo, com delimitação de competência entre os órgãos responsáveis por implementar a defesa da concorrência no Brasil. Do Projeto de Lei nº 3.712-E, de autoria do Deputado Fabio Feldman, surge então,

---

[39] Como reconhecido pela OCDE (OECD, *Competition Policy and Regulatory Reform in Brazil: A Progress Reform*, Paris: OECD Publishing, 2000, p. 3).

[40] Exposição de Motivos nº 184, de 24 de abril de 1993, do Senhor Ministro de Estado da Justiça.

após intensas discussões legislativas (inclusive para esclarecer que não se tratava de controle de preços),[41] a Lei nº 8.884/94, que contou com o largo apoio do Executivo[42] e que foi recebida de forma dúbia pelo empresariado local.[43]

---

[41] O Deputado Fabio Feldman, ao acompanhar a 105ª Sessão Ordinária do CADE, de 02.12.1998, afirmou que: "*no Brasil é preciso que se crie a cultura da concorrência, e a ausência da cultura da concorrência levou a muita incompreensão durante todo o processo de tramitação da Lei, e mesmo depois que a Lei foi sancionada, a dificuldade da sociedade brasileira, de uma maneira geral, de entender a Lei, inclusive, à época, de entender que não se tratava de uma Lei de controle de preço, que foi na verdade, a grande discussão que ocorreu, e nós comentamos. Eu acho que, numa sociedade altamente complexa como a nossa, nesse processo altamente veloz de globalização, essa questão da concorrência, ela é absolutamente vital para um conceito de cidadania contemporânea. (...) eu estou disposto a retomar essa discussão, inclusive no campo da sociedade civil, quer dizer, das organizações não-governamentais, das ONG's, das quais eu faço parte, porque realmente eu acho inclusive que tem que haver um enorme apoio ao trabalho do CADE e o reconhecimento de que este trabalho é fundamental para o Brasil, e para a cidadania contemporânea. A Lei de Abuso de Poder Econômico foi uma Lei que mudou muito o Brasil no sentido de ser um instrumento de pedagogia para o cidadão brasileiro e para os agentes econômicos (...).*" (transcrição contida na Ata da 105ª sessão ordinária do CADE, de 02.12.1998).

[42] Fernando Henrique Cardoso, em "Discurso de Abertura do III Seminário Internacional de Defesa da Concorrência", in *Revista do Ibrac* vol. 4, nº 6, 1997, pp. 5-6, afirmou que: "*Nós apresentamos um projeto para tentar colocar essas questões num prisma mais amplo. E eu quero mencionar aqui a ação nesse projeto primeiro dos advogados que estiveram por trás, como assessores do projeto – alguns estarão por aqui. E a presença naquele momento do deputado Fabio Feldman, que me aterrorizava frequentemente, dizendo que eu tinha que fazer alguma coisa nesta matéria. Ele realmente teve um papel muito grande em me convencer da importância de uma ação mais enérgica na regulação da competição. Foi possível portanto, quando nós já estávamos no Ministério da Fazenda, em 94, discutir mais aprofundadamente essa matéria e, finalmente, foi possível regulamentar de forma adequada o CADE*".

[43] A lei causou polêmica, sendo acusada de instalar um terror econômico (vide Wilson Rodrigues de Faria, *Os problemas da Lei Antitruste*, in O Estado de São Paulo, 23.08.1994, p. 26). Parte das críticas vinha de uma compreensão equivocada dos artigos da nova lei como se pode ver do trecho do mencionado artigo de Wilson Rodrigues de Faria: "*Concorrentes não poderiam agir de maneira uniforme e teriam sempre que adotar condutas comerciais não convencionadas. Por outro lado, a lei estabelece que concorrentes não mais poderiam lutar entre si pelo mercado nem brigar pela sua fatia, uma vez que concorrente não pode criar dificuldade ao outro. (...) Dificultar o funcionamento de concorrentes é colocar seus preços mais baixos? (...) O que fazer?*".

Em linhas gerais, a Lei nº 8.884/94 instituiu o CADE como autarquia federal vinculada ao Ministério da Justiça e composto por seis conselheiros e um presidente, com mandato de dois anos, sendo possível a recondução. Foram também estabelecidas competências para a Secretaria de Direito Econômico do Ministério da Justiça (SDE) e a Secretaria de Acompanhamento Econômico do Ministério da Fazenda (SEAE)[44] que, juntamente com o CADE, formam o que se convencionou chamar de "Sistema Brasileiro de Defesa da Concorrência" (SBDC). Três pilares básicos foram estabelecidos: atuação preventiva, via controle de concentrações, atuação repressiva, via controle de condutas, e atuação educativa, via promoção da cultura da concorrência. A nova lei revogou as Leis nº 4.137/62, 8.158/91 e 8.002/90, e alterou a Lei nº 8.137/90, dando unidade e sistematicidade ao tema da defesa da concorrência no país.

Vê-se que se passou de um sistema antes baseado na defesa da economia popular (ainda que transvestido do nome "concorrência" no período 1962-1988) para a promoção da concorrência propriamente dita (a partir de 1994), tendo havido um período de transição a partir da promulgação da nova Constituição e com a tomada de posse do Presidente Fernando Collor em março de 1990. A aplicação dos novos conceitos em um ambiente econômico propício gerou uma verdadeira *revolução antitruste* no Brasil. A mudança de escala da nova estrutura foi rápida. Por exemplo, de maio a dezembro de 1996 foram julgados 162 processos, com 20 condenações, *versus* 152 julgados e 16 condenações no período 1963-1984.[45] O fluxo médio mensal de entrada de processos no período de maio a dezembro de 1996 foi de 23,1 casos, 900% maior do que a média dos dois anos anteriores (2,3).[46] Parte desse êxito deve-se ao empenho do CADE, já em 1996, em se firmar como instituição e expandir sua área de atuação.

Com os subsequentes avanços legislativos à Lei nº 8.884/94,[47] o SBDC passou a contar com expressiva reputação, tanto no plano interno quanto

---

[44] Instituída em 01.01.1995, como desmembramento da Secretaria de Política Econômica do Ministério da Fazenda.

[45] CADE, Relatório Anual 1996, Brasília, 1997. O relatório conclui que: "*A defesa da concorrência nunca constituiu prioridade do Brasil do passado. Na era CIP, órgãos como o CADE existiam formalmente, mas não eram feitos para funcionar, conforme sugerem as estatísticas mencionadas antes. As autoridades usavam e abusavam de seu poder de intervenção no mercado, enquanto a morosidade da tramitação dos processos de direito econômico tornava ineficaz, na prática, o sistema legal.*"

[46] CADE, *Relatório Anual 1996*, Brasília, 1997.

[47] Lei nº 9.021, de 30.03.1995, DOU de 31.03.1995, p. 4.578; Lei nº 9.069, de 29.06.1995, DOU de 30.06.1995, p. 9.621; Lei nº 9.470, de 10.07.1997, DOU de 11.07.1997,

no internacional. No campo das estruturas, houve significativos avanços desde 1994. De 1994 a 2000, as grandes concentrações tomavam quase que integralmente a atenção das autoridades. Nos primeiros cinco anos de aplicação da Lei nº 8.884/94 um considerável percentual de concentrações foi re-provado – como Rockwell do Brasil/Albarus[48] e Brasilit/Eternit[49] – ou sofreu restrições estruturais – como Rhodia/Sinasa,[50] Gerdau/Pains,[51] Kolynos/Colgate,[52] Brahma/Miller,[53] e Antarctica/Anheuser

---

p. 14.704; Lei nº 10.149, de 21.12.2000, DOU de 22.12.2000, p. 2; Lei nº 10.843, de 27.02.2004, DOU de 01.03.2004, p. 1; Lei nº 11.292, de 26.04.2006, DOU de 27.04.2006, p. 2; Lei nº 11.482, de 31.05.2007, DOU de 31.05.2007, p. 5.

48 AC nº 1/94 (Conselheiro-Relator: Marcelo Monteiro Soares). A operação consistia na aquisição da Divisão Braseixos da empresa Rockwell do Brasil S.A. pela Álbarus Indústria e Comércio S.A (segmento de autopeças). Ementa: "*Por maioria, o Colegiado manifestou-se contrariamente à operação de aquisição da Divisão Braseixos da Rockwell do Brasil S.A. pela Álbarus Indústria e Comércio S.A.)*", de 01.12.1994. Em 24.01.1995, o ato foi reapresentado (Ato de Concentração nº 26/95) e aprovado em 19.12.1995 mediante a assinatura de um TCD (disponível em http://www.cade.gov.br/ASPIntranet/temp/t131200819595528.pdf).

49 AC nº 6/94 (Conselheira-Relatora: Neide Teresinha Malard). A operação consistia na associação da Eternit S.A. e Brasilit S.A. para a formação de uma nova empresa chamada Eterbrás Sul Ltda. Ementa: "*Por unanimidade, o Colegiado negou autorização às Requerentes Brasilit S.A. e Eternit S.A. para se associarem na criação da empresa Eterbrás Sul Ltda.*", de 25.11.1994.

50 AC nº 12/94 (Conselheiro-Relator José Matias Pereira). A operação consistia na formação de uma *joint venture* entre Rhodia S.A. e Sinasa S.A. Administração, Participações e Comércio denominada Rhodia-Ster S.A.

51 AC nº 16/94. Em 29.03.1995, o Plenário do CADE decidiu, por maioria, "*pela aprovação parcial da transação submetida pelas empresas Siderúrgica Laisa S.A. (Grupo Gerdau) e Korl Gmbh (Cia. Siderúrgica Pains), determinando-se às Requerentes (...) a DESCONSTITUIÇÃO dos atos pertinentes à incorporação da Cia. Siderúrgica Pains ao Grupo Gerdau*". Em novembro de 1995, o grupo Gerdau pediu ao então Ministro da Justiça Nelson Jobim que modificasse a decisão do CADE que vetou a compra da siderúrgica Pains. O Ministro Jobim suspendeu a decisão, o que gerou grande desconforto, sendo que os conselheiros que votaram contra a Gerdau não foram reconduzidos para os seus mandatos. Essa interferência, não prevista em lei, foi altamente polêmica e gerou inclusive questionamento ao Ministro da Justiça por parte da Câmara dos Deputados (Requerimento de Informações nº 1.170, de 26.10.1995). O CADE flexibilizou as restrições impostas no momento de execução da decisão.

52 AC nº 27/94.

53 AC nº 58/95.

Bush[54]). A média de operações que sofriam restrições superava 10% do total de atos apresentados, sendo que a maioria das restrições foi além da mera restrição de eventual cláusula de exclusividade e estavam condicionados ao quanto estabelecido nos chamados "*Termos de Compromisso de Desempenho*" (TCD).[55]

Obviamente, havia um *viés de seleção*: no início de vigência da lei apenas as operações que envolviam grandes concentrações eram apresentadas. Por iniciativa do então Presidente do CADE, Gesner Oliveira, o órgão enviou, principalmente em 1998 e 1999, "*cartas-alerta*" às empresas integrantes de operações para que elas tomassem conhecimento da lei antitruste e apresentassem o ato, caso este preenchesse os requisitos de notificação obrigatória estabelecidos na lei.[56] O objetivo era difundir a existência do controle estrutural e assegurar que a lei fosse cumprida, com a aplicação de multas por apresentação intempestiva (que chegou a 20% dos casos julgados, em 1999

---

[54] AC nº 83/96.

[55] Os TCDs foram previstos na Lei nº 8.884/94 como condição à aprovação de atos de concentração que gerassem preocupações concorrenciais. O instituto foi posteriormente regulamentado pelo artigo 131 da Resolução nº 45, de 28.03.2007, DOU de 12.04.2007.

[56] Por exemplo, conforme ata da 97ª sessão ordinária do CADE, de 07.10.1998 (publicada no DOU de 16.10.1998, n.º 198-E, seção 1, pp. 1-2), o "*Presidente do CADE, Gesner Oliveira, submeteu ao Plenário o teor de Cartas-Alerta endereçadas às empresas Tirreno e Comércio Derivados Plásticos Ltda., Petroquímica União e Branco Peres Citrus S.A.. O Plenário, por unanimidade, referendou os termos destas Cartas-Alerta, que correspondem aos Ofícios/CADE no 1744/98, 1745/98 e 1746/98.*" Ainda, ata da 100ª sessão ordinária do CADE, de 28.10.1998 (publicada no DOU de 06.11.1998), dá conta que "*O Presidente submeteu ao Plenário o teor de duas Cartas-Alerta, endereçadas às empresas Bosch S.A. e Café Seleto. O Plenário, por unanimidade, referendou os termos destas Cartas-Alerta. (...) O Presidente do CADE, Gesner Oliveira, levou ao conhecimento do Plenário as incorreções apresentadas na reportagem publicada no jornal Gazeta Mercantil, em 26.10.1998, "Cade questiona Grupo Pão de Açúcar", afirmando que o CADE não questionou ou denunciou a referida empresa. As Cartas-Alerta resultam de competência legal do Plenário do CADE, expressa no inciso XVIII do artigo 7º da Lei 8884/94 ("Compete ao Plenário do CADE: instruir o público sobre as formas de infração da ordem econômica"), e buscam trazer informações relevantes ao cumprimento da Lei.*" Ainda, o CADE, em sessão de 26.02.2003, decidiu encaminhar aos bancos "cartas-alerta", informando sobre a necessidade de as instituições financeiras notificarem ao órgão as fusões e incorporações ocorridas no sistema financeiro.

e 2000).[57] Ainda, para garantir apoio da massa popular e política à atuação do CADE, o órgão firmou em 12 de abril de 2000 com o Ministério do Trabalho e Emprego acordo pelo qual se comprometia a atuar em parceria com referido Ministério "*na avaliação de programas de requalificação e recolocação profissional para trabalhadores cuja perda de emprego esteja relacionada à reestruturação e fusão de empresas*".[58] Também foi necessário garantir a independência do órgão em relação ao Governo. Logo no início das atividades do CADE, houve episódio de intervenção direta, quando o então Ministro da Justiça Nelson Jobim ordenou, em 1995, a suspensão da decisão do CADE no caso Gerdau/Pains.[59] Tal suspensão não estava amparada em dispositivo legal e gerou grande controvérsia, ocasionando inclusive questionamento ao Ministro da Justiça por parte da Câmara dos Deputados (Requerimento de Informações nº 1.170, de 26 de outubro de 1995). Esse foi o único caso de intervenção direta do Executivo e hoje se pode dizer que o CADE está em largos termos insulado de influência política direta.[60]

---

[57] Gesner Oliveira & Bruno Werneck, *Roteiro para análise de atos de concentração: uma proposta para o quadro institucional brasileiro*, EAESP/FGV/NPP: Núcleo de pesquisas e publicações, sem data.

[58] A cláusula segunda de referido protocolo curiosamente previa que o Ministério do Trabalho e Emprego "*irá monitorar, por meio do Cadastro Geral de Empregados e Desempregados, o fluxo de admissões e dispensas de empregados relativamente às empresas de que trata o presente Protocolo*".

[59] AC nº 16/94. Em 29.03.1995, o Plenário do CADE decidiu, por maioria, "*pela aprovação parcial da transação submetida pelas empresas Siderúrgica Laisa S.A. (Grupo Gerdau) e Korl Gmbh (Cia. Siderúrgica Pains), determinando-se às Requerentes (...) a DESCONSTITUIÇÃO dos atos pertinentes à incorporação da Cia. Siderúrgica Pains ao Grupo Gerdau*".

[60] Pode-se dizer que há controle do Legislativo, por intermédio do Senado Federal, quando da sabatina dos Conselheiros e potencial influência indireta naqueles Conselheiros que ainda não foram reconduzidos (nos termos do artigo 4º, § 1º, da Lei nº 8.884/94, o mandato dos Conselheiros é de dois anos, sendo possível uma recondução). Os senadores podem negar a recondução em relação àqueles Conselheiros não alinhados com seus interesses. Nos mais de 15 anos de aplicação da lei, apenas três nomes indicados pelo Executivo não foram confirmados ou não tomaram posse por decisão própria. O primeiro foi o Conselheiro Cleveland Prates Teixeira, que não foi reconduzido ao órgão. Ele desistiu da recondução uma vez que o Governo não queria colocar seu nome para votação no plenário do Senado, com temor de que ele fosse rejeitado em vista de seu voto para a reprovação da operação Nestlé-Garoto. A segunda indicação que não se confirmou foi a de Denise Abreu,

No afã de implementar a lei antitruste, foi adotada interpretação extensiva do critério do faturamento constante do artigo 54, § 3º:[61] todos os atos em que os grupos econômicos das partes envolvidas apresentassem faturamento mundial no ano anterior à operação igual ou superior a R$ 400 milhões deveriam ser apresentados ao SBDC. Se por um lado isso aumentava a visibilidade da lei, por outro fazia com que um crescente número de atos sem potencial lesivo fossem apresentados às autoridades brasileiras, principalmente após 2000.[62]

O gráfico a seguir ilustra a evolução no número de atos julgados a partir da vigência da Lei nº 8.884/94, em que se nota a mudança de escala a partir de 2000. Foi incluída igualmente tabela que indica o número de operações que sofreram restrições ou foram proibidas pelo CADE. A tabela a seguir demonstra que aproximadamente 4,5% dos atos sofreram restrições e menos do que 0,1% foram reprovados.[63] Se excluirmos das restrições aquelas rela-

---

que tinha apoio do então ministro-chefe da Casa Civil, José Dirceu (Denise Abreu nem chegou a ser sabatinada). A terceira indicação que não se confirmou foi a do economista Enéas de Souza, que chegou a ser aprovado pelo Senado Federal, mas decidiu que não tomaria posse.

61 Prevê o artigo 54 que "*Art. 54. Os atos, sob qualquer forma manifestados, que possam limitar ou de qualquer forma prejudicar a livre concorrência, ou resultar na dominação de mercados relevantes de bens ou serviços, deverão ser submetidos à apreciação do Cade. (...) § 3º Incluem-se nos atos de que trata o caput aqueles que visem a qualquer forma de concentração econômica, seja através de fusão ou incorporação de empresas, constituição de sociedade para exercer o controle de empresas ou qualquer forma de agrupamento societário, que implique participação de empresa ou grupo de empresas resultante em vinte por cento de um mercado relevante, ou em que qualquer dos participantes tenha registrado faturamento bruto anual no último balanço equivalente a R$ 400 milhões.*"

62 Em linha com o planejamento estratégico estabelecido pelo CADE em 1997: "*A consolidação dos avanços fartamente ilustrados neste Relatório Anual 1997, aliada à formulação criteriosa e realista da nova agenda que se vislumbra com a modernização da economia brasileira, permitirá ao CADE se credenciar como instituição que almeja a maturidade institucional no ano 2000.*" (CADE, *Relatório Anual 1997*, Brasília, 1998, p. 20).

63 Os atos de concentração reprovados foram Rockwell do Brasil/Albarus (AC nº 1/94), Brasilit/Eternit (AC nº 6/94), Bolsa Brasileira do Álcool (AC nº 08012.004117/1999-67), Coopersucar Armazéns Gerais (AC nº 08012.002315/99-50), Nestlé/Garoto (AC nº 08012.001697/2002-89), Owens Corning/Saint Gobain (AC 08012.001885/2007-1), Hospital de Caridade Dr. Astrogildo de Azevedo/Uni-

cionadas à apresentação da versão final do contrato firmado e restrição de cláusula de não concorrência, esse percentual é reduzido para 1,6% (estimativa conservadora).[64] Vê-se ainda a concentração da assinatura dos TCDs no período 1994-1998,[65] que além da razão comentada acima, é devido ao

---

med Santa Maria (AC nº 08012.008853/2008-2) e Polimix/Cimento Tupi (AC nº 08012.002467/2008-2).

[64] Daniel Goldberg, "O controle de estruturas no Brasil: reflexões sobre o estudo de José Tavares", in João Paulo dos Reis Velloso, *Por uma moderna política de competição*, Rio de Janeiro: José Olympio Editora, 2006, indica que no período de 2000 a 2004 apenas 0,15% dos atos julgados sofreram restrições estruturais de relevo.

[65] No período 1994-2010, os seguintes TCDs foram firmados: Fosfértil - Fertilizantes Fosfatados/Ultrafértil Indústria e Comércio de fertilizantes (AC nº 2/1994), Carborundum do Brasil/Norton Indústria e Comércio (AC nº 5/1994), Carbex Indústrias Reunidas/Helios (AC nº 13/1994), Companhia Siderúgica Belgo Mineira/Siderúrgica Dedini (AC nº 14/1994), Alcan Alumínio do Brasil/FICAP (AC nº 18/1994), Ajinomoto Co./Oriento Indústria e Comércio (AC nº 19/1994), Bayer/Companhia Nitro Química Brasil (AC nº 22/1995), Crown Química/Grace Produtos Químicos e Plásticos (AC nº 24/1995), CARFEPE S.A. Administradora e Participadora/Santista Alimentos (AC nº 25/1995), Albarus/Rockwell do Brasil (AC nº 26/1995), K e S Aquisições/Kolynos do Brasil (AC nº 27/1995), Dow Produtos Químicos/Hoechst Marion Roussel/Laboratórios Silva Araújo Roussel (AC nº 47/1995), COPESUL/OPP Petroquímica S.A./Petroquímica Triunfo/Poliolefinas (AC nº 54/1995), Jovita/Melitta do Brasil (AC nº 56/1995), Companhia Cervejaria Brahma/Miller Brewing Company (AC nº 58/1995), ELETROLUX/Kaspar/Oberdorfer (AC nº 62/1995), White Martins/Unigases (AC nº 78/1996), Alcan Alumínio do Brasil/Alumínio Penedo (AC nº 79/1996), Companhia Bahiana de Fibras/Du Pont do Brasil (AC nº 145/1997), Companhia Vale do Rio Doce/Valepar (AC nº 155/1997), Amadeus Global Travel Distribution/Transbrasil/Varig (AC nº 08012.008101/1999-79), Fundação Antônio Helena Zerrenner/Ambev (AC nº 08012.005846/99-12), Internet Digital Boulevard/Terra Networks Brasil (AC nº 08012.004818/2000-82), CTBC Celular/Net Site (AC nº 08012.006688/2001-01), Companhia Brasileira de Bebidas/Pepsico (AC nº 08012.000212/2002-30), Serrana/Nevada Woods (AC nº 08012.000497/2000-01), Andely Holding/Manah/Raspail Empreendimentos (AC nº 08012.004904/2000-97), Cargill Agrícola/Companhia Nacional de Fertilizantes (AC nº 08012.007454/2000-49), Brasil Mídia Exterior/Hélio Lux/Itasilk/Pintex/Veículo Public (AC nº 08012.005116/2000-16), Brasil Mídia Exterior/Pintex/Pintex Luminosos (AC nº 08012.005117/2000-61), Brasil Mídia Exterior/D2E Participações/Local Participações (AC nº 08012.005118/2000-13), Ripasa /Suzano (AC nº 08012.010195/2004-19), Ripasa

fato de que, a partir de 2000, começou a haver forte movimento internacional contra os remédios de ordem comportamental, por serem considerados ineficazes dada a dificuldade de monitoramento[66]. Em vista do controle *a posteriori* estabelecido pela Lei nº 8.884/94, com suas limitações práticas ao uso de remédios estruturais, de 2007 a 2010 voltou a haver um incremento no uso de remédios comportamentais.

Celulose e Papel/Votorantim Celulose e Papel (AC nº 08012.010192/2004-77), Axalto Holding/Gemplus International (AC nº 08012.011178/2005-71), ALL Logística/Brasil Ferrovias (AC nº 08012.005747/2006-21), Vivax/NET Serviços (AC nº 53500.029599/2006), Petrobras/Ipiranga (AC nº 08012.002820/2007-93), Leão Júnior/Recofarma (AC nº 08012.001383/2007-91), BPS Shopping Center Ltda./ Brascan Shopping Centers Ltda (AC nº 08012.013500/2007-69), DGB Logistica/ Chinaglia (AC nº 08012.013152/2007-20), Dana Corporation/MAHLE Gmbh (AC nº 08012.011518/2006-45), RV Empreendimentos Ltda/Silicar Empreendimentos, Comércio e Participações Ltda (AC nº 08012.008847/2005-28), Agricur Defensivos Agricolas Ltda/Sumitomo e outros (AC nº 08012.002148/2008-17), Votorantim Celulose e Papel (VCP)/International Paper (AC nº 08012.009463/2006-11), Brasil Telecomunicações AS/CLIC Clube de Investimentos dos Empregados da CEMIG (AC nº 53500.022515), Banco do Brasil S.A./Banco Nossa Caixa S.A. (AC nº 08012.011736/2008-41), Assicurazioni Generali S.p.A/Intensa Sanpaolo S.p.A, Mediobanca - Banca di Credito Finanziario S.p.A/Telefónica S.A. (AC nº 53500.012487/2007), Medley/Sanofi-Aventis (AC nº 08012.003189/2009-10), Sociedade Brasileira de Participações / Chevron Amazonas LLC (AC nº 08012.009025/2008-15), 614 Telecomunicações Ltda, Net Serviços de Comunicações S.A (AC nº 53500.001477/2008), American Bank-Note/Interprint (AC nº 08012.001166/2008-81), Merck & Co., Inc./Schering-Plough Corporation (AC nº 08012.002252/2009-92), Telemar/Brasil Telecom (AC nº 53500.012477/2008), Alesat/Repsol (AC nº 08012.000236/2009-65).

[66] ICN, *Recommended practices for merger notification procedures*, 2005, disponível em http://www.internationalcompetitionnetwork.org/ (acesso em 10.11.2009). A preferência por remédios estruturais também é refletida no U.S. Department of Justice, *Antitrust Division Policy Guide to Merger Remedies*, 2004, disponível em http://www.usdoj.gov/atr/ (acesso em 15.01.2007) e European Commission, *Commission Notice on remedies acceptable under Council Regulation (EEC) No 4064/89 and under Commission Regulation (EC) No 447/98*, 2001, Official Journal C 68, 02.03.2001, p. 3. A pouca efetividade dos remédios comportamentais é o resultado do estudo dos remédios adotados pela Comissão Europeeia de 1996 a 2000 (European Commission, *Merger Remedies Study: an ex post analysis of 96 remedies included in merger decisions adopted in 1996-2000*, 2005, disponível em http:// ec.europa.eu/ (acesso em 12.03.2010).

Atos de Concentração Julgados pelo CADE (1994-2010)[67]

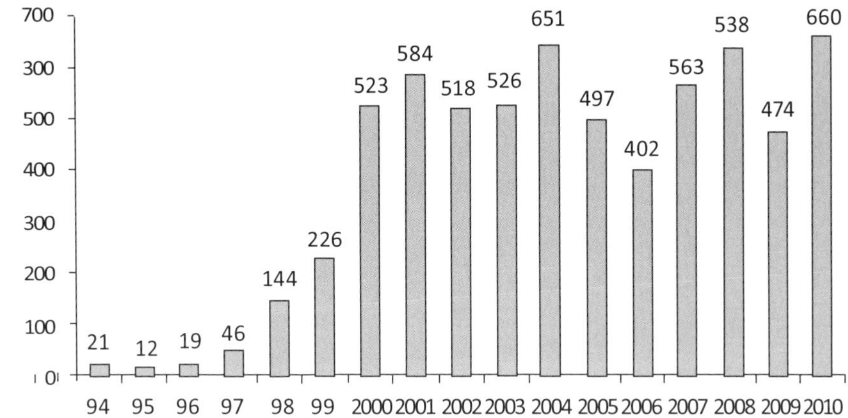

Restrições e Reprovações impostas pelo CADE (1994-2010)[68]

	94	95	96	97	98	99	00	01	02	03	04	05	06	07	08	09	10
Restrições	2	4	8	8	4	7	17	12	9	8	43	37	19	37	58	19	27
Reprovações[69]	2	0	0	0	0	0	2	0	0	0	1	0	0	0	1	1	1

[67] Fonte: Para os atos de concentração julgados, de 1994 a 1998: Relatório Anual do CADE de 1998; de 1999 a 2000, Relatório Anual do CADE de 2000, de 2001 a 2006, relatório anual do CADE para o respectivo ano; 2007 a 2010: CADE, CADE em números: Ato de Concentração, disponível em http://www.cade.gov.br/Default.aspx?5ada5da368a669c193b4 (acesso em 18.04.2011).

[68] Fonte: Relatórios Anuais dos respectivos anos quando disponíveis; CADE, CADE em números: Ato de Concentração, disponível em http://www.cade.gov.br/Default.aspx?5ada5da368a669c193b4 (acesso em 18.04.2011).

[69] Os atos de concentração reprovados foram Rockwell do Brasil/Albarus (AC nº 1/94), Brasilit/Eternit (AC nº 6/94), Bolsa Brasileira do Álcool (AC nº 08012.004117/1999-67), Coopersucar Armazéns Gerais (AC nº 08012.002315/99-50), Nestlé/Garoto (AC nº 08012.001697/2002-89), Owens Corning/Saint Gobain (AC 08012.001885/2007-1), Hospital de Caridade Dr. Astrogildo de Azevedo/Unimed Santa Maria (AC nº 08012.008853/2008-2) e Polimix/Cimento Tupi (AC nº 08012.002467/2008-2). O AC Gerdau/Pains (AC nº 16/94) foi considerado aprovação com restrições.

Número de TCDs firmados pelo CADE (1994-2010)[70]

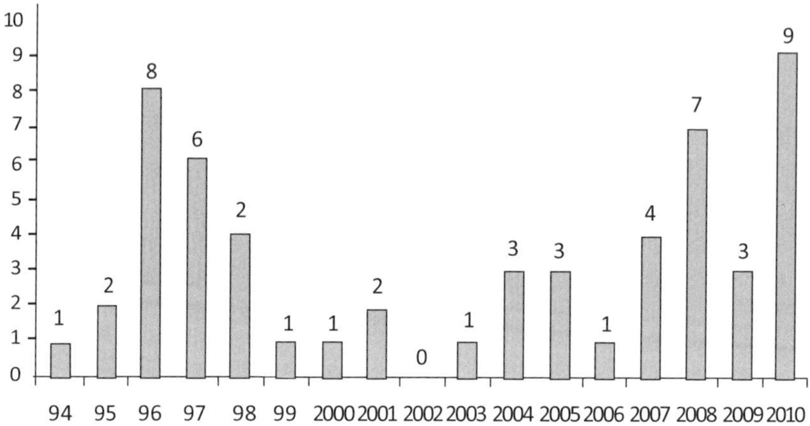

A dificuldade com relação aos compromissos de ordem comportamental trouxe outro desafio para a implementação da lei antitruste: como estabelecer restrições estruturais minimamente efetivas em um sistema de controle *a posteriori*? A despeito de não solucionar o problema, tal como faz a análise prévia[71] (porque permanecem os incentivos das partes em não prestar informações completas que permitiriam às autoridades detectar problemas concorrenciais a tempo), um avanço importante foi feito pelo CADE em 2002: o "*Acordo de Preservação de Reversibilidade da Operação*" (APRO).[72] Por meio de tal acordo com o CADE, a parte compromete-se a tomar as medidas para garantir que eventuais restrições à operação impostas pela autoridade no futuro sejam efetivas, evitando assim a adoção de medida cautelar de for-

[70] Fonte: Cópia dos TCDs firmados obtida no CADE em 01.03.2011.

[71] A preferência pela análise prévia já havia sido reconhecida pelo Relatório Anual do CADE de 2003, p. 373: "*É interessante lembrar que a legislação da concorrência encontra-se em fase de revisão e que dentre as propostas de alteração legal em discussão encontra-se a de introduzir a possibilidade de controle prévio das operações. De qualquer forma, como a celebração de APROs tem respaldo dentro da atual legislação, o CADE tem mecanismos institucionais para prevenir danos ao mercado decorrentes de determinadas operações. A solução também apresenta a vantagem de ser seletiva, pois são elaborados acordos apenas aquelas operações que possam gerar algum efeito significativo no mercado.*"

[72] O APRO foi primeiramente regulamentado pela Resolução do CADE nº 28, de 24.07.2002 (publicada no DOU de 02.08.2002) e posteriormente pela Resolução nº 45, de 28.03.2007, DOU de 12.04.2007.

ma unilateral pelo CADE. Foram firmados mais de 25 APROs,[73] sendo 12 apenas em 2007.[74] Na prática, contudo, nem sempre o APRO consegue solucionar a questão que se propõe a atacar e há que se ter cuidado para que não se imponha ônus excessivo aos entes privados por todo o tempo em que perdurar a análise. Ainda com relação à dificuldade de implementar restrições estruturais em um sistema *a posteriori*, note-se que o SBDC não conseguiu implementar em um prazo razoável duas de suas mais significativas restrições – a proibição da aquisição da Chocolates Garoto pela Nestlé S.A.[75] e as

[73] Exemplos de APROs firmados: Chocolates Garoto/Nestlé Brasil (AC nº 08012.001697/2002-89), NN Holding do Brasil e Biopart Ltda. (AC nº 08012.007861/2001-81), Companhia Brasileira de Bebidas/PepsiCo. (AC nº 08012.0000212/02-30), BR Participações e Empreendimentos/G Barbosa e Cia. (AC nº 08012.006976/2001-58), CBD/Sendas (AC nº 08012.009959/2003-34), Cia. Brasileira de Distribuição/Sé (AC nº 08012.004897/2002-93), TAM Linhas Aéreas/Varig Linhas Aéreas (AC nº 08012.001291/2003-87), GTI/VRG Linhas Aéreas (AC nº 08012.003267/2007-14), Compagnie de Saint-Gobain/ Owens Corning (AC nº 08012.001885/2007-11), Dana Corporation/MAHLE Gmbh (AC nº 08012.011518/2006-45), Braskem/Petróleo Brasileiro (AC nº 08012.002813/2007-91), Refinaria de Petróleo Ipiranga/Ultrapar Participações (AC nº 08012.002816/2007-25), Braskem/Petrobras/Refinaria de Petróleo Ipiranga/Ultrapar Participações (AC nº 08012.002818/2007-14), Petrobras/Refinaria de Petróleo Ipiranga S.A. (AC nº 08012.002820/2007-93), Leão Júnior/Recofarma Indústria do Amazonas (AC nº 08012.001383/2007-91), Air Liquide Brasil/White Martins (AC nº 08012.011196/2005-53), General Motors/Hughes Electronics/The News Corporation (AC nº 53500.002423/2003), Globo Comunicações e Participações/The DIRECTV Group/The News Corporation (AC nº 53500.029160/2004), Hypermarcas/DM (AC nº 08012.009107/2007-71), Ambev/Cintra (AC nº 08012.003302/2007-97), Votorantim Celulose e Papel (VCP)/International Paper (IP) (AC nº 08012.009463/2006-11), Brasil Telecom/Invitel AS e Telemar Norte Leste Oi (AC nº 53500.012477/2008 e 08012.005789/2008-23), Medley / Sanofi Aventis Farmaceutica Ltda. (AC nº08012.003189/2009-10), Perdigão S.A. / Sadia S.A. (AC nº 08012.004423/2009-18).

[74] O grande número de APROs firmados em 2007 é devido a dois fatores: (i) a operação Petrobrás/Ultra/Braskem/Ipiranga gerou a assinatura de quatro APROs (um para cada ato de concentração apresentado); e (ii) atos apresentados em 2005 e 2006 tiveram APROs firmados em 2007 (e.g., Air Liquide Brasil/White Martins Gases Industriais - AC nº 08012.011196/2005-53, e Votorantim Celulose e Papel (VCP)/International Paper (IP) - AC nº 08012.009463/2006-11).

[75] AC nº 08012.001697/2002-89; Requerentes: Chocolates Garoto S.A./Nestlé Brasil Ltda., julgado em 04.02.2004). A decisão do CADE foi questionada no Judiciário. Em 19.03.2007, o Juiz da 4ª Vara Federal do Distrito Federal julgou procedente o pedido dos autores, declarando "*aprovado automaticamente o ato de concentração*

restrições impostas a uma série de aquisições da Vale,[76] o que pode explicar a volta à assinatura de TCDs (compromisso de ordem comportamental) mais recentemente.

---

submetido à apreciação do CADE em 15.03.2002, em virtude de haver decorrido o prazo previsto no art. 54, § 7º, da Lei 8.884/94, sem que tivesse havido decisão da autarquia, tornando sem efeito a decisão de desconstituição da mesma operação". (Processo nº 2005.34.00.015042-8). Em 28.05.2007, o CADE interpôs recurso de apelação perante o TF-1ª Região. Em setembro de 2009, a 5ª. Turma do TRF-1ª. Região, por maioria, deu parcial provimento à remessa oficial e à apelação "*para, reformando a sentença, apenas anular o julgamento pelo CADE do pedido de repreciação, a fim de que outro julgamento proceda na devida forma*". Em março de 2011, o processo permanecia no Tribunal, aguardando julgamento de embargos infringentes.

[76] Em 10.08.2005, o CADE julgou sete atos de concentração envolvendo a aquisição de cinco mineradoras pela Vale e o descruzamento societário entre a mineradora e a Companhia Siderúrgica Nacional (CSN) (ACs nº 08012.005226/2000-88, 08012.005250/2000-17, 08012.000640/2000-09, 08012.001872/2000-76, 08012.002838/2001-08, 08012.002962/2001-65, 08012.006472/2001-38). A decisão do CADE foi pela aprovação das operações com a restrição de que a Vale vendesse a mineradora Ferteco ou abrisse mão do direito de preferência sobre a produção da Mina Casa de Pedra. Em seguida, a Vale ingressou com ação judicial contra a determinação do Conselho, contestando a validade do voto de qualidade dado pela presidente Elizabeth Farina. Em 18.12.2007, a 1ª Turma do STF rejeitou o recurso apresentado pela empresa, mantendo a decisão imposta pelo CADE. Em outra ação, a empresa alegava que deveria ser indenizada pela CSN pela perda do direito de preferência da mina Casa de Pedra e pedia nova liminar para suspender o cumprimento da decisão do CADE. Negada em primeira instância, a liminar foi concedida, após recurso da empresa, pelo Desembargador Souza Prudente, do Tribunal Regional Federal da 1ª. Região (Agravo de Instrumento nº 2007.01.000392448). Em 07.01.2008, o Presidente do STJ concedeu suspensão de segurança (Suspensão de Segurança nº 1.793 - DF (2007/0281238-0) requerida pelo CADE contra a decisão citada no Agravo no Instrumento por haver risco de lesão à ordem administrativa. Em suas palavras: "*O não-cumprimento do acórdão proferido pelo CADE, após o emprego de vários expedientes de cunho judicial, constitui ofensa à ordem pública administrativa, uma vez que compromete - à evidência - a tutela administrativa de defesa da ordem econômica, subverte a execução das deliberações administrativas emanadas da autarquia e impede o normal exercício de suas funções e atribuições. Na hipótese dos autos, os atos tidos como de concentração são datados de 2000 e 2001, apreciados pelo CADE em 2005 e, até agora, conforme assinalado, não houve o devido cumprimento da deliberação administrativa.*" Em seguida, a Vale interpôs recurso chamado "Reclamação" com o objetivo de suspender a referida decisão do STJ, o qual teve seguimento negado pela Presidente do STF em 15.01.2008 (Reclamação nº 5.780-1 Distrito Federal).

Outras dificuldades surgiram na implementação do controle de concentrações. Em 2000, quando realizou a análise do SBDC,[77] a OCDE chamou a atenção para o fato de que muitos recursos estavam sendo usados para a análise de operações que nem sequer tinham potencial lesivo à concorrência (aproximadamente 4,5% das operações apresentadas sofreram restrições, incluídas nesse número as restrições ancilares ao contrato). Começou então um esforço das autoridades para, de um lado, tornar mais ágil a análise de atos de concentração simples e, de outro, sofisticar a análise daqueles atos com real risco à concorrência. Para esses fins, a SDE e a SEAE instituíram, por meio de portaria conjunta, o "procedimento sumário"[78] e a "instrução conjunta";[79] SDE e SEAE firmaram acordo com o mesmo fim com a Procuradoria do CADE em 2009.[80] Operações analisadas segundo o "procedimento sumário" representaram em média 76,21% dos casos julgados pelo CADE de 2005 a 2011.[81]

Além disso, foi sendo refinada a interpretação dos critérios de notificação. Em 2002 e 2003, uma série de atos de concentração foi arquivada *sem julgamento de mérito*, uma vez que foi considerado que eles não tinham o potencial de gerar efeitos no território brasileiro.[82] A sinalização foi no sentido de que o

[77] OECD, *Competition Policy and Regulatory Reform in Brazil: A Progress Reform*, Paris: OECD Publishing, 2000.

[78] Portaria Conjunta SDE/SEAE nº 01, de 18.02.2003, publicada no DOU de 19.02.2003 alterada pela Portaria Conjunta SDE/SEAE nº 08, de 02.02.2004, publicada no DOU de 04.02.2004, p. 24.

[79] Portaria Conjunta SDE/SEAE nº 33, de 04.01.2006, publicada no DOU de 05.01.2006.

[80] "*Termo de Acordo de Cooperação Técnico-Operacional Cade/ProCade/SEAE/SDE que visa conferir maior organicidade às atividades dos órgãos que compõe o SBDC*", firmado em 04.03.2009.

[81] CADE, *CADE em Números, Atos de Concentração*, disponível em http://www.cade.gov.br (acesso em 26.03.2012).

[82] São eles: (i) AC nº 08012.006025/2001-89, Pacific Cycle/Schwinn/GT Corp., Relator: Conselheiro Ronaldo Porto Macedo Júnior, d.j. 22.05.2002 (tratava-se da aquisição de ativos da Schwinn/GT Corp. pela Pacific Cycle,LLC. A Pacific Cycle não ofertava seus produtos no Brasil. Por sua vez, a Schwinn/GT Corp. ofertava seus produtos no país por meio de inexpressivas exportações, sendo que no ano anterior à operação a empresa vendeu apenas cento e quarenta bicicletas no país (tais vendas conferiam à empresa participação de mercado inferior a 1%); (ii) AC nº 08012.003246/2002-86, Assa Abloy AB/Besam AB, Relator: Conselheiro Thompson Almeida Andrade, d.j. 04.09.2002 (tratava-se da aquisição das quotas da Besam AB pela Assa Abloy AB. A Besam AB atuava no mercado brasileiro apenas por meio de insignificantes exportações, sendo que no ano anterior à operação

artigo 2º da Lei nº 8.884/94[83] impunha diretrizes de interpretação ao artigo 54 da mesma lei – é necessário haver ao menos a expectativa de que o ato possa produzir efeitos diretos e substantivos no Brasil para que ele seja passível de notificação. Em seguida, em janeiro de 2005, o CADE passou a adotar novo entendimento em relação ao critério do faturamento,[84-85] refletido em sua

vendeu uma porta no Brasil. A Assa Abloy não oferecia qualquer produto ou serviço no Brasil no mercado relevante da operação); (iii) AC nº 08012.009254/2002-36, The Carlyle Group/Qinetiq Group Plc, Relator: Conselheiro Fernando de Oliveira Marques, d.j. 13.08.2003 (trava-se da aquisição da Qinetiq Group pelo The Carlyle Group. A Qinetiq Group não possuía ativos ou estabelecimento comercial no Brasil e atuava no país apenas por meio de contratos esporádicos, e insignificantes do ponto de vista econômico. Por sua vez, The Carlyle Group não oferecia diretamente qualquer produto ou serviço no Brasil no mercado relevante da operação); (iv) AC n.º 08012.005749/2003-77, NSK/NSK Torrington, Relator: Conselheiro Thompson de Almeida Andrade, d.j. 05.11.2003 (tratava-se da aquisição pela NSK, de 49% do capital social detido por The Torrington Company na joint-venture NTC, não havendo ativos ou empresas envolvidos no Brasil. Entendeu-se que uma operação realizada no exterior, envolvendo a aquisição de capital social de empresa que não possui filial, agência, sucursal, escritório, agente ou representante no Brasil, e que não comercializa qualquer produto no país, não possui condão de produzir efeitos em território nacional); (v) AC nº 08012.005925/2003-71, Eastman Kodak Company /Practiceworks, Relator: Conselheiro Thompson Almeida Andrade, d.j. 10.12.2003 (tratava-se da aquisição da Practiceworks Inc. pela Eastman Kodak Company. Apesar de a adquirente atuar regularmente no país, a atuação da adquirida no Brasil era insignificante, pois o grupo não possuía representante em território nacional, nem unidades produtivas instaladas no país. Suas atividades restringiam-se a exportações esporádicas, não tendo no ano da apresentação da operação desempenhado qualquer atividade em território nacional).

83 "*Art. 2º Aplica-se esta lei, sem prejuízo de convenções e tratados de que seja signatário o Brasil, às práticas cometidas no todo ou em parte no território nacional ou que nele produzam ou possam produzir efeitos.*"

84 O primeiro ato de concentração em que foi aplicado tal entendimento foi o AC nº 08012.002992/2004-14 (ADC Telecomunications Inc./Krone International Holdings Inc.; Conselheiro-Relator Roberto Augusto Castellanos Pfeiffer; d.j. 19.01.2005).

85 Outras teses já foram apreciadas, como a não aplicação do critério de presunção de lesividade constante no artigo 54, § 3º, da Lei nº 8.884/94 quando apenas o grupo vendedor apresentar faturamento igual ou superior a R$ 400 milhões no Brasil. A justificativa baseia-se em uma interpretação sistemática do artigo 2º (a lei aplica-se aos atos que causem efeitos no país) cumulado com o artigo 54. A interpretação foi apresentada pela primeira vez no AC nº 08012.011559/2006-31 (Cheminova Brasil/Bayer Cropscience) e contou com parecer favorável da SDE e

súmula[86] nº 1/2005,[87] que estabeleceu que: "*Na aplicação do critério estabelecido no artigo 54, parágrafo 3º, da Lei 8.884/94, é relevante o faturamento bruto anual* ***registrado exclusivamente no território brasileiro*** *pelas empresas ou grupo de empresas participantes do ato de concentração*". Essa mudança teve impacto imediato no número de operações notificadas.[88] A partir de então, o CADE passou a editar outras súmulas toda vez que decide ao menos dez casos no mesmo sentido – até março de 2012, nove súmulas foram editadas, oito delas referentes a controle de concentrações, trazendo maior segurança jurídica aos administrados.[89]

---

do Procurador-Geral do CADE, que afirmou que "*a interpretação proposta, resultante de análise sistemática e finalística da Lei de Concorrência, está de acordo com diversas manifestações anteriores deste CADE, quando já entendeu, mesmo em casos em que o critério objetivo de faturamento se apresentou, não ser obrigatória a notificação do ato de concentração*". O Plenário do CADE conheceu a operação por considerar que não tinha sido essa a intenção do legislador, nos termos do voto do Conselheiro-Relator Luiz Carlos Thadeu Delorme Prado, de 10.10.2007. Na 413ª sessão ordinária do CADE, de 16.01.2008, foi discutido se o critério de participação de 20% aplica-se mesmo no caso em que apenas uma das partes participa no mercado em questão e que não haja relação vertical entre as partes do negócio. Por maioria, o CADE entendeu que tais atos devem ser apresentados.

86 A "súmula" foi regulamentada primeiramente pela Resolução CADE nº 39, de 23.02.2005 (DOU de 25.02.2005, p. 52), e posteriormente pela Resolução nº 45, de 28.03.2007 (DOU de 12.04.2007).

87 Publicada no DOU de 18.10.2005, nº 200, Seção 1, p. 49.

88 Por óbvio, o número de notificações é resultado de uma combinação das variáveis "critérios de notificação", "grau de aquecimento da economia", "grau de aplicação da lei pelas autoridades" e "observância da legislação pelas partes em um ato de concentração".

89 Súmula 2: "*A aquisição de participação minoritária sobre capital votante pelo sócio que já detenha participação majoritária não configura ato de notificação obrigatória (art. 54 da Lei n. 8.884/94) se concorrerem as seguintes circunstâncias: (i) o vendedor não detinha poderes decorrentes de lei, estatuto ou contrato de (i.a) indicar administrador, (i.b) determinar política comercial ou (i.c) vetar qualquer matéria social e (ii) do(s) ato(s) jurídico(s) não constem cláusulas (ii.a) de não-concorrência com prazo superior a cinco anos e/ou abrangência territorial superior à de efetiva atuação da sociedade objeto e (ii.b) de que decorra qualquer tipo de poder de controle entre as partes após a operação*". Súmula 3: "*Nos atos de concentração realizados com o propósito específico de participação em determinada licitação pública, o termo inicial do prazo do art. 54 § 4º, da Lei 8.884/94 é a data da celebração do contrato de concessão*". Súmula 4: "*É lícita a estipulação de cláusula de não-concorrência na vigência de joint venture, desde que guarde relação direta com seu*

Por fim, o aumento da segurança jurídica no controle de estruturas deu-se também pela emissão de guias de análise, com destaque para a Portaria Conjunta SDE/SEAE nº 50, de 1º de agosto de 2001,[90] que aprovou o "*Guia para análise econômica de atos de concentração horizontal*". Em 2009, o CADE emitiu a Resolução nº 53, de 16 de setembro de 2009, que criou o Departamento de Estudos Econômicos (DEE) com o objetivo de assistir o Plenário nas matérias que envolvam conhecimento econômico e econométrico.

Esse breve panorama da política antitruste referente a controle de concentrações sob a égide da Lei nº 8.884/94 demonstra que houve relevante amadurecimento institucional por parte das autoridades e disseminação do valor da concorrência pelo país. Contudo, a despeito dos notórios avanços, a experiência demonstrou que importantes aperfeiçoamentos legislativos se faziam necessários, o que nos leva ao nosso próximo tema: o projeto de reforma do SBDC sob a ótica das concentrações.

4. A REFORMA DO SBDC SOB A ÓTICA DAS CONCENTRAÇÕES

A aplicação da lei de concorrência pelo SBDC nos últimos anos – principalmente a partir de 2000, quando o sistema passou a ter uma escala maior – demonstrou a necessidade de significativa reforma para garantir efetividade ao controle de estruturas. É certo que da continuação do esforço reformador iniciado na década de 90, depende o futuro da política de concorrência no Brasil. Três aspectos são tidos como mais relevantes: estabelecimento de controle prévio com o subsequente estabelecimento de prazos curtos para revisão, aperfeiçoamento dos critérios de notificação e eliminação da sobreposição das atividades da SDE e da SEAE.

---

objeto e que fique restrita aos mercados de atuação". Súmula 5: "*É lícita a estipulação de cláusula de não-concorrência com prazo de até cinco anos da alienação de estabelecimento, desde que vinculada à proteção do fundo de comércio*". Súmula 6: "*O fato gerador das taxas processuais previstas na Lei 9.781/99 é o protocolo do ato de concentração ou da consulta, sendo devidas ainda que a parte venha desistir do pedido em momento posterior*". Súmula 8: "*Para fins da contagem do prazo de que trata o § 4º do artigo 54 da Lei 8.884/94, considera-se realizado o ato de concentração na data da celebração do negócio jurídico e não da implementação de condição suspensiva.*" Súmula 9: "*Para fins da contagem do prazo de que trata o § 4º do artigo 54 da Lei 8.884/94, considera-se realizado o ato de concentração na data de exercício da opção de compra ou de venda e não o do negócio jurídico que a constitui, salvo se dos correspondentes termos negociais decorram direitos e obrigações que, por si sós, sejam capazes de afetar, ainda que apenas potencialmente, a dinâmica concorrencial entre as empresas.*"

[90] Publicada no DOU nº 158-E, de 17.08.01, Seção 1, pp. 12 a 15.

Em um primeiro momento (de 2000 a 2002) discutiu-se a criação da "*Agência Nacional de Defesa da Concorrência - ANC*" e um Projeto de Lei paralelo para alterar e acrescentar dispositivos à Lei nº 8.884/94. Decreto Presidencial de 11 de agosto de 2000[91] instituiu "*Grupo de Trabalho Interministerial com a finalidade de concluir os estudos para criação da Agência Nacional de Defesa do Consumidor e da Concorrência.*" Em 26 de outubro de 2000, um projeto foi colocado em consulta pública.

O primeiro ponto tratado foi a adoção da análise prévia. A justificativa era que "*dessa forma as partes envolvidas são incentivadas a colaborar ao máximo para a celeridade da análise ao mesmo tempo em que são grandemente ampliadas as opções para a solução de problemas concorrenciais*".[92] Vê-se que, muito diferentemente da justificativa da análise prévia do Decreto-Lei de 1945 ou da Lei de 1962, agora a preocupação é dar efetividade ao sistema. De fato, um sistema obrigatório e *a posteriori* oferece dificuldades bem peculiares: as partes não têm qualquer incentivo em prestar informações e, quanto mais tardar a análise, mais difícil (ou mesmo impossível) de se implementar eventual decisão estrutural restritiva. Aos argumentos mais teóricos de 2000 somaram-se aqueles de ordem prática (na linha do caso *United States v. El Paso Natural Gas Co.*[93]): como visto, o SBDC não conseguiu historicamente

---

91 Publicado no DOU em 14.08.2000, p. 4.

92 SEAE, *Nota Oficial: Grupo de Trabalho apresenta modelo da ANC*, de 26.10.2000, disponível em http://www.fazenda.gov.br/portugues/releases/2000/r001026.asp (acesso em 5.10.2007).

93 *United States v. El Paso Natural Gas Co.*, 376 U.S. 651 (1964). *Tratava-se da aquisição da Pacific Northwest Pipeline Corp. pela El Paso, ambas ativas no transporte de gás natural por ductos. O DOJ se opôs à operação, apresentando pedido de desfazimento perante o Judiciário. Após sete anos de litígio, a Suprema Corte decidiu a favor do Departamento de Justiça dos EUA. Porém, outros dez anos foram necessários para se desfazer a operação, fazendo com que todo o processo durasse um total de dezessete anos. Estimou-se que a El Paso teve lucro adicional de US$ 10 milhões por cada ano que manteve sob seu controle os ativos da Pacific Northwest Pipeline Corp, totalizando uma transferência indevida de renda total dos consumidores para a El Paso de US$ 170 milhões* (U.S. Senate Report nº 803, 94th Cong. 2d Sess. 66 (1976) *apud* William J. Baer, *Reflections on 20 Years of Merger Enforcement under the Hart-Scott-Rodino Act*, Remarks before the Conference Board, Washington, D.C., October 29, 1996, e the 35th Annual Corporate Counsel Institute Northwestern University School of Law, San Francisco, CA, October 31, 1996). A trajetória do caso *El Paso* desencadeou uma onda de discussões no Senado norte-americano acerca da possibilidade de adoção de um sistema de controle prévio, o que levou à emissão do *Hart-Scott-Rodino Antitrust Improvement Act* de 1976 (HSR).

dar efetividade em um tempo razoável a seus vetos e restrições, a não ser naqueles raros casos em que houve cumprimento voluntário por parte das requerentes. Não por outro motivo, dos mais de noventa países identificados como possuidores de controle estrutural até 2011,[94] apenas Brasil, Egito e Paquistão tinham controle obrigatório e *a posteriori*. A maioria das jurisdições adota um controle obrigatório e prévio (e outros poucos controle voluntário e *a posteriori)*, com o cuidado de refinar os critérios de notificação e prever um período de análise curto para que o sistema não se torne excessivamente oneroso para a economia. Isso nos leva à segunda proposta de modificação do projeto: os critérios de notificação.

O projeto que foi à consulta pública em 2000 aboliu o critério de notificação relacionado à participação de mercado (sob a égide da Lei nº 8.884/94, toda vez que uma das partes detivesse participação de mercado igual ou superior a 20%, o ato deveria ser apresentado). A acertada sugestão está em linha com as melhores práticas internacionais, uma vez que participação de mercado deve ser critério de análise e não de notificação.[95] Contudo, para "compensar" o abandono desse critério, o projeto então apresentado reduzia o valor do critério do faturamento dos atuais R$ 400 milhões para R$ 150 milhões, o que, a nosso ver, poderia gerar grande volume de atos de concentração passíveis de notificação.

Ainda em relação ao critério do faturamento, o projeto avançou em prever expressamente que ele se refere ao faturamento *no Brasil*, evitando a incerteza jurídica que advém da redação adotada na Lei nº 8.884/94. Outra proposta pouco comentada à época, mas de suma importância, era a de limitar o controle de estruturas a concentrações econômicas *strico sensu*, eliminando as cooperações econômicas da obrigatoriedade de notificação (ao substituir a expressão "*Os atos, sob qualquer forma manifestados*" por "*Os atos* ***de concentração****, sob qualquer forma manifestados*"). Finalmente, foi proposta nova sistemática de análise de atos de concentração segundo a qual o Diretor-Geral da Agência, em até 30 dias da notificação, autorizaria a operação ou solicitaria informações complementares. Caso o Diretor-Geral considerasse que a

---

94 *Para lista completa, vide Martinez, Ana Paula. Controle de Concentrações Econômicas por Países em Desenvolvimento: Uma Contribuição Jurídica à Análise de Custo-Benefício, Dissertação de Mestrado apresentada em maio de 2008 para obter o título de Mestre na Faculdade de Direito da USP.*

95 Cf. International Competition Network, *Recommended Practices for Merger Notification and Review Procedures*, 2004, disponível em http://www.internationalcompetitionnetwork.org (acesso em 23.01.2007).

operação poderia apresentar riscos à concorrência deveria impugná-la perante o Tribunal de Concorrência, caso em que as partes ficariam impedidas de consumar a operação por um prazo máximo de 120 dias.[96]

Por meio do Aviso nº 805/MF, de 2 de dezembro de 2002, o Ministro da Fazenda encaminhou o projeto (com algumas modificações em relação ao projeto original) para o Ministro Chefe da Casa Civil com a justificativa abaixo:

> *(...) os problemas diagnosticados são decorrentes não só de um inadequado desenho institucional do Sistema, aliado à carência de recursos disponíveis, mas também de questões de ordem legal – impropriedades pontuais da Lei nº 8.884/94. A existência de três órgãos distintos e a decorrente fragmentação da instrução processual, esta sem paralelo internacional, prolonga excessivamente o prazo de tramitação dos casos e aumenta os custos para o administrado. Note-se, ainda, que esta divisão aumenta significativamente o custo de coordenação entre os três órgãos e propicia inclusive que, em alguns momentos, haja trabalhos replicados. (...) Submeter à análise do CADE todas as operações de concentração notificadas, a maioria das quais nitidamente não prejudiciais à concorrência, é minar-lhe a possibilidade de ação efetiva, no horizonte de tempo necessário, em casos de mérito, por pura e absoluta sobrecarga de trabalho. Isso apenas perpetuaria o modelo perverso que existe hoje, mediante o qual se confere prioridade ao que é menos importante.*

Anexo ao projeto encontrava-se Carta Interministerial firmada pelos então Ministros da Justiça, Fazenda e Planejamento, Orçamento e Gestão que explicava as mudanças propostas, com especial ênfase na limitação do controle a concentrações *stricto sensu* e na introdução da análise prévia.[97] O principal avanço com relação à proposta de 2000 foi colocar uma segunda "trava"

---

[96] Os prazos mencionados poderiam ser suspensos em situações excepcionais.

[97] A referida carta esclarecia que: "*O atual artigo 54 da Lei n. 8.884/94 trata, conjuntamente, de ato de concentração e de outros atos que possam, de qualquer forma, prejudicar a concorrência. A previsão de que esses "outros atos" precisariam, em tese, ser notificados implica ambiguidade à interpretação do artigo. Desse modo, e seguindo a tendência internacional, o art. 54 foi limitado a controle de concentrações. O projeto estabelece o controle prévio de concentrações e aperfeiçoa os critérios de notificação. Está sendo proposto que a Agência emita seu juízo em relação às operações de concentração que se enquadrem em critério de notificação previamente à sua consumação. Dessa forma, as partes envolvidas são incentivadas a colaborar ao máximo para a celeridade da análise, ao mesmo tempo em que são grandemente ampliadas as opções para a solução de problemas concorrenciais eventualmente surgidos*".

no critério do faturamento, a exemplo de outras jurisdições, como União Europeia: não basta que uma parte envolvida na operação (ou seu grupo econômico) apresente faturamento no Brasil no ano anterior à operação de R$ 150 milhões. Será necessário também que o grupo econômico de qualquer outra parte da operação tenha registrado R$ 30 milhões de faturamento no Brasil no mesmo período. Outra inovação importante foi a previsão de que esses valores poderiam "*ser alterados por resolução conjunta do CADE e da SDE (ou do órgão colegiado do SBDC)*", possibilitando a flexibilidade necessária para adequar o critério caso se percebesse que o valor era por demais restrito ou amplo.

Em 2005, houve nova tentativa para emplacar a reestruturação do sistema. A Exposição de Motivos nº 107-A MJ/MF/MP, de 1º de setembro de 2005, deu grande destaque à necessidade de reforma do controle de estruturas:

> *(...) Atualmente, toda operação de concentração em que quaisquer dos participantes tenham registrado faturamento bruto anual de quatrocentos milhões de reais deve ser notificada. Tal critério é excessivamente amplo, tendo em vista que mesmo operações com impacto insignificante na economia brasileira devem ser notificadas.*
>
> *17. Como consequência, o Sistema é congestionado por esse tipo de operação, muitas das quais sem necessidade de análise, uma vez que não são casos efetivos de concentração econômica ou visivelmente não são capazes de causar danos à concorrência. Isso significa que o Sistema vem empregando grande parte dos seus recursos escassos em análises de menor ou de nenhum potencial danoso para a sociedade, o que caracteriza uma alocação ineficiente de recursos públicos.*
>
> *18. O controle de concentrações não é prévio, o que significa que as partes podem consumar a operação antes da decisão do Sistema. Isso as incentiva a tentar postergar a análise o máximo possível, ao mesmo tempo em que reduz substancialmente as opções para a solução de problemas concorrenciais eventualmente aventados. Vale observar que a grande maioria de condicionantes impostos para a aprovação de operações foi de caráter comportamental, em oposição aos condicionantes de caráter estrutural, muito mais efetivos para corrigir questões concorrenciais advindas de operações de concentração, de acordo com os ditames da moderna teoria antitruste.*
>
> *19. O órgão judicante analisa todos os casos de concentração que dão entrada no Sistema – quando, internacionalmente, sabe-se que, em média, noventa e cinco por cento deles não apresentam qualquer prejuízo à concorrência. A consequência é que esse órgão fica sem condições para conferir a devida atenção aos casos de maior potencial ofensivo aos consumidores, que demandam, por isso mesmo, soluções rápidas.*

Por conta do então ambiente desfavorável à criação de novas "agências", excluiu-se a referência à *Agência Nacional de Defesa da Concorrência* e preferiu-se investir na reestruturação do CADE, que passaria a ser composto por uma Superintendência (com papel similar ao desempenhado pelo Departamento de Proteção e Defesa Econômica da Secretaria de Direito Econômico sob a égide da Lei nº 8.884/94) e um Tribunal. De resto, o projeto manteve a previsão de análise prévia, a eliminação do critério de participação de mercado e a redução do critério do faturamento de R$ 400 milhões para R$ 150 milhões, com a criação da "segunda trava" de R$ 30 milhões. O Presidente encaminhou o projeto à Câmara sob o nº 5.877/2005.

O Projeto de Lei nº 5.877/05 foi apensado ao Projeto de Lei nº 3.937/2004, de autoria do Deputado Carlos Eduardo Cadoca – que tratava igualmente da reforma da Lei nº 8.884/94, ainda que de forma muito mais pontual. O Projeto de Lei nº 5.877/05 foi analisado por Comissão Especial da Câmara e, em setembro de 2007, o Deputado-Relator Ciro Gomes apresentou seu voto e proposta de substitutivo, bastante próximo ao projeto apresentado pelo Executivo. Em relação ao controle de concentrações, destacava-se o retorno ao valor de R$ 400 milhões como critério de faturamento, cumulado com a manutenção da "segunda trava" de R$ 30 milhões, de modo a reduzir o número de operações passíveis de notificação obrigatória.[98]

O projeto de reforma do SBDC foi incluído como um dos objetivos do *Programa de Aceleração do Crescimento* (PAC) do Governo Federal, programa

[98] Nos termos do voto do Deputado-Relator, "*A introdução de uma "segunda trava" com critério de faturamento de R$ 30 milhões para a outra requerente constitui inovação importante, proposta tanto no Projeto do Deputado Carlos Cadoca quanto do Poder Executivo, para evitar que todas as aquisições de empresas muito pequenas por empresas maiores tenham que ser notificadas. Esta medida tende a reduzir o número de operações notificadas. De outro lado, a redução proposta do limite do critério de notificação de R$ 400 para R$ 150 milhões pode aumentar o número de operações notificadas. O efeito líquido dessas duas alterações é ambíguo. Dado o grande número de operações notificadas sem quaisquer problemas, entendemos que o ideal seria reduzir o número de operações apresentadas, diminuindo, inclusive, os custos dessas transações para boa parte das empresas. Já o Projeto de Lei 3937/2004 do ilustre Deputado Carlos Cadoca mantém o valor da primeira trava de faturamento em R$ 400 milhões, o que, pelos motivos expostos, consideramos mais apropriado. Assim, seguimos, neste dispositivo, a regra estabelecida no Projeto de Lei do Deputado Carlos Cadoca, mantendo o valor do faturamento da primeira requerente para R$ 400 milhões e introduzindo a segunda trava de R$ 30 milhões.*"

apresentado em janeiro de 2007.[99] Isso porque esperava-se que com a aprovação do PL criar-se-ia ambiente institucional mais favorável ao "*livre funcionamento dos mercados e ao investimento privado*". O projeto foi aprovado pela Câmara dos Deputados no final de 2008 e aprovado pelo Senado Federal em dezembro de 2010, onde tramitou sob o PLC nº 06/2009.

O projeto de reforma sofreu alterações substantivas no Senado - parte importante de autoria do Senador Francisco Dornelles. Apesar de substanciais diferenças, tanto a versão aprovada na Câmara quanto no Senado contemplavam a adoção da análise prévia, a exclusão da participação de mercado como critério de notificação (mantendo-se o critério do faturamento), a restrição da notificação aos casos de concentração e não de cooperação econômica, além da importante reestruturação institucional.

Finalmente, em 30 de novembro de 2011, a Presidente da República sancionou, com importantes vetos, a nova lei de defesa da concorrência, que recebeu o número 12.529, com entrada em vigor em 29 de maio de 2012. Passemos à sua análise.

5. A NOVA LEI DE DEFESA DA CONCORRÊNCIA

Ao lado da reestruturação institucional, que criou agência única de defesa da concorrência (o chamado "Supercade"),[100] o controle de estruturas é a área em que as mudanças são as mais significativas no sistema introduzido pela Lei nº 12.529/11. Os artigos 88 e 90, com os selecionados parágrafos abaixo, são de particular interesse na presente análise:

> *Art. 88. Serão submetidos ao Cade pelas partes envolvidas na operação os atos de concentração econômica em que, cumulativamente:*
>
> *I - pelo menos um dos grupos envolvidos na operação tenha registrado, no último balanço, faturamento bruto anual ou volume de negócios total no País, no ano anterior à operação, equivalente ou superior a R$ 400.000.000,00 (quatrocentos milhões de reais); e*
>
> *II - pelo menos um outro grupo envolvido na operação tenha registrado, no último balanço, faturamento bruto anual ou volume de negócios total no País, no ano anterior à operação, equivalente ou superior a R$ 30.000.000,00 (trinta milhões de reais).*

---

[99] Vide Casa Civil, *Programa de Aceleração do Crescimento 2007-2010*, 22.01.2007.

[100] Nos termos do art. 5º da Lei nº 12.529/2011, o CADE é composto dos seguintes órgãos: Tribunal Administrativo de Defesa Econômica, Superintendência-Geral e Departamento de Estudos Econômicos.

§ 1º Os valores mencionados nos incisos I e II do caput deste artigo poderão ser adequados, simultânea ou independentemente, por indicação do Plenário do Cade, por portaria interministerial dos Ministros de Estado da Fazenda e da Justiça.

§ 2º O controle dos atos de concentração de que trata o caput deste artigo será prévio e realizado em, no máximo, 240 (duzentos e quarenta) dias, a contar do protocolo de petição ou de sua emenda.

§ 3º Os atos que se subsumirem ao disposto no caput deste artigo não podem ser consumados antes de apreciados, nos termos deste artigo e do procedimento previsto no Capítulo II do Título VI desta Lei, sob pena de nulidade, sendo ainda imposta multa pecuniária, de valor não inferior a R$ 60.000,00 (sessenta mil reais) nem superior a R$ 60.000.000,00 (sessenta milhões de reais), a ser aplicada nos termos da regulamentação, sem prejuízo da abertura de processo administrativo, nos termos do art. 69 desta Lei.

§ 4º Até a decisão final sobre a operação, deverão ser preservadas as condições de concorrência entre as empresas envolvidas, sob pena de aplicação das sanções previstas no § 3o deste artigo.

(...)

§ 7º É facultado ao Cade, no prazo de 1 (um) ano a contar da respectiva data de consumação, requerer a submissão dos atos de concentração que não se enquadrem no disposto neste artigo.

(...)

§ 9º O prazo mencionado no § 2o deste artigo somente poderá ser dilatado:

I – por até 60 (sessenta) dias, improrrogáveis, mediante requisição das partes envolvidas na operação; ou

II – por até 90 (noventa) dias, mediante decisão fundamentada do Tribunal, em que sejam especificados as razões para a extensão, o prazo da prorrogação, que será não renovável, e as providências cuja realização seja necessária para o julgamento do processo.

Art. 90. Para os efeitos do art. 88 desta Lei, realiza-se um ato de concentração quando:

I – 2 (duas) ou mais empresas anteriormente independentes se fundem;

II – 1 (uma) ou mais empresas adquirem, direta ou indiretamente, por compra ou permuta de ações, quotas, títulos ou valores mobiliários conversíveis em ações, ou ativos, tangíveis ou intangíveis, por via contratual ou por qualquer outro meio ou forma, o controle ou partes de uma ou outras empresas;

III – 1 (uma) ou mais empresas incorporam outra ou outras empresas; ou

IV – 2 (duas) ou mais empresas celebram contrato associativo, consórcio ou joint venture.

Parágrafo único. Não serão considerados atos de concentração, para os efeitos do disposto no art. 88 desta Lei, os descritos no inciso IV do caput, quando destinados às licitações promovidas pela administração pública direta e indireta e aos contratos delas decorrentes.

A nova lei introduziu a análise prévia, com previsão de prazo máximo de 330 dias para o CADE emitir sua decisão. Com o veto presidencial do artigo 64 que previa a aprovação tácita da operação caso o CADE não observasse os prazos previstos na lei[101] (que, em sua versão final, foram reduzidos a alguns poucos), surgiu dúvida entre a comunidade jurídica se o referido prazo máximo era próprio ou impróprio. Parecer da Procuradoria Geral do CADE[102] parece indicar tratar-se de prazo próprio, sujeito à aprovação tácita da operação em caso de descumprimento, com base em interpretação histórica, teleológica e sistemática, mas não é possível assegurar que o CADE seguirá essa interpretação se e quando estiver diante de um caso concreto, em que, por sua complexidade ou por alguma falha procedimental, forem superados os 330 dias de análise.

A redação final da lei não traz – ao contrário de redações anteriores dos diferentes anteprojetos e projetos discutos desde 2000 – a previsão de prazo máximo para análise de operações que não suscitam potenciais riscos à concorrência. Jurisdições experientes em tema de controle prévio de concentrações – como Estados Unidos e União Europeia – trazem prazos, em média, de 30 dias de análise, que muitas vezes são antecipados (o chamado "*early termination*"). Igualmente, a International Competition Network (ICN) recomenda que a análise em casos sem complexidade concorrencial não deve superar seis semanas ("*initial waiting periods should expire in six weeks or less*"[103]).

Considerando que a grande maioria das operações sujeitas ao controle de estruturas não sofrem restrições relevantes (como visto acima, é o caso de menos de 2% das operações apresentadas ao CADE de 1994 a 2010), não haver previsão legal ou norma infralegal prevendo prazo máximo de análise nos

101 O artigo 64 tinha a seguinte redação: "*O descumprimento dos prazos previstos nesta Lei implica a aprovação tácita do ato de concentração econômica.*" A justificativa do veto presidencial foi conforme a seguir: "*Da forma como redigido, o artigo estabelece a aprovação tácita de atos de concentração como consequência automática de quaisquer dos prazos estabelecidos na lei, resultando em medida desproporcional e com o potencial de acarretar graves prejuízos à sociedade.*"

102 Parecer ProCADE nº 17/2012, datado de 16.12.2011.

103 ICN, ICN Recommended Practices, IV-C.

casos ditos "sumários" pode fazer com que os custos do sistema sejam superiores a seus benefícios. Isso porque, como se sabe, o novo sistema impede o fechamento da operação e as eficiências econômicas daí decorrentes na ausência de decisão do CADE. O Brasil precisa refletir a experiência de jurisdições em que, a despeito de não preverem prazo para análise na lei ou, no caso de o fazerem, serem eles muito dilatados, emitiram normativo infralegal prevendo prazos razoáveis. Canadá é um exemplo de compromisso com prazos curtos – sua lei de concorrência prevê prazo máximo de 30 dias para analisar operações no rito sumário e a autoridade emitiu normativo indicando prazo máximo de 14 dias para esses casos (vide *Competition Bureau, Fee and Service Standards*). Por sua vez, a Comissão de Concorrência da Índia aprovou regulamento interno prevendo prazo máximo para análise em rito sumário de 30 dias corridos – a lei indiana de defesa da concorrência refere-se a prazo máximo geral de 180 dias.

Sobre o critério de notificação, baseado exclusivamente no faturamento no Brasil de ao menos duas partes da operação (R$ 400 milhões e R$ 30 milhões), a lei traz duas novidades. A primeira delas é relativa à possibilidade de revisão desses valores por portaria interministerial dos Ministros de Estado da Fazenda e da Justiça. Durante o processo legislativo muito se discutiu sobre a adequação desses valores ao tipo de transação que o Estado pretendia capturar com o controle de estruturas. O valor de R$ 150 milhões para uma das partes contido no projeto original foi majorado para R$ 400 milhões ainda na Câmara dos Deputados pelo Deputado-Relator Ciro Gomes, em linha com o Projeto do Deputado Carlos Cadoca.[104] No Senado, houve majoração do valor de R$ 400 milhões para R$ 1 bilhão (atualizou-se o valor de R$ 400 milhões de 1994 até 2011). A redação final aprovada pela Câmara preservou os valores de R$ 400 milhões e R$ 30 milhões, com o compromisso do Governo de revisar os valores no caso do número de operações capturadas ser considerado excessivo.

[104] Segundo relatório do Deputado-Relator Ciro Gomes: "*De outro lado, a redução proposta do limite do critério de notificação de R$ 400 para R$ 150 milhões pode aumentar o número de operações notificadas. O efeito líquido dessas duas alterações é ambíguo. Dado o grande número de operações notificadas sem quaisquer problemas, entendemos que o ideal seria reduzir o número de operações apresentadas, diminuindo, inclusive, os custos dessas transações para boa parte das empresas. Já o Projeto de Lei 3937/2004 do ilustre Deputado Carlos Cadoca mantém o valor da primeira trava de faturamento em R$ 400 milhões, o que, pelos motivos expostos, consideramos mais apropriado. Assim, seguimos, neste dispositivo, a regra estabelecida no Projeto de Lei do Deputado Carlos Cadoca, mantendo o valor do faturamento da primeira requerente para R$ 400 milhões e introduzindo a segunda trava.*"

Uma questão que não foi explicitamente abordada foi a aplicação do critério do faturamento da nova lei ao grupo vendedor. A questão já havia sido abordada pelo SBDC sob a égide da Lei nº 8.884/94, sem sucesso.[105] As melhores práticas internacionais indicam que, do ponto de vista lógico e sistemático, o critério do faturamento deveria se limitar ao faturamento da empresa-objeto, do comprador e de seu grupo econômico, excluindo aquele faturamento que está "saindo" do mercado, por não gerar efeitos concorrenciais. O CADE ainda não se manifestou sobre o assunto, já tendo sido contudo provocado nesse sentido.[106]

Finalmente, ainda sobre critérios de notificação, a lei prevê que o CADE pode, no prazo de um ano da consumação da operação, requerer a sumissão dos atos de concentração que não se enquadrarem no critério do faturamento. Essa previsão dá flexibilidade ao CADE para revisar atos de concentração que afetem mercados locais ou regionais, com faturamentos moderados (o que faz sentido considerando a exclusão da lei do critério da participação de mercado). A previsão precisa, contudo, ser utilizada com cautela para não gerar insegurança jurídica.

A introdução do controle prévio também trará mudanças significativas no curso de negociações de fusões e aquisições. Em primeiro lugar, a aprovação do CADE passa a ser condição suspensiva para o fechamento da operação. Além disso, como a análise pode tardar quase um ano, as partes devem prever mecanismos para estabelecer eventual ajuste do preço de compra. As tradicionais cláusulas prevendo a regular condução dos negócios ganham ainda mais importância, dado que o comprador não poderá interferir na gestão da empresa-objeto enquanto o CADE não emitir decisão final sobre o caso. É necessária atenção para o tipo de informação que poderá ser intercambiada durante a negociação e entre a assinatura e fechamento do negócio, sob pena de se proceder ao chamado *gun-jumping*, com previsão de multa de até R$ 60 milhões. Apenas aquelas informações estritamente necessárias para a *due diligence* e formação do preço é que podem ser intercambiadas e a

---

105 Em votos isolados em casos distintos, foi proposta uma nova interpretação para o termo "participantes" utilizado na redação do artigo 54, § 3º, com vistas a excluir do rol de casos de notificação obrigatória, aqueles em que apenas o grupo vendedor tivesse auferido faturamento igual ou superior a R$ 400 milhões. Vide julgamento do AC 08012.0011559/2006-31, Cheminova Brasil e Bayer Cropscience.

106 Vide carta intitulada "Law Nº 12.529 of 30 November 2011 — Public Consultations" enviada pelo Merger Streamlining Group do McMillan LLP ao Presidente do CADE em 05.03.2012.

situação torna-se crítica quando a operação envolver concorrentes em mercados altamente concentrados.

6. CONCLUSÃO

A construção de um ambiente concorrencial – pautado por mercados contestáveis – é essencial para garantir crescimento de longo prazo não apenas porque produz benefícios estáticos, mas sobretudo porque incentiva a inovação, caracterizada pelo constante investimento dos agentes econômicos no desenvolvimento de ideias e processos que os aproximam da vanguarda produtiva. Sem um contexto marcado pela pressão competitiva, é difícil imaginar uma configuração que possa garantir, em uma economia capitalista, a produção de benefícios e riquezas necessários à promoção de bem-estar social. Deve-se, portanto, tomar especial cuidado para não reduzir a política de promoção da concorrência à mera edição ou reforma de uma lei antitruste, com seu instrumental clássico de adjudicação administrativa em torno das categorias de repressão a condutas anticompetitivas e controle de concentrações econômicas. Muito ao contrário, o formulador de políticas públicas deve entender que a introdução de um sistema formal de intervenção antitruste – e em especial o controle de concentrações econômicas – deve ser apenas parte de um grupo maior de medidas que, plasmadas em instituições e institutos jurídicos, constituam o arcabouço concorrencial de um país.

Como vimos, o Brasil possui desde a década de 30 legislação para a defesa da concorrência, mas foi apenas no contexto de um arcabouço institucional mais maduro, decorrente das reformas implementadas nos anos 90, que a legislação antitruste passou a ter um papel importante na garantia da eficiência dos mercados. O controle de concentrações avançou significativamente desde 1994, mas ainda enfrenta importantes desafios. Aproximadamente sete mil operações foram analisadas de 1994 a 2011, com oito reprovações e poucas restrições, que na maioria dos casos não foram implementadas voluntariamente pelas partes, sendo alvos de demorados recursos perante o Poder Judiciário.

A hora de o Brasil instituir um sistema de controle prévio de atos de concentração finalmente chegou, com a consequente necessidade de refinamento dos filtros de notificação. É fundamental que o CADE estabeleça na prática prazos curtos para a análise e que o Governo garanta corpo técnico em número suficiente para atender a demanda de operações notificadas. Se bem implementado, o novo sistema contribuirá para atingirmos o que deve ser o objetivo último de uma política antitruste: tornar a economia brasileira eficiente, inovadora e competitiva.

The Effects-Based Approach in EU Merger Control*

O Critério dos Efeitos no Controle de Estruturas da União Europeia

Francisco Enrique González-Díaz

Sumário

Contents

Resumo

O artigo analisa o chamado critério dos efeitos e seu impacto no controle de estruturas a partir da perspectiva do sistema da União Europeia. O autor primeiro explora as razões que levaram à adoção desse enfoque mais econômico para então abordar os possíveis riscos decorrentes de sua adoção e implementação.

Abstract

The article discusses the so-called "effects-based" approach and its impact in merger control analysis from the perspective of the EU system. The author first explores the reasons that led to the adoption of this more economic approach to focus subsequently on the possible dangers associated with its adoption and implementation.

Palavras-chave: Concorrência, Controle de Estruturas, Atos de Concentração, União Europeia, Critério dos Efeitos, Teste SIEC.

Keywords: Competition, Merger Control, Merger Review, European Union, Effects-based Approach, SIEC Test.

* Este artigo foi preparado para a 7th Annual Conference of the Global Competition Law Centre (GCLC) do College of Europe, realizada em outubro de 2011. Foi primeiramente publicado em *Ten years of effects-based approach in EU Competition Law: State of play and Perspective*, D. Waelbroeck and J. Bourgeois (eds.), Bruylant, 2012. Reprodução autorizada.

1. INTRODUCTION

In his March 2011 speech entitled "Merger Regulation in the EU after 20 Years", the Commissioner responsible for Competition Policy, Mr. Joaquin Almunia, stressed that throughout this period, the European Commission (the "Commission") had assessed about 4,500 mergers and that more than 9 out of every 10 mergers had been approved without conditions.[1]

Over the last twenty years, merger control in the European Union has evolved rapidly. Most competition practitioners would agree that the European Union has over this period developed a very sophisticated legal and economical framework for the analysis of concentrations.

It is undisputed that one of the key drivers in shaping and developing the current analytical and regulatory merger control framework has been the so-called "effects-based" approach, also known as the "*more economic approach*". In fact, and despite what the statistics cited above might indicate at first sight, the Commission has been and continues to be confronted with a significant number of complex cases which require an appropriate technical and economic analysis.[2]

According to Mr. Almunia, "*this is why we have introduced economic analysis as an integral part of our process, which allows us to go well beyond market shares in our assessment of a merger and to look at other factors as well.*"

In what follows we discuss the so-called effects-based approach and its impact in merger control analysis. We first explore the reasons that led to the adoption of this more economic approach to focus subsequently on the possible dangers associated with its adoption and implementation.

2. THE MERGER REGULATION

The first Merger Regulation – the "Merger Regulation" – was adopted in December 1989 and came into force on September 21, 1990.[3] The adoption

---

[1] See J. Almunia, Speech /11/166, "Merger Regulation in the EU after 20 years", Brussels, 10 March 2011.

[2] See J. Almunia, Speech /11/561, "Policy objectives in Merger Control", New York, 8 September 2011.

[3] Council Regulation 4064/89 of December 21, 1989, on the control of concentrations between undertakings, 1990 O.J. L257/13 ("1989 Merger Regulation").

of this regulation was the result of a long and intricate path that had begun in July 1973, when the first draft for a merger regulation was originally tabled.

Article 2(3) of the Merger Regulation established that mergers that would "*create or strengthen a dominant position as a result of which effective competition would be significantly impeded*" were to be prohibited.

The drafting of Article 2(3) of the Merger Regulation soon led to the development of two schools of thought.[4] Some authors interpreted Article 2(3) as a "one-condition test". According to this school of thought, once the creation or strengthening of a dominant position was established there was no need to show anything else as, by definition, this was sufficient to establish that effective competition would be significantly impeded.

Other commentators read Article 2(3) as imposing a "two-stage test". According to this line of thinking, the mere creation or strengthening of a dominant position did not suffice to prohibit a merger. There was a need to show in addition that such a change in the market structure would lead to a significant impediment of effective competition.

The first interpretation, which according to some authors ignored the potential efficiencies and consumer welfare gains associated with mergers,[5] was not followed, at least formally and expressly, by the European Courts. Indeed, in *EDP*, the General Court set out that *"Article 2(2) and (3) of the Merger Regulation lays down* ***two cumulative criteria****, the first of which relates to the creation or strengthening of a dominant position and the second to the fact that effective competition in the common market will be significantly impeded by the creation or strengthening of such a position"*.[6]

In practice, however, the Commission carried out an integrated analysis, where it checked whether any given transaction was likely to create and/or

---

[4] See L. H. Röller and M. De la Mano, "The impact of the new substantive test in European Merger Control", European Competition Journal, April 2006, p. 10-11.

[5] It does not consider either the potential efficiencies that might arise from the merger, for example avoiding double mark-ups nor does it take into consideration the countervailing power that the merged entity could gain vis-à-vis the upstream monopolist or its downstream clients. See L.H. Röller and M. De la Mano, "The impact of the new substantive test in European Merger Control", European Competition Journal, April 2006, p. 10-11.

[6] Case T-87/05, *EDP v. Commission*, [2005] ECR-II p. 03745 See also to Case T-2/93 *Air France v Commission* [1994] ECR II-323, paragraph 79; Case T-290/94 *Kaysersberg v Commission* [1997] ECR II-2137, paragraph 156; and Case T-5/02 *Tetra Laval v Commission* [2002] ECR II-4381, paragraph 146.

strengthen a dominant position as a result of which effective competition would be significantly impeded, without clearly articulating which factors fell within the so-called first limb of the test and which fell under the second.

Some authors consider that the implementation of this integrated approach led to the Commission giving more weight to the structural impact of the merger than to its likely effects on competition.[7] Also, according to some commentators, the emphasis on dominance could have led to an "enforcement gap" since, at least theoretically, there was a possibility that certain concentrations could result in anticompetitive effects without leading to dominance.[8]

These issues will be dealt with below. However, it should be stressed from the outset that the interpretation and application of the dominance test did not remain static over time.[9] To the contrary, the concept evolved very significantly from a rather structural approach to merger control to a more dynamic approach, focused on economic oriented concepts such as the degree and closeness of substitution of the parties' products.[10]

3. THE REFORM OF EUROPEAN MERGER CONTROL

In December 2001, the European Commission published its Green Paper on the Review of the Merger Regulation (the "Green Paper").[11]

---

[7] See L. H. Röller and M. De la Mano, "The impact of the new substantive test in European Merger Control", European Competition Journal, April 2006. "*SIEC was also a condition under the old test but, as discussed above, problems of interpretation and the central role played by dominance meant that in practice mergers could be challenged on structural indicators alone.*"

[8] See J. Fingleton and D. Nolan, "Mind the Gap: Reforming EU Merger Regulation", available at www.tca.ie, "*From a theoretical perspective, it is clear that there is a gap. It consists of the class of oligopoly mergers that lessen competition by changing the competitive oligopoly equilibrium. These do not create single firm dominance or rely on collusion or coordination in the market*".

[9] See L. H. Röller and M. De la Mano, "The impact of the new substantive test in European Merger Control", European Competition Journal, April 2006.

[10] See N. Levy, "The EU's SIEC Test five years on: has it made a difference?", European Competition Journal, April 2010, p. 233. Among other factors, the Commission has examined whether competitors' costs would be increased (e.g. Case IV/M.1069 WorldCom/MCI (II)), whether the scope for predatory, retaliatory or other exclusionary conduct would be increased (e.g. Case IV/M.1439, Telia Telenor, Case COMP/M.1630 Air Liquide/BOC or Case COMP/M.2876 NewsCorp/Telepiù) and whether the merging parties could be expected to engage in anti-competitive conduct likely to handicap their rivals (e.g. Case IV/M.856 British Telecom, Case COMP/M.2187 CVC/Lenzig or Case COMP/M.3191 Philip Morris/Papstratos).

[11] Green Paper on the Review of the Council Regulation 4064/89, COM(2001) 745/6

With regard to the enforcement gap, the Commission indicated that its assessment of mergers under the Merger Regulation had evolved significantly over the years and that it had moved from a rigid market-share assessment to a more open understanding of the concept of dominance.[12]

In the Commission's own words, "*Since the adoption of the Merger Regulation in 1989, the application of the notion of dominance has evolved, allowing it to be adapted both to developments in economic theory and to refinements of the now available econometric tools to measure market power. This implies that merger assessment today can be less reliant on the rather blunt and imprecise market share test than it was 10 years ago. The fact that the dominance test has undergone such an evolution is natural, and Article 2 has so far proved sufficiently flexible to accommodate an effects analysis made on the basis of more sophisticated micro-economic tools, instruments and models developed by econometric and industrial organisation research*".[13]

Despite this statement of the law, some critics had argued that the definition of dominance under the Merger Regulation referred to individual

---

of 11 December 2001. para. 11.

Since its adoption in 1989, the Merger Regulation has been based on a principle by which concentrations are appraised in accordance with a criterion of market dominance: concentrations that create or strengthen such dominance should be declared incompatible with the common market (and therefore unlawful). Overall, this appraisal criterion has proved effective in averting potential competition problems. Indeed, many other jurisdictions have followed suit, introducing the same appraisal criterion into their rules. The main alternative merger control test, used in a number of major jurisdictions and currently contemplated in some Member States, is that of substantial lessening of competition. According to certain commentators, the lack of global harmonisation of the appraisal criteria for mergers is problematic. Therefore, and as significant experience has now been acquired in applying the dominance criterion, the Commission considers ***this an appropriate opportunity to open up a wider debate on the respective merits of the two tests****, particularly in view of the acknowledged desirability of striving towards a greater degree of global convergence in merger control standards.* (emphasis added)

12 More concretely, the change would consist of minimizing the role of structural concerns i.e. market definition and market shares in favour of a more dynamic approach that considered the nature and the significance of competition between the merging parties, the closeness of substitution between the merging parties' products and the change that will be effected by a merger, including the competition that will be lost.

13 Green Paper on the Review of the Council Regulation 4064/89, COM(2001) 745/6 of 11 December 2001, para. 166.

firm dominance and did not encompass those situations where firms, without strictly being dominant, could coordinate expressly or tacitly their behaviour to the detriment of competition, others considered, however, that the Merger Regulation did not cover the anticompetitive effects arising out of the unilateral conduct of firms which were not strictly dominant.[14]

The first criticism, relating to collective dominance, had been addressed by the European Commission and Courts in *Nestlé/Perrier*[15] and *Gencor*.[16] As to the second, the Commission stated that, "*while interesting as a hypothetical discussion, the Commission has so far not encountered a situation of this kind*".[17]

Indeed, according to some commentators, this scenario was said to arise only in limited cases where (i) the market is not conducive to collective dominance, (ii) the merged entity would not be the market leader post-transaction; (iii) the merging firms' products were sufficiently close substitutes to permit the merged entity to raise prices post-merger and (iv) other features of the market (entry, shifting preferences, etc.) would not defeat such price increases.[18]

The Commission's approach in the Green Paper seemed therefore to support the old dominance test as it had been originally drafted and subsequently interpreted by the Commission and Courts. The Commission was not the only one to show some reluctance to changing the test; in fact, other stakeholders involved in the process seemed equally reticent, as they feared that a more flexible test could lead to unacceptable interventionism from the Commission.[19]

---

[14] An enforcement gap under the merger regulation is expected to occur in the case of "*unilateral effects scenario in which the firms would have the power to raise prices post-merger without co-ordination with other players and without holding the largest market share*". See N. Levy, "The EU's SIEC Test five years on: has it made a difference?", European Competition Journal, April 2010.

[15] Case IV/M.190 *Nestlé/Perrier*, Commission decision of 22 July 1992, [1992] OJ L356/1, para. 83.

[16] Case T-102/96 *Gencor Ltd v Commission* [1999] ECR 461, para. 126. In this case, the Court rejected that collective dominance could not be covered by the concept of dominance only for not being specifically stated in the Regulation.

[17] Green Paper on the Review of the Council Regulation 4064/89, COM(2001) 745/6 of 11 December 2001, para. 166.

[18] See N. Levy, "The EU's SIEC Test five years on: has it made a difference?", European Competition Journal, April 2010, p. 233.

[19] Summary of the Replies Received to the Green Paper on the Review of council Regulation 1064/89, para. 102. Available at http://eur-lex.europa.eu/LexUriServ/LexUriServ.do?uri=OJ:C:2003:271E:0582:0586:EN:PDF Specifically, the industry

However, and in order to allay the concerns of those who were minded to make sure that European merger control provided a sufficiently broad legal standard to deal with the anticompetitive effects of all concentrations, the Commission proposed a definition of dominance in its Proposal for a Council Regulation on the control of concentrations between undertakings,[20] along the following lines: "*For the purpose of this Regulation, one or more undertakings shall be deemed to be in a dominant position if, with or without co-ordinating, they hold the economic power to influence appreciably and sustainably the parameters of competition, in particular, prices, production, quality output, distribution or innovation, or appreciably to foreclose competition*".

In its Explanatory Memorandum, the Commission stressed that this merger specific definition was prompted by the need to improve legal certainty on the scope of application of the Merger Regulation,[21] although in its opinion "*the dominance test and SLC have produced broadly convergent outcomes and the dominance test is proving to be an instrument capable of being adapted to a wide variety of situations where market power exists. It should also be noted that the Court of Justice has not explicitly ruled on, and therefore not explicitly excluded, the possibility of addressing the effect of mergers in (non-collusive) oligopolies with no single firm being significantly larger than the others under the current dominance test*".[22]

The specific reference to the Court of Justice and the time that had lapsed between the Green Paper and the Explanatory Memorandum suggest that the introduction of this definition was likely influenced by the negative rulings of the Court of First Instance ("CFI") in Airtours, Tetra Laval, and Schneider.

During the consultation process at the Council, three groups emerged[23] namely (i) a first group, led by Germany, comprising those who were in favor

---

was concerned by (i) the vague wording of the SLC test and (ii) the danger of lowering the threshold of intervention and thus the risk of potential prohibition of mergers that would had been cleared under the dominance test.

[20] Commission Proposal for a Council Regulation on the control of concentrations between undertakings – Explanatory Memorandum [2003] O.J. C20/4.Available at http://ec.europa.eu/competition/mergers/legislation/review.html.

[21] Commission Proposal for a Council Regulation on the control of concentrations between undertakings – Explanatory Memorandum [2003] O.J. C20/4, para. 54. Available at http://eur-lex.europa.eu/LexUriServ/LexUriServ.do?uri=COM:2002:0711:FIN:EN:PDF.

[22] *Id.*

[23] See N. Horner, "N. Unilateral Effects and the EC Merger Regulation – How the Commission Had its Cake and Ate it Too", *Hanse Law Review*, Vol.2 nº1 2006, p. 33.

of the dominance test, because this was the test used in their national legislation and on grounds of legal certainty, (ii) a second group, led by the UK, who were in favor of a greater degree of convergence with the U.S. and of adopting the substantial lessening of competition ("SLC") test and (iii) a third group, including France and Spain, who proposed a hybrid solution aimed at reconciling the two other positions. None of these groups seemed to agree with the solution proposed by the Commission.

Ultimately, the Council adopted the compromise solution proposed by Spain and France. As a result of the negotiations, Article 2(3) of the New Merger Regulation reads as follows:

> *"A concentration which would significantly impede effective competition, in the common market or in a substantial part of it, in particular as a result of the creation or strengthening of a dominant position, shall be declared incompatible with the common market."*

The "new test" has been known as the Significant Impediment of Effective Competition ("SIEC") test. This test was supposed to enable the European Union to tackle the main problems which had been previously identified under the old dominance test.

First, it drew a clear-cut distinction between dominance and anticompetitive effects, emphasizing the latter over the former. The new test thus institutionalised the effects-based approach which – as has been widely accepted – had already been introduced *de facto* in the Commission's decisional practice.[24]

Second, it closed the perceived enforcement gap, by abandoning the concept of dominance as a pre-condition to prohibit a merger and focusing rather on effects. The New Merger Regulation thus provided the Commission with a clear legal basis to deal with the anticompetitive effects arising out of a concentration leading to unilateral effects.

Third, it brought the standard applied by the European authorities closer to the US SLC test, since the focus is now on the effects of the merger on competition.

In what follows, we explore briefly the impact of the *Airtours*[25] judgment in this reform process. In 2002, the Commission experienced three successive

---

[24] See L. H. Röller and M. l De la Mano, "The impact of the new substantive test in European Merger Control", *European Competition Journal*, April 2006, p. 28.

[25] *Airtours/First Choice*, Case IV/M.1524, Commission Decision of 22 September 1999 (2000) OJ L 93/1, annulled by judgement of the Court of First Instance of 6 June 2002 in Case T-342/99, *Airtours v. Commission* (2002) ECR II-2585.

judicial defeats in merger prohibition cases: *Airtours*, *Schneider*,[26] and *Tetra Laval*.[27] These setbacks have come to be considered as the cornerstone of the effects-based approach and/or the more economic approach.

Airtours is perhaps the most important case where the existence of an "enforcement gap" was thoroughly debated.[28] In June 2001, the CFI[29] annulled the Commission's *Airtours/First Choice decision*[30] prohibiting a merger in the travel industry that, according to the Commission, would have resulted in three main firms in the market (holding a combined 80% market share) enjoying a collective dominant position. The *Airtours* judgment raised two important issues.

The first one concerned the Courts' margin of review of Commission decisions and the burden of proof that the Commission has to meet to support its conclusions.

In *Airtours*, the Court held "*that the Commission* ***has failed to prove*** *that the result of the transaction would be to alter the structure of the relevant market in such a way that the leading operators would no longer act as they have in the past and that a collective dominant position would be created*" and indicated that "*the prospective analysis which the Commission has to carry out in its review of concentrations involving collective dominance calls for close examination in particular of the circumstances which, in each individual case, are relevant for assessing the effects of the concentration on competition in the reference market*".[31]

---

[26] *Schneider/Légrand*, Case No. COMP/M. 2283, Commission Decision of 10 October 2001, (2004) OJ L 101/1, annulled by the judgment of the Court of First Instance of 22 October 2002 in Case T-310/01, *Schneider Electric v. Commission*, (2002) ECR II-4071.

[27] *Tetra Laval/Sidel*, Case No COMP/M. 2416, Commission Decision of 30 October 2001, (2004) OJ L 43/13, annulled by judgement of the Court of First Instance of 25 October 2002 in Case T-5/02, *Tetra Laval v. Commission*, (2002) ECR II-4381, and confirmed by the Court of Justice by judgment of 15 February 2005, in Case C-12/03 P, *Commission v. Tetra Laval* [2005] E.C.R. 1-987.

[28] The debate turned to an exchange between the advocates of the SLC test and the defenders of the dominance test. See *inter alia* Böge, U. and Müller, E., From the Market dominance Test to the SLC Test. Are there Any Reasons for a Change, 23 (10) ECLR (2002), p. 495.

[29] Case T-342/99 *Airtours plc v Commission* [2002] ECR II-2585.

[30] Case IV/M.1524, Commission decision of 22 September 1999, [2000] OJ L93/1.

[31] Case T-342/99 *Airtours plc v Commission* [2002] ECR II-2585, para. 293 and 63.

The second issue concerned the substantive analysis of collective dominance cases and the requirements for the Commission to prove anticompetitive effects in oligopolistic markets.

This was the first case in which the Commission applied its collective dominance test from a "merger to duopoly" to a "four-to-three" scenario.[32] According to some commentators, the main concern behind the Commission's decision was that the merger would make it rational for firms to act independently of customers or competitors.[33] According to some authors, the Commission wished to extend the scope of the dominance test to achieve the desired outcome, even though the conditions for tacit collusion were not apparent.[34]

The concept of collective dominance[35] under the Merger Regulation was first developed in *Nestlé/Perrier*[36] and had been expressly endorsed by both the CFI in *Gencor*[37] and the European Court of Justice in *Kali und Salz.*[38]

---

32 See N. Horner, "N. Unilateral Effects and the EC Merger Regulation – How the Commission Had its Cake and Ate it Too", Hanse Law Review, Vol. 2 Nº 1 2006, p. 30.

33 Case T-342/99 *Airtours plc v Commission* [2002] ECR II-2585.
J. Briones and J. Padilla, "The Complex Landscape of Oligopolies under EU Competition Policy. Is Collective Dominance Ripe for Guidelines?", 2001,World Competition 307, 24(3).

34 See N. Horner, "N. Unilateral Effects and the EC Merger Regulation – How the Commission Had its Cake and Ate it Too", Hanse Law Review, Vol. 2 Nº 1, p. 30.

35 The definition of collective dominance set forth in the Glossary:
A dominant position may also be enjoyed jointly by two or more independent economic entities united by economic links in a specific market. This situation is called collective (or joint or oligopolistic) dominance. As the Court has ruled in the Gencor judgment, there is no reason, in legal or economic terms, to exclude from the notion of economic links the relationship of interdependence existing between the parties to a tight oligopoly within which those parties are in a position to anticipate each one another's behaviour and are therefore strongly encouraged to align their conduct in the market.
In the *Gencor/Lonrho case* (Case IV/M.619, Commission decision of 24 April 1996, O. J. 1997, L 11/30 and Case T-102/96 *Gencor Ltd v Commission* [1999] ECR II-753), the Commission decided to prohibit a merger that would have reduced the number of players on the platinum market from three-to-two on the basis that the merger would have facilitated coordinated behaviour in the post-merger scenario between the two remaining competitors.

36 Case IV/M.190 *Nestlé/Perrier*, Commission decision of 22 July 1992, [1992] OJ L356/1, para. 83.

37 Case T-102/96 *Gencor Ltd v Commission* [1999] ECR II-753, para. 126. In this case, the Court rejected that collective dominance could not be covered by the concept of dominance merely because it was not specifically stated in the Regulation.

38 Cases C-68/94 and 30/95 *French Republic and Societé Commerciale et Potasses et*

In *Airtours*, the CFI clarified the conditions that had to be fulfilled to establish coordinated effects in collective dominance cases.[39] According to the Court, the Commission was required to show, in order to discharge its burden of proof, the following three requirements:

1) ***Transparency.*** Each member of the oligopoly has to be able to monitor with sufficient certainty the behaviour of the rest of its competitors,

2) ***Stability and corrective mechanisms.*** The scenario has to be Pareto-efficient and there must be retaliation mechanisms which work as a coercive tool against deviance from the common behaviour, and

3) ***Countervailing factors.*** The responses from competitors or consumers must not be sufficient so as to counteract or impede the common behaviour.

Some authors have argued that in *Airtours*, the Commission tried to stretch the meaning of collective dominance cases to "*cope with a distortion of the Merger Regulation*"[40] and consider that in *Airtours*, the economic analysis suggested that blocking the merger was the right decision because of the unilateral effects arising out of the concentration. They are of the view that the Commission felt bound to use the concept of collective dominance as a prerequisite to show the anticompetitive effects.[41]

Soon after the *Airtours* judgement, the CFI overruled the Commission's decisions in *Tetra Laval* and *Schneider*[42] due to the Commission's failure to provide "sufficiently convincing evidence" of the anti-competitive alleged effects of the merger.[43]

---

de l'Azore (SCPA) and Enterprise Minière et Chimique (EMC) v Commission, [1998] E.C.R. I-1375 at 170 [*Kali* e *Salz*].

[39] Case T-342/99 *Airtours plc v Commission* [2002] ECR II-2585, para 62.

[40] See *inter alia* Motta, M. Economic Analysis and the EC Merger Policy, (1999) European University Institute at 27 and Kokkorris, I., The Reform of the European Merger Regulation in the Aftermath of the Airtours Case- The Eagerly Expected Debate: SLC v. Dominance Test' E.C.L.R. 2005, 26(1), 37.

[41] *Id.*

[42] Case COMP/M.2416 *Tetra Laval/Sidel*, Commission decision October 30, 2001 (2004 OJ L43/13) ("Tetra Laval") and Case COMP/M.2283, *Schneider Electric/Légrand*, Commission decision of October 10, 2001 (2004 OJ L101/1) ("Schneider").

[43] Case T-310/01 *Schneider Electric S.A. v Commission* [2002] ECR II-4071, para. 394; Case T-5/02 *Tetra Laval v Commission* [2002], ECR II-4381, para 336. See N. Horner, "N. Unilateral Effects and the EC Merger Regulation –How the Commission Had

In the *Tetra Laval* case[44] the depth of the review carried out by the CFI prompted the Commission to appeal the judgment annulling the decision on the grounds that the CFI "*whilst claiming to apply the test of manifest error of assessment, in fact applied a different test*".[45] The Court of Justice rejected the Commission's arguments.

According to the Court of Justice, "*Whilst the Court recognises that the Commission has a margin of discretion with regard to economic matters, that does not mean that the Community Courts must refrain from reviewing the Commission's interpretation of information of an economic nature. Not only must the Community Courts, inter alia, establish whether* ***the evidence relied on is factually accurate, reliable and consistent but also whether that evidence contains all the information which must be taken into account in order to assess a complex situation*** *and whether it is capable of substantiating the conclusions drawn from it. Such a review is all the more necessary in the case of a prospective analysis required when examining a planned merger with conglomerate effect*".[46]

In *Schneider*, the CFI also indicated that "*it has* ***not been proved to the requisite legal standard*** *that the merger results in the creation of a dominant position on the Italian markets for distribution and final panel-board components*" and pointed out that since "*the Commission (...) adopted* ***a prospective approach*** *to the state of competition to which the concentration was likely to give rise in the future (...)* ***The Commission was consequently required to explain all the more clearly*** *the competition problems raised by the proposed merger (...).*"[47]

These judgments put into question the Commission's ability and tools to undertake a comprehensive economic analysis of the increasingly complex concentrations it was facing and fuelled the discussions that ultimately led

---

its Cake and Ate it Too", Hanse Law Review, Vol.2 No.1, p. 33. In both cases the Commission had previously declared the incompatibility of the concentration with the internal market and ordered the divestment of all, or almost all, of the shares acquired by Tetra and Schneider.

44 Case C-12/03 P, *Commission v. Tetra Laval BV*, 2005 ECR, I-00987.

45 Case C-12/03 P, *Commission v. Tetra Laval BV*, 2005 ECR, I-00987, § 19.

46 Case C-12/03 P, *Commission v. Tetra Laval BV*, 2005 ECR, I-00987, § 39. (emphasis added).

47 Case T-310/01 *Schneider Electric S.A. v Commission* [2002] ECR II-4071, para. 402 and 443.

to the reform of the Merger Regulation and to the institutionalisation of the effects based approach.

4. THE NEW MERGER REGULATION AND THE EFFECTS-BASED APPROACH TOOLKIT

In order to enhance the role of economics in merger control analysis, the amendments to the New Merger Regulation were complemented with a set of explanatory guidelines.

4.1 The New Merger Regulation

The New Merger Regulation – Regulation 139/2004[48] – came into force on May 1, 2004, and with it the new Article 2(3):

> *"A concentration which would significantly impede effective competition, in the common market or in a substantial part of it, in particular as a result of the creation or strengthening of a dominant position, shall be declared incompatible with the common market."*

The new wording of Article 2(3) constituted a compromise between the different schools of thought. It liberated the Commission from the legal 'corset' that the dominance test entailed.[49]

First, the New Merger Regulation puts a clear emphasis on the effects of the merger on competition. Indeed, recital 24 of the New Merger Regulation indicates that "*this Regulation must permit effective control of* ***all concentrations*** *from the point of view of* ***their effect on competition*** *in the Community*".[50]

Second, it creates the basis for a comprehensive approach for all types of mergers, including those falling under the so-called enforcement gap. Recital 25 of the New Merger Regulation sets out that "*in the interests of legal certainty, it should be made clear that this Regulation permits effective control of all such concentrations by providing that any concentration which would significantly impede effective competition, in the common market or in a substantial part of it, should be declared incompatible with the common market*".[51]

48 Regulation 139/2004 on the control of concentrations between undertakings ("The EC Merger Regulation") [2004] OJ L24/1.

49 See F. E. González Díaz, "The reform of European Merger Control: *Quid Novi Sub Sole*?", World Competition 27 (2) 177-199, 2004, p. 187.

50 Recital 24 European Union Merger Regulation. (emphasis added).

51 Recital 24 European Union Merger Regulation.

Third, it fully endorses a more economic merger analysis, including efficiencies. According to recital 29, "*In order to determine the impact of a concentration on competition in the common market, it is appropriate to take account of any substantiated and likely efficiencies put forward by the undertakings concerned*".[52]

4.1.1 The Commission's Merger Guidelines

The Horizontal Merger Guidelines have greatly contributed to enriching and clarifying the framework for merger control analysis in the EU.[53]

The Horizontal Guidelines distinguish between two types of anticompetitive effects (non-coordinated/unilateral effects and coordinated effects), following the distinction drawn by industrial organisation theory.

As to *non-coordinated or unilateral effects*, the Horizontal Guidelines state that mergers in oligopolistic markets involving the elimination of important competitive constraints, which the merging parties previously exerted upon each other, together with a reduction of competitive pressure on the remaining competitors may, even where there is little likelihood of coordination between the members of the oligopoly, result in a significant impediment to competition. The Horizontal Guidelines provide a list of factors which, taken separately, are not necessarily decisive, but which together may influence whether significant non-coordinated effects are likely to result from a merger, such as whether: the merger eliminates an important competitive force, the merged entity is able to hinder expansion by competitors, competitors are unlikely to increase supply if prices increase or the merging firms are close competitors, all of which may require a significant amount of economic analysis.

On coordinated effects,[54] the Horizontal Guidelines set out the principles developed by the CFI in *Airtours*. First, the coordinating firms must

52 Recital 29 EU Horizontal Merger Regulation.

53 See J. Almunia, Speech/11/561, "Policy objectives in Merger Control", New York, 8 September 2011.

54 See R. Whish, "Competition Law", Oxford University Press 6th edition, 2009, p. 808: "*Coordinated effects occur where A merges with B and this results in a situation where AB will be able, or more able than when A and B were independent, to coordinate their competitive behaviour on the market with other firms, for example with C and D, and thereby exercise collective market power*". Such coordination might concern prices, but it also might occur regarding production levels, expansion of capacity, market allocation or contracts in bidding markets.

be able to monitor to a sufficient degree whether the terms of coordination are being adhered to. Second, there must be some form of credible deterrent mechanism that can be activated if deviation is detected. Third, the reactions of outsiders, such as current and future competitors not participating in the coordination, as well as customers, should not be able to jeopardise the results expected from the coordination.[55]

Section VII of the Horizontal Guidelines[56] provides a detailed analysis of the conditions that have to be fulfilled in order to take efficiencies into account:[57] (i) benefit to consumers;[58] (ii) merger specificity (efficiencies are relevant to the competitive assessment only when they are a direct consequence of the notified merger);[59] and (iii) verifiability (parties must provide relevant information demonstrating that the claimed efficiencies are merger-specific and likely to be realised, and must show to what extent consumers will benefit).[60]

---

[55] Horizontal Merger Guidelines, para. 41:
Coordination is more likely to emerge in markets where it is relatively simple to reach a common understanding on the terms of coordination. In addition, three conditions are necessary for coordination to be sustainable. First, the coordinating firms must be able to monitor to a sufficient degree whether the terms of coordination are being adhered to. Second, discipline requires that there is some form of credible deterrent mechanism that can be activated if deviation is detected. Third, the reactions of outsiders, such as current and future competitors not participating in the coordination, as well as customers, should not be able to jeopardise the results expected from the coordination.

[56] EU Horizontal Merger Guidelines, paras. 76-88.

[57] See N. Levy, "The EU's SIEC Test five years on: has it made a difference?", European Competition Journal, April 2010.

[58] In this sense, para. 79 of the Horizontal Merger Guidelines stated:
The relevant benchmark in assessing efficiency claims is that consumers will not be worse off as a result of the merger. For that purpose, efficiencies should be substantial and timely, and should, in principle, benefit consumers in hose relevant markets where it is otherwise likely that competition concerns would occur.

[59] Para 85 of the Horizontal Merger Guidelines:
Efficiencies are relevant to the competitive assessment when they are a direct consequence of the notified merger and cannot be achieved to a similar extent by less anticompetitive alternatives

[60] Para 86 of the Horizontal Merger Guidelines:
Efficiencies have to be verifiable such that the Commission can be reasonably certain that the efficiencies are likely to materialise, and be substantial enough to counteract a merger's potential harm to consumers.

The Non-Horizontal Mergers Guidelines adopted in 2007[61] also purport to introduce an effects based approach. The Non-Horizontal Guidelines state, based on a consumer welfare standard, that to assess foreclosure the Commission ought to establish the: (i) ability to foreclose, (ii) incentive to foreclose, and (iii) likely impact on competition.[62]

Indeed, according to the Commission "*non-horizontal merger may change the ability and incentive to compete on the part of the merging companies and their competitors* ***in ways that cause harm to consumers***".[63] In addition, the Commission acknowledges "*the incentive to foreclose depends on the degree to which foreclosure would be profitable.*

The trade-off is likely to depend on the level of profits the merged entity obtains upstream and downstream".[64]

The Guidelines set out a clear framework for the analysis of non-horizontal mergers based on sound economic analysis. The Guidelines, in explaining its enforcement standards more clearly, have thus obliged the Commission to test theories of competitive harm by reference to economic and other quantitative data.[65]

4.1.2 The creation of the Chief Economist in DG Competition

In October 2002, then-Commissioner Mario Monti recognised the need to create the office of the Chief Competition Economist (the "Chief Economist") to offer: guidance on the analytical methodology, advice on the direct-on of investigations, and direct assistance in the most complex cases.[66] In

---

[61] Commission Guidelines on the assessment of Non-Horizontal mergers under the Council Regulation on the control of concentrations between undertakings [2008] OJ C265/6.

[62] See A. Ramos; T. Mohan and others, "Evaluating Vertical Mergers Post Non-Horizontal Guidelines: An economics-based approach?", The Global Competition law Center Working Paper Series, College of Europe, Working Paper 03/09.

[63] Non Horizontal Merger Guidelines, para. 15. See A. Ramos; T. Mohan and others, "Evaluating Vertical Mergers Post Non-Horizontal Guidelines: An economics-based approach?", The Global Competition law Center Working Paper Series, College of Europe, Working Paper 03/09.

[64] Non Horizontal Merger Guidelines, paras. 40 and 41.

[65] See N. Levy, "The EU's SIEC Test five years on: has it made a difference?", European Competition Journal, April 2010, p.242.

[66] See M. Monti "EU Competition Policy", speech at Fordham Annual Conference on International Antitrust Law and Policy, New York, 31 October 2002.

July 2003, the European Commission announced the appointment of a Chief Economist and on September 1, 2003, the role became operative. In order to preserve its independence and objectivity, the Chief Economist was not placed under the responsibility of any specific Directorate and instead reports directly to the Director General for Competition.[67]

The Chief Economist is supposed to assist and evaluate complex cases and general policy instruments with economic content.[68] The Chief Economist provides independent guidance on methodological issues of economics and econometrics in the application of EU competition rules, as well as assisting with cases pending before the European Courts.[69] The Chief Economist also coordinates the activities of the Economic Advisory Group on Competition Policy ("EAGCP").[70]

5. THE SIEC IN PRACTICE: SOME EXAMPLES OF THE EFFECTS-BASED APPROACH

In what follows we provide a brief review of some examples of the Commission's practice in applying the SIEC test.

5.1 Horizontal mergers

The Commission's decisional practice has shown a continuous and smooth transition from the dominance test to the SIEC test.[71] As stressed

67 To see a detailed analysis of the role of the Chief Economist and its support bodies see L. H. Röller, "The Use of Economics in Merger Analysis", Presentation at the Portuguese Competition Authority, Lisbon, 13 May 2005.

68 Röller, L. H., "The Use of Economics in Merger Analysis", Presentation at the Portuguese Competition Authority, Lisbon, 13 May 2005.

69 Available at http://ec.europa.eu/dgs/competition/economist/role_en.html.

70 The EAGCP creates a discussion forum on competition policy matters between academics who have a recognised reputation in the field of industrial organisation. Members represent different fields of research and academic research centres in Europe. Its main purpose is to support DG Competition in improving the economic reasoning in competition policy analysis. Presently the main efforts of the EAGCP are related to the reviews of the Commission's policies on (a) vertical restraints and (b) horizontal cooperation agreements. EAGCP members are proposed by the Chief Economist and nominated by the Commissioner. Website: http://ec.europa.eu/dgs/competition/economist/eagcp.html.

71 See Roundtable On The Standard For Merger Review, With A Particular Emphasis

above, even prior to the entry into force of the New Merger Regulation, the Commission had tried to apply the dominance test to unilateral effects cases. For example, in *Oracle/Peoplesoft*,[72] notified under the Merger Regulation, the Commission attempted to rely on unilateral effects analysis to challenge the transaction.[73]

Oracle and PeopleSoft were active in enterprise application software, where the leading European supplier was SAP. In the post-merger three-to--two scenario, the merged entity would hold a market share similar to SAP. Neither tacit collusion nor single dominance was considered possible in this market, since SAP would remain a strong competitor. Therefore, the Commission investigated the possibility of unilateral effects. Ultimately, this possibility was dismissed since the Commission concluded that the affected markets included a larger number of vendors than the three initially identified. It is submitted, however, that the fact that the Commission could not rely on a clear legal basis to prohibit the transaction under a unilateral effects standard also played a significant role in the outcome of the case.

Similarly, in *Volvo/Renault*,[74] despite the merged entity's appreciable market shares, the Commission did not raise serious doubts as to the compatibility of the concentration with the internal market, based on the parties' arguments, confirmed by the market investigation, that they were not each other's closest substitutes.

T-Mobile Austria/Tele.Ring,[75] decided under the New Merger Regulation, involved the merger between the second and the fourth largest mobile phone operators in Austria. According to the Commission, the merger led neither to a single dominant position nor to collective dominance, but significantly reduced competition likely to result in higher prices by eliminating a competitive constraint on the incumbents.[76] The Commission focused its attention

On Country Experience With The Change of Merger Review Standard From The Dominance Test To The SLC/SIEC Test (European Commission) available at http://ec.europa.eu/competition/international/multilateral/2009_jun_mergers.pdf.

72 *Oracle/People Soft*, Case No. COMP M.3216, Commission decision of 26 October.

73 See N. Levy, "The EU's SIEC Test five years on: has it made a difference?", European Competition Journal, April 2010, p.247.

74 Case COMP/M.1980 Volvo/Renault, decision of 1.09.2000.

75 Case COMP/M.3916, Commission Decision of 26 April 2004.

76 See Roundtable On The Standard For Merger Review, With A Particular Emphasis On Country Experience With The Change Of Merger Review Standard From

on the likely effects that the merger would have on prices in the Austrian end-customer market and concluded that even if prices would not rise in the short term, the elimination of Tele.ring as a pricing constraint would make it unlikely for prices to continue falling significantly, as previously. The merger was however ultimately approved by the Commission, subject to the commitments offered by T-Mobil. In *Tele.ring* the Commission, thus, focused on the anticompetitive effects of the proposed concentration and found such effects to be sufficient to require a remedy without having to establish dominance.[77]

In BASF/CIBA,[78] the Commission challenged a three-to-two merger between the second supplier in the market for dimethylaminoethyl acrylate ("DMA3") which held a 20-30% market share, and the third one, CIBA, with a market share between 1-5%.[79] The Commission focused on the fact that if BASF/CIBA were to raise prices unilaterally, their competitor, Arkema, would have little interest in constraining this increase despite the fact that Arkema would have spare capacity. The Commission considered that the merged entity, and even more so Arkema, would both benefit from higher prices. The Commission did not have indications that there could be constraints from other producers of DMA3. The Commission cleared the operation in phase I, in view of the commitments offered by BASF,[80] although given the low market shares of the merging companies, this transaction could not have been easily challenged under the dominance standard.

Taking into account the post-transaction market structure (Arkema was the leader of the market with a 60-70% market share) and the adverse effects

---

The Dominance Test To The SLC/SIEC Test (European Commission) available at http://www.oecd.org/dataoecd/19/37/46503256.pdf.

77 V. Ostrovojkis, "The New Regulation of Horizontal Mergers: Did it Have Any Practical Effect?" available at http://www.emle.org/_data/Valerijus_Ostrovskis -_ The_New_European Regulation_of_Horizontal_Mergers_Did_It_Have_Any_ Practical_Effect.pdf.

78 Case COMP/M.5355, Commission Decision of 12 March 2009. Cleared with conditions.

79 N. Levy, "The EU's SIEC Test five years on: has it made a difference?", European Competition Journal, April 2010, p. 244.

80 See Roundtable On The Standard For Merger Review, With A Particular Emphasis On Country Experience With The Change Of Merger Review Standard From The Dominance Test To The SLC/SIEC Test (European Commission) available at http://ec.europa.eu/competition/international/multilateral/2009_jun_mergers.pdf.

on competition outlined in the decision, some authors have argued that the Commission might have been able to challenge the transaction under a coordinated effects-based theory of harm.[81] Despite these suggestions, the fact remains that the Commission was able to raise unilateral effects concerns in an oligopolistic market where the merged companies were not the leading suppliers post-transaction without having to rely on dominance.

Ryanair/Aer Lingus,[82] involved the merger of the two major Irish airlines, each operating with similar business models.[83] When assessing market definition, the Commission observed that there was a significant and growing horizontal overlap in the number of routes of both companies. In fact, the Commission concluded that the merging parties would have very high market shares on all 35 routes on which their activities overlapped.[84] Despite their high combined market share, the Commission focused instead on the effects of the concentration. The Commission analyzed whether Ryanair imposed a competitive constraint on Aer Lingus. In order to assess this, the Commission focused on whether Aer Lingus's average fares and load factor differed systematically whenever Ryanair was also present on a specific route.

In order to implement this analysis, the Commission carried out an econometric analysis based on competition factors[85] and control factors.[86] The Commission concluded that "*the finding that the presence of Ryanair has a statistically and economically significant effect on Aer Lingus' prices is extraor-*

---

[81] N. Levy, "The EU's SIEC Test five years on: has it made a difference?", European Competition Journal, April 2010.

[82] Case COMP/M.4439, Commission Decision of 27 June 2007.

[83] Indeed (i) both implemented a low-frills operation model, (ii) key product features include one-class service; one-way non-refundable fares; no meals on board; charges for baggage, (iii) the vast majority of bookings were online. Nevertheless, some quality differentiation remained (primary airports, seat allocation, etc.)

[84] Ryanair/Aer Lingus at 350. "*For 22 routes the merger would create a monopoly, depriving customers of the only available alternative, but also for all remaining overlap routes. Also on the other 13 routes, given the very high market shares of the merged entity, convincing evidence is necessary to conclude that the merger would not result in the creation or strengthening of a dominant position.*"

[85] Competition factor reflected Ryanair's presence and size on a given route, as well as competition effects due to other airlines being present on a given route.

[86] Control factors captured influences on pricing that are not due to the level of competition (*e.g.* route-specific or seasonal effects).

dinarily robust".[87] Ryanair claimed that the concentration would lead to significant efficiencies that would reduce Aer Lingus's costs significantly, through (i) increasing buyer power – and thus reducing input prices – and (ii) the implementation of Ryanair's business model. The Commission excluded all efficiency claims arguing that (i) buyer power does not entail a *per se* variable cost reduction, (ii) the implementation of Ryanair's operational model could lead Aer Lingus to reduce the quality of its product and (iii) several efficiencies were not considered to be merger-specific. The CFI upheld the Commission's decision.[88]

In its judgment, the CFI dismissed Ryanair's appeal on the ground that the latter had failed to show that the Commission had exceeded the limits of its discretion over the appraisal of economic situations. Ryanair alleged, *inter alia*, that the Commission had committed manifest errors of assessment regarding the competitive relationship between Ryanair and Aer Lingus. As part of this plea, Ryanair contended that the Commission had failed to take account of the "fundamental differences" between both airline companies. It argued that there were "*numerous flaws in the econometric analysis carried out by the Commission in accordance with the 'fixed effects' (or 'panel data' method)*" and proposed to use an alternative method; the "cross-section regression" technique.

According to Ryanair, by using the "*fixed effects*" method, the Commission allegedly "*overstated the true competitive impact of the airlines on one another*" and "*... the Commission's findings are not robust to small changes in the way in which the seasonal effects were taken into account in the model used*". Relying on an economic report in support of its argument, Ryanair went on to argue that the Commission applied "*inconsistent standards in accepting or rejecting factual evidence*" and that "*the econometric analysis undertaken by the Commission does not clearly show that Ryanair and Aer Lingus react to each other's promotions*".

In dismissing Ryanair's plea, the Court highlighted the Commission's margin of discretion: "*... it is necessary to refer to the content of the contested decision to understand the role played by the price regression analysis during the detailed investigation phase. That role must be assessed in the light of the case-law on the Commission's margin of discretion with regard to economic matters*".

---

87 *Ryanair/Aer lingus*, Case No COMP/M.4439, Commission Decision of 27 June 2007, para. 299.

88 Case T-342/07, *Ryanair v Commission*, Judgement of the General Court 6 July 2010.

It then explained that the Commission had favoured the fixed-effects regression technique over the cross-section regression technique proposed by Ryanair because "*the Commission stated that a panel regression with route specific fixed-effects could mitigate the omitted variable bias that affects cross--section regressions. It considered that that method was 'the most suitable to assess the competitive constraint exerted by Ryanair on Aer Lingus*'".

The Court argued that "*the Commission stated in the contested decision that, as there are many instances of Ryanair entering or exiting routes on which Aer Lingus was already present, the fixed-effects regression analysis was very well suited to assess whether Ryanair's presence is 'negatively associated' with Aer Lingus prices*". It also added that "*it is important to bear in mind the role given to the fixed-effects regression analysis in the evaluation of the competitive situation. The Commission thus stated in the contested decision that that analysis confirmed and complemented the conclusions derived from the qualitative evidence, namely that Ryanair and Aer Lingus are close competitors. It stated that those results were also in line with the opinion of the majority of the people surveyed during the customer survey, from which it is apparent that the parties to the concentration are 'closest competitors' where other airlines operate on the route.*"

The Court thus rejected Ryanair's proposal to use the "cross-section regression" technique and concluded that Ryanair had failed to demonstrate that the Commission had exceeded the limits of its discretion in relation to economic matters.

These cases show some of the advantages and disadvantages associated with the more economic approach to merger analysis. The Commission relies less on structural factors (such as market shares, concentration levels) and more on the assessment of whether competitive constraints are eliminated by the merger taking into account market characteristics (*i.e.*, product substitutability, capacity constraints, elimination of an important competitive force, hindrance to competitors' expansion etc.).[89] This allows it to challenge mergers under theories of harm which would have been harder to defend under the old test. The increased use of economic theory, however, is prone to increase ambiguity over the conclusions to be extracted from economic studies which necessarily reduce reality to a set of rules and presumptions. This ambiguity fits well within the Commission's margin of discretion in complex

[89] See Roundtable On The Standard For Merger Review, With A Particular Emphasis On Country Experience With The Change Of Merger Review Standard From The Dominance Test To The SLC/SIEC Test (European Commission) available at http://ec.europa.eu/competition/international/multilateral/2009_jun_mergers.pdf.

economic assessments, leaving the parties with the difficult task to discharge a very high burden of proof in order to rebut the Commission's conclusions. Nevertheless, one must concede that this more economic approach also reassures parties that the Commission will assess the effects of the concentration on the market (with economic models with which the parties might disagree or not), even in situations where market structure considerations might have led to more straight forward conclusions under the Merger Regulation.

5.2 Vertical mergers

As to non-horizontal mergers, the following cases provide a good illustration of the Commission's application of the SIEC test to non-horizontal concentrations.[90]

In *TomTom/Tele Atlas,*[91] after a six month phase II investigation, the Commission cleared unconditionally TomTom's acquisition of Tele Atlas. These firms were both active in the satellite navigation industry. TomTom was the largest supplier in Europe of personal navigation devices ("PNDs"), which are portable devices that use GPS technology. TeleAtlas was the largest supplier in Europe of navigable digital map databases, a critical input for PND producers. This market was a duopoly, since only Navteq also provided navigable digital map databases in Europe. TeleAtlas had a market share of more than 50%. However, instead of focusing on whether the merger would lead to single or collective dominance, the Commission focused on analyzing the likelihood that the merger would result in: (i) total input foreclosure (the merged entity refusing to supply to the rest of the PND producers) and/or (ii) partial input foreclosure strategy (increasing prices or providing lower quality maps).

The Commission undertook an economic assessment based on critical loss-type analysis and downstream price elasticities and concluded that both strategies would be unprofitable for the new entity. The reasons were twofold: (i) map prices represented a small portion (less than 10%) of PND prices, thus a price increase would have little impact downstream, and (ii) switching costs to Navteq were very low, so TeleAtlas was likely to lose significant sales if it increased prices or lowered map quality. [92]

---

[90] Lars-Hendrik Röller and Miguel De la Mano, "The impact of the new substantive test in European Merger Control", European Competition Journal, April 2006.

[91] Case COMP/M.4854, Commission Decision of 14 May 2008.

[92] The decision also contains an important discussion of double marginalization that

In *Nokia/NAVTEQ*,[93] Navteq – Tele Atlas's only competitor – merged with Nokia. In this case, the markets affected were the market for mobile handsets and for the provision of navigation applications on mobile handsets. The Commission considered this market to be different from the one affected in the previous transaction, *i.e.*, PND devices, and thus TomTom and Nokia were considered to be active in different downstream markets. Despite the fact that after TeleAtlas, Navteq was the only digital navigable map database with a similar coverage and quality level, the Commission focused on whether there was an incentive on the part of the merged entity to foreclose downstream competitors and on the overall effect of the merger in the downstream market. In this case, after an in-depth qualitative and quantitative analysis, the Commission also concluded that the post-merger entity would not have the incentive to foreclose.[94]

The *Intel/McAfee*[95] case involved the acquisition by Intel of security-software company McAfee. The Commission's initial concerns relate, in particular, to the likelihood that the merged entity would embed its own security solutions into chips and chipsets. Following applying the framework for assessment contained in the Non-Horizontal Guidelines, the Commission, instead of focusing on the potential overlaps of products and services, raised serious doubts of a conglomerate nature. The parties offered a set of remedies that were ultimately deemed suitable to remove the competition concerns while preserving the efficiencies of the merger and to ensure competition on an equal footing between the parties and their competitors.

As Commissioner Almunia acknowledged "*some of the mergers we assess are complex cases which require sophisticated technical and economic analyses. The Intel/McAfee case – a transaction in a fast-evolving industry – is a recent example of this kind of work. Computer chips and computer security solutions are neighbouring and rather complementary markets. As a consequence, the effects of this merger were not measured in terms of overlaps of products and*

---

could be used in the assessment of future vertical mergers. In this respect, see CRA's competition Memo in the TomTom/Tele Atlas case available at: http://www.crai.com/uploadedFiles/RELATING_MATERIALS/Publications/LAE/Antitrust_and_Competition_Economics/files/TomTom-0808.pdf.

93 Case COMP/M.4942, Commission Decision of 2 July 2008.

94 For an in-depth analysis of these two Decisions see, Esteva Mosso, C.; Mottl, M. and others, Digital maps go vertical: TomTom/Tele Atlas and Nokia/Navteq, Competition Policy Newsletter, Number 3-2008. Available at: http://ec.europa.eu/competition/publications/cpn/2008_3_70.pdf.

95 *Intel/McAfee*, Case COMP/M.5984.

services, but rather in terms of conglomerate effects. Security-technology companies need to access specific information from chip manufacturers to develop efficient solutions. Therefore, our main concern was that McAfee's competitors might have suffered from a lack of interoperability with Intel chips. The remedies proposed by Intel ensured interoperability between the products of the merged company and those of their competitors. As a result, we cleared the transaction in Phase 1 – and it seems that the remedies are working well in practice".[96]

Most recently, in *Microsoft/Skype*,[97] the Commission rejected concerns about interoperability and bundling, concluding that the tie-up would not have anticompetitive effects despite the concerns that Microsoft would leverage its dominant position to increase Skype's market penetration. The investigation found that the parties' activities mainly overlap in video communications, where Microsoft is active through its Windows Live Messenger. However, the Commission considered that this was a growing market where numerous players, including Google, are present. Additionally, for enterprise communications, the investigation confirmed that Skype has a limited market presence for these products and does not compete directly with Microsoft's enterprise communication product, Lync, which is used mostly by large enterprises. The Commission's investigation also focused on possible conglomerate effects, since Skype and Microsoft are active in neighbouring markets, but the Commission ruled out negative effects on competition within the time frame relevant for the analysis of the transaction.[98]

The effects-based approach was introduced to reduce both false positive and false negatives.[99] However, it has been argued that the real concern were false negatives, since false positives, *i.e.*, over-enforcement situations, could be avoided under the second prong of the old dominance test. False negatives, on the contrary, seemed more troubling especially after the *Airtours* judgment,

---

[96] Speech of Joaquín Almunia, Vice President of the European Commission responsible for Competition Policy, "Policy Objectives in Merger Control", Fordham Competition Conference New York, 8 September 2011.

[97] *Microsoft/Skype,* Case COMP/M.6281.

[98] European Commission press release available at http://europa.eu/rapid/pressReleasesAction.do?reference=IP/11/1164&format=HTML&aged=0&language=EN&guiLanguage=en.

[99] Note that M. De la Mano and L. H. Röller stated their concerns about a more accurate approach in cases where there is no dominance and anti-competitive effects exist can be cleared in phase 1 decisions. See Lars-Hendrik Röller and Miguel De la Mano, "The impact of the new substantive test in European Merger Control", European Competition Journal, April 2006, p. 14-15.

where it became clear that unilateral effects in non-dominant scenarios fell beyond the scope of the Old Merger Regulation.

Even since the introduction of the SIEC, several authors have expressed doubts as to the possibility that this new test would bring significant changes[100] to merger control[101] given that (i) the last decisions of the Commission under the old dominance test already showed that dominance was not the only factor being considered, as the dynamic effect or the merger was also considered; (ii) the implementation of the new test would require an adaptation process;[102] and (iii) dominance was still playing a significant role, at least in the first years following the entry into force of the New Merger Regulation.[103]

After more than six years since the entry into force of the new test, several commentators are of the opinion that very few cases would have lead to a different outcome had they been assessed under the dominance test.[104] As illustrated above, there is little doubt that the new test has certainly brought about a change in the manner in which the Commission undertakes merger analysis. The question might not, therefore, be whether the outcome would have been different under the old test, but rather how the process and mechanisms to reach this outcome have evolved and the consequences that result from this new economic approach to merger analysis.

---

100 A. Christiansen considers that the unchanged analysis of coordinated effects and the new efficiencies defense are not only unlikely to reduce the errors in relation to the old merger regulation, but they can even harbor the risk of Type I errors. See Arndt Christiansen, "The more economic approach in the EU merger control- A critical assessment", December 2005.

101 See L. H. Röller and M. De la Mano, "The impact of the new substantive test in European Merger Control", European Competition Journal, April 2006, p.10: '*The adoption of a new test and merger guidelines cannot be expected to have a one-time, radical and sweeping impact on the Commission's decisional practice. The influence is more likely to be slow and gradual as the Commission and the merger control community at large adapt to the new rules of the game*'.

102 In this sense, Völcker refers to the difficulties that the Commission would have in practice when assessing mergers using complex econometric evidence. See S. B. Völcker, "Mind the Gap: Unilateral Effects Analysis Arrives in EC Merger Control", 2004.

103 According to M. De la Mano and L. H. Röller, the Commission relied more on the concept of dominance in phase 1 cases than in phase 2 cases. See L. H. Röller and M. De la Mano, "The impact of the new substantive test in European Merger Control", European Competition Journal, April 2006, p. 403.

104 See N. Levy, "The EU's SIEC Test five years on: has it made a difference?", European Competition Journal, April 2010, p. 244.

6. THE USE OF ECONOMIC EVIDENCE IN MERGER ANALYSIS

The increased focus on an effects-based approach to merger analysis has unavoidably led to an increased use of economic models and data in merger control. As Director General for Competition Alexander Italianer recently acknowledged, the role played by economic analysis has increased "*across all our competition law instruments*".[105]

Even though this increased use of economic evidence been beneficial overall, the institutional characteristics of merger control and the intrinsic problems associated with the use of economic models may be problematic in some respects. In what follows we analyze the main concerns that arise out of the application of the more economic approach in merger control.

6.1 The institutional setting of EU merger control

As opposed to other institutional settings, the European Commission plays a central role in EU merger control as the authority responsible for (i) the investigation and (ii) the adoption of a decision as to the compatibility of a merger with the internal market. In order to fulfill these duties, the Commission enjoys wide powers of investigation, inspection, decision, and enforcement, which differ significantly from those of other authorities around the world.[106]

6.1.1 The so-called "prosecutorial bias"

It has been submitted that the EU merger control system is tainted by a so-called "prosecutorial bias" arising out of the multi-faceted role played by the Commission. Some authors have suggested the existence of two different types of "prosecutorial bias".[107] **First**, the "confirmation bias", which would consist of the tendency for Commission officials to search for evidence which confirms rather than challenges their beliefs (also known as the "self-

105 See A. Italianer's speech, "Quantity and quality in economic assessment", 7 December 2011.D. J. Neven. Competition economics and antitrust in Europe. October 2006, p. 3.

106 See B. Vesterdorf, "Standard of proof in merger cases: reflections in the light of recent case law of the Community Courts", European Competition Journal, March 2005, p. 9.

107 See W. Wils, "The combination of the investigative and prosecutorial function and the adjudicative function in EC antitrust enforcement: a legal and economic analysis". World Competition 27 (2), 2004, p. 14-19.

confirming bias").[108] **Second**, the "hindsight bias" or the tendency for Commission officials to avoid or undervalue evidence in a phase II investigation which contradicts the need for a deeper investigation.

The effects-based approach would be especially prone to this "prosecutorial bias", given the importance surrounding the choice and interpretation of economic evidence. This "prosecutorial bias" could take place, in particular: (i) when choosing the underlying economic models for the assessment, (ii) when choosing the economic data to be contrasted/used for the purposes of testing the validity of the model, and (iii) when weighing the economic evidence or economic models that could lead to different conclusions.

First, there is a risk, under certain circumstances, of the Commission putting more emphasis on the deficiencies of a specific model when its results do not support its preliminary conclusions, while, on the other hand, placing an unjustified weight on quantitative analysis (such as market share, market concentration ratios)[109] when these numbers do sustain their views[110] (even if when taking into account the totality of the evidence they may not seem as conclusive).[111]

---

108 See D. J. Neven, "Competition economics and antitrust in Europe". October 2006, p. 26.

109 For example, the New US Merger Guidelines aknowledge that HHIs *provide one way to identify some mergers unlikely to raise competition concerns and some other for which it is particularly important to examine whether other competitive factors confirm, reinforce, or counteract the potential harmful effects of increased competition*. See Horton, T. "The New United States Horizontal Merger Guidelines: Devolution, Evolution, or Counterrevolution?" Journal of Competition Law and Practice, 2011 Vol. 2, No.2.

110 See P. Freeman, "The significance of economic evidence in competition cases". IEA Beesley Lecture Series 2009, 15 October 2009, p. 11-12. Freeman relates these two possible behaviors with a potential "illusion of accuracy". *When considering the appropriate weight to place on the results of complex economic and econometric evidence, there needs to be a careful assessment of precisely what evidence the analysis provides.*

111 One of the recommendations made by the International Competition Network is, in fact, to "maintain a healthy skepticism about the reliability of numerical analysis. If statistical or econometric evidence is plainly inconsistent with basic economic theory, the great weight of other evidence, or common sense that may mean there are serious problems in the data or the techniques applied to it or, especially, the assumptions involved". See "ICN Investigative Techniques Handbook for Merger Review", International Competition Network, June 2005, p. 50.

Second, the so-called "prosecutorial bias" may also lead to a "data rich distortion"[112] by directing the investigation into those areas of analysis where there is more economic data available.

Third, the "prosecutorial bias" might result in the Commission giving more importance to evidence provided by intervening parties opposing the merger, despite the fact that competitors might be more concerned about the effects of a merger based upon their own interests rather than upon the interests of consumers.[113] As explained by Kühn, the heavy reliance on information provided by competitors is especially dangerous in merger control as "*the consequence of relying on competitors to build a case against mergers is not just that mergers are blocked that should have gone through. It also means that truly anticompetitive mergers go through because there are no competitors protesting the merger*".[114]

6.1.2 An adversarial or an inquisitorial system?

Based on the preceding considerations, it has been argued that the EU institutional setting would lead to more bias-related concerns than an adversarial system, such as that of the US, where the final decision in merger cases is taken by a judge. These authors believe that there are three possible outcomes when a decision is made: (i) one party wins, (ii) the opposite party wins or (iii) the status quo remains.

According to Dewatripont and Tirole, in an inquisitorial system, the inquisitor has an incentive to find evidence which favors one of the parties, as the status quo provides him the lowest payoff (the situation remains unchanged). In this context, these authors argue that the inquisitor will not put a special emphasis on evidence that leads to the maintenance of the status quo. The ultimate consequence of this behavior is that the inquisitorial system has more "extremist" decisions. On the contrary, according to Neven, in an adversarial system an extreme outcome has a lower probability to arise as "*an advocate might suppress conflicting evidence: if the opposite party has positive evidence, this will lead to the status quo when decision in favor of the opposite case would be favorable. The error takes the form of inertia. However, when the*

112 See P. Freeman, "The significance of economic evidence in competition cases". IEA Beesley Lecture Series 2009, 15 October 2009, p. 12.

113 See "ICN Investigative Techniques Handbook for Merger Review", International Competition Network, June 2005, p. 43.

114 See K-U, Kühn, "Reforming European merger review: targeting problem areas in policy outcomes". University of Michigan, 2002, p. 21-22.

opposite party has no evidence, it will lead to a decision in favor of the party suppressing evidence. The error takes the form of extremism".[115]

This tendency to downplay evidence or to fail to take into account or to mishandle economic evidence and theories,[116] has been said to characterize some of the prohibition decisions adopted by the Commission including, *Airtours/First Choice*,[117] *Tetra Laval/Sidel*[118] and *Schneider/Legrand*.[119]

6.1.3 A comparison with the US merger control system

The potential bias associated with the so-called "prosecutorial" merger control system prevailing in the EU has been compared and contrasted with that in the US in the context of discussions about the need for increased convergence between both systems.[120]

As is well known, in the US merger control system, both the Department of Justice and the Federal Trade Commission act as plaintiffs. In other words, they have to establish a violation of Section 7 of the Clayton Act and it is for the judge to review the evidence provided and make a final ruling in the context of adversarial proceedings and without being constrained by limitations in his/her standard of review like those imposed in the EU system of judicial review, such as the "manifest error of appraisal" standard.[121] According to

---

115 See D. J. Neven, "Competition economics and antitrust in Europe". October 2006, p. 28-29.

116 See D.J. Neven, "Competition economics and antitrust in Europe". October 2006, p. 30.

117 Case 1524, Commission Decision of 22 September 1999.

118 Case COMP/M. 2416, Commission Decision of 30 October 2001.

119 Case COMP/M. 2283, Commission Decision of 10 October 2001.

120 See A. Christiansen, "The more economic approach in the EU merger control-A critical assessment", December 2005, p. 7. The author refers to this fact and goes further by mentioning that "the convergence with the US practice was not explicitly formulated as a goal of the reform and could therefore not be discussed". See M. Monti, Speech 04/107, "Convergence in EU-US antitrust policy regarding mergers and acquisitions: an EU perspective", 1 March 2004. Despite the undeniable increased convergence some authors have stressed that converging from a theoretical perspective does not mean convergence in practical terms (D. J. Neven, "Competition economics and antitrust in Europe". October 2006, p. 3).

121 See M. Jaeger, "The Standard of Review in Competition Cases Involving Complex Economic Assessments: Towards the Marginalisation of the Marginal Review?" *Journal of European Competition Law & Practice* (2011) 2 (4): 295-314.

some authors this makes *"the admission of complex econometrics into evidence in a US court seem, at least from the procedural perspective, to be easier than before the EC judge"*.[122]

This does not necessarily mean that an adversarial system does not have any drawbacks, since, as has been pointed out, this type of system promotes *"attacks on the credibility of the experts' expertise in order to divert attention from the merits of the evidence"*.[123] However, this system has been said to make possible a higher degree of judicial scrutiny to ensure that the evidence provided is robust[124] as evidenced by cases such as *FTC v. Arch Coal,*[125] where the District Court considered that the testimonies of consumers or the unsubstantiated economic theories produced by the FTC were not sufficient to block the merger, giving more weight to objective market conditions. Or in *US v. Oracle,*[126] where the Court warned about the dangers of using qualitative criteria to define the relevant product market and where the Court considered that the DOJ's case was mainly based on customer preferences and vague criteria and where the econometric expert reports submitted by the DOJ were rejected on the basis that the evidence supporting them was not sufficient and/or was unreliable.[127]

---

[122] See Y. Botteman, "Mergers, standard of proof and expert economic evidence". *Journal of Competition Law and Economics* 2(1), February 2006, p. 89.

[123] See P. Freeman, "The significance of economic evidence in competition cases". IEA Beesley Lecture Series 2009, 15 October 2009, p. 16-17. An econometric study conducted by Malcolm Coate and Andrew Kleit suggests that there are still prosecutorial bias problems in the FTC system despite the safeguards to prevent these biases: (i) in the full trial both sides are presented; (ii) the Commissioners cannot discuss the matter with the FTC while the case is under adjudication; and (iii) in the appeal, both sides present the case directly to the Commissioners, who sit as judges. See W. Wils, "The combination of the investigative and prosecutorial function and the adjudicative function in EC antitrust enforcement: a legal and economic analysis". *World Competition* 27 (2), 2004, p. 21.

[124] See Y. Botteman, "Mergers, standard of proof and expert economic evidence". *Journal of Competition Law and Economics* 2(1), February 2006, p. 88.

[125] *FTC v. Arch Coal*, 329 F. Supp 2d (D.D.C. 2004).

[126] *US v. Oracle*, 331 F. Supp. 2d (N.D. Cal, Sept 9, 2004).

[127] In relation to the use of qualitative criteria, Kühn mentions that *qualitative arguments also easily lead to error because facts are taken as evidence that are not valid evidence for what is relevant in the theory.* See K-U. Kühn, "Reforming European merger review: targeting problem areas in policy outcomes. University of Michigan", 2002, p. 17.

6.2 Economic analysis and economic evidence

It has also been submitted that since the entry into force of the Merger Regulation in the European Union, both modern industrial organisation economics – defined by economists as a "*broad and diverse sub-discipline of economics that is far from constituting a homogeneous school of thinking*"[128] – and the "structure, conduct, performance paradigm" have shaped the economic reasoning underpinning the Commission's assessment of concentrations.[129]

In fact, some authors argue that modern industrial economics have been the major driving-force behind the evolution towards a more economic approach to merger analysis in the EU.[130] They are of the view that the development of: (i) new and innovative economic theories (in particular, game theory), (ii) new methods (econometrics and quantitative market definition techniques) and (iii) instruments (merger simulation models), have fostered the trend towards a case-by-case analysis of concentrations focused on the actual effects of the merger rather than on the pre-existing "rule-based" approach to merger control.[131]

This emphasis on the effects of the merger requires a deep understanding of the workings of the affected markets and the use of an appropriate set of tools to predict them and, therefore, a greater dependence on economic theory and economic evidence, with the consequences that this entails.

6.2.1 The "intrinsic" problems of modern industrial economics

First, it has been pointed out that this school of thinking is not homogenous.[132] In fact, as some authors have stressed there are "*constant divergences and plurality of approaches*" in economic competition theory.[133]

---

[128] See O. Budzinski, Fisher, Franklin M. (1991), "Organizing Industrial Organization: Reflections of the Handbook of Industrial Organization", Brookings Papers on Economic Activity, Vol. 1991 (1).

[129] See M. B. Coate, "Unilateral Effects and the Upward Pricing Pressure Model: evidence from the Federal Trade Commission", June 2011.

[130] See O. Budzinski, "An Institutional Analysis of the Enforcement Problems in Merger Control", June 2010, University of Southern Denmark, IME Working Paper 101/10.

[131] See O. Budzinski, "An Institutional Analysis of the Enforcement Problems in Merger Control", June 2010, University of Southern Denmark, IME Working Paper 101/10.

[132] See Budzinski, Fisher, Franklin M. (1991), "Organizing Industrial Organization: Reflections of the Handbook of Industrial Organization", Brookings Papers on Economic Activity, Vol. 1991 (1), pp. 201-225.

[133] See A. Christiansen, "The more economic approach in the EU merger control- A critical assessment", December 2005, p. 11.

This may result in what has defined as a "*battle of experts*", that is, the use of different models and data to support different theories, which may ultimately neutralize each side's arguments after consuming significant resources without ultimately improving the decision-making process.[134]

Second, it has been submitted that modern industrial economics rest primarily on two models of competition (Cournot and Bertrand). These models are said to be purely theoretical, based on concrete and limiting assumptions that do not necessarily capture the full essence of business reality. As acknowledged by some authors: "*the Cournot model has been widely used in oligopoly theory, but it would appear this is due more to its analytical tractability than to its realism*"[135] and "*it is quite likely that this model is used more often in oligopoly research than is justified.*[136]

This criticism can be extended to almost all economic tools inasmuch as they tend to be based on static competition, taking only into account short-term effects; as has been pointed out, for example: "*merger simulations omit important factors including barriers to entry and expansion; buyer power and the potential for post-merger coordination*".[137]

Third, the fully inability to capture innovation. Some authors consider that the basic problem of industrial organization theory is its focus on static efficiency[138] and the fact that modern economic theories focus on one of the goals of competition law: static efficiency. Their main concern is the effective allocation of resources or the "Pareto-criterion".[139]

---

134 See A. Christiansen, "The more economic approach in the EU merger control- A critical assessment", December 2005, p. 17-18.

135 See J. E. Kowka, "The Herfindahl Index in theory and in practice", Antitrust Bulletin, 1985, p. 925.

136 See A. Pautler, "A review of the economic basis for broad-based horizontal-merger policy", 28 Antitrust Bull.571, 1983.

137 M. Walker, IBC conference, Brussels, January 2005. See Yves Botteman. "Mergers, standard of proof and expert economic evidence". Journal of Competition Law and Economics 2(1), February 2006, p. 99. Also see S. Bishop, and M. Walker, "Economics of EC Competition Law". Third Edition, 2010, p. 667.

138 See W. Kerber, "Should competition law promote efficiency? Some reflections of an economist on the normative foundations of competition law", December 2007.

139 *Pareto-criterion is fulfilled if there is no possibility to increase the utility of any person in the economy without reducing the utility of any other person.* Therefore, *no person can be better off through a reallocation of these resources without reducing the utility of another person.* See W. Kerber, "Should competition law promote

This is likely to be due to the fact that in markets where products are subject to innovation, it is sometimes difficult to model and assess the impact on competition of a merger.[140] Moreover, innovation is a process that can take some time and its effects may therefore be difficult to predict.[141] It is difficult to predict, for instance, where innovation will come from and what firms may be affected by the potential merger.[142] Furthermore, these issues become more difficult when dealing with complex products based on various components. These various components may be subject to potential and significant innovation that will affect the product at stake.[143] The question therefore arises whether it is possible to take into account all the possible effects of innovations without running the risk of losing track of reality.

However, static efficiency is not the only goal of competition law. As stressed by some of these authors, dynamic efficiency is also one of the main goals of competition law, as innovation and diffusion of new products and ideas is one of the very desirable outcomes of effective competition. They thus take the view that the effects based approach is highly dominated by the theory of industrial organization and that this theory is normatively based on static efficiency-based theories, such as the neoclassical theory of equilibrium. Consequently, there is no normative consideration of dynamics concepts such as innovation.[144] The main reason for this lack of consideration seems to be the high uncertainty and unpredictability of the innovation process. The

efficiency? Some reflections of an economist on the normative foundations of competition law", December 2007, p. 3.

140 See R.J. Gilbert R.J. and S.C. Sunshine "Incorporating dynamic efficiency concerns in merger analysis: the use of innovation markets". *Antitrust Law Journal* Vol. 63. 1994-1995., p. 577.

141 See A. Tepperman A. and M. Sanderson, "Innovation and Dynamic Efficiencies in Merger Review". *CRA International Final Report Prepared for the Competition Bureau.* April 2007, p. 13.

142 See D. W. Carlton and R. H. Gertner, "Intellectual Property, Antitrust and Strategic Behavior". June 2002.

143 See A. Tepperman A. and M. Sanderson,"Innovation and Dynamic Efficiencies in Merger Review". *CRA International Final Report Prepared for the Competition Bureau.* April 2007, p. 14.

144 Several authors have criticized the non-inclusion of dynamic efficiency in the theory of equilibrium. Some of these authors are J. A. Schumpeter, F. A. Hayek or H. Demsetz. See Kerber, W. "Should competition law promote efficiency? Some reflections of an economist on the normative foundations of competition law", December 2007, p. 7.

consequence being that "*since economic theory has not successfully integrated the innovation dimension into general equilibrium theory, [...], dynamic efficiency remains, to a large extent, outside of the mainstream of neoclassical equilibrium theory*".[145]

This static approach would perhaps explain why innovation is not often considered in merger investigations as a desirable product of mergers but also, and perhaps most importantly, why innovation is not taken into account as an intrinsic characteristic of some markets either.

This might lead to undesirable results in merger control, especially in fast-changing markets characterized by constant innovation. As Commissioner Joaquín Almunia recently acknowledged, one of the challenges of merger control is the "*fast pace of technological change, especially in some industries [...] This demands that we keep pace with fast-changing and dynamic markets*".[146]

6.2.2 The "intrinsic" problems of using economic tools

In addition to the more theoretical concerns arising out of the use of industrial organization models in merger control analysis, a number of criticisms have been raised relating to the use of economic techniques. A first group of criticisms has been addressed to issues related to the gathering of data, which is obviously linked to an essential element of economic analysis.[147] One of the most recurrent criticisms is that, even if sometimes there may be data available, they may not be the most relevant to the specific case. Indeed, it has been pointed out that a "*common thread through all of the shortcomings in the empirical substantiation of arguments is an excessive reliance on anecdotal evidence to the detriment of hard data. There is little that seems to have changed in this respect since the early years of European merger control documented by*

145 See W. Kerber, "Should competition law promote efficiency? Some reflections of an economist on the normative foundations of competition law", December 2007, p. 6.

146 See J. Almunia, Speech 11/581, "New challenges in mergers and antitrust", 16 September 2011.

147 As Simon Bishop points out, *although economic theory is instrumental in identifying the key issues to be addressed, it has its own limits; namely, in most merger cases, the key issues cannot be resolved in a priori grounds alone. The key issues in assessing a given merger often involve questions that cannot be resolved a priori but must instead be assessed with reference to market facts i.e. evidence.* See Bishop, S. "Assessing Economic Evidence in Merger Cases: Comparing Practice in Europe and Australia". *RBB Economics*. October 2011, p. 5-6.

Neven et al. (1993). But the impact of such shortcomings is greater today, where the Commission applies theoretical arguments of a much more speculative nature, which could only be justified by very strong evidence".[148]

In addition even if the quality of the data available or the amount of data is not the ideal, they may still be sufficient to run certain economic models. According to some authors, "*in many instances, available market evidence can be incorporated into the competitive assessment without the need for apparently sophisticated econometric analysis and it is almost always the case that some appropriate empirical analysis can be undertaken. Arguments incorporating the results of even limited empirical analysis are generally to be preferred to those based purely on theory*".[149] However, even if this is true, there is no doubt that the conclusions derived from these analyses will have to be unavoidably limited; as pointed by Alexander Italianer: "*you cannot get more information out of data than what is in it in the first place*".[150]

The availability of data is, thus, one of the main constrains in economic analysis. The availability of economic information differs significantly from case to case and this will have a direct impact on the type of assessment that can be undertaken.[151]

For example, as noted, in *Ryanair/AerLingus,*[152] the Commission was able to conduct an extensive empirical analysis because the data available were sufficiently complete. In addition, the quantitative analysis could be contrasted with the qualitative analysis. In contrast, in *Olympic/Aegen,*[153] the economic analysis could not be as extensive as the one undertaken in *Ryanair*, because the data were not available and/or were not as reliable. According to the Commission the parties intended to take *Ryanair* as the reference benchmark, however this approach could not be followed as three key pre-conditions to conducting this type of analysis were not met: (i) in order to implement a

---

[148] See K-U. Kühn, "Reforming European merger review: targeting problem areas in policy outcomes". University of Michigan, 2002, p. 18.

[149] See S. Bishop, "Assessing Economic Evidence in Merger Cases: Comparing Practice in Europe and Australia". *RBB Economics*. October 2011, p. 7.

[150] See A. Italianer's speech, "Quantity and quality in economic assessment", 7 December 2011.

[151] See A. Italianer's speech, "Quantity and quality in economic assessment", 7 December 2011.

[152] Case COMP/M.4439, Commission Decision of 27 June 2007.

[153] Case COMP/M.5830, Commission Decision of 26 January 2011.

concrete empirical methodology, the Commission must have all the necessary data for that methodology, both in quality and quantity; (ii) the historical data must provide a sound basis for the assessment of the future impact of the merger on competition; and (iii) the data have to be sufficiently variable to establish useful comparisons.

An additional criticism associated with the retrieval of data is that it overburdens companies, as there is a tendency to ask for more information that the strictly necessary, *i.e.*, the requests for information are often too broad or made with no specific objective in mind.[154] Some of these data may create an unnecessary burden on companies and unnecessarily extend the duration of pre-notification or investigation periods.[155]

In addition to the problems related to the gathering of data, criticism has been also leveled at the tendency to use historic data from previous mergers to assess the impact of a merger in the future,[156] and the fact that faulty data is sometimes substituted by equally or even worse data. Given that economic assessments based on inadequate evidence might result in unreliable conclusions, there is a potential risk for "*garbage in, garbage out*" arguments where unsound data is substituted for equally unreliable data.[157]

Although the use of economic techniques may be a very useful tool in merger control, in many cases these techniques must be carried out on the basis of "*the best evidence available, not the best evidence imaginable*"[158] includ-

---

[154] See D. Nelson, "It's the economics stupid". MLex magazine, October-December 2010, p. 46.

[155] See the recommendation in "ICN Investigative Techniques Handbook for Merger Review", International Competition Network, June 2005, p. 55-56: "Ask for the minimum amount of data required to carry out the desired analyses. The gathering and processing of the data is time consuming and costly, both to the firm and to the Authority's staff. It is best to keep the demands to a minimum, but be sure to ask for all needed data. Again, planning ahead is crucial." See D. Nelson, "It's the economics stupid". MLex magazine, October-December 2010, p. 44. As an example of this extension of the pre-notification period, Nelson mentions the case of Unilever and Sara Lee's Body. In this case there was a gap of seven months between the announcement of the acquisition of the rival company and the notification.

[156] See G. Werden, L. Froeb and M. Shor, "Behavioral Antitrust and Merger Control", May 2010, p. 7.

[157] See S. Bishop, S. and M. Walker "Economics of EC Competition Law". Third Edition, 2010, p. 484-485.

[158] See A. Italianer's speech, "Quantity and quality in economic assessment", 7 December 2011.

ing evidence that while not amenable to quantification or modelling can have a significant impact on the assessment of the merger, such as the dynamic and innovative nature of the markets. Competition authorities should thus be aware of the dangers that an excessive reliance on these economic tools might pose and use them as an element of the overall competitive assessment but by no means as the only basis for a merger control decision.[159]

6.2.3 Economic evidence: is it comparable to other sources of evidence?

The analysis of economic data is more complex than the assessment of other empirical data. This level of complexity means, in turn, that a minimum level of expertise is required by those analyzing the economic evidence

Throughout this article, reference has been made to the increased convergence between the EU effects-based approach to merger analysis and the US merger control system. However, as mentioned, there remains one significant difference between the two models: the ability and the willingness of the European courts to scrutinize and control the use of economic evidence and analysis.[160]

The experience in the US shows that, in order to properly assess economic evidence, it may be helpful to have a "clear set of rules" compelling economic experts to state the economic reasoning and the facts which serve as the basis for their analysis "*fully and in a timely manner*".[161] As has indeed

---

[159] See, for example, Y. Botteman, "Mergers, standard of proof and expert economic evidence". Journal of Competition Law and Economics 2(1), February 2006, p. 99. *To some extent, econometrics help assess what evidence has been gathered and how useful the evidence is to the analysis, but those tools are merely predictive and equally sound competing models may sometimes offer differing predictions. As a result, econometric models, especially the most complex ones, should come in addition to other factual evidence in the file and should probably not be the sole piece of evidence upon which a prohibition decision rests.*

Freeman refers to it as the need to have *a willingness to weight and consider possibly conflicting evidence*. See Freeman, P. *The significance of economic evidence in competition cases*. IEA Beesley Lecture Series 2009, 15 October 2009, p. 13.

Nelson also mentions *No one will seriously argue that economics should not play a role in merger-control assessment. But the extent of, and the weight attributed to, its use has come under question*. See Nelson, D. "It's the economics stupid". MLex magazine, October- December 2010, p. 43.

[160] See D. J. Neven, "Competition economics and antitrust in Europe". October 2006, p. 31.

[161] See D. J. Neven, "Competition economics and antitrust in Europe". October 2006, p. 32.

been pointed out, the potential risk that results from this absence of a proper validation system is that *"evidence that is not subject to proper validation can be easily abused"*.[162] For this purpose, the US Federal courts use the Reference Manual on scientific evidence, which incorporates the standards established by the US Supreme Court in the key *Daubert,*[163] *Joiner*[164] and *Kumho*[165] decisions (commonly known as the "Daubert trilogy"). Most importantly, nothing in the US legal system prevents a US court from thoroughly analyzing the parties' economic models and from choosing the best economic analysis, without being constrained by the applications of limiting standards such as the "manifest error of assessment" standard currently applicable in the EU.

7. CONCLUSION

The increase in the use of economic evidence and models in EU merger control cases is an uncontested and welcome development. However, although the institutionalization of a more effects-based approach has brought about significant improvements, there is little doubt that the use of economic analysis in merger cases needs to pay heed to the aforementioned criticisms, with regard both to its application in individual cases and potential structural deficiencies (such as its emphasis on static models of competition) and to the degree of scrutiny and standard of review that ought to applied by the European courts when reviewing the legality of Commission decisions.

---

[162] See D. J. Neven, "Competition economics and antitrust in Europe". October 2006, p. 31.

[163] *Daubert v. Merrel Dow Pharmaceuticals*, Inc. 509 US 579 (1993).

[164] *General Electric Co. v. Joiner*, 522 U.S. 136 (1997).

[165] *Kumho Tire Co. v. Carmichael*, 119 S. Ct. 1167 (1999).

Aquisição de Participação Minoritária em Concorrentes e *Interlocking Directorates*: Aspectos Concorrenciais

Acquisition of Minority Stakes in Competitors and Interlocking Directorates: Antitrust Issues

Ana Paula Martinez
Mariana Tavares de Araujo

Sumário

Resumo

O presente artigo examina os aspectos concorrenciais decorrentes de (i) operações de aquisição de participação minoritária no capital social de concorrentes; e (ii) os chamados "*interlocking directorates*". Nesses casos, pode haver redução da concorrência em decorrência de criação de incentivos à colusão (tácita ou explícita), além da possibilidade de efeitos unilaterais – seja por participação minoritária passiva, seja por acesso unilateral a informações comercialmente sensíveis. As autoras registram o tratamento dado aos temas pela doutrina e jurisprudência internacional e analisam os aspectos concorrenciais e societários relevantes à luz do direito brasileiro. O artigo destaca a tensão existente no Brasil entre o direito societário e o direito da concorrência, já que o primeiro preocupa-se em preservar direitos dos acionistas sob a ótica privada enquanto que o segundo preocupa-se em preservar a concorrência.

Palavras-chave: Participação Minoritária em Concorrentes, *Interlocking Directorates,* Comissão de Valores Mobiliários, CVM, Conselho Administrativo de Defesa Econômica, CADE, Secretaria de Direito Econômico, SDE, Secretaria de Acompanhamento Econômico, SEAE, Efeitos Unilaterais, Efeitos Coordenados, Conflito de Interesses.

Contents

Abstract

This article examines the relevant antitrust issues regarding (i) the acquisition of minority shareholdings in competitors; and (ii) *interlocking directorates.* Both situations are capable of reducing competition, either through incentives for collusion (explicit or tacit), or through unilateral effects resulting from passive minority equity interests or from access to commercially sensitive information. The authors review the international literature and case law and assess the relevant aspects under Brazilian antitrust and corporate laws. Moreover, this paper underlines the tension between both statutes in Brazil, as the first is targeted at protecting the ownership rights of shareholders, while the second aims at promoting competition in the markets.

Keywords: Minority Shareholding in Competitors, *Interlocking Directorates*, Brazil's Securities and Exchange Commission, CVM, Administrative Council for Economic Defense, CADE, Secretariat of Economic Law, SDE, Secretariat for Economic Monitoring, SEAE, Unilateral Effects, Coordinated Effects, Conflict of Interests.

1. INTRODUÇÃO

A aquisição de participação minoritária no capital social de concorrentes pode, em alguns casos, suscitar graves preocupações concorrenciais. O mesmo ocorre quando uma determinada pessoa ou pessoas com parentesco direto ocupam cargos[1] (geralmente no Conselho de Administração) em mais de uma empresa (os chamados "*interlocking directorates*") e tais empresas têm atividades horizontal ou verticalmente relacionadas. Em ambas as situações, as empresas podem ver reduzidos os incentivos para competirem, tendendo a condutas colusivas. O tema ganha importância crescente no Brasil, podendo surgir tensão potencial entre direito societário e direito concorrencial, não havendo, contudo, até o momento, tratamento claro por parte das autoridades sobre quais os limites que garantiriam a licitude da conduta.

Primeiramente, o presente artigo tratará conceitualmente dos dois temas - aquisição de participação minoritária por concorrentes e *interlocking directorates*, trazendo seu tratamento por jurisdições de destaque, como Estados Unidos, Comissão Europeia, Alemanha e Reino Unido. Em seguida, passaremos à análise dos temas à luz do direito brasileiro, considerando tanto aspectos concorrenciais quanto societários. O último capítulo traz as conclusões.

2. AQUISIÇÃO DE PARTICIPAÇÃO MINORITÁRIA EM CONCORRENTES

2.1 Considerações gerais

Entende-se por participação minoritária a participação inferior a 50% do capital votante da empresa-objeto.[2] Referida participação pode (i) ser neutra

---

[1] Dois cargos executivos ou ao menos um cargo executivo e outro de natureza gerencial. Algumas jurisdições, como o Brasil, são ainda mais abrangentes e preveem a ilicitude do mesmo indivíduo exercer funções de direção, administração ou gerência de mais de uma empresa ou sociedade do mesmo ramo de indústria ou comércio com o fim de impedir ou dificultar a concorrência (vide Lei No. 1.521, de 26 de dezembro de 1951).

[2] Vide OCDE, *Antitrust Issues involving minority shareholding and Interlocking Directorates*, DAF/COMP (2008), 30.06.2009, disponível em http://www.oecd.org/dataoecd/40/38/41774055.pdf (acesso em 10.09.2011). Há definições divergentes. Por exemplo, o *Office of Fair Trading* (OFT), órgão de defesa da concorrência do Reino Unido, define participação minoritária como aquela participação incapaz de garantir ao seu detentor influência relevante ou controle na empresa-alvo. Vide

quanto ao acesso a informações comercialmente sensíveis da empresa-objeto; (ii) possibilitar acesso a informações comercialmente sensíveis da empresa-objeto; (iii) dar lugar à influência relevante sob o aspecto concorrencial;[3] ou (iv) configurar controle, de fato ou de direito, isolado ou compartilhado na empresa-objeto da operação.[4]

A participação pode ser detida de forma direta ou indireta, e unilateral ou recíproca. Os quadros abaixo, em que "A" e "B" são concorrentes e "C" sociedade controladora de "A", exemplificam essas três situações.

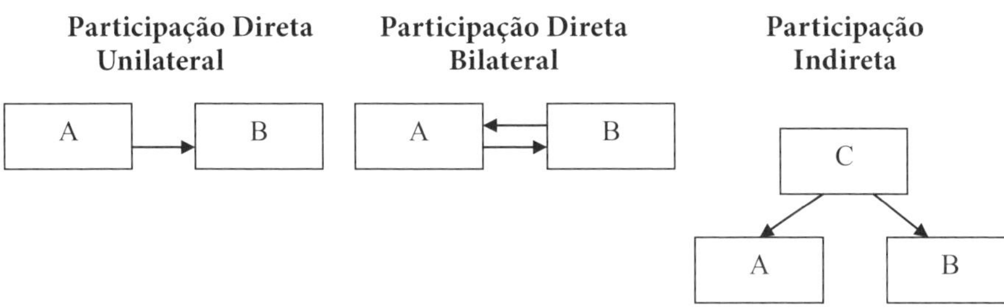

A depender das características estruturais e comportamentais do mercado afetado, a aquisição de participação minoritária no capital social de concorrente pode impactar negativamente a concorrência por conta de efeitos

OFT, *Minority interests in competitors - A research report prepared by DotEcon Ltd*, 2010, item 1.3, http://www.oft.gov.uk/shared_oft/economic_research/oft1218.pdf (acesso em 01.09.2011).

3 Fica caracterizada a influência relevante do ponto de vista concorrencial quando a participação minoritária permitir ao sócio participar efetivamente da administração da sociedade, indicando administradores que possuam atribuições suficientes para direcionar seu comportamento estratégico, ou que confira ao sócio poderes de voto ou veto sobre estratégias comerciais da sociedade, incluindo orçamento, plano de negócios e política de investimento.

4 A noção de poder de controle societário para o direito antitruste distingue-se daquela do direito societário brasileiro. O primeiro tipo de controle está relacionado à capacidade de tomar decisões que afetem o gerenciamento das atividades da sociedade (quer dizer, que afetem a conduta da sociedade no mercado). Para o direito societário, a noção de controle é relacionada à possibilidade de dispor dos ativos e dos dividendos da sociedade. Tal decisão pode não ter impacto algum sobre como a sociedade atua no mercado (vide Calixto Salomão Filho, *Direito Concorrencial – As Estruturas*, 2ª ed., São Paulo: Melhoramentos, 2002, p. 255).

unilaterais e/ou coordenados que levem à redução da oferta no mercado e ao aumento do preço ao consumidor.[5] Ao contrário de uma fusão, em que eventuais efeitos anticompetitivos são comumente compensados por eficiências econômicas decorrentes da operação, estas estão apenas excepcionalmente presentes no caso de aquisições parciais.[6] A visão antitruste tradicional, segundo a qual "*noncontrolling acquisition has no intrisic threat to competition at all*",[7] foi superada e, atualmente, as autoridades preocupam-se com aquisições de participações minoritárias mesmo que estas não deem lugar a controle ou influência relevante sobre a empresa-objeto da operação.

Os *efeitos unilaterais* decorrem da participação minoritária passiva: na medida em que uma empresa possua participação societária em seu rival, as perdas causadas ao seu concorrente repercutirão em seu investimento, diminuindo os incentivos para a competição.[8-9] Além disso, pode haver efeitos unilaterais por meio do acesso a informações comercialmente sensíveis do rival – tais informações irão afetar a tomada de decisões do concorrente, igualmente reduzindo o nível de competição no mercado. Por sua vez, os *efeitos coordenados* decorrem do fato de que o acesso a informações comercialmente

---

5 A relevância da detenção de participações minoritárias em outras sociedades, ainda que não concorrentes, está refletida nos formulários de notificação de atos de concentração de diversas jurisdições. Por exemplo, o Form CO, formulário da Comissão Europeia, requer que as partes de uma operação listem todas as companhias em que detém participação de ao menos 10% do capital social. No Brasil, o item I.8 do Anexo I da Resolução 15/1999 do CADE requer que as partes informem todas as companhias em que detêm participação superior a 5% do capital social.

6 USDOJ e FTC, *Horizontal Merger Guidelines*, 2010, http://www.justice.gov/atr/public/guidelines/hmg-2010.html (acesso em 01.09.2011).

7 Vide Phillip Areeda & Donald F. Turner, *Antitrust Law: An Analysis of Principles and Their Applications*, Boston: Little, Brown, and Company,1980, p. 322.

8 Para análise completa dos efeitos unilaterais decorrentes da participação minoritária em concorrente, vide Daniel P. O'Brien & Steven C. Salop, *Competitive Effects of Partial Ownership: Financial Interest and Corporate Control*, Antitrust Law Journal 67, 2000, p. 559.

9 Esse mesmo efeito pode excepcionalmente estar presente no caso de empréstimos feitos a concorrentes, especialmente se o concorrente estiver em situação financeira frágil. Vide Hanno F. Kaiser, *Debt Investments in Competitors under the Federal Antitrust Laws*, Fordham Journal of Corporate and Financial Law, vol. 9, issue 3, 2004, e OFT, *Minority interests in competitors - A research report prepared by DotEcon Ltd*, op cit.

sensíveis do concorrente facilita a ocorrência de colusão, seja ela tácita ou explícita. Ainda, a detenção de participação no capital de concorrente pode reduzir os custos de monitoramento do comportamento do concorrente, o que igualmente facilitaria a conduta colusiva. Os efeitos são considerados mais relevantes nos casos de participações recíprocas entre concorrentes.

Segundo as melhores práticas internacionais, os seguintes aspectos devem ser considerados para se determinar se a detenção de participação minoritária pode gerar preocupações concorrenciais: (i) percentual de participação adquirido e os direitos inerentes a tal participação (cada jurisdição garante diferentes direitos associados ao percentual do capital social, votante ou não votante); (ii) o grau de concentração no mercado e as participações de mercado das partes envolvidas; (iii) barreiras à entrada; (iv) interação entre os concorrentes; (v) características da demanda; (vi) grau de homogeneidade do produto; (vii) grau de inovação no mercado em questão; (viii) grau de transparência de preços; (ix) regulação em vigor; e (x) investimentos em marketing, estratégias de preços e liberdade do consumidor.[10] Apesar de não se tratar de critério unificado, para aferir o efeito de determinada aquisição de participação minoritária sobre a concorrência, muitas autoridades, como a Comissão Europeia, adotam o índice *Herfindahl-Hirschman* modificado (MHHI), em que o delta é calculado multiplicando o percentual de participação no concorrente pela participação de mercado das duas firmas envolvidas.[11] Deltas entre 100 e 200 pontos indicam operações potencialmente problemáticas sob a ótica concorrencial.

A maioria das jurisdições procede a essa análise em sede de controle de estruturas, enquanto poucas outras o fazem em sede de controle de condutas anticompetitivas. Diante de um possível efeito anticompetitivo decorrente da aquisição da participação minoritária, são usualmente adotados os seguintes remédios: (i) a venda da participação ou parte da participação adquirida; (ii) a assunção de compromisso por parte da adquirente de não exercer certos direitos de minoritários, tais como indicação de membro no Conselho de Administração, direitos de veto e de informação (isto é, a esterilização concorrencial dos direitos associados àquelas ações); e (iii) a criação de barreiras

[10] Vide OCDE, *Antitrust Issues involving minority shareholding and Interlocking Directorates*, op. cit.

[11] Vide *Orientações para a apreciação das concentrações horizontais nos termos do regulamento do Conselho relativo ao controlo das concentrações de empresas*, Jornal Oficial nº C 031 de 05/02/2004 p. 0005 – 0018, http://eur-lex.europa.eu/LexUriServ/LexUriServ.do?uri=CELEX:52004XC0205(02):PT:HTML.

ao fluxo de informações comercialmente sensíveis entre as partes ("*Chinese walls*").[12] De acordo com a OCDE, as autoridades têm preferido adotar remédios estruturais (alienação de participação) aos comportamentais (instituição de *Chinese walls*, em vista dos altos custos de monitoramento e da alegada reduzida efetividade destes últimos.[13]

Por óbvio, isso não significa que qualquer participação em capital social de concorrente suscite problemas concorrenciais, mas o assunto merece detida análise caso a caso. Passamos abaixo a examinar a experiência de destacadas jurisdições sobre o assunto, com a ressalva de que, como cada ordenamento jurídico nacional prevê diferentes direitos associados a diferentes níveis de participação societária, é necessário cuidado ao comparar o histórico das autoridades.

2.2 Direito comparado

2.2.1 Estados Unidos

O *Hart-Scott-Rodino Act*, de 1976 ("HSR Act"), lei dos Estados Unidos que determina quais são as operações de notificação obrigatória no país, isenta de notificação aquisições de até 10% do capital votante de uma companhia, desde que sejam feitas com o *intuito exclusivo* de investimento (note-se aqui requisito de caráter subjetivo do agente).[14]

---

[12] Vide OCDE, *Antitrust Issues involving minority shareholding and Interlocking Directorates*, op. cit.

[13] Vide OCDE, *Antitrust Issues involving minority shareholding and Interlocking Directorates*, op cit. "*As a general matter, competition authorities prefer structural remedies to behavioural remedies. These include remedies aimed at preventing the acquirer of the minority shareholding from gaining control over the target or from acquiring a direct or indirect influence over the target's business conduct. Behavioural remedies generally are disfavoured because of concerns about their effectiveness in addressing structural problems and because of the often significant costs involved in monitoring behavioural remedies. The discussion suggested that behavioural remedies should be considered as standalone remedial measures only where an authority is satisfied that they will eliminate the anticompetitive effects, that there is no appropriate structural remedy, and that no or only minimal monitoring would be required.*" Vide ainda contribuição do Reino Unido para o estudo da OCDE: "*The OFT favours a complete divestiture – or clean break – approach to problematic minority shareholdings*" (OCDE op. cit., p. 170).

[14] HSR Act, Section (c)(9). O HSR Act alterou a Seção 7A(a) do *Clayton Act* (15 U.S.C. 18a(a).

O intuito exclusivo de investimento fica descaracterizado quando o adquirente tem a *intenção* de participar na formulação, determinação ou direção das decisões de negócio da empresa-alvo (note-se requisito de caráter subjetivo do agente).[15] Exercer o direito de voto como acionista no geral não descaracteriza a aquisição como sendo para mero investimento. Entretanto, resta descaracterizado o mero investimento quando o adquirente: (i) indica membro para o Conselho de Administração; (ii) propõe iniciativa que requer aprovação dos acionistas; (iii) solicita procurações a outros acionistas a fim de representá-los perante a companhia; (iv) tem um acionista controlador, administrador, diretor ou funcionário servindo simultaneamente como um administrador ou diretor da empresa-alvo ("*interlocking directorates*"); (v) é um *concorrente* da empresa-objeto. O intuito de investimento também fica descaracterizado se qualquer das ações descritas for feita em relação ao controlador da empresa-alvo.[16]

O Guia para Concentração Horizontal dos EUA indica que três são os principais efeitos a serem levados em consideração quando da análise da aquisição de participações minoritárias por concorrentes: (i) a habilidade de influenciar a conduta da empresa-alvo sob a perspectiva concorrencial; (ii) a redução dos incentivos para competição em vista do interesse financeiro no resultado do rival; e (iii) a possibilidade de acesso a informações confidenciais e estratégicas da empresa-alvo, o que pode levar a efeitos unilaterais ou coordenados adversos.[17]

---

15 "*Voting securities are held or acquired 'solely for the purpose of investment' if the person holding or acquiring such voting securities has no intention of participating in the formulation, determination, or direction of the basic business decisions of the issuer.*" 16 C.F.R. § 801.1(i)(1).

16 "*(1) nominating a candidate for the board of directors of the issuer; (2) proposing corporate action requiring shareholder approval; (3) soliciting proxies; (4) having a controlling shareholder, director, officer or employee simultaneously serving as an officer or director of the issuer; (5) being a competitor of the issuer; or (6) doing any of the foregoing with respect to any entity directly or indirectly controlling the issuer.*" 43 Fed. Reg. 33,450, 33,465 (1978).

17 *USDOJ & FTC, Horizontal Merger Guidelines*, 2010, http://www.justice.gov/atr/public/guidelines/hmg-2010.html, item 13. Na íntegra: "*In most horizontal mergers, two competitors come under common ownership and control, completely and permanently eliminating competition between them. This elimination of competition is a basic element of merger analysis. However, the statutory provisions referenced in Section 1 also apply to one firm's partial acquisition of a competitor. The Agencies therefore also review acquisitions of minority positions involving competing firms, even if such mi nority positions do not necessarily or completely eliminate*

Enquanto no passado o foco da análise da autoridade residia na capacidade de o adquirente influir nos negócios da empresa-alvo,[18] mais recente-

---

competition between the parties to the transaction. When the Agencies determine that a partial acquisition results in effective control of the target firm, or involves substantially all of the relevant assets of the target firm, they analyze the transaction much as they do a merger. Partial acquisitions that do not result in effective control may nevertheless present significant competitive concerns and may require a somewhat distinct analysis from that applied to full mergers or to acquisitions involving effective control. The details of the post-acquisition relationship between the parties, and how those details are likely to affect competition, can be important. While the Agencies will consider any way in which a partial acquisition may affect competition, they generally focus on three principal effects. First, a partial acquisition can lessen competition by giving the acquiring firm the ability to influence the competitive conduct of the target firm. A voting interest in the target firm or specific governance rights, such as the right to appoint members to the board of directors, can permit such influence. Such influence can lessen competition because the acquiring firm can use its influence to induce the target firm to compete less aggressively or to coordinate its conduct with that of the acquiring firm. Second, a partial acquisition can lessen competition by reducing the incentive of the acquiring firm to compete. Acquiring a minority position in a rival might significantly blunt the incentive of the acquiring firm to compete aggressively because it shares in the losses thereby inflicted on that rival. This reduction in the incentive of the acquiring firm to compete arises even if cannot influence the conduct of the target firm. As compared with the unilateral competitive effect of a full merger, this effect is likely attenuated by the fact that the ownership is only partial. Third, a partial acquisition can lessen competition by giving the acquiring firm access to non-public, competitively sensitive information from the target firm. Even absent any ability to influence the conduct of the target firm, access to competitively sensitive information can lead to adverse unilateral or coordinated effects. For example, it can enhance the ability of the two firms to coordinate their behavior, and make other accommodating responses faster and more targeted. The risk of coordinated effects is greater if the transaction also facilitates the flow of competitively sensitive information from the acquiring firm to the target firm. Partial acquisitions, like mergers, vary greatly in their potential for anticompetitive effects. Accordingly, the specific facts of each case must be examined to assess the likelihood of harm to competition. While partial acquisitions usually do not enable many of the types of efficiencies associated with mergers, the Agencies consider whether a partial acquisition is likely to create cognizable efficiencies."

[18] Vide Hanno F. Kaiser, *Debt Investments in Competitors under the Federal Antitrust Laws*, Fordham Journal of Corporate and Financial Law, vol. 9, issue 3, 2004. A nota de rodapé 4 traz exemplos de análises focadas na capacidade de influir as decisões da empresa-alvo: *Du Pont, 353 U.S.* 602-603 e 607 (indicando que uma aquisição de 23% do capital social viola a legislação antitruste se o adquirente

mente passou-se a focar nas mudanças de incentivo para concorrer decorrentes do interesse financeiro no concorrente.[19] Note-se que o texto do HSR Act faz referência à "capital votante", o que afastaria da notificação obrigatória as aquisições de participação no capital não votante mas que, não obstante, poderiam significar detenção de interesse significativo no resultado financeiro de um concorrente.

Os casos abaixo são exemplos de operações que trataram de participação minoritária no capital social de concorrentes:

> ***Smithfield Foods/IBP:*** Em 1998 e 1999, a Smithfield Foods adquiriu participações minoritárias inferiores a 10% na sua concorrente IBP Inc. que não foram notificadas às autoridades de defesa da concorrência norte-americanas.[20] O

ganhou influência sobre a empresa-alvo, no caso em particular, uma cliente, passando a receber informações dela); *F. & M. Schaefer Corp. v. C. Schmidt & Sons Inc.*, 597 F.2d 814, 818 (2d. Cir. 1979) (concluindo que uma aquisição de 29% no capital social de um concorrente viola a legislação antitruste uma vez que o adquirente passou a deter o poder de indicar um administrador, ganhou acesso a informações comercialmente sensíveis, com redução dos incentivos à concorrência); *Briggs Mfg Co. v. Crane Co.*, 185 F. Supp. 177, 180-182, 184 (E.D. Mich. 1960) (concluindo que a proibição da lei abarca um percentual de participação suficiente para indicar membros para o Conselho de Administração que possam influenciar as decisões estratégicas da empresa-alvo e passar informações para a adquirente); *Am. Crystal Sugar Co. v. Cuban-Am. Sugar Co.*, 259 F.2d 524, 526, 531) (2d Cir. 1958) (concluindo que uma participação de 23% no concorrente viola a legislação antitruste se o adquirente tiver por intenção controlar a empresa-alvo); *Hamilton Watch Co. v. Benrus Watch Co.*, 114 F. Supp. 307, 313, 317 (D. Conn. 1953) (concluindo que a aquisição de 24% do capital social do concorrente com a intenção de obter representação no Conselho de Administração viola a legislação antitruste).

19 Os seguintes acordos foram motivados por mudanças nos incentivos financeiros do adquirente em relação a seu concorrente: *U.S. v. AT&T Corp.*, Proposed Final Judgment and Competitive Impact Statement, 64 Fed. Reg. 2506 (DOJ, Jan. 1999); *US. v. US West Inc.*, Proposed Final Judgment and Competitive Impact Statement, 61 Fed. Reg. 58, 703 (DOJ, Nov. 1996); *In the matter of Goldber Grain Macaroni Co.*, 78 FTC 63 (1971). Vide Hanno F. Kaiser, *Debt Investments in Competitors under the Federal Antitrust Laws*, op cit.

20 No nível federal, duas são as autoridades de defesa da concorrência nos Estados Unidos: o Departamento de Justiça (*Department of Justice* – "DOJ") e a Comissão Federal do Comércio (*Federal Trade Commission* – "FTC"). No caso de fusões e aquisições, uma ou outra atua a depender da indústria afetada. Apesar de não haver uma divisão formalmente estabelecida, cada órgão tende a analisar casos nos setores da economia em que tem maior domínio. Por exemplo, a FTC tipicamente

Departamento de Justiça dos EUA ("DOJ") notificou a Smithfield, que alegou que as aquisições haviam sido feitas a título de mero investimento, razão da não submissão. A autoridade considerou que houve descumprimento da obrigação legal uma vez que as aquisições foram feitas por concorrente que tinha a noticiada *intenção* de adquirir o controle da IBP.[21] A Smithfields Foods Inc. fez acordo com o DOJ, por meio do qual pagou US$ 2 milhões para pôr fim à ação judicial por não submissão das duas operações.

KMI/Carlyle/Riverstone: Em 2007, a Comissão Federal de Comércio dos EUA ("FTC") questionou a aquisição de participação minoritária da Kinder Morgan Inc. ("KMI") pelos fundos Carlyle e Riverstone, tendo em vista que estes também detinham participação no capital social da Magellan Midstream, concorrente da KMI. A autoridade sustentou que os incentivos para a competição seriam reduzidos dado que os fundos de investimento poderiam indicar administradores para ambas as companhias e acessar informações confidenciais, gerando efeitos unilaterais e coordenados adversos.[22] Carlyle e Riverstone firmaram acordo com a FTC por meio do qual se comprometeram a tornar seu investimento na Magellan passivo por meio de (i) remoção de seus indicados para cargos no Conselho de Administração e na Diretoria; (ii) cessão de controle para outros investidores; e (iii) recusa em exercer qualquer tipo de influência, mesmo indireta, nas atividades da Magellan. O acordo também previu a adoção de medidas para impedir a troca de informações comercialmente sensíveis entre KMI e Magellan.

---

analisa casos das indústrias farmacêutica, química, petrolífera, de hardware e alguns setores da indústria alimentícia. Por sua vez, o DOJ analisa casos nos setores aéreo, elétrico, metalúrgico, de telecomunicações e de serviços financeiros. Vide Deborah Platt Majoras, *Reforms to the Merger Review Process*, 16.02.2006, disponível em http://www.ftc.gov/os/2006/02/mergerreviewprocess.pdf (acesso em 29.08.2011). Apenas o DOJ é competente para analisar casos criminais, dos quais se destacam os cartéis. Apesar de serem raros, há casos em que o DOJ e a FTC não concordam com a outra autoridade ser responsável por analisar uma determinada operação. Nesses casos, é iniciado o chamado "*formal clearance process*", que envolve a negociação direta entre o Presidente da FTC e o *Assistant Attorney General*, representado o DOJ. Vide U.S. FTC, *FTC Releases Antitrust Clearance Process Documents*, 2002, disponível em http://www.ftc.gov/opa/2002/02/clearance.shtm (acesso em 29.08.2011).

[21] Vide http://www.justice.gov/atr/public/press_releases/2004/206229.htm. O mesmo critério da "intenção" já havia sido adotado em outras ocasiões: *Hamilton Watch Co. v. Benrus Watch Co.*, 114 F. Supp. 307, 313, 317 (D. Conn. 1953) (concluindo que a aquisição de 24% do capital social do concorrente com a intenção de obter representação no Conselho de Administração viola a legislação antitruste).

[22] Vide http://www.ftc.gov/opa/2007/01/kindermorgan.shtm.

> ***CommScope/Andrew:*** CommScope adquiriu em 2007 a Andrew Corporation, que detinha participação de 30% no capital social da Andes Industries Inc., concorrente da CommScope. Além disso, a Andrew detinha títulos de dívida da Andes e licenciava para esta última direitos de propriedade intelectual. O mercado afetado era altamente concentrado, com a CommScope detendo de 60 a 70% do mercado e a Andes aproximadamente 4%, sendo considerada uma entrante que causava forte pressão concorrencial. O DOJ questionou a fusão por entender que causava efeitos irreversíveis ao mercado.[23] Em dezembro de 2007, CommScope concordou em firmar acordo com o DOJ pelo qual se comprometeu a se desfazer de toda a participação detida pela Andrew na Andes.[24]

Assim como veremos que ocorre no Brasil, nos Estados Unidos também há tensão entre a visão tradicional do direito societário – especialmente aquele aplicado às sociedades de capital aberto – e o aspecto antitruste associado à participação no capital social de concorrentes. Por exemplo, há decisões judiciais norte-americanas indicando que o fato de um acionista ser também concorrente da empresa-objeto não impede o acionista-concorrente de ter acesso às informações comercialmente sensíveis da empresa-objeto, podendo haver excepcionalmente algumas limitações.[25] Apenas quando o objetivo for único e exclusivamente lesar a concorrência é que o acesso pode ser negado,[26] o que pode ser uma situação difícil de ser comprovada na prática, criando insegurança jurídica do ponto de vista da responsabilidade antitruste para a empresa-alvo.

---

[23] Vide *Competitive Impact Statement*, http://www.justice.gov/atr/cases/f228300/228364.pdf. *"CommScope's substantial ownership in Andes would reduce its incentive to compete with Andes. In addition, (...), CommScope would obtain substantial governance rights over Andes. Once CommScope completes its acquisition of Andrew, Andes' board of directors will have seven members. CommScope will then have rights to appoint two members of that board, and jointly with another Andes' shareholder, to appoint two more. In addition, CommScope's consent will be required under the IRA for a range of corporate actions by Andes, and CommScope will hold extensive rights to access Andes' confidential business information. These governance rights, combined with its 30 percent ownership stake and other interests in Andes, would give CommScope both the incentive and the ability to coordinate its activities with those of Andes, and/or to undermine Andes' ability to compete on price and innovation."*

[24] Vide http://www.justice.gov/atr/public/press_releases/2007/228330.htm.

[25] Vide *Kortum AG v. Webasto Sunroofs Inc.*, Ação Civil nº 17237, 2000, Court of Chancery of Delaware, http://caselaw.findlaw.com/de-court-of-chancery/1113358.html.

[26] Vide *Skoglund v. Ormand Industries Inc.*, 372 A.2d 204, 1976, Court of Chancery of Delaware.

2.2.2 Comissão Europeia

Em matéria de controle de estruturas, estão sujeitas à apreciação da Comissão Europeia[27] apenas aquelas operações com impacto comunitário que impliquem *alteração de controle*, de fato ou de direito. Nos termos da legislação comunitária, o controle de fato pode ser determinado com base na representatividade histórica de um determinado percentual de participação no capital social da empresa-alvo,[28] ficando configurada uma "*minoria qualificada*" quando, por exemplo:

> *"...the shareholder is highly likely to achieve a majority at the shareholders' meeting, given that the remaining shares are widely dispersed. In such a situation it is unlikely that all the smaller shareholders will be present or represented at the shareholders' meeting. The determination of whether or not sole control exists in a particular case is based on the evidence resulting from the presence of shareholders in previous years. Where, on the basis of the number of shareholders attending the shareholders' meeting, a minority shareholder has a stable majority of the votes at this meeting, then the large minority shareholder is taken to have sole control".*[29]

Participações minoritárias que não configurem alteração de controle serão apenas revisadas pela Comissão Europeia de forma indireta (por exemplo,

---

[27] A Comissão Europeia é o órgão executivo da União Europeia, sendo responsável por decidir, em caráter definitivo na esfera administrativa, sobre as questões relacionadas ao controle de estruturas e condutas com dimensão comunitária. A decisão da Comissão está sujeita ao controle judicial do Tribunal Geral da União Europeia (nova denominação do Tribunal de Primeira Instância das Comunidades Europeias) e do Tribunal de Justiça da União Europeia. Com a entrada em vigor do Tratado de Lisboa, em 01.12.2009, a União Europeia passou a ser dotada de personalidade jurídica e retomou as competências anteriormente conferidas às Comunidades Europeias.

[28] Percentuais inferiores a 30% já foram considerados suficientes para configurar controle. Vide Processo COMP/M.2117 - Aker Maritime/Kværner) (2000/C 361/05); a operação notificada foi a aquisição de 26,7% do capital social da empresa-alvo e a Comissão indicou que analisaria detidamente a operação (no âmbito da chamada "Fase II"); posteriormente, esse percentual foi reduzido pelas partes a 17,8%, o que afastou a jurisdição da Comissão Europeia no caso. Igualmente, no Processo COMP/M.5121 - News Corp/Premiere, a aquisição de uma participação de 24,2% na empresa-alvo foi suficiente para caracterizar o controle de fato.

[29] *Commission Notice on the concept of concentration under Council Regulation* (EEC) No 4064/89 on the control of concentrations between undertakings; 98/C 66/02.

se para aprovar uma fusão for necessária a venda de participação minoritária detida em outra empresa por uma das partes) ou, de forma mais excepcional, em sede de controle de condutas anticompetitivas, à luz dos artigos 81 e 82 do Tratado de Roma.[30] Em 2011, Joaquin Almunia, Comissário de Concorrência da União Europeia, afirmou que criou grupo de estudo para avaliar necessidade de reforma de regulamentação de modo a permitir diretamente o controle comunitário de aquisições de participações minoritárias e não apenas de aquisições de controle.[31]

Os casos a seguir são exemplos de análise em quem houve discussão relativa à participação minoritária em concorrentes, a grande maioria deles no âmbito do controle de estruturas. Em alguns casos, foi permitida referida participação, desde que abaixo de determinados percentuais (entre 5 e 20%) de modo a que a adquirente não exercesse influência relevante na empresa-alvo. Pelo exame dos casos abaixo, percebe-se que o foco da autoridade está em analisar a capacidade do adquirente influir nos negócios da empresa-alvo e não leva em especial consideração a mudança de incentivos à competição que pode haver decorrente do interesse financeiro no concorrente.

> ***Thyssen/Krupp***:[32] Ao analisar a fusão envolvendo Thyssen AG e Fried e Krupp AG Hoesch-Krupp, em 1998, a Comissão suscitou a preocupação de que, em razão de a Krupp anteriormente deter 10% de participação no concorrente Kone, com o direito de indicar membro para o Conselho de Administração, a operação poderia resultar em redução da concorrência. Acentuou referida preocupação a natureza oligopolística dos mercados afetados, dentre os quais aço e equipamentos industriais. A operação foi aprovada sob a condição de que a ThyssenKrup não exercesse os direitos que lhe conferia sua participação de 10% no concorrente Kone – incluindo o direito de indicar membro para o Conselho de Administração.
>
> ***Volvo/Renault:***[33] A operação consistiu na aquisição pela Volvo das ações detidas pela Renault na RVI, em troca de 20% do capital social da Volvo. Como resultado dessa operação, a Renault passaria a indicar dois representantes do Conselho de Administração da Volvo. A operação foi aprovada mediante diversas condições, dentre as quais o compromisso de as partes alienarem suas respectivas participações minoritárias nas empresas concorrentes Scania e Iveco.

---

[30] Tratado Constitutivo da Comunidade Econômica Europeia (CEE), de 25.03.1957.

[31] Vide SPEECH/11/166, de 10.03.2011, disponível em: http://europa.eu/rapid/pressReleases Action.do?reference=SPEECH/11/166&format=HTML&aged=0&language=EN&guiLanguage=en.

[32] Processo COMP/M. 1080 Thyssen/Krupp; decisão proferida em 02.06.1998.

[33] Processo COMP/M. 1980; decisão proferida em 01.09.2000.

Allianz/Dresdner:[34] A Allianz era a maior operadora de seguros da Alemanha e o Banco Dresdner o terceiro maior banco comercial do país. Apesar de a operação resultar em reduzida sobreposição horizontal, a Comissão identificou participação cruzada entre o novo Grupo Allianz/Dresdner e o Grupo Münchener Rück/Ergo, um concorrente relevante. O grupo resultante da fusão teria 30-35% de participação em seu concorrente. As partes comprometeram-se a reduzir suas participações conjuntas no Münchener Rück para 20,5% de participação até 2003 e, até essa data, a não exercer direito de voto em percentual superior aos 20,5%.[35]

Nordbanken/Postgirot:[36] A operação consistia na aquisição pelo grupo Nordea do controle da Postgirot Bank AB, provedora de sistemas de pagamentos bancários. A Nordea também controlava o concorrente Bankgirot e detinha participação minoritária no concorrente Privatgirot. Como condição para aprovar a operação, a Comissão determinou que a Nordea deveria (i) reduzir sua participação na Bankgirot para 10% do capital social de modo a não exercer influência relevante na empresa; e (ii) alienar sua participação na Privatgirot.

Siemens/VA Tech:[37] Em 2005, a Siemens propôs aumentar sua participação na VA Tech de 16,45% do capital votante para, no mínimo, 50% mais uma ação, adquirindo assim seu controle. Como condição para aprovar a operação, a Comissão determinou: (i) a alienação do negócio de hidro-energia da VA Tech; e (ii) a alienação da participação de 28% que a Siemens detinha na concorrente da VA Tech, SMS Demag. Até que referida participação fosse alienada, deveria ser nomeado um *trustee* para ocupar o lugar dos representantes da VA Tech no Conselho de Administração da empresa.

Warner-Lambert/Gillette:[38] Neste caso a aquisição de participação minoritária foi analisada em sede de controle de condutas anticompetitivas, dado que, como não havia aquisição de controle de fato ou de direito, a Comissão Europeia não tinha competência para fazer a análise no âmbito do controle de estruturas.[39] A Comissão Europeia concluiu que aquisição pela Gillette, empresa líder no mercado de lâminas de barbear na Europa, de participação de 22%

---

34 Processo COMP/M. 2431 Allianz/Dresdner; decisão proferida em 19.07.2001.

35 Além disso, em alguns casos em que a Comissão Europeia reprovou integralmente uma fusão, a autoridade permitiu a participação minoritária no capital social da concorrente, desde que inferior a 5% (vide Processo COMP/M.2283 - Schneider/Legrand).

36 Processo COMP/M. 2567 Nordbanken/Postgirot; decisão proferida em 08.11.2001.

37 Processo COMP/M. 3653 Siemens/VA Tech; decisão proferida em 13.07.2005.

38 Processo 93/252/EEC Gillette/Wilkinson Sword, decisão proferida em 10.11.1992.

39 Vide também Processos Conjuntos 142 e 156/84, *British American Tobacco and Reynolds v. Commission*, 1987.

no capital não votante de sua principal concorrente, Wilkinson Sword, era contrária à concorrência, ordenando o desinvestimento da participação. A Comissão fundamentou sua decisão no fato de que a operação teria alterado a estrutura do mercado relevante, com efeitos deletérios sobre o mercado. A autoridade indicou que a adoção de remédios comportamentais, como a implementação de "*Chinese walls*", seriam alternativas inferiores e de condão limitado para lidar com os riscos estruturais resultantes dessa participação.

Ryanair/Aer Lingus: o caso mais recente envolvendo participação de aquisição minoritária em concorrente foi relativo à aquisição hostil de participação no capital social da Aer Lingus pela Ryanair. A Ryanair notificou às autoridades europeias sua proposta de adquirir todo o capital social da Aer Lingus. Em junho de 2007, a Comissão Europeia concluiu que eventual fusão restringiria de forma não razoável a concorrência, proibindo a operação proposta.[40] A Aer Lingus sustentou que a Ryanair não poderia nem mesmo adquirir participação minoritária na companhia, uma vez que isso significaria o descumprimento parcial da decisão. A Comissão indicou, contudo, que não teria jurisdição sobre aquisição de participação minoritária; a análise de tal operação deveria, assim, ser analisada pelos Estados-membros competentes. A Aer Lingus apelou da decisão da Comissão Europeia perante o Tribunal Geral, que confirmou a decisão, i.e., a falta de jurisdição da Comissão Europeia em analisar operações que não configurem a aquisição de controle.[41] Em 2011, a autoridade de concorrência do Reino Unido iniciou investigação a fim de apurar os efeitos sobre a concorrência decorrentes da participação minoritária que a Ryanair detém na Aer Lingus.

2.2.3 Outras jurisdições

Diversas outras autoridades de concorrência já enfrentaram a questão do potencial anticompetitivo da participação minoritária detida por sociedade concorrente. Destacamos abaixo a experiência da Alemanha e Reino Unido.

Na Alemanha, devem ser obrigatoriamente notificadas à autoridade de concorrência a aquisição de 25% ou mais do capital social de uma companhia ou aquisição de percentuais menores, desde que impliquem em aquisição de influência relevante do ponto de vista concorrencial. O *Bundeskartellamt* considera, em geral, que participações abaixo de 20% do capital social são incapazes de conferir influência relevante. Contudo, essa análise é feita caso a caso: é possível que a autoridade julgue haver risco à concorrência mesmo na presença de percentuais inferiores.

---

40 Processo COMP/M. 4439, Ryanair/Aer Lingus, decisão proferida em 27 de junho de 2007.

41 Processo T-411/07, Aer Lingus Group plc v. Commission.

Por exemplo, no caso *Norddeustsche Affinerie AG/A-TEC Industries AG*, a A-TEC AG adquiriu participação de 13,5% no capital social do seu concorrente Norddeustsche Affinerie AG e não notificou a operação à autoridade. O *Bundeskartellamt* intimou as partes a apresentarem a operação por entender que ela implicava aquisição de influência relevante, dada a histórica baixa presença dos demais acionistas minoritários nas assembleias. A operação foi proibida e a A-TEC AG teve que se desfazer de sua participação.

Em outra ocasião, a análise foi feita no âmbito do controle de condutas anticompetitivas: *Xella/Nord-KS*. A Xella Deutscheland GmbH adquiriu participação de 17,5% no capital votante de sua concorrente Nord-KS, com direito a indicar membro do Conselho de Administração. Segundo a autoridade, apesar de a Xella não exercer o controle, sua presença no Conselho "*garantia-lhe a possibilidade de tomar conhecimento das decisões estratégicas de negócio de seu concorrente e influenciar essas decisões tendo em vista seu próprio benefício*".[42] Por essa razão e em vista da estrutura concentrada do mercado, a autoridade ordenou o desinvestimento no prazo máximo de um ano e medidas cautelares a serem observadas nesse ínterim, em especial: (i) a proibição de a Xella participar direta ou indiretamente das assembleias de acionistas e Conselho de Administração; e (ii) a proibição de que os demais acionistas compartilhassem com ela qualquer tipo de informação.

No Reino Unido, o controle de concentrações, de natureza voluntária, abrange aquisições de controle e participações minoritárias que confiram influência relevante na companhia alvo. A lei presume haver tal influência toda vez que são adquiridos ao menos 25% do capital social, mas o *Office of Fair Trading* ("OFT") já sinalizou em seu Guia para Análise Substantiva de Concentrações (*OFT Mergers - Substantive Assessment Guidance*)[43] que aquisições menores, em especial a partir de 15%, podem igualmente suscitar preocupações. Na análise da configuração de elementos que possibilitam o exercício da

---

[42] Vide OCDE op. cit., p. 116 (tradução livre).

[43] Disponívelemhttp://www.oft.gov.uk/shared_oft/business_leaflets/enterprise_act/oft516.pdf. *"A participação [de] 25 por cento ou mais do capital votante em uma companhia normalmente permite ao detentor vetar resoluções especiais; consequentemente, uma participação de 25 por cento tende a ser vista como, presumidamente, poder conferir a habilidade de materialmente influenciar a política da empresa – mesmo quando todas as demais ações forem detidas por uma única pessoa. O OFT pode examinar qualquer caso em que o detentor puder influenciar materialmente a política de uma empresa. Ocasionalmente, a detenção de menos de 15 por cento pode suscitar o escrutínio, quando outros fatores indicarem a habilidade de exercer influência sobre a política da empresa."* (tradução livre).

influência relevante, a autoridade destaca: (i) o direito de assento no Conselho de Administração da empresa-alvo; e normalmente, mas não necessariamente, (ii) a presença de *interlocking directorates*. Os dois casos descritos abaixo são exemplos de aquisições de participação minoritárias que suscitaram preocupações de natureza concorrencial.

> ***Gillette/Wilkinson Sword:***[44] Assim como no âmbito comunitário, a operação Gillette/Wilkinson Sword gerou preocupação às autoridades britânicas de concorrência. A operação envolvia a aquisição de 22% do capital não votante pela Gillete em sua concorrente Wilkinson Sword. A primeira tinha participação de mercado no Reino Unido de 60% em lâminas de barbear, enquanto a segunda detinha 20% do mercado em questão. Entendeu-se que a Gillette tinha condições de exercer influência relevante sob a ótica concorrencial sobre a Wilkinson Sword em razão (i) da sua posição no mercado; (ii) da possibilidade de converter os 22 % de participação acionária sem direito a voto em participações com direito a voto, em determinadas situações; (iii) de seus direitos de preferência acerca da venda de participações e de ativos da empresa para terceiros; (iv) de seu status de credor importante da Wilkinson Sword – detendo 12% de sua dívida. Recomendou, assim, o desinvestimento das ações e, até que as participações fossem alienadas, que não exercesse os direitos detidos.
>
> ***BSkyB/ITV:***[45] A Comissão de Concorrência impediu a aquisição pela BSkyB, principal canal pago de televisão no Reino Unido, de 17,9% de participação na ITV, canal líder de televisão aberta no país. Segundo a Comissão, tal participação lhe permitiria exercer influência relevante sob a ótica concorrencial, inclusive o direito de veto em relação a decisões importantes, dado o histórico de presença dos acionistas em reuniões do Conselho de Administração e os padrões de voto observados até então. Tal poder de veto limitaria as opções estratégicas da ITV como, por exemplo, o de definir o conteúdo de sua programação ou operar mudanças tecnológicas. Apesar da participação não resultar em controle, entendeu-se que da aquisição resultaria redução substantiva da competição entre as partes ("*substantial lessening of competition*"). O órgão de instrução, OFT, havia recomendado o desinvestimento integral da participação de 17,9%. A Comissão de Concorrência concluiu, entretanto, que o desinvestimento parcial que permitisse à BSkyB deter menos de 7,5% de participação na ITV seria efetivo, na medida que tal participação não seria suficiente para que BSkyB exercesse influência relevante sobre a ITV.

---

44 Ver MMC, *Stora Kopparbergs Berslags AB/Swedish Match/The Gillette Company*, 1991, item 7.72; http://www.competition-commission.org.uk/rep_pub/reports/1991/301storakopparbergs.htm#full.

45 Ver http://www.oft.gov.uk/advice_and_resources/resource_base/Mergers_home/2007/BSkyB.

3. *INTERLOCKING DIRECTORATES*

"*Interlocking directorates*" ocorrem quando uma mesma pessoa ou pessoas com parentesco direto[46] ocupam cargos executivos (geralmente no Conselho de Administração) ou um cargo executivo e um outro gerencial[47] em mais de uma empresa. A situação terá relevância sob a ótica concorrencial se tais empresas foram horizontal ou verticalmente relacionadas.[48] Historicamente, a preocupação das autoridades concorrenciais concentrou-se na ocorrência do fenômeno no âmbito do Conselho de Administração, mas ele pode igualmente envolver membros do Conselho Fiscal e Diretoria. Alguns exemplos de *interlocking directorates* estão ilustrados nos quadros abaixo:

Direto e mesmos órgãos

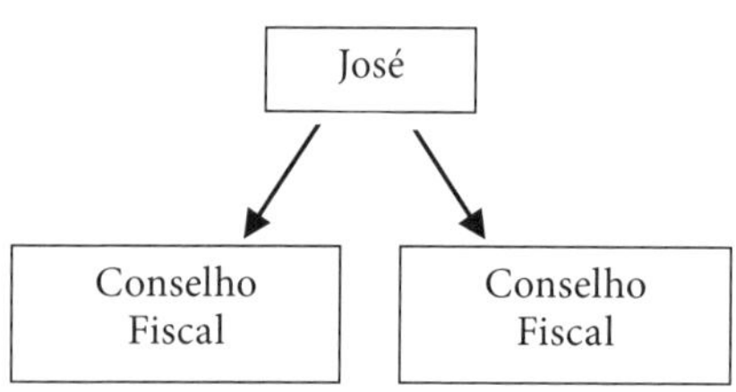

Indireto e mesmos órgãos

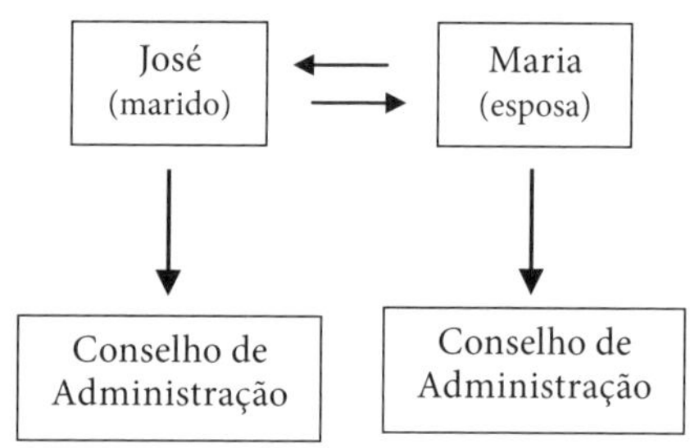

Direto e órgãos diversos

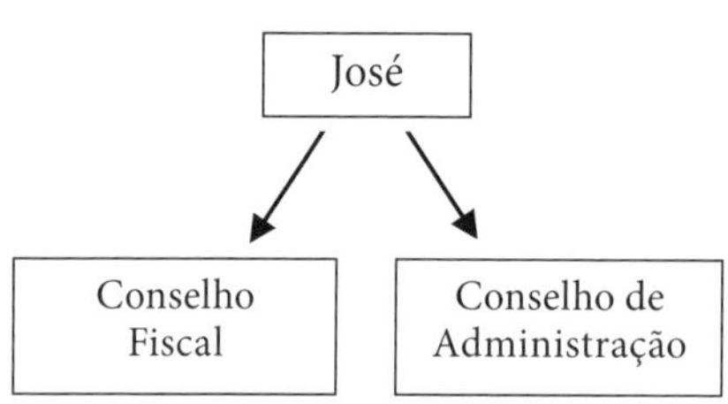

Indireto e órgãos diversos

A principal preocupação associada aos *interlocking directorates*, quando as empresas são concorrentes, concerne à facilitação à conduta colusiva no

[46] Marido e mulher ou pai e filho, por exemplo.

[47] Conhecidos como "*management interlocks*".

[48] Vide OCDE, *Antitrust Issues involving minority shareholding and Interlocking Directorates*, DAF/COMP (2008), 30.06.2009, disponível em http://www.oecd.org/dataoecd/40/38/41774055.pdf.

mercado ou, ao menos, efeitos concorrenciais nocivos decorrentes do acesso a informações comercialmente sensíveis. Os *interlocking directorates* em empresas verticalmente relacionados são potencialmente menos problemáticos, mas em casos excepcionais podem levar a fechamento de mercado a concorrentes, por meio, por exemplo, de acordos de exclusividade ou cláusulas preferenciais de fornecimento. Os deveres de lealdade e diligência a que os administradores estão sujeitos deveriam ser suficientes para afastar preocupações concorrenciais (em outras palavras, diante de situação de potencial conflito, o individuo não poderia assumir o cargo ou, se já estivesse no cargo quando do surgimento do conflito, deveria ele trazer o caso ao conhecimento dos demais Conselheiros e se declarar impedido). Contudo, as autoridades concorrenciais costumam ser céticas quanto ao aspecto prático de tal situação.[49]

Por essa razão, algumas jurisdições introduziram dispositivos legais expressamente proibindo *interlocking directorates* entre concorrentes em determinadas situações. Entre tais jurisdições, destacam-se os Estados Unidos,[50] o Japão,[51] a Indonésia[52] e a Coreia do Sul.[53]

---

[49] OFT, *Minority interests in competitors - A research report prepared by DotEcon Ltd*, 2010, item 3.31, http://www.oft.gov.uk/shared_oft/economic_research/oft1218.pdf (acesso em 01.09.2011): "*Company rules, along with scope for disqualifications and criminal sanctions may act as a constraint on the behaviour of an interlocked director. However, information exchanges may still be valuable. As noted above, company laws do not explicitly restrict the provision of company information to a board member based on other directorships held. The rules simply require that disclosures identifying the directorship positions held be made.*"

[50] O *Clayton Act* entrou em vigor em 1914 com o objetivo de complementar e fortalecer os dispositivos do *Sherman Act* para tratar de condutas anticompetitivas. A Seção 8 do *Clayton Act* prevê que "*no person at the same time shall be a director in any two or more corporations, any one of which has capital, surplus, and undivided profits aggregating more than $ 1,000,000 [...] if such corporations are or shall have been theretofore [...] competitors, so that the elimination of competition by agreement between them would constitute a violation of any of the provisions of any of the antitrust laws*".

[51] Artigo 13 (1) da Lei Antimonopólio do Japão.

[52] Artigo 26 da Lei da Concorrência da Indonésia, Lei nº 5/1999. "*A person concurrently holding a position as a member of the Board of Directors or as a Commissioner of a company, shall be prohibited from simultaneously holding a position as a member of the Board of Directors or a Commissioner in other companies, in the event that such companies: a) are in the same relevant market; or b) have a strong bond in the field and or type of business activities; or c) are jointly capable of controlling the market share of certain goods or services, which may result in monopolistic practices and or unfair business competition*".

[53] Artigo 12 (1-3) da Regulação de Monopólios e de Comércio Leal.

Outras jurisdições têm conduzido estudos sobre o tema, para identificar a ocorrência de tais situações e sua relevância do ponto de vista concorrencial. Um exemplo é o estudo conduzido em 2004 pela autoridade de defesa da concorrência da Holanda, que abrangeu companhias com atividades nos setores financeiro, de construção e de energia. O resultado foi conforme a seguir, com ocorrência mais frequente do fenômeno no setor de construção:

Setor	Financeiro	Construção	Energia
Número de companhias pesquisadas	4	57	29
Número de *Interlocks* diretos	1	26	7
Conselho de Administração – Conselho de Administração	0	6	0
Conselho de Administração – Conselho Fiscal	0	2	5
Conselho Fiscal – Conselho Fiscal	1	18	2

Em relação ao Brasil, estudo realizado por SANTOS & SILVEIRA leva em consideração 320 companhias listadas na Bovespa, com ocorrência de algum tipo de *interlocking directorates* em 40% dos casos analisados. Os quadros abaixo foram extraídos do estudo e indicam tipo de *interlocking* e frequência por setor.[54] Percebe-se alta incidência da prática na organização empresarial brasileira.

Categoria	2003	2005
Empresas com cargos unificados de diretor executivo e presidente do conselho	31,3%	31%
Empresas que realizam o *board interlocking*	74%	68,4%
Empresas cujo diretor executivo desempenha funçoes em coutra companhia	32,6%	35,4%

continua...

[54] Vide Rafael Liza Santos; Alexandre Di Miceli da Silveira, *Board Interlocking* no Brasil: A participação de Conselheiros em Múltiplas Companhias e seu Efeito sobre o Valor das Empresas da *Revista Brasileira de Finanças* 2007 Vol. 5, nº 2, pp. 125–163.

... continuação

Categoria	2003	2005
Empresas cujo presidente do conselho desempenha funções em outra companhia	47,6%	48,4%
Empresas cujo presidente do conselho, que é, concomitantemente, diretor executivo, desempenha funções em outra companhia	42%	44%
Empresas cuja metade ou mais dos conselheiros externos trabalha em duas ou mais empresas	40%	39,2%
Empresas cuja metade ou mais dos conselheiros externos trabalha em três ou mais empresas	30%	26%

	2003			2005		
Setor	Número de companhias	Percentual que realiza *Interlock*	Número de interligações por empresa	Número de companhias	Percentual que realiza *Interlock*	Número de interligações por empresa
Agro e Pesca	2	50%	1,50	3	33%	1,3
Alimentos e Bebidas	18	61%	4,17	17	71%	2,4
Comércio	9	56%	1,80	10	60%	2,8
Construção	11	0%	-	10	20%	0,5
Eletroeletrônicos	9	44%	4,22	7	57%	4,1
Energia Elétrica	37	89%	11,08	39	90%	8,6
Finanças e Seguros	27	74%	5,33	27	74%	4,0
Máquinas Industriais	6	33%	2,67	5	80%	2,6
Mineração	3	67%	4,67	3	67%	3,3
Minerais não Metálicos	5	80%	2,20	3	100%	4,0
Papel e Celulose	9	100%	8,33	8	100%	6,3
Petróleo e Gás	8	75%	4,88	8	75%	5,4
Química	23	78%	7,22	21	81%	6,9
Siderurgia e Metalurgia	35	51%	4,46	32	47%	3,9
Software e Dados	-	-	-	1	100%	5,0
Telecomunicações	22	100%	14,14	24	100%	12,0
Textil	24	42%	2,38	26	50%	2,6
Transporte e Serviços	7	71%	4,43	10	80%	3,5
Veículos e peças	20	40%	1,80	18	50%	1,7
Outros	44	57%	3,50	48	60%	3,4
Média Geral	319 (Total)	64%	5,50	319 (Total)	68%	4,8

Assim como ocorre com a análise da aquisição de participação minoritária por concorrentes, os *interlocking directorates* podem ser analisados no âmbito do controle de estruturas ou do controle de condutas anticompetitivas.

Quando da análise estrutural, as autoridades procuram identificar a existência de *interlocking directorates* e, caso haja restrição à concorrência, proíbem sua ocorrência ou impõem remédios comportamentais, como a implementação de *Chinese Walls* (como vimos acima).

A análise no âmbito de condutas deve levar em conta uma conduta concreta com efeitos nocivos para a concorrência por parte do indivíduo comum a ambas as empresas. Investigações por parte de autoridades de defesa da concorrência com base nessa conduta específica são raras,[55] merecendo destaque processo instaurado pela autoridade da República da Coreia.

No caso em referência, a *Samick Musical Instruments* notificou em 2004 à KFTC, autoridade de concorrência da Coreia, a aquisição de 49% do capital social de seu concorrente *Young Changl*. À época, o controle de concentrações era *a posteriori* no país e as partes estavam autorizadas a, ausente uma decisão final da autoridade sobre a legalidade da operação, implementar a operação a partir de seu fechamento. Enquanto a operação estava sendo analisada, a autoridade recebeu duas denúncias sobre um incremento de preço combinado entre as duas companhias por intermédio de indivíduos que ocupavam assentos no Conselho de Administração das duas companhias. A KFTC instaurou investigação da alegada conduta anticompetitiva, independente do processo que analisava a fusão. Ao final, concluiu que a conduta era reflexo da operação e que, portanto, a análise deveria se dar exclusivamente no âmbito do controle de estruturas. A autoridade concluiu que a operação deveria ser reprovada em vista de seus efeitos deletérios ao mercado.[56]

4. ANÁLISE SOB A ÓTICA DO DIREITO BRASILEIRO

4.1 Direito concorrencial: controle de estruturas

Começaremos nossa análise pela aquisição de participação minoritária no capital social de concorrentes à luz do ordenamento concorrencial brasileiro. Tal exame tem duas dimensões principais: uma é relativa a quais são os tipos de operação que devem ser submetidos à revisão da autoridade (critério de notificação). A outra é em relação à revisão do mérito da operação, isto é,

[55] Vide OCDE, *Antitrust Issues involving minority shareholding and Interlocking Directorates*, DAF/COMP (2008), 30.06.2009, disponível em http://www.oecd.org/dataoecd/40/38/41774055.pdf.

[56] Descrição contida na contribuição escrita da República da Coreia ao OCDE, *Antitrust Issues involving minority shareholding and Interlocking Directorates*, op. cit., p. 140.

quais são as operações que devem ser permitidas e quais devem ser reprovadas, total ou parcialmente (critério de análise). Por óbvio, as duas dimensões são relacionadas, mas não devem ser confundidas entre si.

O artigo 54, *caput*, da Lei nº 8.884, de 11 de junho de 1994, previa a notificação obrigatória ao Sistema Brasileiro de Defesa da Concorrência (SBDC) de quaisquer atos e contratos que pudessem, de alguma forma, implicar restrição ou prejuízo à livre concorrência – entre os quais aquisição de participação minoritária em concorrentes. A relevância concorrencial da detenção de participação minoritária em outras companhias estava refletida no próprio formulário de notificação de atos de concentração (Anexo I da Resolução do CADE nº 15/1999), que requeria que as partes de uma operação listassem as sociedades nas quais detinham participação superior a 5% do capital social.[57]

A nova lei de defesa da concorrência, Lei nº 12.529, de 30 de novembro de 2011, segue o mesmo caminho. Seu artigo 90, II, prevê que "realiza-se um ato de concentração quando: uma ou mais empresas adquirem, direta ou indiretamente, por compra ou permuta de ações, quotas, títulos ou valores mobiliários conversíveis em ações, ou ativos, tangíveis ou intangíveis, por via contratual ou por qualquer outro meio ou forma, o controle ou **partes** de uma ou outras empresas" (g.n.). Apesar de a redação ser longe da que seria ideal, resta claro que o legislador prevê no novo sistema concorrencial brasileiro a continuidade do controle estrutural da aquisição de participações minoritárias. A análise abaixo levará em conta a jurisprudência do CADE à luz da Lei nº 8.884/94, dado que o CADE ainda não teve oportunidade de se manifestar sobre o assunto após a entrada em vigor da nova lei.

A jurisprudência do CADE entende que aquisições de participações minoritárias devem ser submetidas à apreciação das autoridades se resultarem em controle (isolado ou compartilhado) ou na aquisição de influência relevante na empresa-alvo.[58-59] Nos casos que não envolvam concorrentes, caso a

---

57 "*I.8. Relação de todas as empresas direta ou indiretamente componentes do grupo, com atuação no Brasil e no Mercosul, bem como das empresas nas quais pelo menos uma das integrantes do grupo detenha participação no capital social superior a 5%, com atuação no Brasil e no Mercosul.*"

58 Vide AC nº 08012.010293/2004-48 (Ideiasnet S.A. e Flynet S.A.).

59 Em 2007, o CADE emitiu a súmula nº 2, que estabelece que: "*A aquisição de participação minoritária sobre capital votante pelo sócio que já detenha participação majoritária não configura ato de notificação obrigatória se concorrerem as seguintes circunstâncias: (i) o vendedor não detinha poderes decorrentes de lei, estatuto ou contrato de (i.a) indicar administrador, (i.b) determinar política comercial ou*

aquisição se dê para fins de *mero investimento*, não há necessidade de notificação do ato. Por outro lado, caso a operação se dê com o objetivo de permitir a interferência nas decisões e estratégias da empresa, o ato é de notificação obrigatória ao CADE.[60] Para a identificação da influência relevante, devem-se considerar: (i) o interesse em intervir na atuação da empresa alvo,[61] e (ii) a possibilidade ou efetividade do exercício da influência nas decisões empresariais, devendo-se observar fatores como a possibilidade de eleger membros do Conselho de Administração[62] e da Diretoria, a dispersão das ações, o exercício de influência nas Assembleias Gerais, a existência de acordo de acionistas e as previsões estatutárias que contenham direitos adicionais aos minoritários, dentre outros.[63]

(i.c) vetar qualquer matéria social e (ii) do(s) ato(s) jurídico(s) não constem cláusulas (ii.a) de não-concorrência com prazo superior a cinco anos e/ou abrangência territorial superior à de efetiva atuação da sociedade objeto e (ii.b) de que decorra qualquer tipo de poder de controle entre as partes após a operação". Apesar de os fatos não se adequarem ao presente caso, o conteúdo da súmula serve de parâmetro para o que o CADE considera como influência concorrencialmente relevante.

[60] Conforme ACs nº 53500.012487/2007 (Telefônica S.A., Assicurazioni Genereli S.p.A., Intesa Sanpaolo S.p.A., Sintonia S.A. e Mediobanca – Banca di Credito Finanziario S.p.A.) e 08012.010293/2004-48 (Ideiasnet S.A. e Flynet S.A.).

[61] Segundo o Conselheiro-Relator Ricardo Cueva, no AC nº 08012.010293/2004-48 (Ideiasnet S.A. e Flynet S.A.), a presença de alguns fatos permite presumir a existência de tal interesse, como, por exemplo, a coincidência de objetos sociais entre acionista e sociedade, de onde se pode inferir com maior segurança o interesse em influir no direcionamento econômico. Outra hipótese seria a existência de vínculos contratuais entre ambas as empresas, ocasião em que é possível presumir um interesse advindo de fatores externos, dependendo da natureza do vínculo e da dependência gerada pelas relações contratuais.

[62] A possibilidade de eleger um membro do Conselho já é suficiente para cumprir esse requisito (vide AC nº 08012.003043/2010-08 (BTG Alpha Investments, LLC/MMC Automotores do Brasil S/A). O CADE considerou que a aquisição de 12,41% do capital votante da companhia, com a possibilidade de indicar um membro do Conselho é suficiente para conferir influência sobre aspectos concorrencialmente relevantes.

[63] Vide ACs 08012.010293/2004-48 (Ideiasnet e Flynet), 08012.014090/2007-73 (Logística Brasil - Fundo de Investimento em Participações, Porto Novo Participações S/A, Carlos Alberto de Oliveira Junior, TESC – Terminal Santa Catarina S/A, WRC Operadores Portuários S/A), 08012.002529/2007-15 (Logística Brasil – Fundo de Investimento em Participações e Sagah Administração e Participações S.A.), 08012.000476/2009-60 (Log&Print Gráfica e Logística S.A. e Totalprint S.A.) e 08012.008415/2009-41 (Log&Print Gráfica e Logística S.A. e Tecnicópias).

Mas não só isso. Mesmo se não houver a configuração de influência relevante, pode haver potencial lesão à concorrência, devendo, a depender das características do caso e do mercado, haver submissão ao Sistema Brasileiro de Defesa da Concorrência. O CADE já julgou que "Participações societárias minoritárias e sem influência relevante, em alguns casos, podem gerar graves efeitos anticoncorrenciais, especialmente quando envolvem a aquisição de capital acionário de rivais;"[64] "Em se tratando de operações nas quais a parte não adquire controle ou influência relevante sobre a empresa alvo, mas tão somente uma participação minoritária passiva (...) é possível ainda assim que tal operação gere efeitos anticompetitvos? A resposta é sim."[65] E ainda: "Mesmo no cenário em que a participação minoritária é totalmente passiva, a simples participação nos lucros do rival pode ter efeitos adversos sobre a concorrência".[66]

Segundo o Conselho, participações minoritárias em rivais, ainda que passivas, podem gerar efeitos anticompetitivos na medida em que diminuem os incentivos do acionista rival em competir com a empresa alvo concorrente (efeitos unilaterais) e facilitem arranjos colusivos entre esses rivais (efeitos coordenados). Na classificação do Conselho, a participação passiva pode ser classificada como: (i) participação com possibilidade de acesso a informações sensíveis; e (ii) participação sem possibilidade de acesso a informações sensíveis.[67]

Há uma série de exemplos de operações de aquisição de participações minoritárias notificadas ao CADE que foram conhecidas e tiveram seu mérito

---

64 Vide AC nº 08012.008415/2009-41 (Log & Print Gráfica e Logística S.A. e Tecnicópias Gráfica e Editora Ltda).

65 Vide AC nº 53500.012487/2007 (Telefônica S.A., Assicurazioni Genereli S.p.A., Intesa Sanpaolo S.p.A., Sintonia S.A. e Mediobanca – Banca di Credito Finanziario S.p.A.).

66 AC nº 08012.009419/2004-31 (Engemix S.A. e Holcim (Brasil) S.A.), voto-vogal da Presidente Elizabeth Farina.

67 Vide, por exemplo, voto do Conselheiro Ragazzo no AC nº 53500.012487/2007: "*Para o presente voto, portanto, e preservando o conceito de influência relevante há muito construído pelo CADE, entende-se que uma participação societária pode: (i) dar ao acionista poder de controle sobre a firma, isolado ou compartilhado; (ii) dar ao acionista poder de influência relevante sobre a empresa; ou (iii) ser uma participação societária passiva; nesse caso, porém, pode-se falar em participações passivas (iii)a. com possibilidade de acesso a informações sensíveis; e (iii)b. sem possibilidade de acesso a informações sensíveis.*"

julgado,[68] não tendo havido ainda discussão sobre qual o percentual de ações geraria o dever de notificar. Entendemos que não é possível determinar esse percentual sem considerar as características do mercado afetado pela operação. Por exemplo, o acesso a informações comercialmente sensíveis (direito dos acionistas que representam ao menos 5% do capital social da companhia) pode ser relevante do ponto de vista concorrencial apenas no caso de mercados altamente concentrados. Em outros casos, apenas o direito de indicar membro do Conselho Fiscal ou ainda membro do Conselho de Administração pode trazer algum risco potencial à concorrência, gerando o dever de notificar (para lista dos direitos associados a cada percentual de ações, vide *Anexo I*).

Em situações de aquisição de participação minoritária por concorrentes, o CADE já impôs, em caráter cautelar, as seguintes condições como necessárias para a assinatura de Acordo para a Preservação da Reversibilidade da Operação (APRO),[69] que usualmente perduram até o julgamento final do caso pelo CADE:[70]

a) Abster-se o adquirente de participar de decisões relativas à alteração societária da empresa-alvo, às alterações nas instalações físicas e transferência ou renúncia aos direitos e obrigações relativos aos ativos da empresa-alvo, aí também incluídos marcas, patentes e carteira de clientes e fornecedores, à descontinuidade da utilização de marcas e produtos, a alterações nas estruturas, logística e práticas de distribuição e comercialização do portfólio dos

[68] Exemplos: AC nº 08012.011031/2010-49 (aquisição pelo Sr. Roberto Civita de 21% da Editora Alvinegra S.A., continuando o restante das quotas da sociedade com o Sr. João Moreira Salles), AC nº 08012.005293/2010-74 (alienação, por parte do Grupo Odebrecht, de 14,5% das quotas representativas do capital social da OR investimentos em favor do Grupo GIF), AC nº 08012.003043/2010-08 (aquisição pela BTG Alpha Investments, LLC de 12,41% do capital votante da MMC Automotores do Brasil S/A); AC nº 08012.014090/2007-73 (aquisição pelo fundo Logística Brasil de 16,66% do capital social da Porto Novo). No caso de empresas não concorrentes, o CADE aplica critérios mais brandos para determinar a necessidade de notificação. Vide, por exemplo, AC nº 08012.005056/2010-11 (aquisição de 3,6% das ações representativas da Spring Wireless pela SAP AG). A operação não foi conhecida pelo Conselho.

[69] O APRO foi primeiramente regulamentado pela Resolução do CADE nº 28, de 24.07.2002 (publicada no DOU de 02.08.2002) e posteriormente pela Resolução nº 45, de 28.03.2007, DOU de 12.04.2007.

[70] Vide AC nº 08012.002018/2010-07, Medida Cautelar (MC) nº 08700.000628/2010-18 (Camargo Corrêa, Votorantim e Cimpor).

produtos ou serviços da empresa-alvo, a mudança na estrutura de administração da empresa-alvo, a interrupção dos projetos de investimento pré-estabelecidos e pré-aprovados em todos os setores de atividade da empresa-alvo e à implementação de seus planos e metas de vendas;

b) Abster-se o adquirente de prestar serviços de gestão de ativos ou negócios para a empresa-alvo;

c) Abster-se o adquirente de indicar qualquer administrador ou de participar de quaisquer órgãos de gestão da empresa-alvo;

d) Abster-se o adquirente de se utilizar da posição de acionista para ter acesso a qualquer informação privilegiada e concorrencialmente sensível[71] da empresa-alvo ou trocar informações dessa natureza com a empresa-alvo ou com qualquer outro concorrente nos órgãos de administração da empresa-alvo;

e) Abster-se o adquirente de adotar ou influenciar a adoção pela empresa-alvo de condutas comerciais uniformes ou coordenadas nos mercados comuns de atuação das partes.

Na análise do mérito da operação, o CADE considera, na esteira das melhores práticas internacionais, tanto efeitos unilaterais quanto coordenados decorrentes da Operação, com especial atenção a estes últimos. Segundo o *Guia para Análise Econômica de Atos de Concentração Horizontal*,[72] as condições para a coordenação de decisões entre agentes participantes são maiores quando: (i) existem poucas empresas no mercado; (ii) os produtos e/ou as empresas são homogêneos; (iii) informações relevantes sobre os competidores estão disponíveis; e (iv) existem condutas empresariais que, ainda que embora não necessariamente ilegais, restringem a rivalidade das empresas. Segundo as autoridades, "*As condições para a coordenação explícita de decisões são maiores em casos em que as empresas já se envolveram nesta classe de conduta ou já estiveram subordinadas a políticas públicas no passado recente que incentivem este tipo de comportamento como, por exemplo, o controle de preços*".

Em relação aos *interlocking directorates*, eles são geralmente analisados no bojo do controle de estruturas, sem prejuízo de abertura de processo específico por conduta anticompetitiva, situação esta que nunca ocorreu. O Anexo I da Resolução nº 15/1999 do CADE expressamente solicita informações às partes notificantes de uma operação sobre a existência de *interlocking*

[71] O CADE entende por informação concorrencialmente sensível aquelas atinentes à gestão dos negócios da empresa-alvo, como preços dos produtos, condições de venda, política comercial, relação de clientes ou de fornecedores.

[72] Vide Portaria SDE/SEAE n. 50, de 01.08.2001.

directorates: "*III.4. Relação dos membros da direção do grupo que, igualmente, sejam membros da direção de quaisquer outras empresas com atividades nos mesmos setores das Requerentes.*" O CADE, em algumas poucas ocasiões, tratou em suas decisões finais em atos de concentração diretamente da questão.[73]

4.2 Direito concorrencial: controle de condutas

O artigo 36 da Lei nº 12.529/11, a exemplo do quanto previa a Lei nº 8.884/94 em seu artigo 20, prevê que "*Constituem infração da ordem econômica, independentemente de culpa, os atos sob qualquer forma manifestados, que tenham por objeto ou possam produzir os seguintes efeitos, ainda que não sejam alcançados: (i) limitar, falsear ou de qualquer forma prejudicar a livre concorrência ou a livre iniciativa; (ii) dominar mercado relevante de bens ou serviços; (iii) aumentar arbitrariamente os lucros; (iv) exercer de forma abusiva posição dominante.*" O §3º do referido artigo 36 contém um rol exemplificativo de condutas anticompetitivas, tais como "*acordar, combinar, manipular ou ajustar com concorrente, sob qualquer forma os preços de bens ou serviços ofertados individualmente*" e "*promover, obter ou influenciar a adoção de conduta comercial uniforme ou concertada entre concorrentes*".

Por sua vez, o artigo 88, § 3º, da Lei nº 12.529/11, que trata da notificação de atos de concentração, prevê que sua não submissão sujeitará a parte à multa pecuniária, **sem prejuízo da abertura de processo administrativo para apuração de configuração de conduta anticompetitiva**, nos termos do artigo 69 da lei.

Em relação à aquisição de participação minoritária por concorrente, a imputação de conduta anticoncorrencial ao adquirente exige a identificação de algum ato dotado de potencial efetivo de impactar a concorrência. Esse ato poderia ser, por exemplo, a requisição para acessar as informações listadas no art. 151, § 1º, da Lei nº 6.404, de 15 de dezembro de 1976 ("Lei das Sociedades Anônimas" ou "Lei das S.A."), que tenha por intuito o uso por parte do adquirente em suas decisões comercialmente sensíveis - este exemplo traz, contudo, desafio em vista do elemento subjetivo da conduta. Poderia ser ainda um convite à adoção de estratégia comercial uniforme por parte da empresa adquirente para a empresa-objeto, como aumento conjunto de preços, prática

[73] AC nº 53500.012487/2007 (Telefônica S.A., Assicurazioni Generali S.p.A., Intesa Sanpaolo S.p.A., Sintonia S.A. e Mediobanca - Banca di Credito Finanziario S.p.A.). A operação tratou da aquisição pelo Grupo Telefónica de participação minoritária na Telecom Itália e, indiretamente, nas sociedades brasileiras de telefonia TIM Celular e TIM Nordeste.

inclusive já condenada pelo Conselho.[74] Outro exemplo seria o Conselheiro Fiscal indicado pelo adquirente transmitir informações comercialmente sensíveis da empresa-objeto por requisição do concorrente, o que ensejaria punição não só da adquirente mas também do Conselheiro Fiscal, na figura de facilitador de prática anticompetitiva.[75]

Até março de 2012, o CADE nunca requisitou a instauração de processo administrativo por conduta anticompetitiva decorrente de ato de concentração não notificado. Em apenas um caso – quando da notificação da formação da Bolsa Brasileira de Álcool[76] – o Conselho, ao decidir pela reprovação da operação por concluir que haveria a formação de um cartel, discutiu amplamente a necessidade ou não de instauração de processo administrativo. Por maioria de votos, contudo, não foi instaurado processo apto a sancionar as partes envolvidas. Ainda que referida decisão tenha sido adotada em 2000, enquanto o CADE estava em outro estágio institucional, é importante precedente a ser levado em consideração.

Situação específica é a que envolve os *interlocking directorates*. Desde o primeiro ato normativo brasileiro relacionado à concorrência (Decreto-Lei nº 869, de 18 de novembro de 1938), havia expressa preocupação do legislador brasileiro com relação à possibilidade de um mesmo indivíduo ocupar cargos de direção, administração ou gerência em duas empresas com atividades no mesmo ramo de negócios, prática que recebia tratamento penal:

> *Art. 2º São crimes dessa natureza: (...)*
>
> *VIII – exercer funções de direção, administração ou gerência de mais de uma*

---

[74] Processo Administrativo nº 08012. 004484/2005-51 (Siemens VDO Automotive Ltda, Continental do Brasil Indústria Automotiva Ltda). Ementa: Processo Administrativo. Comércio de tacógrafos no Brasil. Convite à cartelização. Condenação da representada por influenciar a adoção de conduta comercial concertada entre concorrentes. Multa de um por cento do valor do faturamento bruto.

[75] Sobre a figura do facilitador de conduta anticompetitiva vide Processo Administrativo nº 08012.000283/2006-66 (Sociedade dos Mineradores do Rio Jacuí – SMARJA; Aro Mineração Ltda.; Sociedade Mineradora Ltda. – SOMAR e Comprove Consultoria).

[76] AC nº 08012.004117/99-67. Síntese da decisão do Plenário: O Tribunal, por unanimidade, não aprovou a operação, tendo como consequência, sua desconstituição, além de outras cominações, de acordo com o voto do relator, exceto no tocante a abertura de Processo Administrativo, que, por maioria não foi aprovado, sendo vencidos, neste aspecto, os Conselheiros Thompson Andrade, Celso Campilongo e Afonso Arinos Neto.

empresa ou sociedade do mesmo ramo de indústria ou comércio com o fim de impedir ou dificultar a concorrência;

Pena: prisão celular de 2 a 10 anos e multa de 10:000$000 a 50:000$000.

(...)

Art. 6º Os crimes definidos nesta lei são inafiançáveis e serão processados e julgados pelo Tribunal de Segurança Nacional. Neles não haverá suspensão da pena nem livramento condicional.

Referido dispositivo foi posteriormente incorporado na Lei nº 1.521, de 26 de dezembro de 1951 (Lei de Crimes contra a Economia Popular, artigo 3º, VIII), com previsão de pena de detenção de dois a dez anos e multa. Tal previsão, que exige dolo específico do agente, continua em vigor não havendo registro de investigação criminal sobre tal conduta.[77]

À luz da nova lei de concorrência, assim como acontecia na lei anterior, o mero fato do mesmo indivíduo ocupar assento no Conselho de Administração, Fiscal ou Diretoria de companhias concorrentes não pode ser configurada como conduta anticompetitiva. Seria necessário demonstrar um intuito subjetivo de, com esse ato limitar, falsear ou de qualquer forma prejudicar a livre concorrência. Ou, ainda, haver o intercâmbio de informações entre concorrentes por intermédio desse agente facilitador. Entre as condutas exemplificadas no artigo 36, § 3º, da Lei nº 12.529/11, merece destaque o inciso III, que prevê como conduta lesiva à concorrência "*promover, obter ou influenciar a adoção de conduta comercial uniforme ou concertada entre concorrentes*". Até o momento, não há registro de investigação administrativa que apure eventual conduta anticompetitiva decorrente do mesmo indivíduo ocupar posição de administração, direção ou gerência em empresas concorrentes, mas diante do amadurecimento institucional do Sistema Brasileiro de Defesa da Concorrência, é razoável esperar investigações nessa linha, desde que presentes indícios suficientes de conduta anticompetitiva.

---

[77] Além de infração administrativa, a prática de condutas anticompetitivas também configura crime previsto em diferentes leis, das quais destacam-se a Lei de Crimes contra a Economia Popular, a Lei de Crimes contra a Ordem Econômica e a na Lei de Licitações e Contratos da Administração Pública. O Ministério Público Federal e os Ministérios Públicos Estaduais buscam a efetiva aplicação da lei penal e atuam com independência em relação às autoridades administrativas. Além disso, a Polícia (civil ou federal) pode iniciar investigações de cartéis e reportar os resultados encontrados ao Ministério Público, que poderá denunciar ou não os indivíduos eventualmente indiciados.

4.3 Interseção com o direito societário

O direito societário brasileiro é tido como garantidor dos direitos dos detentores de participação minoritária no capital de uma sociedade. A Lei nº 6.404/76 garante uma série de direitos aos minoritários de modo a preservar seu investimento. Por exemplo, aquele acionista que detiver ao menos 5% do capital social de uma companhia tem direito amplo à informação dos assuntos de competência do Conselho Fiscal e do Conselho de Administração. Dez por cento do capital votante garante a indicação de membro do Conselho Fiscal, enquanto que 10% do capital social total garante a indicação de membro do Conselho de Administração (vide o Anexo I para lista completa de direitos associados a cada percentual de participação no capital social).

Em relação ao acesso à informação, o artigo 157, § 1º, prevê um amplo rol de temas que devem ser revelados ao detentor de ao menos 5% do capital social:

"*a) o número dos valores mobiliários de emissão da companhia ou de sociedades controladas, ou do mesmo grupo, que tiver adquirido ou alienado, diretamente ou através de outras pessoas, no exercício anterior;*

b) as opções de compra de ações que tiver contratado ou exercido no exercício anterior;

c) os benefícios ou vantagens, indiretas ou complementares, que tenha recebido ou esteja recebendo da companhia e de sociedades coligadas, controladas ou do mesmo grupo;

d) as condições dos contratos de trabalho que tenham sido firmados pela companhia com os diretores e empregados de alto nível;

e) quaisquer atos ou fatos relevantes nas atividades da companhia."

Não há vedação ou limitação expressa para a revelação de tais informações para aqueles acionistas que sejam também concorrentes. O artigo 157, § 3º, da Lei das S.A. limita-se a prever que "*A revelação dos atos ou fatos de que trata este artigo só poderá ser utilizada no legítimo interesse da companhia ou do acionista, respondendo os solicitantes pelos abusos que praticarem.*" Obviamente, em determinados casos, será possível sustentar que o acionista concorrente busca acesso às informações da empresa-objeto com base em interesses contrários à companhia, mas essa alegação não é fácil de ser comprovada e a negativa de acesso às informações pode ensejar ação de responsabilidade contra o administrador.

Igualmente, prevê o artigo 115 da Lei das S.A. que "*O acionista deve exercer o direito de voto no interesse da companhia; considerar-se-á abusivo o voto exercido com o fim de causar dano à companhia ou a outros acionistas, ou de obter, para si ou para outrem, vantagem a que não faz jus e de que resulte, ou possa resultar, prejuízo para a companhia ou para outros acionistas"*.[78] Os parágrafos do mesmo artigo preveem ainda que: (i) o acionista responde pelos danos causados pelo exercício abusivo do direito de voto, ainda que seu voto não haja prevalecido; (ii) a deliberação tomada em decorrência do voto de acionista que tem interesse conflitante com o da companhia é anulável; o acionista responderá pelos danos causados e será obrigado a transferir para a companhia as vantagens que tiver auferido. Igualmente, tem-se aqui uma limitação não explicita ao acionista que também seja concorrente da empresa-objeto, limitação esta que se aplicará caso a caso.

Por sua vez, o artigo 147, § 3º, da Lei das S.A. estabelece impedimento para eleição de membro do Conselho de Administração de indivíduo que ocupe cargo em conselhos consultivos, de Administração ou Fiscal em empresa concorrente ou caso tenha conflito substancial com a companhia, salvo dispensa da Assembleia Geral. A exceção – dispensa da Assembleia Geral – deixa claro que se trata de restrição que considera os interesses privados (proteção da companhia e de seus segredos comerciais) e não o interesse público de preservação da concorrência.

Além disso, o dispositivo trata de impedimento específico do candidato a ocupar assento em Conselho de Administração, mas não alcança o acionista que o teria indicado. Assim, o mero fato de um acionista com direito a indicar membros do Conselho de uma determinada empresa ser também seu concorrente, por si só não o desqualificaria, como já decidiu a Comissão de Valores Mobiliários (CVM).[79] A presunção é a da independência e/ou profis-

---

[78] Redação dada pela Lei nº 10.303/2001.

[79] Vide Processo RJ2003/07878 – Brasil Telecom Participações S.A.(BTP) e Brasil Telecom S.A.(BT) . Entre outras questões, o processo tratava da alegada ilegalidade da inclusão do seguinte dispositivo no estatuto social da Brasil Telecom:

> *"Art. 27-A. Não poderão ser eleitos para o Conselho de Administração aqueles que (i) ocupem cargos em sociedades que possam ser consideradas concorrentes no mercado, em especial, em conselhos consultivos, de administração ou fiscal; ou (ii) tenham interesse conflitante com a Companhia. § 1º O membro do Conselho de Administração indicado por sociedade signatária de acordo de acionistas arquivado na sede da Companhia, que com ela se encontre, direta ou indiretamente, em situação de concorrência, ficará impedido de votar nas matérias que, pela situação de concorrência, impliquem conflito de interesses. § 2º Compete ao Presidente do Conselho de Administração declarar suspenso o voto do conselheiro impedido."*

O órgão concluiu pela ilegalidade da inclusão de tal dispositivo no estatuto social.

sionalismo de tais conselheiros. O § 4º do mesmo artigo prevê que o Conselheiro deverá comprovar não haver impedimento ou conflito de interesse com a empresa por meio de declaração firmada quando da sua eleição.[80] Ainda, prevê o artigo 154, § 1º, da Lei das S.A. que: "*O administrador eleito por grupo ou classe de acionistas tem, para com a companhia, os mesmos deveres que os demais, não podendo, ainda que para defesa do interesse dos que o elegeram, faltar a esses deveres*", previsão que reforça a independência dos conselheiros.

Em relação aos membros do Conselho Fiscal, prevê o artigo 165, § 1º, da Lei das S.A. que eles "*deverão exercer suas funções no exclusivo interesse da companhia; considerar-se-á abusivo o exercício da função com o fim de causar dano à companhia, ou aos seus acionistas ou administradores, ou de obter, para si ou para outrem, vantagem a que não faz jus e de que resulte, ou possa resultar, prejuízo para a companhia, seus acionistas ou administradores.*" De

---

Vide, igualmente, Processo CVM nº RJ/2007/191 - Sadia S.A. SGE, em que foi considerada ilegal a inclusão do parágrafo 4º no artigo 15 do estatuto social da Sadia.

> *"Art. 15. (...) Parágrafo 4º. Não poderá ser eleito para o Conselho de Administração, salvo dispensa da Assembleia Geral, aquele que: (i) ocupar função ou cargo, em especial na administração ou em conselhos consultivo e fiscal, em outras pessoas jurídicas que possam ser consideradas concorrentes da Sociedade no mercado, em seus respectivos acionistas controladores ou nos patrocinadores destes últimos, em outras sociedades sob o seu controle ou a eles coligadas; ou (ii) tiver ou representar interesse conflitante com a Sociedade, presumindo-se tal conflito sempre que o Conselheiro eleito para a Sociedade, cumulativamente,(a) houver sido eleito por acionista que também tenha eleito administrador ou fiscal de sociedade concorrente no mercado e (b) não se caracterizar como conselheiro independente do(s) acionista(s) que o houver(em) eleito(em conjunto definidos como "Acionista Eleitor" no § 5º abaixo).".*

[80] A Comissão de Valores Mobiliários disciplinou os termos de tal declaração por meio da Instrução CVM Nº 367, de 29 de maio de 2002, cujo artigo 2º, inciso IV, §§ 1º e 2º, estabelece que:

> "Art. 2º - Ao tomar posse, o conselheiro de administração de companhia aberta deverá, além de firmar Termo de Posse, apresentar declaração, feita sob as penas da lei e em instrumento próprio, que ficará arquivado na sede da companhia, de que: (...)
> IV. Não ocupa cargo em sociedade que possa ser considerada concorrente da companhia, e não tem, nem representa, interesse conflitante com o da companhia, na forma dos incisos I e II do § 3º do art. 147 da Lei nº 6.404/76.
> § 1º Para os efeitos do inciso IV, presume-se ter interesse conflitante com o da companhia a pessoa que, cumulativamente: tenha sido eleita por acionista que também tenha eleito conselheiro de administração em sociedade concorrente; e mantenha vínculo de subordinação com o acionista que o elegeu.
> § 2º A presunção a que se refere o inciso I do parágrafo anterior somente se opera se o conselheiro de administração de sociedade concorrente houver sido eleito apenas com os votos do acionista, ou se tais votos considerados isoladamente forem suficientes para sua eleição."

forma diversa com que tratou a indicação de membros para o Conselho de Administração, a lei não prevê proibição expressa para o caso de um mesmo membro do Conselho Fiscal ocupar referido cargo simultaneamente em empresas concorrentes.

Percebe-se, portanto, que o direito societário leva em consideração somente o aspecto privado do acionista, com regras prevendo a proteção dos interesses e segredos de negócios da companhia, mas não prevê regras para a proteção da concorrência, papel que cabe ao direito da concorrência – e ao CADE – exercer.

5. CONCLUSÃO

A visão antitruste tradicional segundo a qual "*noncontrolling acquisition has no intrisic threat to competition at all*"[81] foi superada, estando as autoridades de defesa da concorrência preocupadas com a análise de determinadas aquisições de participações minoritárias em concorrentes mesmo que estas não deem lugar a controle ou influência relevante sobre a empresa-objeto da operação. Igualmente há preocupação com a formação de *interlocking directorates* entre empresas que têm relações verticais ou horizontais entre si. Nas duas situações, companhias concorrentes podem ter incentivos para reduzir a oferta e aumentar preços, unilateralmente ou de maneira coordenada.

Segundo as melhores práticas internacionais, a análise da medida em que determinada detenção de participação minoritária pode gerar preocupações concorrenciais deve considerar especialmente os seguintes aspectos: (i) percentual de participação adquirido e os direitos inerentes a tal participação; (ii) o grau de concentração no mercado e as participações de mercado das partes envolvidas; (iii) barreiras à entrada; (iv) interação entre os concorrentes; (v) características da demanda; (vi) grau de homogeneidade do produto; (vii) grau de inovação no mercado em questão; (viii) grau de transparência de preços; (ix) regulação em vigor; e (x) investimentos em marketing, estratégias de preços e liberdade do consumidor.

No Brasil, tanto a aquisição de participação minoritária quanto a formação de *interlocking directorates* também foram tradicionalmente analisadas em sede de controle de estruturas. A jurisprudência do CADE estabelece que aquisições de participações minoritárias são de notificação obrigatória às autoridades antitruste brasileiras se resultarem em controle (isolado ou compar-

---

[81] Vide Phillip Areeda & Donald F. Turner, *Antitrust Law: An Analysis of Principles and Their Applications*, Boston: Little, Brown, and Company, 1980, p. 322.

tilhado), na aquisição de influência relevante na empresa-alvo ou, no caso de concorrentes, especialmente nos casos de elevada concentração de mercado, houver acesso a informações comercialmente sensíveis. Isso, por óbvio, não significa que qualquer aquisição de participação minoritária em concorrentes suscitará preocupações concorrenciais, mas que apenas deve-se proceder à análise caso a caso à luz das características específicas da operação e do mercado afetado.

Especificamente em relação ao *interlocking directorates*, é considerado crime no Brasil "*exercer funções de direção, administração ou gerência de mais de uma empresa ou sociedade do mesmo ramo de indústria ou comércio com o fim de impedir ou dificultar a concorrência*". Apesar de não se ter conhecimento de condenação com base nesse fato, é necessário que diretores, administradores e mesmo gerentes estejam atentos a esta situação para evitar exposição criminal desnecessária, especialmente dado o alto índice de *interlocking directorates* entre as sociedades brasileiras.

Por fim, nota-se tensão entre o direito societário e o direito da concorrência, já que o primeiro preocupa-se em preservar direitos privados dos acionistas enquanto que o segundo preocupa-se em preservar a concorrência. Há uma única previsão na Lei nº 6.404/76 que faz referência à situação de *interlocking directorates* em empresa concorrente: o impedimento para eleição de membro do Conselho de Administração de indivíduo que ocupe cargo em conselhos consultivos, de Administração ou Fiscal em empresa concorrente, salvo dispensa da Assembleia Geral. A exceção – dispensa da Assembleia Geral – deixa claro que se trata de restrição que considera os interesses privados (proteção da companhia e de seus segredos comerciais) e não o interesse público de preservação da concorrência. De modo a evitar riscos concorrenciais (por exemplo, a troca de informações comercialmente sensíveis entre concorrentes), mas ao mesmo tempo não infringir a legislação societária, a companhia, diante de uma situação concreta, antes de negar o exercício de direitos de acionistas concorrentes, deve buscar amparo junto ao Sistema Brasileiro de Defesa da Concorrência ou mesmo perante o Poder Judiciário.

ANEXO I

Direitos associados à participação no capital social de companhia

Participação no capital	Direitos previstos na Lei nº 6.404/76
Qualquer percentual	"Art. 122. Compete privativamente à assembleia geral: I - reformar o estatuto social; II - eleger ou destituir, a qualquer tempo, os administradores e fiscais da companhia, ressalvado o disposto no inciso II do art. 142; III - tomar, anualmente, as contas dos administradores e deliberar sobre as demonstrações financeiras por eles apresentadas; IV - autorizar a emissão de debêntures, ressalvado o disposto nos §§ 1º, 2º e 4º do art. 59; V - suspender o exercício dos direitos do acionista (art. 120); VI - deliberar sobre a avaliação de bens com que o acionista concorrer para a formação do capital social; VII - autorizar a emissão de partes beneficiárias; VIII - deliberar sobre transformação, fusão, incorporação e cisão da companhia, sua dissolução e liquidação, eleger e destituir liquidantes e julgar-lhes as contas; e IX - autorizar os administradores a confessar falência e pedir concordata." "Art. 159. Compete à companhia, mediante prévia deliberação da assembleia-geral, a ação de responsabilidade civil contra o administrador, pelos prejuízos causados ao seu patrimônio. (...) § 3º Qualquer acionista poderá promover a ação, se não for proposta no prazo de 3 (três) meses da deliberação da assembleia-geral." "Art. 246. A sociedade controladora será obrigada a reparar os danos que causar à companhia por atos praticados com infração ao disposto nos artigos 116 e 117. § 1º A ação para haver reparação cabe: (...) b) a qualquer acionista, desde que preste caução pelas custas e honorários de advogado devidos no caso de vir a ação ser julgada improcedente."

Participação no capital	Direitos previstos na Lei nº 6.404/76
5% do capital social	"Art. 105. A exibição por inteiro dos livros da companhia pode ser ordenada judicialmente sempre que, a requerimento de acionistas que representem, pelo menos, 5% (cinco por cento) do capital social, sejam apontados atos violadores da lei ou do estatuto, ou haja fundada suspeita de graves irregularidades praticadas por qualquer dos órgãos da companhia." "Art. 123. Parágrafo único. A assembleia-geral pode também ser convocada: (...) c) por acionistas que representem cinco por cento, no mínimo, do capital social, quando os administradores não atenderem, no prazo de oito dias, a pedido de convocação que apresentarem, devidamente fundamentado, com indicação das matérias a serem tratadas." "Art. 157. (...) § 1º O administrador de companhia aberta é obrigado a revelar à assembleia-geral ordinária, a pedido de acionistas que representem 5% (cinco por cento) ou mais do capital social: a) o número dos valores mobiliários de emissão da companhia ou de sociedades controladas, ou do mesmo grupo, que tiver adquirido ou alienado, diretamente ou através de outras pessoas, no exercício anterior; b) as opções de compra de ações que tiver contratado ou exercido no exercício anterior; c) os benefícios ou vantagens, indiretas ou complementares, que tenha recebido ou esteja recebendo da companhia e de sociedades coligadas, controladas ou do mesmo grupo; d) as condições dos contratos de trabalho que tenham sido firmados pela companhia com os diretores e empregados de alto nível; e) quaisquer atos ou fatos relevantes nas atividades da companhia." "Art. 159. Compete à companhia, mediante prévia deliberação da assembleia-geral, a ação de responsabilidade civil contra o administrador, pelos prejuízos causados ao seu patrimônio. (...) § 4º Se a assembleia deliberar não promover a ação, poderá ela ser proposta por acionistas que representem 5% (cinco por cento), pelo menos, do capital social."

Participação no capital	Direitos previstos na Lei nº 6.404/76
5% do capital social	"Art. 163. (...) § 6º O conselho fiscal deverá fornecer ao acionista, ou grupo de acionistas que representem, no mínimo 5% (cinco por cento) do capital social, sempre que solicitadas, informações sobre matérias de sua competência." "Art. 209. Dissolve-se a companhia (...): b) quando provado que não pode preencher o seu fim, em ação proposta por acionistas que representem 5% (cinco por cento) ou mais do capital social." "Art. 246. A sociedade controladora será obrigada a reparar os danos que causar à companhia por atos praticados com infração ao disposto nos artigos 116 e 117. § 1º A ação para haver reparação cabe: a) a acionistas que representem 5% (cinco por cento) ou mais do capital social."
5% das ações com direito a voto	"Art. 123. (...) Parágrafo único. A assembleia-geral pode também ser convocada: (...) d) por acionistas que representem cinco por cento, no mínimo, do capital votante, ou cinco por cento, no mínimo, dos acionistas sem direito a voto, quando os administradores não atenderem, no prazo de oito dias, a pedido de convocação de assembleia para instalação do conselho fiscal." "Art. 141. (...) Na eleição dos conselheiros, é facultado aos acionistas que representem, no mínimo, 0,1 (um décimo) do capital social com direito a voto,[82] esteja ou não previsto no estatuto, requerer a adoção do processo de voto múltiplo, atribuindo-se a cada ação tantos votos quantos sejam os membros do conselho, e reconhecido ao acionista o direito de cumular os votos num só candidato ou distribuí-los entre vários."

[82] No caso de companhias abertas, esse percentual varia de 5% a 10% das ações com direito a voto, conforme o valor do seu capital social, à luz da tabela constante da Instrução CVM nº 165/91, alterada pela Instrução CVM nº 282, de 26.06.1998.

Participação no capital	Direitos previstos na Lei nº 6.404/76
5% das ações sem direito a voto	"Art. 161. (...) § 2º O conselho fiscal, quando o funcionamento não for permanente, será instalado pela assembleia-geral a pedido de acionistas que representem, no mínimo, 0,1 (um décimo) das ações com direito a voto, ou 5% (cinco por cento) das ações sem direito a voto, e cada período de seu funcionamento terminará na primeira assembleia-geral ordinária após a sua instalação."
10% do capital social	"Art. 4º - A. Na companhia aberta, os titulares de, no mínimo, 10% (dez por cento) das ações em circulação no mercado poderão requerer aos administradores da companhia que convoquem assembleia especial dos acionistas titulares de ações em circulação no mercado, para deliberar sobre a realização de nova avaliação pelo mesmo ou por outro critério, para efeito de determinação do valor de avaliação da companhia, referido no § 4º do art. 4º." "Art. 141. (...) § 4º Terão direito de eleger e destituir um membro e seu suplente do conselho de administração, em votação em separado na assembleia-geral, excluído o acionista controlador, a maioria dos titulares, respectivamente:[83] (...) § 5º Verificando-se que nem os titulares de ações com direito a voto e nem os titulares de ações preferenciais sem direito a voto ou com voto restrito perfizeram, respectivamente, o quorum exigido nos incisos I e II do § 4º, ser-lhes-á facultado agregar suas ações para elegerem em conjunto um membro e seu suplente para o conselho de administração, observando-

[83] *"Art. 147. § 3º O conselheiro deve ter reputação ilibada, não podendo ser eleito, salvo dispensa da assembleia-geral, aquele que: I – ocupar cargos em sociedades que possam ser consideradas concorrentes no mercado, em especial, em conselhos consultivos, de administração ou fiscal; e II - tiver interesse conflitante com a sociedade."* Nos termos da Instrução CVM nº 367, de 29 de maio de 2002, presume-se ter interesse conflitante com o da companhia a pessoa que, cumulativamente: (i) tenha sido eleita por acionista que também tenha eleito conselheiro de administração em sociedade concorrente; e (ii) mantenha vínculo de subordinação com o acionista que o elegeu.

Participação no capital	Direitos previstos na Lei nº 6.404/76
10% das ações com direito a voto	se, nessa hipótese, o quorum exigido pelo inciso II do § 4º." "Art. 161. (...) § 2º O conselho fiscal, quando o funcionamento não for permanente, será instalado pela assembleia-geral a pedido de acionistas que representem, no mínimo, 0,1 (um décimo) das ações com direito a voto, ou 5% (cinco por cento) das ações sem direito a voto, e cada período de seu funcionamento terminará na primeira assembleia-geral ordinária após a sua instalação. § 4º Na constituição do conselho fiscal serão observadas as seguintes normas: a) os titulares de ações preferenciais sem direito a voto, ou com voto restrito, terão direito de eleger, em votação em separado, 1 (um) membro e respectivo suplente; igual direito terão os acionistas minoritários, desde que representem, em conjunto, 10% (dez por cento) ou mais das ações com direito a voto;"
15% das ações com direito a voto	"Art. 141. (...) § 4º Terão direito de eleger e destituir um membro e seu suplente do conselho de administração, em votação em separado na assembleia-geral, excluído o acionista controlador, a maioria dos titulares, respectivamente:[83] I – de ações de emissão de companhia aberta com direito a voto, que representem, pelo menos, 15% (quinze por cento) do total das ações com direito a voto. (...) § 6º Somente poderão exercer o direito previsto no § 4º os acionistas que comprovarem a titularidade ininterrupta da participação acionária ali exigida durante o período de 3 (três) meses, no mínimo, imediatamente anterior à realização da assembleia-geral."
Ações sem direito a voto que representarem 10% do capital social	"Art. 141. (...) § 4º Terão direito de eleger e destituir um membro e seu suplente do conselho de administração, em votação em separado na assembleia-geral, excluído o acionista controlador, a maioria dos titulares, respectivamente: (...) II – de ações preferenciais sem direito a voto ou com voto restrito de emissão de companhia aberta, que representem, no mínimo, 10% (dez por cento) do capital social, que não houverem exercido o direito previsto no estatuto, em conformidade com o art. 18. (...) § 6º Somente poderão exercer o direito previsto no § 4º os acionistas que comprovarem a titularidade ininterrupta da participação acionária ali exigida durante o período de 3 (três) meses, no mínimo, imediatamente anterior à realização da assembleia-geral."

Controle de Condutas
Anticompetitive Practices

Exclusionary Conduct, Effect on Consumers, and the Flawed Profit-Sacrifice Standard*

Conduta Exclusionária, Efeito nos Consumidores e o Critério Falho de Renúncia a Lucros

Steven C. Salop

Sumário

Resumo

Há atualmente grande fervor intelectual sobre o critério de análise adequado para imposição de sanções em razão de práticas supostamente exclusionárias, à luz da Seção 2 do Sherman Act. Esse artigo trata dos dois principais critérios de análise para responsabilização por infração concorrencial: o *critério de renúncia a lucros* e o critério de *efeitos sobre o bem-estar do consumidor*. A tese central deste artigo é a de que o uso de qualquer versão do critério de renúncia a lucros como teste para responsabilização por práticas exclusionárias é falho. Esses testes podem ser úteis como um tipo de evidência de propósitos anticompetitivos, mas não são indicadores do impacto no bem-estar do consumidor – principal preocupação das leis de defesa da concorrência. O critério de efeitos sobre bem-estar do consumidor é mais adequado para análise de condutas exclusionárias, uma vez que enfatiza o efeito da conduta exclusionária em preço e no bem-estar do consumidor.

Palavras-chave: Concorrência, Antitruste, Exclusão, Monopolização, Dano ao Consumidor.

Contents

Abstract

There is currently great intellectual ferment over the proper antitrust liability standard governing allegedly exclusionary conduct under Section 2. This article focuses on the two main competing liability standards: the *profit-sacrifice standard* and the *consumer welfare effect standard*. The central thesis of this article is that the use of either version of the profit-sacrifice standard as the liability standard for exclusionary conduct is fundamentally flawed. These tests may be useful as one type of evidence of anticompetitive purpose, however, but they are not reliable indicators of the impact on consumer welfare – the primary focus of the antitrust laws. A better standard to govern exclusionary conduct is the consumer welfare effect standard, which is focused directly on the anticompetitive effect of exclusionary conduct on price and consumer welfare.

Keywords: Competition, Antitrust, Exclusion, Monopolization, Consumer Harm.

* Artigo primeiramente publicado no *73 Antitrust Law Journal* (2005-2006), 311-374. Reprodução autorizada.

1. INTRODUCTION

Antitrust law sets standards for the competitive behavior of firms. There are two broad classes of anticompetitive conduct: collusion and exclusion. Collusion involves a group of firms cooperating with one another to restrict their own output. Exclusion involves a firm (or group of firms) raising the costs or reducing the revenues of competitors in order to induce the competitors to raise their prices, reduce output, or exit from the market. Utilizing either collusive or exclusionary practices, the firm (or group of firms) can achieve or maintain market power. Section 2 of the Sherman Act focuses on exclusionary conduct, i.e., conduct that creates or maintains monopoly power by disadvantaging and harming competitors.[1]

Exclusionary conduct decisions by antitrust enforcers and the courts sometimes have been criticized for protecting inefficient competitors at the expense of consumers.[2] Competitors may be disadvantaged and harmed by exclusionary conduct that raises their costs or cuts off their access to customers or suppliers. However, sometimes conduct that harms competitors benefits consumers, implying that such conduct should be applauded as competition on the merits, not attacked. Antitrust law is said to be a "consumer welfare prescription".[3] The potential tension between harm to competitors and harm to consumers has created longstanding controversy regarding the proper legal standards to govern exclusionary conduct.[4] Even where harmful conduct is identified, critics suggest that enforcement will end up deterring other conduct that is beneficial to consumers.[5]

---

1 Section 1 of the Sherman Act is implicated when a group of competitors engages in collective exclusion, as in the case of exclusionary group boycotts, such as *Toys-R-Us* or *JTC Petroleum*. Toys 'R' Us v. FTC, 221 F.3d 928 (7th Cir. 2000); JTC Petroleum Co. v. Piasa Motor Fuels, Inc., 190 F.3d 775 (7th Cir. 1999). In addition, Section 2 is implicated when a single firm attempts to orchestrate a cartel, as in *American Airlines*. United States v. American Airlines, 743 F.2d 1114 (5th Cir. 1984). Section 2 is also implicated for mergers to monopoly and conspiracies to monopolize.

2 *See* Robert Bork, The Antitrust Paradox 64-66 (1978).

3 *See, e.g.*, Reiter v. Sonotone Corp., 442 U.S. 330, 343 (1979).

4 *See, e.g.*, United States v. Aluminum Co. of Am., 148 F.2d 416, 432 (2d Cir. 1945).

5 *See* Ronald A. Cass & Keith N. Hylton, *Preserving Competition: Economic Analysis, Legal Standards and Microsoft*, 8 Geo. Mason L. Rev. 1, 31 (1999); Frank Easterbrook, *Predatory Strategies and Counterstrategies,* 48 U. Chi. L. Rev. 263, 266 (1981) [hereinafter *Predatory Strategies*].

There is currently great intellectual ferment over the proper antitrust liability standard governing allegedly exclusionary conduct under Section 2 in the United States and Article 82 in Europe. This article focuses on the two main competing liability standards: the profit-sacrifice standard (and the no economic sense variant of the test) and the consumer welfare effect standard. The profit-sacrifice standard was introduced into antitrust not as a complete test for exclusionary conduct, but as a test of anticompetitive intent or as part of a multi-pronged standard.[6] It recently has been suggested that the profit-sacrifice test alternatively could be made the only permissible evidence of anticompetitive purpose or even could be declared the sole liability standard.[7] For example, the government's amicus brief at the petition stage in Trinko seemed to take this position as a way to reduce false positives.[8] Judge Ginsburg's Covad opinion also seems to take this position.[9] Gregory Werden[10] and A. Douglas Melamed[11] have suggested a variation on this standard that

6 Janusz A. Ordover & Robert D. Willig, *An Economic Definition of Predation: Pricing and Product Innovation*, 91 Yale L. J. 8 (1981) [hereinafter *Predation*].

7 The profit-sacrifice test is often characterized as a "predation" test for non-price predatory conduct. For example, in *Covad*, Judge Ginsburg stated that, "in the vernacular of antitrust law, a 'predatory' practice is one in which a firm sacrifices short-term profits in order to drive out of the market or otherwise discipline a competitor." Covad Communs. Co. v. Bell Atl. Corp., 398 F.3d 666, 676 (D.C. Cir. 2005). Although the focus of the analysis in this article is exclusionary conduct other than predatory pricing, the *Brooke Group* standard, set out by the Supreme Court in Brooke Group Ltd. v. Brown & Williamson Tobacco Corp., 509 U.S. 209 (1993), is relevant to the analysis because of its conceptual relationship to the profit-sacrifice test. However, this article is not focused on evaluating the usefulness of the *Brooke Group* standard for predatory pricing cases.

8 *See* Brief for the United States and the Federal Trade Commission As Amici Curiae Supporting Petitioner at 15, Verizon Communs. Inc. v. Law Offices of Curtis V. Trinko, LLP, 540 U.S. 398 (2004) (No. 02-682) [hereinafter Brief for the United States]; *see also* R. Hewitt Pate, Assistant Attorney General, Antitrust Division, U.S. Department of Justice, The Common Law Approach and Improving Standards for Analyzing Single Firm Conduct, Address at the Thirtieth Annual Conference on International Antitrust Law and Policy (Oct. 23, 2003), *available at* http://www.usdoj.gov/atr/public/speeches/202724.htm.

9 Covad Communs. Co. v. Bell Atl. Corp., 398 F.3d 666, 676 (D.C. Cir. 2005).

10 Gregory J. Werden, *Identifying Exclusionary Conduct Under Section 2: The No-Economic Sense Test,* infra this issue, 72 Antitrust L. J. (2006).

11 A. Douglas Melamed, *Exclusionary Conduct under the Antitrust Laws: Balancing, Sacrifice and Refusals to Deal*, 20 Berkeley Tech. L.J. 1247 (2005) [hereinafter *Exclusionary Conduct*]; A. Douglas Melamed, *Exclusive Dealing Agreements and*

Werden refers to as the "no economic sense" standard. In contrast, the D.C. Circuit's Microsoft opinion,[12] the Areeda-Hovenkamp Treatise[13] and my own work[14] suggest that consumer welfare effect would be a better overarching standard. Mark Popofsky[15] has suggested that there should not be a single standard, but instead the standard should differ according to the category of conduct alleged.[16]

The central thesis of this article is that the use of the profit-sacrifice test as the sole liability standard for exclusionary conduct, or as a required prong of a multi-pronged liability standard is fundamentally flawed. The profit-sacrifice test may be useful, for example, as one type of evidence of anticompetitive purpose. In unilateral refusal to deal cases, it can be useful in determining the non-exclusionary benchmark. However, the test is not generally a reliable indicator of the impact of allegedly exclusionary conduct on consumer welfare – the primary focus of the antitrust laws. The profit-sacrifice test also is prone to several significant pitfalls and often would be complex and subjective to implement in practice. As a result, relying on the profit-sacrifice test as the legal standard would lead to significant legal errors.

Instead, a better standard to govern exclusionary conduct is the consumer welfare effect(s) test, which is focused directly on the anticompetitive effect of exclusionary conduct on price and consumer welfare. This standard can be described in various ways: for example, as conduct that is "unreasonably exclusionary" or "unnecessarily restrictive", or simply as conduct that causes "consumer harm". Although this standard has been criticized, it can be implemented without causing excessive false positives that might lead to over-deterrence or a welfare-reducing diminution in innovation incentives.[17] Many

---

Other Exclusionary Conduct – Are There Unifying Principles? infra this issue, 72 Antitrust L.J. (2006) [hereinafter *Unifying Principles*] .

12 United States v. Microsoft Corp., 253 F.3d 34, 64 (D.C. Cir. 2001).

13 Phillip E. Areeda & Herbert Hovenkamp, Antitrust Law 651d, at 79.

14 Steven C. Salop & R. Craig Romaine, *Preserving Monopoly: Economic Analysis, Legal Standards, and Microsoft*, 7 Geo. Mason L. Rev. 617, 646-47 (1999).

15 Mark S. Popofsky, *Charting Antitrust's New Frontier*, 9 Geo. Mason L. Rev. 565, 578 (2001). *See also* Poposky, *Defining Exclusionary Conduct: Section 2, the Rule of Reason, and the Unifying Principle Underlying Antitrust Rules, infra* this issue, 72 Antitrust L.J. (2006).

16 The *equally-efficient entrant standard* is also discussed briefly in this article.

17 For example, when the market impact of exclusionary conduct involves an uncertain impact, a consumer welfare standard would evaluate the conduct on an ex ante (i.e., expectations) basis rather than an ex post (observed outcome) basis.

of the criticisms of the consumer welfare standard are based on a misunderstanding of the workings of the standard relative to the profit-sacrifice test. In fact, the consumer welfare standard exhibits fewer potential over-deterrence and under-deterrence errors in implementation. For example, the profit-sacrifice standard may well be more likely to condemn a cost-reducing investment that leads to market power than would the consumer welfare effect standard.

2. COMPETING LEGAL STANDARDS

While there are a number of alternative legal standards that could be used to govern allegedly exclusionary conduct under Section 2, the main focus of this article is on the profit-sacrifice standard and the consumer welfare effect standard. Comparison of the relative efficacy of these two standards involves the issue of optimal legal decision making with imperfect information, and the tension between over-deterrence (false positives) and under-deterrence (false negatives).[18]

2.1 The Brooke Group predatory pricing standard, exclusionary conduct, and raising rivals' costs

The paradigmatic predatory pricing theory involves reducing price with the purpose and effect of causing rivals to exit from the market, generally by winning a war of attrition, and thereby allowing the predator to profit by raising price to the monopoly level.[19] In *Brooke Group*, the Supreme Court set out a two-part liability standard for predatory pricing that involves (1) evaluating whether the conduct involves below-cost pricing and (2) evaluating the likelihood of recoupment.[20] The *Brooke Group* standard, in principle, could be applied to all exclusionary conduct. A court could first evaluate whether the defendant's price exceeds its cost. If it does, then the conduct would not be condemned.[21] If the price falls short of the cost, then the court would evaluate

---

[18] The term "false positives" refers to erroneous convictions and the term "false negatives" refers to erroneous acquittals.

[19] The theory of predatory pricing underpinning the *Brooke Group* standard and the standard itself have been criticized by post-Chicago economists. However, summarizing and developing those criticisms is beyond the scope of this article.

[20] *Brooke Group*, 509 U.S. at 222-24.

[21] This raises the issue of the definition of "below-cost", an issue that the Supreme Court explicitly did not decide in *Brooke Group*. Edlin and Farrell have pointed out that the test could mean simply non-profit- maximizing pricing or it might

whether the defendant likely would be able to recoup its losses by exercising durable market power in the future.

Obviously, this approach would constitute a very permissive standard with respect to non-predatory pricing exclusionary conduct. For example, payments to input suppliers to induce them to refuse to deal with rivals would be allowed unless the payments were so large that the defendant's overall profits turned negative. Similarly, burning down a rival's factory would not violate the antitrust laws as long as the arsonist's fee was modest and the predator charged a high output price, so that its price remained above its costs. Conduct that was used to maintain an existing monopoly would be treated more permissively because the defendant's initial price would be at the highly profitable monopoly level.

Predatory pricing is one paradigmatic type of exclusionary conduct. Raising rivals' costs (RRC) is another paradigm.[22] RRC generally describes conduct to raise the costs of competitors with the purpose and effect of causing them to raise their prices or reduce their output, thereby allowing the excluding firm to profit by setting a supracompetitive price.[23] Analysis consistent with the RRC paradigm is commonly applied to exclusivity arrangements that have the effect of raising rivals' distribution costs.

RRC conduct is more likely to harm consumers than is predatory pricing for several reasons. First, unlike predatory pricing, or at least the paradigmatic

---

mean actually losing money on average. See Aaron S. Edlin & Joseph Farrell, *The American Airlines Case: A Chance to Clarify Predation Policy (2001)*, *in* The Antitrust Revolution: Economics, Competition, and Policy 502, 510-17 (John E. Kwoka, Jr. & Lawrence J. White eds., 4th ed. 2004).

[22] Steven Salop & David Scheffman, *Raising Rivals' Costs*, 73 Am. Econ. Rev. 267 (May 1983); Thomas G. Krattenmaker & Steven C. Salop, *Anticompetitive Exclusion: Raising Rivals' Costs to Achieve Power over Price*, 96 YALE L.J. 209 (1986). The term "RRC" is preferable to the term "non-price predation," for several reasons. First, the conduct often does involve prices, in particular, input prices. Second, the term "predation" has become associated with causing victims to exit from the market, and RRC strategies often involve merely disadvantaging competitors without causing them to exit from the market. Third, courts might mechanically interpret the word "predation" as legally implying the appropriateness of the current legal tests for predatory pricing. *See* Covad Communs. Co. v. Bell Atl. Corp., 398 F.3d 666, 676 (D.C. Cir. 2005) (applying a profit-sacrifice test in an RRC context); *supra* note 7.

[23] *See generally* Krattenmaker & Salop, *supra* note 22. Output reductions may occur in the short run and the long run, and could involve output reductions flowing from reduced innovation.

view of predatory pricing, successful RRC does not require a risky investment or associated profit sacrifice during an initial predatory period that may only be recouped at some later point in the future.[24] Instead, recoupment often occurs simultaneously with the RRC conduct. Thus, it is more likely to succeed, which also means that it is more likely to be attempted.

Second, unlike predatory pricing, successful RRC does not require the exit of rivals or even the permanent reduction in competitors' production capacity. If the marginal costs of established competitors are raised, those rivals will have the incentive to raise their prices and reduce their output, even if they remain viable. This also means that RRC is more likely to succeed, and therefore, is more likely to be attempted.

Third, unlike paradigmatic predatory pricing intended to permit a deep pocket defendant to win a war of attrition, RRC is not necessarily more costly in the short run to the defendant than to its victims. For example, a threat may not be very costly to the perpetrator but could substantially raise the target firm's costs.[25] A lower cost of excluding means that the conduct is more likely to succeed and therefore more likely to be attempted.

Fourth, unlike predatory pricing, successful RRC does not always involve a short-term consumer benefit that may or may not be overwhelmed by longer-term consumer harm during the recoupment period.[26] In RRC, rivals

---

24 *See generally* Salop & Scheffman, *supra* note 22; *see also* Krattenmaker & Salop, *supra* note 22, at 224. Economists have formulated additional – and sometimes more complex – theories of predatory pricing that have market impacts closer to RRC conduct. *See, e.g.*, Jonathan B. Baker, *Predatory Pricing After Brooke Group: An Economic Perspective*, 62 Antitrust L.J. 585, 590 (1994) [hereinafter *Predatory Pricing*]; Patrick Bolton et al., *Predatory Pricing: Strategic Theory and Legal Policy*, 88 Geo. L.J. 2239, 2241 (2000); Aaron Edlin, *Stopping Above-Cost Predatory Pricing*, 111 Yale L.J. 941 (2002). However, this article generally will focus on the conventional predatory pricing theory and how that paradigm differs from the RRC paradigm.

25 Pushing up the market price of an input by increased purchasing would raise the costs of an unintegrated rival by more than it would raise the price to the integrated firm that carries out the overbuying. Oliver E. Williamson, *Wage Rates as a Barrier to Entry: The Pennington Case in Perspective*, 82 Q.J. Econ. 85 (1968); *see also* Steven C. Salop, *Anticompetitive Overbuying by Power Buyers*, 72 Antitrust L.J. 669 (2005) [hereinafter *Anticompetitive Overbuying*]; Susan A. Creighton et al., *Cheap Exclusion*, 72 Antitrust L.J. 975 (2005).

26 The immediate consumer benefit from the low "predatory" prices may or may not be trumped by higher prices during a subsequent recoupment period. Concern with this tradeoff is endemic to all discussions of predatory pricing.

whose variable costs increase would have the incentive immediately to raise their prices or reduce their output. As a result, the consumer harm would occur immediately. Thus, there is more likely to be consumer harm from RRC than from predatory pricing.

Fifth, unlike predatory pricing, RRC has an analogue to naked price fixing, what might be called "naked RRC", that is, exclusionary conduct where there are no valid efficiency benefits for the exclusion, for example, when the defendant's claims are pretextual, noncognizable, or the benefits are insignificant.[27] Such failed claims arise in *Lorain Journal*,[28] *JTC Petroleum*,[29] *Conwood*,[30]

---

[27] In fact, what might be called "stark naked" RRC involves the extreme case of conduct when a firm approaches input suppliers that supply only its rivals (but not itself) and pays them to deny critical inputs to these rivals. Salop, *Anticompetitive Overbuying*, *supra* note 25, at 684 n.37. Pretextual claims involve rationales invented by the defendant or its lawyers for litigation purposes. As stated in the Competitor Collaboration Guidelines, cognizable efficiencies are "efficiencies that have been verified by the Agencies, that do not arise from anticompetitive reductions in output or service, and that cannot be achieved through practical, significantly less restrictive means. Non-cognizable claims include conduct that amounts to a reduction in competition or that is not reasonably necessary to achieve the benefit or where there is no supporting evidence for the applicability of the rationale to the specific facts of the case." Federal Trade Commission Comm'n & U.S. Dep't of Justice, Antitrust Guidelines for Collaborations Among Competitors §3.36 (2000), *available at* http://www.ftc.gov/os/2000/04/ftcdojguidelines.pdf [hereinafter Competitor Collaboration Guidelines]. For example, in the context of Section 1, the NCAA joint venture engaged in a variety of beneficial practices for college football. However, the Court concluded that its role in setting the price for TV broadcasts lacked any valid benefits and led to higher prices and fewer games being telecast. NCAA v. Board of Regents, 468 U.S. 85, 113-19 (1984).

[28] *Lorain Journal* suggests no procompetitive rationale for the newspaper's decision to offer only all-or-nothing exclusive contracts to advertisers. Lorain Journal Co. v. United States, 342 U.S. 143 (1951) (adoption of exclusive advertising policy that deprived competing radio station of advertising revenue).

[29] Judge Richard Posner suggests that the sole purpose of denying asphalt to JTC was to prevent it from acting like a maverick competitor and disrupting an alleged price-fixing cartel of the other applicators who also bought asphalt from the suppliers. JTC Petroleum Co. v. Piasa Motor Fuels, Inc., 190 F.3d 775, 778-79 (7th Cir. 1999).

[30] In *Conwood*, there was no convincing efficiency justification for the defendant tobacco company destroying the display racks used by retailers for its competitors' products. Conwood Co. v. U.S. Tobacco Co., 290 F.3d 768 (6th Cir. 2002).

and *Dentsply*.[31] At the same time, however, consumer harm is not inevitable, even for naked RRC conduct. This is because there may be sufficient competition to prevent the defendant from raising prices in the output market. For example, if a firm burns down the factory of one out of many equally efficient competitors who lack expansion barriers, then the other competitors could increase their output and, thereby, maintain competitive prices.[32]

Not all RRC conduct is naked, of course. Some exclusionary conduct leads to cost-savings, product improvements, or elimination of free riding. The existence of such benefits to the excluding firm does not necessarily mean that consumers gain an overall net, benefit from the conduct. Evaluating the net impact on consumers would require comparing the magnitudes of the opposing forces leading to higher versus lower prices to see which is likely to be stronger.

Because predatory pricing and RRC are so different, there is no reason to think that they should be governed by the same standards for antitrust liability. In fact, the *Brooke Group* standard is not generally proposed as the liability standard for exclusionary conduct other than predatory pricing. Instead, two other legal standards generally are discussed, the profit-sacrifice standard and the consumer welfare effect standard. The profit-sacrifice standard is closer to and grows out of the predatory pricing paradigm and the *Brooke Group* standard (though there are significant differences discussed below).

The fact that RRC conduct generally raises more significant competitive risks than predatory pricing suggests that a more restrictive legal standard is appropriate. RRC conduct can be evaluated effectively with a consumer wel-

---

[31] In the *Dentsply* case, the exclusive arrangements, in principle, could have prevented free riding but the court concluded that the procompetitive justifications for the exclusivity were pretextual. United States v Dentsply Int'l Inc., 399 F.3d 181, 196-97 (3d Cir. 2005).

[32] This raises the question of the appropriate legal standard for such naked exclusionary conduct. *See generally* Krattenmaker & Salop, *supra* note 22. For example, in a speech given while he was at Antitrust Division, A. Douglas Melamed suggested that competitive harm might be inferred if there were no *plausible* procompetitive efficiency benefits, even if there is no proof of an impact on prices paid by consumers. A. Douglas Melamed, Principal Deputy Assistant Attorney General, Exclusionary Vertical Agreements, Remarks Before the ABA Section of Antitrust Law,, *available at* http://www.usdoj.gov/atr/public/speeches/1623.htm. See also Jonathan B. Baker, *Promoting Innovation Competition Through the* Aspen/Kodak *Rule*, 7 Geo. Mason L. Rev. 485 (1999) [hereinafter *Promoting Innovation*]; Creighton et al., *supra* note 25.

fare effect standard that evaluates whether the conduct harms competitors by raising their costs and whether those higher costs harm consumers and competition by allowing the defendant to achieve, maintain, or enhance monopoly power.[33] In carrying out this analysis, the procompetitive rationales for the conduct would be taken into account in evaluating the overall competitive impact of the conduct on consumers.

2.2 The profit-sacrifice standard[34]

The profit-sacrifice standard is an intellectual descendant of the below-cost prong of the *Brooke Group* predatory pricing standard, generalized for more complex non-price exclusion scenarios.[35] The profit-sacrifice test examines the profitability of the defendant's conduct relative to a hypothetical mar-

---

[33] *See, e.g.*, United States v. Microsoft Corp., 253 F.3d 34, 64 (D.C. Cir. 2001) ("although Microsoft did not bar its rivals from all means of distribution, it did bar them from the cost-efficient ones"); United States v. Dentsply Int'l Inc., 399 F.3d 181, 189, 191-96 (3d Cir. 2005). In *Aspen Skiing*, the Court also was concerned about increases in the plaintiff's distribution costs. Aspen Skiing Co. v. Aspen Highlands Skiing Corp., 472 U.S. 585, 608 (1985).

[34] For a variety of other analyses of the profit-sacrifice test for exclusionary conduct, *see* Edlin & Farrell, *supra* note 21; Janusz A. Ordover & Robert D. Willig, *Access and Bundling in High-Technology Markets, in* Competition, Innovation and the Microsoft Monopoly: Antitrust in the Digital Marketplace 103-28 (Jeffrey A. Eisenach & Thomas M. Lenard eds., 1999) [hereinafter *Access and Bundling*]; Einer Elhauge, *Defining Better Monopolization Standards*, 56 Stanford L. Rev. 253 (2003); Andrew I. Gavil, *Dominant Firm Distribution: Striking a Better Balance*, 72 Antitrust L.J. 3 (2004) [hereinafter *Dominant Firm Distribution*]; Mark R. Patterson, *The Sacrifice of Profits in Non-Price Predation*, 18 Antitrust L.J. 37 (2003); Melamed, *Exclusionary Conduct, supra* note 11; Melamed, *Unifying Principles, supra* note 11; John Vickers, Abuse of Market Power, 115 Econ. J. F244 (2005); Werden, *supra* note 10.

[35] Werden, *supra* note 10, takes issue with this historical characterization of the profit-sacrifice test as a more general version of the below-cost pricing test for predatory pricing. Whatever the chronology, the below-cost pricing test is a specific application of the profit-sacrifice standard. Not that anyone today (except the participants) still care about how events of twenty-five years were perceived at the time, but there was great intellectual turmoil among economists over the Areeda-Turner test and it was in that context that the original Ordover and Willig article, *supra* note 36, was written. *See also* Strategy, Predation, and Antitrust Analysis (Steven C. Salop ed., Federal Trade Commission 1981) (containing final versions of articles presented at a FTC conference held in 1980).

ket outcome that is used as the non-exclusionary benchmark. The hypothetical "but-for" marketplace is one in which it is impossible to raise prices following the exclusionary conduct. When exclusionary conduct potentially raises barriers to competition in some way, a defendant's exclusionary conduct can be said to sacrifice profits if the conduct would have been unprofitable (and thus likely not undertaken) in the absence of those enhanced barriers to competition. This basic idea can be formulated in various ways.[36]

Recently, Gregory Werden and A. Douglas Melamed have suggested a variation on this standard that Werden refers to as the "no economic sense" test and which places less emphasis on the level of profits sacrificed.[37] As stated in Department of Justice Brief in *Trinko*, the standard evaluates whether conduct "would make no economic sense for the defendant but for the tendency to eliminate or lessen competition".[38] That is, the conduct would not be profit-maximizing absent its anticompetitive effect. This variation is primarily different from the conventional profit-sacrifice standard because it does not require a showing that there is a period of time in which the defendant's profits are lower than they were before the exclusionary conduct was undertaken. The reduction in profits can be conceptual rather than temporal.[39] Although this standard shares many obvious similarities with the standard version of the profit-sacrifice tests, the no economic sense conceptualization

---

[36] Robert Bork formulates the test as identifying business practices that "would not be considered profit-maximizing except for the expectation either that (1) rivals will be driven from the market, leaving the predator with a market share sufficient to command monopoly profits, or (2) rivals will be chastened sufficiently to abandon competitive behavior the predator finds inconvenient or threatening." Bork, *supra* note 2. Janusz Ordover and Robert Willig formulate the test as a "response to a rival that sacrifices part of the profit that could be earned under competitive circumstances, were the rival to remain viable, in order to induce exit and gain consequent monopoly profits." Janusz A. Ordover & Robert D. Willig, *An Economic Definition of Predation: Pricing and Product Innovation*, 91 Yale L.J. 8 (1981) [hereinafter *Predation*]. *See also* Ordover & Willig, *Access and Bundling*, *supra* note 34. As discussed in more detail below, the various formulations of the test could lead to different results in practice.

[37] Werden, *supra* note 10. Melamed terms this test the "sacrifice" or "business sense" test. Melamed, *Unifying Principles*, *supra* note 11, at 18-19.

[38] *See* Brief for the United States, *supra* note 8; *see also* Pate, *supra* note 8.

[39] Werden characterizes the counterfactual as altering the competition faced by the defendant, not the defendant's market power. Werden, *supra* note 10.

does resolve some the implementation pitfalls of the typical profit-sacrifice formulation discussed in this article.[40]

As a literal matter, the profit-sacrifice standard is a test of anticompetitive purpose and intent. That is, if a profit-maximizing firm engages in conduct that would not be economically rational (i.e., maximally profitable) absent a reduction in competition, then it can be inferred that the firm must have intended to cause the anticompetitive effect. The Supreme Court discussed this role of the profit-sacrifice test to infer anticompetitive intent in *Aspen Skiing*[41] and *Trinko.*[42] For example, in *Trinko*, the Court stated that "[t]he unilateral termination of a voluntary (*and thus presumably profitable*) course of dealing suggested a willingness to forsake short-term profits to achieve an anticompetitive end".[43]

Recently, commentators have suggested that the profit-sacrifice test alternatively could be made the only permissible evidence of anticompetitive purpose or even could be declared the sole liability standard.[44] This was the position of the government in its amicus brief at the petition stage in *Trinko,*[45] *Covad* also seems to take this position.[46] The mechanics of the profit-sacrifice test can be illustrated generally with the following conceptual example. Sup-

---

[40] On the similarities of the "no economic sense" variant to other profit-sacrifice formulations, see also Vickers, *supra* note 34. The remainder of this article will refer to the profit-sacrifice test as including the no economic sense formulation, except where it is necessary to distinguish between the formulations.

[41] In rejecting Ski Co.'s efficiency claims, and concluding in essence that Ski Co. was motivated solely by anticompetitive intent, the Court utilized a version of the profit-sacrifice test that looked to ticket revenues forgone by the refusal to cooperate with Highlands. Aspen Skiing Co. v. Aspen Highlands Skiing Corp., 472 U.S. 585, 608-09 (1985). *But see* Elhauge, *supra* note 34, at 287-88.

[42] Verizon Communs. Inc. v. Law Offices of Curtis V. Trinko, LLP, 540 U.S. 398, 409-10 (2004).

[43] *Id.* at 409. In *Trinko*, the Court characterized part of Ski Co.'s conduct in the *Aspen Skiing* case as motivated by anticompetitive intent in a similar way, stating that "the defendant's unwillingness to renew the ticket *even if compensated at retail price* revealed a distinctly anticompetitive bent." *Id.*

[44] *See generally,* Melamed, *Unifying Principles*, *supra* note 11; Patterson, *supra* note 34; Werden, *supra* note 10.

[45] *See* Brief for the United States, *supra* note 8; *see also* Pate, *supra* note 8.

[46] Covad Communs. Co. v. Bell Atl. Corp., 398 F.3d 666, 676 (D.C. Cir. 2005); *see also supra* note 8.

pose that a dominant firm with monopoly power but competing with a small competitor initially is earning profits with a net present value of $700. Suppose further that the dominant firm contemplates engaging in some type of exclusionary conduct which raises its only rival's cost very substantially and, thereby, causes it to exit. The dominant firm anticipates that if the exclusionary conduct is undertaken but for some reason would fail to raise the competitor's costs and cause it to exit; the dominant firm's profits would be reduced by $100, down to $600. However, suppose that the firm's internal analysis concludes the rival would exit and the market price would rise after the exclusionary conduct is undertaken. As a result, the conduct would be profitable on balance once its impact on price and exit is taken into account, raising the dominant firm's anticipated profits from the initial level of $700 up to $900.

This conduct would be condemned under the profit-sacrifice test. The dominant firm would not have the economic incentive to undertake the exclusionary conduct absent its effect on exit and the resulting price increase because the exclusionary conduct would have been unprofitable, leading to a $100 profit reduction. Thus, the conduct would not have made "economic sense". It is only the anticipated exit-inducing and price-raising effect that tips the scales in the firm's profitability analysis. Because the exclusionary conduct would have led to higher prices, the application of the profit-sacrifice test to these facts also protects consumer welfare.

The profit-sacrifice test in principle can be applied to any type of exclusionary conduct, although the analysis is simpler for some types of conduct than for others. The exact way in which the profit-sacrifice standard is implemented can affect the determination of whether or not allegedly exclusionary conduct passes muster, and there is debate over the proper way to implement the standard, particularly the assumption regarding the defendant's output,[47] In this article, I assume the profit-sacrifice test is implemented by measuring profits relative to a benchmark of the market price that would have occurred absent the anticompetitive conduct.

[47] For example, Ordover and Willig focus on conduct that does not simply disadvantage competitors, but actually causes them to exit. They refer to the benchmark as the profit that could be earned "under competitive circumstances, were the rival to remain viable." This requires that the terms "under competitive conditions" and "were the rival to remain viable" be defined in a way that the standard can be implemented by a court. *See* Ordover & Willig, *Predation*, *supra* note 36.

In order to understand how the profit-sacrifice test is used in practice, the following discussion applies that standard to a variety of conduct – inducement of refusals to deal, incompatible design change, and predatory pricing illustrates how the test can be applied to exclusionary conduct by a firm as a way of achieving, maintaining, or enhancing monopoly power.

2.2.1 Inducing refusals to deal by independent input suppliers

The profit-sacrifice test can be applied to a payment to suppliers for a refusal to deal. For example, suppose that a dominant firm is currently selling 500 units at a price of $60 per unit and produces that output at a constant marginal cost of $50 per unit. Thus, the firm has a profit-margin of $10 per unit (i.e., $60 - $50) and operating profits on the 500 units equal to $5000. Assume further that if the firm's closest competitor is denied access to a critical input, the firm would be able to raise its price to $100 and increase its market share and total volume by 100 units. This is because the disadvantaged competitor would have the incentive to reduce its output and raise its own price.[48]

Suppose that the dominant firm enters into exclusionary vertical agreements with the critical input suppliers to refuse to supply the competitor, pays these input suppliers a total of $3000 for the refusal to deal agreements, and no efficiency benefits (e.g., elimination of free riding) are generated by the agreements.

Based on these facts, this exclusionary conduct is anticompetitive. It leads to higher prices paid by consumers. Assuming that there is no offsetting consumer information or product quality benefits that might occur if the conduct had eliminated free riding, consumer welfare surely would fall. Consumer welfare also would fall if there were modest benefits that were insufficient to reverse or offset the higher prices.[49]

Furthermore, this conduct would fail the profit-sacrifice test: It would make "no economic sense" for the firm to pay the suppliers $3000 unless the payment would permit the firm to increase the price it could charge to consumers. This is certainly true at the dominant firm's initial output level. In fact, if the only impact of the refusal to deal in this example is that the

48 At the higher price, the total market demand would be lower. But, the dominant firm can expand its own volume (and market share) by absorbing customers from the now-higher cost rival, which would have an incentive to shrink.

49 Assessing this trade off is discussed in more detail in the product design and cost-reducing investment examples below.

firm would be able to increase its sales by 100 units at a constant price of $60, this would contribute incremental profits of only $1000 (i.e., 100 units @ $10 profit-margin). Thus, its profits in this hypothetical, but-for world, where price remains at $60, would fall by $2000 (i.e., $3000 - $1000). What makes the conduct profitable, on balance, for the dominant firm is that the refusal to deal agreements allows the firm to raise its price by $40 per unit up to $100 on the 600 units that it can sell.

However, suppose that the required payments to input suppliers are only $500. In this case, consumer welfare still falls because the price rises by $40, with no offsetting consumer benefits. But, the evaluation of profit-sacrifice in this case raises the issue of the proper treatment of the profits on the 100 units of incremental retail sales at the but-for benchmark price of $60. These profits might be counted as "legitimate" profits because the units are sold at the non-exclusionary price of $60. In contrast, they might be viewed as "illegitimate" or anticompetitive profits because the units would not be sold absent the allegedly exclusionary conduct.[50] This assumption is a contentious issue and often may determine whether or not there is a finding of profit-sacrifice.

2.2.2 Incompatible design change

The profit-sacrifice test similarly can be applied to the controversial fact situation of a product design change by a dominant firm with monopoly power.[51] Suppose that a dominant firm makes a design change that improves the quality and value of its product to users by $5.[52] However, at the same time,

[50] The analytic issue is how to implement the concept of "absent the anticompetitive effect of the conduct." As discussed below, the lack of consensus over this implementation issue would make the profit-sacrifice test more subjective in practice. Defining *non-exclusionary* profits is discussed in more detail below. A court cannot simply conclude that the profits are (or are not) legitimate on the grounds that the conduct extrinsically is (or is not) procompetitive. This is because the proper role of *antitrust standards* is to determine whether the conduct is procompetitive, not the other way around.

[51] United States v. Microsoft Corp., 253 F.3d 34, 54-57 (D.C. Cir. 2001).

[52] That is, suppose that the firm would be able to raise its price by $5 if there were not a change in the degree of competition provided by other firms. Sometimes courts in contract cases assume perfectly competitive markets and use price as the measure of consumer value. That measure assumes generally that consumers could purchase an identical unit from another seller and that sellers lack market power. Equating value to price is inappropriate in antitrust. After all, that assumption would lead to a conclusion that monopolization increases the value of a product because its price rises from the competitive level up to the monopoly level.

suppose that the improved design change necessarily also reduces the compatibility of the monopolist's product with competing products. That is, the incompatibility is "inextricably linked" to the quality improvement.[53] Moreover, suppose that it is not feasible to continue selling the old compatible product. In this case, the incompatibility is not a naked restraint.[54]

Suppose that the incompatibility creates significant barriers to competition to existing competitors and causes enhanced barriers to entry. The dominant firm consequently gains the ability to raise its price by far more than the $5 quality improvement. For example, suppose that the dominant firm is able profitably to raise its price by $50, which it does.

This product improvement might or might not be condemned under the profit-sacrifice test. The outcome of the test would depend on the cost of the product improvement. As a hypothetical matter, if there were no barriers to competition caused by the reduction in compatibility (and holding outputs constant), the simplest economic model might predict that the firm would only have had the ability and incentive to raise the price of its product by $5, which is equivalent to the magnitude of the product improvement.[55] That would be the benchmark price increase for the test. The profit-sacrifice test then would condemn the design change if the investment necessary to achieve the $5 product performance benefits were so high that the investment would not have made economic sense absent the ability to raise price by more than the $5.

---

[53] The "inextricably linked" language is taken from the discussion of efficiencies in the current version of the Horizontal Merger Guidelines. U.S. Dep't of Justice & Federal Trade Comm'n Horizontal Merger Guidelines § 4 n.36 (1992, revised 1997), *reprinted in* 4 Trade Reg. Rep. (CCH) ¶ 13,104, *available at* http://www.usdoj.gov/atr/hmerger/11251.pdf (hereinafter Merger Guidelines).

[54] If, contrary to the assumptions of the example, the old design could continue to be sold or if the incompatible product design were more expensive than a compatible design that delivers the same quality improvement, then the design easily would be condemned under the profit-sacrifice test. In this situation, the extra cost of creating the incompatibility would be the focus of the complaint, not the product improvement. It would be argued that the firm could have achieved the $5 quality improvement at lower cost. The only rationale for spending more to create an incompatible product would be to permit the price to be increased by more. A consumer welfare effect standard also would condemn this conduct, though the reasoning would be different.

[55] More complicated economic models might be formulated in which the price increase would be more or less than $5. Thus, selecting the proper model often would be a contentious issue if the profit-sacrifice test were used in practice.

The profit-sacrifice test compares the additional costs to the firm from the design change against the additional price it could charge in the hypothetical world. For example, suppose that there are no incremental investment costs but the variable costs of the higher quality product are $15 per unit higher than the old product. In this case, it would not be rational for the dominant firm to spend $15 per unit to gain the power to raise its price by $5 per unit (holding output constant). Thus, if the firm chose to adopt the design change in the but-for world, it would sacrifice profit of $10 per unit.

A court applying the profit-sacrifice test could conclude that a rational profit-maximizing firm would not have adopted the design change unless it anticipated that it would be able to raise price by more than $15, its cost per unit to produce the higher quality product, without losing any sales. Stated differently, the firm must have anticipated that the design change would give it the monopoly power profitably to raise price by far more than the increase in product performance quality. As set out in the hypothetical, the firm also anticipates that the barriers to competition flowing from the incompatibility give it the monopoly power to raise price by $50.

This particular design change would violate the consumer welfare effect test as well as the profit-sacrifice test, although the reasoning is somewhat different. The consumer welfare effect test compares the additional performance benefits to consumers (here, $5) to the additional price they must pay (here, $50). It is obvious that rational consumers would have preferred the old product at the old price.

In contrast, if the design change would cost only $3 more per unit and the performance benefits were $5, then the conduct would not be condemned by the profit-sacrifice test. At the hypothetical $5 price increase in the benchmark world, the firm's profits would rise by $2 per unit. In this case, the ability to raise price by more than $5 is not necessary to achieve an increase in profits. However, this design change still would be condemned under the consumer welfare effect standard because the price in the real world increases by $50, whereas the value of the product increases by only $5. This shows that the competitive impact of the new product design still is clearly adverse to consumers. Only if the performance benefits exceed $50 would consumers benefit when the reasonably anticipated price increase is $50. Thus, the profit-sacrifice standard is more permissive than the consumer welfare standard in this type of case. The design change satisfies the profit-sacrifice standard as long as the performance benefits of the product improvement exceed the cost of the design change, whereas it satisfies the consumer welfare standard only if the performance benefits exceed the price increase.

Werden goes further. He suggests that courts would and should apply a "prudential safe harbor" to such new product introductions, as well as quality improvements and cost-reducing investments.[56] This safe harbor would immunize such conduct from antitrust liability, *even if it fails the profit-sacrifice (or no economic sense) test.*[57]

In my view, this methodology would make the analysis circular and the standard an empty shell. The rationale for using an antitrust standard is to determine rigorously and objectively whether or not alleged exclusionary conduct is anticompetitive or whether it is "competition on the merits," not vice-versa. If a court separately has already postulated for other extrinsic reasons that certain exclusionary conduct is "competition on the merits," then there is no reason to use the standard. Finally, such safe harbors obviously also would require far more justification than the perceived "experience" of the court or commentator because of the conscious or unconscious role of ideology in perceiving reality. Only in this way can courts maintain the rigor and coherence of antitrust, rather than reducing it simply to a subjective reflection of the court's general ideology.

2.2.3 Predatory pricing

Brooke Group does not use a true profit-sacrifice standard but rather a *negative-profit* standard.[58] However, if a true profit-sacrifice standard were applied to predatory pricing, it would be less permissive (i.e., more interventionist) than the below-cost pricing test. To illustrate, suppose that a monopolist has always priced at the monopoly level of $100. At some point, suppose that a unique new competitor enters the market and the monopolist cuts price

---

[56] Werden, *supra* note 10. See also Popofsky, *supra* note 15.

[57] Werden, *supra* note 10, also would not apply the no economic sense standard to the "rare situations" where "the inevitable outcome of the competitive process would be a single surviving competitor" and "aggressive competitive tactics may be required for survival, yet such tactics would make sense only because of a tendency to eliminate competition." Courts might not treat this situation as so rare. A defendant might argue that it should apply to a broad range of exclusionary conduct by a monopolist to maintain its monopoly in the face of entry by an efficient new competitor, if the monopolist can successfully argue that the market involves strong network effects or if the market is a natural monopoly. In contrast, the consumer welfare effect standard would evaluate whether or not the exclusionary conduct would benefit or harm competition, that is, whether it would increase price and reduce output.

[58] For a similar point, see Elhauge, *supra* note 34.

drastically. Suppose that the low price saps the entrant's financial resources and causes it to exit permanently from the market.[59] Suppose that a profit-sacrifice standard were being used, rather than the *Brooke Group* below-cost pricing test. In order to implement the profit-sacrifice test properly, it would be necessary to determine the price to use as the non-exclusionary benchmark for the test.

A court might be tempted to treat the pre-entry monopoly price ($100, in the example) as the non-exclusionary price benchmark for evaluating profit sacrifice. However, if this price were used as the benchmark, then any price decrease below the initial monopoly level would be found to involve profit-sacrifice. Using a pre-entry monopoly price as the benchmark could lead to false positives because the profit-sacrifice test would catch welfare-enhancing price competition in response to entry into a monopolized market as well as attempts to drive rivals out of business in the hope of raising prices after their exit.

Thus, the initial monopoly price would not be the proper non-exclusionary benchmark for the profit-sacrifice test. The proper benchmark is the market price that would prevail if the entrant had sufficient financial resources to survive a price war (i.e., if there would be no exit for the rival and no recoupment for the predator). After entry into the monopolized market, the now-former monopolist generally would have an incentive to reduce its price to compete, even if it were not attempting to start a war of attrition to cause the entrant to exit from the market.[60] In most cases, the firm would not cut its price all the way down to marginal cost, and marginal cost pricing is unlikely to be the oligopoly market equilibrium if the entrant remained a viable com-

[59] Suppose that the entrant could neither simply reduce output without exiting nor re-enter in the event that the defendant subsequently increases its price, which implies that recoupment would be likely. Note also that I am assuming away other potential rationales for the low prices, such as promotional pricing of new products.

[60] If the entrant has very limited capacity and no ability to grow, it is possible that the monopolist instead might maximize its profits by holding its price at the monopoly level and ceding this limited number of sales to the new entrant, rather than reducing price to all of its customers. However, this scenario would be the exception, not the rule. *See* Drew Fudenberg & Jean Tirole, *The Fat-Cat Effect, the Puppy-Dog Ploy, and the Lean and Hungry Look*, 74 Am. Econ. Rev. 361 (1984); Judith R. Gelman & Steven C. Salop, *Judo Economics: Capacity Limitation and Coupon Competition*, 14 Bell J. Econ. 315, 315 (1983).

petitor.[61] Thus, the *Brooke Group* below-cost pricing test does not measure true profit-sacrifice.[62]

It might be argued that a price equal to marginal cost is a good non-exclusionary price benchmark because that price level would be efficient and, therefore, not anticompetitive. However, this defense of using marginal cost as the benchmark for the profit-sacrifice test is circular, as discussed above.

2.3 The equally-efficient competitor standard

Another possible rationale for the below-cost pricing standard in *Brooke Group* is to protect an equally-efficient entrant from being excluded from the market. Judge Posner has suggested applying this standard to all exclusionary conduct, not just predatory pricing: under the equally-efficient competitor standard, the plaintiff would need to prove that the conduct "is likely in the

---

[61] Marginal cost pricing would be the market equilibrium only under very limited market conditions: the firms sell perfectly homogeneous products; the firms are equally efficient; and, each firm assumes that its price choice will have no impact on its rival's price. In contrast, price equal to marginal cost would not be the outcome for a duopoly market where the incumbent and an equally efficient entrant sell differentiated products. Nor would it be the outcome if the incumbent and the entrant would tacitly coordinate imperfectly, again assuming that the entrant remained viable. In either case, if the entrant remained viable, the equilibrium market prices would exceed the firms' marginal costs.

[62] Ordover and Willig recognized this issue in their article on the role of profit-sacrifice test in predatory pricing. However, they chose to use the profit level at the perfectly competitive outcome (i.e., where price equals marginal cost) as one key benchmark for their modified profit-sacrifice test. They refer to this modified benchmark with the proviso that it is the outcome "under competitive conditions." *See* Ordover & Willig, *Predation*, *supra* note 36. Werden states that the no economic sense test can only be properly applied "if the defendant's choices can be narrowed down to a few alternatives, only one of which includes the challenged conduct." Werden, *supra* note 1. In predatory pricing, there is a continuum of price choices so the test could not be properly applied, if a court wanted to do so, instead of simply making a price-cost comparison. *Brooke Group* is not a true profit-sacrifice standard for another reason. The recoupment prong of that standard evaluates whether the defendant's investment in predation likely would be profitable, not whether it would be unprofitable absent any price-raising effect. It is a test of the rationality of the overall strategy, not the irrationality of the conduct in a hypothetical world. For further discussion of recoupment as an "investment test," see Kenneth G. Elzinga & David E. Mills, *Testing for Predation: Is Recoupment Feasible?*, 34 Antitrust Bull. 869 (1989).

circumstances to exclude from the defendant's market an equally or more efficient competitor".[63]

The fundamental problem with applying the equally-efficient entrant standard to RRC conduct is that the unencumbered (potential) entry of less-efficient competitors often raises consumer welfare. For example, consider the simplest example of limit pricing by a monopolist that has obtained its monopoly legitimately with superior skill, foresight, and industry. Suppose that this monopolist has variable costs of $20, and initially charges the unconstrained monopoly price of $50, when the monopolist faces no threat of entry.[64]

Now suppose that there is a new entry threat by a less-efficient firm with variable costs of $40. Facing this threat, the monopolist would have the incentive to reduce its price to the "limit price" of $39 in order to deter the entry into the monopolized market. This potential entrant would not produce any output but it would act as a *perceived potential entrant*, constraining the monopolist's price by waiting in the wings. Its potential for entry reduces price, increases market output, and raises both consumer welfare and total economic welfare.[65]

Suppose next that the monopolist engages in naked RRC conduct that raises the entrant's costs above $50. For example, suppose that it raises the entrant's costs by $12 to a cost of $52. The entrant then would lose the ability to prevent the monopolist from charging the monopoly price of $50. As a result, consumers would be harmed by the RRC conduct, and total welfare would fall.

However, no antitrust liability would attach to this RRC conduct under Posner's equally-efficient entrant rule. This is because a $12 cost increase

---

[63] Richard A. Posner, Antitrust Law: An Economic Perspective 194-95 (2d ed. 2001). Posner would also require the plaintiff to prove that the defendant has monopoly power. The defendant could rebut by showing that the conduct is efficient. For other commentaries on this standard, see Elhauge, *supra* note 37, at 273; Ken Heyer, *A World of Uncertainty: Economics and the Globalization of Antitrust*, 72 Antitrust L.J. 375, 419 n.64 (2005) (quoting Joseph Farrell, Comments at Antitrust Division Conference on the Developments in the Law and Economics of Exclusionary Pricing Practices (Mar. 18, 2004)); Gavil, *Dominant Firm Distribution*, *supra* note 34, at 59-61; Vickers, *supra* note 34, at 18.

[64] Assume for simplicity of the example that the firm has no sunk capital or fixed costs and its variable costs are constant for all output levels.

[65] There would be a reduction in "production efficiency" if the entrant actually produced output, because its costs are higher than the monopolist's. But, it does not produce any output. Note also that production efficiency benefits not passed on to consumers would not count as part of consumer welfare.

would not deter an equally-efficient potential entrant with costs of $20. If the monopolist were to maintain its price at the $50 monopoly price, that equally-efficient entrant would still be able to enter successfully even if its costs increased from $20 to $32.

This example may be simple and somewhat stylized, but it is certainly within the mainstream of antitrust. The idea that a perceived potential entrant can constrain the pricing of a monopolist is a central idea in the analysis of entry barriers, potential competition and market power. If the equally-efficient entrant standard fails in this simple RRC example, then it also is likely to be significantly flawed for evaluating non-price exclusionary conduct more generally.[66]

2.4 The consumer welfare effect standard

Section 1 of the Sherman Act is concerned with agreements that "unreasonably" restrain trade.[67] This standard generally is interpreted as an anticompetitive effect test that focuses on the net impact on consumer welfare, that is, market price and output.[68] This same type of fact-based competitive

---

[66] For example, in discussing this standard in the context of a fraudulent patent claim, Prof. Hovenkamp states that it would be "unreasonably lenient and even perverse. It exonerates the defendant in precisely those circumstances when the conduct is most likely to be unreasonably exclusionary." Herbert Hovenkamp, *Exclusion and the Sherman Act*, 72 U. Chi. L. Rev. 147, 154 (2005).

[67] *See, e.g.*, Bd. of Trade of City of Chicago v. United States, 246 U.S. 231 (1918); Standard Oil Co. of N.J. v. United States, 221 U.S. 1 (1911).

[68] *See, e.g.*, NCAA v. Board of Regents, 468 U.S. 85, 103-04 (1984). Note that there is also controversy over whether the appropriate antitrust goal is *consumer* welfare or *aggregate* welfare (i.e., efficiencies), as suggested by Bork's use of the Williamson diagram. Robert H. Bork, The Antitrust Paradox, 107-10 (1978) (citing Oliver E. Williamson, *Economies as an Antitrust Defense: The Welfare Tradeoffs*, 58 Am. Econ. Rev. 18 (1968)). For criticisms of Bork's position, see Robert H. Lande, *Proving the Obvious: The Antitrust Laws Were Passed to Protect Consumers (Not Just to Increase Efficiency)*, 50 Hastings L. Rev. 959, (1999); John Kirkwood, *Consumers, Economics and Antitrust*, 21 Res. In L. & Econ. 1 (2004). With respect to exclusionary conduct, the aggregate welfare standard is inconsistent with a view that antitrust is for the protection of consumers rather than competitors. Consider the following two examples. First, in an exclusionary conduct case under Section 2, it is not sufficient for the plaintiff to prove significant injury to competitors. The plaintiff must also show injury to consumers. Under a total welfare standard, harm to competitors would be a cognizable harm, independent of the harm to consum-

effects analysis could be applied to exclusionary conduct under Section 2. Under this standard, one would conclude that exclusionary conduct violates the antitrust laws if it reduces competition without creating a sufficient improvement in performance to fully offset these potential adverse effects on prices and thereby prevent consumer harm.[69] Such conduct could be labeled "unreasonably exclusionary".[70]

This is a very general antitrust standard. For example, if the fact-based analysis indicates that the exclusionary conduct likely increases or maintains barriers to competition or entry and likely leads to higher prices, then the exclusionary conduct would be condemned unless the evidence of likely and substantial procompetitive benefits is so strong that consumers are unlikely to be harmed. This analysis would involve a variety of evidence relevant to evaluating competitive effect, including both structural and behavioral evidence, and would be tightly focused on determining the impact on consumers. Profit-sacrifice evidence also could be relevant, but proof of profit-sacrifice would be neither necessary nor sufficient to a liability finding.

This competitive effects-based antitrust standard essentially would compare the beneficial and harmful competitive aspects of the alleged exclusionary conduct in order to determine the overall impact on consumers. This is

---

ers. Indeed, harm to competitors would be given the same weight as benefits to consumers. In fact, harm to competitors could be used to trump smaller consumer benefits. Second, suppose that a low cost firm hires an arsonist to destroy the factory of its higher cost competitor. That conduct would increase the efficiency of market production by moving production from the high cost firm to the low cost firm. If the resulting price increase is not too large, aggregate welfare nonetheless would rise from this exclusionary conduct but consumer welfare would fall. Yet, it seems clear that no court would permit the efficiency defense in this case. *See* Steven C. Salop & R. Craig Romaine, *Preserving Monopoly: Economic Analysis, Legal Standards, and Microsoft*, 7 Geo. Mason L. Rev. 617, 646-47 (1999); Steven C. Salop, *Question: What is the Real and Proper Antitrust Welfare Standard? Answer: The True Consumer Welfare Standard* (Working Paper, November 2005) (manuscript on file with author).

69 These competitive benefits are often referred to the as the "efficiencies" created by the conduct. For example, suppose that a merger to monopoly would increase prices from $50 to $100 if it had no impact on costs. However, suppose that the merger also reduces the marginal costs of the merged firm by 30%. That cost decrease would tend to push price below $100, but not necessarily to $50 or less. Only if the price remains at $50 or less would consumer harm be avoided.

70 Hovenkamp, *supra* note 66, at 155.

the type of competitive effects analysis contemplated in the Merger Guidelines.[71] It is not intended to be an open-ended inquiry or involve "some ultimate reckoning of social or economic debits and credits".[72] Despite the use of the technical economic term "consumer welfare," the evaluation is really about whether consumers are harmed from higher prices, reduced quality, or (in some cases) reduced innovation. Thus, a better term might well be a "consumer harm" standard rather than a "consumer welfare effect" standard.[73]

A useful reference point is the type of competitive effects analysis of "market power harms" in mergers suggested by the Merger Guidelines.[74] In the analysis of unilateral competitive effect, for example, the recapture of customers diverted to one's merger partner creates upward price pressure. Cost-savings generated by the merger potentially create downward price pressure. The competitive threat of entry and repositioning also constrains the upward price pressure. Putting together the evidence on these three elements permits the agency or court to gauge the likely net effect of the merger on prices and output. This same type of competitive analysis can be applied to exclusionary conduct under Section 2. Thus, alternative names for the standard could be a "competitive effect" or "competitive injury" standard.

The exact name of the standard is not important. What is important is that this test focuses on the effect of the conduct on the market, that is, consumers and the competitive process. In contrast, the other standards – profit sacrifice, no economic sense, equally efficient competitor – are focused instead on the impact of the conduct on the alleged miscreant. This is the key reason why the other standards are flawed.

The role of *balancing* in the consumer welfare effect standard is a potential source of confusion.[75] In carrying out this analysis, the courts would not engage in self-conscious, open-ended balancing of the magnitudes of benefits and harms using some subjective social weighting.[76] The consumer welfare

---

[71] *See* Merger Guidelines, *supra* note 53, § 2.

[72] United States v. Philadelphia Nat'l Bank, 374 U.S. 321, 371 (1963).

[73] Vickers, *supra* note 34, at 21.

[74] *See* Merger Guidelines, *supra* note 53, § 2.2.

[75] I am one source of this confusion, having previously referred to the consumer welfare effect standard as a *balancing test*, apparently without sufficient clarification of the use of the term. *See* Salop & Romaine, *supra* note 14, at 618.

[76] *See* Brief for the United States, *supra* note 8, at 11 n.2 ("The application of Section 2 does not entail an open-ended '"balancing" of social gains against competitive

effect test is not like the situation envisioned under a Williamsonian total welfare (efficiencies) standard, where harm suffered *by consumers* is balanced off against the benefits gained *by the monopolist*.[77] This consumer welfare analysis is more geared towards comparing the magnitudes of various effects to predict the likely overall impact *on consumers*.[78]

The finder of fact generally would compare and weigh the magnitude and credibility of evidence on both the procompetitive and anticompetitive sides to evaluate which evidence is stronger on balance.[79] Juries routinely weigh the credibility of opposing experts with differing views of the net effect of the challenged conduct. Alternatively, instead of formally comparing the effect on price and quality impacts of the increased market power with the lower costs and superior product performance, a court may reach the same result

---

harms.' and 'a firm is under no obligation to sacrifice its own profits,' but unlawful exclusionary acts are those that 'do not benefit consumers or produce harms disproportionate to the resulting benefits.') (citing 3 Areeda & Hovenkamp, *supra* note 13, at 651a, 658f, at 72, 131-132, 135).

[77] Bork, *supra* note 2, at 107-10.

[78] In the context of deciding whether to apply the per se rule to a category of conduct, the Court in *Sylvania* described the evidentiary balancing as follows: "The probability that anticompetitive consequences will result from a practice and the severity of those consequences must be balanced against its pro-competitive consequences." Continental, TV v. GTE Sylvania Inc, 433 U.S. 36, 50 n.16 (1977). In evaluating an entire category of conduct, some fraction of the particular uses of the conduct by particular firms may lead to harm and some other fraction of particular uses by other firms may lead to benefits, and the probabilities are applied to the fraction of each outcome. Similarly, in evaluating a specific use of the conduct by a specific firm under a fact-based rule of reason, the relevant probabilities would be the likelihoods that the use of the conduct by the specific firm at a specific time would lead to either higher or lower prices and consumer welfare.

[79] That the consumer welfare effect analysis is stated in a quantitative way in this article and others is not unexpected in an area like antitrust, which is now so firmly rooted in economic analysis. But, it generally would not be necessary for the fact-finder to attach numbers to the probabilities and strength of the evidence on each side. As Judge Posner put the point in the context of his algebraic formula for deciding whether to grant a preliminary injunction, the formula "is intended not to force analysis into a quantitative straitjacket but to assist analysis by presenting succinctly the factors that the court must consider in making its decision and by articulating the relationship among the factors." American Hosp. Supply Corp. v Hosp. Prods. Ltd., 780 F.2d 589, 593 (7th Cir. 1986).

by setting the competitive benefits standard higher the greater are the market power harms shown.[80] For example, in a case in which the plaintiff has shown significant market power harms, the court may be more likely to find that the defendant has failed to demonstrate its benefits claims.

Similarly, in merger law, courts use a sliding scale standard in which more compelling rebuttal evidence is required for a stronger prima facie case set out by the government. For example, as explained by Judge (now Justice) Thomas in *Baker-Hughes,* the defendant can rebut a prima facie case by demonstrating that the merger will not have anticompetitive effects[81].

> *"The more compelling the prima facie case, the more evidence the defendant must present to rebut it successfully. A defendant can make the required showing by affirmatively showing why a given transaction is unlikely to substantially lessen competition, or by discrediting the data underlying the initial presumption in the government's favor".*[82]

As in any antitrust case, the difficult and controversial issue is setting the appropriate standard for proof and the burden of proof placed on the plaintiff.[83] The consumer harm threshold could be one of plausibility, tendency, significant likelihood, and so on up to absolute certainty.

Areeda and Hovenkamp also seem to contemplate a consumer welfare effect standard in RRC cases. They say that exclusionary conduct "requires actual or prospective consumer harm".[84] They define (anticompetitive) exclusionary conduct as acts that

> *(1) are reasonably capable of creating, enlarging, or prolonging monopoly power by impairing the opportunities of rivals; and*
>
> *(2) that either (2a) do not benefit consumers at all, or (2b) are unnecessary*

---

[80] For a similar analysis, see Gavil, *Dominant Firm Distribution, supra* note 34, at 78-79.

[81] United States v. Baker Hughes Inc., 908 F.2d 981 (D.C. Cir. 1990); *see also* FTC v. HJ Heinz Co., 246 F.3d 708 (D.C. Cir. 1990).

[82] *Baker-Hughes*, 908 F.2d at 992.

[83] *See, e.g.*, Timothy J. Muris, *The FTC and the Law of Monopolization*, 67 Antitrust L.J. 693 (2000); David A. Balto & Ernest A. Nagata, *Proof of Competitive Effects in Monopolization Cases: A Response to Professor Muris*, 68 Antitrust L.J. 309 (2000); Timothy J. Muris, *Anticompetitive Effects in Monopolization Cases: Reply*, 68 Antitrust L.J. 325 (2000); *see also* Baker, *supra* note 24.

[84] 3 Areeda & Hovenkamp, *supra* note 13, ¶ 651d, at 79.

for the particular consumer benefits that the acts produce or (2c) produce harms disproportionate to the resulting benefits.[85]

Regarding the standard of proof, Areeda and Hovenkamp also observe that while "an expectation of consumer harm must always be at the logical end of any determination that a particular act 'monopolizes,' ... this is not the same thing as showing that consumer harm has in fact resulted from the challenged practice."[86] Harm may "be threatened rather than realized".[87]

2.4.1 The section 2 consumer welfare effect standard in the case law

A consumer welfare effect standard for evaluating the Section 2 liability flows directly from the Court's observation that antitrust is a "consumer welfare prescription".[88] Such a standard was adopted explicitly by the D.C. Circuit in *United States v. Microsoft*[89] in which the court outlined a test requir-

---

85 *Id.* ¶ 651a, at 72.

86 *Id.* ¶ 651d, at 80. The Treatise uses the example of arresting drunken drivers before they actually kill someone. *Id.*

87 Id. ¶ 651d, at 80.

88 Reiter v. Sonotone Corp., 442 U.S. 330, 343 (1979). Even this conclusion is not devoid of controversy, however. Compare Steven C. Salop, *Question: What is the Real and Proper Antitrust Welfare Standard? Answer: The* True *Consumer Welfare Standard*, statement presented to the Antitrust Modernization Commission and posted at http://www.amc.gov/public_studies_fr28902/exclus_conduct_pdf/051104_Salop_Mergers.pdf ; Charles F. (Rick) Rule, *Consumer Welfare, Efficiencies, and Mergers*, statement presented to the Antitrust Modernization Commission and posted at http://www.amc.gov/commission_hearings/pdf/Statement-Rule.pdf

89 United States v. Microsoft Corp., 253 F.3d 34, 59 (D.C. Cir. 2001). In *Microsoft*, the court did little explicit balancing because there generally was nothing to balance. For some conduct, Microsoft lacked a cognizable procompetitive justification. For other conduct, the government failed to offer evidence that the consumer harm exceeded the benefits that the court attributed to the conduct. However, the court claimed to balance benefits and harms with respect to its analysis of Microsoft's licensing restriction. For that conduct, the court concluded that the prohibition on OEMs automatically launching a substitute user interface upon completion of the boot process was necessary to prevent a "substantial alteration" of Microsoft's copyrighted work and "outweighs the marginal anticompetitive effect" of the prohibition. *Id.* at 63. For certain other conduct, the court appeared to apply a non-balancing framework. For a discussion of this latter point, see Mark S. Popofsky, *Charting Antitrust's New Frontier*, 9 Geo. Mason L. Rev. 565, 578 (2001).

ing the plaintiff to prove that consumers would be harmed.[90] If that showing is made, then the monopolist may offer a procompetitive justification for its conduct.[91] This justification then must be either invalidated by the plaintiff or the beneficial impact on consumers must be shown to be outweighed by the evidence of anticompetitive consumer harm.[92] In this way, the likely effect on consumer welfare is predicted. The court, making the point that this standard is similar to the analysis that courts routinely carry out under the Section 1 rule of reason,[93] quoted the Supreme Court's seminal *Standard Oil* opinion, stating:

> *[W]hen the second section [of the Sherman Act] is thus harmonized with ... the first, it becomes obvious that the criterion to be resorted to in any given case for the purpose of ascertaining whether violations of the section have been committed, is the rule of reason guided by the established law.*[94]

Aspen Skiing[95] also used language that suggests the use of consumer welfare effect as the overarching liability standard. First, the Court explicitly

---

90 *Microsoft*, 253 F.3d at 58-59.

91 *Id.* at 59.

92 *Id.*

93 As stated by the court, "In cases arising under § 1 of the Sherman Act, the courts routinely apply a similar balancing approach under the rubric of the 'rule of reason.'" *Id.* at 59. In this regard, compare the D.C. Circuit's formulation in *Microsoft* to the Second Circuit's language on Section 1 in United States v. VISA USA, Inc., 344 F.3d 229, 238 (2d Cir. 2003) ("For the government to prevail in a rule of reason case under § 1, the district court concluded, and the parties do not argue otherwise, that the following must be shown: As an initial matter, the government must demonstrate that the defendant conspirators have 'market power' in a particular market for goods or services. Next, the government must demonstrate that within the relevant market, the defendants' actions have had substantial adverse effect on competition, such as increases in price, or decreases in output or quality. Once that initial burden is met, the burden of production shifts to the defendants, who must provide a procompetitive justification for the challenged restraint. If the defendants do so, the government must prove either that the challenged restraint is not reasonably necessary to achieve the defendants' procompetitive justifications, or that those objectives may be achieved in a manner less restrictive of free competition.") *See also* Competitor Collaboration Guidelines, *supra* note 27, §§ 1.2, 3.37, available at http://www.ftc.gov/os/2000/04/ftcdojguidelines.pdf.

94 *Microsoft*, 253 F.3d at 59 (quoting Standard Oil Co. v. United States, 221 U.S. 1 (1911)).

95 Aspen Skiing Co. v. Aspen Highlands Skiing Corp., 472 U.S. 585 (1985).

stated the relevance of "impact on consumers".[96] Second, the jury instruction summation (affirmed by the Court) asked whether the defendant's conduct was "designed *primarily* to further any domination of the relevant market or sub-market".[97] This formulation admits the potential for multiple motives and the resulting need to compare evidence of opposing effects. Third, the Court asked whether the conduct "has impaired competition in an unnecessarily restrictive way".[98] This formulation is similar to the "reasonably necessary" language used in Section 1 cases.[99] Evaluating whether the exclusion is "unnecessarily restrictive" (or "unreasonably exclusionary") requires some method of comparing the evidence of conflicting motives and effects, which the consumer welfare effect standard provides. Applying this standard to the facts, the Court in *Aspen Skiing* also found that the comparison was not difficult. The jury concluded that Ski Co.'s conduct was not justified by "any normal business purpose".[100]

This type of consumer-oriented competitive effect analysis also was embraced by the FTC in the 1980 *DuPont* decision regarding DuPont's expansion of its titanium dioxide production capacity. The FTC referred to its analysis as a "rule of reason approach," which suggests its relationship to Section 1 analysis.[101] As Commissioner Clanton opined, "we believe that there is no substitute for a careful, considered look at the overall competitive effect of the practices under scrutiny".[102] However, the profit-sacrifice test also figured in the Commission's determination because complaint counsel argued that DuPont's conduct involved profit-sacrifice, a claim that was rejected by the Commission.

---

96 *Id.* at 605.

97 *Id.* at 597 (emphasis added).

98 *Id.* at 605. The Court cites the Areeda and Turner treatise, referring to conduct that not only impairs rivals, but also "either does not further competition on the merits or does so only in an unnecessarily restrictive way." *Id.* at 605 (citing 3 PHILLIP Areeda & DONALD Turner, Antitrust Law 78 (1978)); *see also* Byars v. Bluff City News Co., 609 F.2d 843, 853 (6th Cir. 1979). The term "unnecessarily restrictive" suggests that the firm's procompetitive goal could have been achieved with conduct that would have permitted more competition.

99 NCAA v. Board of Regents, 468 U.S. 85, 115 (1984) (NCAA's television plan was not "*necessary* to enable the NCAA to penetrate the market"); *see also* United States v. Brown Univ., 5 F.3d 658, 669 (3d Cir. 1993).

100 *Aspen Skiing*, 472 U.S. 585, 608.

101 E.I. du Pont de Nemours & Co., 96 F.T.C. 653 (1980).

102 *Id.* at 38.

2.4.2 Applying the consumer welfare effect standard

Antitrust law focuses on consumer welfare (in particular, preventing economic harm to purchasers from anticompetitive conduct), not the defendant's profits or the protection of competitors. Therefore, the consumer welfare effect standard is useful because it is a fact-based analysis of the competitive effect of the allegedly anticompetitive monopolizing conduct. [103] In most antitrust cases, the profit-sacrifice and consumer welfare effect standards will reach the same outcome. However, there is no reason to think that the impact on the defendant's profits in the hypothetical world of the profit-sacrifice test would be a good proxy for the impact on consumers. Therefore, highlighting those situations in which the two standards are likely to diverge is critical to a comparative analysis. These obviously are the "harder cases." But only by looking at the harder cases can the standards properly be evaluated and compared.

2.4.2.1 Inducing refusals to deal by independent input suppliers

In the example used previously to illustrate the profit-sacrifice test, it was assumed that a dominant firm is initially selling 500 units at a price of $60 per unit and earning profits of $5000. It also was assumed that if the firm's closest competitor is denied access to a critical input sold by a number of input suppliers, then the firm would be able to raise its price to $100 because the disadvantaged competitor would have the incentive to reduce its output and raise its own price. The alleged exclusionary conduct involves exclusionary vertical agreements with the critical input suppliers to refuse to supply the competitor in exchange for fees of $3000 for refusal to deal agreements that lack any efficiency benefits (e.g., elimination of free riding).

Based on these facts, this exclusionary conduct is anticompetitive and would violate the consumer welfare standard because it causes consumers to pay higher prices, with no offsetting consumer information or quality benefits that might occur if the conduct had eliminated free riding. Consumer welfare also would fall if there were modest benefits that were insufficient to reverse or offset the higher prices.

There would be no liability, however, if consumers could turn easily to other competitors who continue to sell a homogeneous product at the initial

103 For a general analysis of the application of the consumer welfare effect standard to specific RRC exclusionary conduct, see Krattenmaker & Salop, *supra* note 22.

$60 price. In this scenario, consumers would not be harmed by the agreements, despite the fact that the agreements harm competitors and lack any efficiency benefits.[104]

It might be argued that this scenario would be highly unexpected. First, the other unrestrained competitors might have the ability and incentive to raise their prices above $60 once some of their rivals are denied access to the critical input. But, that result does not follow as a matter of logic and is not always the case in practice. It depends on the number and excess capacity of the unrestrained competitors and their ability to successfully coordinate prices.[105] Second, it might seem that the defendant would lack an incentive to pay input suppliers to refuse to deal in this situation. But, as discussed in the earlier analysis of the profit-sacrifice standard, the defendant's profits nonetheless may increase because it is able to expand its sales at the $60 price. For example, if its sales would increase by 100 units and its profit-margin were more than $30 per unit (as opposed to the $10 assumed in the hypothetical), these increased profits would exceed the $3000 paid to the input suppliers for the exclusion.

2.4.2.2 Predatory pricing

In *Brooke Group*, the Court did not adopt an explicit consumer welfare effect standard, opting instead for its two-prong test of whether there was below-cost pricing and a dangerous probability of recoupment.[106] Predatory pricing delivers short run benefits to consumers in the form of lower prices during the predatory period and, if the predation is successful, higher prices (and consumer welfare losses) during the recoupment period. If a court were to apply the consumer welfare effect test to predatory pricing, the defendant's strategy would violate the consumer harm standard only if the net present value of consumer welfare decreased from the conduct. That is, the court would

[104] If the products were differentiated, then consumers would be harmed from the reduction in variety and consumer choice. This is true, and could form the basis for antitrust liability under the consumer welfare standard. However, it is not clear that a court would treat the reduction in variety and choice as sufficient for liability. For further discussion of this policy issue, see Michael H. Riordan & Steven C. Salop, *Evaluating Vertical Mergers: A Post-Chicago Approach*, 63 Antitrust L.J. 513, 548-49 (1995).

[105] For further analysis, see Krattenmaker and Salop, *supra* note 2.

[106] Brooke Group Ltd. v. Brown & Williamson Tobacco Corp., 509 U.S. 209, 222-23 (1993).

evaluate whether the consumer benefits from lower prices achieved during the predatory period outweigh the likely harm during the recoupment period, taking into account the time value of money.[107] Thus, the consumer welfare effect standard could be more or less permissive than either the *Brooke Group* or the profit-sacrifice standard, depending upon the exact facts.[108]

2.4.2.3 Incompatible design change

As discussed earlier, if the profit-sacrifice standard were applied to an incompatible design change that is a necessary, inextricable feature of the performance improvement, that standard would compare the increase in product value to consumers from the design change to the defendant's increased cost of the improved product.[109] This increased value would be compared to the increased cost in order to gauge whether the firm's profits would increase in the hypothetical world. In the example, the increased value was $5 per unit. If the increased cost were $3 per unit, then the conduct would pass muster. It would be condemned under a profit-sacrifice test if the unit cost increase were $6. Thus, the profit-sacrifice standard requires the court (or the firm) to quantify the value of the product improvement to consumers and compare that change in value to the increased cost of producing the improved product.

Under the consumer welfare effect standard, the relevant antitrust question is whether the evidence better supports the view that the overall effect of the design change is procompetitive rather than anticompetitive, i.e., whether consumers are benefited or harmed. The court would focus on the quality-adjusted price. It would compare the increased value of the new product to the increased price paid by consumers, not to the increased cost borne by the defendant.

---

107 The *Brooke Group* recoupment test evaluates the likelihood that the predator would be able to raise price subsequently. This recoupment analysis could be used as part of the evaluation of the impact on consumers but the two calculations are not identical.

108 It could be more permissive because the strategy may not reduce the net present value of consumer welfare, even if there is below-cost pricing. It could be less permissive because it would not be necessary to show below-cost pricing. See Edlin, *supra* note 24.

109 Simply showing the new product is qualitatively better is not sufficient to escape liability because the price increase in the hypothetical benchmark world would be assumed to be equal to the increased value of the new product's performance.

This consumer effect analysis could find antitrust liability despite the fact that the conduct involves a product improvement because the improvement in the hypothetical is inextricably linked to the elimination of compatibility and the resulting diminution of competition. For example, suppose the combination of the product improvement and incompatibility permits the dominant firm to raise its price for the new product by $50 but the increased value to consumers is only $5.[110] On these facts, the quality-adjusted price clearly rises and consumer welfare is reduced because paying $50 extra for $5 worth of product improvements is a bad deal for the consumers who purchase the product. The product improvement is valued by consumers, but not by enough when it comes unavoidably bundled with increased barriers to competition that permit such large price increases.

Of course, if the product improvements were large enough, the result would change. For example, suppose that the product improvements raised the performance value to consumers by $60 instead of $5. In that case, even paying $50 more for the product would reduce the quality-adjusted price and raise consumer welfare, if the incompatibility and resulting exclusion of competitors are necessary to achieve the $60 increase in value.

This analysis has assumed that the ex post market outcome of the innovation was certain. However, in the real world, innovation often is an uncertain process. It is possible that at the time that the innovation was made, the innovator could not reasonably expect the innovation to allow it to raise price disproportionately to the consumer benefits. The fact that the new product turned out to be incompatible, and the fact that the rivals were unable to re-achieve compatibility, may have been a surprise. In those circumstances, a purely ex post analysis could lead to false positives.[111] Instead, the conduct

---

[110] As discussed previously, if the incompatibility were not a reasonably necessary by-product of the product improvement (for example, if a compatible version could be produced at the same cost, or if the older compatible version also still could be made available), then the incompatibility itself would be attacked. Absent the costly reduction in compatibility, consumers would have obtained the product improvement *and* continued competition. The profit-sacrifice standard would lead to the same result in this scenario. This issue about the availability of the old product was raised in the *Berkey* case, though in that matter, Kodak continued to sell the old type of film. Berkey Photo, Inc. v. Eastman Kodak Co., 603 F.2d 263, 287 n. 39.

[111] It could lead to false negatives in situations where the price likely would rise but turned out not to increase.

would be evaluated from an ex ante perspective, based on the information reasonably available at the time that the innovator made its investment decision.[112]

2.4.2.4 Cost-reducing investments

A common concern about the consumer welfare effect standard is that it might be used to condemn a simple cost reduction by a firm with market power. To analyze this issue, consider the following example. Two firms are competing by selling differentiated products. The larger firm has variable costs of $20 per unit and the smaller firm has variable costs of $40. Because they produce differentiated products, their prices exceed their variable costs. Suppose that the low cost firm charges $50 and the high cost firm charges $60.[113] Furthermore, assume the low cost firm has a much higher market share, say 85%, and that there are barriers that would prevent entry by any other competitors.

Given these initial conditions, suppose that the low cost firm has an opportunity to invest in a proprietary new lower-cost production technology that would push its production costs down from $20 to $5. Assume the firm makes this capital investment and reduces its price to $30, at which point the smaller firm files a Section 2 complaint claiming that it is unable to match the lower production costs and will be forced to exit from the market. To focus on the differences between the standards, suppose that the smaller firm can establish that once it exits, it would be unable to re-enter the market in the future, even if the larger firm subsequently raises its price.[114]

If the smaller firm alleges that the larger firm's capital investment in the new, more efficient technology is an anticompetitive exclusionary investment (i.e., because the firm's investment that will raise the plaintiff's investment costs to a prohibitive level and cause it to exit from the market, allowing the larger firm to achieve a durable monopoly), how would this complaint be treated under the profit-sacrifice and consumer welfare effect tests?

---

[112] This issue is discussed in more detail below.

[113] The low cost firm might be able to obtain a 100% market share by reducing its price significantly, but the example assumes that this would not be the profit-maximizing strategy.

[114] If the smaller firm alleges predatory pricing in its complaint, it would lose under *Brooke Group* because the larger firm is not pricing below its costs.

Some commentators[115] and courts[116] might want to take the position that such cost-reducing investments should be permissible per se, regardless of their effect on consumers. But, the profit-sacrifice standard could be applied to this conduct, and the investment strategy could be condemned under the profit-sacrifice test, depending on the magnitude of the investment cost of the new technology. In particular, suppose that it was reasonably foreseeable by the firm that an adequate return on this investment cost only could be recovered by driving the rival out of business and raising price. In this case, the strategy would fail the profit-sacrifice test (including the no economic sense version) because it would be unprofitable on balance, absent the lessening of competition caused by the plaintiff's exit and the subsequent price rise. [117]

Under the consumer welfare effect standard, the plaintiff would need to prove that it was reasonably foreseeable that the plaintiff might exit rather than emulate the larger firm's investment strategy and reduce its own costs (which would have prevented price from rising and harming consumers). The plaintiff also would need to prove that consumers likely would be injured from the strategy. Even assuming that exit and the subsequent price increase was certain, consumer harm is not inevitable from the overall strategy, taking into account the consumer benefits achieved during the interim period when the market prices were lower. The consumer welfare effect standard is not a vague and open-ended balancing test but rather involves the calculation of the

---

115 For example, see Elhauge, *supra* note 34, at 316-20. In this case, the smaller firm was less efficient even before the larger firm's cost-reducing investment so that the equally-efficient competitor standard also would not be violated. Werden would place such cost-reducing conduct in a safe harbor. Werden, *supra* note 10.

116 For example, perhaps Judge Douglas Ginsburg had something like this in mind with his statement in *Covad* that if Bell Atlantic's deceptive advertising forced Covad to increase its own advertising in response, "competition was only enhanced." Covad Communs. Co. v. Bell Atl. Corp., 398 F.3d 666, 674 (D.C. Cir. 2005). However, what seems peculiar about this statement is that the allegation involved deceptive advertising, not a simple cost reduction. Deceptive advertising directly harms consumers and potentially raises rivals' counter-advertising costs. Judge Ginsburg simply assumes away the possibility of anticompetitive effect.

117 This test assumes that the benchmark for the profit-sacrifice evaluation uses the initial prices and quantities of both firms. As discussed below, another possible implementation of the profit-sacrifice test would use the initial prices as the price benchmark but allow the quantities to adjust to the new costs. This test is more permissive, but it still might be failed for a cost-reduction if the higher price is also needed to achieve profitability.

"average" price, taking into account the volume of sales at the different prices over time and the time value of money.[118] This proof would not be easy.

Thus, it is not clear that the defendant has much to fear here from the consumer welfare effect standard. First, under the consumer welfare effect standard, the plaintiff would have the burden, not the defendant. It is not clear that the plaintiff would have the burden under the profit-sacrifice test.[119] Second, it is not clear that the consumer welfare effect standard would be more restrictive than the profit-sacrifice standard in this case and may well be less restrictive.

2.4.3 Applying the consumer welfare effect standard ex ante

This example of cost-reducing investment raises an important point about the consumer welfare effect standard that may be misunderstood. In this type of case, the consumer welfare effect analysis generally would be an ex ante analysis, not an ex post analysis. That is, the court would evaluate the likelihood and magnitude of expected consumer benefits or harms based on the information reasonably available at the time that the conduct was undertaken. It would not simply examine the ultimate ex post market effect. This timing makes sense because any deterrence only could take place on the basis of ex ante information and because the defendant is not compensated by the judicial system when consumer welfare increases. Thus, a key issue would be what consumer effect was reasonably foreseeable at the time of the investment. (Similarly, the profit sacrifice standard also would be carried out on an ex ante basis.[120])

This foreseeability analysis can be illustrated with the cost-reducing investment example. Suppose that at the time that the investment was made, the firm understood that there were two possible market outcomes. In one

118 The plaintiff's task also would be made more difficult because the low prices are achieved in the present while the high prices occur in the future and because downward-sloping demand curves mean that more units are sold at low prices than at high prices.

119 The defendant may well be assigned the burden with the profit-sacrifice test because it controls the relevant evidence. *See infra* Part IV.C.2.

120 Similarly, Werden also points out that the no economic sense standard would be evaluated on the basis of what was reasonably foreseeable at the time that the conduct was undertaken. Werden, *supra* note 10; *see also id.* at 4 n.15 (noting that in *Dentsply*, the district court found that the defendant had undertaken conduct with the mistaken belief that it would have an exclusionary effect).

scenario, the rival would achieve its own cost-reductions through its own investments, in which case prices would fall and consumers would benefit. In the other scenario, the rival would be unable to achieve any cost-reductions and would exit the market, at which point prices would rise (say, permanently) to the monopoly level. It is clear that consumers would be better off if the defendant would undertake the investment in the first scenario where it would lead to lower prices ex post but would have forgone the investment in the second scenario where it would lead to higher prices ex post.

Suppose that the firm reasonably could identify the applicable scenario before making the investment. In this case, the ex ante and ex post analysis would be identical. If the firm knew (or reasonably should have known) that the second market scenario would result and it made the investment, then the conduct would be condemned under the consumer welfare effect standard. The investment was harmful to consumers.

However, in many cases, at the time the investment is made, the firm would not be able to identify which scenario actually would occur. It would be a matter of probabilities. In those cases, the consumer welfare effect would be evaluated on an ex ante basis, using those reasonable probabilities. The analysis would involve estimating the likely impact on prices and consumer welfare. The conduct would be condemned only if *expected* consumer harm were found, or stated differently, only if the likelihood and magnitude of the potential consumer harm (in the second scenario) outweighed the likelihood and magnitude of the potential consumer benefits (in the first scenario).[121]

This same ex ante focus of the consumer harm analysis would be used even if the case were brought after the fact, that is, after it became known that the second scenario actually occurred, perhaps as evidenced by the fact that the rival exited the market and prices rose. It would not make sense for a court to base liability solely on the actual ex post outcome if the defendant could not have known ex ante that this outcome was reasonably likely to occur. Because the goal

---

[121] For an example of this type of analysis in the context of mergers, see Ken Heyer, *A World of Uncertainty: Economics and the Globalization of Antitrust*, 72 Antitrust L.J. 375 (2005). This also is similar to the type of ex ante determination undertaken in preliminary injunction cases. For example, Judge Posner suggests that the court should compare "the probability of an erroneous denial weighted by the cost of denial to the plaintiff" with "the probability of an erroneous grant weighted by the cost of grant to the defendant." American Hosp. Supply Corp. v. Hosp. Prods. Ltd., 780 F.2d 589, 593 (7th Cir. 1986); *see also* R.J. Reynolds Tobacco Co. v Philip Morris Inc, 60 F. Supp. 2d 502, 511 (M.D.N.C. 1999).

of antitrust rules is to create optimal deterrence, the standard must be based on what the firm knew or should have known at the time that the conduct was undertaken.[122] This ex ante standard has important implications for the evaluation of false positives andfalse negatives caused by the different standards.[123]

3. EVALUATING THE PROFIT-SACRIFICE AND CONSUMER WELFARE EFFECT STANDARDS

The fundamental question for antitrust is which standard provides a more accurate appraisal of the competitive effect of exclusionary conduct. A decision-theoretic approach to legal rules shows that the consumer welfare standard for exclusionary conduct is subject to less error than the profit-sacrifice standard. And, any potential for "false positives" from the consumer welfare standard is better resolved by awarding close cases to the defendant than by making a qualitative change in the legal standard and requiring the plaintiff to show profit-sacrifice.

3.1 A decision-theoretic framework for antitrust liability standards

Decision theory provides a framework for determining legal standards by analyzing the cost of legal errors and legal process costs.[124] For example, in the context of Section 1 claims, the long-held antitrust bias is that the likely consumer harm from erroneously permitting a successful price-fixing conspiracy (i.e., a "false negative") is far greater than the likely consumer harm

[122] Similarly, if the investment were found to cause likely consumer harm on the basis of the ex ante analysis, the defendant would not be excused because price did not rise ex post. Easterbrook and Werden suggest that firms should not be condemned for their mistakes. *See* Easterbrook, *Predatory Strategies*, *supra* note 5, at 267 (observing that a failed attempt at predation "occasions no loss to consumers; a price reduction not leading to monopoly (...) simply benefits consumers by saving them money."); Werden, *supra* note 10, at 416 ("The test does not condemn conduct undertaken because of an unreasonable belief the conduct would have an exclusionary effect."). However, in this case, the defendant did not make a mistake ex ante, but rather was just unlucky ex post. Of course, because the conduct failed ex post, such cases might better be pleaded as attempted monopolization rather than as monopolization.

[123] *See* Part III.A.

[124] Isaac Ehrlich & Richard Posner, *An Economic Analysis of Legal Rule Making*, 3 J. Legal Stud. 257 (1974); C. Frederick Beckner, III & Steven C. Salop, *Decision Theory and Antitrust Rules*, 67 Antitrust L.J. 41 (1999); Heyer, *supra* note 63.

from erroneously prohibiting joint price setting that has no anticompetitive effect (i.e., a "false positive"). This assumption provides a rationale for the per se and quick-look rules that can eliminate the requirement that plaintiffs prove anticompetitive harm to consumers.[125]

Decision-theoretic analysis also can be applied to the determination of Section 2 standards.[126] This analysis might involve a general Section 2 standard, or different standards for specific categories of conduct.[127] The *Copperweld* decision reflects the view that antitrust enforcers generally should be more skeptical of agreements (particularly agreements among competitors) than unilateral conduct.[128] Although a fear of false positives from constraining unilateral conduct (even by a monopolist) was used by the Court in *Trinko* as a general rationale for the profit-sacrifice test for exclusionary conduct, the analysis here suggests that this confidence in the profit-sacrifice standard over the consumer welfare effect standard is misplaced.[129]

---

[125] For example, this is the basic approach taken in *FTC v. Superior Court Trial Lawyers Ass'n*, 493 U.S. 411 (1990). For a general analysis of antitrust short-cut rules in the context of decision-theory, *see* Beckner & Salop, *supra* note 125. Decision theory can be used to rationalize rules of per se legality as well as per se illegality.

[126] For the application of the decision-theoretic approach to monopolization law, *see* Salop & Romaine, *supra* note 14; Cass & Hylton, *supra* note 5; Easterbrook, *supra* note 5; Gavil, *Dominant Firm Distribution*, *supra* note 34; Heyer, *supra* note 63.

[127] For example, Mark Popofsky suggests how application of various legal tests for monopolization would be appropriate for different types of exclusionary conduct in light of differences in enforcement costs and the likelihood of false positives and false negatives. Popofsky, *supra* note 15.

[128] Copperweld Corp. v. Independence Tube Corp., 467 U.S. 752, 768 (1984). Professor Gavil has suggested that the *Copperweld* distinction has been weakened over time by the courts' increased reliance on direct evidence of actual anticompetitive effect. Andrew I. Gavil, *Copperweld 2000: The Vanishing Gap Between Sections 1 and 2 of the Sherman Act*, 68 Antitrust L.J. 87, 102-04 (2000).

[129] The *Trinko* Court stated that "the cost of false positives counsels against an undue expansion of § 2 liability." Verizon Communs. Inc. v. Law Offices of Curtis V. Trinko, LLP, 540 U.S. 398, 414 (2004). The *Trinko* Court also said that *Aspen Skiing* is "at or near the outer boundary of § 2 liability," presumably because of a concern about false positives. *Id.* at 399. *Aspen Skiing* was at the outer boundary because the defendant's lawyers erred by failing to appeal the narrow geographic market definition. More importantly, the plaintiff wanted to fix prices with the defendant through the jointly priced weekly ticket. Aspen Skiing Co. v. Aspen Highlands Skiing Corp., 472 U.S. 585, 591 n.9 (1985). But the Court apparently could not

In decision-theoretic terms, there are two kinds of erroneous decisions, ex ante errors and ex post errors. When a decision maker is forced to make decisions with imperfect information, some ex post errors are inevitable. The best the decision maker can do is to make the optimal decision in light of the limited information available. However, where this is not done, the decision maker commits an ex ante error. Suppose that the chance of rain is 99 percent and the decision maker chooses to carry an umbrella. If it turns out not to rain, that decision would be an ex post error. However, if the decision maker chooses not to carry an umbrella in this situation, that decision would be an ex ante error, even if it fortuitously does not rain.

The profit-sacrifice standard allows both types of errors to be made.[130] It permits conduct that causes ex post consumer harms. It also permits exclusionary conduct that causes ex ante consumer harms, i.e., conduct that reduces expected consumer welfare, taking into account the probability of benefits and harms. This general result is obvious because the direct impact on the defendant's profit is not equivalent to the overall impact of the conduct on consumer welfare, either ex ante or ex post. In fact, the profit-sacrifice test is not focused at all on the effect of the conduct on consumers. Rather, it is focused on the defendant's profits in a hypothetical world. These hypothetical profits are a highly imperfect (and generally biased) predictor of the impact of the conduct on competition and consumer welfare.[131]

3.2 Comparing the incidence of false negatives and false positives

The previous example of the incompatible design change illustrates how the profit-sacrifice test can lead to false negatives. Consider the simple situ-

---

dispose of the case on these grounds because Ski Co. dropped the issue. *Id.* at 598 n.22. Indeed, the *Trinko* Court did not even mention this aspect of the defendant's conduct. Instead, it focused solely on the fact that the defendant refused to sell daily tickets at the retail price to the plaintiff. That latter conduct is farther from the outer boundary because it prevented the plaintiff from competing, not from colluding.

130 *See* Vickers, *supra* note 34, at 18; *see also* Edlin & Farrell, *supra* note 21, at 31 ("'sacrifice'. . . is logically neither necessary nor sufficient for harm to competition. It could yet be a useful test, but only because of some (still unexplored) empirical correlation, not as a matter of economic logic."); *see also* Elhauge, *supra* note34, at 271.

131 The direction of the bias – false positive or false negative – depends on the type of conduct being evaluated, as discussed in the various examples. In addition, the standard systematically diverts attention away from the impact of exclusionary conduct on consumers.

ation discussed where the market outcome is highly predictable at the time that the conduct is undertaken and ex ante and ex post are identical. In that example, the price increase benchmark for the profit-sacrifice test would be $5 (i.e., the increase in product performance which would lead to a constant quality-adjusted price). If the design change costs only $3 per unit, the defendant would not violate the profit-sacrifice test. But, if that design change necessarily raises entry barriers by making competing products incompatible and that inextricably linked incompatibility would permit the firm to raise its price by $50, then consumers would be harmed because the quality-adjusted price would rise. If the profit-sacrifice standard were used, no sacrifice would be found despite this consumer harm. The result would be a false negative.

Although the profit-sacrifice test is generally more prone to false negatives, it sometimes can lead to false positives and condemn potentially exclusionary conduct that raises consumer welfare. The pure cost reduction hypothetical discussed earlier provides an example.[132] Consider first the simple version with perfect information, in which the impact on exit and price is known with certainty at the time the investment is undertaken.[133] As discussed in that example, it could well be that the firm would be able to recover its investment cost in a more efficient technology *only* if it were able to gain a monopoly market share and raise its price. If so, the investment would be condemned under the profit-sacrifice standard. However, that investment would pass muster under the consumer welfare effect standard, despite the higher ultimate prices, if market prices were sufficiently lower during the interim period before competitors exited from the market and the interim period were sufficiently long.[134]

---

[132] *See also* Elhauge, *supra* note 34, at 274-79; Marius Schwartz, *Investments in Oligopoly: Welfare Effects and Tests for Predation*, 41 Oxford Econ. Papers 698, 701 (1989).

[133] That is, it is reasonably foreseeable that the second scenario would result.

[134] In yet another example, suppose that a dominant firm undertakes an investment that reduces its variable costs by $5 per unit. Suppose further that the dominant firm realizes that its investment can and rapidly would be imitated by rivals, leading them to reduce their own costs by the same $5. As a result, the dominant firm decides that it cannot recover the cost of its investment and chooses not to undertake the investment. However, suppose instead that the dominant firm tweaks the technology slightly so that its investment breaks an industry standard, which in turn means that competitors can reduce their costs by only $3 per unit. As a result, the firm finds it necessary to reduce its price only by $3 and, as a result, earns a sufficient return to justify the investment. This conduct would escape

Some formulations of the profit-sacrifice test for Section 2 also would create false positives by condemning exclusionary conduct in markets in which the dominant firm is unable to gain sufficient market power to raise price.[135] For example, suppose that a firm destroys the counter displays of one of its rivals and, as a result, profitably increases its market share. However, suppose that the defendant is unable to increase its price because of the existence of other competitors. Liability would not attach to this conduct under the consumer welfare effect standard because of the lack of any significant impact on price or consumer welfare.[136] However, some implementations of the profit-sacrifice test would condemn this conduct.

Proponents of the profit-sacrifice standard might concede these errors but still favor the profit-sacrifice test. They might argue that false positives are rare with the profit-sacrifice standard or would be eliminated by mandating a combined standard under which the plaintiff would be required to satisfy both the profit-sacrifice standard and the consumer welfare effect standard.[137]

---

liability under the consumer welfare test because prices fell. However, it might fail the profit-sacrifice test. The profit-sacrifice test might assume that the but-for benchmark involves the standard not being broken and the rivals' costs reduction not being constrained. It might be assumed that the hypothetical market price in this but-for world would decrease by $5, not $3. At this benchmark price decrease, the dominant firm investment would not be profitable and so would fail the profit-sacrifice test. If the profit-sacrifice standard were implemented in this way, it would generate a false positive. Melamed, *Exclusionary Conduct*, *supra* note 11, at 17, criticizes this hypothetical as being unrealistic. He argues that the defendant also would bear some costs from the broken industry standard. However, having the defendant also bear a cost would not necessarily render the conduct unprofitable overall nor cause consumer harm on balance. He also suggests that the defendant would more likely use its cost advantage to drive the rivals out of business, a conclusion that implicitly assumes that products are undifferentiated and that the firms have no capacity constraints. Finally, Melamed suggests that the defendant may have undertaken the innovation out of fear that someone else would move first, an assumption that is possible, but certainly is not compelled by any economic logic. For example, sometimes it is the idea that is original, not the implementation of the idea. Because ideas may not be patentable, the implementation can be rapidly imitated once the idea becomes known.

135 For a similar point, see Creighton et al., *supra* note 25.

136 These false positives would be eliminated by the combined standard, but that approach raises the question of whether the profit-sacrifice prong adds any value, in that it also causes false negatives.

137 Several commentators use the profit-sacrifice test as a test of whether the conduct is "predatory." They then set out a structural analysis to gauge whether successful

Profit-sacrifice proponents might not be concerned about false negatives, arguing that the profit-sacrifice test is *intended* to trump direct evidence of anticompetitive effect in particular cases because the entire *category* of challenged exclusionary conduct ultimately benefits consumers by creating more competition and better products. This criticism essentially makes a distinction between ex ante and ex post effect. The argument amounts to a claim that while consumers might gain ex post (i.e., in some cases) from the use of a consumer welfare effect standard, the use of the consumer welfare effect standard would generally over-deter innovative conduct by dominant firms ex ante (i.e., on average). According to this view, there also is no way for courts accurately to balance the ex post and ex ante costs and benefits on a case-by-case basis. Instead, the profit-sacrifice test must be substituted or added to stop courts from intervening too often.[138]

This criticism of the consumer welfare effect standard seems to assume erroneously that the effect analysis invariably would be based solely on (ex post) information that was unavailable at the time that the exclusionary conduct was undertaken, rather than evaluated ex ante. That is not the case.[139]

---

recoupment is likely, though this is not equivalent to a full consumer welfare analysis. *See, e.g.*, Melamed, *Exclusionary Conduct*, *supra* note 11, at 11 n.19; Vickers, *supra* note 34, at 16; Ordover & Willig, *Predation*, *supra* note 36 at 9-13. In a more recent article, Ordover and Willig add a third prong that analyzes the likelihood and sources of monopoly profits from exclusion. Ordover & Willig, *Access and Bundling*, *supra* note 34, at 109-10. In addition, they also require a showing of harm to competition. *Id* at 111 n.7. Werden, *supra* note 10, states that the no economic sense test "can be usefully applied only once it has been demonstrated that the challenged conduct actually has a tendency to eliminate or lessen competition." This suggests a two-part test with a type of anticompetitive market impact prong. However, Werden's use of the classic incipiency terminology of "tendency to eliminate or lessen competition" suggests a low bar for the plaintiff on its showing.

138 Melamed, *Exclusionary Conduct*, *supra* note 11, at 27.

139 In the cost-reducing investment example, if the firm could not reasonably have known at the time that the investment was made whether prices ultimately would rise or fall with a high degree of certainty, then the consumer welfare effect standard would evaluate the impact of the conduct on an ex ante basis, using the information available at the time the conduct was undertaken. *See* 3 Areeda & Hovenkamp, *supra* note 13, ¶ 651b2, at 76; ¶ 651d, at 81; *see also* United States v. Microsoft Corp., 253 F.3d at 375.

If the court were to base its decision on the ex post outcome even when the defendant faced a high degree of uncertainty ex ante, then there could well be over-deterrence. Investments with a high likelihood of benefiting consumers, a low likelihood of harming consumers, and positive expected contribution to consumer welfare would be condemned in those situations when they happened to work out badly for consumers. As a result, investments with a positive expected contribution might be deterred, to the detriment of consumers.[140] However, this purely ex post approach would be an improper implementation of the consumer welfare effect standard when there is a high degree of ex ante uncertainty.

Implementing the consumer welfare effect standard on an ex ante basis may turn out to cause some ex post false positives or false negatives. Conduct

[140] The potential for over-deterrence from an ex post evaluation of consumer welfare can be illustrated with a simple numerical example. Suppose that alleged exclusionary conduct by a dominant firm is predicted ex ante to have a 50% chance of raising consumer welfare by 2000, if rivals match the firm's expenditures, which leads to prices falling or remaining the same. But, suppose that the conduct also has a 50% chance of harming consumers and reducing consumer welfare by 1000 from higher prices, if rivals are unable to match and instead are forced to reduce their output or exit. Suppose that in the event that consumer welfare is raised, the defendant's profits would fall by 10, whereas if consumer welfare were reduced, the defendant's profits would rise by 100. Absent antitrust rules, the firm would engage in the conduct because the expected value of its profits is positive. Suppose, however, that the conduct is evaluated under the consumer welfare standard on an ex post basis in the event that consumers turn out to be harmed. Suppose further that in this case, the firm is assessed "single" damages equal to the 1000 reduction in consumer welfare. Under this rule, the firm would be deterred from engaging in the conduct because its profits would fall by 10 if the conduct benefits consumers and its profits net of the damages would fall by 900 (i.e., 100 – 1000) if the conduct turns out to harm consumers. But this would represent over-deterrence because the conduct raises the expected value of consumer welfare by 500. For this reason, the conduct properly would not be condemned in an ex ante evaluation. Note that this over-deterrence would not be mitigated by use of injunctive relief instead of damages. If the defendant is denied the opportunity to increase its profits, it will not institute the conduct. Incidentally, note that this conduct also would violate some versions of the profit-sacrifice test. Although the firm's expectation is that profits will rise (because the expected value of profits rises by 45), the conduct would be unprofitable absent the consumer harm from the higher prices in the event that rivals are unable to match. Because the expected value of consumer welfare rises, the profit-sacrifice standard would lead to over-deterrence, that is, a false positive.

that predictably leads to expected consumer benefits but unfortunately turns out to harm consumers ex post would not be condemned.[141] Similarly, conduct that predictably leads to expected consumer harms but fortuitously turns out not to harm consumers ex post would be condemned. The potential for these ex post errors must be tolerated for optimal ex ante deterrence when the outcome is probabilistic.

At the same time, it is important to emphasize that this ex ante approach does not mean that any small likelihood of consumer benefit would permit the defendant to escape liability. In many cases, at the time that the exclusionary conduct is undertaken, the defendant does not face a significant uncertainty regarding the likely outcome: the consumer harm often is reasonably foreseeable and, indeed, may be the primary goal as well as the expected outcome of the exclusionary conduct. In such cases, the use of ex post analysis would be appropriate and would not cause false positives. In addition, the legal standard placed on the plaintiff for proof of consumer harm should not be excessive. In this regard, the consumer harm might be threatened rather than actually realized.[142]

Critics of the consumer harm standard might argue that even this ex ante application of the consumer harm standard causes ex ante false positives and leads to over-deterrence because it is difficult to estimate the impact on consumer welfare, even on an expected value basis.[143] Under these circumstances, it would be argued, the courts should err in the direction of false negatives because those errors are less serious. For example, Professor (now Judge) Frank Easterbrook argues that over-deterrence (resulting from false positives) is more serious than under-deterrence (resulting from false negatives) because over-deterrence can slow innovation whereas false negatives will be self-corrected by market entry.[144]

However, this reasoning is inapplicable to modern antitrust enforcement. Because entry can eliminate the harms from anticompetitive conduct or even deter it, ease of entry routinely is taken into account in determining liability for monopolization. When entry is easy, the defendant properly would escape

---

[141] *Id.*

[142] 3 Areeda & Hovenkamp, *supra* note 13, ¶ 651d, at 80.

[143] Melamed, *Unifying Principles*, *supra* note 11, at 9.

[144] Frank Easterbrook, *The Limits of Antitrust*, 63 Tex. L. Rev. 1, 3 (1984) [hereinafter *Limits of Antitrust*]. For a recent criticism of the view that markets are self-correcting, see David McGowan, *Between Logic and Experience: Error Costs and United States v. Microsoft*, 20 Berkeley Tech. L.J. 1185 (forthcoming 2005).

Section 2 liability under the consumer harm standard. Thus, there would be no false positives because there would be no liability.

In contrast, if the liability standard itself is relaxed, the outcome will be harmful when there are entry barriers; the result will be a durable monopoly. When there are high entry barriers, a destroyed entrant likely cannot be resurrected or replaced. Thus, this analysis of entry barriers suggests that the profit-sacrifice standard leads to under-deterrence, not that the consumer harm standard leads to over-deterrence.

As for innovation, anticompetitive exclusion likely would reduce innovation in dynamic markets by eliminating rivals that would innovate and by decreasing competitive pressure that would force the monopolist to innovate. In fact, there is perhaps a greater irony in relying on Judge Easterbrook's advice. The entrant that is being destroyed, in fact, may be the very innovative firm trying to serve as the self-correcting market response to entry. Allowing exclusionary conduct reduces or even eliminates the ability of the market to self-correct.[145] Moreover, there is no evidence that dominant firms' innovations have been deterred by the fear of antitrust.[146]

Judge Easterbrook also argues that false positives can set judicial precedents that will not be undone. While that may have been true forty years ago, there have been major shifts in key antitrust precedents since then. There is no reason to think that plaintiff verdicts create stronger precedents than do defense verdicts, either today or in the last twenty-five years since the use of per se rules outside of naked price fixing has declined.[147] And, broad precedents are unlikely in a case-by-case rule of reason analysis under Section 2.

A different type of criticism involves judicial competence. Some antitrust experts argue that implementing the consumer welfare effect standard is

---

[145] Steven C. Salop, *The First Principles Approach to Antitrust, Kodak, and Antitrust at the Millennium*, 68 Antitrust L.J. 187, 197-98 (2000) [hereinafter *First Principles*]; *see also* Gavil, *Dominant Firm Distribution*, *supra* note 34, at 37-38. Deterrence in this area also is reduced by the courts' unwillingness to use a strong remedy for the destruction of nascent competitors. *See* United States v. Microsoft Corp., 253 F.3d 34 (D.C. Cir. 2001).

[146] Jonathan Baker, *The Case for Antitrust Enforcement*, 17 J. Econ. Persp. 27, 41 (Fall 2003) [hereinafter *Antitrust Enforcement*].

[147] Northwest Wholesale Stationers, Inc. v. Pacific Stationary & Printing Co., 472 U.S. 284 (1985); Jefferson Parish Hosp. Dist. No. 2 v. Hyde, 466 U.S. 2, 45 (1984); Broadcast Music, Inc. v. CBS., 441 U.S. 1 (1979); Contintental T.V., Inc. v. GTE Sylvania Inc., 433 U.S. 36 (1977).

beyond the competence of judges and juries.[148] Judge Easterbrook also argues that courts cannot rely on economics because economists take a long time to decide and do not agree.[149] These criticisms seem extreme and unreliable. The rule of reason has been used in Section 1 and Section 7 cases, so it is not clear why Section 2 would be so much harder.[150]

It certainly is ironic to hear now from Judge Easterbrook that economics is not useful. After all, the shock and dismay at the view expressed in *Topco* that courts should not "ramble through the wilds of economic theory" became a *cause celebre* for transforming antitrust standards from per se illegality to the rule of reason.[151] Moreover, government agencies, courts, and juries are asked to conceptualize and (if necessary) make quantitative comparisons in evaluating the costs and benefits of government programs, negligence under the classic *Carroll Towing* formula,[152] whether a product design is defective,[153] whether a preliminary injunction should be granted,[154] and whether an agency is providing sufficient due process.[155]

Moreover, that same judicial competence argument would apply just as strongly to the implementation of the profit-sacrifice test, which requires a court to evaluate profitability in an unrealistic, hypothetical world. And, as discussed below, implementing the profit-sacrifice test is fraught with other pitfalls.

Similarly, it is argued that the consumer welfare effect standard for exclusionary conduct would lead to firms facing too much uncertainty because it is so difficult to know whether conduct is anticompetitive. This claim ig-

---

[148] *See, e.g.,* Easterbrook, *Limits of Antitrust, supra* note 145, at 29.

[149] *Id.* at 11.

[150] For example, Baumol et al. suggests that a consumer welfare effect standard is the right criterion to use to evaluate false advertising claims with complicated market effects of the sort that would arise in an antitrust case. *See* William *Baumol et al., Brief of Amici Curiae Economics Professors to U.S. Supreme Court*, at 8, Verizon Communs. Inc. v. Law Offices of Curtis V. Trinko, LLP, 540 U.S. 398 (2004) (authored by four economics scholars: William J. Baumol, Janusz A. Ordover, Frederick R. Warren-Boulton, and Robert D. Willig).

[151] United States v. Topco Assocs., 405 U.S. 596, 610 n.10 (1972); *see also* Bork, *supra* note 2, at 274-278.

[152] United States v. Carroll Towing Co., 159 F.2d 169, 173 (2d Cir. 1947).

[153] Barker v. Lull Eng'g Co. 573 P.2d 443 (1978).

[154] Am. Hosp. Supply Corp. v. Hosp. Prod. Ltd., 780 F.2d 589 (7th Cir. 1986).

[155] Mathews v. Eldridge, 424 U.S. 319 (1976).

nores the fact that the consumer welfare effect test would be evaluated on the basis of the information reasonably available to the firm at the time that the conduct was undertaken, just as would be true for the profit-sacrifice test. Moreover, the profit-sacrifice test is not any easier for firms to administer, as illustrated by several of the examples presented earlier. The profit-sacrifice test (and the no economic sense variation) involves analysis of outcomes in a hypothetical world in which real world market forces are assumed to be inoperative.

For all these reasons, the consumer welfare effect standard is unlikely to lead to excessive false positives when it is used to evaluate exclusionary conduct. It also is not true that the profit-sacrifice standard would eliminate false positives or would maintain a low level of false negatives. Nor is it clear why false positives are more costly or more difficult to reverse than false negatives in the current legal environment. Thus, in terms of optimal deterrence, there is no evidence supporting the view that the consumer welfare effect standard would lead to over-deterrence, nor that the profit-sacrifice standard would avoid under-deterrence. There is no convincing empirical evidence to suggest that the profit-sacrifice test reaches the optimal outcome or even pushes in the right direction in the current legal environment.[156]

---

[156] Empirical work to estimate the optimal standard would be very difficult. It is well known that the selection of cases that go to litigation is not a random sample of disputes, and the sample of cases that reach the Supreme Court is quite small, as well as non-random. *See, e.g.*, George L. Priest & Benjamin Klein, *The Selection of Disputes for Litigation,* 13 J. Legal Stud. 1 (1984). Econometrics in principle could be useful in demonstrating the superiority or inferiority of per se illegality versus per se legality. But, it is far less likely to be useful in comparing the relative efficacy of alternative rule of reason standards. For example, suppose that an econometric study would find that the "average" vertical merger is procompetitive and leads to lower prices, as discussed in James C. Cooper et al., *Vertical Antitrust Policy as a Problem of Inference* (Vanderbilt Law and Economics Research Paper No. 05-12, 2005), *available at* http://ssrn.com/abstract=699601. A rigorous such study would be useful for arguing that vertical mergers should not be per se illegal. But, that study would not establish that all (or even that – say – 80% of) vertical mergers are procompetitive. Antitrust enforcement is designed to identify, enjoin, and deter only those few vertical mergers that are shown by the evidence to be anticompetitive. Thus, the results of a broad-based empirical study are not very useful for guiding case-by-case enforcement. Nor would these results be useful in choosing between the consumer welfare effect and profit-sacrifice standards. For a similar view, see Michael H. Riordan, Competitive Effects of Vertical Integration (2005) (unpublished manuscript). For a review of the large number of empirical studies of antitrust enforcement, see Jonathan Baker, *Antitrust Enforcement,*

Finally, if over-deterrence still is viewed as a concern, there are better ways of tipping the scales to avoid false positives. In particular, it would be better to adjust the plaintiff's standard of proof under the consumer welfare effect standard. However this adjustment is phrased by the courts, the amount of harm that would be needed for the plaintiff to prevail can be increased. For example, the consumer harm threshold in principle can be set at either actual or threatened harm. Similarly, the required standard of proof can be set at plausibility, tendency, substantially threatened, significant likelihood, and so on up to virtual certainty of significant harm. The consumer welfare effect standard can be adjusted at the margin along this continuum to accommodate concerns about the relative costs of false positives and false negatives. This corresponds to the weighting of the evidence according to a sliding scale.

On the one hand, if there is a greater concern with false positives, courts could be generally more skeptical of the plaintiff's allegations and evidence, both for summary judgment and in the merits determination. This would mean that defendants would prevail in close cases. (In fact, this may already be the case.[157]) If an even greater adjustment were desired, the test could be phrased in the way Areeda and Hovenkamp put it, "harms disproportionate to the resulting benefits".[158] On the other hand, if there is a greater concern with

---

supra note 147. For criticisms of the FTC study, see William Comanor et al., *Vertical Antitrust Policy as a Problem of Inference: The Response of the American Antitrust Institute* (AAI Working Paper No. 05-04, Apr. 2005), *available at* http://www.antitrustinstitute.org/recent2/408.pdf. For further back-and-forth between the FTC and AAI authors, see the links at http://www.antitrustinstitute.org/recent2/413.cfm.

157 The "preponderance of the evidence" standard is often expressed as requiring the plaintiff to show that the harm is more likely than not (i.e., 51% likelihood). However, surveys of judges suggest that the required likelihood is larger than this for many judges. *See* C.M.A. McCauliff, *Burdens of Proof: Degrees of Belief, Quanta of Evidence, or Constitutional Guarantees?*, 35 Vanderbilt L. Rev. 1293, 1330-32 (1982); *see* also Rita James Simon, *Judges' Translations of Burden of Proof into Statements of Probability*, 13 Trial Law. Guide 103, 112 (1969).

158 3 Areeda & Hovenkamp, *supra* note 13, ¶ 651a, at 72. In evidentiary terms, the "preponderance of the evidence" standard of proof alternatively could be replaced by an even more disproportionate test like "clear showing" or something in between these two standards. For example, the FTC has recently suggested a move in the other direction – that the burden placed on firms attempting to overturn the presumption of patent validity should be reduced from a standard of clear and convincing evidence to preponderance of the evidence. Federal Trade Comm'n,

false negatives, on the grounds that monopoly tends to be durable in markets with high entry barriers or because monopolists have ample opportunities to destroy nascent competitors without facing risk of a significant remedy, then the standard of proof facing the plaintiff could be relaxed accordingly.

These various types of marginal quantitative adjustments make more economic sense than changing the liability standard in a qualitative way by adopting a standard such as the profit-sacrifice test that does not relate directly to the effect on consumer welfare. It is better to adjust the standard of proof than to make a wholesale change to the liability test that is not calibrated to the relative costs of the two types of judicial errors. When a qualitative change in the liability standard is adopted, there is no way of knowing whether the adjustment is the proper size. Simply grasping for a more defendant-friendly standard is just a shot in the dark.

An explicit marginal or incremental adjustment to the basic anticompetitive effect standard also is more transparent than a qualitative change in standard. Such transparency is necessary to ensure that antitrust law remains coherent. Doctrinal incoherence is always a risk when adjustments are made by adopting different qualitative standards. Litigants are left to argue by analogy over characterization (e.g., are loyalty payments more like alleged predatory pricing or more like attempts to induce exclusive dealing or more like tying), rather than arguing over the fundamental economic issue – the likely effect of the conduct on competition and consumers. It is hard to see how the goals of antitrust law are served by promoting analogy over analysis in this way.

3.3 Anticompetitive purpose and intent

It might be argued that the plaintiff should be required to prove *both* profit-sacrifice and consumer welfare harm. This type of combined standard could be claimed to flow from the concept of anticompetitive purpose and intent. For example, the combined standard could be said to follow from the classic *Grinnell* standard which involves the "willful" acquisition of monopoly,[159] although in *Griffith*, the Supreme Court said that specific intent is not required for monopolization.[160] *Colgate* also raises the issue of anti-

To Promote Innovation: the Proper Balance of Competition and Patent Law and Policy 8 (Oct. 2003), *available at* http://www.ftc.gov/opa/2003/10/cpreport.htm.

159 United States v. Grinnell Corp., 384 U.S. 563, 570-71 (1966).

160 United States v. Griffith, 334 U.S. 100, 105 (1948).

competitive purpose separate from anticompetitive effect.[161] In the combined standard, the profit-sacrifice standard would be treated as one source of evidence of anticompetitive purpose or the sole permissible evidence. The consumer welfare effect standard then would be used to determine whether there was an anticompetitive effect from the conduct.

The role of anticompetitive intent in exclusionary conduct cases has been subject to substantial criticism. Areeda and Hovenkamp say that most discussion of "'purpose or intent' is largely diversionary or redundant."[162] They do agree, however, that "knowledge of intent may help the court to interpret facts and to predict consequences," that is, to evaluate whether there is anticompetitive effect.[163] In fact, for ambiguous conduct, they suggest that "considerations of subjective intent are sometimes essential".[164]

Similarly, the *Microsoft* court emphasized that the key antitrust issue is competitive effect, though that may give a role to intent, stating: "[O]ur focus is upon the effect of that conduct, not upon the intent behind it. Evidence of the intent behind the conduct is relevant only to the extent that it helps us understand the likely effect of the monopolist's conduct".

If a firm's exclusionary conduct would be unprofitable absent an anticompetitive impact on price and output, then that profit-sacrifice would imply that a profit-maximizing firm would not have undertaken the conduct absent the anticompetitive effect because it would make no rational economic sense for a profit-maximizing firm.[165] However, there also are other ways to

---

161 United States v. Colgate & Co., 250 U.S. 300, 307 (1919). Interestingly, in quoting *Colgate*, the *Trinko* Court dropped the "in the absence of any purpose to create or maintain a monopoly" proviso. Verizon Communs. Inc. v. Law Offices of Curtis v. Trinko, LLP, 540 U.S. 398, 414 (2004) ("Thus, as a general matter, the Sherman Act 'does not restrict the long recognized right of [a] trader or manufacturer engaged in an entirely private business, freely to exercise his own independent discretion as to parties with whom he will deal.'") (quoting United States v. Colgate & Co., 250 U.S. 300, 307 (1919)).

162 3 Areeda & Hovenkamp, *supra* note 13, ¶ 651, at 75.

163 3 Areeda & Hovenkamp, *supra* note 13, ¶ 651a, at 74. (quoting Chicago Board of Trade v. United States 246 U.S. 231, 238 (1918)).

164 *Id.* at ¶ 651b2, at 76. For another recent discussion of the role of intent evidence, see Marina Lao, *Reclaiming a Role for Intent Evidence in Monopolization Analysis*, 54 Am. U. L. Rev. 151 (2004).

165 In the context of predatory innovation (like the design change hypothetical in this article), Ordover and Willig state that profit-sacrifice shows that the innovation

determine anticompetitive purpose. First, anticompetitive purpose could be inferred from anticompetitive effect, following Judge Hand's view that "no monopolist monopolizes unconscious of what he is doing".[166] This approach would dispense with the need for separate evidence. Second, anticompetitive purpose could be determined through testimony and documents.[167]

Moreover, conduct that does not involve profit-sacrifice nonetheless may involve anticompetitive purpose and may cause anticompetitive effect. It is not possible to reject a claim of anticompetitive purpose in the absence of profit-sacrifice for a simple reason: exclusionary conduct may have multiple motives rather than a single purpose.[168]

When there are multiple motives, the profit-sacrifice test tends to ascribe the conduct to the procompetitive motive. In essence, the profit-sacrifice test implicitly takes the approach that a defendant only can be said to be motivated by an *anticompetitive purpose* if the conduct would have been unprofitable (and thus not undertaken) in the absence of the claimed anticompetitive benefits to the firm. However, this view is not compelled by logic or economic theory.[169] The anticompetitive effect of the conduct may have provided a

---

is "motivated solely by the monopoly attendant on the exit that they induce." Ordover & Willig, *Predation*, *supra* note 36. Werden eschews an anticompetitive purpose interpretation of the no economic sense formulation. Werden, *supra* note 10.

166 United States v. Aluminum Co. of Am., 148 F.2d 416, 432 (1945). Werden makes a similar point. "Burning down a rival's factory is exclusionary conduct even if the defendant is a pyromaniac and never considered the economic benefits of the conduct." Werden, *supra* note 10.

167 In Baumol et al., *supra* note 151 at 24, Ordover and Willig and their co-authors recognize that there can be "direct objective evidence of willfulness, quite apart of profit sacrifice." They argue that this evidence should be used, but apparently only where the exclusionary conduct violates an extrinsic standard.

168 It also is fallacious to assume that all anticompetitive economic conduct is driven simply by strict profit-maximization. Humans are motivated by emotions in addition to greed. Vanity, envy, hate, and spite also may motivate anticompetitive conduct, and the market for corporate control is not a perfect constraint on such non-profit-maximizing conduct. In Werden's view, the defendant's psychological state is irrelevant. He would look to the "objective considerations for a reasonable person, and not the state of mind of any particular decisionmaker." Werden, *supra* note 10.

169 The profit-sacrifice standard does not go as far as immunizing all conduct with any non-zero efficiency benefits, as illustrated by the case of cost-reducing investments discussed earlier, in Part II.D.2.d., *supra*.

sufficient incentive to carry out the conduct even absent any efficiency benefits. Applying this same logic symmetrically, it would be equally true that a defendant only could be said to be motivated by a *procompetitive purpose* if the conduct would have been unprofitable (and thus not undertaken) in the absence of the claimed efficiency benefits.

Requiring that the plaintiff prove that the *sole purpose* of the conduct is anticompetitive would lead to significant false negatives, as pointed out by Judge Hand in *Alcoa*.[170] Moreover, this pro-defendant approach to anticompetitive purpose is not the only possible way to deal with the concept. For example, in *Aspen Skiing*, the jury was instructed to determine whether the defendant's policies and business arrangements "were designed *primarily* to further any domination of the market or sub-market".[171] The Court affirmed this instruction in the context of analyzing the likely impact of the conduct on competition and consumer welfare. Of course, in that case, the Court also concluded that certain aspects of the defendant's conduct indicated profit-sacrifice.

This analysis of anticompetitive purpose also is related to the issue of so-called costless or cheap exclusion that might not violate the profit-sacrifice test. The usual examples are fraud on the patent office, sham litigation, and bad faith administrative filings.[172] For example, it is doubtful that Unocal increased its own costs by failing to disclose its patent application to the regulators in California.[173] Similarly, it does not seem very costly for a monopolist to make threats or include deceptive statements in its advertising. Exclusionary conduct that affects customers' expectations of the viability of the rivals also could be virtually "costless" exclusion.[174]

---

170 In *Alcoa*, Judge Hand rejected the "sole purpose" version of the profit-sacrifice standard, stating that, "Only in case we interpret 'exclusion' as limited to maneuvers not honestly industrial, but actuated solely by a desire to prevent competition, can such a course indefatigably pursued, be deemed not 'exclusionary.'" In Judge Hand's view, this standard would fail to protect competition, but rather "would in our judgment emasculate the Act; would permit just such consolidations as it was designed to prevent." United States v. Aluminum Co. of Am., 148 F.2d 416, 431(2d Cir. 1945).

171 Aspen Skiing Co. v. Aspen Highlands Skiing Corp., 472 U.S. 585, 597 (1985) (emphasis added).

172 Brief for the United States, *supra* note 8, at n.2.

173 Union Oil Co. of Cal., FTC Docket No. 9305 (July 6, 2004), available *at* 2004 WL 1632816; *see also* Creighton et al., *supra* note 25.

174 A slight variation of the allegations in *Lorain Journal* illustrates this point. Lorain

4. PITFALLS IN THE PROFIT-SACRIFICE STANDARD

In a recent article, Professor Mark Patterson concludes that the profit-sacrifice test permits an "objective assessment" of the monopolist's conduct, in contrast to other monopolization tests that "require hypothetical reconstructions of the market in the absence of the monopolist's challenged conduct or difficult causation inquiries".[175] This analysis is flawed. Proper implementation of the profit-sacrifice standard is complex and would lead to subjectivity in practice precisely because the profit-sacrifice test requires the court to determine the outcome in a hypothetical market. The hypothetical market of the profit-sacrifice test is not simply the actual market before the challenged conduct was initiated. The outcome in this hypothetical market is not the same as the outcome in the real world market absent the challenged conduct. Instead, the profit-sacrifice standard requires an assessment of the defendant's likely conduct in the hypothetical absence of an ability to raise prices. In contrast, the consumer welfare effect standard looks to the effect of the conduct on the market outcome in the actual market or in a hypothetical (but normally functioning) market absent the conduct.

The profit-sacrifice test is an unreliable legal standard because it is difficult to implement properly. Specific problems arise in several ways: analyzing situations where recoupment and predatory periods are simultaneous, choosing the correct benchmark price and quantity, and gathering adequate information to use the profit-sacrifice test. These pitfalls can cause either false negatives or false positives.[176]

Journal Co. v. United States, 342 U.S. 143 (1951). Suppose that a monopolist newspaper is facing a new entrant in the advertising market and the newspaper announces that it will charge a price above the monopoly level if advertisers do not advertise exclusively in the newspaper. In light of this exclusivity policy, many (if not all) advertisers may choose to forgo buying advertising from the entrant, even if the entrant offers a large enough discount to offset the newspaper's "tax" on non-exclusivity and even if they think that successful entry would force the newspaper to abandon the exclusivity policy. This is because many (if not all) customers might fear that other advertisers would choose not to buy from the entrant, causing the entrant to fail to achieve minimum viable scale and thus be forced to exit from the market. For further analysis, see Eric B. Rasmusen et al., *Naked Exclusion*, 81 Am. Econ. Rev. 1137 (1991); Ilya Segal & Michael Whinston, Naked Exclusion: Comment, 90 Am. Econ. Rev. 296 (2000); *see also* Salop & Romaine, *supra* note 14; Elhauge, *supra* note 34.

175 Patterson, *supra* note 34, at 37, 43.

176 Some of these pitfalls do not apply to the no economic sense formulation.

4.1 Simultaneous recoupment and the measurement of profit

In a successful predatory pricing scenario there typically are two distinct phases, the "predatory" period in which the firm reduces price (and, in doing so, sacrifices profits) and the "recoupment" period in which the firm increases price and market share, more than offsetting the profit sacrifice.[177] However, in RRC exclusionary conduct cases, such as purchases of exclusionary rights from input suppliers and refusals to deal, there often are not two distinct periods. Recoupment in the form of higher prices and market share can occur simultaneously with the exclusionary conduct.[178] If there is no distinct period in which temporal profit sacrifice can be identified, use of the profit-sacrifice test could lead to false negatives by failing to identify significant competitive injury. In contrast, the consumer welfare effect test would account for simultaneity by evaluating the impact on prices and consumer welfare in every period.

This simultaneity represents a pitfall for the profit-sacrifice standard but one that can be corrected because there is a *conceptual* profit-sacrifice even if there is no *temporal* profit-sacrifice. The *direct effect* of the exclusionary conduct can involve profit-sacrifice, meaning that the language of profit-sacrifice still can be used to describe the conduct. In principle, an analyst or a court could find other evidence to substitute for the temporal comparison of profits.[179] And, in fact, the no economic sense variation avoids this pitfall.[180]

---

[177] *See, e.g.*, Brooke Group Ltd. v. Brown & Williamson Tobacco Corp., 509 U.S. 209 (1993). A type of simultaneous recoupment actually was alleged in *Brooke Group*. For a critical discussion of those claims, see Elzinga & Mills, *supra* note 62, at 569-70, 575-76.

[178] *See* Salop & Scheffman, *supra* note 22 at 267; Krattenmaker & Salop, *supra* note 22, at 224; *see also* Elhauge, *supra* note 34, at 282-92.

[179] For example, in *Aspen Skiing*, the Court looked to Ski Co.'s conduct in other markets where it apparently lacked any purpose to destroy competition. The Court also reasoned from first principles that the failure to sell daily tickets to Highlands at its standard retail price represented a clear profit sacrifice. Aspen Skiing Co. v. Aspen Highlands Skiing Corp., 472 U.S. 585, 603-04, 603 n.30 (1985). However, as discussed below, this analysis potentially ignores the higher profits that the defendant would have made in additional weekly tickets at the non-exclusionary price, or characterizes those profits as anticompetitive as a matter of assumption.

[180] Werden, *supra* note 10, at [10]. The no economic sense variation avoids this pitfall because it does not focus on the profit chronology.

4.2 Monopoly maintenance and the benchmark price

In monopoly maintenance cases, the dominant firm does not use exclusionary conduct literally to raise its profits. Instead, it maintains its profits at the supra-competitive level and avoids profit reductions, for example, by preventing price competition. As a result, successful exclusionary conduct would not be accompanied by any temporal increase in overall profits nor any temporal increase in price. This fact alone could lead a court to the erroneous conclusion that the firm has not engaged in profit-sacrifice, thus running the risk of significant false negatives or under-deterrence.

Monopoly maintenance cases also involve a knotty problem of selecting the but-for price benchmark for implementing the profit-sacrifice test. This is because the proper benchmark is not the current price, which is set at the monopoly level and generates the monopoly profits that the monopolist is trying to protect. This is a variant of the classic *Cellophane Fallacy* error made by the Court in *du Pont,*[181] probably the most well-known example of a false negative. The proper competitive benchmark for the profit-sacrifice test is the market price that would occur absent the alleged exclusionary conduct.

This benchmark error is illustrated by extending the previous example of inducing refusals to deal by input suppliers. When the conduct was used to achieve monopoly power, there was profit-sacrifice. Transforming this case into the context of monopoly maintenance results in a finding of *no* profit-sacrifice if the initial monopoly price is set as the benchmark. For example, suppose that a firm initially is a monopolist selling 600 units at a price of $100 when it faces a threat of new entry. The firm anticipates that successful entry would cause the price to fall down to a more competitive level of $60 and reduce its sales volume down to 500 units. The firm also realizes that it is able to prevent this entry by paying $3000 to the suppliers of a critical input to refuse to deal with the entrant.

In this example, if profit-sacrifice is calculated by using the $60, post-entry price as the price benchmark then profit-sacrifice would be found. This is the correct answer. The $60 price is the proper benchmark because the

---

[181] United States v. E.I. du Pont de Nemours & Co., 351 U.S 377 (1956). For the classic statement of the Cellophane Fallacy, see Donald Turner, *Antitrust Policy and the Cellophane Case*, 70 Harv. L. Rev. 281 (1956). *See also* Salop, *First Principles*, *supra* note 146, at 196; Elhauge, *supra* note 34, at 286.

market price would be $60 absent the exclusionary conduct.[182] However, a court could err and instead use the $100 monopoly price as the benchmark.

Such "grandfathering" of the monopoly profits mistakenly equates legitimately achieved monopoly power with permission to engage in anticompetitive exclusionary conduct to maintain the monopoly. The fact that the firm achieved the monopoly through superior skill, foresight, and industry does not give the firm a right to maintain that monopoly by exclusionary conduct in the face of entry. But, applying the profit-sacrifice test with the monopoly price as the benchmark would do just that. As a result, the profit-sacrifice test can yield a false negative.

This error would be less likely under the no economic sense version of the test in which the benchmark is intended to be the no-exclusion price, not the current monopoly price. However, even with that formulation, a court could erroneously evaluate the economic rationality of the conduct at current prices, without respect to the potential downward price impact of forgoing the conduct.

These errors in the monopoly maintenance case would not be made with the consumer welfare effect standard because it focuses on identifying the market price that would occur in the market absent the alleged anticompetitive conduct. If that price is lower than the current price, then the anticompetitive nature of the conduct would be seen. If the conduct also led to a product improvement or induced beneficial services, those consumer benefits could be compared to the price effect to evaluate the net impact on the quality-adjusted price.

4.3 The complexity of defining the benchmark output

The choice of the benchmark output for the profit-sacrifice standard also is subject to controversy. The defendant's benchmark output could be assumed to remain constant at the pre-exclusion level. Or, the benchmark output could be the output that the defendant would sell after the RRC conduct but if the market prices did not change and the disadvantaged rivals remained viable.

The general definition of the standard does not resolve this controversy. The no economic sense standard suggests that the benchmark should include the defendant's "additional revenues, other than from eliminating

182 Melamed seems to agree with this analysis. Melamed, *Unifying Principles*, *supra* note 11, at 26 ("sacrifice test requires determination of what the price would have been if rivals had not been weakened").

competition".[183] This requires "sorting the profit gains attributable to legitimate competition on the merits and a component attributable to the elimination of competition".[184] This methodology requires the analyst to specify the meaning of "eliminating competition" and whether that includes conduct that harms competitors but not competition (i.e., consumers). Thus, if the conduct does not permit the defendant to raise (or maintain) price, but does permit it to take output from a competitor, should that additional output be counted as legitimate or not?

For example, consider RRC conduct in which a firm pays input suppliers to refuse to deal with a competitor selling a differentiated product in a market with prohibitive entry barriers facing others. Suppose that this conduct raises the disadvantaged competitor's marginal costs. This exclusionary conduct would permit the defendant to raise price, which would harm consumers, assuming that the conduct does not significantly eliminate free riding or contribute significantly to efficiency in some way.

Suppose that the profit-sacrifice standard were to specify a benchmark in which the victim's costs are raised, but the hypothetical market price remains constant at the pre-exclusion level and the defendant's output is assumed to remain constant.[185] Under this benchmark, the RRC conduct would violate the test. However, if the benchmark output is assumed to be the output level of the defendant after the RRC conduct, but at the benchmark price and assuming that the entrant remains viable, then this output would be higher and the RRC conduct may not be found to involve profit-sacrifice.[186]

---

183 Werden, *supra* note 10.

184 *Id.*

185 Werden adopts this benchmark when it is found that "the defendant diverted the sales by directly impeding the ability of rivals to make those sales." Werden, *supra* note 10. Werden views this situation as a rare case.

186 The product design hypothetical also can illustrate this point. The profit-sacrifice test would assume that the quality-adjusted price remains constant. At that higher price, the firm might increase its profits by increasing its output and market share. Thus, even if the cost of the design change exceeds the increase in product value, the firm's profits still might rise. As a result, its conduct might not violate the profit-sacrifice test even though the unit cost of the design change exceeds its per unit incremental value. For example, suppose that the cost of the new higher-quality product is $6 per unit and the consumer value of the product improvement (and the benchmark price increase for the profit-sacrifice test) is $5. However, when the price rises by $5, suppose that the dominant firm is able to increase its sales volume from 100 to 140 units. If the monopolist's initial profit

This divergence in outcome also is not correlated with whether or not there is consumer harm. If the defendant gains no power to raise price, for example, because there is sufficient competition from other non-excluded competitors, the conduct can still fail the profit-sacrifice test when output is held constant.[187] Modest efficiency benefits (e.g., cost savings) from the conduct would not necessarily change these results.[188] Alternatively, if the conduct would lead to higher prices in the real world, the conduct could pass the profit-sacrifice test when the benchmark output is set at the higher level, even if there are no efficiency benefits and the exclusion is costly to the defendant. Thus, whichever output benchmark is chosen will lead to problematic results in some cases.[189] Of course, choosing the output benchmark on the basis of an

---

margin were $10 and that margin fell to $9 after the design change, the additional 40 units would increase the firm's profits by $360 (i.e., $9 times 40 units). This would more than offset the $100 decrease in profits from the $1 margin reduction on the 100 initial units, so the firm's profits would rise on balance by $260 (i.e., $360 minus $100), not fall by $100.

187 In this case, there is raising rivals' costs but no increased market power. Under the two-step market power harm analysis set out in Krattenmaker & Salop, *supra* note 22, this conduct would not violate the antitrust laws. The only consumer harm would be the small reduction in variety or perhaps an insignificant price increase. The usual focus of consumer injury in antitrust is the harm from higher prices, not simply the reduction in choice. If reduction in choice were sufficient without more to support an antitrust violation, then a horizontal merger of differentiated product suppliers would be anticompetitive if a single brand were eliminated. Closing a supermarket that is convenient to a nearby apartment building would be sufficient for a finding a liability in a supermarket merger. Vertical mergers similarly would be more prone to challenge. *See generally* Riordan & Salop, *supra* note 104.

188 For example, consider a firm's investment in a variable cost reduction. Holding the benchmark price constant at the level before the cost reduction, suppose that the firm cannot recover its investment costs without increasing its output at the expense of its competitors. On the one hand, if the profit-sacrifice test treats the benchmark output as fixed at the pre-exclusion level, then this cost-reducing conduct would be condemned by the profit-sacrifice test. On the other hand, the conduct would not be condemned if the profits on the defendant's increased output are counted as legitimate.

189 Ordover and Willig analyze only conduct that causes rivals to exit. For that conduct, they assume that the rival remains able to produce without incurring new start-up costs. Ordover & Willig, *Predation, supra* note 36, at 13. This formulation does not make it clear what they would assume about RRC conduct that does not cause exit. Werden's price benchmark is set "absent a tendency to

extrinsic conclusion of whether or not the conduct is considered "competition on the merits" is circular, as discussed previously.[190] It is the role of the standard to define competition on the merits, not the other way around.

The choice of assumption for the benchmark output also would create a controversy between the opposing economic experts and would add another level of complexity into the profit-sacrifice test. If these disagreements could be resolved, this source of subjectivity would be eliminated, but resolution is unlikely. This is because the profit-sacrifice standard has a number of alternative formulations and exclusionary conduct is diverse, which makes resolution a long and arduous process. Rather than embark on this process and the likely errors attendant to it, a better approach would be to adopt the consumer welfare effect standard.

4.4 Information burdens on the defendant

The consumer welfare effect standard is sometimes criticized for creating uncertainty for firms who do not know whether their conduct is permissible. In a recent article, Melamed argues that antitrust law "needs to temper its enthusiasm for theoretical precision with an appropriate accommodation for the practical limitations upon firms that must comply with the law".[191] He suggests that the profit-sacrifice test is easier for firms to implement in the business planning process than is the consumer welfare effect standard.[192]

This uncertainty is greatly exaggerated. Most cases involve either conduct that excludes and lacks any legitimate business justification (leading to unvarnished consumer harm) or conduct that only minimally impairs rivals and has substantial efficiency justifications (leading to no consumer harm). The truly hard cases are only a small subset. And, there will be hard cases for any legal standard because some firms have the corporate DNA or the incentive to skate close to the line, wherever the line is.[193] At the same time, the subjectivity and unresolved issues in implementing of the profit-sacrifice standard indicates that it is not simpler for firms to understand and use.

---

eliminate competition." Werden, *supra* note 10. His assumption about output is not stated explicitly. *See also* Patterson, *infra* note 34.

190 *See* Elhauge, *supra* note 34, at 272, 293. Werden, *supra* note 10.

191 Melamed, *Exclusionary Conduct*, *supra* note 11, at 7.

192 *Id.*

193 Priest & Klein, *supra* note 159.

These issues can be illustrated with the examples discussed earlier. Suppose that a firm is contemplating an incompatible design change. According to Melamed, with the profit-sacrifice test, the company can evaluate a simple question that occurs naturally in its business planning: will the design change either save it operating expenses that are less than the cost of the change or generate incremental revenues (i.e., in excess of revenues in the but-for world) that exceed the cost of the change? If so, Melamed argues, and if the defendant had a reasonable contemporaneous basis for thinking so, then the design change entails no profit-sacrifice. In contrast, the consumer welfare effect standard requires the company to ask how the design change affects the welfare of its customers and whether the design change affects rivals' costs. According to Melamed, this latter set of questions is more difficult for the firm to answer.

A closer examination reveals that the profit sacrifice test is not easier for the firm to implement for this conduct. To carry out the profit-sacrifice test, it is not enough to evaluate the incremental cost and revenue of the design change. The firm also must be able to predict the outcome of the design change in a *hypothetical, but-for world* in which the design change does not affect the competitiveness of rivals. Making such an assumption and analyzing market outcomes under this assumption are not part of normal business planning. Business planning does not focus on hypothetical markets invented by antitrust practitioners and courts in which firms hypothetically lack the ability to raise prices, when in fact the firms do have such power in the real world. Nor does business planning focus on hypothetical markets in which competitors act in economically irrational ways by failing to reduce their output when their costs are increased.

For example, consider the design change conduct discussed earlier in which the design change increases the value of a dominant firm's product by $5 per unit by improving the functionality of the product, but inextricably also makes competitors' products incompatible with the dominant firm's. Suppose that the dominant firm's marketing department predicts that, as a result of barriers to competition created by incompatibility of the dominant firm's new product with competitors' products, the profit-maximizing strategy would be to raise its price by $50, while selling the same quantity of the product. Suppose that the dominant firm makes the design change, raises price by $50 and then is sued for monopolization.

On these facts, there is no reason why the dominant firm's managers would have been unable to make the relevant real world price/quality comparison for the consumer welfare effect standard at the time of the design change. In addition to knowing the size of the likely real world price increase, the firm only needs to know whether its quality-adjusted price will increase or decrease. Moreover, this also is information that the firm would need to know to maximize its real world profits. This is not a situation where the consumer welfare effect standard places a higher burden on the firm. Implementing the profit-sacrifice test requires similar information. The firm must know the value consumers place on the product improvement in order to compare it to costs. That is, the firm needs to know its quality-adjusted variable cost.[194]

In addition, the consumer welfare effect standard does not require the firm to know what is impossible to foresee. The consumer welfare effect standard only requires the firm to make a good faith effort to estimate the expected impact of its conduct on consumers. If the reasonably foreseeable expected value of the conduct to consumers is positive but it turns out ex post that consumers are harmed, the defendant would not be liable. Perfect foresight is not required.

The criticism of the information requirements of the consumer harm standard also ignores the fact that this type of competitive effect analysis is routinely applied in merger analysis.[195] The antitrust agencies, outside attorneys, and economic consultants (and the courts in litigated cases) evaluate the likely competitive outcomes of mergers arising from both unilateral and coordinated effect theories, taking into account the potential for merger-specific cost savings, product improvements, and increases in innovation efficiency, as well as the constraining impact of likely respositioning, entry, and expansion by fringe firms. This evidence is used to gauge the likely impact of the merger on prices and quality. If a consumer welfare effect rule of reason analysis can be implemented for mergers, there is no reason why it cannot be implemented for Section 2 exclusionary conduct cases.

---

[194] For some other implementations of the profit-sacrifice test, the firm also might need to know the profit-maximizing price and quantity increase in the hypothetical, but-for world in which compatibility with competitors' products hypothetically were maintained, so that the competitors remained viable. That price increase may or may not be equal to the $5 value of the product improvement; it would depend on additional details about the demand curve. That is, the counterfactual, but-for world would need to be conceptualized, and the hypothetical revenue changes would need to be developed. Then, the increased revenue must be compared to the increased costs of the improved product.

[195] *See generally* Merger Guidelines, *supra* note 53.

In any event, it is not clear why a modest increase in the information burden placed on the firm should determine the antitrust standard. Instead, the proper test is the one that leads to the consumer welfare maximizing outcome, taking those costs into account. In many other areas, the legal system requires firms to bear information costs to ensure that their conduct is consistent with the social interest. For example, merging firms are required to bear the costs of the Hart-Scott-Rodino (HSR) pre-merger review process to ensure that anticompetitive mergers are not consummated. In product-liability law, escaping liability for design defects requires the manufacturer to know consumer expectations and to compare the benefits of the challenged design against the risk of danger inherent in such design.[196] That information is required because it is needed to evaluate the impact of the product design on consumer welfare. The consumer welfare effect test for Section 2 would have a similar goal: to ensure that consumers are not harmed by exclusionary conduct.

The resulting burden on firms and their legal counselors would be modest at best. The fraction of firms that have monopoly power or a significant likelihood of achieving monopoly power from allegedly exclusionary conduct is small. Entry is easy in most markets and easy entry would trump these allegations. Antitrust lawyers provide counseling to firms regarding thousands of mergers per year, and the required competitive analysis for mergers is not systematically more difficult than the analysis required here.

Melamed also overlooks another important issue with respect to the defendant's relative burdens under the two standards. Whereas the burden of production under the consumer welfare effect standard clearly will lie with the plaintiff, the burden with respect to profit-sacrifice could well be allocated to the defendant.[197] This is because the information required to determine whether or not there is profit-sacrifice is controlled by the defendant in that it primarily involves information regarding the defendant's costs and demand.[198] In this regard, the *Covad* court permitted the plaintiff to withstand

[196] *See* Barker v. Lull Eng'g Co. 573 P.2d 443, 452 (Cal. 1978); *see also* Shanks v. Upjohn Co., 835 P.2d 1189 (Cal. 1992); Ontai v. Straub Clinic & Hosp., Inc., 659 P.2d 734 (Haw. 1983). This risk/benefit analysis could be quite complicated and would include the likely incidence of injuries from the use of its product, taking into account its likely sales and the manner in which the product is used in practice, perhaps in conjunction with other products.

[197] Werden argues that the burden should and would be placed on the plaintiff. Werden, *supra* note 10.

[198] A decision-theoretic analysis implies that it would make no sense to place the burden on plaintiffs, who have inferior access to the relevant information. For

a motion to dismiss simply because the complaint included the magic word "predatory."[199] In contrast, under a Section 2 consumer welfare effect standard, the plaintiff could only shift the burden of production to the defendant if it could present sufficient evidence to support the allegation that the defendant's conduct resulted in injury to consumers and rivals.

5. UNILATERAL REFUSAL TO DEAL BY A VERTICALLY INTEGRATED MONOPOLIST

The Court in *Trinko* suggested the relevance of the profit-sacrifice standard for unilateral refusals to deal. Applying this standard would require the determination of price and output benchmarks. The output benchmark might be controversial because there are two markets (or market segments) involved in the analysis. For example, in *Aspen Skiing*, by refusing to sell daily lift tickets to the plaintiff, Ski Co. likely increased the retail sales of its own weekly tickets. Even if one were to assume (in the hypothetical world according to the profit-sacrifice benchmark) that this conduct would not allow Ski Co. to increase the price of its weekly tickets, the additional weekly ticket sales *at current prices* might have made the refusal to deal profitable. Thus, if the output benchmark for the profit-sacrifice test does not hold the defendant's output constant at the pre-conduct level, but permits its output to expand *at the pre-exclusion price*, then Ski Co's exclusionary conduct might not have been found to fail the profit-sacrifice test. It is not clear whether the Court purposely chose to ignore this additional source of profits or whether the defendant simply overlooked the argument.[200]

---

example, in the quick-look standard, the defendants have the burden of justifying concerted conduct that would raise prices absent a showing of competitive benefits, such as cost savings flowing from the concerted conduct. *See* NCAA v. Board of Regents, 468 U.S. 85, 114 (1984); *see also* Gavil, *Dominant Firm Distribution*, *supra* note 34, at 69-73. Of course, the defendant's control over the information also might give the defendant an upper hand in the litigation by allowing it better to shape the presentation of this information to the court.

[199] As noted earlier, the *Covad* court stated, "But, Covad has alleged that Bell Atlantic's refusal to deal was 'predatory,' which suffices to withstand a motion to dismiss because, in the vernacular of antitrust law, a 'predatory' practice is one in which a firm sacrifices short-term profits in order to drive out of the market or otherwise discipline a competitor." Covad Communs. Co. v. Bell Atl., 398 F.3d 666, 676 (D.C. Cir. 2005).

[200] *See* Aspen Skiing Co. v. Aspen Highlands Skiing Corp., 472 U.S. 585, 599, 607-10

In evaluating profit-sacrifice in *Trinko*, Verizon clearly wanted to count the profits on its increased output of retail sales flowing from its refusal to deal. Verizon argues in its brief that it "leases out those lines at an average of $19.14 per line, giving up the average of $41.98 per line revenue it obtains selling at full retail prices (and sacrificing the customer relationship that might lead to sales of more services)".[201] Verizon's proposed methodology would count (as legitimate) the profits on the additional retail customers absorbed as a result of the refusal to deal.[202] It is not clear whether Verizon persuaded the Court and the DOJ to count these profits or whether the plaintiff failed to demonstrate that the regulated price exceeded even Verizon's marginal costs.[203]

If output levels are permitted to be adjusted in this way in cases of unilateral refusals to deal by vertically integrated firms like Verizon, it also would be necessary to estimate the cross-elasticity of demand between the defendant and rival firms. For example, Verizon's calculation above assumes that it would capture all of the rival's output. However, if the products are differentiated and market demand is not perfectly inelastic (i.e., if total market output is not constant), then this is assumption is not economically correct. A better assumption is that the integrated firm would capture only a fraction of the sales lost by the unintegrated rival.

In a monopoly maintenance case involving a unilateral refusal to deal by a vertically integrated input market monopolist (or dominant firm), the profit

---

(1985). For example, suppose that the sale of the tickets to the plaintiff would have led a fraction of the skiers to ski for two days on the plaintiff's mountain and one day on the defendant's mountain, whereas the refusal to deal led those skiers to ski for three days on the defendant's mountain. For a similar point, see Elhauge, *supra* note 34, at 286-87. Professor Patterson suggests that the Court's language supports the view not to count this source of profits as legitimate. Patterson, *supra* note 34, at 39. However, in rendering its decision, the Court instead could have been relying on the fact that Ski Co. was willing to sell those daily tickets to tour operators, and those sales would have led to the same type of substitution to the competitor's mountain.

[201] Brief for Petitioner at 27 n.23, Verizon Communs. Inc. v. Law Offices of Curtis V. Trinko, LLP, 540 U.S. 398 (2004) (No. 02-682).

[202] In their Amicus Brief, Professors Baumol, Ordover, Warren-Boulton, and Willig suggest that the proper measure of profitability for the sacrifice test would include the profits *(at competitive prices)* on the customers shifted. Baumol et al., *supra* note 151, at 15.

[203] Brief for the United States, *supra* note 8; *see also* Melamed, *Unifying Principles*, *supra* note 11, 27-30. Melamed was one of Verizon's attorneys.

sacrifice test also requires court to determine an input price benchmark.[204] This same determination is required in price squeeze cases, where courts must define the input price level that is unlawfully exclusionary.[205] If the firm supplies the input to non-competitors or previously supplied the foreclosed competitor, then this input price might be used. However, if the integrated firm has a legitimate input monopoly and has never sold the input to anyone, there would be no observable market input price to use. In addition, it may not be clear whether the cause of the refusal to deal is the defendant's attempt to maintain its output market monopoly or whether the cause is a simple bargaining failure in the negotiations over the sale of the input.[206]

One might suggest that the benchmark price for the input be the price to which the parties would have bargained "absent any lessening of competition." But this phrase does not create a meaningful price benchmark, for every price above the input supplier's marginal cost necessarily lessens competition by raising the rival's costs. Charging $6 for the input instead of $5 "lessens competition," even if the buyer could successfully compete with the integrated monopolist if the price were $50. At the other extreme, a prohibitively high input price is economically equivalent to an absolute refusal to deal. Although this reasoning might suggest a benchmark input price equal to marginal cost, a marginal cost benchmark would not count input profits as "legitimate." This benchmark, in turn, would lead to the same objections as any price regulation

---

[204] Of course, if supplying the input would be technologically infeasible, then the court would not reach this pricing issue.

[205] *See, e.g.*, United States v. Aluminum Co. of Am., 148 F.2d 416, 437-38 (2d Cir. 1945) (price is exclusionary if it is "higher than a 'fair price,'"); Town of Concord v. Boston Edison Co., 915 F.2d 17, 21 (1st Cir. 1990) (criticizing the *Alcoa* standard) (Breyer, J.). *See also* Illinois Cities of Bethany v. Federal Energy Regulatory Comm'n, 670 F.2d 187 (D.C. Cir. 1981).

[206] This analysis also suggests an important distinction between *non-negotiable* refusals to deal and situations where the vertically integrated defendant has made a bona fide offer to supply the input at some price but the unintegrated firm has rejected its offer. (The term *non-negotiable* refers to a refusal to deal regardless of the price offered by the competitor.) Bargaining failure is a more likely cause if the parties each have made legitimate price offers that the other has not accepted than if the refusal to deal is non-negotiable. Non-negotiable refusals to deal raise greater suspicions that the primary motivation for the refusal to deal is anticompetitive. *Aspen* involved a non-negotiable refusal to deal with respect to the daily lift tickets and the revenue split for the weekly ticket. In the latter situation, the defendant apparently disguised its unwillingness to negotiate by making an offer that the plaintiff "could not accept." *Aspen Skiing*, 472 U.S. at 592.

of a monopolist, including that it would interfere with the firm's incentives to innovate.[207]

To implement the profit-sacrifice test (or the no economic sense variant), a better price benchmark would be the input price that compensates the integrated firm for output sales lost to the input purchaser.[208] This *protected-profits* benchmark input price would be calculated as the defendant's (variable) input cost plus the expected reduction in output profits from selling a unit of the input to the plaintiff.[209]

In situations where the two firms produce and sell identical, fungible products, this protected-profits benchmark input price equals the Baumol-Willig Efficient Components Pricing Rule (ECPR) developed in the regulatory

---

[207] For the classic analysis of this issue, see Phillip Areeda, *Essential Facilities: An Epithet in Need of Limiting Principles*, 58 Antitrust L.J. 841 (1989). This innovation defense obviously must be limited, of course. If the only concern were innovation incentives, then refusing to deal would be per se legal. Indeed, any constraint on the dominant firm's conduct that reduces its profits in principle could adversely impact its innovation incentives. There is no reason to think that this extreme position makes economic sense, particularly because it ignores the innovation incentives of the competitors and the welfare of consumers. *See* F.M. Scherer, *Technological Innovation and Monopolization* 63 (American Antitrust Inst. Working Paper 05-07, 2005), *available at* http://www.antitrustinstitute.org/recent2/431.pdf) (analyzing the impact of judicial remedies on incentives for innovation, and concluding that "[f]rom the great cases reviewed here, it would appear that dominant firms have accumulated far more monopoly power than is necessary to motivate and sustain the most rapid and beneficial rate of technological progress.").

[208] If the vertically integrated monopolist is more efficient in the downstream market than the unintegrated firm, this price may not permit the purchaser to earn positive profits to be viable. If selling the input to the purchaser would raise the defendant's own costs, for example, because of the defendant's technology or because the defendant's reputation would suffer, then the benchmark would be appropriately adjusted upwards to take these additional costs into account.

[209] This reduction in profits would be the defendant's profits from selling an additional unit of the output (i.e., the output price less its input and output variable costs) *times* the likely output sales lost by the defendant to the plaintiff for every unit of input sold to the plaintiff. When the firms are selling products that are perfect substitutes, this displacement ratio equals unity. When the products are not perfect substitutes, this displacement ratio is less than unity. This profit reduction can be estimated from the type of cost and demand information routinely used in merger analysis.

context.[210] The ECPR price benchmark equals the difference between the integrated firm's output price and its incremental costs of producing the downstream output (not including the cost of the input).[211]

When the two firms sell differentiated products, the benchmark price would have to be adjusted to take into account the fact that not all of the purchaser's sales would displace output sales of the integrated firm.[212] As a result, the protected-profits input price benchmark would be lower than the standard ECPR calculated above.[213] This lower benchmark price coupled with

---

210 Robert D. Willig, *The Theory of Network Access Pricing*, in Issues In Public Utility Regulation 109 (Harry M. Trebing ed., 1979); William J. Baumol, *Some Subtle Issues in Railroad Regulation*, 10 Int'l J. Transp. Econ. 341 (1983);William J. Baumol & J. Gregory Sidak, *The Pricing of Inputs Sold to Competitors*, 11 YALE J. REG. 171 (1994); Janusz A. Ordover & Robert D. Willig, *Access and Bundling in High-Tech Markets, in* Competition, Innovation And The Microsoft Monopoly: Antitrust In The Digital Marketplace 103 (Jeffrey A. Eisenach & Thomas M. Lenard eds., 1999).

211 For example, suppose that the integrated firm is initially selling its output at the monopoly price of $100. Suppose that it is earning $50 per unit because its marginal cost for producing the input is $10 and its other marginal costs (not including the cost of the input) are $40, so that its output marginal cost equals $50 per unit (i.e., $10 + $40). If the entrant sells a fungible product, so that every unit of input sold to the entrant entails a one unit loss in output sales by the integrated firm, then the protected-profits benchmark price would be $60, where this $60 figure is comprised of the $10 input cost plus the $50 (i.e., $100 - $10 - $40) profit per unit on sales lost to the entrant.

212 Mark Armstrong & John Vickers, *The Access Pricing Problem with Deregulation*, 46 J. INDUS. ECON. 115 (1998); Mark Armstrong, Chris Doyle & Vickers, John, *The Access Pricing Problem: A Synthesis,* 44 J. Indus. Econ. 131 (1996); William J. Baumol, Janusz A. Ordover and Robert D. Willig, *Parity Pricing and its Critics: A Necessary Condition for Efficiency in the Provision of Bottleneck Services to Competitors*, 14 YALE J. REG. 145,154-55 (1997). These authors sometimes refer to a *modified* ECPR. To avoid possible confusion, I am not using that terminology.

213 For example, in the context of *Trinko*, if Verizon would refuse to provide DSL inputs to AT&T, some additional customers would buy retail broadband service from Verizon. But some others would choose to obtain cable or wireless broadband service from other providers or stay with their dial-up service. Extending the example in the previous note, suppose that only half of the entrant's sales come at the expense of the integrated firm and half come from firms producing other products. In this situation, the displacement ratio would equal one-half. Thus the protected-profits benchmark input price would be $35, that is, the $10 input cost plus $25, where the $25 figure reflects the $50 (i.e., $100-$10-$40) per unit profits

the product differentiation often would lead to price competition in the output market, even if the purchaser has equal or even somewhat higher costs than the integrated firm.

In order to avoid the *Cellophane* Fallacy, this benchmark price would not be set to permit the integrated firm to maintain its monopoly profits in the output market.[214] Instead, it only would compensate the defendant for profits on those output sales directly lost to the competitor, not for the reduced profits on the rest of its output caused by the price reductions arising from the entry of the competitor. For the same reason, the ECPR benchmark does not permit the integrated firm to charge a higher input price to a more efficient competitor that sells a fungible product.[215]

The consumer welfare effect standard also requires a price benchmark for unilateral refusals to deal in order to avoid claims that all refusals to deal are anticompetitive and to avoid the plaintiff gaining artificial bargaining power. The court might utilize the input price previously charged or the "protected-profits" input price benchmark for this purpose.[216] This means

per unit lost output sales discounted by one-half to take into account the fact that the input sales lead to the integrated firm losing half as many output sales to the new entrant.

214 The ECPR has been criticized in the regulatory context for falling victim to the *Cellophane* Fallacy by taking the output price as given at the monopoly level. For example, see Nicholas Economides & Lawrence J. White, *Access and Interconnection Pricing: How Efficient is the 'Efficient Component Pricing Rule'?* 40 Antitrust Bull. 557 (1995). Baumol and Willig appear to agree with this criticism, but argue that the ECPR should be used after the retail price is properly adjusted. Baumol et al., *supra* note 151 at 155.

215 Similarly, when the products are differentiated, the protected-profits benchmark price would not allow the integrated firm to extract the entire profit that could be earned by the competing firm.

216 An alternative benchmark would be the input price that would be charged by a hypothetical standalone (i.e., unintegrated) supplier with the same degree of legitimate market power in the input market as the integrated firm. To operationalize this benchmark, suppose hypothetically that the integrated firm is assumed to be divided up into two independent, unintegrated firms – a standalone input supplier and a standalone output producer. (For example, this would be the type of structure following a hypothetical "vertical divestiture" of the sort actually implemented against AT&T in the 1980s by the DOJ under AAG William Baxter and proposed for Microsoft by the DOJ prior to the 2001 settlement.) This "standalone" input price benchmark would be the profit-maximizing price that the standalone input supplier would charge the entrant. When the entrant

that the analysis of unilateral refusals to deal is relatively similar in both standards.

However, evidence of profit-sacrifice would not be sufficient for liability under the consumer welfare standard. It also would be necessary to explain how the refusal to deal would harm consumers. That is, it would be necessary to show that sales to the competitor at the benchmark price would lead to consumer benefits. This is not inevitable, particularly when the integrated firm lacks market power in the output market.[217]

Under certain other limited circumstances, a failure to show profit-sacrifice at the protected-profits input price benchmark might not be fatal to the plaintiff's case under the consumer welfare standard. For example, if the defendant's monopoly power in the input market was not achieved legitimately, then no cognizable interest would be protected by permitting the expansion (or maintenance) of monopoly power in the downstream market through a refusal to supply the input. In this case, there may be no need to support the level of investment incentives provided by the protected-profits benchmark.

Similarly, consider the situation where the integrated firm has a natural monopoly in the input and the firm is characterized as controlling an "essential facility." If the market is not regulated by a specialized regulatory agency, a court may take on that regulatory burden under the essential facilities doc-

---

is selling a fungible product and has the same costs as the integrated firm, this benchmark price equals the ECPR. When the products are differentiated, the benchmark changes and does not equal the protected-profits benchmark. Moreover, calculating this benchmark in practice would be significantly more difficult than the protected-profits benchmark

[217] For example, suppose that the only fertilizer dealer in an isolated farming area is also a farmer and refuses to sell fertilizer to the competing farmers in the area. Suppose that the cost to these competing farmers of shipping in fertilizer from elsewhere is significantly more expensive and would lead these competitors to exit. That refusal to deal may involve a sacrifice of profits by the integrated farmer and the conduct might not make "economic sense" in the way that the term is used in the no economic sense standard. But, if the relevant output market is national, then this refusal to deal likely would not have any discernable impact on prices or anticompetitive effect on consumers. As a result of this lack of market power in the output market, a court would not find the defendant liable in this case under the consumer welfare effect standard. (In contrast, an inference of consumer harm might make more sense if the integrated firm has monopoly power in both markets.)

trine.[218] In this case, however, the court also would have to determine the price benchmark that properly balances the short term benefits of price and entry competition in the output market along with the appropriate investment incentives for the integrated firm and its competitors.[219]

6. CONCLUSION

In the end, the benefits of the profit-sacrifice standard are overstated, and the flaws are understated. It is said to be simpler to implement than the consumer welfare effect standard, which is claimed to be very complex. Yet, the profit-sacrifice standard is highly complex. For some exclusionary conduct, there is no temporal profit-sacrifice, so profit-sacrifice must be gauged conceptually with the use of a benchmark price that must be constructed. Sometimes this benchmark price is the current price, but sometimes it is not. Similarly, the output benchmark for the profit-sacrifice standard may or may not hold the defendant's output constant, and whichever output benchmark is chosen will cause erroneous outcomes in certain cases.

For example, for monopoly maintenance cases, the profit-sacrifice test would require the court to predict the price that would occur absent the exclusionary conduct. But, if this price can be predicted confidently, then the court would be able to use the consumer welfare effect test. If the exclusionary conduct leads to a higher price or prevents the market price from falling, then there is presumption of consumer harm. It would make more sense for the court to evaluate whether the defendant's product has improved sufficiently, as a result of the exclusionary conduct, to outweigh the price increase.

The consumer harm standard is said to condemn beneficial competitive conduct such as a cost-reducing investment that happens to cause rivals to exit

---

[218] MCI Communs. Corp. v. AT&T, 708 F.2d 1081, 1132-33 (7th Cir. 1983). In this regard, the *Trinko* Court said that its opinion did not "repudiate" the "'essential facilities' doctrine crafted by some lower courts." Verizon Communs. Inc. v. Law Offices of Curtis V. Trinko, LLP, 540 U.S. 398, 399 (2004). It suggested, however, that the doctrine would be relevant only when access to the facility is not regulated. *Id*. For a European view, *see* Vickers, *supra* note 34, at 10-12.

[219] In this analysis, the court could recognize the potential for adverse innovation effects on the defendant, but might reason that a more interventionist antitrust policy would increase total innovation by driving increased innovation by the new entrants. *See* Baker, *Promoting Innovation*, *supra* note 24, at 514. In addition, if the entrant would be producing a differentiated product, a refusal to deal could cause additional consumer harm.

from the market (and ultimately leads to higher prices). In fact, if the harmful effect on consumers is not reasonably foreseeable in probabilistic terms at the time of the investment, there would be no violation of the consumer effect standard. Only investments that are harmful on the basis of an ex ante effect analysis would be condemned. Nor would false positive errors be avoided by the profit-sacrifice standard. Some cost-reducing investments that benefit consumers clearly would be condemned under the profit-sacrifice standard.

Although critics claim that the consumer harm standard is too complex and errs in practice, the same basic standard is used routinely and successfully in HSR merger reviews, Section 7 cases, and Section 1 rule of reason cases. Making it the standard for Section 2 would unify antitrust law and make the doctrine more coherent. The profit-sacrifice test may be a useful piece of evidence in conjunction with other evidence, but when it is the sole liability standard, or a required prong of the liability standard, the profit-sacrifice test is likely to cause significant judicial errors without adding any benefits. In that broader role, it does more harm than good, relative to the consumer welfare effect standard.

Repressão a Cartéis em Múltiplas Jurisdições

Multijurisdictional Cartel Prosecution

Mariana Tavares de Araujo
Marcio Benvenga Chede

Sumário

Resumo

O presente artigo avalia a difusão de programa de repressão a cartéis ao redor do mundo e a interação desses múltiplos programas. A primeira seção apresenta as justificativas para o tratamento prioritário da repressão à conduta de cartel por autoridades antitrustes ao redor do mundo e afere os dois principais elementos de um programa efetivo de repressão a cartéis – técnicas de detecção avançadas e sanções elevadas. Em seguida, avalia o impacto das investigações de cartel iniciadas em diversas jurisdições sobre o programa de leniência e sobre a dissuassão em geral. Na terceira seção, o artigo relata o histórico do programa brasileiro de repressão aos cartéis ao longo da última década e, por fim, a última seção apresenta conclusões do artigo.

Palavras-chave: Cartel, Concorrência, Acordo de Leniência, Busca e Apreensão, Criminal.

Contents

Abstract

This article reviews the proliferation of anticartel programs around the world and assesses the interaction between these different programs. The first section examines the reasons why antitrust authorities around the world treat anticartel enforcement as a priority and describes two main aspects of an effective program – enhanced detection methods and severe sanctions. The second section assesses the impact of cartel investigations initiated in different jurisdictions on leniency programs and on deterrence in general. In the third section, the authors review the developments concerning Brazil's anticartel program in the last decade; and the last section presents concluding remarks.

Keywords: Cartel, Competition, Leniency Agreements, Dawn Raids, Criminal.

1. A PROLIFERAÇÃO DE PROGRAMAS DE REPRESSÃO A CARTÉIS E SUAS JUSTIFICATIVAS

A Organização de Cooperação e Desenvolvimento Econômicos (OCDE) declarou que cartéis clássicos[1] são "as mais perniciosas violações ao direito da concorrência, na medida em que causam prejuízos gravíssimos aos consumidores, pelo aumento de preços e redução de oferta, sem qualquer justificativa de eficiência. Tais acordos entre competidores resultam em mercados ineficientes, em que bens e serviços se tornam indisponíveis para alguns consumidores, enquanto outros são forçados a pagar preços maiores por nenhum outro motivo que não o cartel. Some-se que, ao blindar-se das pressões de mercados competitivos, os membros de cartéis limitam seus incentivos para controlar custos e inovar".

Os efeitos danosos dos cartéis são difíceis de quantificar, pois demandam a comparação entre o que aconteceu no mercado enquanto o cartel operava com a situação hipotética em que as empresas no mercado competiam efetivamente. Em razão dos obstáculos práticos para se fazer tal comparação, com vistas a calcular as multas aplicáveis, autoridades tomam por base dados como o volume de comércio, o faturamento da empresa, vendas afetadas do produto ou serviço cartelizado, e se valem de estimativas (e.g. uma determinada porcentagem) para inferir o dano.

O Comitê de Concorrência da OCDE conduziu um dos poucos estudos disponíveis sobre danos causados por cartéis, baseado em pesquisas sobre casos conduzidos por países membros do Comitê, e concluiu que 16 casos de cartéis investigados entre 1996 e 2000 custaram mais de US$ 55 bilhões a consumidores do mundo inteiro.[2] Estimou-se que, em média, preços em mercados cartelizados estavam entre 10 a 20% maiores do que estariam se não houvesse cartel. Em alguns casos, avaliou-se que o sobrepreço chegava a 50%. Outro estudo, conduzido por Levenstein & Suslow concluiu que, entre 1995 e 2005, sobrepreços por cartéis internacionais chegaram a US$ 500 bilhões.[3]

---

1 O cartel clássico (*hard core cartel*) é um acordo anticoncorrencial, uma prática concertada ou um arranjo anticoncorrencial realizado por competidores para fixar preços, controlar a oferta (*colusive tenders*), estabelecer restrições de produção ou cotas, compartilhar ou dividir mercados pela alocação de consumidores, fornecedores, territórios ou linhas de comércio.

2 Organização de Cooperação e Desenvolvimento Econômicos (OCDE), *Fighting Hard Core Cartels; Harm, Effective Sanctions and Leniency Programs*, 2002.

3 Vide, e.g., Michal S. Gal, *Free Movement of Judgments: Increasing Deterrence of*

Não obstante as discrepâncias entre as estimativas, bem como o fato de se tratarem de inferências sobre dados indiretos sobre as empresas ou sobre os mercados alvo das investigações, com base nesses números é possível concluir que são bastante expressivos os danos anuais causados por cartéis a consumidores no mundo inteiro.

Ao lado disso, outra motivação comum a muitas autoridades que elegeram reprimir cartéis como prioridade de suas políticas antitrustes, está relacionada à natureza das investigações conduzidas para apuração de tais condutas. Muitas dessas jurisdições, o Brasil inclusive, ao longo da década de 90, passaram por reformas econômicas que resultaram na eliminação de regimes de controle de preços, na abertura de seus respectivos mercados internos, e na adoção de leis e implementação de políticas de defesa da concorrência. No decorrer da primeira metade da década, tais jurisdições centraram seus esforços na análise de concentrações econômicas para então, mais recentemente, dedicarem recursos à repressão a condutas anticompetitivas. Nessa segunda fase, era natural que se começasse pelos cartéis, não somente em razão dos seus efeitos sabidamente deletérios, mas também porque as providências necessárias ao longo da investigação dessas condutas são, em certa medida, mais simples. Não sendo necessárias sofisticadas análises econômicas ou estudos de eficiências para se apurar se um cartel é ou não nocivo, o papel do órgão antitruste, após desvendada a prática - isso sim, um desafio importante - consiste em levar a cabo etapas procedimentais que muito se assemelham às de outros processos de caráter administrativo ou judicial.

A persecução de cartéis tornou-se, pela combinação dos diferentes motivos acima, um objetivo comum entre um grande número de autoridades de defesa da concorrência espalhadas pelo mundo: estas adotaram, nas últimas duas décadas, programas de leniência, tornaram crime a conduta de cartel, impuseram maiores sanções aos participantes, e cooperaram cada vez mais entre si, com vistas a aumentar a dissuasão à prática.[4]

Jurisdições que perseguem cartéis ativamente têm em comum um duplo desafio: primeiro, elevar o receio de detecção, por meio do uso de um arsenal de técnicas de investigação; segundo, e não menos importante, instituir a

International Cartels Though Jurisdictional Reliance, 2008; e Margaret Levenstein, Valerie Y. Suslow e Linda Oswald, *Contemporary international cartels and developing countries: Economic Effects and Implications for Competition Policy,* 2004.

4 Países como Chile, República Tcheca, Grécia, México, Holanda, Nova Zelândia, Austrália, Rússia e África do Sul recentemente criminalizaram a conduta, ou estão considerando fazê-lo.

ameaça de sanções severas, mas bem calibradas e direcionadas corretamente, que incrementarão a dissuasão.

Participantes de cartéis clássicos não poupam esforços para esconder sua conduta, e, como resposta ao incremento de persecução em vários países, usam de estratégias cada vez mais sofisticadas para evitarem serem descobertos. Autoridades de proteção da concorrência, de outra parte, recorrem a técnicas de investigação elaboradas que permitem a obtenção de provas diretas do conluio, como operações de buscas e apreensão e escutas telefônicas, muitas vezes em cooperação com a polícia e promotores dos respectivos países e também umas com as outras.[5]

Além disso, nas últimas duas décadas, muitas jurisdições introduziram em suas respectivas legislações programas de leniência para a conduta de cartel. Tais programas permitem que autoridades de proteção da concorrência outorguem imunidade das sanções aplicáveis a um (ou mais) dos coconspiradores, em troca de cooperação, que levará a persecução e punição dos outros membros do cartel. Signatários de acordos de leniência dão acesso às autoridades à prova direta do cartel, interna, a um custo muito menor do que se teria para obter tais provas com utilização de técnicas de investigação diversas. A leniência, ao acrescentar um elemento adicional à instabilidade inerente aos cartéis, também afeta positivamente a dissuasão da prática.[6]

Contudo, programas de leniência só se tornam opção atraente caso os infratores percebam que as chances de serem detectados é grande e que, se isso acontecer, sanções severas serão impostas.[7] Ao lado disso, dado que um dos pressupostos do programa é confiança entre signatários do acordo e seus patronos de um lado, e autoridade antitruste do outro, transparência e previsibilidade quanto aos requisitos e benefícios esperados são igualmente imprescindíveis para que o programa funcione.[8]

---

5 Vide a apresentação de Scott Hammond na 9ª conferência anual da International Competition Network (ICN), *Trends and Developments in Cartel Enforcement, Presented at the 9th Annual ICN Conference in Istanbul, Turkey*, 2010.

6 Vide International Competition Network (ICN), *Anti-cartel Enforcement Manual, How to Implement an Effective Leniency Program*, 2009.

7 Vide Gregory J. Werden, *Sanctioning Cartel Activity: Let the Punishment Fit the Crime*, 2009; e o discurso proferido por Scott Hammond no 24º encontro anual sobre crimes do colarinho branco, *Presentation at The 24th Annual National Institute on White Collar Crime, The Evolution of Criminal Antitrust Enforcement Over the Last Two Decades*, 2010.

8 Vide International Competition Network (ICN), *Anti-cartel Enforcement Manual, How to Implement an Effective Leniency Program*, 2009.

Hoje em dia, mais de 50 jurisdições introduziram programas de leniência em suas legislações. Nos Estados Unidos, desde 1996, diversas empresas foram multadas em mais de US$ 5 bilhões por infrações antitruste, sendo que em 90% dos casos a investigação foi apoiada por um acordo de leniência.[9] As consequências da proliferação de jurisdições que reprimem cartéis e que adotam programas de leniência, entretanto, ainda não são inteiramente conhecidas. Com base em registros públicos de algumas autoridades antitrustes, como as norte-americanas, pode-se estimar que cartéis estabelecidos há muitos anos foram desestabilizados a partir da assinatura de acordos de leniência e, com isso, no mínimo, consumidores deixaram de ser lesados nos mercados antes cartelizados. Mas, como veremos nas seções abaixo, existem também custos inerentes à coordenação desses 50 ou mais programas, aos reflexos das investigações iniciadas em jurisdições onde os signatários não aplicaram para leniência, além daqueles relacionados às ações privadas de indenização que precisam ser melhor compreendidos.

O segundo eixo de um programa eficiente de repressão aos cartéis consiste na imposição rigorosa de sanções, tanto em relação à gradação da pena, quanto no tocante à parte sobre a qual recairá a punição. Ao concordarem em não competir, membros de cartéis conseguem fixar preços e contabilizar lucros substancialmente superiores do que conseguiriam ao disputarem parcelas de mercado com seus concorrentes. Para desencorajar o que é claramente uma prática comercial atraente, portanto, e cujos desafios para detecção são expressivos, a pena tem que ser suficientemente repelente, de modo a superar recompensas potenciais de participar de um cartel, e que não sejam meros custos rotineiro dos negócios de empresas. Igualmente importante é direcionar a pena aos indivíduos autores do ilícito. Multas excessivas, sejam administrativas ou criminais, impostas aos indivíduos ou às empresas, punirão mais uma vez os consumidores, para os quais serão repassados os custos na forma de aumento de preços ou redução de investimentos.

2. DESENVOLVIMENTOS RECENTES NO CENÁRIO MUNDIAL RELEVANTES PARA EMPRESAS EXPOSTAS A INVESTIGAÇÕES DE CARTEL

O panorama mundial da repressão de cartéis modificou-se significativamente no decorrer da última década, e algumas das mudanças ocorridas são particularmente relevantes para a tomada de decisões de empresas expostas

[9] Vide a apresentação de Scott Hammond na 9ª conferência anual da International Competition Network (ICN), *Trends and Developments in Cartel Enforcement, Presented at the 9th Annual ICN Conference in Istanbul, Turkey*, 2010.

a investigações dessa prática. A difusão e o fortalecimento de programas de leniência; a intensa cooperação internacional entre autoridades; o aumento expressivo de multas administrativas e criminais impostas; a criminalização da prática de cartel e o risco crescente de condenações a penas privativas de liberdade em diversas jurisdições; a possibilidade de extradição de indivíduos; a introdução de mecanismos de acordos em cartel em várias legislações; e a propositura de ações privadas de indenização por danos de cartéis são alguns dos fatores importantes na definição de estratégias para cada caso.

O sucesso do programa adotado pela Divisão Antitruste do Departamento de Justiça dos Estados Unidos em 1993[10] impulsionou vários países a introduzirem programas de leniência em suas respectivas legislações. Formou-se desde então um consenso de que constituem a técnica de investigação mais eficiente para a desestabilização de acertos entre concorrentes e que são, portanto, essenciais para a viabilidade de sistemas de repressão a cartéis. Em 1993, fora os Estados Unidos, apenas o Canadá dispunha de política de leniência, e hoje são mais de 50 jurisdições, dentre as quais Comissão Europeia, Reino Unido, Japão, Coreia, Espanha, Portugal, Austrália, África do Sul, Holanda, Alemanha, Áustria, Bélgica, México, França, Argentina e Brasil.

O ordenamento jurídico de cada jurisdição determinará algumas características particulares de cada um dos múltiplos programas em vigor, que não serão, portanto, idênticos. Não obstante isso, convergência é necessária para encorajar a adesão de participantes de cartéis internacionais – que decidem em âmbito global se irão procurar por leniência. Se as regras em uma jurisdição forem particularmente pouco atraentes a ponto de dissuadir um candidato ao programa, considerando o grau de interligação entre as jurisdições, isso pode resultar na desistência pela alternativa de leniência de um modo geral. As autoridades reconhecem isso e têm buscado maior harmonização; as diversas políticas que existem guardam identidade com as principais características da política dos Estados Unidos, e crescentemente se aproximam umas das outras. A *International Competition Network (ICN)* – rede virtual que reúne autoridades antitrustes de diversos países com o objetivo de buscar convergência e fortalecer a cooperação entre as jurisdições – em um dos sub-

10 A versão original do programa norte-americano data de 1978, mas até a sua revisão em agosto de 1993, era raramente utilizado e nenhum grande cartel doméstico ou internacional havia sido detectado. Vide o discurso proferido por Scott Hammond no 24º encontro anual sobre crimes do colarinho branco, *Presentation at The 24th Annual National Institute on White Collar Crime, The Evolution of Criminal Antitrust Enforcement Over the Last Two Decades*, 2010.

grupos que discute o tema de cartéis, elaborou um manual para investigação da conduta e um dos capítulos dispõe justamente acerca das características de um programa de leniência funcional.[11]

Ainda assim, o fato é que uma empresa que tenha participado de um cartel internacional e que decida buscar leniência terá que enfrentar um emaranhado de regras e de cronogramas que nem sempre são compatíveis. Nos Estados Unidos, por exemplo, o candidato ao programa pode ser requisitado a manter as comunicações e até a comparecer a reuniões, com vistas a permitir que o DOJ organize uma busca e prepare um flagrante. Na Europa e no Brasil, os candidatos à leniência precisam cessar imediatamente a conduta para serem elegíveis ao benefício.[12] Na Europa, tal conflito potencial existe, inclusive, entre as regras que vigoram nos países membros da Comissão Europeia. Por essa razão, por meio da *European Competition Network (ECN)* – foro que reúne autoridades de concorrência de 27 países europeus e o DG Comp da Comissão Europeia para discussões teóricas e alocações de casos –, acordaram que as autoridades competentes podem exercer discricionariedade para permitir providências de modo a impedir que o conflito se materialize em um caso concreto.[13] Do mesmo modo, no Brasil, as autoridades interpretaram nos últimos anos que o requisito de "cessar seu envolvimento na infração" não poderia impedir a parte de agir de modo a preservar o curso das investigações, mas não estendem tal interpretação a flagrantes preparados, que são vedados no ordenamento jurídico brasileiro.[14] Regras diferentes para obtenção do *marker* ou senha necessária para que o candidato a leniência se assegure de que é o primeiro na fila ou o volume de informações exigidas para concessão da leniência também aumentam o custo de coordenação em diversas jurisdições.

---

[11] Vide International Competition Network (ICN), *Drafting and implementing an effective leniency policy*, 2009.

[12] A regra relativa ao programa brasileiro está disposta na Lei nº 12.529/11, artigo 86, § 1º, II. A regra europeia consta da Comunicação da Comissão Relativa à Imunidade em Matéria de Penas e à Redução do Seu Montante nos Processos Relativos a Cartéis.

[13] Vide K. Dekeyser, *Almost 2 Years of Cooperation Within the ECN, IBC Conference on Advanced EC Competition Law,* 2006; e Organização de Cooperação e Desenvolvimento Econômicos (OCDE), *Competition Law and Policy in the European Union*, p. 70, 2006.

[14] A súmula nº 145 do Supremo Tribunal Federal (STF) estabelece que: "Não há crime, quando a preparação do flagrante pela polícia torna impossível a sua consumação".

Custos ainda mais relevantes que devem ser tidos em conta pelo proponente de leniência decorrem da probabilidade de que ações de indenização pelos danos causados pelo cartel sejam propostas. As provas contra os signatários de acordos de leniência são em geral mais facilmente disponíveis do que aquelas relacionadas às demais partes das diversas investigações. Ainda que as jurisdições tomem precauções para evitar que evidências e documentos acessados para o propósito de exercitar o direito de defesa na investigação em questão sejam tornados públicos, e possam instruir ações privadas de investigação na própria jurisdição ou em outras, o fato é que tais medidas são de eficácia limitada. Tais considerações tornam-se essenciais no contexto atual em que em um número cada vez maior de jurisdições percebe-se a tendência de que vítimas de cartéis ingressem em juízo para pleitearem indenizações por dano. Autoridades de alguns países, inclusive, encorajam esse movimento, ao circularem cópias de decisões condenatórias para setores que podem ter sido afetados pela prática. No Brasil, como se verá na seção seguinte, essa medida foi adotada pela primeira vez pelo CADE quando julgou o cartel dos gases.

Adicionalmente, são ainda relevantes os riscos de novas investigações serem iniciadas por jurisdições onde a empresa não obteve o benefício, seja porque não conseguiu aplicar a tempo e outra obteve leniência em primeiro lugar, seja porque nenhuma das partes envolvidas aplicou e a jurisdição que à época não dispunha de um regime de repressão a cartéis crível, iniciou a investigação de ofício mais adiante. O horizonte temporal para o risco de novas investigações serem iniciadas é, portanto, indeterminado, considerando-se que a prescrição do direito de ação das autoridades é bastante variada; no Brasil, por exemplo, pode chegar a 12 anos,[15] nos Estados Unidos são 5 anos e

[15] O artigo 1º da Lei nº 9.873, de 23 de novembro de 1999, estabelece que: "Prescreve em cinco anos a ação punitiva da Administração Pública Federal, direta e indireta, no exercício do poder de polícia, objetivando apurar infração à legislação em vigor, contados da data da prática do ato ou, no caso de infração permanente ou continuada, do dia em que tiver cessado". Assim sendo, conclui-se que a prescrição do direito de ação das autoridades administrativas é inicialmente de 5 anos. Contudo, de acordo com o § 2º do artigo supracitado: "Quando o fato objeto da ação punitiva da Administração também constituir crime, a prescrição reger-se-á pelo prazo previsto na lei penal". De acordo com o artigo 4º da Lei nº 8.137/1990, o cartel é crime contra a ordem econômica e os infratores estão sujeitos a pena de reclusão que varia entre 2 e 5 anos. O inciso III do artigo 109 do Código Penal dispõe que: "A prescrição, antes de transitar em julgado a sentença final, salvo o disposto no § 1º do art. 110 deste Código, regula-se pelo máximo da pena privativa de liberdade cominada ao crime, verificando-se: III – em doze anos, se o máximo da pena é superior a quatro anos e não excede a oito". Assim sendo, pode-se concluir

no Canadá o ilícito é imprescritível. A investigação de um cartel internacional como o de memórias dinâmicas de acesso aleatório, em inglês DRAM, ilustra bem esse ponto: iniciou-se com um acordo de leniência em algumas jurisdições, anos depois a Secretaria de Direito Econômico do Ministério da Justiça (SDE) instaurou um processo administrativo com base em documentos públicos disponibilizados por algumas das jurisdições em que o beneficiário de leniência confessou e colaborou com as investigações. O propósito dessa medida é claro e extrapola o de apurar e punir se constatados os efeitos no mercado brasileiro, um cartel internacional em que nenhuma das partes candidatou-se à leniência no país. Objetiva-se encorajar que em outros casos as autoridades brasileiras sejam sempre procuradas por empresas e indivíduos que optarem por colaborar com as investigações em troca de imunidade.

Os custos e riscos aqui referidos devem, naturalmente, ser contrapostos aos de que sanções rigorosas sejam impostas nas várias jurisdições que reprimem cartéis, e a probabilidade de isso vir a ocorrer é crescente. Como se verá adiante, as multas administrativas e criminais aplicadas e o número de condenações a penas de prisão ascenderam substantivamente nos últimos anos, e tal tendência à imposição de sanções severas está diretamente relacionada à qualidade da prova obtida ao longo da instrução. As autoridades antitruste que tratam cartéis como prioridade têm cada vez mais recorrido a outras técnicas de investigação que lhes propiciam acesso a provas diretas do ilícito, além dos acordos de leniência que, rotineiramente, são o ponto de partida, mas não o único meio utilizado para iniciar um caso. A ampla utilização de mandados de busca e apreensão, de interceptação telefônica e a frequente cooperação internacional entre as agências são subsídios fundamentais para a instrução dos casos em grande parte das jurisdições. A disseminação do acesso a tais instrumentos investigativos de um lado e, de outro, a concessão de *waivers* por candidatos e signatários de acordos de leniência, também permitem maior integração entre as investigações levadas a cabo em paralelo pelos diversos órgãos.

Algumas das operações de busca e apreensão realizadas em conexão com investigações multijurisdicionais de cartéis internacionais foram fruto da cooperação entre duas ou mais autoridades. Desde 1997, quando foi realizada a primeira operação conjunta entre DOJ e EC, relacionada à investigação do cartel internacional de eletrodos de grafite, quase todos os anos as duas principais jurisdições na repressão a cartéis realizam ao menos uma

que a prescrição do direito de ação das autoridades administrativas pode chegar a 12 anos nos casos de cartel.

operação conjunta. Entre 1997 e 2008, tem-se notícia de ao menos 15 buscas e apreensões simultâneas, número esse que não inclui as operações realizadas conjuntamente pelas autoridades norte-americanas e canadenses apenas, ou as que envolveram somente a Comissão Europeia e autoridades antitrustes de países membros.

Em fevereiro de 2009, o Brasil participou pela primeira vez de uma operação de busca e apreensão para obtenção de provas de cartéis em conjunto com o DOJ e a Comissão Europeia. No caso em tela, as três jurisdições haviam iniciado as investigações a partir da celebração de acordos de leniência, em que os então candidatos ao benefício autorizaram por meio da concessão de um *waiver* que os órgãos antitrustes – e, no caso do Brasil, as autoridades criminais competentes também – trocassem informações para organizar a busca. Em outros casos, como na supra referida investigação de DRAM, a cooperação internacional também foi importante para a investigação que resultou na instauração de processo administrativo pela SDE, mas se restringiu ao envio de documentos públicos disponíveis em outras jurisdições, por via oficial.

O nível das multas administrativas e criminais aplicadas nos últimos anos é extremamente elevado e, ao lado disso, muitas jurisdições criminalizaram a prática de cartel ou, naquelas em que cartel já era tratado como ilícito penal, as autoridades criminais vêm assumindo papéis cada vez mais relevantes. Igualmente, um número cada vez maior de indivíduos vêm sendo condenados a penas de prisão. Entre 2005 e 2009, o DOJ aplicou multas que superaram US$ 3 bilhões em condenações por cartel e a média mais elevada de tempo de prisão a que indivíduos foram sentenciados em um ano foi de 31 meses em 2007, sendo que em 2008 e 2009 foi superior a dois anos.

A política de imposição de penas privativas de liberdade a ex-participantes de cartéis que, até recentemente, vigorava apenas nos Estados Unidos, tem se difundido por outras jurisdições. Em 2008, três indivíduos foram condenados pela primeira vez a cumprir pena de prisão no Reino Unido por terem participado no cartel de mangueiras marítimas. No Brasil, 34 indivíduos já foram condenados a pena de prisão, que estão sendo recorridas em tribunais superiores, e mais de 100 respondem a investigações criminais por envolvimento em cartel.

Em outras jurisdições, como a Comissão Europeia, em que apenas empresas estão expostas a sanções por práticas anticoncorrenciais, multas administrativas rigorosas foram impostas no passado recente. Antes de 1990, a multa mais elevada aplicada na Europa foi de 60 milhões de ECU contra 23 produtores petroquímicos por fixação de preço na indústria plástica.[16] Desde 2006, a Comissão Europeia impôs mais de €10 bilhões em multas contra ex-participantes de cartéis, sendo que, apenas em 2007, no total foram mais de €3 bilhões.[17] Em dezembro de 2008, a Comissão aplicou multa recorde em um único caso, determinando a quatro empresas fabricantes de vidro para carro condenadas por divisão de mercado o pagamento de €1.3 bilhões em multas.[18]

Autoridades antitruste ao redor do mundo, como se vê, usam do binômio técnicas de investigação afiadas e sanções elevadas com vistas a dissuadir a prática de cartel. É cedo para aferir se a estratégia adotada está no caminho de atingir os resultados obtidos. Não obstante isso, os números de mandados de busca e apreensão cumpridos, de acordos de leniência assinados, a maior procura por acordos em cartéis ("*settlements*" ou "*plea agreements*" em inglês) e as sanções recordes impostas indicam que os dois requisitos para a dissuasão – o receio elevado de detecção e a ameaça de sanções severas – constituem a espinha dorsal das políticas de repressão a cartéis em um número cada vez maior de agências antitruste de países por todo o globo.

Dois conjuntos de considerações se impõem no que tange aos múltiplos esforços de aplicação de punições severas a condutas colusivas ao redor do mundo. A primeira trata dos possíveis reflexos de penas pecuniárias impostas contra empresas e indivíduos condenados por cartel sobre o mercado afetado; e a segunda do efeito líquido dessas sanções para fins de dissuasão do ilícito.

Sanções são parte relevante de qualquer sistema regulatório. Funcionam como catalizadores para assegurar que leis e regulamentos em geral são devidamente cumpridos e sinalizam que descumprimentos não serão tolerados. Diferentes teorias foram desenvolvidas acerca da definição do que é uma sanção ótima ou, dito em outras palavras, qual seria a combinação ótima de sanções capaz de efetivamente constringir a formação de cartéis. No tocante à pena pecuniária, dados os lucros elevados percebidos por participantes da colusão, autoridades antitruste em geral defendem que valores das multas têm que se aproximar tanto quanto possível da vantagem auferida pela conduta ilícita, caso contrário consistiriam tão somente em mais um custo da realização do negócio, sem a constrição necessária do ilícito. Sob tal justificativa,

---

[16] Vide Comunicado de imprensa da Comissão Europeia, *Commission Imposes Heavy Fines On Cartels In The Plastic Sector*, 1988.

[17] Vide Estatísticas de multas por cartel impostas pela Comissão Europeia, atualizadas até outubro de 2009.

[18] Vide Comunicado de imprensa da Comissão Europeia, *Commission fines car glass producers over €1.3 billion for market sharing*, 2008.

quantias sistematicamente elevadas vêm sendo aplicadas, mormente por órgãos antitrustes em jurisdições de sistemas administrativos.

Apesar dessa tendência de imposição de penas que se superam a cada caso, tanto em valores absolutos, quanto em termos percentuais, mais recentemente um quase consenso se formou de que um conjunto ótimo de sanções depende de assegurar que indivíduos responsáveis pela decisão empresarial de integrar um cartel respondam por parte expressiva da pena imposta.[19] Contudo, alerta-se para o desafio de garantir que indivíduos punidos apenas por meio de penas administrativas ou criminais não sejam ressarcidos direta ou indiretamente pelas empresas, o que, naturalmente, esvaziaria o propósito desse tipo de sanção. Reflexão semelhante cabe no tocante a penas pecuniárias impostas contra empresas: não serão as punições em valores vultosos arcadas, ao final e ao cabo, pelos acionistas – que dificilmente serão os que se beneficiaram no passado dos lucros da colusão – e pelos consumidores, mais uma vez, se diga, na forma de preços elevados e redução em investimentos?

Penas individualizadas tendem a ser não apenas mais eficientes como também mais justas. E considerando-se a gravidade do ilícito de cartel e que a finalidade do sistema sancionador, como visto acima, é desencorajar ao máximo a incursão na prática, parece desejável que penas rigorosas como as privativas de liberdade integrem o rol de punições possíveis para executivos que coludam com concorrentes. Dito isso, levando em conta quão elevados são os custos de tais penas para os sistemas prisionais e para a sociedade em geral, certamente não são adequadas para todos os casos. Parece oportuno, assim, ponderar se o recurso a outras penas de forte caráter reputacional, como as de inabilitação de ocupação de cargos que autorizem a tomada de decisões comerciais sensíveis, aplicadas a executivos em níveis hierárquicos mais elevados nas empresas, não seriam alternativas adequadas em determinadas situações. Tais penas poderiam, inclusive, ser associadas a outras sanções, como à prestação de serviços à comunidade, ou mesmo à pena de prisão por um tempo reduzido.[20]

---

[19] Vide John M. Connor e Yuliya Bolotova, *Cartel Sanctions: An Empirical Analysis*, 2008; Douglas Ginsburg e Joshua Wright, *Antitrust Sanctions in Competition Policy International*, Vol. 6, nº 2, 2010; International Competition Network (ICN), *Anti-cartel Enforcement Manual, How to Implement an Effective Leniency Program*, 2009; e Organização de Cooperação e Desenvolvimento Econômicos (OCDE), *Fighting Hard Core Cartels; Harm, Effective Sanctions and Leniency Programs*, 2002.

[20] Vide Douglas Ginsburg e Joshua Wright, *Antitrust Sanctions in Competition Policy International*, Vol. 6, nº 2, 2010.

Para além da aferição da efetividade da sanção aplicada com vistas a dissuadir o cartel, não se pode deixar de avaliar se há simetria entre a pena aplicada e a natureza do sistema regulatório que a impõe, se administrativo ou criminal; como também se a punição imposta é proporcional ao dano ocasionado. No tocante ao primeiro ponto, note-se, entretanto, que em muitas jurisdições multas administrativas são as únicas sanções aplicáveis, seja de direito, como é o caso na Comissão Europeia, ou de fato, como no Brasil há até bem pouco tempo, conforme se verá a seguir. Sendo assim, são ou foram o meio exclusivo de se oferecer constrição ao ilícito. A despeito disso, cabe a reflexão: qual a natureza de multas de bilhões de dólares impostas contra empresas por participação em cartéis? Administrativas ou quase-criminais?

Em sistemas em que são combinadas punições a empresas e indivíduos em esfera administrativa, às que resultam da persecução penal, ponderação relacionada cabe quanto à incidência de *bis in idem* em vista do conjunto de sanções aplicadas ao final de ambas investigações. Afinal, não seriam os executivos que respondem a processos paralelos, criminal e administrativo, muitas vezes baseados, inclusive, em evidências compartilhadas pelas respectivas autoridades competentes, punidos duplamente pelo mesmo ilícito?

3. DESDOBRAMENTOS RECENTES DO PROGRAMA BRASILEIRO DE REPRESSÃO A CARTÉIS

Sob a égide da Lei nº 12.529, em vigor a partir de 29 de maio de 2012, dois entes da Administração Pública compõem o Sistema Brasileiro de Defesa da Concorrência (SBDC), sendo responsáveis pela aplicação do direito concorrencial no Brasil: a Secretaria de Acompanhamento Econômico do Ministério da Fazenda (SEAE) e o Conselho Administrativo de Defesa Econômica (CADE). A SEAE atua somente na advocacia da concorrência, promovendo a importância da defesa da concorrência perante a sociedade e perante outros órgãos do governo. O CADE é uma autarquia e está subdividido em três órgãos: o Tribunal Administrativo de Defesa Econômica, o Departamento de Estudos Econômicos e a Superintendência-Geral. Esta última é o principal órgão investigador de condutas anticoncorrenciais e emite pareceres não vinculativos sobre o controle das estruturas. O Tribunal Administrativo de Defesa Econômica é composto por seis Conselheiros e um Presidente. Trata-se do responsável por decidir, em caráter definitivo na esfera administrativa, todas as questões relacionadas ao controle de estruturas e condutas – todas as decisões podem ser contestadas na justiça.

O Brasil tem um sistema dual – cartéis são ao mesmo tempo crime e infração administrativa. O Ministério Público, tanto na esfera estadual quanto federal, está a cargo da persecução criminal, e ao lado das cortes penais, aplica a Lei nº 8.137, de 27 de dezembro de 1990, que estabelece que cartel é crime. Na esfera administrativa, sob a égide da Lei nº 8.884, de 11 de junho de 1994, o papel de persecução era desenvolvido pela Secretaria de Direito Econômico do Ministério da Justiça (SDE), passando à Superintendência-Geral com a entrada em vigor da Lei nº 12.529/11.

Desde 2003, as autoridades brasileiras passaram a conferir tratamento prioritário à repressão a cartéis. Optou-se, então, pela criação de um sistema integrado, em que autoridades administrativas no governo federal e autoridades criminais, nas esferas federal e estadual, atuassem de modo integrado, com vistas ao melhor aproveitamento de suas expertises complementares. Desde então, ao lado de autoridades de outras jurisdições, o Brasil tem dirigido esforços ao desenvolvimento de melhores métodos de detecção do ilícito e endurecido as sanções impostas aos infratores.

Três importantes consequências decorreram de tais providências: primeiramente, o CADE passou a impor sanções mais elevadas pelo fato de poder formar juízo acerca da existência ou não da conduta, com base em provas diretas de colusão; em segundo lugar, as partes passaram a recorrer com maior frequência ao Poder Judiciário, durante e após o processo administrativo de investigação, com o propósito de questionar, na maior parte das vezes com base em argumentos procedimentais, atos administrativos da SDE e decisões do CADE; e, por fim, o programa de leniência passou a atrair um número maior de candidatos.

A primeira condenação por cartel no Brasil ocorreu apenas em 1999.[21] Na ocasião, a multa mínima fixada na Lei nº 8.884/94, de 1% sobre o faturamento bruto no ano anterior ao início da investigação, foi aplicada às empresas envolvidas no ilícito. Os dirigentes das empresas não foram multados pelo plenário do CADE e, somente quando da sessão de julgamento, decidiu-se pela necessidade de que o material relevante do caso fosse encaminhado ao Ministério Público para que procedesse à investigação criminal.

---

[21] Em 27 de outubro de 1999, o CADE condenou pela prática de cartel no segmento de aço comum empresas do setor. As multas somaram R$ 51.510.000,00. O plenário condenou, por prática colusiva, a representada Companhia Siderúrgica Nacional em R$ 22.180.000,00, a representada Companhia Siderúrgica Paulista em R$ 16.180.000,00 e a representada Usinas Siderúrgicas de Minas Gerais S/A em R$ 13.150.000,00.

No passado recente, multas impostas para empresas condenadas por formação de cartel têm sido superiores a 20% do faturamento destas no ano anterior ao início da investigação e os executivos envolvidos na conduta também têm sido severamente punidos.[22] O CADE tem somado às penalidades outras sanções previstas na lei antitruste, tais como proibir empresas condenadas em cartéis em licitações de participar de novos certames por alguns anos, e também a publicação da condenação em jornal de grande circulação, com a finalidade de informar ao público da sanção imposta pelo CADE por participação em cartel. Além disso, a SDE passou a compartilhar informações com as autoridades criminais desde o início das investigações.

A atuação do CADE, e do SBDC como um todo, tem sido bem avaliada internacionalmente. A publicação britânica *Global Competition Review* reconheceu o CADE como a melhor agência antitruste do continente americano em 2010. As recentes decisões técnicas proferidas, responsáveis pela elevação do rigor nas multas aplicadas em condutas anticompetitivas, sobretudo em cartéis, certamente contribuíram para o reconhecimento internacional dos órgãos de defesa da concorrência brasileiros.

De um lado, as multas recentemente aplicadas sinalizam o comprometimento do CADE com a efetiva punição de cartéis, o que pode ter efeito positivo na dissuasão da prática. Por outro, contudo, em razão de os montantes destoarem significativamente dos valores impostos até pouco tempo atrás,

---

[22] Em 2010, o CADE condenou pela prática de cartel no segmento de gases industriais empresas e executivos do setor. As multas somaram R$ 2,9 bilhões, o maior valor de uma condenação realizada pelo CADE. A investigação começou em 2003, com denúncia anônima encaminhada à SDE. O plenário condenou, por conduta colusiva, a representada White Martins Gases Industriais LTDA. ao pagamento de R$ 2.218.699.838,45, a representada Air Liquide Brasil Ltda. ao pagamento de R$ 249.257.134,59, a representada Air Products Brasil Ltda. ao pagamento de R$ 226.094.021,74, a representada Linde Gases Ltda., sucessora da AGA S/A, ao pagamento de R$ 237.687.956,72, a representada Indústria Brasileira de Gases ao pagamento de R$ 8.464.063,31, o representado Moacyr de Almeida Netto ao pagamento de R$ 475.375,91, o representado Newton de Oliveira ao pagamento de R$ 84.640,63, o representado José Antônio Bortoleto de Campos ao pagamento de R$ 4.437.399,68, o representado Walter Pilão ao pagamento de R$ 498.514,27, o representado Carlos Alberto Cerezine ao pagamento de R$ 452.188,04, o representado Gilberto Gallo ao pagamento de R$ 452.188,04, o representado Vítor de Andrade Perez ao pagamento de R$ 452.188,04. Além disso, cópias das decisões condenatórias foram circuladas para eventuais consumidores lesados. Muitos desses já manifestaram interesse em ajuizar ações privadas de reparação de danos contra as empresas condenadas por prática de cartel pelo CADE.

podem vir a ser consideradas sanções *quasi* criminais e não administrativas.[23] Isso, naturalmente, aumenta a possibilidade de revisão pelo Poder Judiciário, que, conforme visto acima, usualmente tem apreciados recursos de partes condenadas em processos administrativos sancionatórios.[24]

Outro aspecto relevante quanto à aplicação de multas pecuniárias substanciais a pessoas jurídicas refere-se ao risco de que, em vez de dissuadir, possa transformar-se em apenas um custo adicional de fazer negócios. Deve-se considerar que as empresas multadas podem transferir aos consumidores, por meio do aumento do preço de bens e serviços e redução de investimentos, as sanções pecuniárias impostas. Dessa forma, mesmo após o encerramento da conduta, os consumidores ainda seriam afetados por preços elevados e outras consequências deletérias decorrentes do cartel.

Autores como Ginsburg & Wright,[25] por exemplo, afirmam que multas elevadas aplicadas às empresas não são, per se, capazes de dissuadir a prática de infrações concorrenciais.[26] Assim sendo, seria mais efetivo punir as pessoas físicas envolvidas no cartel. Contudo, punir apenas monetariamente os responsáveis pelo cartel não é suficiente, uma vez que as empresas para as quais prestavam serviços podem ressarci-los e, portanto, a dissuasão seria mais facilmente alcançada caso houvesse uma comunhão entre multa e pena restritiva de liberdade, uma vez que esta última é intransferível.

---

[23] Ademais, conforme referido acima, cartel também é crime nos termos da Lei nº 8.137/90 e sujeita os infratores a pena restritiva de liberdade e ao pagamento de multa.

[24] Não apenas as decisões finais do CADE podem ser revistas pelo Poder Judiciário. Os atos administrativos da SDE eram comumente questionados, o que atravanca o processo. O tempo médio de interrupção causado por liminares posteriormente revertidas é de cerca de um ano. Se levarmos em conta que o processo administrativo na SDE tinha um tempo médio de 2 anos e meio, já é possível perceber o imenso prejuízo causado por tais liminares. Houve casos em que o processo ficou paralisado por quase 4 anos em razão de liminares, sem que os materiais apreendidos pudessem ser deslacrados, com sucessivas decisões no mérito sempre favoráveis à SDE, até mesmo no STJ.

[25] Vide Douglas Ginsburg & Joshua Wright, *Antitrust Sanctions in Competition Policy International*, Vol. 6, nº 2, 2010.

[26] Exemplificando, pode-se afirmar que a White Martins, uma das empresas condenadas no cartel no segmento de gases industriais, já havia sido condenada anteriormente pelo CADE ao pagamento de 5% de seu faturamento bruto no ano de 1996 (equivalente a R$ 24 milhões). A multa elevada não foi capaz de impedir que a empresa cometesse novas infrações.

Indiscutivelmente, contudo, as elevadas condenações aplicadas recentemente e a maior probabilidade de detecção têm incentivado empresas e executivos envolvidos a candidatarem-se ao Programa de Leniência no Brasil. O primeiro candidato ao Programa brasileiro apresentou-se em 2003, momento em que a SDE já tinha obtido reputação positiva perante a comunidade empresarial quanto à sua habilidade de detecção de práticas anticompetitivas. Aproximadamente 20 acordos de leniência foram assinados até hoje, inclusive com participantes de supostos cartéis internacionais.

O artigo 86 *caput* da Lei nº 12.529/11 autoriza o CADE, por intermédio da Superintendência-Geral, a celebrar os referidos acordos com pessoas físicas e jurídicas em troca de confissão e colaboração efetiva com as investigações, de modo que desta resulte a identificação dos demais coautores da infração e a obtenção de documentos e informações que comprovem a infração investigada. A celebração de um acordo de leniência garante a extinção da ação punitiva da administração pública ou a redução de um a dois terços da penalidade aplicável, bem como impede o oferecimento da denúncia quanto ao agente beneficiário da Leniência. Após cumprido o acordo, extingue-se automaticamente a punibilidade dos agentes quanto aos crimes de cartel e outros relacionados à mesma conduta. A celebração do acordo de leniência, contudo, não exime o proponente de possível responsabilidade por danos em uma ação privada de indenização.

A prova direta, neste contexto, obtida por meio de acordos de leniência e por meio de diligências de buscas e apreensão, tem um papel crucial no programa de repressão aos cartéis, na medida em que possibilita o sucesso da investigação antitruste e a aplicação da sanção pelo CADE. Acordos de leniência e denúncias são instrumentos que possibilitam a obtenção de provas suficientes para que os requisitos legais da busca e apreensão sejam atingidos, quais sejam *fumus boni iuris* e *periculum in mora*.

A Lei nº 12.529/11, em seu artigo 85, prevê a possibilidade de celebração de um segundo tipo de acordo, denominado Termo de Compromisso de Cessação (TCC), em casos de cartel. Tal acordo é assinado diretamente com o CADE e os proponentes devem cessar imediatamente a conduta sob investigação e pagar uma quantia em dinheiro, que deverá ser equivalente a pelo menos a multa mínima para cartel prevista na Lei nº 12.529/11.

O processo administrativo é suspenso enquanto o compromisso é cumprido e arquivado após o decurso de um prazo preestabelecido, se as condições nele contidas são inteiramente satisfeitas. Desde 2007, aproximadamente 10 acordos foram assinados pelo CADE, sendo que vários foram firmados com partes envolvidas em supostos cartéis internacionais.

Apesar de já terem sido celebrados TCCs bastante sofisticados, o instituto é novo e relativamente poucos acordos foram celebrados. O TCC pode ser um instrumento adicional para as autoridades concorrenciais, uma vez que esforços na investigação de cartéis que já foram detectados são poupados e, assim, os órgãos do SBDC poderiam empregar seus recursos, por vezes escassos, na detecção de outras práticas anticompetitivas. Contudo, deve-se considerar que a leniência é, do ponto de vista da autoridade, uma opção superior para a detecção de cartéis, dada à instabilidade gerada no âmbito do conluio e, também, pelo potencial de atrair novos candidatos a TCCs, em decorrência das provas diretas obtidas por seu intermédio. Assim, o CADE precisará cuidar para que a alternativa de se celebrar um TCC não seja mais atraente para as partes envolvidas em um dado cartel, diminuindo, com isso, os incentivos para que candidatos apresentem-se para o programa de leniência.

A Lei nº 12.529/11, que substitui a Lei nº 8.884/94, não traz mudanças no tocante ao tratamento prioritário conferido pela política de concorrência brasileira à repressão a cartéis. Entretanto, são esperados reflexos, no futuro imediato, decorrentes da implementação do sistema prévio de aprovação de atos de concentração e dos correspondentes prazos para que autoridade conclua a análise.[27] Da mesma maneira que se faz necessária atenção por parte das autoridades para que a política de repressão a cartéis em geral preserve os incentivos para o programa de leniência, é fundamental que, especialmente durante a transição e nos primeiros anos sob a égide da nova lei antitruste, as autoridades estejam atentas para que os elementos que tornaram o programa de repressão a cartéis reconhecido internacionalmente não sejam comprometidos.

4. CONCLUSÕES

Obrigações de natureza regulatória concorrencial passaram a integrar o rol de compromissos legais de empresas e empresários há relativamente pouco tempo na maior parte das jurisdições do mundo. Fora o Canadá e os Estados Unidos, que dispõem de diplomas antitrustes há mais de um século, na maior parte dos países órgãos e legislações foram sendo introduzidos durante

[27] A partir da entrada em vigor da análise prévia, as partes serão obrigadas a aguardar uma decisão final pelo CADE para concretizar a operação. Assim, considerando-se ainda a limitação de recursos humanos disponíveis imediatamente após a entrada em vigor da lei, é possível que os recursos existentes sejam destinados à análise de concentrações, em detrimento das investigações de cartéis.

a década de 90, no bojo das amplas reformas econômicas de liberalização dos mercados. A ênfase dada pelas autoridades mundo afora às concentrações econômicas nos primeiros anos foi logo sendo substituída por atenção mais detida às condutas anticompetitivas e, em particular, aos cartéis. Não foi, sequer, uma transição gradual. Ao longo da última década, assistiu-se nos distintos continentes à multiplicação de programas de leniência; à adoção de outras técnicas de investigação apuradas, como as operações de busca e apreensão e interceptações telefônicas; à elevação do nível das sanções e tendência à criminalização do ilícito; à onda de ações privadas de indenização por consumidores das empresas que integraram cartéis; e a outras iniciativas isoladas por inúmeras jurisdições com o fito de desencorajar a conduta colusiva.

Como todo processo recente e ainda em curso, é cedo para aferir o efeito líquido das ações repressivas das múltiplas jurisdições. Iniciativas como as da autoridade brasileira, por exemplo, de iniciar investigações para apurar eventuais impactos no território brasileiro de um cartel internacional, a partir de informações públicas obtidas em jurisdições em que houve a colaboração de beneficiários de programas de leniência, precisam ser revisitadas no futuro. Ainda é cedo para afirmar se os custos impostos aos beneficiários de leniência, relacionados à coordenação com as várias jurisdições onde irão se candidatar a receber imunidade; à maior exposição às ações privadas de indenização; e ao risco por tempo indeterminado de que novas investigações sejam iniciadas por outras jurisdições; serão elevados a um nível tal que os benefícios de imunidade obtidos serão insuficientes para compensá-los. Ou se de esforços como esse resultará maior procura pelo programa brasileiro e, iniciando-se um ciclo virtuoso, permitirá, portanto, a detecção mais eficiente de um número maior de cartéis, que receberão então penas mais severas, que ao final dissuadirão a prática.

Esses e demais custos precisam ser cotejados ao risco, crescente, de que punições rigorosas sejam impostas e, certamente, penas individualizadas e, em particular, as privativas de liberdade, são ponderadas de maneira diferenciada. Não por outra razão, alguns dos cartéis internacionais investigados por diferentes autoridades ao redor do mundo expressamente excluíam o mercado norte-americano. Tampouco se observa na celebração de acordos para pôr fim a investigações de cartel em andamento na divisão antitruste do DOJ[28] a

[28] Vide John M. Connor e Yuliya Bolotova, *Cartel Sanctions: An Empirical Analysis*, 2008; Gary Spratling, D. Jarrett Arp e Alexandra J. Shepard, *Making the Decision: What to Do When Faced with international cartel*, 2006; e Margareth Bloom, *Despite Its Great Success, the EC Leniency Policy Faces Great Challenges*, 2006.

disposição de executivos em cumprir um tempo maior de prisão em troca de redução do montante a ser pago a título de multa. São, contudo, por ora ao menos, características próprias do sistema norte-americano.

O programa brasileiro de repressão a cartéis é reconhecido internacionalmente por ter produzido resultados importantes nos últimos anos. As esferas criminal e administrativa partilham do compromisso de tratar cartéis de modo prioritário e, sob a coordenação da Superintendência-Geral, são corresponsáveis pela elaboração e implementação de uma política nacional para repressão da prática. Os resultados dessa política, juntamente com outras ações relevantes dos órgãos brasileiros, deram ao Sistema Brasileiro de Defesa da Concorrência, representados pelo CADE, o prêmio de agência do ano, conferido pela publicação *Global Competition Review* em 2010. Tal reconhecimento embute um desafio: o de proceder tempestiva e adequadamente a ajustes que se imporão daqui para frente aos vários aspectos do programa, que são dores naturais do seu processo de crescimento e maturação. A mudança recente no eixo da relação entre autoridades criminais e administrativa, por exemplo, com as autoridades criminais conferindo crescente atenção ao ilícito, mas ao mesmo tempo tornando-se cada vez mais independentes, precisa ser observada de perto. Espera-se que disso resultem penas mais rigorosas e, portanto, dissuasórias, mas existe o risco de que a coordenação entre as esferas diminua e, com isso, a expertise técnica dos órgãos antitruste deixe de embasar os processos na esfera criminal.

Da mesma maneira, talvez seja ainda cedo para avaliar se os incentivos para a celebração de acordos de leniência estão sendo negativamente afetados pelo grau de exigência dos termos para a execução dos acordos em cartéis. Eventuais descompassos entre os dois institutos precisarão ser corrigidos, sob o risco de o programa de leniência deixar de ser uma alternativa atraente para ex-integrantes de cartéis.

Why the Google Books Settlement is Procompetitive[*]

Por que o Acordo do Google Books é Pró-competitivo

Einer R. Elhauge

Sumário

Contents

Resumo

Apesar de o Acordo do Google Books ter sido considerado anticompetitivo, o autor sustenta que essas críticas não se aplicam. Para livros sem proteção de direitos autorais, o acordo, de forma pró-competitiva, aumenta sua disponibilidade ao esclarecer quais livros são de domínio público, além de torná-los disponíveis digitalmente gratuitamente. Para os livros que ainda são protegidos por direitos autorais e cujo detentor de tais direitos é conhecido, o acordo, de forma pró-competitiva, aumenta sua disponibilidade ao esclarecer quem detém os direitos autorais, tornando possível fazer buscas digitais, permitindo visualizações digitais e vendas a preços competitivos definidos pelo detentor dos direitos autorais, com assinaturas que permitem acesso digital a uma biblioteca quase universal de forma gratuita ou a preços competitivos. Para livros protegidos por direitos autorais, mas cujo detentor é desconhecido, o acordo, de forma

Abstract

Although the Google Books Settlement has been criticized as anticompetitive, the author concludes that this critique is mistaken. For out-of-copyright books, the settlement procompetitively expands output by clarifying which books are in the public domain and making them digitally available for free. For claimed in-copyright books, the settlement procompetitively expands output by clarifying who holds their rights, making them digitally searchable, allowing individual digital display and sales at competitive prices each rightsholder can set, and creating a new subscription product that provides digital access to a near-universal library at free or competitive rates. For unclaimed in-copyright books, the settlement procompetitively expands output by helping to identify rightsholders and making their books saleable at competitive rates when they cannot be found.

* Artigo primeiramente publicado no *The Journal of Legal Analysis*, Vol. 2, nº 1, p. 1-68, 2010. Reprodução autorizada.

pró-competitiva, aumenta sua disponibilidade ao ajudar a encontrar os detentores dos direitos autorais, tornando-os vendáveis a preços competitivos quando tais livros já não são impressos. O acordo não aumenta as barreiras para rivais que oferecem os mesmos livros; pelo contrário, diminuem tais barreiras. A expansão da disponibilidade é particularmente vantajosa quando se trata de livros fora do comércio, que de qualquer outra forma não seriam disponíveis ao público em geral.

Palavras-chave: Google, Books, Google Books, Direitos Autorais, Livros Digitais, Monopólio, Monopolização, Livros Órfãos, Barreiras à Entrada, Restrições ao Comércio, Internet, Antitruste.

The settlement does not raise rival barriers to offering any of these books, but to the contrary lowers them. The output expansion is particularly dramatic for commercially unavailable books, which by definition would otherwise have no new output.

Keywords: Google, Books, Google Books, Copyright, Digital Books, Monopoly, Monopolization, Orphan Books, Entry Barriers, Restraints of Trade, Internet, Antitrust.

1. INTRODUCTION AND SUMMARY

The Google Books settlement gives Google default rights to digitize and make searchable all books published before January 5, 2009, and to display and sell digital versions of all commercially unavailable books, unless the book rightsholder chooses otherwise. This settlement has been criticized by those who argue that it creates an effective cartel among rightsholders and a de facto monopoly over digital sales of commercially unavailable books. However, I conclude these antitrust critiques are mistaken. The settlement procompetitively increases book output by expanding unfettered competition in book licensing and reducing legal and logistical barriers to their distribution by both Google and its rivals. In short, it has no anticompetitive effects and dramatic procompetitive effects, including resurrecting a treasure trove of intellectual heritage that would otherwise largely be lost and making books more easily accessible to more persons than they ever have been in history. My analysis throughout will be of the Amended Settlement Agreement that is currently pending. Because the analysis is complex, I begin by summarizing my conclusions for each category of books.

Out-of-Copyright Books. Because the settlement only governs in-copyright books, one might mistakenly think it does not affect out-of-print books. But it does. Currently, uncertainty about whether a book is out of copyright deters firms from offering many books that are actually out of copyright. The settlement has provisions that create and fund a process to clarify which books are actually out of copyright, thus expanding the number of books that are effectively in the public domain and allowing Google to add them to the books that are fully searchable and available for free downloading online. This procompetitively expands output by taking a set of books that previously were impossible or costly to find or own and making them easy and free to find and own. The settlement imposes no barrier for Google rivals who wish to distribute these books. To the contrary, it affirmatively lowers those barriers because the settlement allows rivals to free ride on Google's costs of digitizing those books and clarifies which books are in the public domain. The expanded availability of free out-of-copyright books should also put downward pressure on usedbook prices for these books and to some extent on licenses and prices for in-copyright books.

Commercially Available Books. The settlement procompetitively provides a process for making decisions in the face of uncertainty about who owns digital rights to commercially available books, thus easing the digital licensing of these books and increasing the output of digital commercially available books. The settlement also expands the sales of commercially available books by making them searchable on Google and directing searchers to the firms that sell them, thus helping buyers locate the books they want to buy, whether in printed or digital form. Finally, the settlement provides an additional nonexclusive vehicle for promoting commercially available books, allowing rightsholders to choose to have Google display and sell their books at a price each individual rightsholder can individually set, which economic analysis indicates would create enormous benefits to consumer welfare. The settlement imposes no barrier to digital distribution of these books by Google rivals, which can distribute these same books if the rightsholders want at any price they wish, and indeed lowers barriers to Google rivals by providing information on how much digital demand there is for each book.

In-Copyright Books That Are Commercially Unavailable. The settlement also procompetitively expands sales of books that are in copyright but commercially unavailable. The settlement defines a "commercially available" book as any in-copyright book (digital or not, as long as any digital copy was not obtained from Google's scanning project) that some seller offers for sale new, at the future time in question.[1] Thus, a commercially unavailable book is by definition a book for which there would be zero new output unless the settlement allows Google to offer its scanned books for sale. The settlement makes all these commercially unavailable in-copyright books by default searchable and available for preview and sale on Google. This creates additional output that otherwise would be nonexistent and vastly increases the availability of these books, which otherwise would be limited to those who can find them for resale on the used-book market or for loan from a library. The settlement also increases the number of these books whose rightsholders would be known by clarifying whether authors or publishers own their rights, creating a Book Rights Registry funded to locate rightsholders, and paying royalties to registered rightsholders that incentivize unknown rightsholders to come forward. This increase in known rightsholders will increase licensing competition and

---

1 Amended Settlement Agreement §1.31, Authors Guild, Inc. v. Google Inc., S.D.N.Y. Case No. 05 CV 8136-DC (Nov. 13, 2009) [hereinafter "Amended Settlement"] ("'Commercially Available' means that the Rightsholder is, at the time in question, offering the Book (other than as derived from a Library Scan) for sale new, from sellers anywhere in the world, through one or more then-customary channels of trade into purchasers within the United States, Canada, the United Kingdom or Australia."); §1.19 (defining "Book" to exclude "work in, or as they become in, the public domain"); §1.81 (defining a "Library Scan" as a digitized copy obtained through the Google's scanning project).

further increase the output of digital books, whether through Google or its rivals.

Competition among books that are claimed by rightsholders is entirely unrestrained, because any rightsholder can set its own book price for sale through Google and remains free to sell its books through any Google rival. For a commercially unavailable book that has a rightsholder who elects not to set a price or who is unknown, the settlement requires Google to set a price using an algorithm designed to mimic competitive pricing. Google has ample incentives to follow this algorithm faithfully because low book prices would increase its web traffic and revenue from advertising (which provides 97 percent of Google's revenue), and in any event any effort to set a supracompetitive price would be constrained because known rightsholders would have incentives to undercut it. Although unknown rightsholders by definition cannot set prices for their unclaimed books,[2] prices for unclaimed books would also be constrained by the settlement algorithm, by Google's incentives not to sacrifice advertising revenue, by competition from claimed books, and by the fact that any supracompetitive price would incentivize unknown rightsholders to identify themselves. In any event, unclaimed books would by definition be unlicensable absent the settlement, making the but-for price for new output of unclaimed books effectively infinity, so that the settlement can only lower their price and expand their output. Further, by lowering the number of unclaimed books, the settlement lowers the number of books with this effectively infinite but-for price on new output.

Nothing in the settlement impairs the ability of Google rivals to offer in-copyright books that are commercially unavailable. There are barriers to offering such books, but they are created by the costs of digitizing these books, the transaction costs of locating and negotiating with rightsholders, and the risk-bearing costs of situations where rights or their value are unclear or unknown. The settlement overcomes these barriers to entry for Google without raising them for any rival because every right the settlement gives Google is expressly nonexclusive. Far from increasing rival entry barriers, the settle-

2 I will use the term "unclaimed books" rather than "orphan books" to refer to books with unknown rightsholders because the term "orphan books" is misleading. Orphans have no parents, whereas so-called orphan books have rightsholders whose identity or location is unknown. (If they had no rightsholder, they would be out of copyright and thus pose no issue.) Because a key benefit of the settlement is converting unknown rightsholders into known rightsholders, it is clearer to refer to these books as "unclaimed books."

ment affirmatively lowers rival transaction and risk-bearing costs in a number of ways. First, the settlement helps rivals value digital books by revealing the extent of buyer demand for them, thus helping rivals decide which books to license for digital use. Second, the settlement creates a public database of rightsholders in claimed books that lowers rival costs in identifying and contacting them. Third, the settlement funds a search for rightsholders of unclaimed books, allowing rivals to avoid the transaction costs of finding them or the risks of offering unclaimed books without a license.

Indeed, the settlement may lower rival entry barriers even further because it allows licensing to Google rivals of claimed books by the Registry and of unclaimed books by the Unclaimed Works Fiduciary "to the extent permitted by law".[3] This raises two possibilities, depending on what one thinks the law permits a class action settlement to cover. If a class action settlement can legally authorize the Registry and Fiduciary to grant Google rivals the same default licenses over commercially unavailable books that Google gets under the settlement, then the settlement grants that authority. The Registry and Fiduciary have every incentive to exercise whatever licensing authority they have to get better distribution or a lower distribution markup. Such a settlement-created licensing authority would thus dramatically lower rival barriers to entry and create full competition in digital distribution of commercially unavailable books. If the settlement cannot legally give the Registry and Fiduciary authority over default licensing, then the settlement grants authority to license Google rivals only to the extent that the Registry gets post-settlement authority from the rightsholders to do so. This still lowers rival barriers to entry because the Registry has incentives to collect licenses and relicense them in aggregate form to improve distribution or lower markups. Whatever one's conclusion of what is "permitted by law," the settlement by definition did all it legally could to allow licensing of Google rivals.

In contrast, barring the settlement would anticompetitively raise entry barriers to prohibitive levels for Google and any other firm hoping to distribute books that are in copyright but commercially unavailable. Absent a class action settlement, the transaction and risk-bearing costs created by copyright law would be too high to distribute these books, resulting in zero output. A holding that such a settlement violates antitrust law would not only prevent Google from overcoming these entry barriers, but set a precedent preventing any rival from overcoming them either, condemning us all to zero output of these books and an effective price of infinity for new copies of them.

---

3 Amended Settlement §6.2(b)(i).

Institutional Subscriptions to All Google Books. The settlement also creates a brand new product, the institutional subscription, which gives institutions the ability to fully view all commercially unavailable books that are available for purchase under the settlement and all commercially available books whose rightsholders elect to include them in the subscription. This sort of blanket license is totally unfeasible today, and adding a market option that otherwise would not exist can only be procompetitive. Google must provide this institutional subscription for free at one or more terminals per college or public library. For other institutions, the settlement requires that subscription fees be set to earn only competitive market rates and to ensure the sort of broad access that would exist with competitive market output. Further, any ability to set supracompetitive prices for institutional subscriptions would be constrained by competition with other book sources (which the settlement enhances) and by Google's incentives to keep the price low to increase the advertising revenue that provides 97 percent of its current revenue. Nor does the settlement in any way increase the barriers that Google rivals might face in offering similar institutional subscriptions. To the contrary, it lowers those barriers for the same reasons described above for all books, whether commercially available or unavailable.

Other Procompetitive Benefits. The Settlement also provides a sundry of other powerful procompetitive benefits. It makes all displayed books available to the 15–30 million print-disabled Americans, who currently can access only a small subset of these books. It creates a digitized database of almost all books, which researchers can use to conduct research in linguistics, translation, or search protocols that currently would be impossible. It encourages a digitization of books that protects against books getting damaged or lost to history. Finally, it dramatically aids general research by making the bulk of past published books available online for free search, free preview, and free or lower cost purchase, thus curing the unfortunate tendency of current research to unduly favor less-developed, more-recent works because of their greater online availability.

Precedent. The settlement compares favorably to the blanket licenses for copyrighted songs that the opinions in *BMI v. CBS* held were too procompetitive to be subject to the per se rule and too lacking in anticompetitive effect to violate the rule of reason. There, as here, transaction costs made direct licensing with many rightsholders costly, and the agreements created an intermediary that offered a blanket license covering all their works but left individual rightsholders free to license directly. The Supreme Court concluded that lowering transaction costs and creating the new product of a blanket license were procompetitive justifications that made the per se rule inapplicable, and the lower appellate court concluded that the ability to directly license with individual rightsholders eliminated any anticompetitive effect. The same logic is equally applicable here, with the difference that the settlement is even less restraining in multiple respects. First, the *BMI* intermediary offered blanket licenses but not individual songs, and the plaintiff sought the remedy of requiring individual song sales. In contrast, the settlement requires Google to offer books on both a blanket and individual basis, and thus already provides the very market option of single sales that the *BMI* plaintiff sought as a remedy. Second, the *BMI* rightsholders could not set their own prices for sales through the intermediary, whereas the settlement allows rightsholders to set their own prices for sales through Google. Third, the *BMI* rightsholders could not license the same song through a rival intermediary, whereas the settlement allows rightsholders to license their books for distribution through any Google rival and Google at the same time. Thus, given that the *BMI* agreement was neither per se illegal nor a rule of reason violation, the Google books settlement cannot violate antitrust law either.

2. ENTRY BARRIERS AND THE BUT-FOR BASELINE

Understanding the effects of the Google books settlement requires first understanding what the but-for world would look like without the challenged settlement provisions. Nothing in the settlement in any way diminishes the ability of any Google rival to compete in distributing digital books. True, there are obstacles to doing so, but they are not obstacles imposed by the settlement. Instead, they are obstacles imposed by digitization costs and the transaction and risk-bearing costs of ascertaining which books are in copyright, determining who holds any rights, locating rightsholders, and negotiating an agreement. Because every right that the settlement gives Google to digitize, display, or sell books is expressly non-exclusive,[4] the settlement in no way increases the barriers to entry imposed by these costs. To the contrary, the settlement reduces barriers to entry for any Google rival in several ways

[4] Amended Settlement §2.4 ("The authorizations granted to Google in this Amended Settlement Agreement are non-exclusive only, and nothing in this Amended Settlement Agreement shall be construed as limiting any Rightsholder's right to authorize, through the Registry or otherwise, any Person, including direct competitors of Google, to use his, her or its Books or Inserts in any way, including ways identical to those provided for under this Amended Settlement Agreement."); see also §3.1(a) (Google's digitization rights are "non-exclusive").

detailed below. Critics argue that the settlement does not lower entry barriers enough for rivals to provide the commercially unavailable books that Google will be able to provide. This claim is, we shall see, factually debatable. Moreover, if true, this claim would mean that rivals would be even less likely to offer these books in the but-for world where the settlement didn't lower those entry barriers somewhat. Disapproval of this settlement would thus, if critics are right, result in a but-for world where no one offers these commercially unavailable books, which is certainly worse than a world where Google alone offers them, especially given that the settlement commits to competitive pricing.

How the Settlement Lowers Entry Barriers

Lower Digitization Cost Barriers. Google has incurred the enormous cost of digitizing the books, which included labor costs, significant legal risk, and creating new technologies to automate scanning and deal with book page curvature (Harrington 2009; Clements 2009). The settlement allows Google to provide each fully participating library with a digital copy of its books.[5] Those libraries are in turn free to sell those digital books to any Google rival if they are out of copyright. In fact, the University of Michigan has already used its digitized books to enter into an agreement to sell printon-demand access to hundreds of thousands of its out-of-copyright books through Amazon.com (Gershman 2009). Thus, Google rivals can free ride on Google's digitization without incurring those digitization costs when selling any out-of-copyright books. Facing this prospect, Google itself has proven willing to provide its digitized collection of public domain books to rival distributors: Sony and Barnes & Noble have entered into agreements with Google to each market more than 500,000 out-of-copyright books that Google digitized (Stone 2009; Rich 2009). As time goes on, more and more of the books that Google digitized will go out of copyright and thus become available to rivals without incurring digitization costs.

[5] Google can give "fully participating libraries" digital copies of all its books that Google digitized and even its books that Google digitized from other sources as long as a substantial portion of the library books were digitized. See Amended Settlement §7.2(a). What makes a library "fully participating" is that it has not only agreed to have its books digitized but also agreed to conditions limiting the use of those digitized copies. Amended Settlement §§ 1.62, 7.1, 7.2. "Cooperating libraries," in contrast, have allowed digitization of their books but have not agreed to the same conditions limiting use of those digitized copies, and thus do not receive those digital copies. Amended Settlement §1.39.

Further, the settlement makes the entire corpus of digitized books available for nonconsumptive research.[6] The settlement limits this availability to "qualified users," which is defined to include universities, nonprofits, government agencies, and others who agree to abide by limits on consumptive or commercial usage.[7] Although the settlement thus does limit the sorts of research or commercial usage that can be made of the digitized corpus that Google paid to create, the "non-consumptive research" that the settlement permits is defined to include developing improved search algorithms, and the settlement expressly provides that "Commercial exploitation of algorithms developed when performing Non-Consumptive Research on the Research Corpus is permitted".[8] Thus, the settlement allows others to free ride on Google's creation of this research corpus by using it to discover superior search algorithms for use by rival commercial search engines.

Lower Costs to Valuing Digital Books. The settlement also lowers the barriers to rivals offering digital versions of any books by providing useful information about the extent of commercial value each book might have in digital form. Google rivals can easily free ride on this information by seeing the display price and asking rightsholders about their sales volume. They can then use this information to offer books only when their commercial value makes doing so profitable given any digitization, transaction, royalty, and distribution costs.

Lower Costs to Identifying Out-of-Copyright Books. The settlement agreement lowers the barriers for rivals offering out-of-copyright books by clarifying which books are in the public domain. Currently, books published in the United States between 1923 and 1963 are in copyright only if the copyright was both noticed in the publication and properly renewed (Hirtle 2010). It is costly to resolve when these tests are met, especially because the renewal records were not digitized and because the average value of these books can be slight compared to these costs and the risk of tens of thousands of dollars of statutory damages for mistakenly replicating a copyrighted book.[9] Thus, many books in this time frame have not been offered by Google or others,

6 Amended Settlement §7.2(d).

7 Amended Settlement §§ 1.123, 7.2(d)(iii), (vi).

8 Amended Settlement §§1.93(e), 7.2(d)(x).

9 Under the Copyright Act, rightsholders can choose between (1) actual damages plus the infringer's profits or (2) statutory damages per infringed book of up to $150,000 if the infringement was willful or $30,000 if it was not. 17 U.S.C. §504(c) (1).

even though 93 percent are actually out of copyright (Ringer 1961, 220).[10] The settlement lowers these costs and risks by providing a process for determining which books are out of copyright that is binding on rightsholders and funded by Google and the Registry.[11] Because the settlement makes this information publicly available, rivals can free ride on it to offer all out-of-copyright books without incurring similar costs and risks.[12]

Lower Costs to Offering In-Copyright Books That Are Commercially Unavailable. The settlement also lowers the barriers to rival efforts to offer in-copyright books that are commercially unavailable. *First*, the settlement lowers rival costs of identifying who holds the rights to commercially unavailable books that are in copyright. It does so in two ways: (1) The settlement provides and funds a mechanism for resolving reversion issues.[13] Today, when a publisher allows a book to go out of print, it is often unclear whether the rights have reverted to the author. Resolving this issue thus lowers the costs of identifying who holds the rights even when the possible rightsholders are known. (2) Even when the reversion issue is clear, it takes effort to identify the author or publisher or their successors in interest.[14] Many are unknown, which is the problem of unclaimed (orphan) books. The settlement incentivizes unknown rightsholders to identify themselves by giving them royalties if they register. The settlement also funds a Registry that is required to search

---

[10] Ringer found that fewer than 7 percent of registered book copyrights were renewed.

[11] Amended Settlement §3.2(d)(v) & Attachment E.

[12] A book's display status on Google presumptively indicates its status because out-of-copyright books are 100 percent displayed for free, whereas no more than 20 percent of in-copyright books will be freely displayed unless a registered rightsholder specifies otherwise. See Amended Settlement §4.3(b)(i)(1). Further, the settlement provides that the Registry will make publicly available which books have registered rightsholders. See id. §6.6(d). Thus, a rival can easily identify all the books that are out of copyright by taking the set of books that are 100 percent displayed by Google and subtracting any of these books that the Registry database indicates have registered rightsholders.

[13] Amended Settlement Attachment A, Article IV.

[14] U.S. Copyright Office 2006, 22–34 (rightsholders can be difficult to identify because the book fails to identify the initial rightsholder, ownership has been transferred or the rightsholder has relocated, existing databases of copyright information are incomplete, and researching copyright information is difficult, costly, and uncertain to succeed).

for any unknown rightsholders who neglect to come forward.[15] By thus identifying unknown rightsholders, the settlement will convert many unclaimed books into claimed books.

Rivals will be able to free ride on these costly efforts to resolve and locate rightsholders for commercially unavailable books because the settlement provides that the Registry will make publicly available a database that identifies all registered rightsholders.[16] Because the settlement will reduce the number of unclaimed books from current levels, it will lower the transaction costs for licensing this set of books from effectively infinity to a potentially more feasible amount.

Second, the settlement will lower the risk-bearing costs of selling unclaimed books without a license. If these rightsholders have not come forward to register despite the settlement rewards for doing so, then that indicates they lack the knowledge, ability, or interest to claim their rights, thus lowering the risk that offering their books without a license would trigger a lawsuit.

Third, the settlement lowers the costs for rivals to obtain rights for a broad range of commercially unavailable books similar to those obtained by Google. The settlement does so in four ways.

(1) Lowering Costs of Mass Offers by Google Rivals to Registered Rightsholders. The settlement's creation of a public database of all registered rightsholders makes it much easier for rivals to make a mass offer directly to those rightsholders. If the rival offer is more attractive than Google's settlement terms, the rival should have no trouble getting many rightsholders to accept because the rightsholders can do so without giving up any rights to distribute via Google. True, this cannot help with unclaimed books. But because of the settlement, there will be far fewer unclaimed books, especially unclaimed books that have any significant value, because the settlement incentivizes unknown rightsholders to come forward and funds a Registry search for any that don't.

---

[15] Amended Settlement §6.1(c) (Registry "will use commercially reasonable efforts to locate Righstholders of Books and Inserts"). Google will pay $34.5 million to initially fund the Registry. §§ 5.2, 6.4. If rightsholders do not register, after five years up to 25 percent of their unclaimed royalties can be used to search for search for unclaimed rightsholders, and after ten years, their unclaimed royalties go to charities that advance literacy, education or freedom of expression and that benefit rightsholders and the reading public. §6.3(a)(i).

[16] Amended Settlement §6.6(d).

(2) Authorizing Registry to Aggregate Rights and License Them to Google's Rivals. The settlement provides that: "The Registry will be organized on a basis that allows the Registry to the extent permitted by law, license Rightsholders' U.S. copyrights to third parties".[17] At a minimum, this provision clearly allows the Registry to license books to Google rivals if the Registry gets subsequent rightsholder permission. Some critics argue that neither the Registry nor rightsholders would have incentives to license a Google rival (Picker 2009c, 408). But that is incorrect because they would have the same incentives to minimize the distribution markup that any upstream supplier has.[18] Thus, if a Google rival would undercut the distribution markup that Google charges or be a more efficient distributor in any other way, then both the Registry and individual rightsholders would have incentives to license that rival. Accordingly, the Registry would have incentives to ask each registrant to authorize it to license rivals, each registrant would have incentives to give that authority, and the Registry could then license all authorized books in aggregate to any rival.

(3) Possibly Authorizing the Registry and Fiduciary to License Default Rights to Claimed and Unclaimed Books. The settlement arguably provides an even lower cost way for rivals to obtain default rights to offer commercially unavailable books because the settlement allows the Registry to license claimed books, and the Fiduciary to license unclaimed books, "to the extent permitted by law".[19] The effect of this provision depends on what one believes the law permits. Suppose one believes that the current class action settlement could not itself legally permit the Registry or Fiduciary to license Google's rivals because there is no current case or controversy involving those rivals. Then this provision means only that the settlement does not preclude the Registry and Fiduciary from licensing books to Google's rivals, but the provision does not itself affirmatively confer authority to grant such licenses. Such permission would instead have to be obtained either from the rightsholders directly, from settlement of a second class action by the rightsholders against Google's rivals, or from new legislation covering unclaimed books. In that

[17] Amended Settlement 6.2(b)(i); see also §6.1(a).

[18] Leegin Creative Leather Products, Inc. v. PSKS, Inc., 551 U.S. 877, 896 (2007) ("in general, the interests of manufacturers and consumers are aligned with respect to retailer profit margins. The difference between the price a manufacturer charges retailers and the price retailers charge consumers represents part of the manufacturer's cost of distribution, which, like any other cost, the manufacturer usually desires to minimize."); Elhauge 2008b, 441–442.

[19] Amended Settlement §6.2(b)(i).

case, the settlement still lowers entry costs in all the ways noted above. Now suppose one instead believes that the rightsholders represented in the current class action could legally permit the Registry and Fiduciary to grant default licenses for their claimed and unclaimed books to Google's rivals, perhaps on the theory that rival licenses are inextricably intertwined with the licenses to Google. Then this provision would seem to affirmatively give the Registry and Fiduciary the power to license Google rivals without requiring later rightsholder permission, as long as the relevant rightsholders did not object. In this case, the settlement lowers the barriers for rivals even further, allowing rivals to get a default license similar to Google for all commercially unavailable books through agreements with the Registry and Fiduciary without incurring the costs of a class action at all.

In its initial Statement of Interest, the Department of Justice (DOJ) tentatively dismissed this second possibility on the grounds that the parties represented to it that "they believe the Registry would lack the power and ability to license copyrighted books without the consent of the copyright owner".[20] But the views of Google and the class do not determine what the law actually permits. There are two possibilities. First, the parties might be incorrect in their prediction about what the law will permit. If so, then the provision does authorize the Registry and Fiduciary to grant default licenses to all commercially unavailable claimed or unclaimed books covered by the settlement. Second, the parties might be correct about what the law will permit. If so, then it is not the settlement agreement that is barring such licenses; it is the law that does not permit them. Either way, the settlement will have done all it legally could to authorize default licenses to rivals that parallel the default licenses the settlement grants to Google.

(4) Roadmap to Second Class Action. Even if the above methods were deemed incomplete or ineffective, the settlement would still, if approved, lower rival entry barriers by providing a roadmap by which rivals could use a similar class action vehicle to obtain those rights. Rivals could simply engage in copying efforts similar to Google, inviting a class action lawsuit that they would know (if this settlement were approved) they can settle on similar terms, perhaps with this settlement's Registry and Fiduciary, perhaps with other class action representatives that agree to create a second competing Registry and Fiduciary. If the second class action were controlled by the same

[20] Statement of Interest of the United States of America Regarding Proposed Class Settlement at 23, Authors Guild, Inc. v. Google Inc., S.D.N.Y. Case No. 05 CV 8136-DC (Sept. 18, 2009) [hereinafter "Initial DOJ Brief"].

forces who control the Registry and Fiduciary, they would have incentives to license the rival in order to minimize Google's distribution markup. If it were not, then the second set of class action plaintiffs would be competitors of the Registry and Fiduciary with even stronger incentives to license a rival and undercut Google. If no class action were brought against the copying rivals, then the rivals would be even better off because they would be able to offer the same books as Google without incurring the same royalty costs. None of this is to deny that triggering a second class action would incur serious entry costs. The point is that the settlement does nothing to raise those costs but to the contrary, if approved, would somewhat lower those costs by reducing the risk that courts might not approve a similar settlement by rivals.

The Critique of De Facto Monopoly and the Proper But-for-Baseline

Critics argue that these entry barriers will remain insuperable for Google's rivals after the settlement because (1) outside of a second class action, it is impossible for rivals to get licenses for unclaimed books and infeasible to get simultaneous licenses over a comprehensive set of commercially unavailable claimed books; and (2) rivals would still regard a second class action as too costly and risky. The critics argue that this means the settlement will give Google a de facto exclusive license and monopoly in offering unclaimed books and a comprehensive set of commercially unavailable books.[21] In its initial brief, the DOJ indicated tentative support for this position, but relied partly on a most favored nation clause in the initial settlement that has been cut from the amended settlement.[22] It remains to be seen whether the DOJ will stick to this position even now that, with the elimination of the most favored nation clause, all the remaining obstacles to rival entry that the DOJ cited refer to factors that were not created by the settlement and would exist without it. I myself think that the most favored nation clause was always a red herring, because no persuasive analysis was ever offered about why it would deter rival entry (Elhauge 2009c, 4–5, 39–41; 2009a, 7). But regardless of whether one

---

[21] Amazon.com Objection to Proposed Settlement, Authors Guild, Inc. v.Google Inc., S.D.N.Y. Case No. 05 CV 8136-DC, at 1 (Sept. 1, 2009) [hereinafter "Amazon Initial Brief"]; Yahoo! Objection to Proposed Settlement, Authors Guild, Inc. v. Google Inc., S.D.N.Y. Case No. 05 CV 8136-DC, at 24–25 (Sept. 8, 2009) [hereinafter "Yahoo Initial Brief"]; Darnton 2009a; Fraser 2009, 2; Grimmelman Amicus Brief, Authors Guild, Inc. v. Google Inc., S.D.N.Y. Case No. 05 CV 8136-DC, at 9–10 (Sept. 3, 2009) [hereinafter "Grimmelmann Initial Brief"]; Grimmelmann 2009b, 1, 11–20; Picker 2009c, 385–386; Samuelson 2009a; Gibson 2008, A21.

[22] Initial DOJ Brief at 23–24.

thought it was a red herring, eliminating this clause has usefully clarified that the objections of many critics are based on entry obstacles that would apply equally without the settlement, because these critics continue to object that the settlement creates a de facto exclusive license even though they can no longer point to any entry obstacle that was even arguably created or worsened by the settlement (Open Book Alliance 2009; Darnton 2009b; Grimmelmann 2009a; Picker 2009b, 2–3; Samuelson 2009b).

The de facto exclusive license critique has several problems. To begin with, it relies on three factual premises that must all be right for the critic's argument to work, and the accuracy of every one of them is debatable. (1) Perhaps the critics are right that the settlement cannot legally permit the Registry and Fiduciary to grant default licenses to Google's rivals, but if they are wrong in that legal premise, then the settlement does directly authorize such licensing. (2) Perhaps the critics are right that, absent Registry or Fiduciary licensing, rivals could never assemble a competing near-universal library without a second class action. But it also seems plausible that under the settlement: (a) almost all currently unclaimed books that have significant value would become claimed, and (b) rivals or the Registry could then assemble nearuniversal libraries by getting permissions from rightsholders of claimed books. The former is plausible because of Registry search and rightsholders' incentives to come forward, and the latter is plausible because the settlement greatly lowers the costs of identifying and contacting all claimed rightsholders. (3) Perhaps the critics are right that rivals would be unwilling to engage in conduct similar to Google's and risk triggering a second class action. But Google did so, and the risks of a rival doing so would only be lower if this settlement were approved because approval would resolve legal uncertainty about whether a similar rival settlement would get approved. Further, if the critics are right that the settlement would lead to monopoly pricing, then the rival gains from engaging in similar conduct would be high, higher than they were for Google, which probably never anticipated that digitizing books for snippet display in searches might trigger a class action settlement giving it default licensing rights to make profitable book sales. So if Google found the risk-reward tradeoff worth it despite a higher risk and less expected reward, one might think that a rival like Amazon, Microsoft, or Yahoo would also find it worthwhile after an approved settlement lowered the risk and raised the expected rewards.

Obviously, any of these three strategies would put these rivals behind the first-mover, Google, which is probably why these rivals have instead chosen to oppose the settlement directly and through the Open Book Alliance.

But a first-mover advantage is not the same thing as a de facto monopoly, and the desire of rivals to avoid second-mover status is not grounds for antitrust invalidation.

In any event, we need not rest on disputed factual predictions, for what is even more interesting is that the critics' argument fails conceptually even if we grant them the benefit of each factual doubt. An assumption that critics are right on all their factual premises would not show that the *settlement* forecloses rivals or confers a de facto exclusive license, for the obstacles to rival entry to which the critics point are not caused by the settlement, but instead reflect independent entry barriers like transaction costs and copyright risks. The initial DOJ brief highlighted as much, concluding that "Google's competitors are unlikely to be able to obtain comparable rights independently. They would face the same problems ... that Google is seeking to surmount through the Settlement Proposal".[23] In fact they would face lesser problems, not the "same problems," because the settlement lowers rivals' barriers in the ways described above, but assuming the DOJ is right that they would be the "same problems" only highlights that they are problems that the settlement seeks to surmount but did not create or worsen. Even if it turns out to be true that Google is the only firm that is willing or able to incur the costs and risks of a class action to trigger a settlement, that does not mean that the settlement forecloses anything or confers a de facto exclusive license. The foreclosure or de facto exclusivity would be provided by the unwillingness or inability of Google rivals to overcome entry barriers that the settlement did not create (and in fact lowers).

More important, if critics are right in their factual premise that these entry barriers are insuperable without this sort of class action settlement, it means that the but-for alternative to this settlement is a world where no firm offers either unclaimed books or a comprehensive set of commercially

[23] Initial DOJ Brief at 23; see also Yahoo Initial Brief at 24 ("Although nothing in the Proposed Settlement expressly prohibits the entry of any other potential market participant into the field of digital book scanning and searching, the structure of the Proposed Settlement ensures that the market is functionally closed to new entrants. Through the Proposed Settlement, Google has sidestepped the tremendously laborious process of negotiating with rights holders for individually tailored licensing deals. Any would-be competitor attempting to negotiate directly with each rightsholder would be faced with insurmountable transaction costs and impossibility: a potential competitor simply cannot negotiate with every rightsholder covered by the Proposed Settlement because of the large percentage of those rights holders that cannot be found.").

unavailable books. In other words, the critics' own premise confirms that this settlement provides a powerful procompetitive benefit making available books that could not be available without the settlement.[24] Even if the critics are right that no Google rival could overcome the barriers to entry in a similar way, a market with one competitor is better than a market with none, because it increases market options and output from nothing to something, thus improving consumer welfare. If the critics are wrong, and other rivals can overcome the same entry barriers (perhaps because the settlement lowers them), then the settlement is even more precompetitive – creating a competitive market in digital distribution of a set of books that otherwise would not be offered at all.

Any ruling that antitrust law bars the sort of class action resolution proposed here would not reduce the relevant entry barriers. Instead, it would greatly increase entry barriers by preventing any firm - including Google and its rivals - from obtaining similar default rights. This would make it impossible for any firm to offer books that are unclaimed or insufficiently valuable to make it worthwhile for anyone (including the rightsholder) to incur the transaction costs of licensing, and would make it much more difficult for any firm to provide easy searchable access to most of the books that have been written. It would be perverse to employ antitrust law to require such an anticompetitive result.

Any claimed anticompetitive effects must be measured from the but-for baseline of what would happen without the settlement. Because commercially unavailable books are defined to be whatever set of books no seller finds worth offering for new sales in the future, and because nothing in the settlement increases the difficulty of offering any set of books, by definition any set of commercially unavailable books that Google can offer under the settlement will be books that would not be offered by anyone without the settlement.

The available evidence indicates that without this sort of class action settlement, no firm would offer widespread digital access to the set of in-copyright books that are currently commercially unavailable. Google itself did not

---

24 Fraser 2009, 2 (acknowledging it would have been an "impossibility" for Google to have reached agreements with all rightsholders absent the class action settlement); Grimmelman Initial Brief at 9 (arguing without the settlement "Google itself could never, under any circumstances, have privately negotiated the permissions" to orphan books and that thus "no competitor will ever be able to obtain the necessary permissions to make competing uses of them."); Yahoo Initial Brief at 24.

attempt to do so before the settlement. Google just digitized these books for purposes of searches that gave snippets of text, which it argued was covered by the fair use doctrine, without making any effort to offer their full text.[25] If the settlement were rejected and Google lost the litigation, it wouldn't be able to offer even those searches and snippets, and in the best case scenario where Google won the litigation, the fair use basis for its victory would limit Google to offering no more than those searches and snippets.

Nor has any other firm attempted to offer the full text of a similar set of books without going through a similar class action settlement process. In fact, the most likely potential entrants into the digital book market have affirmatively demonstrated that they would be unlikely to do so. Amazon began its "Search Inside the Book" feature in 2003 by scanning over 120,000 books for which it provides a partial preview, but it did not provide full digital text for any books or extend these partial displays to any out-of-print works or any books where it did not have prior publisher approval (Quint 2003). Microsoft attempted to assemble a library of 750,000 public domain and licensed commercially available works, but later abandoned the project in May 2008, explaining that its Live Book Search did not constitute a "sustainable business model" (Helft 2008). This suggests that even a giant like Microsoft finds it unprofitable to offer a digital library combining outof-copyright and commercially available books that does not include the incopyright, commercially unavailable books that would be hard or impossible to offer without a settlement like this. Microsoft's experience thus indicates that offering users the knowledge that they are searching through a complete or nearly-complete database of books may be a necessary precondition for a successful business model. Microsoft itself admitted as much when, in its online announcement that it was ending its Book Search project, it noted that it hoped to move to "more sustainable strategies" in which "our investments will help increase the discoverability of all the valuable content that resides in the world of books and scholarly publications" (Bing 2008). If so, this confirms the high procompetitive benefits of allowing a settlement that creates such a universal library. Either way, this indicates that without this settlement, neither Amazon nor Microsoft would provide anything resembling the near-universal access to digital books that this settlement provides.

---

[25] Joint Public FAQ from Authors Guild, Association of American Publishers & Google, Question # 6, available at http://books.google.com/googlebooks/agreement/faq.html; Conversation with Eric Schmidt hosted by Danny Sullivan, Search Engine Strategies Conference, August 9, 2006, available at http://www.google.com/press/podium/ses2006.html.

But it does not matter whether this factual prediction is right or not. For if Amazon, Microsoft, or any Google rival does in the future offer any books for new sale that are not derived from the Google scanning project, then (even if those books are currently out of print) those books will become "commercially available," and then the settlement will by default exclude them from sale via Google. The settlement thus by definition does not give Google any default license or plausible de facto monopoly over any books that any rival would offer in the but-for world.

This but-for baseline has several implications. Even if the settlement gave Google the power to set monopoly prices for unclaimed books or for widespread digital access to commercially unavailable books (which as we shall see is contrary to fact), that would not be an anticompetitive effect because having a monopolist offer a product is better for consumer welfare than having no one offer a product. Nor is it at all unusual or improper if the first firm to overcome the entry barriers to offering a product reaps monopoly profits from doing so. That is regarded as their proper reward for investing to overcome those entry barriers and provide consumers with a desired product.[26] Investing to be the first to overcome entry barriers is procompetitive, not anticompetitive, as long as the firm does not artificially increase entry barriers for later rivals. The first-mover's investment in overcoming those entry barriers makes consumers better off and restrains no competition that would have existed in the but-for world. That is especially true where, as here, the first-mover's investments in overcoming those entry barriers actually lower entry barriers for subsequent rivals.

In fact, the settlement is even more beneficial to consumers than suggested above because, even if no rival enters to provide these otherwise commercially unavailable books, this settlement would not give Google the power

---

[26] Verizon Communications v. Law Offices of Curtis V. Trinko, 540 U.S. 398, 407 (2004) ("The mere possession of monopoly power, and the concomitant charging of monopoly prices, is not only not unlawful; it is an important element of the free-market system. The opportunity to charge monopoly prices—at least for a short period—is what attracts 'business acumen' in the first place; it induces risk taking that produces innovation and economic growth"); Elhauge 2003a, 332 ("when a firm uses proper conduct to create something sufficiently more valuable than existing market options to enjoy dominant market power, then any high prices it earns are the proper social reward for that creation . . ."); Elhauge 2003b, 796, ("We thus must be careful not to act as if the purpose of antitrust laws were to eliminate monopoly profits themselves. Such profits are an extremely valuable inducement to the creation of better or cheaper products.").

to set monopoly prices over any set of digital books because the settlement (1) gives individual rightsholders total freedom to price their books through Google or any Google rivals, and (2) requires that Google set prices for individual books and institutional subscriptions using algorithms that mimic competitive pricing. The details are explained in Part 3. Here, the important point to emphasize is that we should not infer, from the fact that the settlement would (even if rivals do not enter) create something as close as feasible to competitive market pricing, that the but-for baseline should be taken to be a fully competitive market in distributing these books, because that clearly would not exist without this settlement. Instead, without this settlement there would by definition be no market in unclaimed or commercially unavailable books, and thus no firm offering them or a nearuniversal library.

Accordingly, even if this settlement failed to eliminate all possible supracompetitive pricing, it would still be beneficial to consumer welfare because it would increase but-for future output of these books from nothing to something, although the future output would not be quite as high as it would be with full competitive pricing. If the settlement does provide full competitive pricing even without rival entry, then the results are even more beneficial to consumers. Alternatively, if rivals in fact do later provide these same otherwise commercially unavailable books, then encouraging settlements like this will lead to full competitive pricing for these books, which again would be even more beneficial to consumers. But these remarkable procompetitive effects do not alter the fact that the applicable antitrust test is whether the settlement improves consumer welfare from the but-for world, not whether it maximizes consumer welfare to the fullest extent conceivable. The DOJ's own guidelines stress that this but-for baseline applies when assessing the effects of horizontal business agreements, stating that "Rule of reason analysis focuses on the state of competition with, as compared to without, the relevant agreement" (Federal Trade Commission & Department of Justice 2000, §3.3).

Responding to the Critique of the But-For Baseline

Professor Randal Picker has critiqued this but-for baseline on two grounds, neither of which is well-founded. First, he equates the but-for baseline with a historical presettlement baseline, and argues that my reliance on a but-for baseline is thus incorrect because a cartel that starts just before a new product is introduced may result in more output than the past, but is still harmful (Picker 2009a, 4–6). This argument clearly attacks a straw man because antitrust has never understood a but-for baseline to equal a past baseline, and certainly I have never equated the two. The but-for baseline is what the market situation would be "but for" the alleged misconduct, and the whole reason antitrust uses this "but for" baseline is to distinguish it from what the market situation was in the past.[27] Indeed, in my writing I have expressly cautioned against replacing the but-for baseline with a past baseline based on the pre-conduct world, stating that "using a past baseline may falsely suggest the conduct caused no damages even though the conduct did anticompetitively make prices higher than they would have been in the but-for world without that conduct" (Elhauge 2008b, 21).[28]

There is thus no tenable basis to claim, as Picker does, that by the but-for world I mean the "pre-settlement world" (Picker 2009a, 6). I don't. To the contrary, my argument is that the critics themselves claim that entry barriers unrelated to the settlement will in the future prevent any firm from providing commercially unavailable books without a Google-like settlement; thus, the critics' own claim means that the future "but for" world without the settlement would be a world where no firm can offer commercially unavailable books.[29] While Picker is certainly correct that antitrust should not allow agreements simply because they result in higher output or lower prices than the past, antitrust should and does allow agreements that result in higher output and lower prices than would result in the but-for world without the challenged agree-

[27] See, e.g., Maarten Pieter Schinkel 2008, 23 ("An essential part of assessing antitrust damages is to determine what would have been the market situation absent the competitive acts— sometimes referred to as the 'but-for' world."); Ariel Katz 2007, 882 ("Antitrust looks at the effect of a specific restraint or conduct on the firm's (or the involved firms') ability to set their price higher or lower relative to a relevant benchmark, which should generally be the price (or other relevant variable) that would have existed but for the impugned conduct."); Roger D. Blair & Christine A. Piette 2006, 413 ("In general, an antitrust plaintiff should recover the difference between its actual economic condition and the condition it would have enjoyed but for the antitrust violation.").

[28] See also Elhauge 2008b, 414, arguing against using a baseline of prices before an alleged anticompetitive program because if costs or market power would otherwise have decreased over time, then the "but-for price that would have been charged in a later period would be lower than the price that was charged in the period before the program, and thus the pre-program price would be too high a baseline."

[29] For reasons noted above, I agree that without approval of class action settlements like this one, no firm would offer the set of books that would be commercially unavailable in the but-for world, but it seems to me quite plausible that rivals would offer those books with approval of this settlement because the settlement lowers rival entry barriers in various ways.

ment. Disapproving a settlement that satisfies this but-for test would condemn us all to suffering lower output and higher prices than the output and prices we would enjoy from 2010 onward with settlement approval.

Second, Picker argues that a but-for baseline would approve an agreement that bundles an anticompetitive agreement with an unrelated procompetitive agreement if the net effects are positive (2009a, 5–7). But, once again, this misconstrues the but-for baseline, which judges each separable agreement separately. If agreement on one provision has anticompetitive effects and does not contribute to the procompetitive effects of the rest of the agreement, then it is separable and the but-for test would condemn the anticompetitive provision because the procompetitive portions of the agreement would go forward in the but-for world without the separable anticompetitive provision. The assertion that the but-for test presupposes that anything grouped in one contract has to be treated as a unit is thus another straw man and not at all a premise used in my analysis.

Here, the critics are condemning provisions that, viewed separately, have clear procompetitive effects because they increase output and decrease prices from but-for levels. Consider the four main critiques the objectors have made.

Their first critique argues that a class action settlement cannot give Google a nonexclusive default license to sell commercially unavailable books, partly because copyright law makes it illegal to copy without express rightsholder authorization.[30] This argument strikes me as quite dubious: the whole point of class actions is to give class counsel abilities to act on behalf of class members, and class actions often authorize things on behalf of people who otherwise legally have to give express authorization.[31] After all, waivers of legal claims under tort, antitrust, or securities law must also generally be express, and no one has ever thought this means that tort, antitrust, and

[30] Amazon Initial Brief at 31–34; Microsoft Objection to Proposed Settlement, Authors Guild, Inc. v. Google Inc., S.D.N.Y. Case No. 05 CV 8136-DC, at 3, 6 (Sept. 8, 2009) [hereinafter "Microsoft Initial Brief"]; Open Book Alliance Objection to Proposed Settlement, Authors Guild, Inc. v. Google Inc., S.D.N.Y. Case No. 05 CV 8136-DC, at 2 (Sept. 8, 2009) [hereinafter "Open Book Alliance Initial Brief"]; Yahoo Initial Brief at 7–10; Peters 2009, 3, 5–8.

[31] Although the critics repeatedly refer to the default license as a "compulsory license," this characterization is incorrect. Rightsholders can opt out of the settlement, or even if they do not, can opt out of the license at any time in the future, and indeed can opt in, and out, and back, and forth of the license and any separable license features at any time. See infra Part 3.

securities claims cannot be resolved by opt-out class actions. In any event, the default license granted by the settlement is necessary to achieve the relevant procompetitive effects because without a default license, as the critics themselves argue, no firm could offer unclaimed and commercially unavailable books. Thus, in the but-for world, holders of copyrights in unclaimed and commercially unavailable books would get zero royalties and readers would be deprived of access to their books.

Given that nothing in the copyright statute states that it prohibits waivers via class action, it is hard to see why, despite this statutory silence, a copyright provision that was designed to protect copyright owners should be interpreted to require harming both copyright owners (by lessening their royalties) and the public (by lessening their access to books). As Professor Grimmelman notes, the twin purposes of copyright law are to reward authors and maximize the creative works actually made available to the public.[32] It seems quite perverse to interpret statutory silence to thwart both of the statute's purposes. It seems equally perverse to argue that sound class action procedure under Rule 23 requires an interpretation that, by precluding default licenses, harms unknown rightsholders in the name of protecting their rights, and indeed harms all class members and the class defendant, as well as the public interest in accessing these books.[33] Even if copyright law and Rule 23 did require such

---

[32] Grimmelman Initial Brief at 2.

[33] Many critics argued that a class settlement must be limited to past conduct and could not provide forward-looking licenses. See Amazon Initial Brief at 1–2, 34–40; Microsoft Initial Brief at 4, 21–25; Yahoo Initial Brief at 17–19. However, the DOJ rejected this critics' position on the ground that a "class of copyright holders may be able to settle a lawsuit over past conduct by licensing a broader range of conduct to obtain global 'copyright peace.'" Initial DOJ Brief at 6. The DOJ's Rule 23 concerns were instead whether possible class conflict issues might be raised because the class settlement (1) covered rightsholders from certain objecting foreign nations, (2) had the Registry act for both known and unknown rightsholders, (3) allowed expansion to unspecified future revenue models, and (4) provided that royalties earned on unclaimed books could inure to the benefit of the Registry and known rightsholders if the unknown rightsholders were never found. See id. at 6–13. Whatever the merits of those initial concerns, they seem to be addressed by the amended settlement, which (1) excludes books that were registered in the United States or published in the United Kingdom, Canada, or Australia, (2) creates an independent fiduciary to represent unknown rightsholders, (3) specifies the future revenue models, and (4) prevents royalties for unclaimed books from ever inuring to the benefit of the Registry or known rightsholders. See Amended Settlement §§ 1.19, 3.2(e)(i), 3.10(e)(iii), 4.2(c)(i), 4.5(b)(ii)., 4.7, 6.2(b)(i), 6.3(a)(3).

a perverse result, it is clear that antitrust law does not, because the nonexclusive default license over commercially unavailable books, standing alone, has strong procompetitive effects.

The second critique is that the settlement does not go far enough because it does not also authorize default licenses for Google's rivals.[34] This second critique is quite inconsistent with the first one. If a settlement of litigation between a class of rightsholders and Google cannot, as critics argue, grant default licenses to Google under copyright law or Rule 23, then a fortiori such a settlement cannot grant default licenses to rivals that were not even involved in the litigation. If the critics really believe that granting default licenses is illegal under copyright law or Rule 23, then they should oppose granting default licenses to anyone, and be prepared to defend an interpretation of those laws that manages to harm not only copyright owners and users, but also all class members, the class defendant, and the public interest. If they really don't believe that granting default licenses is illegal under those laws, then they shouldn't raise an invalid objection to try to squeeze a better deal out of Google and the rightsholders. Anyone who argues that the settlement should authorize default licenses to rivals has implicitly conceded that authorizing default licenses to Google does not violate copyright law or Rule 23.

Moreover, this second critique never comes to grips with the fact that the settlement already authorizes the Registry and Fiduciary to license Google's rivals "to the extent permitted by law." So the only way the settlement doesn't authorize licensing rivals would be if it turns out to be illegal to do so. Do the critics want the settlement to authorize licensing rivals even if that is illegal? That would be bizarre and, in any event, ineffective. Or, more likely, do the critics want no one to get default licenses unless the settlement can legally authorize default licenses for both Google and its rivals? That seems a more plausible reading of their position, but would clearly violate the but-for test because a world where Google alone can offer unclaimed and commercially unavailable books is clearly better for consumer welfare than a world where no one can, especially given that the settlement provides for competitive pricing through Google.

Even if we ignore the fact that the settlement does authorize licensing rivals if it is legal to do so, this second critique does not support Professor Picker's bundling claim. The second critique does not show that nonexclusive default licenses to Google have anticompetitive effects that the parties are

[34] Initial DOJ Brief at 25 & n.10; Grimmelman 2009a; Open Book Alliance Initial Brief at 29–31; Picker 2009b, 3, 10–12.

attempting to bundle with other provisions that have procompetitive effects. The nonexclusive default licenses to Google over commercially unavailable books, standing alone, have pure procompetitive effects over the but-for baseline, without bundling them with any other provisions. The second critique instead claims that the court should disapprove nonexclusive default licenses that do enhance consumer welfare (compared to the but-for baseline) unless the parties add more nonexclusive default licenses that would enhance consumer welfare even further.

It is this move that is improper under antitrust's but-for standard because it is not an antitrust violation to enter into an agreement that benefits consumer welfare on the theory that another agreement could have benefitted consumer welfare even more.[35] The reason is plain to see: if the critics' implicit antitrust standard were the law, then every single joint venture that charged anything for its product would be an antitrust violation because it would benefit consumer welfare even more if the joint venture offered its product for free. And if that were the law, no one would propose joint ventures that benefit consumer welfare at all. This free-product baseline is not only the logical implication of the critics' implicit baseline, but is sometimes invoked more explicitly. At a conference I attended about this settlement, some opponents who complained that the settlement treated rightsholders unfairly made clear that their objections would go away if the settlement provided unclaimed books for free. This position begs the question of why rightsholders would be better off if required to take the zero royalties they would get on free books rather than the positive royalties they would get under the settlement. More important for present purposes, this position indicates that some critics are relying on a free access baseline that, while a common norm among many Internet enthusiasts, is not the but-for baseline required by antitrust law.

Nor do I know of any case that has held that authorities can disapprove a settlement between two parties whose provisions each benefit the public interest on the ground that the settlement could have added additional benefits

[35] Nor could one say that this second critique is relying on the less restrictive alternative test because that test only applies when an agreement restrains competition to further a procompetitive justification that could equally be advanced through some alternative that is less restraining of competition. Here, the nonexclusive default licenses to Google do not restrain competition at all; the critique is instead that independent factors restrain rival entry and that the settlement does not fully overcome those factors for rivals. Thus, the second critique is not applying a less restrictive alternative test: it is applying a "more beneficial alternative" test, which fails for the reasons noted in text.

to the public interest. The power to protect against settlements that harm the public interest is not a license to threaten settlement disapproval in order to expropriate as much from the settling parties as possible, even if the expropriation is done in the name of benefitting the public. Distorting the settlement approval process in that fashion is not in the long run best interests of the public interest, for at least two reasons. First, the authorities might get the game theory wrong, blowing up settlements and preventing any benefit to the public interest. Second, expropriating as much as possible of the joint gains will discourage ex ante investments to create those joint gains in the first place.

The third major critique has been that the provisions specifying default prices and royalties for commercially unavailable books amount to illegal horizontal price-fixing,[36] even though the default prices are set with a competition-mimicking algorithm and any rightsholder can competitively set its own price and would have incentives to do so if supracompetitive prices were set. This argument is wrong for many reasons detailed in Part 3, but for present purposes the important point is that these provisions are not separable from the default licenses because one cannot have a default license without some default price and royalty. Thus, the only way to avoid default prices and royalties would be not to have default licenses at all, making it impossible to offer unclaimed books and infeasible to offer books that by definition would otherwise be commercially unavailable. Condemnation of these provisions would thus clearly harm consumer welfare relative to the correct but-for standard. This application of the but-for test does not at all depend on an argument, as Professor Picker asserts, that these provisions have anticompetitive effects that are outweighed by other procompetitive effects of the settlement.

In its initial brief, the DOJ challenged the need for default pricing and royalties, stating: "The parties' contention that this kind of industry-wide pricing mechanism is necessary to create a vibrant market for digital books is difficult to reconcile with the facts on the ground. Millions of digital books are already available for purchase, including growing numbers of out-of-print books, as a result of bilateral negotiations between distributors and individual rightsholders".[37] But this DOJ statement misses the point that the settlement does not grant default licenses for any book that is commercially available for new

[36] Initial DOJ Brief at 17–21; Amazon Initial Brief at 1, 18–24, 30; Open Book Alliance Initial Brief at 2, 27–28; Yahoo Initial Brief at 22–23; Fraser 2009, 15–17; Picker 2009c, 383, 385, 398, 408; Picker 2009b, 5–6.

[37] Initial DOJ Brief at 22.

sale from any source other than the Google scan, whether or not the book is out of print in the physical sense.[38] So the settlement by definition provides no default license or prices or royalties for the millions of digital books that are – or will be – available for purchase from sources other than the Google scan covered by the settlement. The DOJ's initial brief also asserted that the provisions on default prices and royalties were not "reasonably necessary to achieve the stated benefit of the Proposed Settlement—breathing new commercial life into millions of long-forgotten, commercially unavailable works".[39] But it provided no support for this assertion, which seems directly contrary to the DOJ's point on the very next page that without similar default licenses rivals would be unable to offer unclaimed books.[40] The latter is more persuasive because without default terms on prices and royalties, a firm would have to obtain the consent of the rightsholder on the price and royalty, and as the DOJ notes "consent cannot be obtained from the owners of orphan works".[41] Nor, without default licenses, would anyone find it worthwhile to negotiate licenses for other commercially unavailable books given that, by definition, those books would be commercially unavailable without such default licenses. The fourth critique has been that the settlement covers both claimed and unclaimed books, and should jettison the latter category (Picker 2009c, 383, 409). This objection to settlement bundling fails because, as shown in the next Part, the settlement is enormously procompetitive for each and every category of books, viewed entirely separately. Further, unbundling the book categories would affirmatively reduce the procompetitive effects of the settlement without alleviating the supposed anticompetitive concerns. After all, a great deal of the value of this settlement comes from creating a common searchable database for locating and viewing a near-universal library of books. The whole is more valuable than the sum of its parts, and it is that collective value that makes it commercially feasible to offer books that otherwise would be commercially unavailable. Moreover, if unclaimed books were separated, unknown rightsholders would not have the same incentives to register to get the advantages of being a known rightsholder and there would not be a commonly funded Registry to help locate them. To the extent that unknown rightsholders are a problem, separating them would prevent the settlement

---

[38] Amended Settlement §1.31 (defining "commercially available"); infra note __ (collecting provisions that create default license for books that are not commercially available).

[39] Initial DOJ Brief at 22.

[40] *Id.* at 23.

[41] *Id.* at 23.

from reducing the size of that problem. Nor would separating them help alleviate anticompetitive concerns because a separate settlement that licensed unclaimed books would still have to set some price for those books, and it is hard to know how one could do much better than requiring a pricing mechanism designed to mimic how their unknown rightsholders would have competitively set prices if they had all the information Google will have.

The Alternative of Waiting for Congress

Some suggest that the settlement should be disapproved because instead Congress should or likely would enact orphan works legislation.[42] But I have never heard of a case where an agreement with procompetitive effects was rejected on the ground that the but-for world should or would feature new legislation that will achieve those procompetitive benefits. And with good reason.

First, it is presumptuous for any court to assume what Congress will do. Waiting for legislative action can be like waiting for Godot. It may never come. People have been waiting for years for orphan works legislation, and it has not happened yet. If legislation does come, it may be in an unexpected or limited form. No one can be sure that any new legislation would give readers the access to commercially unavailable books that the settlement will offer. Even if the new legislation solved the problem of unclaimed books, it might not provide the default licenses necessary to restore commercial viability to claimed books that would otherwise be commercially unavailable.

Second, nothing in the settlement in any way precludes effective congressional action. If, in the but-for world, Congress would enact legislation giving many firms an ability to distribute books that are unclaimed or otherwise commercially unavailable, then Congress can and would still do so with the settlement. Because every right given by the settlement is nonexclusive, it in no way impedes any congressional effort to authorize the distribution of unclaimed or commercially unavailable books. In short, if effective new legislation does come, the settlement causes no harm. But if effective new legislation doesn't come, then blocking the settlement will consign to oblivion all unclaimed and commercially unavailable books.

Third, an approved settlement would, if anything, make congressional action more likely for other reasons. To begin with, it would make legislative action administratively easier because it creates an administrative apparatus,

---

42 Amazon Initial Brief at 7–15; Microsoft Initial Brief at 3–4, 6–16; Open Book Alliance 2009; Yahoo Initial Brief at 2–7; Grimmelman Initial Brief at 18–19; Darnton 2009b; Peters 2009, 7–8.

the Registry and Fiduciary, that Congress can use to grant licensing rights and distribute royalties on unclaimed books. Moreover, the settlement would lessen the objection, which might otherwise be raised to orphan books legislation, that unclaimed books cannot be sold without express rightsholder consent, because those books would already be sold. Finally, the settlement would create powerful interest groups, supported by Google's rivals, favoring orphan works legislation, and Google has already pledged to support it as well.

In short, it would be risky to block the settlement based on speculation that Congress might perhaps do better, unnecessary to do so given that Congress could equally take any desirable action with the settlement, and counterproductive to do so given that blocking the settlement makes Congressional action less likely. It is thus not surprising that the but-for test has never been interpreted to mean that an agreement to overcome entry barriers should be prohibited because new legislation might overcome those same entry barriers a bit more broadly.

3. THE STRONG PROCOMPETITIVE EFFECTS AND LACK OF ANTICOMPETITIVE EFFECTS

Relative to the proper but-for baseline, the settlement has remarkably strong procompetitive effects and no anticompetitive effects. The analysis is easiest to follow if one takes each category of books in turn.

Out-of-Copyright Books

Although the settlement nominally does not apply to out-of-copyright books, it does affect them for reasons noted above. In particular, the settlement creates and funds a process that will increase the number of books that are effectively in the public domain by clarifying that they are out of copyright. The fact that the settlement clarifies their status also encourages Google to digitize them for reader access, as does the fact that the rest of the settlement gives Google the opportunity to create a universal searchable library. Google allows searchers to read, download, and print outof-copyright books for free,[43] Creating an expanded, digitized set of free out-of-copyright books has several procompetitive effects.

[43] Joint Public FAQ from Authors Guild, Association of American Publishers & Google, Question # 9, available at http://books.google.com/googlebooks/agreement/faq.html.

Lower Reader Costs. The Google Book Search program dramatically lowers the costs of finding and owning out-of-copyright books. Without the Google Book Search program, it might be difficult, if not impossible, to discover whether an out-of-copyright book might be of interest. Once discovered, copies of the book might be impossible or costly to find and buy in the used-book market if they are rare. Even if they are available in a library, it might costly to travel to a library that has them, the library might not allow duplication of rare books, and any allowed photocopies may be of poor quality. Further, rummaging through used-book stores or libraries imposes considerable delay. With the Google Book Search program, anyone online can easily search the full text of all out-of-copyright books to find which books are of interest, and immediately read, download, or print them for free. Because the settlement expands the set of books that are available as digitized out-of-copyright books, it lowers the costs and delays of buying and reading these books to zero, and thus increases output, whether measured in number of book copies or reading experiences.

Lower Rival Costs. The settlement lowers the costs for any Google rivals who wish to also offer out-of-copyright books, as explained above, by allowing rivals to buy digitized copies of these books from fully participating libraries and by clarifying which books are in fact out of copyright. Because Google offers these books for free, this increased distribution competition cannot further reduce book prices, but it can make the books available in even more platforms and help constrain any Google advertising prices.

Lower Used Book Prices for Out-of-Copyright Books. Expanding the set of out-of-copyright books that are available for free should exert downward pressure on used book prices for these books. This will benefit even consumers who do not want digital books and only like to read books with printed pages.

Lower Prices for Competing In-Copyright Books. The expanded free availability of all out-of-copyright books can also put downward pressure on licensing fees and book prices for some in-copyright books. For example, readers who want great or fun literature may find many out-of-copyright books that, at a price of zero, they are willing to read instead of buying an in-copyright book. Thus, expanding the free and easy availability of outof-copyright books can also be expected to have procompetitive effects on prices for the remaining categories of books.

No Anticompetitive Effect. The settlement has no anticompetitive effect on out-of-copyright books, and as far as I know no critic has even suggested any might exist. The effect on out-of-copyright books is thus solely and unremittingly procompetitive.

Commercially Available Books

Resolving Unclear Digital Rights. Currently, it is often unclear - even for some commercially available books – whether the author or publisher holds digital rights because their contractual language frequently did not anticipate digitization.[44] This can lead to an unfortunate state of affairs where neither the author nor publisher is willing to give a digital license because the profits from doing so are smaller than the risk of paying statutory damages if the other is ultimately held to have the right. However, each would be willing to sue if the book were published without their permission, given the prospect of collecting those statutory damages. The settlement lowers these transaction and risk-bearing costs by providing a clear process by which, despite such uncertainty, decisions can be made about whether to allow a book to be included in the digital database and displayed or sold through Google.[45] This makes it much easier to license these books for digital sale, and thus increases the output of these books. This is a clear procompetitive benefit with no anticompetitive effect.

Allowing Book Searches. The settlement further allows Google to digitize all books published before January 5, 2009, thus making them searchable by readers, and to provide indexing information about the books found in searches, unless the rightsholder chooses to remove the book from the Google database.[46] Google then uses this information to direct searchers to bookstores or local libraries where the books are available.[47] This is a clearly procompetitive result with no anticompetitive effect. It increases the ability

---

[44] Random House v. Rosetta Books, LLC, 150 F. Supp. 2d 613 (S.D.N.Y. 2001), *aff'd per curiam* , 283 F.3d 490 (2d Cir. 2002) (finding that contractual language that gives the right to "print" a book does not give a right to make digital copies).

[45] Amended Settlement Attachment A, Articles V–VI.

[46] Amended Settlement §3.1(a) (allowing digitization of all books); §3.2(b) (making all in-print books "no display" by default); §3.4(a) (allowing Google to make "non-display" uses of "no display books"); §1.94 (defining "non-display uses" to allow searches of the full text and providing indexing information but not displaying any content of the books); §3.5(a)(i) (allowing rightsholder to remove book from digitized database).

[47] Google 2009: "if the book you want is available in a bookstore or nearby library, we'll continue to point you to those resources, as we've always done."

of buyers to find which books they want and where to buy them, without in any way impeding competition among book sellers. If rightsholders prefer not to promote their books in this way, they can always remove them from the searchable database. Without the settlement, Google might have lost the litigation and been unable to digitize these books and make them searchable unless it affirmatively secured permission from each rightsholder, which would have imposed prohibitive costs.

Allowing Display and Nonexclusive Sale Through Google. By default, actual content from commercially available books can neither be displayed nor sold by Google.[48] However, the settlement provides that rightsholders may at any time choose to allow Google to display free preview portions of their commercially available books.[49] If the rightsholder chooses to allow display, then its book is by default available for nonexclusive sale on Google both through individual consumer purchase and institutional subscriptions, but a rightsholder may at any time choose to make a displayed commercially available book unavailable for sale by Google through either or both means.[50] Likewise,

---

48 Amended Settlement §3.2(b) (making all commercially available books "no display" by default); §3.4(a) (allowing Google to make "non-display" uses of "no display books"); §1.94 ("'Non-Display Uses" means uses that do not display expression from Digital Copies of Books or Inserts to the public").

49 Amended Settlement §3.4(b) ("Rightsholders of Books may . . . direct Google or the Registry to change the classification of a No Display Book to a Display Book, or to include any or all of their No Display Books in one or more the Display Uses"); §1.52 ("'Display Uses' means the following: Snippet Display, Front Matter Display, Access Uses and Preview Uses"). Although §3.2(e)(i) provides that the Registry can also change a book to display status, Amended Settlement Attachment A §5.1 provides that "for an In-Print Book, both the Author and the Publisher of such Book must agree, in accordance with the following procedure, that Google may make one or more Display Uses of the Book." Thus, it appears that §3.2(e)(i) allows the Registry to change commercially available books to display status only with prior approval of the rightsholders, thus allowing a convenient way for the rightsholders to communicate to Google through the Registry without giving the Registry a right to act without their permission.

50 Amended Settlement §1.52 ("display uses" includes "access uses"); §1.1 ("access uses" means "Institutional Subscriptions, Consumer Purchase and the Public Access Service"); §3.5(b)(i) (allowing a rightsholder to remove its book from any "display use" or any "revenue model"); §1.131 (defining "revenue model" to include "Institutional Subscriptions, Consumer Purchases, Advertising Uses, Public Access Service and any other revenue models"); §3.5(b)(iii) (providing that commercially available books are exempt from the "coupling requirement" that requires

Google can exclude a book from any display uses or sales for any "non-editorial" reason.[51] By default, books sold through Google are fully viewable online, but can be cut and pasted only 4 pages at a time and printed only 20 pages a time, although rightsholders can remove those limits to permit as much copying and printing of their books as they want, including giving a Creative Commons License.[52] For any sales under the settlement, Google by default pays rightsholders 63 percent of revenues from sales and advertising associated with their books,[53] but either Google or any rightsholder can decline to have a book sold through Google unless the other side agrees to change that default royalty rate.[54]

Institutional subscriptions cover both commercially available and unavailable books, and raise special issues that will be discussed in a separate

---

rightsholders of commercially unavailable books to make any book they make available for consumer purchase also available for institutional subscription); §2.4 (providing that any authorizations a rightsholder gives Google are "non-exclusive only" and do not preclude "Rightsholder's right to authorize . . . direct competitors of Google, to use his, her or its Books or Inserts in any way, including ways identical to those provided for under this Settlement Agreement.")

51 Amended Settlement §3.7(e).

52 Amended Settlement §1.35 ("consumer purchase" includes full viewing online); §1.77 (same for "institutional subscription"); §4.1(d) (setting default limits on printing and copying books available in institutional subscriptions); §4.2(a) (same for sales through individual book purchase); §3.3(g) (allowing rightsholder to lift any of those limits).

53 Amended Settlement §2.1(a) (standard revenue split is 70 percent of revenue minus 10 percent for operating costs, which comes to 63 percent); §4.5(a) (providing that this 63 percent split by default applies to both purchase and advertising revenue); §4.7 (providing that this 63 percent split default applies to the possible future revenue models of print on demand, file download, or consumer subscriptions). Google also pays $60 per book to rightsholders whose books were scanned before May 5, 2009. Settlement §2.1(b).

54 Amended Settlement §4.5(a)(iii). Although §4.5(a)(iii) is a new provision in the Amended Settlement that makes this power explicit for commercially available books, this power already seemed implicit for all books in that makes this power explicit for commercially available books, this power already seemed implicit for all books in the original settlement, which allowed rightsholders to exclude books, §3.5(b), and allowed Google to decline to distribute books for "non-editorial reasons," §3.7(e), both of which were powers that could be used to renegotiate the royalty rate. But the amendment removed any doubt about the issue for commercially available books.

section. Consumer purchases are book by book, and each rightsholder can (1) set whatever price it wants (including $0) for sale of its book through Google, (2) allow Google to set a price for its book using a settlement algorithm that is designed to mimic the competitive prices that rightsholders would set if they had Google's information, or (3) use a mixed strategy of allowing Google to set its book price using the settlement algorithm subject to maximums or minimums specified by the rightsholder.[55] Rightsholders can also switch back and forth between these three pricing methods for consumer purchases through Google.[56] Further, given the above provisions, rightsholders can also (1) sell through a Google rival instead of through Google, (2) bargain with Google to sell through Google at a royalty rate different from the default offered under the settlement; (3) simultaneously sell the same book through Google and a Google rival at any price they wish, and (4) even take advantage of the ability to display previews of their books on Google, but have Google direct potential buyers to a Google rival rather than allowing sale by Google. For its part, Google not only can drop any book for any non-editorial reason, including a desire for a lower royalty rate than the settlement default, but also can unilaterally discount the list price set by the rightsholder by up to Google's 37 percent revenue share at any time.[57]

---

[55] Amended Settlement §4.2(b), (c)(i). To prevent any fear of possible oligopolistic coordination, the Registry cannot share algorithm prices with anyone other than the rightsholder of the individual book or reveal whether a public price is an algorithm price. Id. §4.2(c)(iii).

[56] Amended Settlement §4.5(b)(ii), (c)(i).

[57] Amended Settlement §4.5(b)(i). In response to a DOJ objection, this last provision amended an original provision that allowed Google to make only "temporary" discounts. See Initial DOJ Brief at 21–22. This change is interesting because the DOJ intervention here required dropping a provision that effectively involved vertical minimum price-fixing because the original provision allowed each individual rightsholder to set both the wholesale and (long term) resale price for its book. This may be the first instance of U.S. agency enforcement against vertical pricefixing in a long time, suggesting some backlash to the Supreme Court decision in Leegin. What is unclear is whether this DOJ intervention was desirable. Vertical price-fixing might have procompetitive justifications like reducing free-riding on services. Leegin, 551 U.S. at 890–891. Here, one might well imagine that rightsholders would want to provide a distribution margin large enough to encourage physical booksellers to hire knowledgeable clerks or display their books in attractive spaces and to encourage Internet booksellers to provide good promotion services or interesting advice on books. Trying to encourage such services could be undermined if book buyers could get the benefit of those services and then hop

These settlement provisions have strong procompetitive effects. They add a new nonexclusive promotional platform by which buyers can more easily identify the books they want and purchase them either through Google or its rivals in digital or nondigital form. These provisions do not take away or impede any existing vehicles for promoting or selling commercially available books, but add a new one with lower distribution costs and without any shipping delay. These provisions should thus increase the output of commercially available books. Even for books that rightsholders choose to make available only in nondigital form, these provisions will increase the degree to which purchase decisions reflect true consumer preferences because they allow Google searches that expose users to books irrespective of print volume or advertising expenditure and that lower the transaction costs in searching for obscure commercially available works. Economists have shown that websites like Amazon.com that made it easier to search online for a greater variety of books led to an annual increase in consumer welfare of $731 million–$1.03 billion, which they note is 7–10 times greater than the consumer welfare gain from the increased competition and lower costs resulting from the Internet (Brynjolfsson, Hu, & Smith 2003). Because Google Book Search will make it even easier to search for a greater variety of books than are available on Amazon, we can anticipate that it will advance this trend. For titles that rightsholders permit Google to sell, the procompetitive impact on distribution competition will be

---

right over to Google to buy the book at a lower price that does not cover the costs of those services. Moreover, the two main anticompetitive concerns about vertical price-fixing are that it might reflect a cartel among downstream retailers or facilitate oligopolistic coordination among upstream providers. See Leegin, 551 U.S. at 892–93. Neither seemed likely here because Google was the only retailer covered and because book markets are rarely oligopolistic and temporary discounting can undermine oligopolistic coordination anyway. The initial DOJ brief did not consider any procompetitive justification or the likelihood of actual anticompetitive effects, but simply treated this provision as per se illegal, apparently on the assumption that it amounted to a horizontal agreement among rightsholders not to discount their book prices. See Initial DOJ Brief at 21–22. This characterization seems incorrect because the individual rightsholders always remained free to discount their book prices by however much they wanted; it was Google that was (in the original settlement) restricted in its ability to permanently discount from the resale price set by each individual rightsholder. However, it was not clear that the parties ever presented a persuasive procompetitive justification for this provision, in which case summary condemnation might be merited even under Leegin, which held only that vertical price-fixing could not be condemned without at least considering procompetitive justifications. In any event, the amendment eliminated the issue.

direct and even greater: Google will become a new competitor to existing retailers, precipitating a reduction in prices, particularly given the low overhead costs associated with digital sales.

These provisions have no anticompetitive effects given that they leave individual rightsholders entirely unrestrained from selling at any price and through any distributor or multiple distributors. Some, including the initial DOJ brief, have objected that (a) the settlement terms allowing Google to set default prices using a settlement algorithm amount to horizontal price-fixing on retail prices and (b) the settlement's default royalty rate amounts to horizontal price-fixing on wholesale prices.[58] But these critiques are mistaken on several grounds, and it is not clear that the DOJ will stick to its initial view now that amendments to the settlement remove any doubt that (1) the algorithm price is competition mimicking, (2) Google and rightsholders can renegotiate the default royalty split, and (3) Google can discount the book price by its revenue share at any time. However, other critics have suggested that these changes do not or might not eliminate their concerns (Picker 2009b, 5–6). Thus, it is worth explaining in detail why these critiques are mistaken.

First, there is no horizontal agreement among the rightsholders because none of them have agreed with each other that they will accept Google's algorithm price and royalty split. All the settlement provides is a nonexclusive *offer* by Google to display and sell their books at certain prices with a 63 percent royalty split, which by default has been *rejected* by all rightsholders of commercially available books. Thus, the settlement could in no way be deemed even a tentative horizontal agreement on prices or royalties for commercially available books. Rather the settlement requires each rightsholder to individually decide whether it wants to (1) accept the offer, in which case it is still free to sell at any other price or royalty through a Google rival; (2) reject the offer and instead sell through a Google rival at any price or royalty it wishes, (3) accept the Google offer to sell its book but unilaterally set the retail price for that book itself; and (4) reject Google's standard form offer on royalty rates and try to bargain for a different royalty rate from Google; (5) accept the Google offer to display its book but not to sell its book; and/or (6) accept the Google offer to sell its commercially available book through consumer purchase but not through institutional subscription, or vice versa. To the extent multiple rightsholders eventually accept Google's offer, this does not create a horizontal agreement among them to do so, but rather a series of vertical

[58] Initial DOJ Brief at 17–22; Amazon Initial Brief at 1, 18–24, 30; Yahoo Initial Brief at 22–23; Fraser 2009, 15–17; Picker 2009c, 383, 385, 398, 408.

agreements between each rightsholder and Google whereby the individual rightsholder agreed to Google's standard form offer. Nor is the default royalty rate a horizontal agreement among rightsholders on royalties that is binding on Google because Google can drop any book whose rightsholder does not agree to a different royalty rate.

For whatever set of rightsholders eventually choose to distribute their books through Google, the situation is just like any case where a distributor offers many suppliers an opportunity to sell through the distributor at a given price and commission, and many suppliers agree. In such cases, we have a series of vertical agreements on the price and commission, but no horizontal agreement. Further, because the opportunity is nonexclusive, we have the sort of vertical agreements that solely affect distribution through that particular distributor and have no exclusionary effect on rivals of that distributor.

The Initial DOJ Brief rejected this vertical categorization on the ground that "Class representatives—who compete with each other—collectively negotiated these pricing terms on behalf of all rightsholders. That some individual authors or publishers might opt out of those terms does not make them any less the product of collective action by competitors".[59] But this argument has zero application to commercially available books, because the settlement negotiated by the class representatives rejects those pricing terms on behalf of rightsholders of those books, unless the rightsholders individually decide otherwise. It is hard to see how an agreement not to horizontally agree on something can amount to a horizontal agreement.

Second, for those rightsholders who do choose to accept the Google-set price, the settlement requires Google to set prices using an algorithm that is designed to mimic competitive rather than cartel pricing. The settlement provides:

> *The Pricing Algorithm shall base the Settlement Controlled Price of a Book, on an individual Book by Book basis, upon aggregate data collected with respect to Books that are similar to such Book and will be designed to operate in a manner that simulates how an individual Book would be priced by a Rightsholder of that Book acting in a manner to optimize revenues in respect of such Book in a competitive market, that is, assuming no change in the price of any other Book.*[60]

[59] Initial DOJ Brief at 18.

[60] Amended Settlement § 4.2(c)(ii)(2). See also id. § 4.2(b)(i)(2) (algorithm must be designed "to find the optimal price for each such Book order to maximize revenues for the Rightsholder for such Book and without regard to changes to the price of any other Book").

This provision does not authorize Google to use an algorithm that sets a schedule of cartel prices for all books at the same time that would maximize revenue for all rightsholders collectively. Instead, it explicitly requires Google to mimic the competitive pricing that rightsholders would use by setting the profit-maximizing price for each book separately, without taking into account any effect on prices for other books. This provision thus does not allow Google to raise prices for multiple books simultaneously to levels that, while they would increase group revenue, would not maximize an individual rightsholder's revenue as much as setting the price for its individual book a little lower to undercut the cartel price. Although I think this was also the best interpretation of the original provision, that interpretation required a close reading of the text and possible resort to the canon favoring competitive interpretations (Elhauge 2009c, 25–27). So it was useful that the amended settlement added language to remove any ambiguity.

To see how this provision works, imagine the following case. Suppose there are two books that are partial substitutes but have enough distinctive demand so that with competitive pricing they would each sell at $5 rather than at the marginal cost of $0, and that if they entered into a cartel the joint profit-maximizing price would be $10 for each book. This provision would be violated if Google set a price of $10 for each book, because in setting the price for each book separately, each rightsholder would earn more revenue if it undercut that $10 price slightly to take sales away from the other book. The same would be true for any price Google might set between $5 and $10. Thus no price above $5 would maximize revenue for each rightsholder when separately setting the price for its book without regard to any effect on the price of the other book.

Indeed, the settlement algorithm not only precludes cartel pricing, it even precludes any form of oligopolistic pricing in any book submarkets, because such oligopolistic coordination does require considering the effects that a price change might have on rival prices. The settlement algorithm thus, if anything, results in more competitive pricing than if individual rightsholders priced the books themselves, because nothing would prevent an individual rightsholder from considering the effects on rival prices and implicitly coordinating if that were possible.[61]

Third, if Google tried to misuse its pricing ability to set book prices at supracompetitive levels, each rightsholder would undercut the price in order to increase sales of its book. Suppose that in the above hypothetical Google did

[61] Bell Atlantic v. Twombly, 127 S.Ct. 1955, 1964 (2007); Elhauge 2008b, 547.

try to set prices at $10 per book. Then each rightsholder would have incentives to specify a slightly lower price because that would increase its profits, and the settlement explicitly allows it to do so. The other rightsholders in turn would have incentives to undercut that price, until the prices spiraled down to the competitive level of $5. They could do so without giving up Google display or distribution by simply directing Google to charge a lower price. They could also do so by charging a lower price through a Google rival, and wouldn't even have to give up having their book sold or displayed on Google unless they wanted to do so.

The prospect of losing rightsholders to rivals would be particularly costly to Google because Google would lose the 37% profit on books sales, as well as lose market share to Google rivals. Thus Google would have powerful incentives not to even attempt any price less attractive than the prices charged for commercially available books at other retailers, which includes not only printed books but digital books at rivals such as Amazon Kindle, Sony Reader and Project Gutenberg. Those rival retailers would generally determine prices in a but-for world where Google (which without this settlement currently has a 0% market share in books) was not a serious seller of digital books.[62] Google's prices for commercially available books thus could generally be no higher than the but-for prices that would be available without the settlement. Indeed, because competition between Google and those rivals should lower rival prices, rival pricing should constrain Google to charge less than but-for prices. Google's lack of incentives to attempt to set supracompetitive prices are even stronger when one recognizes that Google derives 97% of its revenue from advertising, and thus would not want to sacrifice website traffic by charging high book prices.[63]

---

[62] Even if we assume printed and digital books will prove to be in separate markets, which will not be clear until we learn more about the extent to which buyers will regard them as reasonably interchangeable, Google is unlikely to gain a large market share in digital books even with the settlement. The reason is that, given that the settlement by default gives Google no rights to distribute commercially available books and that those books generally are distributed by existing publishers, Google will primarily be selling books that are commercially unavailable because of limited consumer demand and that currently constitute less than 3% of all books sales. Further, unless new revenue models are approved, Google's digital books will be readable only online, see Amended Settlement §§1.35, 1.77, 4.7, and thus may be less attractive than digital books through Kindle or Sony. There is thus little reason to think Google will gain a dominant market share or market power in any digital book market.

[63] Google Inc. Form 10-K at 42 (February 13, 2009).

In fact, the settlement is even more procompetitive, because it assures consumers of competitive pricing for books sold through the new Google platform by allowing rightsholders to set their own prices on that platform and by requiring Google to set competitive prices. Thus, these provisions not only provide clear procompetitive benefits from the but-for world, but even provide consumers with the benefits of full book competition within the new Google option being added to that but-for world.

Fourth, no anticompetitive effect can flow from any rightsholders' vertical agreements to the 63 percent royalty split that Google offers under the settlement. This royalty split cannot affect consumer pricing because it does not alter the incentives or algorithm for setting retail prices, but instead alters only the *distribution* of any resulting revenue. Each rightsholder thus has incentives to set a price for its book that, given competition with other books, maximizes the revenue for that individual book, whether it gets 63% or any other share of that revenue, and the settlement algorithm requires Google to set prices in the same way. Thus, even if (contrary to fact) the settlement did fix the royalty split, it would not "operate as a price floor," as the initial DOJ brief incorrectly asserted, because the royalty split would neither alter nor set any floor on competitively-set consumer prices, and 63 percent of a competitively-set price with no floor cannot be a price floor.[64]

Moreover, the settlement in fact does not fix the royalty split, but merely provides a default royalty that either party can reject and that cannot prevail if it does not match an efficient distribution markup. Imagine that Google's 37% share turns out to too high a markup for its distribution efforts. Then any rightsholder could simply decline to sell its book through Google (without even giving up Google display promotion) and instead sell its book at a Google rival that offers a lower distribution markup, which rightsholders would have every incentive to do if the distribution markup were excessive. Or the rightsholder could threaten to pull its book from Google and bargain with Google to sell the book through Google at a more attractive markup.

Now imagine instead that the 37% Google share turns out to be inefficiently low. Then Google would have every incentive to drop books unless they would agree to a lower royalty rate. The initial DOJ brief seemed to assume the settlement set a 63% floor on the royalty share that prohibited Google from demanding a higher distribution markup to carry books.[65] Although

[64] Initial DOJ Brief at 19.

[65] Initial DOJ Brief at 19–20.

this seems to me a misreading of the original settlement given Google's right to drop books for "non-editorial reasons," the amended settlement removes any doubt that Google can do so for commercially available books.[66] Thus, if this were the basis for the DOJ's objection, then that basis no longer applies.

Further, if a 37 percent distribution markup were inefficiently low, then that means it would fail to induce an efficient level of distribution effort, and thus rightsholders would also have incentives to raise it. Just like a manufacturer in any vertical distributional restraint, rightsholders would want to increase the downstream share of profits in order to induce an efficient level of distribution effort, and should agree to pay a higher share to Google or its rivals in order to induce or get commitments for more distribution effort.[67] Settlement critics miss this point when they assert that no rightsholder would ever have incentives to sell through a rival at a lower royalty rate.[68] Rightsholders would have incentives to pay more for distribution services whenever that would get them more efficient distribution, thus increasing their book sales enough to offset the higher distribution fee.

In any event, to the extent rightsholders would not pay more than 37 percent for distribution because that is what Google offers under the settlement, this does not mean the rightsholders have horizontally agreed to pay no more than 37 percent. It simply means that the 37 percent distribution fee that Google is individually offering has driven the market price for distribution, much like the price individually offered by any marginal seller might drive the market price for any good or service, leaving independent buyers without any incentive to pay more than the market price. Offering a low price for distribution or anything else is not predatory as long as that price is above cost,[69] and no one claims that 37% results in below-cost pricing for Google's distribution services. Nor would the answer be any different if we instead view Google as buying books and reselling them: the price Google is individually willing to

---

66 Supra note 55.

67 Leegin Creative Leather Products, Inc. v. PSKS, Inc., 551 U.S. 877, 896 (2007) ("A manufacturer has no incentive to overcompensate retailers with unjustified margins... As a general matter, therefore, a single manufacturer will desire to set minimum resale prices only if the 'increase in demand resulting from enhanced service ... will more than offset a negative impact on demand of a higher retail price.'"); Elhauge 2008b, 441–442.

68 Initial DOJ Brief at 19–20; Picker 2009c, 408.

69 Brooke Group Ltd. (Liggett) v. Brown & Williamson Tobacco Corp., 509 U.S. 209 (1993).

pay for book licenses might drive their market price, but paying an excessive price for book licenses would not be predatory unless it resulted in below-cost pricing in the downstream book market, which again no one claims here.[70] Indeed, it would be implausible to claim below-cost pricing for either distribution or books given the low incremental cost of distributing digital books and the fact that rightsholder incentives and the settlement algorithm require setting downstream book prices that maximize individual book revenue. However one categorizes the transaction, Google would have no incentive to accept a lower distribution fee or pay a higher royalty than it could have accepted/paid through separate negotiations with rightsholders, and if Google is undercharging/ overpaying with a 37/63% split, it would be equally able to do so without any settlement by publicly offering that split.

Fifth, the agreements here are less restrictive than the usual set of agreements between authors and an individual publisher. In the typical publishing agreement, unlike here, the authors agree (1) to exclusivity, so that rival publishers cannot distribute the same book, and (2) to have their prices set by a common publisher, who is under no obligation to set prices to mimic competition among its book offerings and faces no constraint from authors free to set their own book prices. For such standard publishing contracts, the fact that many authors may agree to the prices and royalty rates offered by the publisher, perhaps in a standard form contract sent to all authors, is deemed neither horizontal nor otherwise problematic. Given that such publishing contracts are more restrictive of competition than the prospective agreements that would result from the settlement, the latter should raise no concern.

In-Copyright Books That Are Commercially Unavailable

Clarifying Rights. Just as for commercially available books, the settlement provides a process for making decisions when it is unclear whether the author or publisher has digital rights over commercially unavailable books. In addition, as Part II showed, the settlement clarifies who has any rights to commercially unavailable books by resolving reversion issues, by funding a Registry to identify rightsholders, by giving rightsholders incentives to come forward, and by making this information available in a public database. Such clarification has no anticompetitive downside, but several procompetitive effects. It procompetitively makes it easier for Google and its rivals to license these books for digital or non-digital sale. (It also decreases the transaction

[70] Weyerhaeuser Co. v. Ross-Simmons Hardwood Lumber Co., Inc, 127 S.Ct. 1069 (2007).

costs of obtaining licenses for a myriad of other purposes, like making a movie or derivative work based on a book.) Without the settlement, unclaimed books would likely go unutilized because, compared to the small rewards from publication, the costs of identifying rightsholders are too high and the risk of penalties for violating copyright law by not getting a license are too great (U.S. Copyright Office 2006, 1). The settlement can thus only increase the output of commercially unavailable books, especially since by definition commercially unavailable books are books for which there would be no new output absent the settlement.

Allowing Book Searches. The settlement allows a digitization of commercially unavailable books that makes them searchable and easier for readers to find, unless the rightsholder removes the book from the database. The terms for doing so are the same as the terms for commercially available books, but the effects are even more procompetitive because commercially unavailable books are by definition currently not advertised and thus difficult to find. Making these commercially unavailable books searchable on Google vastly increases the ability of potential readers to identify and locate the books they want, dramatically increasing the output of these books.

Allowing Display and Nonexclusive Sale Through Google. The settlement terms for displaying and selling commercially unavailable books through Google are much the same as those for commercially available books with two exceptions: (1) by default commercially unavailable books can be displayed and sold by Google,[71] and (2) rightsholders who choose to allow Google to offer consumer purchases of commercially unavailable books must also allow Google to include those books in institutional subscriptions.[72] The other terms described above for commercially available books are all equally applicable to commercially unavailable books. Thus, rightsholders of commercially unavailable books can (1) remove their book from Google display or sale, (2) choose whatever price they want for sale of their book through Google, (3) sell through a Google rival instead of, or in addition to, selling through Google, or (4) bargain with Google for a different royalty than the default 63%.

As with commercially available books, these provisions procompetitively add a new valuable promotional vehicle for buyers to identify the books

[71] Amended Settlement §3.2(b) (making all commercially unavailable books "display" by default); §3.3(a) ("Google may make Display Uses and Non-Display Uses of all Display Books"); §1.52 ("display uses" includes "access uses"); §1.1 ("access uses" means "Institutional Subscriptions, Consumer Purchase and the Public Access Service").

[72] Amended Settlement §3.5(b)(iii).

they want and obtain them from Google or other sources. But the effects are even more procompetitive on commercially unavailable books because, for them, these provisions makes books commercially available that, by definition, would otherwise be commercially unavailable. To be sure, there is a used book market for commercially unavailable books. But the used book market is limited, constituting 3% of regular book sales, only a subset of which are also both commercially unavailable and in-copyright.[73] It is also hard to find books on the used-book market because there is no common database of used books; the settlement would dramatically increase accessibility by allowing online searches, previews, and purchases of commercially unavailable books. Finally, unlike the settlement, the used book market cannot produce any new copies of these books. The settlement thus clearly and sharply increases new output of commercially unavailable books from a but-for baseline of zero.

As with commercially available books, settlement critics have argued that anticompetitive cartel pricing is created by the provisions allowing Google to set book prices (if the rightsholder declines to do so) and setting a default royalty (if the parties do not renegotiate).[74] To consider this argument, it is convenient to separate the discussion of claimed and unclaimed books.

Currently Claimed Books. For commercially unavailable books with currently known rightsholders, the critics' argument fails for all the reasons noted above for commercially available books. It fails for the same reasons that: (1) there is no horizontal agreement but instead a series of vertical agreements by some individual rightsholders to accept the standard settlement pricing and royalties (here by declining to reject them); (2) the settlement pricing algorithm actually mimics competitive pricing; (3) any effort to set supracompetitive pricing would be undercut by rightsholders setting a lower price through Google or its rivals; (4) the default royalty split cannot affect prices and any inefficient royalty split could not be maintained; and (5) the arrangements are no more horizontal and less restrictive than a series of agreements with a publisher that uses a standard form contract that applies unless the author opts out of it.

73 Total non-textbook sales were $21 billion in 2004, of which used book sales represented $600 million, or three percent. See Book Industry Study Group 2006. For textbooks, used book sales made up 30 percent of sales, or $1.6 billion out of $5.3 billion, but given the need to update textbooks with developing academic knowledge, these probably are not usually commercially unavailable books, but rather are used copies of commercially available books that the professor has assigned for a class and are resold by students from prior classes.

74 Initial DOJ Brief at 17–22; Amazon Initial Brief at 1, 18–24, 30; Yahoo Initial Brief at 22–23; Fraser 2009, 15–17; Picker 2009c, 383, 385, 398, 408.

But here the critique also fails for a powerful additional reason: new output of commercially unavailable books would remain zero but for the settlement because commercially unavailable books are, by definition, books with zero output outside the settlement. This fact means that the price for new output of commercially unavailable books would exceed anyone's willingness to pay given the thin demand and relevant economies of scale in publishing. Even if one thought the settlement would allow monopoly pricing for commercially unavailable books, such pricing would necessarily be at levels that many are willing to pay and thus would be below this but-for price and increase output from zero to something. These are unambiguous procompetitive effects from the proper but-for baseline.

This same factor also undermines the argument that default terms on prices and royalties amount to horizontal price-fixing among rightsholders. The Initial DOJ Brief reasoned otherwise because "Class representatives—who compete with each other—collectively negotiated these pricing terms on behalf of all rightsholders".[75] But commercially unavailable books by definition do not "compete with each other." They don't compete with anyone because they are not offered for sale at all. Given that they are not—and would not be—horizontal competitors, any agreement among them cannot be a horizontal agreement. Restraining competition among persons who would offer no product absent the restraint does not restrain any horizontal competition—it creates some horizontal competition that otherwise would not exist, not only among those persons, but between them and others.

The Initial DOJ Brief seemed to doubt that the settlement was necessary to offer commercially unavailable books, pointing out that many digital books were already available for purchase, including "growing numbers of out-of-print books".[76] But, as noted above, this ignores the fact that commercially unavailable books are, by definition, books that will not be available for purchasing from another source, and thus any out-of-print books that in the future are available for digital purchase from another source would not, during the time of any such availability, be deemed commercially unavailable by the settlement, and thus would not be covered by any default license. Instead, such books would become commercially available, and the settlement would by default have their rightsholders reject any settlement terms on pricing and royalties. The settlement makes these books saleable only because the default licenses lower transaction costs and allow them to offered as part of near-

[75] Initial DOJ Brief at 18.

[76] Initial DOJ Brief at 20.

universal libraries. The Initial DOJ Brief asserted that such default licenses did not seem reasonably necessary to offer these commercially unavailable books.[77] But if default licenses are not necessary to offer these books, then rivals will offer these books without such default licenses, and they will no longer be commercially unavailable and covered by the settlement's default license.

At worst, one might say that this sort of agreement had mixed horizontal-vertical features. If so, then the most relevant precedent are cases involving dual distribution agreements, which make clear that even though such agreements have horizontal aspects, their classification should not turn on arid formalisms, but rather on a substantive assessment about whether the agreement is likely to have pernicious anticompetitive effects with no redeeming procompetitive virtue.[78] Given that here there can be no anticompetitive effect on books that otherwise would be commercially unavailable, and powerful procompetitive effects to making them available, the settlement provisions on pricing claimed commercially unavailable books should clearly be characterized as vertical.

Indeed, even if the agreement were properly classified as involving a horizontal price-fixing agreement, BMI makes clear that, if ancillary to a productive joint venture, such an agreement must be assessed under the rule of reason.[79] Here, the default terms on prices and royalties are clearly ancillary to a productive joint venture in offering for sale books that, without such default licenses, would not be commercially available at all, let alone available in a near-universal library that makes the collection of books offered more valuable. As shown in Part IV, the procompetitive effects of this settlement are quite similar to those in BMI: in both cases, the agreements created the new product of a blanket license in copyrighted works (here books, there songs) and lowered transaction costs to licensing those songs without taking away any but-for option of individual transactions outside intermediary. That was sufficient to sustain the BMI agreement under the rule of reason. But the settlement here is even more procompetitive than the one in BMI because the settlement here also allows: (1) individual sales by the intermediary, which was the remedy sought by the BMI plaintiff, (2) rightsholders to

[77] Initial DOJ Brief at 22.

[78] Copy-Data Systems v. Toshiba America, 663 F.2d 405 (2d Cir. 1981); Abadir & Co. v. First Mississippi Corp., 651 F.2d 422 (5th Cir. 1981).

[79] BMI v. CBS, 441 U.S. 1 (1979). See generally Elhauge 2008b, 50–51, 141 explaining when horizontal price-fixing is covered by the rule of reason.

set their own price for sales through the intermediary, a competitive right not even dreamed of in BMI, and (3) rightsholders who sell through one intermediary to sell the same work through rival intermediaries, something that was affirmatively prohibited in the agreements sustained in BMI.

Currently Unclaimed Books. For currently unclaimed books, we can further divide them into two subgroups: those who would become claimed after the settlement and those that would not. Let's start with the former group. Because the settlement funds a Registry to identify rightsholders and gives them incentives to self-identify, many of these currently unclaimed books will become claimed. For their books, the procompetitive effects will include all those noted above for claimed books. In addition, the settlement will have the procompetitive effect of making these books available for licensing by Google rivals that might wish to either take advantage of low digital distribution costs to offer their own digital versions or respond to a demonstration of surprising demand for some of these books by republishing a printed version. This will reduce the effective royalty rate for licensing these currently unclaimed books from infinity, and will increase the licensing of these books from zero to something.

It seems likely that at least 80% of currently unknown rightsholders could be located by the Registry because a recent study by the Carnegie Mellon University Library indicates that approximately 80% of rightsholders can be located and induced to respond using letters alone (Covey 2005, 13). The actual percentage is likely higher because the Registry could engage in more extensive efforts, and because the settlement will create an easy and salient online site for rightsholders to identify themselves and pay royalties that give them strong incentives to do so. Thus, for currently unclaimed books, the effects will be unambiguously procompetitive for at least 80 percent of them and probably for far more.

For the (less than 20 percent of) currently unclaimed books that would remain unclaimed despite Registry searches and incentives for self-identification, the results are also unambiguously procompetitive. These books are effectively not only unclaimed but unclaimable given the relevant rewards and costs for making a claim. In the but-for world, such unclaimable books would be both commercially unavailable and unlicensable. Their output would be zero, and their effective royalty rate would be infinity. Further, without a class action settlement, this would be true in any conceivable but-for world because if these rightsholders cannot be identified with this settlement, they are almost certainly unidentifiable through any feasible means. The settlement thus clearly increases the output of these unclaimable books from zero and reduces their effective price and royalty rate from infinity.

The Initial DOJ Brief argued that a default license covering prices and royalties was not reasonably necessary to sell commercially unavailable books.[80] But the DOJ offered no explanation of how, without some default terms on prices and royalties, one could ever offer unclaimed books, given that by definition there is no known rightsholder to negotiate with on them. Indeed, the DOJ's claim that such a default license was not reasonably necessary was inconsistent with the DOJ's other claim that rivals could never offer unclaimed books without such a default license.[81]

To be sure, given that the rightsholders of unclaimable books would remain unknown, their rightsholders could not individually set prices through Google or decide to license rivals to undercut any monopoly pricing through Google. However, when setting prices for unclaimed books, Google must use the same competition-mimicking algorithm used for claimed books.[82] Pricing for unclaimed books will thus be constrained by the direct terms of the competition-mimicking algorithm. In addition, the fact that the *same* algorithm must be used for both claimed and unclaimed books means that any attempt to misuse the algorithm to set supracompetitive prices for unclaimed books will be constrained by all the market forces (described above) that would prevent supracompetitive algorithm pricing for claimed books, including the fact that rightsholders of claimed books would undercut any supracompetitive algorithm prices. Given that over 97 percent of the revenue comes from commercially available books (which are all claimed),[83] and at least 80 percent of currently unclaimed books will likely become claimed,[84] this means that over 99 percent of all book revenue will come from claimed books, even without adjusting for the share of commercially unavailable books that are already claimed. Google could not plausibly be tempted to use supracompetitive prices that lose it market share in more than 99 percent of the market in order to increase profits in less than 1 percent of the market.

Several other factors would also constrain Google from trying to misuse the competitive-pricing algorithm to set supracompetitive prices for unclaimed books. *First*, unclaimed books compete with claimed books. If claimed books, which form over 99 percent of the market, are being priced

---

80 Initial DOJ Brief at 20, 22.

81 Initial DOJ Brief at 23

82 Amended Settlement §4.2(b).

83 Supra at p. 43.

84 Supra at p. 47.

competitively, it is unlikely that supracompetitive prices can be charged for unclaimed books, especially because the main reason the latter will be unclaimed is that there is little demand for them.

Second, Google makes 97 percent of its revenue from advertising.[85] Supracompetitive pricing on unclaimed books that reduced traffic to its site would thus likely lose Google more advertising revenue than it could gain in sales.

Third, if Google tried to set supracompetitive prices on unclaimed books, that would strongly increase the incentives of their rightsholders to identify themselves to get their royalties. After all, rightsholders are typically unidentified because they are difficult to locate, not because they are unaware that they hold copyrights.[86] Thus, given the negligible costs of registering, one would expect them to do so if they could reap supracompetitive profits. If 63 percent of these profits are insufficient to induce this effort by the rightsholders, those profits are likely negligible, and 37 percent of such negligible profits would certainly be insufficient to induce Google to violate the algorithm to set excessive pricing on unclaimed books, especially since excessive algorithm pricing risks not only the other 99 percent of the book market that is claimed, but also the search advertising revenue that provides 97 percent of Google's profits.

Fourth, to the extent that attempted supracompetitive pricing did not induce unknown rightsholders to identify themselves, it might well induce some rivals to offer their books without a license, which would deter Google from attempting the supracompetitive pricing in the first place.[87] Normally,

---

[85] Supra at 39 and n. 34

[86] United States Copyright Office, Report on Orphan Works 22–34 (2006) (listing as reasons for orphan works difficulties in identifying and locating the rightsholders, not the unawareness of the rightsholders that they have copyrights).

[87] Acknowledging this factor does not imply any normative approval of such copying without a license. It is simply a positive observation about a factor that would constrain any feared supracompetitive pricing, and to the extent the factor holds, the unlicensed copying would never occur because the mere threat of it would induce Google to lower prices enough to prevent it from occurring. Nor is the normative issue so clearcut. The situation involves rightsholders who by definition (1) stopped offering their books commercially, (2) cannot be identified despite diligent search, and (3) have not come forward despite the public offering of their books on the Internet. Although the copyright interests of such rightsholders are not technically abandoned property, they come close enough that one might argue they deserve similar normative treatment. In any event, even if one puts aside this

publishers are reluctant to sell any book without a copyright license, but the fact that these rightsholders have not bothered to register to earn supracompetitive profits suggests that they are unlikely to file copyright infringement cases either, making the odds of copyright penalties low. The supracompetitive pricing would also increase the benefits of publishing without a license. Google would be particularly reluctant to induce this sort of rival competition because the rival could easily undercut Google given that the rival would not be paying any royalties: the rival could charge 37 percent of the price that Google charges and still earn the same profit per book sale. To be sure, if a rival sold unclaimed books without a license, it might invite a class action lawsuit on behalf of unregistered rightsholders. But if so, that brings us to the next constraint.

Fifth, supracompetitive pricing for unclaimed books would to some extent be constrained by the ability of Google rivals to obtain similar default licensing rights for these books through the same class action mechanism. Settlement critics argue that provoking such a second class action lawsuit would be prohibitively risky.[88] But the risks would seem lower than those incurred by Google, even if the same digitization were done, because at that time there was no precedent for such a settlement. The rival could further lower its risks by limiting its digitization to unclaimed books. Given that the affected rightsholders would be unknown, it would seem dif. cult to find named plaintiffs for such a class and also difficult to get a court to award monetary recovery when there is no way to identify who would receive the damages. If the rival's digitization did not provoke a second class action, then the rival would effectively get free rights to the same books that Google pays 63 percent to sell. This possible payoff may well be worth any financial risk, especially because if the rival digitization did provoke a second class action, then the rival could settle on terms that gave it the same sort of default license over unclaimed books that Google obtained.

Settlement critics argue that the plaintiffs in a second class action would be unlikely to give the rival as good a settlement as Google got (Samuelson 2009a; Picker 2009c, 405). But their argument seems to presuppose that the

---

factor out of distaste, all the other factors would still clearly suffice to constrain any supracompetitive pricing. It would also remain the case that the settlement actually does not constrain any form of competition that would exist without the settlement and that it in any event requires competitive pricing within the settlement as well.

[88] Supra at p. 14.

second class action would be controlled by the same group that brought the first. This is not clear. A rival class action might well involve different groups and the creation of a second Registry or Fiduciary, which would have incentives to settle on terms that licensed the rival at prices that undercut Google because then the rival would gain market share and pay more into the second Registry or Fiduciary.

Even if rightsholders in the rival's class action were represented by the first Registry and Fiduciary, they would have incentives to undercut any supracompetitive retail pricing in a settlement licensing the rival, because doing so would minimize the distribution markup. To see why, suppose Google were on average charging a supracompetitive retail price of $10 for unclaimed books when the competitive price would be $5. Then rightsholders would be receiving $6.30 per book sale from Google, and thus a Fiduciary representing them should be happy to charge $6.30 per book to a rival that charged consumers $9 instead. The Fiduciary would have incentives to do so because at a lower downstream price, more books would be sold and thus the rightsholders would receive $6.30 per book on more book sales.

Indeed, as noted above, the settlement authorizes the Registry and Fiduciary to license rivals "the extent permitted by law".[89] If this gives them authority to grant default licenses to rivals, they would have similar incentives to license Google rivals to reduce any supracompetitive pricing. The ability to license rivals will thus constrain the distribution markup to the extent 37 percent is too high a distribution fee. It will also constrain book pricing because, given that Google is paid a percentage of book revenue, any supracompetitive book price would result in a supracompetitive distribution markup that the Fiduciary would have incentives to undercut, just like any upstream manufacturer facing a supracompetitive distribution markup. Moreover, because a rival who undercuts Google's prices would lower Google's market share, Google would have strong incentives never to engage in supracompetitive pricing that induces the Fiduciary to license rivals.

Sixth, even if (contrary to fact) the settlement did allow monopoly pricing over unclaimable books, the settlement would still be procompetitive because one market option is better than none and monopoly pricing is better for consumer welfare than no market at all. The but-for alternative for unclaimable books is no licensing at all, which produces the anticompetitive output of zero and effective prices and royalty rates of infinity on new output. Even monopoly pricing would necessarily increase output and lower effective prices

[89] Supra at pp. 5, 11–12 and 24.

and royalty rates from that but-for baseline. One must also keep in mind that unclaimable books comprise a very small share of the overall market and will continue to shrink if the settlement is approved.

Institutional Subscriptions to View All Google Books

The settlement also procompetitively creates a brand-new product — the institutional subscription – under which universities, schools, corporations, governments, and other institutions can buy blanket licenses to access all commercially unavailable books that are available for consumer purchase through Google, as well as any commercially available books the relevant rightsholders choose to include in the institutional subscription.[90]

Rightsholders can withdraw their books from the institutional subscription if they wish and, as always, remain free to directly license or sell their books to anyone who prefers that option to the institutional subscription. In addition to selling institutional subscriptions, Google must provide free access to them at one or more terminals at each college and public library.[91]

Creating this new product is a huge procompetitive benefit that could not exist absent the settlement. Nondigital technology simply does not permit a book supplier to sell blanket access to millions of volumes. Nor would any vaguely comparable existing product – such as, hypothetically, paid access to a university library – allow large numbers of users to simultaneously search through or annotate these products with comparable ease. Such institutional subscriptions promise to be an enormous boon to researchers, allowing them to delve into books freely before knowing how valuable the books may be to their research and without being deterred by any marginal monetary or transaction costs.

---

[90] Amended Settlement §4.1(a)(v) (institutional subscription includes all books available for such subscriptions); §3.5(b)(iii) (commercially unavailable books available for consumer purchase must also be available for institutional subscription, but commercially available books need not be).

[91] The Amended Settlement itself says Google "may" provide one terminal per 4,000 students at two-year colleges, one terminal per 10,000 students at four-year colleges, and one terminal per public library or more than one if the Registry so authorizes. Amended Settlement §4.8(a)(i). However, in a separate agreement Google has contractually committed to provide this authorized public access service within two years. See Amendment to Cooperative Agreement (Between Google and the University of Michigan) Attachment A, at §3(a) (May 19, 2009).

Settlement critics object that Google and the Registry will have a monopoly over such institutional subscriptions, and thus will be able to charge a monopoly price. But this concern is misplaced for several reasons. *First,* the settlement requires that institutional subscriptions be priced to achieve two objectives:

> *(1) the realization of revenue at market rates for each Book and license on behalf of Rightsholders and (2) the realization of broad access to the Books by the public, including institutions of higher education.*[92]

The first objective requires that revenue be realized at "market" rates for "each" book, and thus requires that pricing achieve only competitive market returns, just like the competitive-pricing algorithm does for individual consumer purchases. The second objective reinforces this goal by requiring that pricing be low enough to realize "broad access" by the public. If the price were raised to a high enough level that a substantial number of institutions decided to refrain from subscribing, Google will be obligated to lower the price to achieve broad access. In essence, this requirement bars any monopoly or supracompetitive pricing that would create allocative inefficiency in terms of some significant set of buyers not taking the output. Instead, institutional subscriptions must be priced low enough to produce the sort of broad access that is consistent with the market output that would exist with competitive pricing.

To the extent that this provision were at all ambiguous on these points, if interpreting the provision to allow setting supracompetitive prices would create an antitrust violation, then standard canons of contractual construction would require reading the provision to avoid that illegality.[93] Indeed, even if interpreting the provision to allow supracompetitive prices were not illegal, then contractual canons would require reading the term to maximize competition and further the public interest.[94]

---

[92] Amended Settlement §4.1(a)(i).

[93] Walsh v. Schlecht, 429 U.S. 401, 408 (1977) ("ambiguously worded contracts should not be interpreted to render them illegal and unenforceable where the wording lends itself to a logically acceptable construction that renders them legal and enforceable."); Nat'l Labor Relations Bd. v. Local 32B-32J Serv. Employees Int'l Union, AFL-CIO, 353 F.3d 197, 202 (2d Cir.2003) (same); Restatement (Second) of Contracts § 203(a) (1981) ("[A]n interpretation which gives a lawful meaning to all the terms is preferred to an interpretation which leaves a part unlawful").

[94] Restatement (Second) of Contracts §207 (1981) ("In choosing among the reasonable meanings of a promise or agreement or a term thereof, a meaning that

Some settlement critics argue that the "broad access" requirement would not constrain monopoly pricing because demand for these institutional subscriptions would be "completely inelastic" (Darnton 2009a). But this assertion is implausible. Institutions have many demands on their funds and would not be willing to pay an infinite price for institutional subscriptions, particularly because they can turn to substitutes that include not only current libraries and interlibrary loan, but also the free terminals provided under the settlement and the option of buying individual books through Google. Indeed, libraries today often decline to buy many books, thus confirming that their demand for books is not completely inelastic, and most of the books covered by the institutional subscriptions will likely be books the libraries declined to buy.[95] In any event, even if the "broad access" requirement did not constrain pricing, the requirement that revenue be limited to competitive market returns for each book would.

Some settlement critics also object that (1) the Amended Settlement terms "don't create a mechanism to control any monopoly power" over institutional subscriptions (Picker 2009b, 2), or that the mechanisms that they do create are enforceable only by the Registry, which (critics claim) has no incentive to object to high prices.[96] But both claims are simply untrue. The Settlement provides that "all disputes between and among Google, Rightsholders, Claimants, the Registry and Participating Libraries arising out of this Settlement Agreement" are subject to arbitration, and it explicitly states that arbitration shall apply to disputes regarding the pricing of institutional subscriptions.[97]

---

serves the public interest is generally preferred."); Farnsworth 2004, vol. 2, §7.11, 304 ("if the language is reasonably susceptible to two interpretations and only one favors the public interest, this interpretation will be preferred."); Atlanta Center Ltd. v. Hilton Hotels Corp., 848 F.2d 146, 148 (11th Cir. 1988) (when a contractual term "is susceptible of more than one reasonable interpretation, the preferred interpretation is the one that least restricts competition, thereby posing the least affront to the public policy."); Herrera v. Katz Communications, 532 F. Supp. 2d 644, 647 (S.D.N.Y. 2008) ("a meaning which serves the public interest is preferred over a meaning which does not").

95 See Norman Oder 2008, explaining that public libraries face budget constraints; see also Daniel Clancy 2009, noting that institutional subscriptions will provide libraries with access to "million of additional books."

96 Darnton 2009a ("Only the registry, acting for the copyright holders, has the power to force a change in the subscription prices charged by Google, and there is no reason to expect the registry to object if the prices are too high").

97 Amended Settlement §§ 9.1(a), 9.3(e)(iii).

Any individual rightsholder thus clearly has standing to challenge any high institutional subscription price in arbitration, which is likely to be the case for at least one rightsholder because many are ideologically committed to free access and many others would simply have incentives to broaden access to their works if (like most academics with university press books) they care more about being read than about the paltry royalties they are likely to get. Further, while the settlement itself is ambiguous about whether university libraries can bring such a challenge,[98] subsequent agreements make clear that universities can bring arbitration if Google tries to charge university subscription fees that violate these requirements.[99] Universities would have clear strong incentives to bring such challenges to minimize the fees they must pay. Outside of arbitration, the provision limiting subscription pricing might also be enforceable in court by nonuniversity institutions or the general public on the theory that they are intended third-party beneficiaries of that provision.[100] Such an intent to benefit could be grounded in the fact that the provision explicitly lists the need to provide the "public" with broad access and seems explicitly designed to protect institutions from high subscription fees.[101] Again, to the

---

[98] The settlement defines "participating libraries" to mean "Fully Participating Libraries, Cooperating Libraries, Public Domain Libraries and Other Libraries," Amended Settlement §1.103, so all of them have standing to arbitrate if they have a dispute "arising out of this Amended Settlement Agreement." § 9.1(a). However, it is not clear whether these libraries have rights arising out of the settlement to enforce §4.1(a)'s requirements for institutional subscription pricing, because the libraries are not parties to the settlement agreement and the settlement provides a list of the provisions for which libraries are third-party beneficiaries that does not include §4.1(a). See §7.2(f). Arguably §7.2(f) excludes by implication library third-party beneficiary status under §4.1(a), although one could instead read §7.2(f) to clarify the provisions for which libraries definitely had this status without resolving which other provisions might also confer that status. See Elhauge 2008a, 189–190, noting that courts sometimes apply the *expressio unius* canon that listing some applications excludes unlisted applications and other times hold that listed applications can include unlisted ones by analogy, and some reasons supporting the latter.

[99] Amendment to Cooperative Agreement (Between Google and the University of Michigan) Attachment A (May 19, 2009), at §1(d) (defining an "interested institution" to include any fully participating or cooperating library); §3.c (allowing any "interested institution" to challenge university subscription rates).

[100] Restatement (Second) of Contracts § 302 (1981); Farnsworth 1990, § 10.3.

[101] Cutting the other way is the fact that the settlement defines third-party beneficiary rights for libraries but not other institutions, Amended Settlement §7.2(f), which one could say excludes by implication any intent to benefit other

extent there was any ambiguity, the settlement must be interpreted to avoid antitrust illegality and favor the public interest.

Second, any attempt to violate this provision and charge excessive institutional subscription fees would be constrained by other forces. To begin with, it would be constrained by Google's own incentives to keep fees low in order to promote its brand and encourage use of its search engine, from which it reaps the advertising revenue that provides 97 percent of its profits. In addition, high subscription prices would to be constrained by competition from free library terminals, the ability to purchase books through Google or other sources, and the fact that rightsholders retain the right to directly license or sell their books whether or not those books are included in the institutional subscriptions. The last constraint is particularly significant legally because, as we shall see, precisely that sort of constraint was deemed sufficient to eliminate anticompetitive effects in BMI.

High subscription fees would also be constrained by the prospect of rivals offering their own institutional subscriptions at lower rates. Rightsholders will be just as able as Google to obtain licenses for commercially available books and journals, which are what institutions mainly buy.[102] Rivals who wanted to offer an institutional subscription of comparable scope could also seek licenses for any commercially unavailable books, which (as described above) the settlement makes easier in several ways. (A) The settlement creates a public database that makes it easy for rivals to make a mass offer to all registered rightsholders to license their books. (B) The settlement allows the Registry to collect licenses from multiple registered rightsholders and license them in aggregate to rivals, which the Registry and rightsholders have incentives to do. (C) The settlement might be read to provide the Registry and Fiduciary with authority to license books to rivals absent rightsholder objection, in which case they could grant rivals precisely the same default rights over

institutions. However, the provision could equally be read to simply clarify the extent to which libraries are definitely third-party beneficiaries without resolving whether and when other institutions might also be intended beneficiaries. See supra note 99 (noting mixed application of the *expressio unius* canon). Supporting the latter interpretation is the Restatement, which provides "It is not essential to the creation of a right in an intended beneficiary that he be identified when a contract containing the promise is made." Restatement (Second) of Contracts § 308 (1981). Here the institutions and public were in fact identified, though their third-party beneficiary status was not explicitly identified.

102 See Association of College and Research Libraries 2007, reporting that the bulk of library spending is on current periodicals.

all commercially unavailable books that Google has, and would have incentives to do so. (D) The settlement provides a roadmap as to how rivals could engage in digitization to provoke a second class action and obtain similar default licenses for all commercially unavailable books. If the second class action were controlled by the same forces that control the Registry, they would have incentives to license the rival. If it were not, then the second set of class action plaintiffs would have clear incentives to license a rival and undercut the Google subscription price.

In short, if methods (C) and (D) prove feasible, a Google rival could obtain default rights over all commercially unavailable books – even if unclaimed – and thus could offer precisely the same institutional subscription as Google. If methods (C) and (D) prove unfeasible, then the rival could not obtain licenses over unclaimed books, but unclaimed books currently provide only a fraction of commercially unavailable book revenue and will provide an even smaller fraction once the settlement lowers the number of unclaimed books. Thus, even if (C) and (D) prove unfeasible, the rival institutional subscription could be a close substitute for the Google subscription, and indeed could be more attractive than Google's subscription if the rival offers more commercially available books, lower prices, or additional features.

Third, even if the critics were right both that the settlement gives Google the power to price institutional subscriptions at monopoly levels and that rivals could not possibly offer a similar competing subscription, the settlement would still be procompetitive because having one firm offer a desired product is preferable to having no firm offer it. After all, if rivals cannot offer an institutional subscription, and the critics also succeed in making it impossible for Google to offer an institutional subscription by blocking this settlement, then no one will offer a similar institutional subscription. The but-for output of such subscriptions will thus be zero and the but-for price will effectively be infinity. Even monopoly output and pricing would thus expand output and lower effective prices relative to the proper but-for baseline. Indeed, to the extent critics are right that this new product would be so attractive relative to alternative market options that demand for it would be completely inelastic, then that just underscores how harmful to consumer welfare it would be to deny buyers access to such a product by rejecting this settlement.

Other Procompetitive Benefits

The settlement also has several other profound procompetitive effects. *First*, under the settlement, Google intends to display books in such a way that users unable to read print will be able to access them to the same extent as users without any disability, and Google must provide displays that accommodate their disabilities without charging them a higher price.[103] For the 15–30 million Americans who are print-disabled, this will dramatically expand their access to written knowledge, perhaps more than anything since the invention of Braille.[104] In the less evocative language of antitrust economics, this is an enormous increase in market output and consumer welfare for 5–10 percent of Americans.

Second, Google will designate two research centers to house the digital copies of all books that it has scanned, and qualified researchers will be given free access to these files in order to conduct "non-consumptive" research, which is defined as research unrelated to the intellectual content of the works, such as developing search algorithms or conducting linguistic analyses.[105] The creation of this research corpus will enable researchers in a variety of disciplines to conduct technical analyses across the universal library of books that would have been exponentially more difficult, if not entirely impossible, absent the settlement. This, too, is in effect a new product, and one that can lay the groundwork for new technologies in full-text searching, automated translation, and other areas of programming.

Third, the settlement will provide a vast increase in the availability of human knowledge that is desirable for its own sake and promises to improve research to further advance knowledge. The net effect of the increased acces-

---

[103] Under Amended Settlement §7.2(g), Google "intends" to display books in a way that satisfies the §3.3(d) goal of providing the print-disabled a similar experience to the nondisabled and "must ... use commercially reasonable efforts to enable an Accommodated Service," which includes displaying books "in the form of electronic text used in conjunction with screen enlargement, voice output, and refreshable Braille displays at no greater charge than the charge to view Books in a similar manner to users without a Print Disability."

[104] See Reading Rights Coalition 2010, estimating that there are about 15 million print-disabled people in the United States; Council on Access to Information for Print-Disabled Canadians 2000, estimating that 10 percent of Canadians are print-disabled, which would imply 30 million are in the United States.

[105] Amended Settlement §1.132 ("'Research Corpus' means a set of all Digital Copies of Books made in connection with the Google Library Project"); §7.2(d)(ii) ("The Research Corpus may be hosted at up to two Host Sites at any given time"); §7.2(d)(i) ("The Research Corpus may be created and used for Non-Consumptive Research"); §1.93 ("Categories of Non-Consumptive Research include Image analysis and text extraction Textual analysis and information extraction Linguistic analysis Automated Translation Indexing and Search").

sibility of each category of book—the uniformly positive effects, that is, which the settlement will have on consumers' ability to locate and read books of all sorts—will be a quantitative and qualitative expansion of the information available online. Readers will be able to read many commercially unavailable books that are currently either severely limited in their distribution or wholly unavailable. Further, researchers will be able to perform online research to find and analyze both commercially available and unavailable books that today are inaccessible online with the exception of a small portion of public domain works. This current online inaccessibility today means that relatively ephemeral information is privileged over longterm, enduring knowledge. The settlement thus would not only increase the sheer amount of information online, by adding billions of pages of digitized books, but also ameliorate this distortion in the kinds of information available online. Research would correspondingly improve, and every industry performing online research will enjoy efficiency gains. This effect is augmented by Google's agreement to provide free access to all books in its database at one or more terminals in libraries and colleges, which would allow large numbers of interested users to access the information at no cost.

4. THE SETTLEMENT COMPARES FAVORABLY TO THE BLANKET COPYRIGHT LICENSES APPROVED IN BMI

As Part 3 explained, the settlement does not involve a horizontal price-fixing agreement because commercially unavailable books are not horizontal competitors with any book and commercially available books presumptively reject any pricing terms under the settlement. But even if we thought the settlement did involve horizontal price-fixing, the precedent closest to this case is *BMI v. CBS*, which involved copyrights to perform songs rather than to reproduce book content. In that case, as here, millions of rightsholders provided copyright licenses to an intermediary, which in turn sold blanket licenses to users that combined all their copyrighted materials. The Supreme Court held that this agreement was not per se illegal because it furthered the procompetitive purposes of (1) lowering the transaction costs of identifying and negotiating with millions of individual rightsholders, and (2) creating a new product (the blanket license) that otherwise would not be possible.[106] On remand, the Second Circuit held that the agreement survived the rule of reason because it lacked any anticompetitive effect, given that users remained free to directly li-

[106] *BMI v. CBS*, 441 U.S. 1 (1979). 109 Initial DOJ Brief at 19.

cense the songs from rightsholders.[107] This logic is all equally applicable to the settlement here. Indeed, the settlement confers these procompetitive benefits and more, and is less restrictive of competition in several respects.

As in *BMI*, the settlement here both (1) lowers the transaction costs of identifying and negotiating with millions of rightsholders; and (2) creates a new product (a blanket license or institutional subscription) that otherwise would not be available. The initial DOJ brief disputed this parallel, arguing that the rightsholders here, unlike in *BMI*, have not shown that they could not sell their books without collective pricing.[108] But the institutional subscription is a blanket license that by definition cannot be sold without a collective price, the settlement rejected collective pricing for individual sales of commercially available books, and the default pricing for individual sales of commercially unavailable books permits sales of books that by definition would not otherwise be sold (including unclaimed books that could not otherwise even be licensed for sale). Further, whereas in *BMI* the agreement achieved its procompetitive purposes by simply grouping the rights in one intermediary that licensed those rights together, the settlement here not only accomplishes that feat, but additionally furthers these procompetitive purposes by clarifying rights and digitizing the copyrighted material in a way that makes it far easier for users to locate and use the materials they want. Also as in *BMI*, the settlement here does not bar direct purchases from the rightsholders and thus cannot impede competition among them. But in addition, the settlement here is less restrictive than the *BMI* arrangement in three other important respects.

First, in *BMI* the intermediary offered a blanket license but not individual songs. Indeed the whole case was about the intermediary's refusal to sell songs separately, and the remedy sought by the plaintiff was an order directing the intermediary to sell songs individually.[109] Under the settlement here, Google is *already* committing to offer books both individually and in a blanket license. The Initial DOJ Brief oddly argues that providing the option of individual sale makes this settlement less procompetitive than *BMI*.[110] but it is hard to see how providing an additional market option (without taking away any) could be anticompetitive, especially when it provides the very option that the plaintiff sought as an antitrust remedy in *BMI*. The initial DOJ position

107 CBS v. ASCAP, 620 F.2d 930 (1980).

108 Initial DOJ Brief at 19.

109 441 U.S. at 18.

110 Initial DOJ Brief at 18-19.

amounts to forcing Google to tie the sale of books in one exclusive license rather than sell them separately, and while some argue that tying should be per se permissible.[111] I don't know of anyone who contends it should be required. In any event, this DOJ argument presupposes that the terms by which Google sells books are anticompetitive, a premise that was already rebutted in Part 3 and that the DOJ itself may no longer hold now that various settlement amendments have been made.[112]

One settlement critic takes the opposite tack of the DOJ, claiming that under the settlement Google would not extend the sale of individual books to institutions, which he argues is inconsistent with the fact that since 1941 consent decrees have barred the *BMI* intermediaries from offering only blanket licenses.[113] But nothing in the settlement suggests Google could or would discriminate among purchasers of individual books based on whether they belonged to institutions. Google would presumably not allow an institution to purchase a book individually and then share it among all of its members, because that would be tantamount to buying multiple copies for the price of one. But prohibiting that sort of multiple usage would just provide a meaningful distinction between per-book and subscription purchases, and requiring licenses that permitted multiple usage of a single song was not the remedy sought in *BMI*. It is thus hard to see how the Google settlement could violate the antitrust laws when it not only meets the standards required by *BMI*, but even fulfilled the plaintiff demands that the *BMI* Court held were beyond antitrust requirements.

---

111 See generally Elhauge 2009b, discussing and rejecting this claim.

112 The Inital DOJ Brief also distinguished *BMI* on the ground that here the rightsholders were collectively agreeing on the minimum royalty they would charge Google, see Initial DOJ Brief at19, but this argument was also already rebutted in Part III and the DOJ may no longer holder it now that the Amended Settlement explicitly provides that Google is not bound to pay the default royalty but can drop books whose rightsholders refuse to renegotiate it.

113 Fraser 2009, 19. He refers to the fact that 1941 consent decree, as amended in 1950, required the intermediaries to offer per-program (but not per-song) licenses. 620 F.2d at 933. However, these licenses were rarely used and the Court did not hold that their existence was necessary to render the blanket license procompetitive. 441 U.S. at 11–12, 20. To the extent that perprogram licenses were relevant to the *BMI* result, the Google settlement provides the equivalent in the form of discipline-based subscriptions. See Amended Settlement §4.1(a)(v). The settlement just goes even further in also providing for per-book sales that parallel the per-song licenses sought by the *BMI* plaintiff.

Second, in *BMI* the rightsholders could set their own prices only by going outside the intermediary, which was costly. In contrast, here the settlement explicitly allows rightsholders not only to license directly, but also to set their own prices for sales through the intermediary for all individual book sales.[114] Thus, here the settlement procompetitively has the intermediary provide a clearinghouse for rightsholder competition that the *BMI* intermediary declined to provide. It obviously is not possible for individual buyers to set their own prices for a blanket license (like the one in *BMI* or the institutional subscription here) because the collection of all their rights is what is being sold. However, in *BMI*, neither the Supreme Court nor the appellate court opinions found this troubling. To be sure, the *BMI* consent decree allowed a court to review whether blanket license prices were reasonable, as the Initial DOJ Brief stressed in trying to distinguish *BMI*.[115] But neither court in *BMI* relied on that aspect of the consent decree; instead, they relied on the fact that the consent decree preserved the option of buying directly from individual rightsholders.[116] The appellate court stressed that no anticompetitive effect flowed from the fact that the plaintiff might prefer the blanket license to buying directly from individual rightsholders, as long as the plaintiff still had the latter choice.[117] Adding the option of a blanket license to the option of direct licensing could not leave the plaintiff any worse off than it would have been without a blanket license, even if the blanket license might be so attractive that no one wants the direct licenses. Here the option of direct licensing provides even more of a constraint because buyers not only can buy directly from individual rightsholders, but also can buy individual books through the intermediary at a price each individual rightsholder can set.

Further, even if the reasonable-fee review were relevant to the *BMI* decisions, an even stronger review is supplied here by the settlement provisions requiring that book and institutional subscription prices be set to earn only competitive returns and ensure broad access. The main difference is that the standard in this settlement is far more manageable because the competitive prices for individual book sales (not available in *BMI*) provides some metric to use when Google prices individual books or a blanket license, and the competitive returns and broad access tests provide a more objective benchmark than the reasonable-fee test used in the BMI consent decrees.

---

114 Amended Settlement §4.2(b)(i)(1).

115 Initial DOJ Brief §19.

116 441 U.S. at 11–12, 23–24; 620 F.2d at 933, 935.

117 620 F.2d at 935.

Third, although the *BMI* agreement was nonexclusive in the sense that the rightsholder retained the right to license itself directly, the agreement did not allow any intermediary member to license through a rival intermediary.[118] Thus, in *BMI* the members did have to exclusively choose one intermediary, and could not sell their songs through multiple intermediaries at the same time. In contrast, rightsholders here not only can license their books directly, but also remain free to license them both through Google and any Google rival at the same time.[119] Thus, unlike in *BMI*, the settlement here does not require any rightsholder to exclusively choose one intermediary. Further, here the Registry can assemble aggregations of book rights, and it and the Fiduciary can perhaps even license default rights over commercially unavailable books. They could then license rivals who wish to offer their own institutional subscriptions, even though Google is offering the same books. Thus, the procompetitive effects created by the ability of rightsholders in *BMI* to license directly are surpassed here by the ability of rightsholders to do not only that, but to also license Google rivals, and to have a Registry (and perhaps Fiduciary) that can license rivals in aggregate forms that can allow rivals to offer institutional subscriptions of similar sweep.

One settlement critic asserts the contrary, that the *BMI* agreement is less restrictive because while the *BMI* rightsholders negotiated with ASCAP separately, the Google settlement rightsholders effectively agreed to have one party (their class counsel) collectively negotiate with Google for them (Fraser 2009, 14). Fraser illustrates his claimed difference with the following two diagrams.

However, his diagrams fail to capture the actual set of rights and restrictions of the relevant rightsholders in numerous respects. *First*, his diagrams incorrectly depict the rightsholders as collectively agreeing to distribute through Google. In fact, each rightsholder individually decides whether it wants to sell through Google, and is free to change its mind at any time.[120] The relationship is thus no less vertical than in *BMI*, and arguably less so because in *BMI* the rightsholders agree to collectively form the ASCAP intermediary,[121]

---

[118] United States v. BMI, 1966 Trade Cas. (CCH) 71,141, at Consent Decree § VI.A.

[119] Amended Settlement §2.4.

[120] To the extent that Fraser's comparison rests on Google's agreement with unknown rightsholders, his diagrams are inaccurate because unknown rightsholders could not have competed without a settlement. Indeed, because the new output of their books absent the settlement is zero, any agreement to license their books can only be precompetitive.

[121] 441 U.S. at 4–5.

whereas here the rightsholders did not form Google. Indeed, the *BMI* courts assumed the arrangement there constituted a horizontal agreement, and resolved the case instead on the grounds that the rightsholders remained free to sell separately. *Second*, his diagrams incorrectly depict the rightsholders as collectively agreeing to have class counsel or Google set their prices. In fact, the rightsholders each retain the right to set their own prices not only directly but through Google itself, and are free to change that price at any time, whereas the *BMI* rightsholders retained no right to individually price and sell through the intermediary. *Third*, his diagrams ignore the fact that, while the *BMI* rightsholders could sell only through their intermediary, under the settlement rightsholders may sell through Google and its rival intermediaries at the same time.

A more accurate depiction of the difference would thus be the following diagrams, which include the following four important differences from the prior diagrams. (1) The parallel lines from each rightsholder to Google represent their individual vertical decisions on whether to sell through Google. (2) The fact that the rightsholders' parallel lines go through Google to buyers represents the rightsholders' ability to individually sell and set prices through Google, whereas in *BMI* the lines from the rightsholders stop at the intermediary, rather than going through it, because they had no right to individually sell and price through their intermediary. (3) The parallel lines between rightsholders and each potential Google rival reflect the fact that rightsholders can sell through Google and its rivals at the same time, whereas in BMI the parallel lines link each rightsholder to either ASCAP or *BMI* but not both, representing the fact that each rightsholder could sell only through one intermediary. (4) The curved lines going from the rightsholders to the consumers depicts the fact that in both cases the rightsholders retained a right to directly license users without going through an intermediary, which is worth stressing because the *BMI* courts held that this factor sufficed to make the agreement there procompetitive.

Thus, Fraser entirely inverts the relationship between the Google settlement and the *BMI* contracts. Far from forcing more cartel-like behavior among rightsholders than in *BMI*, the settlement's terms involve no horizontal agreement to form or join the intermediary. Those terms also enable the rightsholders to compete by selling individual copyrighted material through the intermediary, setting prices for individual sales through the intermediary, and simultaneously selling that material through other intermediaries, all impossibilities in *BMI*. In short, *BMI* not only shows that settlement critics are wrong when they assert the settlement here constitutes per se illegal horizontal price-fixing (Picker 2009c, 385; Fraser 2009, 13–15), but also establishes that the settlement here cannot be judged to fail the rule of reason that the less procompetitive BMI blanket licenses passed.

5. CONCLUSION

Critics of the Google Books Settlement like to focus on what they call "orphan" books, meaning books I have been calling "unclaimed." But the situation regarding such books brings to mind the old Oscar Wilde quote about orphans: "To lose one parent may be regarded as a misfortune; to lose both looks like carelessness." Likewise, here, to be unable to find a book's rightsholder is a misfortune, but to compound that misfortune by blocking a settlement that offers the best prospect for both finding those rightsholders and resurrecting their books if they cannot be found, would be sheer antitrust carelessness. The effects of the settlement on competition in orphan/unclaimed books is thus strongly positive, even more so when one considers that the settlement lowers barriers to rivals seeking to offer those books and requires that Google price those books at competitive rates.

The effects on other categories of books are also strongly procompetitive. The settlement clarifies which books are in the public domain and makes them digitally available for free. The settlement also expands the output of claimed in-copyright books by clarifying who holds their rights, making them all digitally searchable, allowing individual digital display and sales at competitive prices that each rightsholder can set, and creating a new subscription product that provides digital access to a nearuniversal library at free or competitive rates. The settlement does not raise rival barriers to offering any of these books, but to the contrary lowers them. The output expansion is particularly dramatic for commercially unavailable books, for which by definition there would otherwise be no new output at all.

Exploitative Excessive Pricing: the Case of Latin American Economies

Preços Excessivos "Exclusionários": o Caso das Economias Latino-Americanas

Pablo Márquez

Sumário

Resumo

Preço excessivo é a forma mais pura de abuso de poder de mercado. Em direito da concorrência, contudo, a teoria econômica não foi capaz de estabecer critérios claros para determinar quais preços "exploratórios" seriam considerados abusivos. O objetivo do artigo é duplo; o primeiro é estabelecer se a previsão e aplicação da proibição de imposição de preços excessivos na América Latina faz sentido, à luz dos objetivos da lei de concorrência nos países emergentes e do alto poder de mercado agregado da região. Além disso, o artigo analisa se é justificável seguir posição diversa da adotada hoje.

Palavras-chave: Preço Excessivo, Abuso de Posição Dominante, Poder de Mercado, Política de Concorrência, América Latina.

Contents

Abstract

Excessive pricing is the purest form of market power exploitation. In competition law, however, economic theory has not been able to set clear-cut rules defining which of these exploitative pricing acts are considered abusive. The goal of this paper is twofold: first, to establish whether the analysis and application of the prohibition on excessive prices in Latin America is appropriate, having regard to the goals of competition law in emerging economies and the high degree of aggregate market power and; second, to establish whether or not a different approach is justified.

Keywords: Excessive Pricing, Abuse of Dominance, Market Power, Competition Policy, Latin America.

1. INTRODUCTION

Excessive pricing is the purest form of market power exploitation. In competition law, however, economic theory for developed economies has not been able to set clear-cut rules defining which of these exploitative pricing acts are considered abusive. Defining what pricing abuses are and which policy to follow in emerging economies has not been the exception. The goal of this paper is twofold: first, to establish whether the analysis and application of the prohibition on excessive prices in Latin America (hereinafter Latam) is appropriate, having regard to the goals of competition law in emerging economies and the high degree of aggregate market power and; second, to establish whether or not a different approach is justified.

Excessive pricing here will be understood as the direct use of market power to set prices substantially different from competitive prices. This definition of excessive prices deviates from the traditional definition used by the literature since most authors make high prices and excessive prices equivalent concepts. In this paper, excessive prices include excessively high and excessively low prices. The reason to adopt such approach comes from simple economic theory: the act that causes the excessiveness in prices in both cases is the same, the reduction of market quantity.

This paper is structured as follows. First, the economic analysis of excessive pricing will be presented. Through such analysis a definition of excessive pricing as an exploitative abuse will be proposed. In section 3, the mainstream perspectives on excessive pricing (European Union and United States) will be described showing the different standards used to regulate excessive prices. In section 4, a description and assessment of the Latin American standards on excessive pricing will be presented showing the different policies followed by such countries. Section 5 will propose a set of principles to achieve a set of standardized rules for exploitative excessive pricing in emerging economies, characterized by high concentrations of market power and aggregate concentration. In particular, it is assumed that taking into account a particular general economic goal – rapid economic growth – and a set of structural restrictions – high aggregate and market concentration – it is possible to choose a legal design of competition rules that may help in pursuing such goals. It is found that a standard granting dominant undertakings the right to charge an excessive price is a better way to attain rapid growth and a sound and robust competition policy. In this way a case is made for different treatment in emerging economies when compared with developed economies.

2. THE ECONOMICS OF EXCESSIVE PRICING: EXPLOITATION OF MARKET POWER

2.1 Pricing, competition policy and economic policy

Prices are the core of economic analysis. The reason lies in the two economic dimensions of prices: First, from a microeconomic perspective,[1] prices signal demand, quality and market imperfections.[2] Second, from a macroeconomic point of view, price variations and price levels determine an economy's stability and therefore are part of the general economic policy.

Regarding the microeconomics of prices, mainstream industrial organization theory states that market structure determines how prices are formed. Market structure is a set of characteristics that determine the architecture of a market or industry.[3] Such characteristics are regularly defined as number of agents, product differentiation, barriers to entry, cost structures, vertical integration and diversification.[4] Market structure is a relevant factor in determining agent's conduct and therefore has an impact on market participants' pricing, investing and strategic behaviour.[5] The perfectly competitive market structure assumes market participants are price-takers. Under other market structures there is market power and agents, in some cases, are price-makers.[6] Monopoly and oligopoly, as well as monopsony and oligopsony, are market structures in which economic theory finds that prices are likely to be determined unilaterally or cooperatively through factors different from market forces.[7]

Having said the latter, the effect of market structures that are not consistent with the competitive market model is usually instability of prices. This has important macroeconomic effects on variables such as investment, inter-

1 See *H. R. Varian, Microeconomic Analysis* (3rd edn W.W. Norton, New York; London 1992), p. 215-216.

2 H. R. Varian, *Intermediate Microeconomics: A Modern Approach* (7th edn W.W. Norton, London 2006), p. 456.

3 F. M. Scherer, *Industrial Market Structure and Economic Performance* (2nd edn Houghton Mifflin, Boston 1980), p. 4-6.

4 Ibid., p. 5.

5 Ibid., p. 4.

6 *Varian, Microeconomic Analysis,* p. 233.

7 Scherer, *Industrial Market Structure and Economic Performance*, p. 15-16 and 200-206.

est rates and price stability.[8] These adverse effects have different outcomes on the economic performance of the economy depending on the industry where the price distortion is taking place.[9] For example, price distortions on non tradable items have lower chances of being corrected through competition law and policy if entry barriers are high. Or market structures that affect prices on markets where prices have a less than proportionate impact on consumer demand have a stronger impact on aggregate variables.

The latter paragraphs show that market structure and pricing behaviour have tremendous consequences for economic and legal policy. Generally, if market participants' behaviour may be controlled through competition policy, no goal of competition can be assessed without having regard to a general economic policy. Competition policy defines how the State wants market competition to happen in a particular jurisdiction and, therefore, competition policy should be an expression of the model of economic development that the jurisdiction wants to signal to investors and entrepreneurs. As will be shown below, growth and stability are drivers of general economic policy in emerging markets and thus competition policy must be coordinated not to obstruct either investment or innovation despite aggregate market concentration.

2.2 Market power, exploitative pricing and excessive pricing

Market structure has an effect on behaviour eliminating price distortions if perfect competitive interaction is taking place. In emerging economies, the perfect competition is not the prevailing but the exceptional market structure. In almost every industry there is a high degree of dominance or market power.[10] The notion of market power is different to the concept of dominance[11] but

---

8 O Blanchard and D. W. Findlay, *Macroeconomics* (5th edn Pearson Prentice Hall, Upper Saddle River, N.J. 2009), p. 200.

9 C. A. Ferrari, *Política Económica y Mercados* (Javegraf, Bogotá 2000), p. 56-57.

10 Emerging market economies are characterized by high levels of market dominance and low levels of competition intensity, disregarding the likelihood of competitive markets in the majority of industries.

11 R. O'Donoghue and AJ Padilla, *The Law and Economics of Article 82 EC* (Hart, Oxford 2006), p. 107-108 (showing that market power is not necessarily equivalent with legal definition of dominance); S Bishop and M Walker, *The Economics of EC Competition Law: Concepts, Application and Measurement* (3rd edn Sweet & Maxwell, London 2010), §3.04 (stating that defining market power as ability to price above short-run marginal costs is not useful for policy purposes); Rvd Bergh and PD Camesasca, *European Competition Law and Economics: a Comparative Perspective* (2nd edn Sweet & Maxwell, London 2006), p. 105-106 (arguing that

both may be understood as the possibility to determine market's conditions and exclude.[12] Market power depends on the number of agents, their relative participation on both sides of the market and total output.[13]

Regarding pricing, monopolists are said to have the power to determine prices and therefore monopoly pricing responds to the sole interest of monopolist's profit maximization.[14] Prices are higher and quantities available are lower than in perfect competition. This monopoly price is possible only because the monopolist has the power to choose the quantity of production.[15] The price is therefore considered excessively high for the agent that cannot demand the product efficiently at such high price. In addition, each unit sold at the excessively high price represents a transfer of wealth from the consumer to the producer. Similar considerations may be highlighted in respect to the dominant producer. The dominant producer, as well as the monopolist, has enough economic power to reduce the market's quantities (either by reducing its own or by driving from the market other participants) and increase prices in order to get larger rents from consumers.

Monopsony pricing poses a different problem and perspective on the concept of excessive pricing. From an economic point of view, the buyer's interest is to minimize costs. Therefore, a buyer will always try to pay less for the same product.[16] Having the power to determine the buying price, the single

the economic and the legal (EU Law) definition of market power/dominance differ widely as market power does not only involves pricing above marginal costs); J Vickers, 'Abuse of Market Power' (2005) 115 *The Economic Journal* F244, p. F245.

[12] This concept is concurrent with the notion of dominance that most Latin American emerging economies have set in their statutes and regulations.

[13] For the purpose of this paper only monopoly and monopsony structures will be reviewed. See: Bishop and Walker, *The Economics of EC Competition Law: Concepts, Application and Measurement*, §3.04.

[14] Varian, *Microeconomic Analysis*, p. 234 (Proving that monopolists maximize profits by restricting output to the point where marginal cost is equal to marginal revenue).

[15] Ibid., p. 235-236 (Proving the conditions for the maximization of monopolist's profits. Varian also argues that monopolists chose the products they produce in terms of quality and such may affect social welfare).

[16] Scherer, *Industrial Market Structure and Economic Performance*, p. 517; J. M. Jacobson and G. J. Dorman, 'Monopsony Revisited: a comment on Blair & Harrison' (1992) 37 Antitrust Bulletin, p. 152; J. M. Jacobson and G. J. Dorman, 'Joint Purchasing, Monopsony and Antitrust' (1991) 36 *Antitrust Bulletin*, p. 2.

dominant buyer will pay producers the lowest price possible by demanding less.[17] This price is therefore excessively low for the producer that has to sell its products at a price below the competitive price.[18] In addition, given that the monopsonist will demand a smaller quantity than in the perfectly competitive structure, the welfare effect is represented by rents transferred from producers to the buyer.[19] Regarding the case of the dominant buyer, such undertaking has enough market power to expand demand and reduce prices and capture rents from producers.[20]

In summary, excessive pricing exists both on the supply as well as on the demand side. Both phenomena represent market failures that, driven by the reduction of output or demand,[21] are conductive to price distortions that may be interpreted as exploitative.[22] The use of market power to reduce quantity explains the distributive concerns when assessing the fair and proper use of market power by a single enterprise. The question is whether such social losses may be worth having in certain industries, taking into account that, in certain

---

[17] R. D. Blair and J. L. Harrison, *Monopsony in Antitrust Law and Economics* (Cambridge University Press, Cambridge 2010), p. 37-38.

[18] In this section the expression 'excessively low prices' is not referred to predatory pricing. First, in price predation the monopolist reduce prices below a benchmark by increasing output; second, the goal of price predation is to make low market power companies exit the market not to exploit or subtract rents in favour of the dominant firm. See Scherer, *Industrial Market Structure and Economic Performance*, p. 519; O'Donoghue and Padilla, *The Law and Economics of Article 82 EC*, p. 640-64.

[19] R.D. Blair and JL Harrison, 'Antitrust Policy and Monopsony' (1990-1991) 76 Cornell Law Review 44, p. 303 (Showing that the optimal price is the privately optimal not the social optimal which would be the competitive price).

[20] Blair and Harrison, *Monopsony in Antitrust Law and Economics*, p. 39; O'Donoghue and Padilla, *The Law and Economics of Article 82 EC*, p. 640-641.

[21] In Jacobson and Dorman's 'Monopsony Revisited', the authors state that 'both monopoly power and monopsony power depend on an ability to restrict market output' but there are some theoretical exceptions to such rule, for example in cases where demand is positively correlated with prices and supply is negatively correlated with prices, situations that exceptional and virtually impossible to be attained in the real world. See: Jacobson and Dorman, 'Monopsony Revisited: a comment on Blair & Harrison', p. 154.

[22] *See* H. Hovenkamp, *The Antitrust Enterprise: Principle and Execution* (Harvard University Press, Cambridge, Mass. 2005), p. 112 (stating that undertaking with market power may reduce output and rise prices but such fact does not lead to condemn them).

economies entry in the market could only happen if the producer/buyer finds entry profitable enough to cover sunk costs, and allowing excessive pricing may incentivize first – and successive – entry.

2.3 General economic consequences of unilateral exploitative pricing and mainstream standards

Charging excessive prices is the purest expression of exploitation of market power.[23] As stated by O'Donoghue and Padilla, price excessiveness is considered an exploitative conduct since the dominant undertaking is "taking undue advantage of consumers by using market power to charge grossly excessive prices".[24] Notwithstanding that the authors' description is charged with normative concepts,[25] the excessiveness that they highlight is such that has an impact on the other party's wealth.

The abovementioned is a distributive problem; it adjudicates a property right on the counter party not to pay or not to be paid "unfair" prices. According to the literature, it is not a subject for competition law to adjudicate rights to parties in economic transactions.[26] Consequently, under this approach, any prohibition of excessive prices under competition law statutes may be seen a measure tantamount to price regulation.[27] On the other hand, setting limits

[23] See M. A. Utton, *Market dominance and antitrust policy* (2nd edn E. Elgar, Cheltenham 2003), p. 24 (defines market dominance as the control of prices that leads to excessive profits); Bishop and Walker, *The Economics of EC Competition Law : Concepts, Application and Measurement*, p. 74(3.56).

[24] O'Donoghue and Padilla, *The Law and Economics of Article 82 EC*, p. 195.

[25] Ibid., p. 195 (arguing that excessive prices prohibition covers conduct that takes 'undue advantage of consumers by using market power to charge grossly excessive prices'. The authors however do not clarify what is the meaning of 'undue', if there is unilateral conduct where it is possible to take 'due' advantage of consumers or prices that being excessive are not 'grossly excessive').

[26] H. Hovenkamp, *Federal Antitrust Policy: the Law of Competition and its Practice* (3rd edn Thomson, St. Paul, Minn. 2005), §19.2 and 19.5 (stating that there is a problematic relation between antitrust and regulation when regulation gets involved with prices, barriers to entry and restricts or permits action permitted or prohibited by antitrust law and that regulation in markets with high market power affect the way market power is assessed); Blair and Harrison, *Monopsony in Antitrust Law and Economics*, p. 308; Blair and Harrison, *Monopsony in Antitrust Law and Economics*, p. 63-64.

[27] See Bishop and Walker, *The Economics of EC Competition Law: Concepts, Application and Measurement*, §6.20-6.22.

and responsibilities to dominant market players – and certain property rights on counter parties – is not a rare practice in competition law and policy and may indicate how competition policy drafters consider competition may take place in a certain jurisdiction. Then, a prohibition of excessive prices under this perspective grants a right to parties in economic transactions and gives competition authorities the power to regulate prices.

The economic effects of monopsony and monopoly power are not as similar as their cause. Disincentive to entry has been identified as an effect of a strict prohibition of excessive prices.[28] Entry may be restricted as investors in unregulated markets rely on the possibility to have pricing freedom. Obscure price caps, as well, make investment assessments uncertain as revenues will fluctuate with the competition authority's subjective assessments.[29] In addition, innovation may also be restricted by an excessive pricing policy since investment in research and development is considered profitable only if prices charged for the goods or services produced recoup investment and price caps diminish the time to recoup investment with low rivalry.[30] Quite the opposite, excessively low prices provide incentives for exit on the supply side. The pricing policies of the monopsonist and the dominant buyer may drive out of the market most of those suppliers that cannot efficiently sell at the price defined by the dominant buyer. In addition, by determining buying conditions as payment terms and quality standards and by discriminating among sellers, the dominant buyer has power to determine not only explicit but also implicit prices.[31]

The effects of market power on single markets may have repercussions on economic aggregates. Prices have an impact on general economic policy and market structures that favour concentration tend to impose prices that do not correspond with the perfect competition model. On the other hand, investment and innovation are drivers of economic growth[32] and market power

[28] R. D. Blair and DL Kaserman, *Antitrust Economics* (2nd edn Oxford University Press, Oxford 2009), §3.8 (explaining the relationship between competition, innovation and monopoly structure).

[29] O'Donoghue and Padilla, *The Law and Economics of Article 82 EC*, p. 607 (stating that price caps deter incentives to entry and innovate because profits are uncertain).

[30] Ibid., p. 607.

[31] P. Areeda and H. Hovenkamp, *Antitrust Law: an Analysis of Antitrust Principles and their Application* (3rd edn Aspen, New York 2006), §575.

[32] R. J. Barro and X Sala-i-Martin, *Economic Growth* (MIT Press, Cambridge, Mass. 2004), p. 24-29 (Showing the relationship between investment and technology – innovation- and its effect on economic growth on the Solow-Swan model).

distortions may lead to exclusionary activities that impede competition and market growth. The latter effects of market power are often seen as causes of State's intervention and justify the adoption of industrial policies based on the control of prices. However, to assess what the adequate remedy is for a standard problem such as excessive pricing it is necessary to determine what the best response is having regard to the economic system.

As was explained before, the goal of this paper is to assess what is the best standard for the prosecution of excessive prices given the economic goals emerging markets and having regarded to aggregate and industrial concentration of Latam emerging economies. In what follows the mainstream models of competition law regarding excessive prices will be explained taking into account that such are the responses of developed economies. After such description, the Latin American perspective will be studied showing how case law and the enforcement policy have been shaped by authorities, according to different prevailing circumstances.

3. MAINSTREAM PERSPECTIVES ON EXCESSIVE PRICING

The prohibition of excessive pricing is one the most debated issues in European Union competition law. The question is usually centred on the economic advantages and disadvantages derived from prohibiting excessive prices[33] and what standard should be followed by competition agencies.[34] Three possible general policies on the prohibition and prosecution of excessive prices have been followed by competition agencies. First, a non-interventionist policy approach where competition authorities and courts do not restrict excessive pricing as such as it is considered *per se* competitive; second, an non-interventionist approach with certain exceptions grounded on particular distributive concerns regarding the effects of excessive pricing acts, and; third, an interventionist enforcement policy where pricing by dominant market players that is over or below the competitive price is always prosecuted and considered *per se* illegal.

---

[33] See A. Ezrachi and D. Gilo, 'Are Excessive Prices Really Self-Correcting?' (2008) 5 Journal of Competition Law and Economics 249, p. 252-253; DS Evans and AJ Padilla, 'Excessive Prices: Using Economics to Define Administrable Legal Rules' (2005) *1 Journal of Competition Law and Economics* 97, p. 100-103.

[34] See Ezrachi and Gilo, 'Are Excessive Prices Really Self-Correcting?', p. 268; Evans and Padilla, 'Excessive Prices: Using Economics to Define Administrable Legal Rules', p. 119-122.

The dominant standards are the United States (US) and the EU. These mainstream standards have shaped the different viewpoints that emerging economies have used for implementing and enforcing their competition laws. Thus, it is necessary to understand the origins of certain excessive pricing policies to evaluate such enforcement policies in emerging economies.

3.1 Legal per se excessive pricing

The US courts have held that charging high prices to consumers or paying low prices to suppliers is not illegal and therefore dominant firms have no legal duty to limit their pricing policies.[35] The legal literature in the US has backed such non-interventionist policy[36] based on economic analysis which shows that restriction of pricing in addition to discourage investment may

---

[35] On monopoly power *See Berkey Photo Inc. v. Eastman Kodak Company* 457 F. Sup 404 (S.D.N.Y., 1978); *Berkey Photo Inc. v. Eastman Kodak Company* 603 F.2d 263 (2nd Cir, 1979); *Berkey Photo, Inc. v. Eastman Kodak Company* 603 F.2d 263 (2nd Cir, 1979); *In Re Air Passenger Computer Reservation Systems* 727 F. Sup 564 (C.D. Cal., 1989); *Verizon Communications Inc. v. Law Offices Of Curtis V. Trinko, LLP* 540 U.S. 398 (2004); *In Re: Live Concert Antitrust Litigation* 247 F.R.D. 98 (C.D. Cal., 2007); On Monopsony power *See Kartell v. Blue Shield of Massachusetts* 749 F.2d 922 (1st Cir., 1984); *Kamine/Besicorp Allegany L. v. Rochester Gas & Elec. Cor* 908 F.Sup 1194 (W.D.NY, 1995) (A monopsony is actionable only if "injures consumers by forcing up the price of the end product"); *Addamax Cor v. Open Software Found., Inc.* 888 F.Sup 274 (DC Mass, 1995); ("only with control of a downstream market can the monopsonist decrease output and raise prices"); In *Weyerhaeuser Co. v. Ross-Simmons Hardwood Lumber Co., Inc.*, 127 U.S. 1069 (predatory buying has no different standard than predatory pricing and therefore the rule to be followed by Courts is Brooke Group Ltd. v. Brown & Williamson Tobacco Cor, 509 U.S. 209, 221 (1993)) .

[36] See P. Areeda, L. Kaplow and A. Edlin, *Antitrust Analysis: Problems, texts and cases* (Aspen Publishing, New York 2004), p. 486 (stating that every firm has discretion over prices); E. Elhauge and D. Geradin, *Global Competition Law* (Hart, Portland, Oregon 2007) (Stating that charging monopoly prices is not an antitrust violation); S. C. Oppenheim, G. E. Weston and J. T. McCarthy, *Federal Antitrust Laws* (West Publishing Co., St. Paul, Minn 1981) (arguing that the 'mere position of monopoly power' does not condemn a market participant unless the company does not refrain to act in ways that may smoother competition); Blair and Harrison, 'Antitrust Policy and Monopsony' and Blair and Harrison, *Monopsony in Antitrust Law and Economics* (arguing that antitrust policy on monopsonies should not be different from monopolies); Jacobson and Dorman, 'Monopsony Revisited: a comment on Blair & Harrison' (showing that monopsony power creates antitrust concerns only if it reduces output and increases prices for the final consumer).

cause no long term harm as such supra and infra exploitative pricing acts are self correcting.[37] To explain the legal standards in what follows excessively high and excessively low prices will be distinguished.

The most cited cases on the issue of excessively high prices[38] are *Berkey Photo Inc v Eastman Kodak Co* and *Verizon Communications Inc. v. Law Offices of Curtis V. Trinko*. In *Berkey*, Berkey Photo was a relatively small participant in the markets for "amateur conventional still cameras, conventional photographic film, photofinishing services, photofinishing equipment, and color print paper".[39] In addition to allegations regarding Eastman Kodak's (hereinafter Kodak) leveraging of its market power on downstream markets,[40] Berkey contended that the pricing policy used by Kodak on photographic film, photofinishing equipment and colour print paper markets constituted unlawful monopolization and had resulted in a large amount of overcharges against Berkey's interests. The District Court found for the plaintiff. The District Court based its reasoning on the illegal nature of rents extracted from consumers once a dominant position is acquired illegally or by monopolization acts.[41] However, the Court of Appeals, following *US v. Grinnell Corp.*[42] was clear that it is the conduct of a dominant undertaking directed at smothering competition what constitutes an abuse and the mere possession of monopoly power "does not ipso facto condemn a market participant".[43] Then the Court of Appeals held that "setting a high price may be a use of monopoly power, but it is not in itself anticompetitive".[44]

Under the US standard high pricing is unlawful only when the undertaking has unlawfully acquired its dominant position through acts of monop-

---

[37] See H. Hovenkamp, *Federal Antitrust Policy: the Law of Competition and its Practice* (3rd edn Chapter 6. Monopolization, Thomson, St. Paul, Minn. 2005) (Showing that excessive prices have a self-correcting nature, and therefore, do not require antitrust intervention).

[38] US case law uses without distinction the phrases excessive pricing and monopoly pricing.

[39] *Berkey Photo Inc. v. Eastman Kodak Company, 603 F.2d 263 (2nd Cir, 1979)* , p. 269.

[40] See *Berkey Photo Inc. v. Eastman Kodak Company, 457 F. Supp. 404 (S.D.N.Y.,1978)*, p. 410; *Berkey Photo Inc. v. Eastman Kodak Company*, pp. 267-268.

[41] *Berkey Photo Inc. v. Eastman Kodak Company*, p. 423.

[42] See *United States v. Grinnell Corp., 384 U.S. 563 (Supreme Court, US).*

[43] *Berkey Photo Inc. v. Eastman Kodak Company*, p. 294.

[44] *Ibid.*, p. 294.

olization. Monopoly pricing[45] is, therefore, not only *per se* legal but encouraged as the prize for market success. Then, under the US standard: a) excessive pricing is only illegal when it is the result of unlawful monopolization; b) excessive pricing is not anticompetitive as it encourages entry (and does not restrict output) and; c) excessive pricing is a prize for successful market participants. Statement *a* has been sufficiently explained as it is a requirement defined on Sherman Act's Section 2; *b* and *c*, however, require further analysis.

Regarding statement *b*, in *In Re Air Passenger Computer Reservation Systems*[46] a group of airlines filed an action against United and American Airlines for their attempts to monopolize the Computerized Reservation Systems industry by charging supra-competitive booking fees. Although the case's question was focused on the plaintiffs' standing rights, the Court held that there is no wrongdoing in high pricing since such act incentives market entry instead of excluding rivals.[47] Although the Court's argument soundness may be challenged on economic grounds, it has been a settled assumption of the US standard on monopoly pricing that high prices encourage entry.

Regarding statement *c*, the Supreme Court in *Verizon Communications Inc. v. Law Offices of Curtis V. Trinko*[48] stated that competition policy should not punish but reward successful market participants. In this case, Trinko started an antitrust action against Verizon Communications due to denial of interconnection services to rivals alleging breach of the network access duties imposed on local telephone companies by the Telecommunications Act of 1996 and Sherman Act's Section 2.[49] The claimant's case was based on the 'essential facilities' and monopoly leveraging doctrines, but the Court disregarded such claims holding that "the 1996 [Telecommunications] Act's extensive provision for access makes it unnecessary to impose a judicial doctrine of forced access".[50] The opinion of Justice Scalia, in addition, took into account the issue of excessive pricing and said that "the opportunity to charge monopoly prices... is what attracts 'business acumen' in the first place; it induces

---

[45] See *Gweldon Lee Paschall and All Intervenors v. The Kansas City Star Company, 727 F.2d 692 (8th Cir, 1984)*, pp. 28 and 29.

[46] See *In Re Air Passenger Computer Reservation Systems, 727 F. Supp. 564 (C.D.. Cal., 1989).*

[47] Ibid., p. 570.

[48] See *Verizon Communications Inc. v. Law Offices of Curtis V. Trinko, LLP*, 540 U.S. 398 (2004).

[49] Ibid., p. 402-403.

[50] Ibid., p. 411.

risk taking that produces innovation and economic growth".[51] The Supreme Court's economic reasoning is straight forward: A rule restricting supra-competitive pricing to firms would deter firms to take risks associated with investment and innovation, and, any rule restricting high pricing has an impact on growth.[52]

Regarding excessively low prices case law is not abundant. In fact, most authors consider that monopsony power is a rare antitrust problem in the US economy,[53] and therefore most cases involve labour or collusive oligopsony. A few cases can be highlighted. For example, in *Kartell v. Blue Shield of Massachusetts*[54] Blue Shield was a dominant buyer in the market of physician services accused of setting rate levels below the levels that competitive market pressure would have set.[55] The District Court for Massachusetts found that the pricing scheme defined by Blue Shield "imposes an unreasonable restraint on competition in the market for physicians' services in Massachusetts".[56] Several reasons were quoted by the District Court, for example, the Court held that such pricing system was anticompetitive as it does not reward quality but quantity, for Doctors there was no profitable way to avoid such pricing system, as Blue Shield was the largest single dominant buyer in the market and therefore, physicians were under a constraint where pricing was set exclusively by Blue Shield. The District Court concluded that Blue Shield's pricing scheme unreasonably restrains trade, and thereby violates Sherman Act §1 by putting doctors under "heavy economic pressure" caused by Blue Shield's market share and monopsony power strong enough to force doctors to agree on fixed rates for the cost of their care that were "unreasonably rigid and unjustifiably low set of prices".[57] The Court of Appeals reversed stating that mainstream antitrust doctrine on monopoly pricing is applicable to the pricing system

---

[51] Ibid., p. 407.

[52] As stated in *In Re: Live Concert Antitrust Litigation, 247 F.R.D. 98 (C.D. Cal., 2007)* the District Court held that plaintiffs have standing to sue as they show that high prices for concert tickets where the result of anticompetitive conduct by defendant. The defendant alleged that once acquired a monopoly charging high prices is a reasonable conduct for the monopolist and, therefore, no damages may be raised by consumers.

[53] Blair and Harrison, 'Antitrust Policy and Monopsony', p. 61.

[54] See *Kartell v. Blue Shield of Massachussetts,* 582 F. Supp. 734 (D. Mass., 1983).

[55] Ibid., p. 737-738.

[56] Ibid., p. 755.

[57] *Kartell v. Blue Shield of Massachussetts,* 749 F.2d 922 (1st Cir., 1984), p. 924.

defined by Blue Shield[58] and therefore, as in the case of monopoly selling, in monopsony buying prices should not be restricted as a violation of antitrust law.[59]

In summary, the US standard only condemns excessive prices if such are the result of unlawful monopolization and consider that setting excessively high or excessively low prices[60] is not an anticompetitive act.

3.2 Illegal *per se* excessive prices

Article 102(a)[61] of the Treaty on the Functioning of the European Union,[62] former article 82(a) of the Treaty of Rome,[63] establishes that acts by dominant undertakings which are "directly or indirectly imposing unfair purchase or selling prices" may constitute abuse and are prohibited. At the European level, a few cases regarding excessively high prices have been prosecuted by the European Commission and the Court of Justice of the European Union (hereinafter CJEU). On the other hand, not a single excessively low prices case has been studied by the CJEU though.[64] The most notable case re-

---

58 Ibid., 930.

59 Ibid., 931; *See* Blair and Harrison, *Monopsony in Antitrust Law and Economics*, p. 64.

60 However, in *Chicago Professional Sports Ltd and WGN v NBA*, 95 F.3d 593 (7th Cir., 1996) , p. 597 high prices are only anticompetitive when they reduce output. The statement seems to be inaccurate since simple economic theory reveals that high prices in monopoly settings are possible only after output contraction, and thus monopoly pricing would be illegal. This case was presented by plaintiffs as an anticompetitive agreement, under Sherman Act's Section 1, and therefore the statement of the Court makes sense in this sole context.

61 As of 1st December 2009, the article 82 of Treaty of Rome was replaced by the Article 102 of the Treaty on the Functioning of the European Union (Treaty of Lisbon). Since all the decision cited above refer to the Treaty of Rome numeration will continue to refer to article 82.

62 See Treaty on the Functioning of the European Union (Lisbon, 13 December 2007).

63 See European Community Treaty, (Rome, 25 March 1957).

64 O'Donoghue and Padilla, *The Law and Economics of Article 82 EC*, p. 642-643 (stating that there is no general case in EU competition law stating that monospsony low pricing is abusive); See *BetterCare Group Ltd/North and West Belfast Health and Social Services Trust, Case CE/1836-02 (UK Office of Fair Trade)*; *The Association of British Travel Agents and British Airways pcl, CA98/19/2002 (UK Office of Fair Trading)*;
Vodafone Ireland Limited Increase in Wholesale Price of Electronic Top-Up, Case COM/118/02 (Irish Competition Authority); *Reduction In Travel Agent Commissions By Aer Lingus pcl*, Case COM/15/02 (Irish Competition Authority).

garding excessively high prices before the CJEU is *United Brands.*[65] However, the large number of cases studied locally show the importance of the unfair prices prohibition in EU law.[66]

Unlike the US standard, the policy on excessive pricing in EU law departs from a statutory definition that expressly condemns unfair purchase and selling prices. The language of the Treaty's article 102(a) states that it is prohibited to impose "unfair" prices. Such statutory prohibition characterizes European competition policy on "unfair" pricing as interventionist[67] since the former article 82(a)'s rule punishes undertakings for the mere imposition of prices qualified as 'unfair'. The meaning of the word "unfair", according to the interpretation of the European Court, includes prices that may be considered predatory[68] as well as excessive. *Sirena S.R.L. v Eda S.R.L*[69] was the first case

[65] See Case 27/76 *United Brands Company and United Brands Continental B.V. v Commission of the European Communities* [1978] 1 CMRL 429 (European Court of Justice).

[66] See *Napp Pharmaceutical Holdings Ltd and others v Director General of Fair Trading, 69 BMRL 69 (Competition Commission Appeals Tribunal); Spółdzielnia Mieszkaniowa "Podzamcze" v Prezes Urzędu Ochrony Konkurencji i Konsumentów, CASELEX:PL:2005:20 (Sąd Apelacyjny w Warszawie, Poland, 2005); Van Ommeren Agencies Rotterdam B.V., Pakhoed Agencies Rotterdam B.V., Vertom Scheepvaart- en Handelmaatschappij B.V., Ruys & CO. B.V. v De Gemeente Rotterdam (Gemeentelijk Havenbedrijf Rotterdam), AF2005 (Rechtbank Rotterdam, Netherlands, 2002); British American Tobacco Nederland B.V. v. Chipknip C.V. and Ceanet B.V., CASELEX:NL:2008:26 (Gerechtshof Amsterdam, Burgerlijke Kamer, Netherlands); FAC Flygbussarna Airport Coaches AB and 5 others v Konkurrensverket och Luftfartsverket, CASELEX:SE:2005:10 (Marknadsdomstolen, Sweden); BHB Enterprises plc v Victor Chandler (International) Limited, [2005] EWHC 1074 (Ch) (Chancery Division); The British Horseracing Board Ltd, BHB Enterprises plc v Attheraces Ltd, Attheraces (UK) Ltd., [2007] EWCA Civ 38 (Court of Appeal of England and Wales); The British Horseracing Board Ltd, BHB Enterprises plc v Attheraces Ltd, Attheraces (UK) Ltd.*

[67] Ezrachi and Guilo, for example, classify EU policy on excessive prices as interventionist despite the limitations defined by the European administrative and judicial authorities. See Ezrachi and Gilo, 'Are Excessive Prices Really Self-Correcting?', p. 252-253.

[68] See Case 62/86 *AKSO Chemie BV v Commission,* [1993] 5 CMRL 215 (European Court of Justice); Case C-333/94 P *Tetra Pak International SA v Commission of the European Communities,* [1996] ECR I-5951 (European Court of Justice); Case T-340/03 *France Télécom SA v. Commission of the European Communities,* [2007] 4 CMLR 21 (Court of First Instance).

[69] See Case 40/70 *Sirena S.R.L. v. Eda S.R.L.,* [1971] ECR 69.

that considered that prices particularly high may be unfair.[70] Such "particularly high" prices were qualified later as excessive prices in *General Motors v Commission*,[71] where the CJEU reviewed a sanction imposed by the Commission on General Motors Continental for setting excessively high prices for the service of 'inspection for conformity with the specifications' of motor vehicles manufactured in other member States.[72] The provision of such service could only be performed by General Motors whom was the exclusive authorized agent of the manufacturer.[73] The CJEU annulled but stated that for a high price to constitute an unfair price, such should be excessive in relation to its "economic value".[74]

In *United Brands* the EU standard on excessive pricing was partially clarified.[75] United Brands participated in the market of branded and unbranded bananas in several countries within the EU. According to the Commission's findings, United Brands charged its distributors and ripeners unfair prices "resulting in differences in price which cannot be justified objectively".[76] The Commission stated that United Brands' prices in Ireland not only granted the firm a profit but were substantially lower than those charged to consumers everywhere else in the relevant geographic market and deduced that prices in the rest of the relevant market were necessarily excessive.[77] The CJEU annulled the Commission's decision on excessive pricing grounds stating that the method used to ascertain the relation between the price of United Brands bananas and its economic value was not accurate.[78] The CJEU said that a price charged by a dominant undertaking may be abusive only when such price 'has no reasonable relation to the economic value of the product supplied'.[79]

---

70 Ibid., §17.

71 See Case 26/75 *General Motors Continental v Commission of the European Communities*, ECJ, [1975] ECR 1367, [1976] 1 CMRL 95.

72 Ibid., §1.

73 Ibid., §1.

74 Ibid., §11-12.

75 See *United Brands Company and United Brands Continental B.V. v Commission of the European Communities.*

76 Ibid., p. 1562.

77 Ibid., p. 1562.

78 Ibid., §267.

79 Ibid., §250.

Following the above and the CJEU's decisions in *General Motors, British Leyland,*[80] and *United Brands,* the European standard regarding excessively high prices is based on the compliance with two subsequent conditions:[81] a) the price must be high and excessive in relation to costs and; b) such high price must be considered "unfair".[82] Regarding statement a), EU competition authorities have used three different tests: i) price-cost analysis;[83] ii) price-price comparisons[84] and iii) competitive price-market price comparison.[85] Regarding statement b), it was said in *United Brands* that the price

[80] See Case 226/84 *British Leyland Public Limited Company v Commission of the European Communities,* [1987] 1 C.M.L.R. 185 (European Court of Justice), §27-31.

[81] See A Ezrachi, *EC Competition Law: An Analytical Guide to the Leading Cases* (Hart Publishing, Oxford 2008), p. 159 (arguing that the CJEU in United Brands defines a two tiered test to define prices as unfair); M Gal, 'Monopoly pricing as an antitrust offense in the U.S. and the EC: Two systems of belief about monopoly?' (2004) 49 Antitrust Bulletin 343, p. 373 (stating that there is a two steps definition of unfair prices, one related to the extent of the excess and the second related to the fairness of the difference).

[82] *United Brands Company and United Brands Continental B.V. v Commission of the European Communities,* §253.

[83] Ibid., §251-252 (The price-cost test was defined in United Brands as a method to determine to what extent the price is excessive).

[84] See Case 110/88 *Lucazeau v Société des Auteurs, Compositeurs et Éditeurs de Musique,* [1989] ECR 2811 (European Court of Justice), §25. Cited by Ezrachi, *EC Competition Law: An Analytical Guide to the Leading Cases,* 160 ('In Case 110/88... a comparison of prices charged by different undertakings for the same service in different member states was held to form a reasonable basis for establishing excessiveness of price.'). Gal states that 'SACEM judgments stand for the proposition that an objective comparison of price levels between comparable markets may serve as an alternative basis to a cost-price analysis for reviewing excessive pricing allegations... The case also stands for the proposition that when a dominant firm's charges are appreciably higher than corresponding charges in other Member States, and where a comparison of the fee levels has been made on a consistent basis, that difference will be regarded as indicative evidence of abusive conduct, thereby reversing the burden of proof'. Gal, 'Monopoly pricing as an antitrust offense in the U.S. and the EC: Two systems of belief about monopoly?', p. 34-35.

[85] Case 30/87 *Corinne Bodson v SA Pompes Funèbres des Régions Libérées,* [1989] 4 CMRL 984 (European Court of Justice), §4 (the Court held that a proper comparison could arise from comparing the dominant undertaking's price with the price charged for the same product in different markets where there is competition).

found to be objectively excessive must be, as well, held as "unfair".[86] Neither the CJEU nor the Commission have given clear views about what constitutes an unfair price.[87] In *United Brands* the CJEU stated that unfairness on prices must be grounded on economic theory, saying that "other ways may be devised and economic theorists have not failed to think up several of selecting the rules for determining whether the price of a product is unfair".[88] The latter is the sole guideline given by the CJEU to determine whether an excessive price is unfair. In the cases cited above, the CJEU has centred its opinions on the notion of excessiveness and has had no opportunity to define what price difference may be considered unfair under economic grounds.[89]

In contrast, on monopsony power abuses there is no general standard in EU competition law.[90] In fact, there is not a clear statutory rule or case, and local courts have had only studied monopsony pricing in a few opportunities.[91]

---

[86] See *United Brands Company and United Brands Continental B.V. v Commission of the European Communities,* §251.

[87] The Commission states that: "The United Brands test implies in essence that prices are only excessive if the profit margin is excessive and this is not the result of superior efficiency but of the exercise of durable market power. However, this does not answer the question how high the profit margin/price must be to be found excessive". See: European Commission, 'Article 102 and Excessive Prices' in OECD (ed) *Excessie Prices* (Roundtables on Competition Policy [DAF/COMP(2011)18], OECD, Paris 2011), p. 321.

[88] *United Brands Company and United Brands Continental B.V. v Commission of the European Communities,* §253.

[89] See Gal, 'Monopoly pricing as an antitrust offense in the U.S. and the EC: Two systems of belief about monopoly?', p. 36 (stating that the EJC has not 'clearly determined' the level of difference deemed as unfair). *See* European Commission, 'Article 102 and Excessive Prices', p. 321 (stating that the 'enforcement practice indicates that generally only cases concerning large deviations from competitive levels are pursued').

[90] See O'Donoghue and Padilla, *The Law and Economics of Article 82 EC*, p. 642 (arguing that there is no general case for treating dominant firm efforts to lower prices and costs as abusive acts).

[91] See: F. Maier-Rigaud, 'Excessie Prices: Background Paper by the Secretariat' in OECD (ed) *Excessie Prices* (Roundtables on Competition Policy [DAF/COMP(2011)18], OECD, Paris 2011) (See: however, Case 298/83 CICCE vs. Commission, [1985] ECR 1105, [1986] 1 CMLR 486, where the Court rejected a complaint that the European Commission had refused to condemn unfairly low prices paid by a monopsonist for lack of sufficient evidence. See also The Association of British Travel Agents and British Airways plc, OFT decision of 11 December 2002, [2003] UKCLR 136.).

Only recently buyer power has been seen as a problem for European economies on agricultural and retail markets, but no attention has been paid to the issue before.[92] However, there is neither legal nor economic reason to justify a standard for monopsony pricing that is not consistent with the monopoly pricing standard studied before.[93] In the few cases on buyer power and monopsony power decided by the competition authorities at the local level[94] only a few raise the issue of excessively low pricing. However, none of them focuses explicitly on monopsonist's low pricing policies.

To summarize, the EU standard on excessive pricing states that a price may be considered abusive if price comparison or price cost difference considers it as "excessive" given that such has no equivalence between the price and the product's economic value. Such test should be equally valid for monopsony pricing since there is no legal or economic reason to differentiate between consumers and customers regarding the possibility of being victims of abuse of dominance by abusive pricing.

4. EXCESSIVE PRICING ENFORCEMENT IN LATIN AMERICAN EMERGING ECONOMIES

In contrast with the US and EU experience, in the Latin American countries to be reviewed there are several cases studying excessive pricing. Taking into account that most jurisdictions have explicit statutory prohibitions of excessive pricing[95] and that Latin American emerging economies are

---

92 European Commission, 'Monopsony and Buyer Power' (Competition Committee, OECD 2008), p 9-10 (arguing that only recently significant price increases in agricultural, food industry products and retail prices of basic food goods in some have been a cause of concern for consumers and the industry in the EU).

93 Monopsony power has been addressed in several opportunities by the Commission, however, the criterion is different as the cases we brought as mergers where based on the strengthening a dominant position principle. See Bishop and Walker, *The Economics of EC Competition Law: Concepts, Application and Measurement*, §7.80-7.81.

94 See *BetterCare Group Ltd/North and West Belfast Health and Social Services Trust, The Association of British Travel Agents and British Airways pc.*

95 See G. Coloma, 'The Argentine Competition Law and its Enforcement' in E. Fox and D Sokol (eds), *Competition Law and Policy in Latin America* (Hart, Oxford 2009), p. 105-107 (arguing that most exploitative abuses cases in Argentina have been handled as discriminatory pricing cases); I. De León, *An Institutional Assessment of Antitrust Policy: The Latin American Experience* (International

highly concentrated, it is not rare that exploitative abuses such as monopoly and monopsony pricing are enforced and prosecuted by antitrust authorities. Excessive pricing policies in the region, however, are neither convergent nor consistent.

Regarding excessive pricing, most Latin American statutes have defined a prohibition in terms close to EU Law but the enforcement principles followed diverge extensively from jurisdiction to jurisdiction, ranging from non interventionist to pseudo-regulatory competition policy approaches. The statutes' structure and language show that every jurisdiction's Competition Act has had a different approach for enforcing excessive pricing. The Peruvian standard is concerned only with abusive pricing that has an exclusionary effect and the Colombian model is only concerned with abusive prices resulting from acts of monopolization. The Chilean criterion is based on the use of prices as a mechanism to "exploit" a dominant position[96] whereas the Argentinean approach is concerned with excessive prices that may harm the general economic interest. Finally, the Brazilian new Statute,[97] as well as the Mexican law,[98] considers that any form of excessive pricing and unjustified increases in prices are not a matter of the competition authority.

Prosecution, as well as statute drafting in Latin American countries, has been highly asymmetrical. Three different enforcement standards on excessive pricing may be identified in these emerging Latin American economies. First, excessive pricing is considered by some economies as legal *per se*. Second, excessive pricing is enforced as *per se* illegal. And third, excessive pricing is considered prohibited depending on the effect on the market. In this section, first, the statutes of the countries of the region and the most relevant cases of each jurisdiction will be described focusing on the legal standard of prosecution and, second, the explicit and implicit considerations of competition authorities regarding industrial structure and competition policy goals will be described.

Competition Law Series, Kluwer, London 2009), p. 351-380 (arguing that most cases regarding excessive prices in Latin America are dealt by competition authorities as discriminatory pricing).

96 The literal translation may lead to think that this prohibition aims to separate exploitative abuses from exclusionary abuses. The antitrust authority and the Chilean Tribunal have been clear to show that both kinds of abuses are prosecuted under Chilean legislation.

97 See Lei nº 12529, 2011 (Diario Oficial da União, Brazil).

98 See Ley Federal de Competencia Económica, 1992 (Diario Oficial de la Federación, Mexico).

4.1 Legal per se exploitative excessive pricing

Excessive pricing is legal *per se* when the statute and the competition authority consider that charging any exploitative price is not an anticompetitive behaviour. Only Peru, Mexico and Brazil have a consistent policy that considers excessively low and excessively high pricing as *per se* legal. For example, under the Peruvian model only those acts by dominant undertakings that can cause harm to the competitive process, regardless of effects on consumer's interests, are prosecuted. Similarly, Brazilian antitrust policy shows that legitimately acquired market power was not subject to the restriction on prices unless such prices are used to distort competition and thus the excessive price is considered as the "symptom of an illicit conduct", not the illicit conduct itself.[99]

The Mexican case is very simple and straight forward. No single case regarding excessive pricing has been prosecuted since the passing of the Federal Law of Economic Competition (hereinafter FLEC).[100] According to the Mexican Federal Competition Commission (hereinafter MFCC), article 10 of the FLEC is aimed at prosecuting dominant firm conduct with the aim or effect of restricting competition or competition intensity.[101] Therefore only exclusionary conduct is prosecuted by the Federal Competition Commission (CFC). The MFCC considers that excessive pricing is "the most direct violation of the consumers" interest and there could be instances where the structure of the market and the institutional design would lead to an excessive price that

---

99 *SDE v White Martins Gases Industriais do Nordeste S.A.*, Processo Administrativo 08000.11084/1994-08 (Conselho Administrativo de Defensa Economica), p. 4.

100 See Ley Federal de Competencia.

101 Comisión Federal de Competencia, 'Excessive Prices: Contribution by Mexico' in OECD (ed) *Excessie Prices* (Roundtables on Competition Policy [DAF/COMP(2011)18], OECD, Paris 2011), p. 271. In a recent case regarding high prices of Tortillas, the MFCC, considered that high prices of tortillas could come from an increase in input prices and therefore no prosecution could be started regarding such increase in prices. See: FTSE, 'FTSE Global Equity Index Series Country Classification' (2012) <http://www.ftse.com/Indices/Country_Classification/Downloads/Sept%202011/FTSE_Country_Classification_Matrix_Sept_2011.pdf> accessed 2 February, 2012. *Comisión Federal de Competencia v Servicios de Tecnología Ambiental, SA de CV (Setasa),* DE-34-2000 (Comisión Federal de Competencia, México) (the Commission rejected a complaint based on obstruction of access to a sanitary disposal land and the charge of higher tariffs than authorized due to lack of evidence).

could only be remedied by competition law.[102] However, the MFCC holds that a non-interventionist approach to excessive pricing is probably the best policy to follow in a developing economy, due to the costs of enforcement and the likelihood of Type I errors that come from lack of experience, expertise and political capital required.[103]

The Peruvian policy regarding exploitative abuses and, in particular, excessive pricing has just recently changed with the passing of the Act 1034 of 2008,[104] which repealed and replaced the Decree 701[105] and defined a new set of competition standards for the country. The standard adopted by Act 1034 states that only exclusionary behaviour may be considered as abusive.[106] Recent cases on excessive prices handled by the Peruvian competition authority made clear that charging excessively high prices is *per se* legal. For example, in *Inversiones Kiyashi v Unimpro*[107] several companies complained about the pricing that the association of phonographic companies, Unimpro, set for the public reproduction of phonograms.[108] The Peruvian Free Competition Commission (PFCC) stated that high and excessive prices are not a *per se* violation of competition as the Competition Act only focused on abuses that may cause an exclusionary effect.[109] A similar approach was also held by the PFCC even before the 2008 Act in *AACT v Consetour Machupichu.*[110] In this case, the Commission reviewed the pricing policies of Consettur Machupichu, the single company allowed to provide transportation services between Cusco and Machupichu in Peru. AACT accused that Consetour was abusing its dominant position by price discriminating and imposing high prices and therefore causing a great damage to travel agents and consumers.[111] The PFCC

---

102 Comisión Federal de Competencia, 'Excessive Prices: Contribution by Mexico', p. 272.

103 Ibid., p. 272-273.

104 See Decreto Ley 1034, 2008, (Diario Oficial, Peru).

105 See Decreto Legislativo 701, 1991, (Diario Oficial, Peru).

106 Decreto Ley 25868, 1992, (Diario Oficial, Peru), Art. 6.

107 See *Inversiones Kiyashi S.A. y otros v Unión Peruana de Productores Fonográficos*, Expediente 032-2008-INDECOPI/CLC (Comisión de Libre Competencia, Peru).

108 Ibid., §1-4.

109 Ibid., §1-4.

110 See *Asociación de Agencias de Turismo del Cusco v Consettur Machupicchu S.A.C.*, Resolución N° 046-2003-INDECOPI/CLC (Comisión de Libre Competencia, Peru).

111 Ibid., §47.

highlighted that under current legislation price controls are exceptional and the Peruvian competition authority has no power to exercise them.[112] In addition, the PFCC showed that competition policy is in charge of protecting the competitive process and punishing those acts that may affect such process, as they "eliminate the rivalry proper of competition by means different from agents' market efficiency" and therefore, there is no way that price excessiveness can be considered a restriction to competition.[113]

The PFCC followed the same standard in *AGELEP v Gloria S.A.* regarding monopsonic pricing,[114] where several milk producers complained that La Gloria, the dominant purchasing undertaking in the raw milk market, was paying very low prices in order to exploit its dominant position.[115] The PFCC stated that as such pricing policy by La Gloria was not intended to exclude any competitor from the market[116] and therefore fining such company for abusive pricing is an "ineffective and unpredictable remedy" as it is not possible for the competition authority to determine what would be a reasonable profit margin.[117] Therefore, under the Peruvian model only those acts by dominant undertakings that can cause harm to the competitive process, regardless its effects on consumer's interests, are prosecuted.

Despite the fact that Brazilian competition statute used to condemn excessive pricing and unjustified increases on prices,[118] Brazil was the only country that explicitly recognized that excessive pricing is an act that should be prosecuted by competition authorities only exceptionally.[119] The arguments for not prosecuting exploitative excessive prices have mostly been raised in cases related with the *Comissão Parlamentar de Inquérito (CPI) dos Medica-*

---

112 Ibid., §49.

113 Ibid., §36 and §54.

114 See *Asociación de Ganaderos Lecheros del Perú y Fondo de Fomento para la Ganadería Lechera de la Cuenca de Lima v Gloria S.A.*, Expediente 052-2007-INDECO-PI/CLC (Comisión de Libre Competencia, Peru).

115 Ibid., §5.

116 Ibid., §17.

117 Ibid., §18; See *Group Multipurpose S.R.L. y Dispra E.I.R.L. v. Quimpac S.A. y Clorox Perú S.A.*, Expediente Expediente N° 003-2003/CLC (Comisión de Libre Competencia, Peru).

118 The new Brazilian statute, Lei 12529 (Lei 12529,), has removed the prohibition of excessive pricing and therefore, as of April 2012, there is no statutory prohibition regarding excessive prices.

119 Lei 8884, 1994, (Diário Oficial da União, Brazil), art. 21(XXIV).

mentos in which, following the powers granted to the Parliament under article 30 of the Brazilian Competition Act, the Brazilian Secretariat of Economic Law (SDE) was ordered to study abusive pricing on more than fifteen hundred pharmaceutical products.[120] Although the outcome of such a large process of investigation is not yet over, the decisions taken by the Administrative Council of Economic Defence (hereinafter CADE) have stated that excessive pricing is not *per se* illegal. For example, in *SDE v Alcon,*[121] as well as in *SDE v Glaxo,*[122] CADE addressed the case of excessive high prices by the pharmaceutical companies on the prices of several pharmaceutical products.[123] CADE concluded that during the investigated period prices in such products were lower than in comparable countries and therefore prices cannot be regarded as excessive.[124]

Generally CADE has been reluctant to state that exploitative abuses derived from abusive pricing may be prosecuted and therefore has made clear that only if excessive pricing leads to the exclusion, or the potential exclusion, of competitors or harms the process of competition, may be prosecuted. This was held in *SDE v Pfiser,*[125] where Pfiser was investigated for abusive pricing and unjustified price increase of several of its pharmaceutical products during 1997 and 1999.[126] The CADE stated that excessive prices are those reached by undertakings in an anticompetitive manner and therefore "the simple verification of high pricing does not constitute, *per se*, a competition breach – what matters is if price fixation has occurred in certain form or the opportunity to do so was only possible by the elimination of the competitive process".[127]

Other cases had the same outcome despite taking place in a different market structures and industries. In *Fenabrave v General Motors and*

---

[120] See SC Santos, *Melhoria da Equidade no Acesso aos Medicamentos no Brasil: os Desafios Impostos pela Dinâmica da Competição Extra-preço* (Fundação Oswaldo Cruz, Sao Paulo 2001), §5.3.; De León, *An Institutional Assessment of Antitrust Policy: The Latin American Experience*, p. 373.

[121] See *SEAE v Alcon Laboratórios do Brasil,* Processo Administrativo 08012.006951/1997-01 (Conselho Administrativo de Defesa Econômica, Brazil).

[122] *SDE v Glaxo Wellcome SA,* Processo Administrativo 08012.000909/2000-69 (Conselho Administrativo de Defesa Econômica, Brazil), §III.

[123] *Kiyashi v UPPF,* , §1-2.

[124] *SDE v Alcon,* §5.

[125] See *CPI dos Medicamentos v Laboratórios Pfizer Ltda,* Processo Administrativo 08012.000966/2000-01 (Conselho Administrativo de Defesa Econômica, Brazil).

[126] Ibid., §II.

[127] Ibid., §II (2).

others,[128] the companies associated to Fenabrave complained that firms manufacturing motor vehicles in Brazil were imposing excessive prices to distributors of the retail auto parts and accessories market.[129] CADE held that regulation and information asymmetries derived from a vertical economic relation may have helped to grant auto part producers an additional profit over its distributors, and both have profited from such relationship since distributors' profits have no other business segment more profitable than auto parts. In addition, high investment in technology and quality control by the manufacturing companies justify high pricing.[130] In a recently decided case, *SDE v White Martins,*[131] White Martins was investigated for abuse of dominance in the industrial gases market in the North East of Brazil during 1994.[132] CADE highlighted the difference between acts where monopoly power is illicitly acquired and the legality of acts arisen from legally acquired monopoly power[133] and concluded that "it is economically desirable that the exercise of legally acquired monopoly power be considered as licit, as it is the base of the incentive for firms to compete by reducing costs, increasing quality and innovating".[134]

In addition, even in a case regarding dominance by intellectual property licensors, in *Videolar v Koninklijke Philips Electronics,*[135] Philips was investigated for abusing its dominant position in the market of optical devices for data saving by imposing excessive prices on licenses.[136] The claimant stated that the licence prices charged by the company were not only higher than in similar foreign markets but also due to additional charges on royalties for IP licensing that other companies did not charge.[137] CADE acknowledged that this may be a case where an exclusionary pricing may hinder competition but

---

128 See *FENABRAVE v General Motors, Volkswagen do Brasil, Fiat Motors e Ford Motors,* Processos Administrativos 08012.06516/2001 (Conselho Administrativo de Defesa Econômica, Brazil).

129 Ibid., §3.

130 Ibid., §7.1-8.

131 *SDE v White Martins Gases Industriais do Nordeste S.A.*, p. 1.

132 Ibid., p. 1.

133 Ibid., p. 3.

134 Ibid., p. 3.

135 *Videolar S.A. v Konniklijke Philips Electronics N.V.,* Processo Administrativo 08012.005181/2006-37 (Conselho Administrativo de Defesa Econômica), p. 1.

136 Ibid., p. 2.

137 Ibid., p. 8.

the evidence showed that Philip's prices were not only fair but lower than in comparable markets, and therefore, the prices were not even high.[138]

In summary, CADE showed through all these decisions that granting *per se* legality to excessive pricing was the intention of the legislature while passing the Law No 8884 in 1994. Paragraph 1 of Article XX is indicative of the perception that the Parliament had of the Competition Policy to be adopted, stating that legitimately acquired market power was not subject price restriction unless such prices are used to distort competition and therefore, the excessive price is the "symptom of an illicit conduct", not the illicit conduct itself.[139] Therefore, CADE recognizes that restricting pricing, high or low, by means of competition policy 'would be to contradict the basis of such policies'.[140] Such position was also held by the Brazilian Congress whom in Law No 12529 of 2011 eliminated the excessive pricing prohibition from legislation facilitating the competition authorities work regarding excessive prices.

4.2 Illegal per se exploitative excessive pricing

Excessive pricing is considered an illegal *per se* act when charging any price that is regarded as excessively high or excessively low is an exploitative anticompetitive behaviour. In the region, the Chilean statute has been construed to state that excessively high prices are *per se* anticompetitive, despite the fact that such standard is aggressive on monopoly pricing but relaxed on monopsony pricing. Similarly the Colombian standard for abuse of dominance is very strict on certain practices where prices are considered excessive, but the competition authority has not sanctioned yet a single undertaking for excessively high pricing.[141]

In fact, the Chilean standard is the strictest in the region dealing with excessively high prices. The Chilean Competition Act punishes the abusive exploitation of dominant power. In the case of excessive pricing the Chilean Free Competition Defence Tribunal (TDLC)[142] has sanctioned and openly

---

[138] Ibid., p. 12-13.

[139] *SDE v White Martins Gases Industriais do Nordeste S.A.*, p. 4.

[140] Ibid., p. 3.

[141] Two investigations regarding excessive pricing have been studied by the Colombian Competition Authority: *SIC v Frigorífico Vijagual,* Resolución No. 37790 de 2011 (Superintendencia de Industria y Comercio, Colombia); *SIC v Conseción Aeropuerto San Andes y Providencia,* Resolución No. 44410 de 2011 (Superintendencia de Industria y Comercio, Colombia).

[142] Before the 2004 Competition Law reform, the Competition authority in Chile was

condemned high pricing[143] and its policy is regarded as highly interventionist.[144] The standard followed, however, claims that unjustified high pricing is *per se* an exploitative abuse of dominance and only in few cases a high price can be justified as fair.[145]

For example, in *FNE v LAN*[146] the Tribunal condemned LAN's high prices in the market of cargo transport from Punta Arenas airport to the storage house nearby (EPA) not administered by LAN. According to the National Economic Prosecutor (FNE) LAN's dominant position in the air transportation of merchandise market allowed it to charge high prices for transporting its customer's cargo to storage houses outside the airport. LAN started charging for such transportation services only when its own storage company was established inside the airport, and, therefore, divided its rate including a new item for transporting outside the airport. The Tribunal stated that the mere fact that LAN started charging such service only when its storage company, Fast Air, came into business shows that LAN's goal was to exploit its dominant power and gain market share in the market.[147] The Tribunal considered that, in their judgment, such behaviour is an abuse as "LAN passes its dominant position in the market of international air transportation of merchandize to Punta Arenas Airport to the market of merchandize storage".[148] Similarly, in

---

the Comisión Resolutiva (Resolutive Commission) which had powers to sanction any breach of the 1973's Competition Act. In this section only the Tribunal's decisions will be reviewed, in order to avoid the differences that may arise due to interpretation of the previous competition statute and the prosecution of competition law.

143 See Fiscalía Nacional Económica de Chile, 'Excessive Prices: Contribution by Chile' in OECD (ed) *Excessie Prices* (Roundtables on Competition Policy [DAF/COMP(2011)18], OECD, Paris 2011) (summarizing most of Chilean excessive pricing cases).

144 Chile has prosecuted the largest number of cases regarding excessive pricing in Latin America. *See* De León, *An Institutional Assessment of Antitrust Policy: The Latin American Experience*, p. 374, (Arguing that Chile, the most "fervent embracer of neo liberal reforms" in Latin America, still has cases banning excessive pricing).

145 Fiscalía Nacional Económica de Chile, 'Excessive Prices: Contribution by Chile', p. 212.

146 See *Fiscalía Nacional Económica v Lan Airlines S.A. y Lan Cargo S.A.*, Sentencia 55/2007 (Tribunal de Defensa de la Libre Competencia, Chile).

147 Ibid., §49-51.

148 Ibid., §47.

Demarco v Coinca[149] the Tribunal found that Coinca was abusing its dominant position by charging Demarco high prices for the service of final disposition of waste with the goal of ameliorating Demarco's financial soundness before bidding for a public contract to administer the waste and sewage collection in the Municipality of San Bernardo.[150] The TDLC sanctioned Coinca and stated that the company's charges for final waste disposal were substantially higher than the real cost of such services. According to the Tribunal Coinca's goal was no other than to exclude Demarco from the public bid.[151]

Pure exploitative pricing has also been condemned by the Chilean Tribunal. In *FNE v Edelmag*[152] the Tribunal sanctioned the Electricity Company of Magallanes SA (Edelmag) for unjustified and excessive increases in electricity rates for final users.[153] Edelmag was the sole distributor and supplier of electricity in the region of Puerto Williams and had contracted with the municipality to provide such service without being subject to price regulation. The Tribunal stated that Edelmag's prices from 2005 to 2007 had no relationship either with cost variations or the contract terms on pricing, and therefore, the prices charged by the company to final users constituted a breach of the Competition Act and a breach of the concession contract.[154] Also, in *Atrex et. al. v SCL*[155] several courier companies filed a complaint against Santiago's Air Terminal Company (SCL), the company granted the task of management and administration of Santiago's City Airport, for imposing high and discriminatory rates for lending airport space to courier companies.[156] The courier companies and Antrex alleged that before 2001 the prices for using the airport land was based on square meters used, but SCL changed its pricing policy and started charging a price per kilo moved and such price was excessive and discriminatory.[157] The Tribunal stated that SCL abused its dominant

---

[149] See *Demarco S.A.v Coinca S.A. y Municipalidad de San Bernardo,* Sentencia 37/2006 (Tribunal de Defensa de la Libre Competencia, Chile), §1.8.

[150] Ibid.

[151] Ibid., §31.

[152] See *Fiscalía Nacional Económica v Empresa de Electricidad de Magallanes S.A.*, Sentencia 73/2008 (Tribunal de Defensa de la Libre Competencia, Chile).

[153] Ibid., §19.

[154] Ibid., §33.

[155] See *Atrex et al v SCL Terminal Aéreo de Santiago S.A.*, Sentencia 75/2008 (Tribunal de Defensa de la Libre Competencia).

[156] Ibid., §1.1-1.2.

[157] Ibid., §1.

position since it charged courier companies high prices that were not authorized by airport concession contract pricing methods clauses.[158] The Tribunal also found that SCL effectively discriminated between couriers by charging the National Mail Company rates substantially lower than those charged to regular customers.[159]

The Tribunal economic policy, however, is only explicitly shown in *CGE v EFE*,[160] where the Tribunal found that EFE's pricing constitute an abuse of dominant position since "the goal of EFE... is to appropriate of a higher proportion of surplus that such market structure engenders".[161] CGE is a telecommunications intermediary that demanded the use of railways land to extend its network. The railway, via statutory provisions, was set to be administered by EFE, the Chilean National Railways company, and therefore EFE was a dominant undertaking in such market. The Tribunal showed that EFE's costs had no relationship with the rates charged to CGE and highlighted that EFE was charging higher rates to telecommunications companies for the same service than to companies in other industries, and there was no objective reason for doing so.[162] The Tribunal however, found that there was not enough evidence to determine if such rates were excessive, as the expert did not determine the real value of the service but they were openly discriminatory.[163]

A similar approach has been followed by Colombian Authority regarding monopsony pricing. Several cases have been prosecuted by the competition authority for imposing excessively low purchasing prices in agro-industrial markets, especially in the raw milk market. In this market, for example, the dominant undertaking, Colanta was first investigated for abusive pricing.[164] Although the Authority closed the investigation after signing a consent decree with Colanta,[165] only one year later the competition authority found in *SIC v*

---

158 Ibid., §44-49.

159 Ibid., §50-53.

160 See *GTD Teleductos S.A. v Empresa de Ferrocarriles del Estado*, Sentencia 76/2008 (Tribunal de Defensa de la Libre Competencia).

161 Ibid., §44.

162 Ibid., §44-47.

163 Ibid., §56.

164 *Superintendencia de Industria y Comercio v Cooperativa Colanta Ltda*, Resolución 4323 de 2002 (Superintendencia de Industria y Comercio, Colombia), §1.

165 Ibid., §3.

Cooperativa Colanta Ltd,[166] that such enterprise was the dominant market player in the region of Antioquia, and accused Colanta of paying 'inequitably' low prices to raw milk producers.[167] The competition authority however found that claim failed to show how raw milk prices were unfair or discriminatory. In fact, the competition authority chief stated that the prices paid by Colanta were strictly correlated with the quality of milk and price bonuses were granted to producers based on improvements on the quality of milk.[168]

The Chilean regime regarding monopsony pricing has not been as strict as regarding excessively high prices though. For example, the TDLC in *AGIP AG v Iansa S.A.*[169] found no evidence that Iansa, an undertaking dedicated to refine sugar and produce sweeteners accused of paying excessively low prices to beet producers,[170] abused its buying power. The TLDC stated that 'the abuse of a monopsony condition' must also be proved by legal and economic evidence, requirement not found to be compelling in monopoly pricing cases.[171] A similar opinion was stated by the Chilean Supreme Court, who considered that AGIP provided no economic evidence to support the claim that "Iansa SA had abused its monopsonic position in relation to the beet producers, by unilaterally fixing prices, not passing on them the benefits of the price band".[172]

---

166 *Superintendencia de Industria y Comercio v COLANTA S.A.*, Resolución 588 de 2003 (Superintendencia de Industria y Comercio, Colombia), §1.

167 Ibid., §3.3.

168 Ibid., §4.1.1. These and several other cases led to the implementation of a set of Decrees regulating the price of raw milk and sanctioning regional dominant player for paying 'inequitable prices' (See Decreto 2513, 2005, (Ministerio de Agricultura y Desarrollo Rural, Colombia); Resolución 331, 2005, (Ministerio de Agricultura y Desarrollo Rural, Colombia); Resolución 337, 2005, (Ministerio de Agricultura y Desarrollo Rural, Colombia)). For example, Decree 2513-05 stated that an unfair price is the price that results from 'a variation unjustifiably superior between the price the industry sells milk and the price paid by the industry to the producer, with respect to the historic average of such difference' (zeroed in on the notion of unfairness in the price charged and the profit made by the seller in front of the average price paid to producers in a particular market (Decreto 2513 de 2005).

169 See *AGIP A.G. v Iansa S.A.*, Sentencia 27 de 2005 (Tribunal de Defensa de la Libre Competencia, Chile).

170 Ibid., §1.4.

171 Ibid., §5.

172 Ibid., §10.

This does not mean that the Chilean standard regarding monopoly power does not have regard to economic evidence. In *FNE v CCS*[173] the Tribunal considered the legality and economic justification of the rates charged by the Santiago's Chamber of Commerce (CCS) for modifications to the commercial and financial information registry. Such registry was statutorily defined to be administered solely by CCS, granting the Chamber monopoly power in the provision of such service.[174] The FNE alleged that modifications to the registry should be done at no cost as there was no substantial cost associated with modification of registries.[175] The Tribunal found that CCS had the legal right to charge for modifying commercial and financial information in the registry since such modification implies costs that should be held by the person asking the modification. The Tribunal concluded that, notwithstanding rates had no relationship with costs,[176] the charges made by CCS were neither excessive nor discriminatory as there was an underlying economic reason based on cost savings that made reasonable such pricing policy.[177]

The Chilean standard seems to be very aggressive on high pricing but relaxed on low pricing. In most of the decisions studied the question was not if the price was high or low but whether or not the transfer of rents was justified. This leads to a different treatment on the transfer of rents from consumers to producers – in monopoly pricing – and the transfer of rents from producers to customers – in monopsony prices. In every case what seems remarkable in the Chilean standard is its reliance on distributive concerns and its formal approach to define fairness of the abusive act.

4.3 Effects based exploitative excessive pricing prohibition

A rule of reason and effects based exploitative excessive pricing policy has also been followed by the Peruvian authority before 2007 and the Colombian and Argentinean authorities in several cases. For example, Peruvian case law, before the enactment of the New Competition Act, fluctuated stating two different standards for excessively high prices. Decree 701's policy on excessive pricing was conditional on the existence of high entry barriers and a super-dominant undertaking in the relevant market, and clearly exposed that ex-

173 *Fiscalía Nacional Económica v Cámara de Comercio de Santiago A.G.*, Sentencia 56/2007 (Tribunal de Defensa de la de Libre Competencia, TDLC), §1.1-1.2.

174 Ibid.

175 Ibid., §1.2.

176 Ibid., §29-31.

177 Ibid., §45-46.

cessive prices are not *per se* anticompetitive as such prices provide incentives for entry and improve market dynamics in a non regulated environment.[178] In *CUT v AFPs*[179] the Tribunal for the Defence of Competition and Intellectual Property (hereinafter TDCIP) reviewed a decision by the Free Competition Commission (hereinafter FCC) in which the FCC stated it did not have jurisdiction to review excessive prices claims. The Central Workers Union (CUT) complained that the companies managing private pension funds were charging excessive commissions for the administration of pension funds.[180] The Tribunal, contrary to what was said by the FCC, stated that the competition act did intend to prosecute exclusionary abuses and that undertakings have a social responsibility not to abuse their market power.[181] The Tribunal also stated that excessive prices are regressive for the economic interests, for consumer welfare and for competition, since them "distorts [Competition's] last purpose, namely to achieve greater consumer welfare... overrides the laws of supply and demand, replacing them with the unilateral will of the dominant undertaking; and... serve to justify prejudice to agents in [economic] dependence by dominant undertakings and the latter would benefit from such conduct".[182]

In a later case, the FCC defined a rule of reason standard for prosecuting exploitative abuses and monopoly prices in *Tecnimotors v Empreza Luz,*[183] stating that only in those cases where there is monopoly power, high barriers to entry and no economic regulation may there be grounds to condemn excessive prices.[184] Therefore, the FCC policy stated that in the absence of high

---

178 See *Tecnimotors E.I.R.L. v Empresa Luz del Sur S.A.A.*, Expediente N° 014-2004/CLC (Comisión de Libre Competencia, Peru); *Clarke, Modet & Co. Perú S.A.C. v. Empresa Peruana de Servicios Editoriales S.A.*, Expediente Nº 021-1995-CLC (Comisión de Libre Competencia, Peru); *Asociación Peruana de Consumidores y Usuarios v. Los Portales S.A. y la Corporación Peruana de Aeropuertos y Aviación Comercial S.A.*, Expediente Nº 007-2001-CLC (Comisión de Libre Competencia, Peru).

179 See *Central Unitaria de Trabajadores del Peru y J.Dies-Canseco v AFP Horizonte, AFP Integra, AFP Union Vida, Profuturo AFP y Asociación de AFPs* Resolución 0225-2004/TDC-INDECOPI (Tribunal de Defensa de la Competencia y de la Propiedad Intelectual, Peru).

180 Ibid., p. 4-5.

181 Ibid., p. 23.

182 Ibid., p. 33.

183 See *Tecnimotors E.I.R.L. v Empresa Luz del Sur S.A.A.*

184 Ibid., §26.

barriers to entry and the existence of other companies that may be able to discipline the dominant undertaking, there is no need to reprimand exploitative pricing as such behaviour provides incentives to entry.[185] However, this standard was reviewed and changed in *Consetour Machupichu*[186] where the FCC highlighted that competition policy is in charge of protecting the competitive process and therefore, there is no way that price excessiveness can be considered a restriction to competition.[187]

In Colombia, in four cases the Competition Authority, the Superintendence of Industry and Commerce (hereinafter SIC) prosecuted dominant undertakings for excessive pricing. First, in *Orbitel v Comcel, Telefonica and Tigo*[188] the Deputy Superintendent for Competition (hereinafter the Deputy), accused the largest mobile telephony undertakings in the country of charging high and excessive prices to fixed telephony companies for the termination of calls in the mobile network. According to the Deputy, without any significant difference on costs structures, mobile telecommunication companies charged fixed telephony firms a rate per minute that was substantially higher (66% and 69% depending on the costs assessment methodology)[189] than the rates charged for calls terminated in the fixed network. The Deputy concluded that given the market structure and taking into account a reasonable profit and the probable effects of macroeconomic shocks on rates, there were no reasonable explanation for the rates charged to fixed telecommunications companies, and therefore such charges constituted an "exacerbated" and "inequitable price".[190] However, the Competition Authority held in a brief paragraph that the mere difference between a theoretical price and the actual prices charged are not a *per se* violation of article 1 of the Law No 155 of 1959, since high prices were a consequence of dominance, not an abuse itself.

Despite not sanctioning high/monopoly pricing, the SIC has acted as a pseudo-regulator in several markets by imposing price limits on dominant market participants. In *SIC v Credibanco and Redeban*,[191] the Superintendent

---

185 Ibid., §33.

186 See *AATC v Consettur Machupicchu*.

187 Ibid., §36 and §54.

188 *See Orbitel v Comcel, Telefónica y Colombia Movil*, Informe Motivado (Superintendencia de Industria y Comercio, Colombia).

189 Ibid., p. 22.

190 Ibid., p. 28.

191 See *Superintendencia de Industria y Comercio v Redeban, Credibanco et. al.*, Resolución 6816 de 2005 (Superintendencia de Industria y Comercio, Colombia).

signed a consent decree with the two dominant companies participating in the financial payments network and the banks to guarantee competition in the market of low value payments' network.[192] The case was handled both as a price fixing and an excessive prices claim, since the two dominant payments' network administrators defined rates for the use of its network by its customers that were considered excessively high.[193] The consent agreement defined an economic formula to make "fair" the rate charged for the use of the network based on network usage costs and administration costs. In addition, although both networks and participant banks were obliged not to exceed the rate defined in the consent agreement, during 2009 the SIC sanctioned most of such banks for breaking the rate limit during 2007.[194]

Only in *SIC v Frigorifico Vijagual*,[195] the Colombian Competition authority directly decided a case regarding excessive pricing. Vijagual was a high quality abattoir dominant in the market of high quality cattle slaughtering.[196] According to the Colombian Competition Authority the existence of high prices is not the single fact that should determine whether such price is excessive. To consider the price inequitable, under Law No 155 of 1959, the Authority stated, it is also required that other elements be present such as high barriers to entry, no competitive pressure, and an unreasonable high price.[197] And held as well, that only where there are exceptional and insuperable entry barriers could the competition authority intervene, as such is an exceptional role for competition authorities.[198]

Despite the latter, the Colombian authority has not offered an objective criterion to decide what constitutes unfairness or excessiveness in prices. On previous opportunities the Superintendent's office had instructed market participants saying that an inequitable or excessive price is the price contrary to fairness that "has no moderation in prices" or "the conditions of contracts".[199]

---

[192] Ibid., §2.1.1.

[193] *Superintendencia de Industria y Comercio v Redeban, Credibanco et. al., Resolución 13820 de 2004 (Superintendencia de Industria y Comercio, Colombia)*; *Superintendencia de Industria y Comercio v Redeban, Credibanco et. al.*, §1.1.2.

[194] *Superintendencia de Industria y Comercio v Redeban, Credibanco et. al.*, §1.1.2.

[195] See *SIC v Vijagual.*

[196] Ibid., §8.6.1.

[197] Ibid., §8.6.1.- 8.6.2.

[198] Ibid., §8.6.1.

[199] Oficina Jurídica – Superintendencía de Industria y Comercio, *Concepto No. 02082487* (Bogotá, D.C. 2002), p. 2.

The Authority also stated that to assess prices inequity the Superintendent must "take into account the specific variables and circumstances".[200] However, despite stating that excessive prices are those that have no moderation, the standards and criteria used by the Authority are still very poorly described and seem to prefer direct intervention in prices by regulation than establishing a clear competition standard that limits the exploitation of a dominant position.

A different story has been set by the Argentinean policy. The Argentinean standard on excessive and abusive pricing is based on a set of cases in which the object of prosecution was price discrimination but the basis for prosecuting was the excessive charges set by the dominant undertaking. In *CNDC v YPF and YPF GAS*[201] the National Commission for the Defence of Competition (hereinafter CNDC) fined YPF and YPF Gas for imposing abusive prices and price discriminating in the national retail market of Liquefied Petroleum Gas (R-LPG).[202] The CNDC found that price movements of R-LPG charged by YPF to customers showed a systematic difference among prices for the local and international segments. Such difference was found to have no relationship with costs and therefore it was based merely on the unilateral action by YPF whose dominant position in the local market allowed it the possibility to determine prices substantially different to those under the international market competitive structure.[203] The CNDC gave a simple economic explanation using the monopolist economic model, without addressing the possible pro-competitive effects of high prices in a super dominant market structure. To arrive at such conclusion, the CNDC compared the prices in other local markets, such as Bolivia, Brazil, Colombia, Chile, México, Peru and Venezuela, and found that, despite Argentina being one of the top producers of LPG in the world, the local prices were the highest in Latin America. The CNDC concluded that the harm caused by YPF to the public was strictly caused to consumers by high final retail prices.

Similar considerations but a different outcome resulted in *Larribite v Profertil*[204] where the plaintiff stated that Profertil was charging excessive

---

200 Ibid., 2.

201 See *Comisión Nacional de Defensa de la Libre Competencia v YPF S.A.*, Resolución N°189/99 CNDC, (Comisión Nacional de Defensa de la Competencia, Argentina).

202 Ibid., §7(r).

203 Ibid., §6.2-6.3.

204 See *Marcelo Larribite v Profertil S.A.*, Expediente 064-013453/2001(C.703) (Comision Nacional de Defensa de la Competencia, Argentina).

prices for granulated urea in the local market in comparison to those charged to international customers.[205] The CNDC found that such price differences were justified by the international prices for granulated urea and the transaction costs derived from selling in the local market.[206] These two factors, according to the CNDC, ruled out the possibility of price discrimination and price excessiveness.

On the other hand, *CNDC v YPF* gave birth to a sequel case, *Autogas v YPF and YPF GAS.*[207] In this opportunity Autogas complained that YPF and YPF GAS were charging high prices and predatory prices in the LPG market by imposing above cost but very low final retail prices for LPG products while setting substantially high prices in the wholesale LPG market. The CNDC concluded that there was not enough evidence of above cost predation since the discovery stage showed that YPF GAS was receiving profits that, despite being small, disproved any exclusionary behaviour or any unfair pricing.[208] A similar outcome was reached by the CNDC in *Ventachap v. Siderar.*[209] In this case, the CNDC used the price squeeze test used in *Alcoa* to determine whether Siderar, the dominant undertaking in the market of hot-rolled and cold-rolled laminated steel, was strangling profits of its downstream competitors by charging unfair prices.[210] The CNDC held that to determine if a price is excessive it is required to compare the downstream and the upstream prices charged by the monopolist, the probable profits of the monopolist if selling at the retail price and rate of return between the wholesale market and the retail market.[211] This test however, seems to prove not if the price is unfair but if the pricing strategy of the firm is directed to exclude a competitor of the downstream market where the price is being charged.

No different has been the case of excessively low pricing. In the airfares commission charges cases,[212] the NDC found that the reduction of fees and

---

205 Ibid., §35.

206 Ibid., §123-125.

207 *Autogas S.A.I.C. v. YPF S.A. y YPF Gas S.A.*, Expediente 064-000359/98 (Comisión Nacional de Defensa de la Competencia, Argentina), §3-6.

208 Ibid., §55.

209 See *Ventachap S.C.A., Marbi S.C.A.I.F.I.A. and Casiraghi Hnos S.A. v. Siderar S.A.I.C.*, Expediente 064-008057/98 CNDC (Comisión Nacional de Defensa de la Competencia, Argentina).

210 Ibid., §7-8 and §16.

211 Ibid., §300-301.

212 See *Asociación de Agencias de Viajes de Buenos Aires v. United Airlines Inc., Ame-*

commissions paid by Airlines to Tourism and Travel Agents was not constitutive of monopsony pricing since such behaviour could never be held as harmful for the "general economic interest".[213] The CNDC held that the reduction of fees to travel agents does not lead to "prejudice to final consumers, on the contrary, it may provide a higher degree of certainty that airlines will derive significant savings in operating costs" and therefore, the CNDC considered that such action may be considered as 'efficiency gains in terms of the allocation resources of the economy as a whole and qualified as positive from the point of view of general economic interest'.[214]

The later interpretation of the concept of "general economic interest" in monopsony market structures is consistent with the interpretation used in *CNDC v YPF* for monopoly pricing, since the CNDC balanced the costs for consumers and travel agents derived from the disappearance from the market of a group of agents with the potential gains for consumers granted by lower prices or improved quality, concluding that, given the structure of the market (more than 3000 participants on the supply side), the costs would probably be lower than the benefits.[215] In conclusion, the Argentinean standard only condemns monopoly or monopsony prices if such have an effect/impact on the 'general economic interest'. Therefore, it is the effect on the economy not the act of using market power to augment or reduce selling or purchasing prices what constitutes an abusive act.

In summary, enforcement of statutory provisions as well as statute drafting in South American countries has been highly asymmetrical and therefore highly inconsistent. In a practitioner's perspective these three different standards followed by local competition authorities show that each of these emerging economies have devised its own path on the prosecution of exploitative excessive pricing. Excessive pricing is consistently considered as legal *per se* by Brazil and Mexico, and only recently, by Peru. The reasons followed are based on economic grounds and the assumption seen in the US model that excessive prices are self correcting and that prohibiting excessive pricing limits innova-

---

rican Airlines Inc. y British Airways Plc., Expediente 064-002835/2000(C. 552) CNDC, (Comisión Nacional de Defensa de la Competencia, Argentina); *Asociación Argentina de Agencias de Viajes y Turismo v la Junta de Representantes de Compañías Aéreas,* Expediente 064-002388/97 (C. 413) CNDC, Comisión Nacional de Defensa de la Competencia, Argentina).

213 *AVIABUE v Airlines*, §VII.98.

214 Ibid., §VII.103.

215 Ibid., §VII.113.

tion. However, a different model based on distributive considerations and goals is followed by the Chilean authority, where excessive prices are considered *per se* illegal. The Chilean standard is based on the distribution of rents, whenever the price is above the competitive level an unfair distribution of rents is taking place and therefore an uncompetitive act. Finally, in Argentina and Colombia, excessive pricing is prohibited depending on the effect of such pricing policy in the market. The Argentinian standard is guided by the general economic interest principle, a concept defined by the Statute and construed as general efficiency by the authorities. Finally, the Colombian standard is not clear. The statute requires that an excessive price is the result of practices and procedures that have as result an inequitable price. However there is not a clear cut criterion to determine either what prices are inequitable or what acts or procedures lead to such prices.

5. STANDARDIZING EXPLOITATIVE PRACTICES POLICY: SHOULD EMERGING ECONOMIES HAVE A DIFFERENT STANDARD FOR EXCESSIVE PRICING PROSECUTION?

Competition policy's final concern is to shape agents' interaction in the market process according to certain economic policy goal. Such process – and its aims – may be shaped by juridical constraints imposed, among other, by competition law. Part of the literature states that competition law should be tailored having regard the special needs of the economy and the economic policy pursued. In emerging economies, such policies required competition law to take into account a simple economic goal and a set of economic facts, the existence of high rates of market concentration and low degrees competition intensity. It is the claim of this paper, that such process of tailoring should not avoid the principal economic goal of emerging economies: this is to attain rapid and sustained economic growth.

Then, what should the rule be for exploitative excessive pricing in emerging economies? To reply to the latter question, in particular, it is assumed that taking into account a particular general economic goal – rapid economic growth – and a set of structural restrictions – high aggregate and market concentration – it is possible to choose a legal design of competition rules that may help in pursuing such goal given the restrictions.[216] It is found that a standard granting dominant undertakings the right to charge any price is a

[216] D. Rodrik, *Second-Best Institutions* (National Bureau of Economic Research, Inc, 2008 2008), p. 108.

better way to attain rapid growth and a sound and robust competition policy that considers market goals and structural constraints.

It was shown before that exploitative excessive prices transfer rents from the "weak" to the "powerful" agent by the latter's unilateral action of constraining output/demand. The literature has proposed several standards to address the problem of excessive pricing in developed economies, the most common proposal states that excessively high prices – and correlatively excessively low prices – should be considered legal *per se*. Other approaches, although agreeing with the *per se* legal approach core arguments, have stated that there must be some exceptions that allow competition authorities to control the socially adverse effects of excessive pricing derived from significant, impossible to remove and long-lasting barriers to entry on which investments and innovation will be limited.[217]

The question that follows is whether or not a *per se* legal standard on excessive pricing works for the Latin American emerging economies studied before. It is clear that most of the economic and institutional characteristics of emerging economies differ considerably from the US and the EU economies where the mainstream perspectives have been developed. That does not necessarily mean that such standards cannot cope with the challenges and goals that emerging countries face.[218] It has been said that prohibiting excessive pricing conduct hampers the benefits of championing the competitive process by restricting investment and innovation.[219] In addition, it has also been argued that allowing excessive pricing conduct incentivizes entry and therefore any excessive price is self correcting.[220]

Should the *per se* legal standard for excessive pricing be used by competition authorities in emerging economies? Three reasons sustain a positive answer.

---

[217] See M. Motta and D. Steel, 'Exploitative and Exclusionary Excessive Prices in EU Law' in C-D. Ehlermann and I Atanasiu (eds), *What Is an Abuse of a Dominant Position?* (Hart Publishing, Oxford 2006), p. 109-112; Evans and Padilla, 'Excessive Prices: Using Economics to Define Administrable Legal Rules', p. 119-120; O'Donoghue and Padilla, *The Law and Economics of Article 82 EC*, p. 638 (citing *Assessment of Conduct*, OFT Draft Competition Guideline for Consultation, April 2004, §2.6-2.20).

[218] J. Drexl, 'Competition Policy in Developing Countries: What Makes it Different from the Developed World?' (Third Annual Competition Law Conference 2009), p. 4.

[219] D. Geradin, *The Necessary Limits to the Control of 'Excessive' Prices by Competition Authorities – A View from Europe* (Tilburg University Tilburg 2007), p. 43-44.

[220] Motta and Steel, 'Excessive Prices', p. 109-112.

First, given the emerging economies' goals of economic policy, competition law should provide incentives for investment. This is due to the fact that economic growth models show that any restriction on investment has an effect on short and long term aggregate output and on the stability of economic policy.[221] This is especially true for emerging economies which lack capital and their economic policy, including competition policy, should be aimed to provide incentives for local and foreign investment. Therefore, an intrusive competition policy that undermines investment and hurts investors' expectations regarding business revenues and profits may work as a hurdle for economic and competition policies that strive for rapid and sustained economic growth.

Second, industrial organization theory and the economics of development and growth show that innovation also works as an economic enhancer of sustained growth and consumer favourable competition.[222] Growth in most industries is based on innovation and innovative outcomes require freedom in pricing to allow firms to recoup in a reasonable period the sunk costs associated with innovating and financing innovative ideas.[223] Cooter and Schaefer have shown than it is innovation in technology, organization and markets that sustain economic growth.[224] Not all emerging economies are in a stage of dynamic competition. In fact, out of the jurisdictions studied before only the Chilean economy is regarded as an economy in transition to a knowledge competition economy.[225] Then, if competition policy, by limiting pricing policies, is working as a restraint on the incentive to create information and innovative products and procedures it may also restrict growth and hamper industrial policy.[226]

---

221 Barro and Sala-i-Martin, *Economic Growth*, p. 25-26.

222 Ibid., p. 24.

223 R. Cooter and H-B. Schaefer, *Solomon's Knot: How Law Can End the Poverty of Nations* (Second Edition edn Princeton University Press, Princeton 2011), p. 7.

224 Ibid., p. 2.

225 X Sala-i-Marti and others, 'The Global Competitiveness Index: Prioritizing the Economic Policy Agenda' in WE Forum (ed) *The Global Competitiveness Report* (World Economic Forum, New York 2009).

226 R. Hausmann, D. Rodrik and C. F. Sabel, 'Reconfiguring Industrial Policy: A Framework with an Application to South Africa' (Entrepreneurship and Innovation 2007) <http://www2.druid.dk/conferences/viewpaper.php?id=4147&cf=29> accessed November 10, 2009, p. 17.

Third, economic literature has shown that allowing excessive pricing creates incentives for market entry and therefore helps reducing market concentration by self correcting prices and the subsequent price reduction by the increase of output.[227] If excessively high and excessively low prices are self corrected by the market mechanism even a standard that allows superdominant undertakings to freely price its products will favour any economic policy of price stability and will leave without reasonable grounds any policy of long term price controls.

The latter standard is equally applicable for monopsony pricing in emerging economies. Some authors state that unilateral actions by dominant buyers should be restricted if the dominant buyer has also market power in the downstream market, as such power does not guarantee that low prices will be transferred to consumers.[228] However, these low prices act exactly in the same way as high prices in the supply side. They provide incentives for entry by promising high profits in the downstream market. The latter policy may grant incentives for market entry, or at least not deter it, and may also lead to larger markets and growth.

In developed economies several objections have been raised against this standard.[229] Some authors state that theoretical evidence challenges the prop-

---

227 Geradin, *The Necessary Limits to the Control of 'Excessive' Prices by Competition Authorities – A View from Europe*, p. 43; Motta and Steel, 'Excessive Prices', p. 109-112; (stating that, among other characteristics, "exploitative practices are self-correcting because excessive prices will attract new entrants").

228 See O'Donoghue and Padilla, *The Law and Economics of Article 82 EC* (citing *BetterCare II*); European Commission, 'Monopsony and Buyer Power'; Blair and Harrison, *Monopsony in Antitrust Law and Economics.*

229 The soundest criticism to this standard falls on the assumption that excessively high prices are self-correcting. Ezrachi and Gilo, 'Are Excessive Prices Really Self-Correcting?', p. 251) state that excessive prices are not self correcting and are not necessarily good at providing incentives for new entry. The author's argument is straightforward: pre-entry prices have no effect on entry decisions, it is post-entry price what potential entrants 'consider when deciding whether to enter' (Ezrachi and Gilo, 'Are Excessive Prices Really Self-Correcting?', p. 255 and 255-257). The authors also state that even in the case that pre-entry prices do not signal the dominant undertaking's technology of production, in some cases and under very restrictive conditions, the resulting post-entry price will be excessive and will not correct the excessive pricing problem (Ezrachi and Gilo, 'Are Excessive Prices Really Self-Correcting?', p. 258-260). Finally, the authors challenge the idea that excessive pricing are self-correcting in markets with low or high barriers to entry (Ezrachi and Gilo, 'Are Excessive Prices Really Self-Correcting?', p. 262-263): first,

osition that regulation of excessive pricing is redundant because such prices are self-correcting. However, prohibiting excessive pricing in the particular case of emerging economies may be challenged for two reasons:

First, prohibiting excessive prices may have an effect on first entry. The literature in developed economies reasonably assumes that dominant undertakings are already incumbents in the market. However, a general rule prohibiting excessive pricing leads to a paradox for emerging economies since undertakings might not enter the market at all if private companies' pricing policies are limited.[230] For emerging markets, and consumers, it is better to have a single supplier or a single buyer than not having one at all.[231]

Second, the proposition that excessive pricing will not provide incentives for entry –and reduce prices- due to the poor signalling virtue of pre-entry prices may be limited by certain industry's market structures and pervasive concentration levels.[232] Such characteristics determine what the form of after-entry competition in the market will be, but not the post-entry structure of the market.

---

by showing theoretical evidence that in the case of low barriers to entry, if entry occurs, prices will remain excessive – and therefore there is not a self-correcting virtue of excessive pricing (Ezrachi and Gilo, 'Are Excessive Prices Really Self-Correcting?', p. 262) and; second, by demonstrating that in the presence of high and non transitory barriers to entry, new entry will not occur despite the excessive price (Ezrachi and Gilo, 'Are Excessive Prices Really Self-Correcting?', p. 262; citing Motta and Steel, 'Excessive Prices', p. 16, stating that the 'first but not sufficient condition is static and relies on the presence of high and non transitory barriers to entry'). Geradin (*See Geradin, The Necessary Limits to the Control of 'Excessive' Prices by Competition Authorities – A View from Europe*) states that 'prohibiting the imposition of excessive prices by dominant firms should only be applied in exceptional circumstances... where (i) significant and long-lasting barriers to entry and expansion exist; (ii) it is impossible to remove them; and (iii) investments and innovation tend to be limited'. (Geradin, *The Necessary Limits to the Control of 'Excessive' Prices by Competition Authorities – A View from Europe*, p. 44).

230 In the case of regulated industries the entry and investment assessment is based on price caps and pre-entry price regulation. See J-J. Laffont, *Regulation and Development* (Federico Caffè lectures, Cambridge University Press, Cambridge 2005), p. 1-39.

231 It will always be socially better to have one supplier of a certain good or service than not a single one.

232 *See* J. Sutton, *Sunk Costs and Market Structure* (MIT Press, Cambridge 1991), p. 27.

New industrial organization theory may help to justify a standard allowing excessive prices in emerging economies. Sutton, for example, shows that it is not necessarily true that market size and concentration are negatively correlated[233] and therefore, entry will not necessarily lead to lower prices. The traditional model states that 'given any particular configuration of barriers to entry, an expansion in the size of the market will raise the profitability of incumbents and so induce more potential entrants to surmount that barrier, thus leading to a fall in concentration'.[234] Sutton however shows that the decision making process of an enterprise to enter the market has two stages: the first stage is characterized by the long run decision to invest; a process in which the undertaking incurs in sunk costs (fixed outlays associated with setting up in the market and establishing a product line).[235] But prices, on the second stage, depend only indirectly on sunk costs by influencing entry decisions. Entry decision is then a function of the "interplay" among sunk costs and the perceived intensity of competition in the market and the pricing restrictions. Thus "the greater the degree of price competition at the second stage, the lower the post-entry profits and the fewer the number of firms choosing to enter".[236]

This approach to market entry is particularly interesting for the case of emerging economies. First, sunk costs are regularly higher in emerging economies due to the market structure and, therefore, entry decisions are drastically reduced by the structural characteristics of the market. Thus, from the perspective of sunk costs, the probability of entry is much lower in merging than in developed economies.

Second, as entry decisions are subject to the perceived intensity of competition of the industry, any price restriction – price caps and price regulations – make entry much more unlikely in the event of possible price regulation for single dominant participants or extremely high sunk costs derived from structural and non transitory barriers to entry.[237] Emerging economies require competition rules that do not send wrong "intensity of competition" signals to market agents. Pricing policies and entry decision are based on the

233 Ibid., p. 4, 27.

234 Ibid., p. 5.

235 Ibid., p. 28.

236 Ibid., p. 29.

237 See Motta and Steel, 'Excessive Prices'; Geradin, *The Necessary Limits to the Control of 'Excessive' Prices by Competition Authorities – A View from Europe*, p. 44.

industry's structure and the sunk costs of entry. Rather than on pricing restrictions inducing competitive pricing through indirect regulation in economies that cannot have a perfectly competitive market structure will only discourage investors' entry decisions.

Finally, competition authorities in emerging and developing economies lack resources and experience to properly administer a standard that involves close supervision of pricing policies by independent undertakings.[238] Referring to developed economies, several authors have shown that excessive pricing enforcement may be difficult mostly because there is not an easy and simple way to determine what price is excessive and what prices are fair.[239] The story is much more difficult in developing and emerging economies where competition authorities do not have either the experience or the resources to scrutinize prices without becoming a price regulator.

The cases aforementioned in Section 4 provide a set of examples regarding how a standard prohibiting excessive pricing may impair growth and may not only destroy incentives to innovate but restrain entry at all. For example in *SIC v CASYP*,[240] started an investigation to Casyp, a company administering the airport of the San Andres' island. The Authority's ground to open the investigation was a sudden 1200% increase in the tariff for the use the airport's airside areas.[241] The company investigated contended that such price increase was reasonable under the contract the company signed with the State to administer the airport and renovate the runways and other airside areas.[242]

Similarly, the Chilean case law[243] in FNE v *Edelmag*,[244] Edelmag was accused of charging final consumers a surcharge for electricity services that made such prices 'excessively high'.[245] The company contended that such surcharge was based on the diesel tax increase and it simply passed it on to con-

[238] Comisión Federal de Competencia, 'Excessive Prices: Contribution by Mexico', p. 272.

[239] See Evans and Padilla, 'Excessive Prices: Using Economics to Define Administrable Legal Rules'.

[240] See *SIC v CASYP.*

[241] Ibid., p. 3.

[242] Ibid., p. 3.

[243] *FNE v Edelmag*; *Atrex v SCL*; *Nutipro et. al. v PTL Andes,* Sentencia 100/2010 (Tribunal de Defensa de la Libre Competencia, Chile).

[244] See *FNE v Edelmag.*

[245] Ibid., §14, 21-22.

sumers. Also in *FNE v PTLAndes,*[246] PTLAndes was accused by several users of port services of imposing excessive tariffs in several services associated to port activities.[247] PTLAndes contended that such pricing was justified in the operational costs and the requirements to invest in port services. Finally, in *GTD v Efe,*[248] Efe, under the concession contract signed by the State, defined a set of tariffs that were considered by their customers excessive and discriminatory.[249] The company stated that the activity involved required the assumption of costs and investments and such rates were the means to attain return on such investment.[250]

The cases indicate a set of disincentives to entry. If conditions to participate in a market are set in the contract terms, it is likely that entrants in the public procurement bidding had in mind the right to charge high prices in those segments not regulated by the contract terms. Intervention by the competition authority, and the consequent fines, may destroy the incentives to set prices in order to invest properly in the development of the facilities under the contract. The Colombian authority's concern was based in the sudden and large increase in price. The Chilean Tribunal was concerned with the "economic objectivity" of the tariff, basing it calculations on cost plus a reasonable profit.[251] Despite the cases have different legal grounds both authorities' economic question regards with the extent to which the investigated companies are entitled to large profits. The Chilean Tribunal is explicit on that regards stating that in three cases prices were not objectively justified in costs[252] but in demand consideration and willingness to pay.[253] Both analysis lead to the conclusion that companies wishing to enter, in this case to provide a service by contract with the State, cannot neither have a secure long term assessment of the investments made nor the time to recoup investments as the Competition authority's may intervene as price regulators determining what is a reasonable price and profit. This, as shown before, makes entry difficult and costly.

---

246 See *Nutipro et. al. v PTL Andes.*

247 Ibid., §1-7.

248 See *GTD v Efe.*

249 Ibid., §1.

250 Ibid., §2.3-2.6.

251 *Nutipro et. al. v PTL Andes*, §79-81 and §88.

252 Ibid., §88-89; *FNE v Edelmag*, § 33; *GTD v Efe*, §48-49.

253 *GTD v Efe*, §49.

Finally, in order to enrich the analysis, the administrability of the standard is also an important constraint. To price regulate is difficult and costly. It requires a deep knowledge of the industry's costs and demand conditions in order to determine whether to intervene or not. Administering a standard on excessive pricing require not only experience and expertise close to the one industry regulators often have, but also requires certain political capital that regularly competition authorities lack.[254] To have those abilities competition authorities require not only time of experience but large resources in order to manage them appropriately.[255]

In summary, the most suitable standard for emerging economies is based on the adoption of the legal *per se* approach for excessive pricing. The reason is based on the ability of such standard to permit undertakings to take into account the sunk costs of market entry, costs usually higher than in developed markets, and to have regard to the expected intensity of competition in highly concentrated market structures, usually higher in emerging economies. In addition, such standard does not impose a restriction on innovation and investment decisions, it eases the path to innovation and the extraction of rents that may finance research and development and; finally, such standard has a positive impact on stability and consistency of economic policy and its administrability by competition authorities.

6. CONCLUSION

As was said before, excessive pricing is the purest form of exploitation of market power. Unfortunately, there are no clear-cut rules defining what kind of exploitative pricing behaviour constitutes abuse. In this paper it was shown that there is common understanding regarding the economic consequences of excessive pricing but there is no consensus either on when a price is excessive or what the best policy is. It was also shown that the mainstream approaches to excessive pricing enforcement are dissimilar on normative grounds and goals. Competition Law enforcement in the emerging economies described was not that different from the standards developed in mainstream developed economies. The Latin American countries' competition laws shown followed three different standards on excessive pricing prosecution which are not only dissimilar on normative grounds but also poorly developed having regard to emerging markets' goals and the industrial structure of this markets.

---

[254] Comisión Federal de Competencia, 'Excessive Prices: Contribution by Mexico', p. 271.

[255] Ibid., p. 271.

Departing from the premises stated above, it is required to define a set of principles and standardized rules regarding exploitative excessive pricing, in which the goal and characteristics of emerging markets have a role. In particular, it is assumed that taking into account a particular general economic goal – rapid economic growth – and a set of structural restrictions – high aggregate and market concentration – it is possible to choose a legal design of competition rules that helps pursuing such goals in account of the structural restrictions.[256] The goal of this paper was twofold: first, it was established that the analysis and application of the prohibition on excessive prices in Latin America is not consistent in every jurisdiction since most of the competition authorities do not have regard to the goals of competition law in emerging economies and the high degree of aggregate market power. Second, it was established that a different approach in some of the jurisdictions is justified given the general economic goal of emerging economies. After discussing the different standards in the region, it can be concluded that a standard granting dominant undertakings the right to charge an excessive price is the best standard to attain rapid economic growth and a sound and robust competition policy.

In addition, since excessive pricing exists both on the supply and the demand side, both phenomena represent market failures that, driven by the restriction or expansion of output or demand, are conducive to price distortions that may be interpreted as exploitative of dominance. The use of a dominant position to reduce quantity explains the distributive concerns when assessing the fair and proper use of market power by a single enterprise. The question is whether such social losses may be worth having in certain industries, taking into account that, in certain economies, entry in the market could only happen if the producer/buyer finds entry profitable enough to cover sunk costs, and allowing excessive pricing may be a good way to incentivise first – and successive – entry. Allowing any form of pricing is the most suitable standard for emerging economies, because such standard permits undertakings: a) to take into account the sunk costs of market entry, costs usually higher that in developed markets; and b) to have regard to the expected intensity of competition in highly concentrated market structures, usually higher in emerging economies. In addition, such standard incentivizes innovation and investment, eases the path to innovation and the extraction of rents that may finance research and development and, finally, in addition to be an administrable standard for competition authorities it also has an impact on the stability and the consistency of economic policy.

[256] D. Rodrik, 'Second best institutions' (2008) 98 *The American Economic Review* 100, p. 8.

Concorrência e Regulação
Competition and Regulation

Aplicação das Normas Gerais de Concorrência nos Setores Regulados

The Enforcement of Competition Rules in Regulated Sectors

Alexandre Ditzel Faraco

Sumário

Contents

Resumo

O texto analisa parâmetros para delimitar as relações que se estabelecem entre direito concorrencial e regulação. Primeiro define critérios gerais de aplicação do direito concorrencial em setores regulados. Em seguida, trata da competência do Sistema Brasileiro de Defesa da Concorrência em relação à aplicação, no âmbito administrativo, do direito concorrencial a tais setores. Analisa o tema, ainda, a partir da jurisprudência do Conselho Administrativo de Defesa Econômica relativa a controle de condutas e de concentrações em setores regulados.

Abstract

The paper discusses the interaction between competition law and regulation. First, it identifies general criteria that should guide the enforcement of competition law in regulated industries. Then, it considers the jurisdiction over regulated industries of Brazil's government agencies involved in the enforcement of competition law. The paper also reviews the case law of the Administrative Council for Economic Defense in connection with the merger review and anticompetitive behavior complaints in regulated industries.

Palavras-chave: Direito Concorrencial, Regulação, CADE.

Keywords: Competition Law, Regulation, CADE.

1. INTRODUÇÃO

Direito concorrencial e regulação são duas modalidades de atuação estatal sobre a economia. Uma forma comum de explicá-las, a partir de critérios gerais, é dizer que têm por objetivo a correção de *falhas de mercado*, o que significa que aparecem quando a ação privada dos agentes econômicos conduz a efeitos deletérios do ponto de vista coletivo.

Embora seja possível aproximá-las sob esse denominador comum, são instrumentos de ação estatal com características bastante diversas, que por vezes se complementam, se sobrepõem e até conflitam. A própria noção de "regulação" abarca universo normativo com aspectos variados e não é simples a tarefa de identificar fatores que permitam construir um conceito unívoco.

Não é a existência de *regime de mercado* que diferencia uma situação da outra. O direito concorrencial não está estritamente focado nas relações de concorrência em dado mercado. Disciplina, também, a relação entre agentes situados em mercados distintos, mas verticalmente relacionados, os quais podem inclusive deter posição de monopólio. Basta lembrar aqui situações em que o exercício abusivo de *posição dominante* é dirigido a consumidores e não concorrentes e a referência que faz o artigo 15, da Lei nº 8.884, de 11 de junho de 1994, à sua aplicação aos *monopólios legais*,[1] A regulação, por sua vez, não aparece apenas para organizar *monopólios naturais*, mas pode inclusive ter como finalidade a criação de ambiente econômico concorrencial.

Em linhas gerais, o direito concorrencial pretende disciplinar a ação do agente econômico no âmbito em que este tem liberdade de fazer suas escolhas. Controla o exercício do poder econômico onde esse pode ser exercido e limita escolhas que tendam a resultar em concentração desse poder. Trata-se de conjunto normativo voltado a todos os setores da economia, aplicado de forma casuística e que não pretende conduzir as escolhas privadas a resultados predeterminados.

A regulação, por sua vez, restringe o âmbito de liberdade do agente econômico. Substitui a escolha privada em relação a certas variáveis econômicas – como preço, quantidade, diferenciação e investimento – por uma decisão estatal. Abrange normas específicas a determinados setores da economia, que impõem escolhas e fazem restrições *a priori*, além de instrumentalizarem a realização de certos resultados predeterminados.

---

[1] Cf. artigo 31 da Lei nº 12.529/11.

Percebe-se, portanto, diferença de intensidade com a qual a ação estatal se volta ao exercício do poder econômico. Num caso trata-se de conter o abuso em seu exercício, noutro pretende-se suprimir o seu exercício e substituí-lo por decisões estatais. Apesar das diferenças, ambos tratam em grande medida dos mesmos tipos de relações econômicas. Consequentemente, em situações concretas, podem assumir caráter complementar ou podem conflitar.

O presente texto discute parâmetros para delimitar as relações de complementaridade ou contraposição que se estabelecem entre direito concorrencial e regulação. Está dividido em cinco partes, além desta introdução. A primeira procura definir critérios gerais de aplicação do direito concorrencial em setores regulados. A segunda trata da competência do Sistema Brasileiro de Defesa da Concorrência (SBDC) em relação à aplicação, no âmbito administrativo, do direito concorrencial a tais setores. Trata-se de discussão diversa da primeira. Uma coisa é definir se materialmente há espaço para a aplicação do direito concorrencial em determinado âmbito regulado da economia. Outra é avaliar se as normas gerais de concorrência serão aplicadas por agências voltadas especificamente à matéria concorrencial ou por órgãos reguladores setoriais. As duas partes subsequentes do texto analisam o tema a partir da jurisprudência do Conselho Administrativo de Defesa Econômica (CADE) relativa a controle de condutas e de concentrações em setores regulados. A última organiza e sintetiza as conclusões do texto.

2. DIREITO CONCORRENCIAL E REGULAÇÃO[2]

O tema desta parte do texto será abordado em dois tópicos. Primeiro, serão delimitados os critérios gerais que devem nortear a análise quanto à aplicação do direito concorrencial em setores regulados. Em seguida, será

---

[2] Há atualmente expressiva bibliografia nacional discutindo essa temática. Os critérios gerais de aplicação apresentados abaixo foram em parte formulados em Alexandre Ditzel Faraco, *Regulação e direito concorrencial - as telecomunicações*, São Paulo, Paulista, 2003. Sobre o tema cf. também Calixto Salomão Filho, *Direito concorrencial - as estruturas*, 3a ed., São Paulo, Malheiros, 2007, pp. 236 e ss., e *Regulação da atividade econômica - princípios e fundamentos jurídicos*, 2a ed., São Paulo, Malheiros, 2008, pp. 167 e ss.; Bolívar Moura Rocha, "Regulação de infraestrutura e defesa da concorrência: proposta de articulação", *Revista de Direito Mercantil*, n. 112, 1998, pp. 85-92; Alexandre Santos de Aragão, "Competência antitruste e regulações setoriais", *Revista do IBRAC*, vol. 16, n. 1, 2009, pp. 29-43; Eduardo Ferreira Jordão, *Restrições regulatórias à concorrência*, Belo Horizonte, Fórum, 2009.

considerado como o direito concorrencial se relaciona com um tipo específico de regulação – a "regulação concorrencial" – voltada à geração de ambientes econômicos concorrenciais.

Critérios gerais de aplicação

Se a regulação tende a suprimir o exercício do poder econômico que o direito concorrencial procura controlar, diante da existência da primeira a possibilidade de aplicação do segundo será determinada a partir da verificação dos âmbitos nos quais o poder econômico continua a se manifestar de forma incondicionada. Quando existe espaço para o seu exercício e o próprio agente econômico pode determinar as suas escolhas no mercado, ao invés de vê-las impostas por uma decisão pública, abre-se a possibilidade de ocorrerem abusos e, consequentemente, de o direito concorrencial vir a ser aplicado. O inverso irá ocorrer nas situações em que a possibilidade de exercício de tal poder foi excluída pela regulação.

Para se fazer essa avaliação é preciso considerar não apenas a existência formal de regulação, mas em que medida esta efetivamente afasta o exercício, ou não, do poder econômico e os efeitos daí advindos. Assim, a ação reguladora que deixa espaço para a escolha do agente econômico abre um campo de incidência ao direito concorrencial. Isso ocorrerá tanto (i) em âmbitos de exercício do poder econômico que a regulação não alcança – porque não pretende regulá-los; como (ii) quando a regulação existente tem abrangência limitada ou for simplesmente ineficaz e as decisões sejam, de fato, tomadas a partir do exercício do poder econômico.

A mera caracterização geral de um setor como "regulado" não afasta, portanto, a incidência do direito concorrencial. A regulação pode não tratar de certos aspectos das relações econômicas desse setor ou não disciplinar de forma exaustiva e eficiente aqueles de que trata. Uma situação simples, que aparece em decisões do CADE e que permite ilustrar esse ponto, diz respeito à existência de uma política tarifária ou de controle de preços.

O fato de um órgão regulador estabelecer preços não exclui necessariamente a liberdade de ação dos agentes econômicos quanto a essa matéria. Esses preços podem ser apenas um referencial máximo, abaixo do qual os agentes podem livremente fixar o que irão cobrar. Em tese, essa seria uma regulação que não excluiria a possibilidade de ilícitos como cartéis e preços predatórios.

É possível, ainda, que a regulação não seja efetivamente aplicada ou seja insuficiente para conter o poder econômico. A lei permite, por exemplo, que o órgão regulador fixe preços obrigatórios, mas os preços fixados destoam totalmente dos custos de disponibilização do bem ou serviço ou o regulador nada faz além de atender todo e qualquer pedido de aumento por parte da empresa regulada, sem verificar se existem justificativas adequadas para tanto. Nessa situação também haveria espaço para a aplicação do direito concorrencial inclusive em relação à existência de preços excessivos, tendo em vista que o poder econômico seria exercido sem qualquer limitação efetiva.[3]

Em alguns contextos a regulação será tão abrangente que não haverá qualquer espaço para se cogitar a aplicação do direito concorrencial. É o que acontece, em princípio, numa concessão para operação de rodovia que se caracteriza como monopólio natural. O órgão regulador é que selecionará o agente único a executar os serviços, assim como fixará em caráter obrigatório as tarifas a serem cobradas e os investimentos a serem feitos. Mas em muitos contextos a regulação não terá essa abrangência e não pretenderá determinar todas as variáveis econômicas da empresa. Buscará corrigir *falhas de mercado* mais pontuais, no que poderá estabelecer relação de complementaridade com o direito concorrencial.

Nos cenários discutidos acima há em regra um caráter complementar entre direito concorrencial e regulação na disciplina do poder econômico. Mas é possível cogitar de situações nas quais a relação será de contraposição: a regulação autoriza expressamente ou impõe conduta em princípio incompatível com o direito concorrencial. Traria isenções, portanto, à aplicação das normas gerais de concorrência. Seria o caso de regulação que pretendesse organizar de forma coletiva o processo de negociação ou aumento de certos preços, institucionalizando um cartel. Ou que impusesse situações que propiciassem a manutenção de estruturas concentradas em certos mercados. Também a hipótese de política de subsídios cruzados que resultasse na imposição de preços excessivos em um mercado e potencialmente predatórios em outro.

Isenções expressas ao direito concorrencial não são comuns. Discute-se inclusive se seriam admissíveis no sistema jurídico brasileiro, tendo em vista que a concorrência e a vedação ao abuso do poder econômico, enquanto prin-

---

3 Essa discussão pode se tornar muito mais complexa. Mesmo que se identifique a incapacidade da regulação limitar de forma eficiente o exercício do poder econômico, é possível questionar até que ponto o direito concorrencial conseguiria melhor resultado. Indagação como esta aparece subjacente à discussão no caso *Trinko* decidido pela Suprema Corte dos Estados Unidos em 2004, no qual se adotou um enfoque bastante restritivo quanto à possibilidade de se recorrer ao direito concorrencial para solucionar conflito tipicamente regulatório – condições de acesso às redes de telecomunicações. Sobre o caso, cf. Herbert Hovenkamp, *The antitrust enterprise*, Cambridge, Harvard University Press, 2005, p. 246 e ss.

cípios constitucionais, alcançam toda a ordem econômica.[4] Isso se reflete na abrangência que o legislador deu à Lei nº 8.884/94. Nos termos do já citado artigo 15, sua aplicação se estende inclusive a atividades exercidas sob *regime de monopólio legal* e abarca pessoas jurídicas de *direito público ou privado.*[5]

Exemplo de isenção referido na doutrina remete às disposições encontradas na Lei nº 6.729, de 28 de novembro de 1979, sobre a relação entre o fabricante de veículos automotores e seus revendedores.[6] A Lei citada admite, por exemplo, que no contrato entre as partes seja fixada cláusula de exclusividade vedando a comercialização de veículos automotores novos fabricados ou fornecidos por outro produtor. A permissão expressa de exclusividade, em princípio restritiva da concorrência, isentaria esse aspecto da relação entre fabricantes e revendedores do direito concorrencial.

Seria possível discutir, a partir desse exemplo, até que ponto toda exclusividade permitida em lei representaria realmente uma isenção. Cláusula dessa natureza não é necessariamente incompatível com o direito concorrencial.[7] Uma efetiva isenção ao direito concorrencial não deve ser confundida com qualquer menção legal a condutas semelhantes àquelas descritas no artigo 21 da Lei nº 8.884/94.[8] Não há isenção, por exemplo, quando a Lei nº 8.955, de 15 de dezembro de 1994, que dispõe sobre o contrato de franquia empresarial, admite a divisão de território entre os franqueados. Em primeiro lugar, não é toda divisão territorial que caracteriza ilícito econômico, mas apenas aquela que for capaz de produzir um dos efeitos do artigo 20 da Lei nº 8.884/94.[9] Ademais, a Lei nº 8.955/94 em nenhum momento indica que admite tal prática mesmo quando isso configurar infração contra a ordem econômica.

Quando de fato se estiver diante de disposição legal ou regulação válida criando isenções, a respectiva norma terá um efeito semelhante ao do § 1° do artigo 54 da Lei nº 8.884/94.[10] Afastará determinadas situações específicas da

---

4 Cf. Calixto Salomão Filho, *Direito concorrencial - as estruturas*, cit., p. 246.

5 O artigo 31 da Lei nº 12.529/11 tem o mesmo conteúdo.

6 Cf. Eros Roberto Grau e Paula A. Forgioni, "Restrição à concorrência, autorização legal e seus limites - Lei 8.884, de 1994 e Lei 6.729, de 1979 ("Lei Ferrari")", *Revista do IBRAC*, vol. 6, 1999, pp. 5-27.

7 Para uma análise exaustiva da temática da exclusividade no direito concorrencial, cf. Calixto Salomão Filho, *Direito concorrencial - as condutas*, 1a ed., 2a tiragem, São Paulo, Malheiros, 2007, pp. 246 e ss. e 296 e ss.

8 Artigo 36, § 3º, da Lei nº 12.529/11.

9 Artigo 36 da Lei nº 12.529/11.

10 O controle preventivo disciplinado no artigo 54 não deveria obscurecer o fato de

hipótese da norma que cria o ilícito concorrencial, limitando o âmbito de sua incidência. Assim, em tais circunstâncias não haverá a caracterização de uma infração. É certo, todavia, que apenas em situações excepcionais uma regulação dessa natureza poderá ser tida como legítima. Afastar a norma concorrencial de determinado setor exige que a respectiva política reguladora encontre fundamentos constitucionais tão representativos quanto aqueles nos quais se baseiam as normas relativas à concorrência.

A análise, em cada situação, deve partir desse quadro de princípios. O recurso direto às regras de solução de conflitos de normas pode se mostrar precipitado, pois levaria à conclusão de que seria possível excepcionar o direito concorrencial com base na mera referência ao critério da especialidade. É preciso antes verificar se a respectiva isenção encontra fundamento na ordem econômica constitucional, integrando política pública efetivamente direcionada à realização de princípios que tenham a mesma dignidade daqueles concretizados pelo direito concorrencial.[11]

---

que se está a tratar das mesmas condutas disciplinadas no artigo 20. O *caput* do artigo 54 reproduz, com os mesmos termos, parte do inciso I e o inciso II do artigo 20. A mera circunstância de estarem em Títulos diversos da Lei não é suficiente para afastar o fato de que integram um mesmo sistema. O próprio artigo 1°, que declara a finalidade da Lei, observa que se está dispondo "sobre a *prevenção* e a *repressão* às *infrações* contra a ordem econômica". Consequentemente, a disciplina de um controle preventivo em Título diverso não deve obscurecer a constatação de que o *caput* do artigo 54 também está tratando de infrações contra a ordem econômica. Quando o § 1° estabelece situações que não se enquadram na regra geral do *caput*, está deixando de caracterizá-las como infrações. Não há, assim, como pretender fazer incidir sobre tais casos os incisos I (em parte) ou II do artigo 20, que tratam de hipóteses idênticas àquelas do artigo 54. A implicação prática disso é que a análise das condições referidas no § 1°, que determinam a licitude de certos atos, também deve ser feita em processos administrativos que buscam apurar a existência de infrações contra a ordem econômica. Se a hipótese investigada se enquadra no § 1°, não há que se falar de uma conduta ilícita. A ilicitude referir-se-á apenas a não submissão do ato ao CADE na forma exigida pelo artigo 54. Pela inobservância desse dever o agente econômico ficará sujeito à multa estabelecida no § 5° do artigo citado – a qual não está, porém, sancionando uma infração contra a ordem econômica. Em essência, esta é a *regra da razão* que existe na sistemática da Lei 8.884/94. Embora o artigo 88 da Lei 12.529/11 não tenha reproduzido o mesmo texto do artigo 54 da Lei 8.884/94, com o propósito de tornar mais precisa a delimitação do que deve ser objeto do controle preventivo de concentrações, o raciocínio desenvolvido aqui se aplica também aos correspondentes dispositivos da nova legislação.

11 O que não significa, como se discutirá no próximo tópico, que necessariamente os órgãos de defesa da concorrência terão competência para realizar essa análise em âmbito administrativo.

Não se pretende sugerir, com isso, que esse exercício hermenêutico seja simples. Implica maior complexidade do que a mera aplicação de regras voltadas a dirimir conflitos de normas no tempo. Pode, na prática, conduzir a incertezas e soluções contraditórias, em especial num contexto no qual nem sempre está presente o esforço doutrinário para construir parâmetros mais rigorosos de interpretação de normas com maior grau de abstração. Não é raro verificar o recurso a essas normas sem qualquer preocupação de cunho metodológico e apenas para justificar preferências subjetivas e arbitrárias.[12]

Questão correlata, que necessariamente decorre das situações de possíveis isenções referidas neste tópico, é o tratamento a ser dado ao agente econômico que atua amparado por uma regulação inválida e contrária ao direito concorrencial. Aqui é oportuno distinguir duas situações.

Se houver a clara e efetiva imposição de uma obrigação – ainda que ilegítima – à empresa regulada por parte de uma autoridade pública, a qual não lhe deixa outra alternativa, sob pena de vir a sofrer sanção por agir de forma diversa, não seria lícito pretender lhe imputar o cometimento de uma infração contra a ordem econômica. Quaisquer medidas nesse sentido deveriam ser tomadas diretamente contra a autoridade pública envolvida, inclusive por iniciativa dos outros agentes econômicos prejudicados.

Mas se a regulação não tem esse caráter taxativo, existindo alguma margem de escolha à empresa regulada, a solução não pode ser a mesma. Se ela poderia agir conforme o direito concorrencial e não o fez, invocando uma regulação que não pode ser tida como válida, estará infringindo a ordem econômica. Retoma-se aqui o critério referido no início. Como a regulação não está obstando o exercício do poder econômico e impondo uma conduta como necessária, o agente deve responder pelas opções que fizer no desenvolvimento de sua atividade.

Os parâmetros descritos até aqui encontram ressonância nas decisões do CADE relacionadas ao tema, conforme será discutido em tópicos específicos deste texto. Embora a terminologia empregada varie e com frequência os referenciais de análise sejam definidos a partir do recurso a doutrinas criadas na experiência norte-americana, na essência o que se faz é avaliar até que ponto

[12] Análise crítica relativa às limitações e contradições de parcela expressiva da doutrina brasileira sobre interpretação constitucional é feita em Virgílio Afonso da Silva, "Interpretação constitucional e sincretismo metodológico", *in* Virgílio Afonso da Silva (org.), *Interpretação constitucional*, São Paulo, Malheiros, 2003.

a regulação afasta o exercício do poder econômico ou cria isenções às normas concorrenciais. Paralelamente, discute-se qual seria a extensão da competência do CADE, enquanto autarquia integrante do Poder Executivo Federal, para atuar em tais setores regulados.

Essas questões referentes às relações entre direito concorrencial e regulação começaram a ser discutidas de forma sistemática na experiência brasileira a partir dos anos noventa do último século. Trata-se de período no qual, em decorrência de ampla revisão da relação do Estado com a economia, o direito concorrencial ganhou espaço e importância como mecanismo de controle do poder econômico. Ao mesmo tempo, diversos regimes de regulação setorial foram revistos, alinhando-os ao propósito de geração de ambientes econômicos concorrenciais onde antes existiam monopólios públicos. Surge nesse contexto uma "regulação concorrencial" que também passa a se relacionar com o direito concorrencial. Para concluir a discussão quanto aos critérios gerais de aplicação do direito concorrencial a setores regulados importa discutir os parâmetros dessa última relação.

Direito concorrencial e regulação concorrencial

Desde as últimas décadas do século passado verifica-se, em escala global, uma impressionante transformação de diversos setores da economia. Serviços até então organizados em torno de monopólios fortemente regulados passaram a ser prestados num ambiente econômico concorrencial. A atuação estatal, antes voltada a determinar diretamente as principais variáveis empresariais atinentes a essas atividades (preços, investimentos e qualidade), passou a focar na criação de concorrência com o objetivo último de minimizar o papel reservado ao Estado. A concorrência foi diretamente associada, portanto, ao propósito de desregular essas atividades e eliminar uma atuação estatal vista como ineficiente.[13]

Diante do esgotamento de uma forma de agir do poder público sobre a economia, marcada pela centralização do processo decisório (e, por conseguinte, do processo de coleta e análise das informações necessárias para a tomada das respectivas decisões econômicas), a criação de um ambiente concorrencial foi identificada como alternativa capaz de reorganizar diversos setores em novas bases e atribuir ao agente estatal um novo papel. Ao mesmo tempo, o estímulo à entrada de novos agentes econômicos atrairia recursos privados

[13] Para uma discussão mais aprofundada sobre o tema, cf. Alexandre Ditzel Faraco, *Regulação e direito concorrencial*, cit., em especial o primeiro capítulo.

necessários para suplantar a incapacidade estatal de investir no contexto de uma prolongada crise fiscal em muitos países em desenvolvimento.

Pretendia-se que um ambiente econômico concorrencial, caracterizado pela descentralização do processo de tomada de decisões econômicas – do núcleo do poder público para os diversos agentes econômicos envolvidos, permitiria a descoberta das melhores soluções para os problemas relativos à fixação dos preços e decisões relativas a ofertas, inovações e investimentos. Por outro lado, a própria existência da concorrência impediria que essas decisões fossem tomadas em detrimento dos usuários e da sociedade em geral.

A tônica desse novo paradigma estaria na promoção da concorrência entre agentes privados e limitação do papel do Estado. Obviamente a concorrência não é processo natural em todo e qualquer mercado.[14] Em geral, é preciso muito mais do que garantir direitos de propriedade e contratos para permitir a emergência de organização concorrencial entre determinados agentes econômicos. Isso é especialmente verdadeiro em setores historicamente baseados num monopólio e que, pelas suas características, oferecem significativas barreiras à entrada de novos concorrentes. Para reorganizá-los não bastaria, portanto, transformar a concorrência em princípio ideal, garantido pela mera revogação do regime legal de monopólio, mas seria preciso também o desenvolvimento concreto de novo tipo de atuação estatal capaz de criar condições propícias ao seu surgimento. Em outras palavras, é preciso uma regulação concorrencial apta a dar conta dessa tarefa.

Chegou-se a imaginar que tal regulação concorrencial poderia ser temporária. Uma vez desenvolvidas condições efetivas de concorrência, a permanência de regulação específica com o objetivo de constranger a ação dos agentes econômicos em vista de objetivos concorrenciais se mostraria desnecessária. A concorrência, por si, garantiria os resultados que antes eram buscados por meio da direta intervenção estatal. Foi cogitada, então, na

[14] Aliás, é questionável que seja em algum mercado. O efetivo funcionamento do mercado depende, pelo menos, de regras que atribuam a titularidade dos bens existentes num sistema econômico a pessoas determinadas (i.e., o direito de propriedade), além de outras que viabilizem a circulação desses bens (i.e., o direito contratual). Isso não significa, por outro lado, que o mercado possa ser visto como mera criação do direito, simples fruto de uma decisão política. Sua existência decorre, em certa medida, de incentivos e características próprias da natureza humana – como a busca do interesse próprio e a preservação da vida – que não teriam como ser simples criações do direito.

doutrina, a possibilidade de esses setores ficarem sujeitos exclusivamente às regras gerais do direito concorrencial.[15]

A ideia de que o direito concorrencial tenderia a substituir a regulação setorial específica também refletiu no plano legislativo. No direito alemão, por exemplo, em 1998 a lei concorrencial (*Gesetz gegen Wettbewerbsbeschränkungen*) sofreu uma modificação que, dentre outras disposições, estabeleceu no § 19(4) uma hipótese exemplificativa de abuso de posição dominante voltada especificamente às indústrias organizadas em rede. Na fundamentação do projeto apresentando tal mudança, foi expressamente mencionada a importância de dispositivo genérico dessa natureza para quando a necessidade de regras setoriais específicas, em setores como o das telecomunicações, tiver sido afastada.[16]

Todavia, esse desaparecimento da regulação concorrencial está longe de ser algo factível. O que se observa, na verdade, é uma tendência exatamente contrária, pois a regulação necessária para criar um ambiente concorrencial precisa tratar de realidade muito mais complexa do que aquela de setor organizado em torno de monopólio. Se idealmente a geração de concorrência permitiria eliminar diversos controles estatais sobre os agentes econômicos, a realidade tem demonstrado até agora o inverso.[17] O que se verifica não é o desaparecimento da ação estatal, mas a modificação do seu tipo e da sua finalidade.

A passagem de regimes setoriais baseados em monopólios para outros centrados na concorrência muda completamente a perspectiva em relação ao direito concorrencial. Isso não significa, conforme fica claro a partir da expo-

---

[15] Cf. Ernst-Joachim Mestmäcker e Heike Schweitzer, *Netzwettbewerb, Netzzugang und 'Roaming' in Mobilfunk*, Baden-Baden, Nomos, 1999, pp. 76 e ss.; e Michael Paulweber, *Regulierungszuständigkeiten in der Telekommunikation*, Baden-Baden, Nomos, 1999, p. 52.

[16] Cf. Michael Paulweber, *Regulierungszuständigkeiten*, cit., p. 53.

[17] Conforme destaca Tony Prosser, relatório do *Department of Trade and Industry* britânico (*A Fair Deal for Consumers: Modernising the Framework for Utility Regulation*) já em 1998 constatou que as decisões do regulador não se tornam mais fáceis em mercados competitivos, mas tendem a ser mais complexas em função do maior número de interesses que precisam ser considerados – cf. "Theorising utility regulation", *Modern Law Review*, vol. 62, 1999, p. 198. Para alguns analistas, a complexidade da regulação concorrencial impede que o regulador efetivamente tenha capacidade de alcançar o fim a que se propõe. Ao invés de incentivar a concorrência acabará por prejudicá-la. Cf. Robert Crandall e Jerry Hausman, "Competition in U.S. telecommunications services: effects on the 1996 legislation", *Deregulation of network industries*, Sam Peltzman e Clifford Winston (ed.), Washington, AEI-Brookings Joint Center for Regulatory Studies, 2000, p. 88 e ss.

sição feita acima, que antes simplesmente não haveria espaço, ainda que em tese, para a aplicação deste. Não seria inconcebível que a regulação deixasse margem ao exercício do poder econômico no tocante a certos aspectos da atividade, como no já citado exemplo do controle de preços ineficiente.

Todavia, a própria existência de monopólios significava que as relações inerentes a tais setores não ocorriam entre agentes econômicos distintos. Como não havia concorrentes interagindo, havia uma impossibilidade lógica de se verificar a maior parte das situações para as quais se voltam as normas concorrenciais. A partir do momento em que se passa para um ambiente baseado na concorrência, novos tipos de relações econômicas desenvolver-se-ão e tornarão possível a verificação dos conflitos que o direito concorrencial procura disciplinar.

Há, ainda, claro caráter complementar entre o âmbito concorrencial da regulação setorial e o direito concorrencial geral. Isso não deve obscurecer o fato de que a regulação concorrencial, como toda regulação, muitas vezes ocupará um espaço que seria preenchido pelo direito concorrencial. Ao afastar previamente o exercício do poder econômico, determinando o caráter de certas relações, também limitará a possibilidade e a necessidade de discipliná-las através do direito concorrencial.

No caso do acesso às redes de infraestrutura por concorrentes, problema concorrencial típico de diversos setores regulados, o papel que remanesce ao direito concorrencial é contido quando há normas específicas disciplinando o tema e restringindo as possibilidades de manifestação do poder econômico. A experiência brasileira e estrangeira mostra, porém, que a implantação desse tipo de regulação é complexa e muitas vezes ineficaz, o que abre espaço à aplicação complementar do direito concorrencial.

A conclusão geral é que o direito concorrencial adquire maior importância em relação a muitos setores regulados. Ainda que questões centrais relativas ao desenvolvimento da concorrência sejam disciplinadas através de regulação específica, o objetivo desta é organizar o setor com base em relações econômicas que constituem o objeto típico do direito concorrencial.

3. A COMPETÊNCIA DO SBDC EM SETORES REGULADOS

No tópico anterior foram delimitados parâmetros para responder a questão relativa à identificação do campo de aplicação do direito concorrencial em setores regulados. Mas além desse aspecto material, a temática remete a questão institucional que, por vezes, é confundida com a primeira. Implica saber se o SBDC[18] pode atuar no âmbito administrativo em relação a determinados setores da economia – o que não é equivalente a indagar se o direito concorrencial encontra espaço em tais âmbitos.

A aplicação das normas gerais de concorrência, na esfera administrativa, pode ser cometida a órgão diferente daquele que tem como propósito institucional a defesa da concorrência.[19] Uma agência reguladora setorial poderia ter dentre as suas competências aquelas referentes ao direito concorrencial. Em tal hipótese, mesmo que se admitisse um campo de aplicação para este, a competência para tanto em sede administrativa não recairia sobre o órgão antitruste.

Os diplomas legais que atualmente organizam no país a regulação de diversos setores afirmaram a concorrência como princípio, ao mesmo tempo em que criaram órgãos específicos de regulação setorial. Isso se verifica em relação às telecomunicações (Lei nº 9.472, de 16 de julho de 1997 - artigos 5º e 7º), aos transportes aquaviários e terrestres (Lei nº 10.233, de 5 de junho de 2001 - artigos 5º, III, 12, VII, 20, II, 24, IV, 27, IV, 43, II, 45, 83), ao transporte aéreo (Lei nº 11.182, de 27 de setembro de 2005 - artigo 6º), à geração, transmissão e distribuição de energia elétrica (Lei nº 9.427, de 26 de dezembro de 1996 - artigo 3º, VIII e IX) e à prospecção, extração, transporte e refino de petróleo e gás (Lei nº 9.478, de 6 de agosto de 1997 - artigos 1º, IX, 61, 69 e 70).

As leis citadas, além de outras como a Lei nº 9.961, de 28 de janeiro de 2000, abrangeram a criação de novas "agências reguladoras", enfatizando, por meio da instituição de uma autarquia com denominação inédita e regime jurídico "especial", a mudança pretendida a partir dos anos 90 na forma de

---

[18] Denomina-se SBDC o conjunto dos três órgãos encarregados da aplicação do direito concorrencial no Brasil. Além do CADE, compreende a Secretaria de Acompanhamento Econômico do Ministério da Fazenda (Seae) e a Secretaria de Direito Econômico do Ministério da Justiça (SDE). A SDE investiga condutas anticoncorrenciais e emite pareceres não vinculativos sobre o controle preventivo das estruturas. A Seae também emite pareceres não vinculativos nos processos administrativos disciplinados na Lei 8.884/94. O CADE, que tem natureza autárquica, atua como um tribunal administrativo e decide, em caráter definitivo na esfera administrativa, os processos previstos na Lei 8.884/94. Com a Lei 12.529/11, a SDE deixa de ter competência em matéria concorrencial, a qual passará a ser concentrada no próprio CADE. A competência da Seae também foi alterada e o seu foco será a promoção da concorrência e não a atuação nos processos administrativos.

[19] Cf. Bolívar Moura Rocha, "Regulação de infra-estrutura e defesa da concorrência: proposta de articulação", cit., pp. 85 e ss.

atuação estatal sobre a economia.[20] Em regra não afastaram a competência do SBDC sobre esses setores no tocante às normas gerais de concorrência. No Brasil, se evitou a cumulação da competência de regulação setorial com a competência antitruste. Mas, por outro lado, em alguma medida as agências também acabaram por receber de forma concorrente competência legal em matéria concorrencial.

As normas setoriais reconheceram a aplicação do direito concorrencial a esses setores e reafirmaram expressamente as competências do CADE nos termos da Lei nº 8.884/94. Em relação à SDE, a referência expressa também em geral foi feita.[21] Isso não excluiu, porém, a possibilidade de essas agências atuarem de forma concomitante à SDE na identificação de eventuais práticas anticoncorrenciais, tendo em vista as competências gerais que detêm para monitoramento e acompanhamento dos respectivos setores.[22] O que não poderão fazer é instaurar os processos previstos na Lei nº 8.884/94 e aplicar as respectivas sanções.

Situação diversa e específica é encontrada no setor de telecomunicações. A Lei nº 9.472/97 atribuiu à ANATEL a possibilidade de exercer a integralidade das competências da SDE, o que incluiria investigar e instaurar pro-

---

[20] A Lei 9.961/00 trata da Agência Nacional de Saúde Suplementar - ANS.

[21] Cf. artigo 3º, IX e parágrafo único, da Lei 9.427/96, artigo 10 da Lei 9.478/98, artigo 31 da Lei 10.233/01 e artigo 6º da Lei 11.182/05. A Lei 9.961/00 não trata expressamente do assunto, mas reconhece a competência do SBDC ao ressalvar que a competência da ANS para *autorizar o registro e o funcionamento das operadoras de planos privados de assistência à saúde, bem assim sua cisão, fusão, incorporação, alteração ou transferência do controle societário*, não se dá em prejuízo do disposto na Lei 8.884/94.

[22] A Lei 9.427/96, com a redação dada pela Lei 9.648/98, em relação à Agência Nacional de Energia Elétrica - ANEEL, tratou disso de forma expressa, ao incluir dentre as competências da agência aquela para *zelar pelo cumprimento da legislação de defesa da concorrência, monitorando e acompanhando as práticas de mercado dos agentes do setor de energia elétrica* (artigo 3º, IX). Há aqui uma sobreposição clara com a competência da SDE, motivo pelo qual o parágrafo único do mesmo artigo mencionou a necessidade de a ANEEL estabelecer articulação com a SDE nesse sentido. Quando no artigo 10 da Lei 9.478/98, no artigo 31 da Lei 10.233/01 e no artigo 6º da Lei 11.182/05 se menciona que as agências, ao tomarem conhecimento de fato que configure ou possa configurar infração contra a ordem econômica, deverão comunicá-lo aos órgãos do SBDC, não apenas se afirma a competência destes, mas se reconhece àquelas um papel de monitoramento de eventuais infrações em seus mercados de atuação.

cedimentos administrativos sob a Lei nº 8.884/94.[23] Essa previsão não teve o condão, na prática, de afastar a atuação da SDE do setor de telecomunicações. A SDE sempre se posicionou no sentido de que pode iniciar investigações no setor, sob o argumento de que a Lei nº 9.472/97, ao atribuir competência na matéria à agência, não teria expressamente excluído a possibilidade de atuação da SDE, devendo-se admitir a existência de competências concorrentes.[24]

Outro âmbito possível de atuação concorrente diz respeito ao controle de atos que possam levar à formação de estruturas de poder econômico, o que os órgãos do SBDC fazem sob o artigo 54, da Lei nº 8.884/94.[25] As leis setoriais costumam trazer a previsão de obrigatoriedade de submissão ao órgão regulador de operações que envolvam a transferência do controle sobre determinada concessionária ou autorizada a executar o serviço regulado, além de outros movimentos societários como fusões, incorporações e cisões.[26] Comumente essas operações também serão abrangidas pelo artigo 54 da Lei nº 8.884/94.

---

[23] O artigo 19, XIX, da Lei nº 9.472/97 estabelece que cabe à agência exercer, relativamente às telecomunicações, as competências legais em matéria de controle, prevenção e repressão das infrações da ordem econômica, ressalvadas as pertencentes ao CADE.

[24] Nos termos da Lei nº 8.884/94 não cabe ao CADE investigar condutas. Assim, não obstante a preservação de sua competência pela Lei nº 9.472/97, o não exercício pela ANATEL de suas competências em matéria concorrencial praticamente inviabilizaria a punição de infrações à ordem econômica no setor de telecomunicações e esvaziaria a ressalva feita no artigo 19, XIX, da Lei 9.472/97, à competência do CADE. Prevalecendo o entendimento adotado pela SDE a competência concorrente evitaria esse risco. Sobre a posição da SDE, cf. por exemplo o parecer emitido no Processo Administrativo 08012.008501/2007-91 (Representantes: Global Village Telecom Ltda., Intelig Telecomunicações Ltda., Transit do Brasil Ltda. e Easytone Telecomunicações Ltda.; Representadas: Americel S.A., Claro S.A., Tim Brasil Serviços e Participações S.A., TNL PCS S.A. e Vivo S.A.). O CADE também já se manifestou sobre o tema na mesma linha (cf. Ato de Concentração 08012.006253/99-46). Com a Lei 12.529/11 e a transferência ao CADE das competências da SDE em matéria de concorrência, a ANATEL deixará de ter competência para instaurar os procedimentos relacionados a condutas anticoncorrenciais. Sua competência em matéria concorrencial se reduzirá àquela das outras agências – i.e., monitorar e acompanhar as práticas de mercado no respectivo setor e solicitar a instauração de inquérito ou processo administrativo à Superintendência-Geral do CADE.

[25] Artigo 88 da Lei nº 12.529/11.

[26] Cf. por exemplo o artigo 97 da Lei 9.472/97.

Essas competências aparentemente concorrentes, que surgem em relação a um mesmo ato, não implicam necessário fracionamento ou compartilhamento da competência em matéria de direito concorrencial. Também não implicam transferência implícita da competência do CADE ao órgão regulador. São, em princípio, controles voltados a finalidades diversas. A atuação do órgão regulador buscará verificar se o novo controlador de uma concessão ou autorização preenche os requisitos legais exigidos de quem opera no setor, se terá condições de cumprir com eventuais metas, garantias e exigências de investimento, se não prejudicará a estabilidade na oferta dos serviços ou gerará riscos ao funcionamento regular de dado mercado.

Trata-se de análise que enfoca a compatibilidade da operação com restrições e exigências da regulação setorial, as quais não se confundem necessariamente com aquelas decorrentes do direito concorrencial. Assim, as partes da operação deverão não apenas submetê-la à aprovação do órgão regulador, nos termos da legislação setorial, mas também ao SBDC nos termos do que dispõe o artigo 54 da Lei nº 8.884/94.[27]

É possível, porém, que essa análise da agência abranja também a perspectiva concorrencial. A concorrência é princípio setorial que se reflete em aspectos da regulação, os quais podem afetar a análise da operação pela agência. Há casos em que a própria lei setorial atribui à agência a possibilidade de considerar os aspectos concorrenciais no controle de atos dessa natureza.[28] Quando a agência atua com esse foco e veta determinada operação a análise do SBDC ficará sem objeto. Mas conflitos podem ocorrer quando a análise setorial pretender incluir o aspecto concorrencial e aprovar operação que venha posteriormente a ser questionada no âmbito do SBDC.

---

[27] Questão interessante é saber o momento de apresentação do ato ao SBDC no regime da Lei nº 8.884/94. Como a não aprovação pela agência torna sem objeto a análise do SBDC, poder-se-ia argumentar que a apresentação deveria ocorrer apenas após a autorização do órgão regulador. O CADE tem adotado posição contrária e multado empresas por intempestividade na apresentação. Cf. por exemplo o Ato de Concentração 08012.012276/2010-93. A Súmula 8 do CADE, embora não restrita a essas hipóteses, indica a mesma posição (*Para fins da contagem do prazo de que trata o § 4º do artigo 54 da Lei 8.884/94, considera-se realizado o ato de concentração na data da celebração do negócio jurídico e não da implementação de condição suspensiva*).

[28] O artigo 71 da Lei 9.472/97 estabelece que com o objetivo de *propiciar competição efetiva e a impedir a concentração econômica no mercado, a Agência poderá estabelecer restrições, limites ou condições a empresas ou grupos empresariais quanto à obtenção e transferência de concessões, permissões e autorizações*. Regra semelhante consta do artigo 3º, VIII, da Lei nº 9.427/96.

Nos setores referidos acima, em razão de claramente existir competência do SBDC, a análise da agência não poderia se sobrepor e vincular aquela a ser realizada pelos órgãos antitruste. Extensa controvérsia se desenvolveu, porém, em relação ao sistema financeiro cuja legislação é pretérita à Lei nº 8.884/94. O Banco Central do Brasil entendeu que a competência para apreciar atos de concentração e disciplinar a concorrência nesse setor é exclusivamente sua. A razão para tanto é o fato de a Lei nº 4.595, de 31 de dezembro de 1964, estabelecer que compete ao Banco Central conceder autorizações às instituições financeiras para que elas possam ser transformadas, fundidas, incorporadas ou encampadas – artigo 10, X, 'c' –, além de regular as condições de concorrência entre instituições financeiras, coibindo-lhes os abusos – artigo 18, § 2º. Esses dispositivos estariam inseridos em lei recepcionada como complementar pela Constituição de 1988 e de caráter especial, a qual se sobreporia à Lei nº 8.884/94, de caráter ordinário e geral.[29]

Assim, as operações de concentração empresarial nesse setor e mesmo a prática de outras condutas contrárias à concorrência seriam apreciadas pela referida autarquia, levando em consideração as particularidades inerentes ao sistema financeiro, sem qualquer compartilhamento de competência com os órgãos do SBDC. O CADE assumiu posição em sentido contrário, afirmando que a competência geral que lhe atribuiu a Lei nº 8.884/94 não seria excepcionada para o sistema financeiro. Manteve essa posição mesmo diante de parecer contrário da Advocacia Geral da União (AGU), o qual procurou dirimir a controvérsia afirmando a competência do Banco Central. Esse parecer foi aprovado pelo Presidente da República e tornou-se, portanto, vinculante para toda a administração pública federal.[30]

---

[29] O tema foi objeto de ampla discussão doutrinária, como indicam os vários artigos publicados na coletânea organizada por Celso Fernandes Campilongo, Jean Paul Cabral Veiga da Rocha e Paulo Todescan Lessa Mattos, *Concorrência e regulação no sistema financeiro*, São Paulo, Max Limonad, 2002.

[30] Trata-se do Parecer AGU/LA 01/2001, aprovado pelo Presidente da República em 05.04.2001. Nos termos do artigo 40, § 1º, da Lei Complementar nº 73/93, o parecer do Advogado-Geral da União aprovado e publicado juntamente com o despacho presidencial vincula a administração federal, cujos órgãos e entidades ficam obrigados a lhe dar fiel cumprimento. O CADE, todavia, continuou a atuar em relação ao sistema financeiro mesmo após a aprovação e publicação do parecer, como se constata no Ato de Concentração 08012.006762/2000-09 (Requerentes: Banco Finasa de Investimento S/A, Brasmetal Indústria S/A e Zurich Participações e Representações), cujo julgamento foi concluído em 28 de novembro de 2001. No seu voto o Conselheiro Celso Fernandes Campilongo argumentou que o artigo 40, § 1º, da

A controvérsia foi apreciada pelo Judiciário em mandado de segurança impetrado pelo Banco de Crédito Nacional e pelo Bradesco contra determinação do CADE de que fosse apresentada, nos termos do artigo 54, da Lei nº 8.884/94, a operação pela qual o segundo banco adquiriu o controle do primeiro. Em 2010, em decisão por maioria, o Superior Tribunal de Justiça afirmou o entendimento segundo o qual a competência para apreciar os aspectos concorrenciais dessas operações seria do Banco Central.[31]

Poder-se-ia questionar se a melhor solução não seria de fato atribuir às autoridades setoriais a competência para aplicação do direito concorrencial. A atuação concomitante de órgão regulador e órgão antitruste no mesmo setor tende a gerar conflitos institucionais, excesso de controles, insegurança jurídica e atuações públicas redundantes. Por outro lado, o que pode ser uma fonte de ineficiência institucional pode também garantir maior efetividade ao direito concorrencial.

A existência de uma agência antitruste com competência própria, que alcança inclusive os setores regulados para os quais existem agências específicas, traz a potencial vantagem de uma atuação complementar à do órgão setorial que pode suprir eventuais ineficiências da regulação. Isso é especialmente relevante ao se levar em conta que a agência reguladora, não obstante tenha sua atuação circunscrita a um setor da economia, tem de promover outros objetivos que não necessariamente se relacionam com o tema da concorrência.

Enquanto para o órgão antitruste a promoção da concorrência é o seu fim institucional, para o órgão regulador será mais um dentre outros fins. A garantia da continuidade da oferta de serviços essenciais pode compreensivelmente se tornar o principal foco do regulador, que passa a aceitar comportamentos lesivos à concorrência como um mal menor em relação ao objetivo de garantir previsibilidade e estabilidade na prestação dos serviços. Com isso

---

Lei nº 73/93, deve receber interpretação restritiva, *de maneira a abranger somente a administração direta e aqueles entes da administração indireta que possuem autonomia limitada por decorrência de previsões específicas de suas correspondentes leis de criação.* Em 2005 também foi assinado um convênio de cooperação técnica entre o CADE e o Banco Central. Embora o documento não trate da alocação de competências entre os órgãos, criou um canal institucional de diálogo entre as duas autarquias, o que tende a minimizar o conflito existente. A íntegra do documento está disponível no sítio do CADE na internet (<www.cade.gov.br>), último acesso em 11.01.2011.

[31] Recurso Especial 1094218-DF, Rel. Min. Eliana Calmon, 2ª Turma, julgamento final em 25.08.2010.

a atuação da agência reguladora em matéria concorrencial se tornaria mais leniente do que a do órgão antitruste.

A atual distribuição de competência em relação à matéria no setor de telecomunicações oferece uma oportunidade de testar essa hipótese. É possível identificar casos em que a posição da ANATEL em relação aos efeitos de uma concentração foi menos rigorosa do que a do CADE. A compra da Way TV pela Telemar/Oi, por exemplo, foi aprovada pelo CADE condicionada à assinatura de um compromisso de desempenho.[32] A análise prévia feita pela ANATEL, porém, não havia identificado nenhum problema na elevação da concentração que seria verificada no mercado de acesso em banda larga à internet – e havia sugerido a aprovação da operação sem qualquer restrição. A atuação da SDE no setor, comentada acima, também indica a existência de perspectivas divergentes em relação aos prejuízos que certas condutas oferecem à concorrência.[33]

Competência do CADE e regulação que conflita com o direito concorrencial

Questão complexa é saber se a competência do CADE para aplicar o direito concorrencial em setores regulados incluiria a possibilidade de análise da validade de regulação que conflite com a norma concorrencial. Na parte anterior deste texto foi visto que isenções reguladoras às normas concorrenciais podem não ser válidas. Mas disso não decorre necessariamente que caberia ao CADE, em âmbito administrativo, decidir sobre esse ponto. Não admitir essa extensão à competência do CADE implica remeter a solução de eventual conflito entre regulação e direito concorrencial ao âmbito judicial.

A objeção mais direta ao reconhecimento de tal competência é a ausência de relação hierárquica entre as agências e o CADE, todos entes independentes de natureza autárquica. Não poderia o CADE, portanto, pretender rever decisão da agência. A esse argumento poderia ser contraposto o artigo 7º, X, da Lei nº 8.884/94, o qual inclui dentre as competências do órgão a de *requisitar dos órgãos do Poder Executivo Federal e solicitar das autoridades dos Estados,*

---

[32] Ato de Concentração 53500.022515/2006 (Requerentes: TNL Participações S/A e Way TV Belo Horizonte S/A), julgado em 04.06.2008.

[33] Não se pretende, nos limites deste texto, identificar padrões recorrentes ou fazer uma avaliação da aplicação do direito concorrencial no setor de telecomunicações, mas apenas destacar situações nas quais a posição do regulador foi distinta da agência antitruste.

Municípios, Distrito Federal e Territórios as medidas necessárias ao cumprimento da Lei.[34]

Mas essa não é uma solução adequada. Para analisar a validade de uma isenção reguladora o CADE precisaria levar em conta os fins a serem realizados pela regulação setorial. Precisaria, a partir disso, fazer um juízo de adequação da isenção questionada para realizar o fim visado, assim como avaliar a proporcionalidade entre a restrição à concorrência e a realização desse fim. Deveria, portanto, fazer em sede administrativa o que é inerente ao âmbito legal de atuação do órgão regulador. Para tanto o CADE não possui competência e admitir o contrário, com base no dispositivo legal citado, seria tornar inócua a competência do órgão regulador.

Nas decisões do CADE que enfrentam essa temática não há afirmação peremptória de que o órgão teria competência para fazer a revisão da regulação setorial. Há casos nos quais a decisão nota a incongruência entre regulação e concorrência, mas o CADE limita-se a fazer recomendações ao órgão regulador. Em outros se desenvolve o argumento de que não haveria conflito propriamente dito e que se estaria apenas considerando a ação do agente privado dentro da margem de atuação que lhe seria facultada pela regulação. Há, ainda, no controle de atos de concentração a discussão quanto à imposição às partes, como condição para aprovação da operação, de providências diversas daquelas autorizadas ou previstas na regulação. Esses casos serão objeto de análise nos capítulos subsequentes.

Articulação entre SBDC e agências

A atuação de órgãos antitruste em paralelo àquela de órgãos reguladores setoriais exige a discussão de formas de organizar a interação entre uns e outros, com o propósito de limitar conflitos institucionais. No sistema brasileiro há espaço para conflitos, os quais podem surgir não apenas em função de hipotética contraposição da ação reguladora com o direito concorrencial, mas também da divergência quanto a quem teria competência para aplicar o direito concorrencial.

Além do propósito de prevenir atuações contrapostas, a interação entre esses órgãos públicos é necessária para evitar redundâncias ineficientes e permitir a troca de informações. Dentre as razões para se defender a concentração no órgão regulador setorial da competência para aplicar as normas concorrenciais estão a maior previsibilidade para o agente econômico – que

[34] Artigo 9º, VIII, da Lei nº 12.529/11.

não ficaria sujeito a ter de tratar com dois órgãos distintos – e também o fato de que será a autoridade setorial que comumente deterá o conhecimento específico necessário à compreensão das relações de concorrência no setor. Essas relações em alguns setores são tão complexas que é difícil imaginar a aplicação do direito concorrencial sem o acesso a informações e apoio técnico que podem não estar disponíveis às autoridades concorrenciais.

Há exemplos de articulação entre regulador e órgãos antitruste no Brasil que procuram enfrentar essas questões. O mais recente é o convênio de 2010 dos órgãos do SBDC com a ANEEL. Esse documento reconhece a competência plena do SBDC sobre o setor elétrico, mas prevê o envolvimento da ANEEL nos respectivos processos administrativos. Sem pretender reduzir competências dos órgãos de concorrência, abre-se espaço para atuação do órgão regulador, que pode se manifestar nos processos, fornecer informações que julgar relevante e solicitar a abertura de investigações pela SDE.[35]

Acordos semelhantes foram assinados em 2009 com a ANAC e a ANS. Há ainda um acordo com a ANTAQ, datado de 2008, e um convênio com o Banco Central. Os dois últimos, porém, apenas preveem cooperação técnica e troca de informações. Não tratam expressamente de procedimentos relacionados à aplicação das normas gerais de concorrência.

4. A EXPERIÊNCIA BRASILEIRA DE CONTROLE DE CONDUTAS EM SETORES REGULADOS

A ideia de que o direito concorrencial deve ser aplicado quando a regulação setorial não afasta a possibilidade de exercício do poder econômico aparece em diversos casos analisados pelo CADE nos anos que se seguiram à edição da Lei nº 8.884/94. Nessas decisões a temática foi discutida detalhadamente com o propósito de afirmar a competência do CADE em relação a tais setores.

Confrontado com a alegação de ausência de competência nas defesas das partes investigadas e com incertezas no âmbito do próprio SBDC quanto à extensão de sua competência, em tais decisões o CADE procurou afirmar

[35] Cf. "Termo de Compromisso entre o Conselho Administrativo de Defesa Econômica (CADE), a Agência Nacional de Energia Elétrica (ANEEL), a Secretaria de Direito Econômico (SDE) e a Secretaria de Acompanhamento Econômico (Seae), para atuação conjunta com vistas à prevenção e à repressão de infrações contra a ordem econômica no setor elétrico". A íntegra desse acordo está disponível no sítio do CADE na internet (www.cade.gov.br), último acesso em 11.01.2011.

sua possibilidade de atuação mesmo em setores sujeitos à regulação típica do regime de serviço público. Ainda que em muitos casos isso não tenha implicado aplicação efetiva da norma concorrencial, sinalizou-se uma mudança de orientação em relação a decisões passadas que negavam essa competência.[36] Assim, diversos casos referentes a condutas em setores regulados são antes precedentes preocupados em delinear a competência do CADE do que exemplos de aplicação de sanções aos respectivos agentes econômicos.

O caso BHTRANS ilustra esse contexto e é uma das primeiras decisões que procurou sistematizar critérios para a aplicação do direito concorrencial em setores regulados.[37] Discutiu a imputação de formação de cartel e imposição de preços abusivos no serviço de transporte coletivo urbano prestado na Região Metropolitana de Belo Horizonte. Remetendo à *State Action Doctrine* desenvolvida na jurisprudência dos Estados Unidos, a decisão afirmou que a regulação estatal só afastaria a aplicação do direito concorrencial pelo órgão competente quando houvesse *política claramente expressa e definida de substituição da competição pela regulamentação*, acompanhada de *supervisão ativa e constante do cumprimento das obrigações impostas pela regulamentação.*

O voto do Relator enfatizou, ainda, que mesmo existindo um regime regulatório instituído e aplicado, seria possível cogitar de infrações à concorrência em relação às *condutas não reguladas*, ou *quando o arcabouço regulatório dá às empresas uma margem de opção quanto à sua atuação*, ou *quando uma empresa regulada aja de forma contrária à regulação, violando não apenas esta como também o direito da concorrência.* No caso concreto, porém, o CADE entendeu que não haveria como imputar às representadas violação à ordem

---

[36] Cf. Processo Administrativo 20/92 (Representante: Deputada Estadual – SP Célia Camargo Leão Edelmuth; Representados: Empresa Municipal de Desenvolvimento de Campinas, e o Prefeito do Município de Campinas, Sr. Jacó Bittar; Relator: Marcelo Monteiro Soares; julgado em 24 de agosto de 1994). O caso trata de aumentos de tarifas do transporte coletivo urbano prestado em regime de serviço público. O voto do Relator, acompanhado pelos demais Conselheiros, expressamente consigna que não competiria ao CADE analisar tais atos, pois não poderiam configurar abuso do poder econômico disciplinado na legislação antitruste. A Conselheira Neide Teresinha Malard, ao acompanhar esse entendimento, manifestou a impossibilidade de se aplicar as normas concorrenciais à atividade desenvolvida sob contrato administrativo de delegação de serviço público.

[37] Cf. Processo Administrativo 08000.002605/97-52 (Representante: Associação Mineira dos Usuários de Transportes de Passageiros e Carga – AMUT P&C; Representada: BHTRANS – Empresa de Transportes e Trânsito da Região Metropolitana de Belo Horizonte e outros; Relator: Conselheiro Marcelo Calliari).

econômica, pois existia regulação instituída e aplicada, sendo que as práticas objeto de regulação foram *realizadas na obediência estrita da regulamentação [....] emanada [....] de órgãos competentes.*

O caso BHTRANS foi claramente o guia de outra decisão que voltou a discutir essa temática, na qual foram em parte reproduzidos os mesmos fundamentos, estrutura de argumentação e precedentes para justificar a competência do CADE em setor regulado. Trata-se da imputação à Riogás S/A e à Companhia Estadual de Gás do Rio de Janeiro (CEG) da prática de preços abusivos. No seu voto, o Conselheiro Afonso Arinos de Mello Franco fez detalhada análise da estrutura tarifária aplicada pelo órgão regulador dos serviços de distribuição de gás canalizado no Rio de Janeiro. Embora tenha afirmado em tese a possibilidade de atuação do CADE, entendeu que no caso concreto havia uma política regulatória válida e que trazia um controle tarifário que apresentava racionalidade econômica.[38]

Em ambos os casos a existência de políticas regulatórias tratando das tarifas, somada à ausência de evidência de que as autoridades setoriais não teriam condições de desempenhar adequadamente suas funções, foram determinantes para o afastamento da caracterização dos ilícitos concorrenciais imputados. O reconhecimento da competência do CADE no segundo caso inclusive levou o relator a fazer detalhada análise dos critérios e parâmetros de fixação de tarifa com o propósito de verificar a eficácia e adequação da ação reguladora.

Em um conjunto de casos posteriores, referentes ao setor de telecomunicações, o CADE voltou a analisar em detalhe o controle tarifário para poder avaliar se havia, ou não, ilícito concorrencial. Os processos têm origem no questionamento, por parte de operadoras do serviço de telefonia de longa distância, do caráter excessivo das tarifas de interconexão cobradas pelas operadoras locais. A atuação da ANATEL se verificava apenas no sentido de fixar valores máximos, admitindo-se a negociação entre as partes de valores menores.

A decisão baseou-se em extensa discussão sobre a possibilidade de o CADE agir, mencionando que sua atuação só poderia ser afastada *quando o órgão regulador esgotasse totalmente o controle concorrencial das condutas dos*

[38] Processo Administrativo 08012.006207/98-48 (Representantes: Valesul Alumínio S/A, PROSINT – Produtos Sintéticos S/A, CSN – Companhia Siderúrgica Nacional e Companhia Nacional de Álcalis; Representadas: Riogás S/A e Companhia Estadual de Gás do Rio de Janeiro – CEG; julgado em 31.01.2001).

administrados. Como a regulação setorial apenas fixava um valor máximo, evidenciava-se a plausibilidade de práticas abusivas a partir da esfera de liberdade que remanescia às operadoras. Mas no mérito o CADE entendeu que não teria havido efetiva comprovação dessas práticas.[39]

Todos os precedentes citados recusam a possibilidade de se basear a defesa quanto à imputação de ilícitos concorrenciais relacionados a preços e tarifas apenas na existência de controle pelo órgão regulador. O CADE efetivamente tende a analisar os critérios e parâmetros de fixação de tarifas ou preços, verificar se evidenciam uma atuação reguladora efetiva e racional e se não deixam margem à atuação dos agentes econômicos.

Esse padrão de análise aparecerá em outros casos, inclusive resultando na imposição de sanções. Na decisão referente à imputação de condutas uniformes na fixação de tarifas por companhias aéreas o CADE recusou o argumento de que o ilícito concorrencial não seria possível diante da existência de controle tarifário. Observou que esse controle fixava apenas tetos tarifários e que mudanças concomitantes em políticas de desconto dentro desse teto poderiam caracterizar condutas ilícitas. Nessa decisão o CADE entendeu, em julgamento por maioria, que o ilícito teria se verificado e impôs multa às representadas.[40]

Os precedentes comentados acima discutem a aplicação do direito concorrencial a setores regulados, mas nos âmbitos em que a regulação deixaria margem de atuação aos agentes econômicos. Não envolvem situações de maior complexidade, nas quais pudesse haver um conflito efetivo pelo fato de a regulação setorial isentar ou autorizar expressamente comportamentos incompatíveis com o direito concorrencial.

---

[39] Processo Administrativo 53500.001821/2002 (Representantes: Embratel – Empresa Brasileira de Telecomunicações S/A e Intelig Telecomunicações Ltda.; Representada: Telesp – Telecomunicações de São Paulo S/A); Processo Administrativo 53500.001823/2002 (Representantes: Embratel – Empresa Brasileira de Telecomunicações S/A e Intelig Telecomunicações Ltda.; Representada: Telemar Norte/Leste S/A); Processo Administrativo 53500.001824/2002 (Representantes: Embratel – Empresa Brasileira de Telecomunicações S/A e Intelig Telecomunicações Ltda.; Representada: Brasil Telecom Participações S/A). O relator em todos os casos foi o Conselheiro Roberto Augusto Castellanos Pfeiffer e o julgamento ocorreu em 14.09.2005.

[40] Processo Administrativo 08012.000677/1999-70 (Representante: SDE *ex officio*; Representados: Viação Aérea Rio-Grandense – VARIG S/A e outros; Relator: Thompson Andrade, julgado em 15.09.2004).

Caso representativo no qual essa discussão se fez presente é o da THC2. Ilustra problema típico de setores regulados, nos quais a prestação de um serviço comumente depende do acesso a infraestrutura ou serviços de concorrente. Um concorrente ou determinado grupo de concorrentes detém o controle de mercado verticalmente relacionado e se vale de tal posição para excluir os concorrentes que não têm condições de atuar nos dois mercados. Normalmente a limitação do número de empresas viáveis nesse segundo mercado está relacionada à presença de características próprias de monopólios naturais.

Esse cenário pode dar origem a condutas abusivas como o *price squeeze*, quando a empresa verticalmente integrada e que controla o acesso à infraestrutura ou ao serviço cobra preço superior ao seu custo marginal efetivo. Trata-se de prática de preço excessivo que pode resultar na exclusão de concorrente no outro mercado. Os exemplos já discutidos acima pertinentes ao setor de telecomunicações ilustram esse problema.[41]

No caso THC2 o CADE identificou a existência de infração à ordem econômica não obstante a existência de atuação do regulador em relação à conduta sancionada.[42] As empresas investigadas eram todas operadoras de terminais portuários no Porto de Santos, responsáveis pela oferta de serviços de movimentação e armazenagem de contêineres. A armazenagem desses contêineres em recintos alfandegados, antes do embarque ou após o desembarque, é serviço ofertado também por outras empresas localizadas fora da área portuária. Apenas as primeiras têm acesso e operam os berços no cais do porto, movimentando a carga entre os navios e as docas e as áreas de armazenagem.

Quando os contêineres tinham como destino áreas de armazenagem das empresas que não eram operadoras portuárias, cobrava-se uma Taxa de Segregação e Entrega de Contêineres (THC2). A decisão entendeu que a cobrança era abusiva e não remuneraria propriamente nenhum serviço adicional executado pelas operadoras dos terminais portuários. Não há nos votos dos Conselheiros uma análise detalhada da estrutura de custo dos serviços con-

---

[41] Os parâmetros para identificar a ilicitude de práticas dessa natureza costumam ser sistematizados em referência à chamada doutrina das *essential facilities* - cf. Calixto Salomão Filho, *Regulação da atividade econômica - princípios e fundamentos jurídicos*, 2 ed., Malheiros, São Paulo, 2008, p. 66 e ss.

[42] Processo Administrativo 08012.007443/99-17 (Representante: SDE *ex officio*; Representadas: Terminal para Contêineres da Margem Direita - TECONDI, Santos Libra Terminais S/A - TERMINAL 37, Usiminas Rio Cubatão Logística Portuária Ltda. e Santos Brasil - TECON; julgado em 31.08.2005).

siderados. Baseiam-se substancialmente em nota informativa preparada pela área técnica da ANTAQ, a qual concluiu pelo caráter indevido da cobrança. Afirmam ainda que os aspectos estruturais dos mercados permitiriam a adoção de preços abusivos pelas operadoras e que estas não teriam demonstrado a adequação entre seus custos e os preços cobrados.

Não obstante a posição de sua área técnica, a Diretoria da ANTAQ entendeu em deliberação por maioria que a THC2 poderia ser cobrada. Aqui se evidencia o conflito entre a decisão do órgão regulador e a decisão do CADE. No voto do Conselheiro Luiz Carlos Delorme Prado tentou-se mitigar a existência desse conflito ao se observar que a decisão da ANTAQ não deveria ser vista propriamente como uma regulação de preços, mas que apenas indicava que não teriam sido encontrados indícios de infração contra a ordem econômica na cobrança.

O Conselheiro Cueva observou que o CADE não teria competência para rever dispositivos emanados do órgão regulador.[43] Afirmou, ainda, que não haveria conflito de competência entre CADE e ANTAQ, mas uma relação de complementaridade. Acrescentou, porém, que seria irrelevante para a análise o que dispõe a regulação setorial, cabendo ao CADE considerar condutas concretas sob a ótica concorrencial – raciocínio que não oferece efetivo critério para solucionar eventuais conflitos entre regulação e concorrência. Após analisar os diferentes posicionamentos no processo conduzido pela ANTAQ, concluiu que se estaria diante de um "vácuo regulatório". A decisão da ANTAQ foi tratada como uma opção por não regular a atividade, o que

[43] Em decisão anterior, no caso Direct TV, o CADE já havia discutido sua competência no tocante à interpretação de normas reguladoras setoriais. No voto vencido do Conselheiro João Bosco Leopoldino da Fonseca havia uma proposta de interpretação de normas do setor de telecomunicações que destoava do entendimento adotado pela ANATEL. Essa posição foi recusada pela maioria. No voto do Conselheiro Celso Campilongo observou-se corretamente que o CADE não poderia pretender interpretar em abstrato normas reguladoras: *se é certo que o CADE não pode, com base em eventual hermenêutica laborada a partir da legislação de telecomunicações ou da "Lei do Cabo", resolver pendência entre Globo e Directtv, igualmente correto é que a Lei 8.884/94, desde que preenchidas as condições exclusivamente nela previstas, atribui ao CADE plenas competências para enfrentar e resolver a questão de uma perspectiva exclusivamente concorrencial.* Em linha com o que foi feito no caso da THC2, afirmou-se que caberia ao CADE apenas avaliar a compatibilidade de condutas concretas frente à Lei 8.884/94. Cf. Processo Administrativo 53500.000359/1999 (Representante: ANATEL *ex officio*; Representada: TV Globo Ltda. e TV Globo São Paulo Ltda., julgado em 20.06.2001).

teria dado margem à atuação do CADE. A fundamentação dos votos dos Conselheiros reflete um esforço no sentido de evitar a caracterização de efetivo conflito entre a atuação do CADE e aquela do órgão regulador, o que poderia resultar no questionamento de sua competência para sancionar a cobrança da THC2.

Em caso antecedente, onde a temática da isenção às normas concorrenciais em virtude de regra regulatória fora discutida, não houve como negar a existência de conflito entre regulação e concorrência. O processo diz respeito à associação de agências de viagens (ABAV), que foi acusada de estimular a adoção de comportamento uniforme por parte de suas afiliadas, no que concerne à não concessão de descontos em licitações feitas por órgãos públicos. A defesa alegou que isso era decorrência de norma prevista no Código Brasileiro de Aeronáutica (Lei nº 7.565, de 19 de dezembro de 1986), cujo artigo 302 vedaria a concessão de descontos aos adquirentes de bilhetes de passagem ou frete aéreo. Alegou-se, ainda, que o órgão regulador do setor, então o Departamento de Aviação Civil (DAC), interpretava o dispositivo legal como vedando descontos inclusive no tocante a comissões das agências de viagens. De fato, o órgão havia multado agências que deixaram de seguir essa orientação.

O Conselheiro Fernando Marques entendeu ser incabível a condenação. Não seria possível exigir do particular uma determinada ação que pudesse conduzir à aplicação de sanção por parte de um órgão público. Essa orientação foi vencida no plenário, que seguiu o voto do Conselheiro Pfeiffer, o qual constatou que o DAC inicialmente adotava posição diversa, entendendo que o dispositivo legal não se aplicava aos descontos sobre comissões das agências. Já neste período a ABAV teria adotado a postura de indicar a seus associados que não fornecessem tais descontos. O CADE ainda foi além, pois afirmou que a ação do DAC no sentido de vedar descontos por parte das agências de viagens produziria efeitos contrários à concorrência. Com fundamento no artigo 7º, X, da Lei nº 8.884/94, entendeu que poderia requisitar ao órgão a adequação dessa ação regulatória, embora isso não tenha sido feito de forma categórica.[44]

[44] O que fica evidenciado no trecho final do voto do Conselheiro Roberto Pfeiffer: "Ainda, determino a remessa de cópia do presente expediente ao Departamento de Aviação Civil (DAC), ao Tribunal de Contas da União (TCU) e ao Congresso Nacional, para ciência e eventuais providências no sentido de adequar, em seus respectivos âmbitos de atuação, a legislação existente à norma de proteção e defesa da concorrência, no que concerne à matéria versada nos presentes autos". Processo Administrativo 08000.007754/1995-28; Representante: Deputado Augusto Carvalho; Representados: Associação Brasileira de Agências de Viagem do Distrito

Situações envolvendo conflitos efetivos são de solução mais complexa do que aquelas onde a conduta abusiva ocorre à margem da regulação e a afirmação da competência do CADE é inequívoca. Quando se discutem isenções reguladoras não há a mesma clareza quanto à extensão da competência do CADE e as decisões não formulam critérios objetivos a partir dos quais essas situações deveriam ser avaliadas. No caso concreto pode até haver circunstâncias que permitam descaracterizar aparente conflito, mas é forçoso reconhecer, pelas razões já expostas no capítulo anterior, que quando isso não é possível não caberia ao CADE em sede administrativa rever a decisão da agência setorial.

5. A EXPERIÊNCIA BRASILEIRA DE CONTROLE DE CONCENTRAÇÕES EM SETORES REGULADOS

No controle de concentrações previsto no artigo 54, da Lei nº 8.884/94, o CADE avalia a licitude de atos entre agentes econômicos que possam trazer um aumento do bem-estar social, mas tenham como efeito secundário restrição à concorrência. Os critérios fixados pelo artigo 54 podem ser sintetizados na ideia de que restrições à concorrência serão admitidas se os benefícios advindos do ato forem suficientes para compensá-las e desde que tais restrições não representem eliminação substancial da concorrência, os benefícios sejam repartidos com os consumidores e não haja como alcançá-los por meios que tragam menor impacto concorrencial.

A existência de regulação setorial pode impactar essa análise de diferentes formas.[45] Primeiro, pode sinalizar a desnecessidade de preocupação concorrencial com certos atos, em razão da presença de regulação intensiva.[46] Pode, por outro lado, conduzir a conclusão oposta. A regulação setorial não é capaz ou não se propõe a tratar de todos os aspectos do exercício do poder

---

Federal – ABAV/DF e Sindicato das Empresas de Turismo do Distrito Federal – SINDETUR/DF; sessão de julgamento em 01.09.2004.

45 Para uma extensa análise de atos de concentração envolvendo setores regulados, cf. Bolívar Moura Rocha e Hermes Nereu Cardoso Oliveira, "Balanço da articulação entre órgãos de defesa da concorrência e agências reguladoras de infra-estrutura", *in* Bolívar Moura Rocha (org.), *A Regulação da Infra-estrutura no Brasil – Balanço e Propostas*, São Paulo, IOB-Thomson, 2003.

46 Cf. Ato de Concentração 08012.010136/1999-96 (Requerentes: Companhia Energética do Ceará – COELCE e Distriluz Energia Elétrica S/A; Relator: Celso Fernandes Campilongo; julgado em 11 de outubro de 2000).

econômico no setor. Isso motivaria a imposição de condições no contexto da análise estrutural que complementariam a regulação. Há casos onde claramente foram impostos condicionamentos que pretenderam complementar uma atuação reguladora insuficiente.

A decisão do CADE na operação entre Oi e Brasil Telecom é um exemplo.[47] A aprovação da operação foi condicionada à celebração de Termo de Compromisso de Desempenho que impôs medidas comportamentais no tocante à oferta de acesso à rede no atacado – linhas dedicadas e interconexão – para outras operadoras de telecomunicações. O voto do Conselheiro Vinícius Marques de Carvalho indica que isso seria necessário tendo em vista a insuficiência da regulação editada pela ANATEL para equacionar os conflitos concorrenciais relacionados a essa matéria.

Hipótese adicional, da qual se pode cogitar no âmbito da análise de atos de concentração, seria a verificação não apenas de atuação reguladora insuficiente, mas que produzisse efeitos contrários à concorrência ou caracterizasse isenção às normas concorrenciais. Embora a questão do conflito com o Banco Central tenha se centrado mais no aspecto institucional do que no material, subjacente à discussão estava a preocupação de que eventualmente concentração fora dos parâmetros da Lei nº 8.884/94 precisasse ser aprovada para garantir a higidez do sistema financeiro ou outro objetivo da política setorial.

Caso representativo no âmbito do controle de estruturas que evidencia a possibilidade desse conflito é a operação envolvendo a aquisição da Varig pela Gol.[48] Discutiu-se no contexto dessa operação a possibilidade de o CADE determinar às partes a devolução de *slots* do aeroporto de Congonhas validamente atribuídos a elas pelo órgão regulador setorial – a ANAC. *Slots* correspondem às janelas espaciais e temporais para pousos e decolagens em determinado aeroporto. Para Congonhas não havia *slots* adicionais disponíveis, o que representava efetiva barreira à entrada nos mercados de rotas com início ou término nesse aeroporto.

A alocação desses *slots* seria atividade típica do regulador que, ao exercê-la, deveria considerar aspectos como universalização, segurança e continui-

---

[47] Cf. Ato de Concentração 53500.012477/2008 (Requerentes: Banco de Investimentos Credit Suisse (Brasil) S/A, Brasil Telecom S/A, Invitel S/A e Telemar Norte Leste S/A; Relator: Vinícius Marques de Carvalho; julgado em 20 de outubro de 2010).

[48] Cf. Ato de Concentração 08012.003267/2007-14 (Requerentes: GTI S/A e VRG Linhas Aéreas S/A; Relator: Luís Fernando Rigato Vasconcellos; julgado em 25.06.2008).

dade dos serviços, além daqueles especificamente concorrenciais. Eventual determinação do CADE quanto a mudanças na distribuição dos *slots* poderia ser vista como exercício de competência própria da ANAC e intervenção indevida na regulação setorial.

Em seu voto, o Conselheiro Luiz Carlos Delorme Prado defendeu posição oposta, admitindo a possibilidade em tese de o CADE impor tal condicionamento. Observou que isso não implicaria conflito entre regulação e direito concorrencial e que eventual intervenção do CADE quanto ao tema não resultaria em revisão ou modificação de normas regulamentares, mas apenas na imposição de condição específica às partes do ato de concentração. Seria situação análoga à imposição da venda de parte dos ativos produtivos envolvidos na operação como condição necessária à sua conformidade aos parâmetros do artigo 54. Entendeu, porém, em linha com o relator, que nenhuma determinação nesse sentido deveria ser imposta, dada a existência de forte rivalidade nos mercados afetados – em razão da atuação da TAM – mesmo diante da impossibilidade de novas entradas.

Restou vencido o Conselheiro Paulo Furquim que não apenas reconheceu a possibilidade de o CADE determinar às partes a devolução de *slots* em Congonhas, mas entendeu que isso efetivamente deveria ser imposto como forma de mitigar efeitos deletérios à concorrência decorrentes da operação. Na fundamentação do seu voto também afirmou que isso não caracterizaria qualquer conflito com a competência da ANAC, mas efetivo reconhecimento desta, pois caberia à agência dar aos *slots* devolvidos o destino que entendesse conveniente sob os parâmetros da regulação setorial.

Operação envolvendo a Embraport oferece outro exemplo recente em que se discutiu a necessidade de imposição de condições, no âmbito da análise de ato de concentração, em razão de alegada falha regulatória que teria efeitos contrários à concorrência.[49] Tratava-se de transferência de ações da referida companhia, a qual tem por objeto a exploração de terminal portuário privativo na região do Porto de Santos. Associação representativa dos interesses de operadores de terminais de uso público – ABRATEC – tentou trazer para o processo de análise do ato de concentração questão objeto de disputa no âmbito da regulação setorial, a qual sequer tinha relação imediata com os efeitos da operação.

---

[49] Cf. Ato de Concentração 08012.007452/2009-31 (Requerentes: Odebrecht Investimentos em Infraestrutura Ltda. e DP World FZE; Relator: César Mattos; julgado em 19.05.2010).

No setor portuário há acirrada disputa entre os agentes econômicos quanto às hipóteses que autorizariam o funcionamento dos chamados terminais privativos. A discussão remonta à mudança do modelo regulatório, abrindo espaço para o setor privado, que ocorreu a partir da Lei nº 8.630, de 25 de fevereiro de 1993 – Lei dos Portos. Esse novo marco legal rompeu com a organização essencialmente estatal dos portos, centralizada na União Federal através das Companhias Docas. A participação privada foi estruturada em torno da possibilidade de os terminais portuários, abrangidos pelo conceito de *instalações portuárias* na terminologia da Lei, poderem ser explorados por particulares.[50] A outorga a particulares da exploração dessas operações portuárias seria feita a partir de dois mecanismos.

De um lado, por meio dos chamados *contratos de arrendamento* celebrados com a autoridade portuária e precedidos de licitação. O objeto desses contratos eram os terminais já existentes nos portos organizados e que no texto legal são denominados como *de uso público*. Paralelamente, a Lei previu a possibilidade de serem emitidas autorizações para a construção de novos terminais de uso privativo, os quais poderiam ou não estar dentro da área do porto organizado.

Tais terminais privativos podem ser exclusivos, quando utilizados apenas para movimentar cargas do seu titular, ou mistos, quando movimentarem também cargas de terceiros. Inicialmente, autorizações foram emitidas pela agência setorial – ANTAQ – sem qualquer exigência clara quanto ao volume de carga própria que os terminais mistos deveriam movimentar.[51] Na prática muitos desses terminais operam precipuamente com cargas de terceiros.

Alegam os terminais públicos que isso teria gerado uma concorrência predatória no setor, pois não haveria isonomia entre os encargos e ônus

[50] A Lei traz uma definição deficiente de "instalação portuária", referindo-se apenas àquela de "uso privativo". Mas deduz-se do conceito do artigo 1º, § 1º, V, que "instalação portuária" abrange a infraestrutura e equipamentos utilizados "na movimentação de passageiros ou na movimentação ou armazenagem de mercadorias, destinados ou provenientes de transporte aquaviário".

[51] A Lei dos Portos não estabelece qualquer exigência expressa nesse sentido. Em 2005 a Resolução 517 da ANTAQ estabeleceu dentre os requisitos para habilitação a novas autorizações o compromisso de movimentação mínima de carga própria suficiente para justificar a implantação do empreendimento. Posteriormente, o Decreto 6.620/08 também explicitou o mesmo entendimento, ao pretender reorganizar o processo de outorga a particulares do exercício de atividades no setor portuário.

assumidos pelos diferentes tipos de terminais. Observam, ainda, que os terminais privativos mistos só poderiam ser autorizados quando movimentassem carga própria suficiente para justificar a viabilidade do empreendimento.

O Conselheiro César Mattos consignou no seu voto que, sob *uma análise tradicional, o caso seria bastante simples*, pois se tratava de projeto *greenfield*, sem qualquer concentração horizontal e mínima concentração vertical. Destacou ainda que não haveria qualquer nexo causal entre a operação e as alegadas falhas regulatórias. Não obstante essa conclusão, optou por analisar, no âmbito do ato de concentração, a questão regulatória e seu impacto sobre a concorrência. Como o princípio da livre concorrência não foi afastado pela legislação setorial, afirmou o Conselheiro que poderia o CADE intervir para avaliar possível *dano concorrencial desnecessário para a consecução do objetivo de política pública perseguido* pela regulação.

Concluiu em sua análise que não haveria problema regulatório a provocar algum dano à concorrência. Mas o caso é de especial interesse, pois o trecho do voto do Conselheiro César Mattos, citado acima, sugere que o CADE poderia rever, no âmbito administrativo, ação reguladora que afastasse a aplicação do princípio da livre concorrência ou implicasse danos à concorrência. Ademais, acolheu a estratégia usada pela ABRATEC de discutir no contexto de ato de concentração eventual conflito entre regulação e concorrência, sem que houvesse nexo de causalidade direto entre a operação notificada e o alegado problema regulatório.

6. CONCLUSÃO

A aplicação do direito concorrencial diante da regulação será determinada a partir da verificação dos âmbitos nos quais o poder econômico se manifesta de forma não condicionada. Isso ocorrerá tanto quando o exercício do poder econômico não for objeto de regulação, como quando a regulação existente tiver abrangência limitada ou for ineficaz e as decisões dos agentes econômicos forem tomadas, de fato, a partir do exercício do poder econômico.

Além dessa relação de complementaridade entre concorrência e regulação, é possível cogitar de conflitos quando esta afasta aquela no contexto da realização de outros fins da política setorial. Apenas em situações excepcionais, todavia, regulação dessa natureza poderá ser tida como legítima. Afastar a norma concorrencial de determinado setor exige que a respectiva política regulatória encontre fundamentos constitucionais tão representativos quanto aqueles nos quais se baseiam as normas relativas à concorrência.

Questão relacionada, mas que não se confunde com a delimitação do âmbito de aplicação do direito concorrencial em setores regulados, é saber qual órgão teria competência para aplicar as normas concorrenciais. Isso poderia ser atribuído exclusivamente à agência setorial ou mantido com os órgãos concorrenciais. No caso brasileiro, prevalece a segunda opção, ainda que diversas leis setoriais atribuam alguma parcela de competência concorrente às agências reguladoras.

A delimitação dessa competência em âmbito administrativo não elimina possíveis conflitos institucionais quando se estiver diante de regulação que pretenda efetivamente afastar ou limitar a aplicação das regras concorrenciais. Nesses casos, não seria correto atribuir ao CADE competência para rever e invalidar atuação regulatória da agência setorial, o que implica remeter a solução do conflito entre regulação e direito concorrencial ao âmbito judicial.

O CADE enfatiza em suas decisões a competência própria para atuação em setores regulados, destacadamente quando identifica âmbitos nos quais o poder econômico se manifesta de forma não condicionada. Isso indica uma posição refratária ao argumento de que a mera existência de regulação afastaria o direito concorrencial. Por outro lado, em muitos casos nos quais essa competência é afirmada, nota-se cautela do CADE em interferir em âmbitos regulados e o caráter excepcional de situações como a do caso THC2.

Esse conjunto de decisões afasta de forma consistente a possibilidade de se basear a defesa quanto à imputação de ilícitos concorrenciais apenas na existência de controle pelo órgão regulador. Delimita, ainda, parâmetros analíticos claros e pertinentes para avaliar a aplicação do direito concorrencial diante da regulação. A análise de um caso concreto que tome por base esses precedentes considerará as características da regulação e o seu propósito, se evidenciam uma atuação reguladora efetiva e racional e se não há margem à atuação dos agentes econômicos. É essa margem de atuação que, em regra, delimitará o âmbito em que se mostrará plausível a discussão de ilícitos concorrenciais.

Não há a mesma clareza, porém, quanto ao modo de tratar um efetivo conflito entre regulação e direito concorrencial. As poucas decisões do CADE que enfrentam essa temática não explicitam critérios gerais objetivos a partir dos quais essas situações deveriam ser abordadas. A possibilidade de caracterizar o conflito como apenas aparente também faz com que parte dessas decisões deixe o tema à margem. Outras sugerem que o CADE poderia atuar diante de regulação contrária à concorrência, mas não enfrentam de forma satisfatória as razões pelas quais seria possível reconhecer ao órgão competência para, em sede administrativa, rever decisões de agência reguladora.

Antitruste e Regulação no Setor de GLP

Antitrust and Regulation in the Liquefied Petroleum Gas Industry

José Tavares de Araujo Jr.

Sumário

Contents

Resumo

O artigo discute os desafios no processo de liberação de preços ao consumidor do gás liquefeito de petróleo (GLP), após uma experiência de quase meio século de controles governamentais. O autor observa que as consequências do fim do controle de preços foram ambíguas, de um lado houve significativa redução de preço e os índices de segurança no abastecimento foram muito superiores àqueles observados na década anterior. De outro, o período recente também foi marcado por denúncias de cartel, crescimento do comércio informal, decisões questionáveis do judiciário e legislações estaduais conflitantes com as normas da Agência Nacional do Petróleo (ANP).

Abstract

This article discusses the challenges in the process of ending price controls in the sale of Liquified Petroleum Gas (LPG) to consumers, after almost fifty years of having such controls in place. The author notes that the consequences were ambiguous, on the one hand there was significant reduction in prices and the safety levels in the supply to consumers were substantially higher than in previous years. On the other, during the same period, there were several complaints of cartels in the sector, informal trade increased, the courts have issued controversial decisions and the state legislatures have passed laws that conflict with the regulation implemented by the National Agency of Petroleum (ANP).

Palavras-chave: Gás Liquefeito de Petróleo, GLP, Controle de Preços, Liberação de Preços, Cartel, Comércio Informal, Marca, Agência Nacional do Petróleo, ANP, Secretaria de Direito Econômico, SDE.

Keywords: Liquified Petroleum Gas, LPG, Price Controls, Liberalization, Cartel, Informal Trade, Trademark, National Agency of Petroleum, ANP, Secretariat of Economic Law, SDE.

1. INTRODUÇÃO[1]

Após uma série de medidas graduais tomadas ao longo de seis anos, os preços ao consumidor de gás liquefeito de petróleo (GLP) foram finalmente liberados no Brasil em novembro de 2002, encerrando uma experiência de quase meio século de controles governamentais. Os anos seguintes registraram o início de um novo padrão de competição no setor de distribuição deste produto. Entre 2003 e 2011, os preços reais caíram 15% e os índices de segurança no abastecimento foram muito superiores àqueles observados na década anterior.[2] Apesar destes evidentes sinais de sucesso, o regime de liberdade de preços também foi marcado por várias anomalias, como denúncias de cartel, crescimento do comércio informal, decisões questionáveis do judiciário e legislações estaduais conflitantes com as normas da Agência Nacional do Petróleo (ANP).

Este artigo discute os desafios acima e os instrumentos que permitirão corrigi-los. A seção 2 descreve um dos casos de cartel que estão sendo investigados pela Superintendência-Geral (SG), órgão que passa a executar as funções da Secretaria de Direito Econômico do Ministério da Justiça (SDE) com a entrada em vigor da Lei nº 12.529, de 30 de novembro de 2011,[3] e aponta o caráter paradoxal destes casos. A seção 3 comenta a evolução do comércio informal e as medidas que estão sendo tomadas para combatê-lo. A seção 4 mostra alguns exemplos de situações que afrontam a autoridade da ANP e distorcem as condições de concorrência. A seção 5 analisa a função da marca neste mercado e critica os procedimentos usados pela ANP no credenciamento de revendedores. A seção 6 conclui.

---

1 Agradeço a ajuda de Felipe Maya, do *Centro de Estudos de Integração e Desenvolvimento* (Cindes), e Daniel Braga, do *Sindigás*, no levantamento e elaboração dos dados discutidos neste trabalho.

2 Conforme mostram os dados disponíveis no site da ANP (www.anp.gov.br), entre janeiro de 2003 e janeiro de 2011, a média nacional dos preços nominais do botijão de 13 kg (P-13) subiu de R$ 29,35 para R$ 38,34, ou seja, 30%, enquanto que a inflação medida pelo IPCA neste período foi de 54% (www.ipeadata.gov.br).

3 Com a entrada em vigor da Lei nº 12.529, em 29 de maio de 2012, o Sistema Brasileiro de Defesa da Concorrência (SBDC) passa a ser formado pelo Conselho Administrativo de Defesa Econômica (CADE) e pela Secretaria de Acompanhamento Econômico do Ministério da Fazenda (SEAE), sendo o CADE constituído por três órgãos: Tribunal Administrativo de Defesa Econômica, Superintendência-Geral e Departamento de Estudos Econômicos.

2. O CASO DE RECIFE

Em 01/06/2011, a Secretaria de Direito Econômico - SDE instaurou o Processo Administrativo 08012.007196/2009-82 para averiguar a prática de cartel na cidade de Recife por parte do Sindicato dos Revendedores de GLP do Estado de Pernambuco (Sinregás), que supostamente havia fixado o preço do P-13 em R$ 38,00. Entre maio e setembro de 2009, o preço médio ao consumidor desse produto naquela cidade havia subido de R$ 30,70 para R$ 38,18. Em 05/08/2009, o programa *Ronda Geral*, da TV Tribuna de Recife, divulgou uma nota do Sinregás admitindo a coordenação dos preços, bem como uma entrevista com um revendedor sobre a formação do cartel. Além disso, a SDE levantou outras evidências, como atas de assembleias do sindicato, notas fiscais e depoimentos de revendedores.

Conforme mostra o gráfico 1, os coeficientes de variação dos preços declinaram acentuadamente a partir de maio, estiveram abaixo de 0,010 entre novembro de 2009 e janeiro de 2010, e retornaram a níveis normais nos meses seguintes.[4] Segundo a metodologia usada pela ANP para monitorar o mercado de combustíveis, o patamar de 0,010 revela um alinhamento de preços quando se mantém por um período significativo, de pelo menos 24 semanas (ANP, 2010). Assim, aparentemente, o Sinregás tentou formar um cartel, mas não conseguiu sustentá-lo.

GRÁFICO 1 – Coeficiente de Variação dos Preços de GLP em Recife

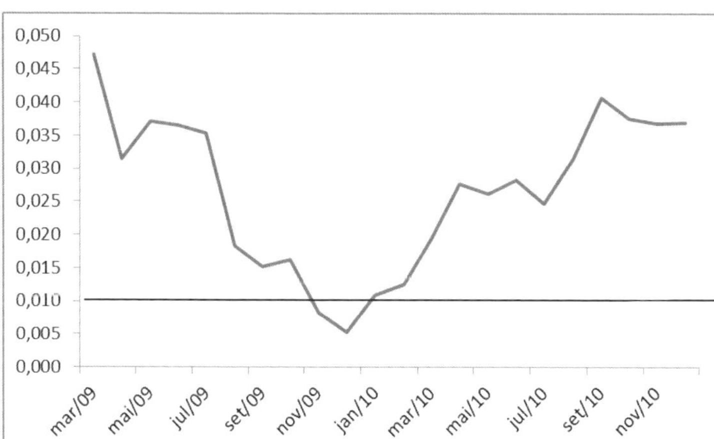

Fonte: ANP.

[4] O coeficiente de variação de uma série é uma medida de dispersão que é obtida dividindo-se o desvio-padrão pela média.

Devido à intensidade do processo de competição no estado de Pernambuco, onde operam atualmente seis empresas distribuidoras e cerca de 1500 revendedores, os preços de GLP em Recife normalmente são inferiores à média nacional, como indica o gráfico 2. Além disso, cabe notar que os preços foram crescentes no país inteiro ao longo do ano de 2009 e se tornaram estáveis no ano seguinte. Tal evolução pode ser explicada, em grande medida, pela pressão dos custos de transporte, que haviam subido quase 15% entre 2007 e 2009 (Tavares, 2009). Em Recife, a elevação dos preços foi superior à média nacional durante segundo semestre de 2009, talvez devido à ação do Sinregás, mas declinaram rapidamente a partir de janeiro de 2010. Em suma, ainda que a tentativa de formar um cartel não tivesse ocorrido, os preços iriam registrar algum crescimento naquela cidade em 2009.

De acordo com dados da SDE, em 2009, existiam 129 revendedores de GLP autorizados a operar em Recife,[5] que é uma das 555 cidades do país cujos preços são monitorados semanalmente e divulgados no site da ANP. Cartéis são, obviamente, inviáveis em mercados com estes níveis de atomicidade e transparência. Qualquer alinhamento de preços será rapidamente percebido pela Agência, e coibido pela autoridade antitruste se for persistente. Além disso, a colusão de preços só é sustentável quando o número de firmas é pequeno e as barreiras à entrada no mercado são elevadas. Nenhuma destas condições se aplica à revenda de GLP.

GRÁFICO 2 - Evolução do Preço Final do P-13: Março de 2009 – Dezembro de 2010

Unidade: R$

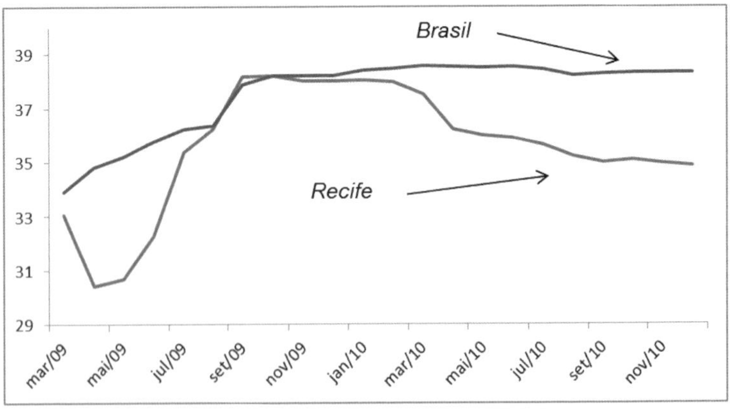

Fonte: ANP

[5] Este número pode estar subestimado, porque, segundo o Sindigás, existiriam 172 revendedores credenciados nesta cidade em junho de 2011.

A despeito de sua insensatez, a conduta do Sinregás não foi o primeiro incidente deste gênero ocorrido no setor de GLP desde a implantação do atual regime de liberdade de preços.[6] Logo, é pertinente discutir a origem destas anomalias. Como veremos adiante, o funcionamento deste mercado no passado recente tem sido prejudicado por três fatores importantes: o comércio informal, as intervenções indevidas de outros órgãos nas condições de concorrência e a violação dos direitos de propriedade das empresas distribuidoras de GLP.

3. O COMÉRCIO INFORMAL

Desde meados da década de 1950, quando o consumo de GLP começou a se difundir no Brasil, o comércio informal tem sido objeto de preocupação das autoridades governamentais. Por se tratar de um produto cuja qualidade não é visível ao consumidor no ato da compra e cujo manuseio inadequado pode provocar acidentes sérios, a presença de agentes não qualificados neste mercado constitui um risco permanente à segurança pública. Ademais, tal como em qualquer ramo de atividade, o comércio informal implica evasão de impostos, distorce as condições de concorrência e prejudica as empresas legalmente estabelecidas.

Nas décadas de setenta e oitenta, o governo procurava coibir o comércio informal através de um amplo aparato burocrático comandado pelo Conselho Nacional do Petróleo (CNP), cujas normas determinavam os procedimentos a serem obedecidos em todas as etapas do processo de abastecimento, distribuição e revenda de GLP no território nacional. Em 24.12.76, estas normas foram consolidadas na Resolução nº 13 do CNP, que criou o *"Sistema de Distribuição de GLP"*. Além de fixar as metas anuais de produção e importação de GLP a serem realizadas pela Petrobras, o CNP controlava: os preços e as margens de comercialização das distribuidoras e dos revendedores; os requisitos de segurança para manuseio, armazenagem e transporte; as transferências efetuadas pelas distribuidoras aos revendedores; e as condições de entrega do produto ao consumidor final (Tavares, 2007).

[6] Entre os casos anteriores, alguns foram arquivados por falta de provas e outros ainda estão em andamento. Até o presente, o único processo que resultou em condenação foi o do Triângulo Mineiro (08012.006019/2002-11), julgado pelo CADE em 10.07.08. As representadas foram punidas com a pena mínima de 1% do faturamento em 2001, ano em que teria ocorrido a tentativa de formar um cartel que, tal como nos demais casos, não chegou a produzir efeitos. Entretanto, a pena foi aplicada porque, no entendimento do CADE, o conluio foi comprovado.

Não existem registros sobre a efetividade daqueles controles, nem tampouco sobre os custos de sua administração, mas, em princípio, não haveria espaço para o comércio informal naquelas condições. Uma característica importante do sistema comandado pelo CNP era a de que o foco principal da fiscalização residia nas empresas distribuidoras, que eram obrigadas a operar com uma rede de revendedores exclusivos. Dado que os preços e as quantidades eram supostamente monitorados pelo governo, qualquer anomalia observada no mercado deveria ser corrigida através de medidas tomadas junto às distribuidoras, que eram responsáveis pela preservação da qualidade dos botijões até o momento de sua entrega ao consumidor final.

A maioria das normas contidas na Resolução nº. 13 foi alterada no governo Collor, que extinguiu o CNP em 1990 e, em outubro daquele ano, redefiniu o marco regulador do setor de GLP através da Portaria nº. 843, do antigo Ministério da Infraestrutura (MINFRA). Foram mantidos, entretanto, o controle de preços, a obrigação de exclusividade nos vínculos entre distribuidoras e revendedores, e as restrições quantitativas no suprimento de GLP por parte da Petrobras, embora sob novo formato. A partir de então, a Petrobras continuou a fixar as quantidades ofertadas no mercado interno, e cada distribuidora passou a ter acesso a uma quota alocada de acordo com três parâmetros: o volume de vendas da empresa no período anterior, sua capacidade de armazenamento e a quantidade de botijões de sua propriedade. Este sistema durou até 2005, quando foi eliminado através da Resolução nº 15 da ANP.

Os objetivos da Portaria MINFRA nº 843 eram os de reduzir o dispêndio de recursos públicos que o regime anterior acarretava, e preservar, através de normas mais flexíveis, a liberdade de iniciativa, a estabilidade dos preços domésticos e os requisitos de segurança do sistema de distribuição de GLP. Contudo, a realização destes objetivos iria depender de outras reformas mais amplas que foram implantadas gradualmente no Brasil durante a década de 1990. Tais reformas incluíram a restauração do padrão monetário nacional através do Plano Real, a Lei nº 8.884, de 11 de junho de 1994, que transformou o CADE em autoridade antitruste efetiva, e a Lei nº 9478, de 6 de agosto de 1997, que flexibilizou o monopólio da Petrobras e criou a ANP.

Assim, o período compreendido entre a extinção do CNP e a criação da ANP foi marcado pelas distorções típicas em situações de vácuo institucional, quando os controles da fase anterior já foram parcialmente abolidos e as regras do novo marco regulador ainda estão por ser definidas. Naquele momento, a combinação de três fatores estimulava o surgimento de condutas oportunistas no mercado de GLP: a fragilidade das normas então vigentes, a falta de um órgão técnico capaz de fiscalizar os requisitos de segurança, e a manutenção dos controles governamentais sobre as margens de comercialização. Para manter a rentabilidade nestas condições, algumas firmas passaram a adotar expedientes temerários, que incluíam sonegação de impostos, desrespeito às normas de segurança, uso de botijões de outras empresas e montagem de redes informais de revenda. O resultado foi a rápida elevação do número de acidentes e a deterioração dos padrões de qualidade do setor.

Nos últimos dez anos, a ANP vem dedicando esforços crescentes para combater o comércio informal, através de medidas repressivas e de campanhas de esclarecimento sobre os dados causados à sociedade por este tipo de prática. Participam desta iniciativa outros órgãos, como o Ministério Público, Procon, polícias civil e militar, corpo de bombeiros, secretarias de fazenda, e entidades privadas como o Sindigás, associações de revendedores, e empresas distribuidoras de GLP. Em 2010, as ações passaram a integrar o *Programa Gás Legal*, gerido por um comitê nacional sediado na cidade do Rio de Janeiro e por sete comitês regionais distribuídos pelo território nacional. Não obstante os resultados já alcançados por este programa, para erradicar o comércio informal é necessário que a ANP também enfrente dois outros problemas que serão discutidos nas próximas seções: as intervenções indevidas de outros órgãos no mercado de GLP e as falhas da atual rotina adotada pela Agência para autorizar novos revendedores.

4. INTERVENÇÕES INDEVIDAS NO MERCADO DE GLP

Em janeiro de 2008, o Juiz da 5ª Vara Cível da Comarca de Teresina decidiu fixar em R$ 23,40 o preço do P-13 vendido pela SHV Gás Brasil Ltda. à Dourado Gás Ltda., sob o argumento de que aquela distribuidora havia sido incapaz de *"explicar as constantes majorações dos preços do gás em discussão"*. Tal decisão foi precedida por uma liminar que, em 05/09/06, intimou a SHV a manter o fornecimento de GLP à Dourado Gás enquanto durar o litígio iniciado em 2005 entre as duas empresas.

Atualmente, operam no Piauí quatro empresas distribuidoras (Liquigás, Nacional Gás Butano, SHV e Ultragaz) e 480 revendedores de GLP. Em janeiro de 2008, o preço médio de distribuição no estado foi de R$ 28,23, a margem bruta de revenda foi de R$ 7,34, gerando um preço final ao consumidor de R$ 35,57, segundo os dados disponíveis no site da ANP. Assim, naquele mês, as medidas acima referidas asseguraram à Dourado Gás um lucro extraordinário de R$ 4,83 em cada botijão de gás revendido pela empresa. Este lucro advém da diferença entre o preço médio vigente no estado e o valor fixado pelo judiciário. Dada a evolução posterior do mercado de GLP, o benefício foi crescente nos dois anos seguintes, tendo chegado a R$ 7,86 em setembro de 2010, conforme mostra o gráfico 3. Em média, a renda adicional auferida pela Dourado Gás, entre janeiro de 2008 e dezembro de 2010, foi de R$ 6,00 por botijão.

GRÁFICO 3 – Margens Brutas de Revenda de P-13 no Piauí

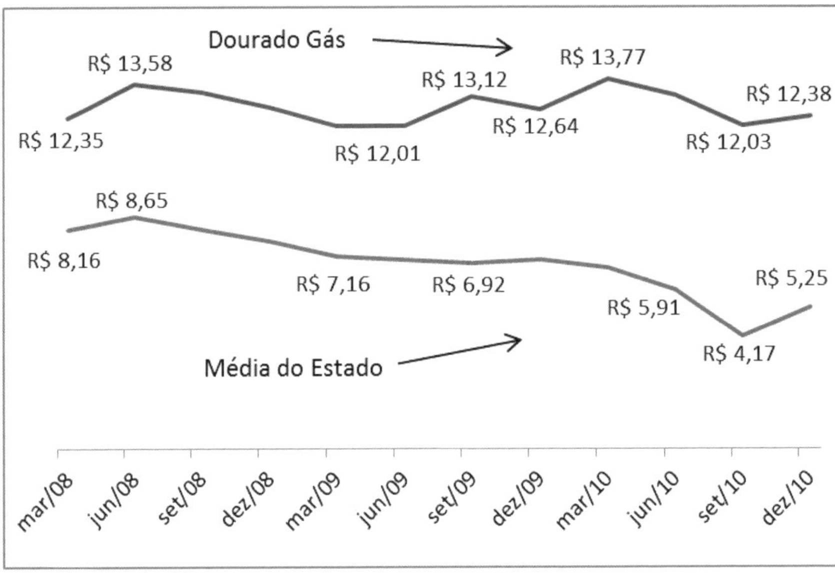

Fonte: ANP.

O gráfico 3 descreve dois tipos de desequilíbrios nas condições de concorrência. Por um lado, no segmento de revenda de GLP, a Dourado Gás tornou-se o agente mais rentável do estado, ao dispor – graças a uma decisão equivocada do Poder Judiciário – de um privilégio inacessível aos seus concorrentes. Por outro lado, no segmento de distribuição, a SHV perdeu competitividade em relação às demais firmas, ao ser obrigada a conceder um subsídio permanente àquele revendedor, enquanto que as outras distribuidoras continuaram a praticar os preços de mercado. O gráfico 4 indica a magnitude relativa destas anomalias. Desde março de 2008, a Dourado Gás vem acumulando ganhos extraordinários que, em setembro de 2010, chegaram a 188%.

GRÁFICO 4 – Rentabilidade Adicional da Dourado Gás

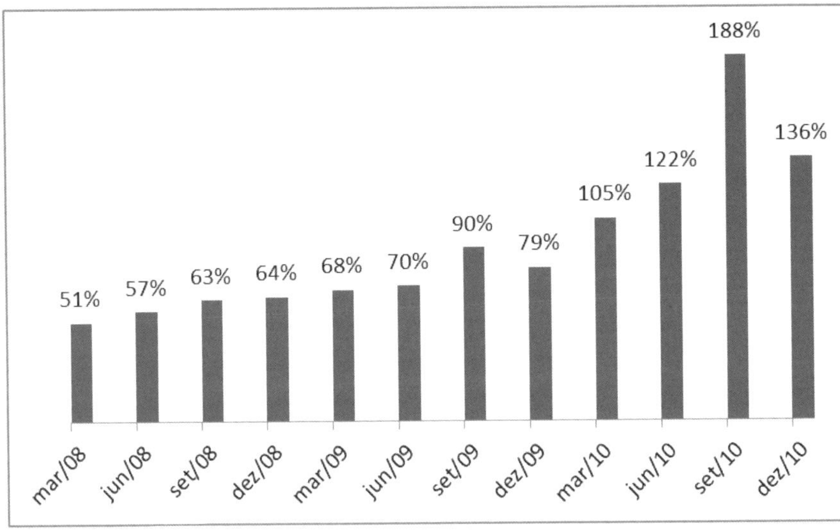

Fonte: ANP.

Ao fixar o preço de apenas um dos 480 contratos de revenda de GLP vigentes no Piauí, ignorando que os demais agentes continuariam a praticar as cotações de mercado, o Poder Judiciário estabeleceu uma situação que implica três tipos de danos à ordem econômica. Em primeiro lugar, viola o princípio constitucional da livre contratação. Em segundo, distorce as condições de concorrência nos segmentos de distribuição e revenda de GLP, ao confiscar receitas da SHV e elevar artificialmente a lucratividade da Dourado Gás. Em terceiro lugar, legitima uma conduta oportunista que é tratada na teoria econômica como o problema da extorsão (*the hold-up problem*)[7].

O caso de Teresina é apenas uma ilustração de uma série de situações que afrontam a autoridade da ANP. Outro exemplo recente é a Lei nº 9427, sancionada pelo governador da Paraíba em 12.07.11, que estabeleceu um marco regulador estadual sobre a comercialização e condições de armazenagem de GLP, criando normas superpostas e conflitantes com as da ANP, como a de permitir que as empresas distribuidoras envasem botijões de outras marcas.

[7] O problema da extorsão tem sido fonte inspiradora de uma ampla literatura que atualmente abrange diversas áreas, como organização industrial (Klein, 1996; Holmstrom e Roberts, 1998; Acemoglu e outros, 2002), comércio internacional (Beaudry e Collard, 2004), comércio eletrônico (Tavares, 2002) e teoria dos contratos (Schmitz, 2001).

No Espírito Santo, este tipo de conflito existe desde 1998, quando foi editada a Lei nº 5652, que também autoriza o envasamento de outras marcas. Lamentavelmente, esta lei foi declarada constitucional pelo Supremo Tribunal Federal em 27.09.06, ao julgar a ADI 2359.

No Congresso Nacional, estão em andamento alguns projetos de lei que pretendem instituir regras absurdas, como a de obrigar o revendedor a pesar o vasilhame diante do consumidor no momento de sua troca e devolver o valor da massa residual de GLP que eventualmente ainda exista no vasilhame. Outra proposta é a de introduzir botijões menores do que o P-13, com cinco ou oito quilos, para, supostamente, ampliar o leque de escolhas para o consumidor de baixa renda. Na mesma linha, um dos projetos propõe que os postos de combustíveis automotivos sejam autorizados a recarregar vasilhames de GLP.

Os problemas comentados nesta seção não ameaçam apenas a credibilidade da ANP, mas também a do CADE, porque falseiam as condições de concorrência na economia. Assim, é imprescindível uma atuação conjunta dos dois órgãos visando a convencer as demais autoridades de que tais situações precisam ser equacionadas, pois prejudicam o interesse público. O exercício da advocacia da concorrência é um dos papéis importantes do CADE, previsto no art. 9º da Lei nº 12.529/11, segundo o qual cabe a este Conselho: *"requisitar dos órgãos e entidades da administração pública federal e requerer às autoridades dos Estados, Municípios, do Distrito Federal e dos Territórios as medidas necessárias ao cumprimento desta lei."*

5. A QUESTÃO DA MARCA

Desde a abolição dos controles de preços em 2002, o desempenho do setor de GLP tem sido amparado por dois processos simultâneos: o fortalecimento da ANP como agência reguladora e o amadurecimento do SBDC na aplicação da lei antitruste. Apesar das distorções comentadas nas seções anteriores, são inequívocos os avanços alcançados na formação de um sistema eficiente de distribuição e revenda, capaz de operar com preços reais declinantes e índices crescentes de segurança no abastecimento deste produto. Por um lado, através das resoluções 297/03 e 15/05, a ANP implantou um marco regulador que não gera barreiras artificiais à entrada no setor e não interfere na gestão das empresas, em contraste com o modelo intervencionista que vigorou nas décadas de 70 e 80 do século passado. Por outro lado, a diligência dos órgãos do SBDC tem contribuído para mudar a cultura empresarial de um setor que durante quase 50 anos estivera acostumado a funcionar com preços fixados pelo governo.

Além de simplificar as normas de distribuição e revenda, outra função da ANP tem sido a de assegurar a transparência do mercado através da divulgação na internet de três conjuntos de dados. O primeiro informa a evolução mensal da estrutura dos preços do P-13 em todos os estados da federação, discriminando: (a) o preço pago pelas distribuidoras à Petrobras; (b) os impostos federais e estaduais; (c) as margens de distribuição e revenda; (d) o preço final ao consumidor. O segundo conjunto registra as parcelas de mercado das distribuidoras em cada estado, e o terceiro monitora semanalmente o comportamento dos preços em 555 municípios, com base na metodologia já referida na seção 2.

Entretanto, na contramão destas medidas, a partir de 2003 a ANP passou a adotar uma rotina de credenciamento de revendedores que é incompatível com o propósito de promover a competição no setor de GLP. Ao solicitar seu registro, o peticionário preenche uma ficha onde são listadas as marcas que ele pretende comercializar, mas a Agência não averigua se os proprietários daquelas marcas concordam em transacionar com aquele agente. O resultado dessa rotina foi o de promover a proliferação dos chamados revendedores multibandeiras, que atualmente já representam 25% do total de revendedores, como mostra o gráfico 5.

Gráfico 5 – Número de Revendedores de GLP Credenciados na ANP

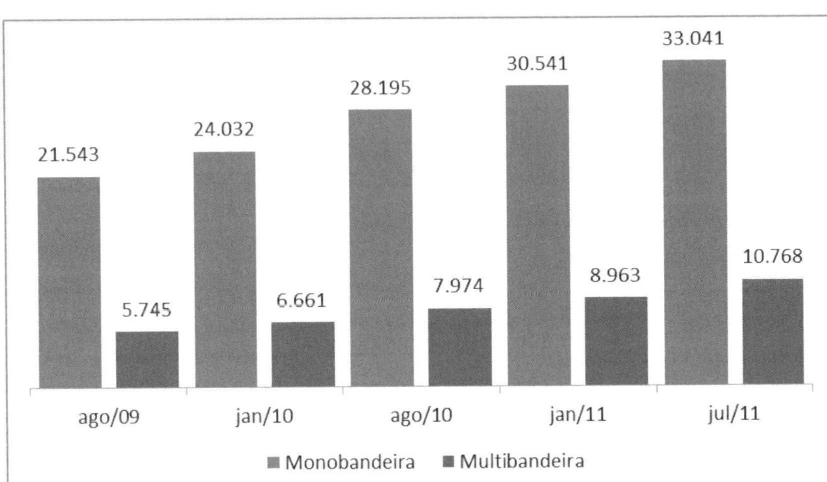

Fonte: Sindigás.

Dado que GLP é um produto homogêneo cuja qualidade não é visível ao consumidor no ato da compra, uma empresa distribuidora só é capaz de se distinguir de seus concorrentes através da qualidade dos serviços que presta ao consumidor. Para fidelizar seus clientes, a distribuidora precisa investir em publicidade e dispor de instrumentos para monitorar os níveis de eficiência em todas as etapas da cadeia de distribuição: do momento em que o produto é engarrafado até a entrega do vasilhame na residência do consumidor. Qualquer falha ocorrida ao longo deste processo poderá afetar a reputação da marca da distribuidora. Além disso, se a logística de distribuição não estiver sob o comando da distribuidora, os investimentos em publicidade serão inúteis.

Devido à complexidade da logística de distribuição, seria antieconômico integrar verticalmente as atividades de distribuição e revenda numa única empresa, com unidades de engarrafamento localizadas em algumas cidades e pontos de venda espalhados pelo território nacional. Assim, a estratégia de competição mais conveniente para uma distribuidora é de estabelecer uma rede de revendedores exclusivos. Esta opção constitui uma solução intermediária entre a integração vertical e a simples terceirização de atividades. Por um lado, os acordos de exclusividade com os revendedores permitem que a distribuidora mantenha um grau de comando sobre a cadeia produtiva que é equivalente ao da integração vertical, sem os custos associados à imobilização de capital. Por outro lado, tais acordos oferecem a flexibilidade da terceirização, sem o principal risco inerente a esta opção, que é o de provocar a queda de qualidade dos serviços oferecidos ao consumidor e, portanto, prejudicar a marca e outros ativos que promovem a reputação da distribuidora.

Até 2003, os vínculos de exclusividade entre distribuidoras e revendedores eram compulsórios. Esta regra era um dos poucos instrumentos remanescentes do modelo de intervenção estatal que vigorou no setor de GLP nas décadas de 1970 e 1980. Tal como outros atributos daquele modelo, os vínculos compulsórios implicavam um controle burocrático supérfluo, porque os contratos de exclusividade constituem uma característica natural do setor, já devidamente protegida pela legislação de propriedade industrial e pela jurisprudência antitruste internacional (Tavares, 2010). Sob este aspecto, a Portaria 297 significou um avanço, ao simplificar as normas do marco regulador. Entretanto, a partir dai a ANP continuou a interferir indevidamente nas relações entre distribuidoras e revendedores, mas, desta vez, na direção oposta: ao invés de impor um controle inútil, passou a adotar uma rotina ilegal.[8]

---

[8] A propriedade da marca, bem como o direito de zelar por sua reputação e integridade material, são protegidos por tratados internacionais desde a Convenção

Sob a ótica do processo de competição, o desrespeito às marcas das distribuidoras constitui uma irregularidade tão séria quanto o comércio informal, as intervenções descabidas do judiciário, e as leis estaduais que afrontam a autoridade da ANP. Todas essas anomalias prejudicam o principal mecanismo de mercado que protege o consumidor de GLP, que é o interesse das distribuidoras em promover a reputação de suas respectivas marcas. Entretanto, ao contrário das demais distorções, cuja superação é complexa, os problemas criados pela rotina de credenciamento da ANP podem ser resolvidos rapidamente. Basta que a Agência obedeça à Lei nº 9.279, de 14 de maio de 1996, quando receber a petição de um novo revendedor de GLP, perguntando às distribuidoras ali citadas se elas pretendem operar com aquele agente.

6. CONCLUSÃO

Algumas das imperfeições ainda existentes no mercado de GLP, como as tentativas de formar cartéis e o comércio informal, são heranças do ambiente de incertezas que vigorou no setor durante a década de 1990. É provável, contudo, que esses problemas desapareçam no médio prazo, devido a um conjunto de fatores institucionais consolidados nos últimos anos, como a transparência do mercado assegurada pela ANP, a atuação do SBDC no combate a condutas anticompetitivas, os manuais de conformidade antitruste editados pelas principais empresas distribuidoras e pelo Sindigás, e o Programa Gás Legal. Mas a superação de outras distorções – como as intervenções indevidas do judiciário no mercado de GLP e as leis estaduais ou federais que ignoram as normas da ANP – requerem iniciativas que deveriam ser tomadas pela Agência em articulação com o CADE, posto que os eventos comentados na seção 4 também podem ser descritos como violações da lei antitruste estimuladas por órgãos públicos e, portanto, são passíveis de enquadramento no art. 9 da Lei nº 12.529/11. Por fim, como vimos na seção 5, dentre as falhas atuais do mercado de GLP, a única que já poderia ter sido eliminada pela ANP é aquela advinda da proliferação de revendedores multibandeiras.

---

de Paris de 1883, que instituiu a União da Propriedade Industrial. No Brasil, tais princípios foram incorporados à Constituição de 1946, mantidos em seu Artigo 5º na reforma de 1988, e regulamentados através da Lei nº 9279/96.

Controle Judicial
Judicial Review

A Bush in Need of Pruning: the Luxuriant Growth of "Light Judicial Review"*

Um Arbusto que Necessita de Poda: o Crescimento Expressivo do "Controle Judicial Marginal"

Ian S. Forrester

Sumário

Contents

Resumo

O autor sustenta que infelizmente o fenômeno do "controle judicial marginal" ou "marginal" expandiu-se na Europa. Em sua visão, ele deveria se limitar àqueles poucos casos em que ele se mostrasse verdadeiramente apropriado. Afirma ainda que deveria haver pouco espaço para deferência judicial em relação à investigação perpetrada pela Comissão Europeia nos casos de concorrência e que deveria haver ainda menos deferência em relação à imposição de multas.

Abstract

The author submits that the phenomenon of "light judicial review" or "marginal review" has expanded unfortunately in Europe; that it should be confined to those few cases where it is truly appropriate; that there is little need for judicial deference to the European Commission fact-finding in competition cases; and that there is even less need of deference as regards the setting of fines.

Palavras-chave: Concorrência, Controle Judicial, Comissão Europeia, União Europeia.

Keywords: Competition, Judicial Review, European Comission, European Union.

* Artigo previamente publicado em *European University Institute European Competition Law Annual 2009: Evaluation of Evidence and its Judicial Review in Competition Cases*, Claus-Dieter Ehlermann and Mel Marquis (editores), Hart Publishing, 2011. Reprodução autorizada.

1. INTRODUCTION

European practitioners with even a few grey hairs[1] will remember when a host of agreements were deemed to fall within the prohibition of Article 81. The European Commission had a monopoly on the application of Article 81(3) and applied an extensive interpretation of the scope of Article 81(1). The Commission tended to apply a clause-based analysis. The priests took a textual view of what constituted sin; and they granted blessings only rarely. Competition decisions could be based on concepts, legal principles and significant words in contracts with little necessity to show an anti-competitive effect flowing therefrom.

Since the laicisation of the enforcement of the competition rules with Regulation 1/2003, the priests in Brussels are no longer the sole trusted guardians of the competition law cult.[2] The "laity" of national courts and competition authorities has been freed to reach intelligent conclusions on the basis of the fair application of the law to accurately evaluated facts. No longer is it sufficient to point to a clause in a contract in order to show that a company has infringed Article 81: the Commission must demonstrate a distortion of competition. Condemnation by categorisation should have disappeared.

Consistent rigour in verifying what happened, why it happened and who suffered as a result, is necessary from the first consideration of the problem, to the formal opening of the case, to the Commission decision, and on to the later stage of the European Courts' review. Factual rigour is especially desirable in light of the unique – and imperfect – procedures by which competition decisions are taken by the European Commission. Though familiar to practitioners by long usage, these are deeply flawed. Specifically, the formal decision concluding a case is taken by a college of twenty-seven political

---

1 I take this opportunity to wish well my former comrade-in-arms Jaime Garcia Nieto, whose new colleagues in Brazil I salute.

2 A process which is recorded in a series of articles published annually under the editorship of Dr. Claus Dieter Ehlermann, e.g., Ehlermann and Laudati, eds., *The Robert Schuman Centre Annual on European Competition Law 1996*, Kluwer Law International, 1997; Ehlermann and Laudati, eds., *European Competition Law Annual 1997: Objectives of Competition Policy*, Hart Publishing, 1998; Ehlermann and Atanasiu, eds., *European Competition Law Annual 2000: The Modernization of EC Antitrust Policy*, Hart Publishing, 2001; and Ehlermann and Atanasiu, eds., *European Competition Law Annual 2003: what is an Abuse of a Dominant Position?*, Hart Publishing, 2006.

figures; the decision is adopted without there having been any hearing by a decision-maker; and there is no externally-discernable separation of the prosecutorial/investigative function from the decision-making function. These procedural imperfections mean that factual determinations by the Commission services are never publicly tested rigorously, certainly not with the rigour of a criminal trial.

An administration in such circumstances may well reach the right answer, and no doubt it does reach the right result in most cases. But no administrative body can conduct a trial. It can prosecute, and vigorously. It can regulate and administer, and shape policy goals. It may sometimes impose penalties. But there are risks in doing that, unless the penalties are modest reactions to modest errors or infringements. Administrative penalties can be imposed for parking too long, insanitary restaurant kitchens, environmental nuisances and similar infringements. Grave economic crimes require different treatment.

It is clear that if we were creating afresh the structure of enforcement of the European competition rules we would not start from where we are today. There would be very different processes, giving more rights to the defence and immunising the ultimate decision-making from political lobbying, as befits a quasi-judicial body. In due course – I predict within five years – the Commission's enforcement will be endowed with procedures worthy of its talented, diligent and zealous staff. Until that day dawns, and in any event, it is particularly appropriate to consider the Courts' role. During the preparation of this article I concluded that we should reconsider the desirability of the familiar doctrine that in competition cases the Courts will apply only limited scrutiny in cases of complex economic assessments. Hence this article on how the European Courts in Luxembourg review evidential findings by the European Commission, and the Courts' deference to the Commission in certain circumstances.

Rigorous judicial oversight in turn encourages rigour within the decision-making authority. It is not the case that enhanced procedures weaken the prosecutor. To the contrary: previous negative rulings of the European Courts have given the Commission the impetus to sharpen its own internal decision-making processes. It was the annulment of Commission merger control decisions such as *Tetra Laval* and *Airtours* that led to the establishment of peer review within the Commission, a process which surely enhances the quality of today's Commission decisions. There is no inconsistency between being opposed to wrong-doing while favouring effective protections for those accused. The purpose of this paper is not to re-argue past substantive debates. We learn from the "war on terror" in my own and others' countries that errors and injustices can occur due to weak forensic procedures, over-enthusiastic prosecutors and over-tolerant juries.

I submit that the phenomenon of "light judicial review" or "marginal review" has expanded unfortunately; that it should be confined to those few cases where it is truly appropriate; that there is little need for judicial deference to Commission fact-finding in competition cases; and that there is even less need of deference as regards the setting of fines.

Since this is a lengthy paper, I begin with a summary. In Section 2, I note that competition decisions by the European Commission will always today involve a number of factual determinations of disputed points, and that in 2009 the Commission's role in taking decisions has changed profoundly, for substantive, procedural and constitutional reasons, from its role from 1962 to 2004. It is today a prosecutor in the taking of decisions, not, as it was in the early days, a rule-making authority establishing fundamental enforcement priorities. In Section 3, I note that there is no single standard of judicial review by the Community Courts, and that national standards vary considerably. Those differences do not mean that in one regime justice is lax and in another rigorous. The discrepancies in formulation make it all the more important that the Courts act in a manner which is manifestly just. I go on to describe the notions of "unlimited jurisdiction" and "control of legality" as set forth in the Treaties, and then consider the doctrine of deference to the Commission's assessments, which was enunciated in two judgments, *Grundig/Consten* and *Remia*, in particular and understandable circumstances, and which has burgeoned ever since. Indeed, it seems to have spread to cover not just economic assessments but technical ones as well. By contrast, Section 4 notes how interventionist and rigorous the Courts have been in certain cases; and Section 5 notes the Courts' wide powers to gather evidence and how they handle controversies as to evidence, which tends to confirm the propriety of robust judicial enquiry as to factual matters, certainly not deference to Commission conclusions. I offer in Section 6 a textual analysis of "unlimited jurisdiction" in the binding texts, and submit that in matters of fining unlimited jurisdiction is appropriate, indeed indispensable. Section 7 sets forth my conclusions.

2. THE ROLE OF FACTS IN COMPETITION CASES "JUST THE FACTS, MA'AM":[3] COMPETITION CASES ARE ALL ABOUT FACTS

Let us begin with that which is obvious but fundamental. Today's EC competition law regime inescapably requires an analysis by the Commission of the real facts, the economic reality of the controversial conduct or proposed merger and its effects, not just the "textual facts". Competition law cases today are truly fact-driven and always should have been. They will generally turn on a handful of questions of fact, some of which may be hotly disputed. Once these points of fact are established to the satisfaction of the Commission, the finding of an infringement may readily flow from them, or they may be elements in constructing a case. *Per se* infringements of competition law have largely disappeared, or at most are confined to a narrow class of so-called "infringements by object", which are the exception to the rule that the Commission must demonstrate anti-competitive effects to prove an infringement. These object infringements have narrowed over time. Today only classic cartel activities are deemed to constitute a breach of the competition rules so plain that there is no need to prove the consequences.

Different types of questions of fact can arise, ranging from the "pure" variety – was Mr X present in the Zurich hotel on the night of the meeting at which prices were allegedly fixed? – to a category of "factual assessments", requiring a greater degree of evaluative judgment.[4] "Pure" factual questions can have very significant legal consequences for a defendant. It may be the case, for example, that Mr X's presence at the hotel in Zurich is the factor that proves the existence of a single, continuous infringement of Article 81 lasting several years, each year resulting in an increase of fine by 100 per cent. The fact of his presence may be the needed link to an earlier period of infringement which would otherwise have been prescribed by lapse of time.

Some examples (each has a basis in a particular case):

- Did Mr Smith attend a meeting in the Grand Hotel after the trade association meeting on January 13, 1999?
- Does the report of Mr Dupont to his boss about a call to Mr Smith prove that both Smith and Smith's company were agreeing prices with Dupont's company?

---

3 Phrase attributed to Sergeant Joe Friday, in the US radio programme "Dragnet".

4 See Paul Craig, *EU Administrative Law*, OUP, 2006, at p. 432.

- Was an infringing clause in a signed agreement ever implemented?
- Were prices and discounts set neutrally on the basis of market forces, or were they intended to achieve an anticompetitive end?
- Were the prices proposed to wholesalers intended to deter exports?
- Did a pattern of dealing, notorious in the market place, alter the seller's written terms of contract by including an implied export ban in its standard terms?
- Would a large increase in parallel trade reduce companies' earnings with a detrimental impact on their research activities?
- Was there a plausible alternative explanation for the observed similarity in terms of price changes?

Facts are facts, whether they are presented in the context of a competition law case or a tax dispute, an argument over land use, free movement of goods, professional negligence or any other contentious issue. Judges of all levels are used to dealing with complex, fact-intensive cases and reaching reasoned opinions. Competition cases should be no different. The Courts were and are perfectly well qualified to assess whether the Commission reached a reliable conclusion on questions such as the ones I have listed.

An EC competition case, especially a big one, will usually involve many factual determinations and controversies. The European Commission is well equipped to deal with them, its powers having been recently reinforced by Regulation 1/2003. I submit that there is no reason for those determinations individually to be accorded any particular deference by an appellate court. I equally submit that there is no reason to exempt from normally rigorous judicial scrutiny the Commission's determination of what a mass of facts, taken in their totality, proves. Whether there was or was not an encounter between seven individuals, what they said, whom they told, what they agreed, and what an eighth individual thought or did as a result is a question of fact, and should be as eligible for appellate review as a finding that a co-conspirator was carrying a gun when robbing the bank, and that his possession of a gun was known to the other conspirators.

I shall submit that while rule-making, regulatory choices, and similarly discretion-rich options evidently are most unlikely to be overridden lightly by a court, different considerations apply to the factual determinations of a prosecutor. I suggest that this should be true for merger cases and for antitrust cases applying Articles 81 and 82.

The importance of rigorous fact finding

The first and best reason for taking facts seriously is that competition law does not in the abstract mean very much, as there are very few manifestly valid propositions which apply in all competitive circumstances. In former times, words sufficed. Thus, in 1987 the words "export prohibited" on a standard commercial form were enough to deem the existence of a violation of Article 81[5]). Another case in 1991[6] involved an affiliate of a Japan-based multinational. It had reviewed its standard contracts across Europe and eliminated limitations on cross-border sales in about thirty contracts. Two or three contracts left in a drawer were overlooked and never modified; but they were never enforced or referred to by anyone until supplied by the parent company in response to a request for information by the Commission when investigating an (ill-founded) claim by a trader who was seeking to compel deliveries of product to which, as a matter of Community law, the trader was not entitled. A fine of ECU 2,000,000 was imposed.[7]

A second reason for taking a serious interest in rigorous fact finding is the burden imposed by negative Commission decisions. Companies can be severely affected by such acts, which may compel them to undertake wide-ranging actions, such as changing their business model, granting a licence, refraining from exercising an otherwise legal business policy, divesting a business or refraining from carrying out a merger. The phenomenon is even plainer when fines are considered. The last few years have witnessed a remarkable rise. Tens of millions of Euros in fines are regarded as routine; hundreds of millions of Euros are interesting; and the billion Euro mark has now been passed. The sheer magnitude of the consequences demands serious verification of the facts.

Rigorous fact finding is all the more necessary in light of the consequences under national law flowing from a Commission decision, especially in Member States having criminal sanctions for competition infringements (as an increasing number do). Member State courts cannot take a decision running counter to that of the Commission.[8] Putting it crudely, whether the

---

5 See Commission Decision 87/409 of 13 July 1987, Case No. IV/31.741, *Sandoz*, 1987 OJ L 222/28, *upheld*: Case C-277/87 *Sandoz* [1990] ECR I-45.

6 Case IV/32.879 – *Viho/Toshiba*, 1991 OJ L 287/39.

7 See Ian Forrester and Christopher Norall, "Competition Law Survey", 11 *Oxford Yearbook of European Law* 422 (1991).

8 Commission Notice on the Cooperation between the Commission and the Courts of the EU Member States, 2004 OJ C 101/04, paragraph 13.

Commission gets the facts right or gets them wrong, its findings of fact are likely to bind or at least be deferred to by national courts in private damages claims and otherwise. So the implications of Commission decisions go beyond the fine or remedy imposed.

In the earliest days of the competition rules, the Commission was a young institution whose powers, rather like the medieval papacy, were far reaching in theory but in practice uncertain, and whose decisions and concerns by no means matched the priorities of national courts or agencies or governments. Its early choices of enforcement priorities, its interpretation of the relevant Treaty articles and its pursuit of certain targets reflected its situation. Individual decisions were ostensibly the addressing of a particular controversy, but were institutionally major pieces of rule-making. Very few exemptions were granted precisely because the Commission wished to be very cautious in relaxing the grip on industry which its broad interpretation of Article 85(1) conferred. Things have changed profoundly.

The Commission's original range of evidence-gathering tools has been expanded during this decade. Under Regulation 1/2003,[9] the Commission has the power to launch dawn raids and remove copies of books and business records in any form.[10] Its powers to investigate in this way extend to private homes.[11] The Commission also has the power to interview individuals about suspected competition law infringements.[12] Most commonly, the Commission makes regular and extensive use of so-called "Article 18 requests" to obtain wide-ranging information from parties under investigation and third parties.[13] E-mail messages are nowadays a source of vast amounts of data, which Commission specialists copy for subsequent study when making inspection visits. Dawn raids were mounted to launch the recent pharmaceutical sector inquiry, on the (specious in my view) basis that otherwise evidence might be destroyed.[14] Thus an apparatus of fact-gathering apt to quasi-criminal investigation exists and is regularly used.

---

[9] Council Regulation EC 1/2003 on the implementation of the rules on competition laid down in Articles 81 and 82 of the Treaty, 2004 OJ L 1/1.

[10] *Ibid.*, Article 20.

[11] *Ibid.*, Article 21.

[12] *Ibid.*, Article 19.

[13] *Ibid.*, Article 18.

[14] Commissioner Kroes, "Commission launches sector Inquiry into Pharmaceuticals", SPEECH 08/18, Brussels, 16 January 2008.

Moreover, the Commission does not lack for sources of intelligence about infringements. Its evidence-gathering powers can be viewed as "active" methods to build a case. It also has "passive" resources at its disposal, notably in the form of the leniency programme, which gives companies incentives to bring forward evidence to the Commission of illegal cartel activity.[15] Sometimes the making of a leniency request can principally be a means of harming a competitor. Chiquita was a successful leniency applicant which got immunity from fines for itself while causing damage to its rival Dole, even though the controversial conduct was by no means as troubling as Dole originally had asserted in the leniency application which launched the proceedings. The other major passive source of new cases, especially as to Article 82, is the complaints system, which encourages those affected by alleged competition infringements to bring evidence to the Commission and seek its intervention. Magill TV Guide,[16] NDC,[17] and Sun Microsystems[18] were each complainants (Oscar Bronner went to a national court for relief)[19] in celebrated cases on compulsory duty-to-deal.[20] The Commission is therefore the privileged destinee of important evidence on competition law infringements, more so than is the case in the United States, where the civil courts are the normal venue for the resolution of antitrust disputes. Although the ostensible goal of the intervention is competition as such rather than the interests of specific competitors, the finding of a breach necessarily involves the determination of disputed facts.

In former times, the Commission mainly pursued cases which it selected as good vehicles for advancing the law. This was especially true as to exemptions, where each individual exemption was a flagship piece of rule-making, setting precedent for the future. Today, in most Article 82 cases and in not a few cartel cases, the Commission's function is to resolve disputes between private parties, where one side is arguing that the facts prove an infringement

[15] Commission Notice on immunity from fines and reduction of fines in cartel cases, 2006 OJ C298/17.

[16] Commission Decision 89/205, *Magill TV Guide/ITP, BBC and RTE*, 1989 OJ L 78/43.

[17] *NDC Health / IMS Health (interim measures)* 2002 OJ L 59/18.

[18] Case T-201/04, *Microsoft v Commission* [2007] ECR II-1491.

[19] Case C-7/97, *Bronner (Oscar) GmbH & Co KG v Mediaprint Zeitings-und Zeitschriftenverlag GmbH 7 Co KG* [1998] ECR I-7791.

[20] See generally the Commission Notice on handling of complaints by the Commission under Articles 81 and 82 of the EC Treaty, 2004 OJ C 101/65.

and the other side is arguing that the facts are wholly different and that the law does not support the accusation in any event.

The Commission is guardian of the treaties, has the power to propose regulations, and has a wide range of important political and economic responsibilities. However, when it pursues cases, it is not a regulator of the competition rules, but a prosecutor whose condemnations can have severe consequences. This distinction in function is very relevant to the present study.

3. STANDARD OF PROOF AND STANDARD OF REVIEW IN COMPETITION CASES

The standard of proof required of the Commission to prove an infringement

Standard of **proof** relates to the level of convincingness which the Commission's Decision must satisfy in proving a competition law infringement: must the Commission prove the infringement "beyond reasonable doubt" or on the "balance of probabilities", or to some other standard such as (echoing the civil law notion of "*intime conviction*") to the entire satisfaction of the Commission's services?

Standard of **review** is the nature and extent of the enquiry the Court will undertake when faced with an appeal concerning a Commission decision (will the Court re-assess economic evidence or factual evidence, or confine itself to reviewing whether the proper procedures have been followed in an honest manner?). This paper enquires into whether the Courts consistently use the appropriate standard of review. The unique processes which the Commission's staff are constrained to follow present more risk of errors than if more orthodox procedures applied. This makes the standard of review by the Courts in Luxembourg all the more important.

Standard of proof in EC competition law

Under Regulation 1/2003, Article 2, the burden of proof in competition cases rests on the Commission. However, there is no single and consistent statement of the standard of proof required of the Commission to prove an infringement, either in the Treaty, subordinate legislation or from the Courts, in antitrust cases.[21]

[21] A senior official has suggested that in merger cases the relevant standard is balance of probabilities (whether a significant impediment to competition is

Varying judicial formulations

The Courts have not consistently adopted the formulation of the requisite standard which the Commission must satisfy: beyond reasonable doubt or balance of probabilities, firm conviction or some other standard. The CFI has referred in one case to the need for *"sufficiently precise and consistent evidence to support the firm conviction that the alleged infringement took place"*.[22] In other cases the Courts have hinted at a lower standard of proof, referring to the need for evidence to be "convergent and convincing",[23] or merely "cogent".[24] Sir Christopher Bellamy, formerly a judge of the CFI, while President of the UK Competition Appeal Tribunal, noted this phenomenon in *NAPP Pharmaceutical*:

> *"As far as the standard of proof is concerned, the European Courts, faced with the different traditions of the Member States, have simply indicated that the infringement should be demonstrated to the 'requisite legal standard' (à suffisance de droit), but there is no doubt that, in general, those Courts require convincing proof that the alleged infringements have been committed in the form of a 'firm, precise and consistent body of evidence' ...We have no reason to suppose that the standard of proof we propose to follow is any different from that followed in practice by the courts in Luxembourg"*.[25]

Dicta from the Court of First Instance indicate that the Commission may base its case on inferences "*...from a number of coincidences and indicia,*

"more likely than not"), but this should be read in light of the Court's strictures about speculating too much as to future developments in cases such as *Tetra Laval*, referred to below. See C Esteve Mosso, Non-horizontal Mergers – A European Perspective, in Barry Hawk, ed., *International Antitrust Law & Policy: Fordham Competition Law 2007*, Juris Publishing, 2008, chapter 3.

[22] Joined Cases T-67/00, T-68/00, T-71/00 and T-78/00, *JFE Engineering a.o. v Commission*, [2004] ECR II-2501, paragraph 179. On convincing evidence, see Case C-12/03, *Commission v Tetra Laval BV* [2005] ECR I-987, paragraph 41.

[23] Case T-314/01, *Avebe v Commission* [2006] ECR II-3085, paragraph 97.

[24] Case T-305/94 *et al., Limburgse Vinyl Maatchappij e.a.v Commission* [1999] ECR II-931, paragraph 644.

[25] *Napp Pharmaceutical Holdings Limited and Subsidiaries v Director General of Fair Trading*, 15/01/2002 [2002] CAT 1, *paragraph 112; http://www.catribunal.org.uk/239-565/1001-1-1-01-Napp-Pharmaceutical-Holdings-Limited-and-Subsidiaries.html.*

which, taken together, may, in the absence of another plausible explanation, constitute evidence of an infringement of the competition rules".[26] The quotation may support the view that the standard of proof in competition cases is something akin to a balance of probabilities.

By contrast, in light of the severity of the penalties, the presumption of innocence is to be applied when looking at the evidence. Unless evidence is really convincing (my formulation, deliberately chosen to be neither civil law nor common law), a finding of infringement should not lie:

> *"Given the nature of the infringements in question and the nature and degree of severity of the ensuing penalties, the principle of the presumption of innocence applies in particular to the procedures relating to infringements of the competition rules applicable to undertakings that may result in the imposition of fines or periodic penalty payments"*.[27]

The link between severe penalties and the need for respect of the rights of the defence was noted in a famous passage from the opinion of Judge Vesterdorf, acting as Advocate General in an early CFI case:

> *"...(i)n view of the fact... that fines may be imposed on undertakings pursuant to Article 15 of Regulation No 17/62 do in fact, notwithstanding what is stated in Article 15(4), have a criminal law character, it is vitally important that the Court should seek to bring about a state of legal affairs not susceptible of any justified criticism with reference to the European Convention for the Protection of Human Rights"*.[28]

In at least one case,[29] the CFI has sympathized with the difficulties of proving participation in a secret conspiracy. BPB, a company fined for participation in a plasterboard cartel, argued before the Court that the Commission had to prove an infringement beyond reasonable doubt. The Court, however, responded that:

> *"It is normal, in the context of anti-competitive practices and agreements, for the activities to take place in a clandestine fashion, for meetings to be held in secret, and for the associated documentation to be reduced to a minimum. It follows that, even if the Commission discovers evidence explicitly showing*

[26] Case C-204/00, *Aalborg Portland* [2004] I-123, paragraph 57.

[27] Joined Cases T-67/00, T-68/00, T-71/00 and T-78/00, *JFE Engineering a.o. v Commission* [2004] ECR II-2501, paragraph 178.

[28] Case T-1/89, *Rhône Poulenc S.A. v Commission* [1991] ECR II-867, at p. II-885.

[29] Case T-53/03, *BPB plc v Commission* [2008] ECR II-1333.

unlawful contact between traders, it will normally be only fragmentary and sparse, so that it is often necessary to reconstitute certain details by deduction. Accordingly, in most cases, the existence of an anti-competitive practice or agreement must be inferred from a number of coincidences and indicia which, taken together, may, in the absence of another plausible explanation, constitute evidence of an infringement of the competition rules (Aalborg Portland and Others v Commission, paragraphs 55 to 57).

It is apparent from that case-law that the Court must reject the applicant's assertion that the Commission must adduce proof 'beyond reasonable doubt' of the existence of the infringement in cases where it imposes heavy fines".[30]

If this statement means that circumstantial evidence can suffice to prove guilt, I do not dissent. Indeed, criminal convictions can be based on circumstantial evidence. But if it means that imperfectly convincing evidence should be accepted because the struggle against cartels is very important, it cannot be correct. Suggesting that standards of proof and evidentiary rigour need to be waived where the misconduct is performed secretly is, I submit, a deeply unconvincing proposition. Any crime is characterised by the fact that the perpetrators will do their best to cover their tracks; the law does not, however, lighten the standard of proof on prosecutors seeking to punish such behaviour. (In *BPB*, the accused company complained that the Commission's interest had been triggered by the allegations of an anonymous informant, whose evidence the Commission had said to be convincing when it obtained a search warrant from a UK court but to whom the Commission had promised confidentiality. The Court – reasonably – upheld the Commission's right to do this, provided that there was adequate evidence (to which the company was given access) upon which the contested decision had been based (see paragraphs 26, 24-38). The outcome is understandable, but the episode is somewhat reminiscent of a criminal case.)

In *BPB* the question was whether it had been demonstrated with adequate confidence that representatives of BPB and its competitor Knauf had met in London in 1992 to reach agreement with subsequent information exchanges between the parties and a resultant end to their price war.[31] The Court found the Decision had indeed adequately demonstrated the guilt of BPB and Knauf.[32] It may be that the guilt was convincingly shown, but the formulation of the criterion seems unfortunate. This verbal mildness must be juxtaposed

[30] See *ibid.*, paragraphs 63 and 64.

[31] *Ibid.*, paragraphs 65-67.

[32] *Ibid.*, paragraph 94.

with the procedures applied by the Commission, which are less rigorous than most national prosecutors would observe.

In the context of leniency applications, parties desiring to confess may feel inclined (or encouraged) to embellish the direness of the behaviour they have witnessed. If they are first to seek leniency, they have the need to give a sufficiently colourful story for the Commission to take them seriously, and a corresponding incentive to make life difficult for their competitors and (alleged) co-conspirators. (Such may have been the case with Chiquita and its rival Dole referred to earlier). In the context of complaints, there is a risk that a well-advised complainant with an interesting case and well-articulated theories will capture the analytical high ground such that evidence will thereafter be viewed in a manner consistent with the complainant's view of the case, all the more so since the procedure is so constructed that the company's defence will be demanded only at a late stage in the proceedings, when official minds are largely made up. The Commission's internal procedures have indeed been reinforced in order to address these phenomena.

A sample of standards of proof in various European jurisdictions

European law is young by comparison to the legal systems of the European Member States. Since there is no single textual definition of how definitively facts must be established for Community law purposes, an anecdotal survey of several national jurisdictions[33] was made. It confirmed that there is no easily discernible single test in Europe for determining guilt or innocence in criminal matters, or what burden of proof applies in civil matters.

A common characteristic of Anglo Saxon court proceedings is that the rules of evidence are detailed and prescriptive, with a view to ensuring that the judge's appreciation of the case is not tainted by irrelevant or inadmissible evidence. In Scotland and in England, criminal guilt must be established "beyond reasonable doubt". It is for the prosecution to prove beyond a reasonable doubt the constituent elements of any crime charged against the defendant and to disprove beyond a reasonable doubt any defence save insanity that the defendant may raise at his trial.[34] It has been stated judicially that the standard does not mean proof beyond a shadow of a doubt, but rather to a high degree of probability.[35] Meanwhile, in civil cases in England and in Scotland,

[33] Belgium, England, France, Germany, Poland and Scotland.

[34] *Woolmington v. DPP* [1935] AC 462.

[35] *Miller v Minister of Pensions* [1947] 2 All ER 372.

the standard of proof is "balance of probabilities". A leading statement of this standard holds:

> *"That degree is well settled. It must carry a reasonable degree of probability, but not so high as is required in a criminal case. If the evidence is such that the Tribunal can say: 'We think it more probable than not', the burden is discharged, but if the probabilities are equal, it is not".*[36]

The two jurisdictions have different standards as to corroboration in criminal cases, where Scots law is more demanding. Oral evidence under oath is regularly taken in both civil and criminal cases in the UK and in Ireland. The civil judge will review the evidence and will describe in some detail how the judge reached a conclusion: in a criminal trial with a jury, the judge will review the evidence for the jury and will indicate possible lines of approach to its analysis.

By contrast to these two Anglo-Saxon jurisdictions, civil law practitioners are untroubled by the relaxed rules of evidence, since the judge will know what weight to attach to trivial, irrelevant material or to second-hand testimony. Oral evidence under oath is rarely given in civil proceedings.

In France, "*intime conviction*" determines whether a judge will find a defendant guilty of a criminal offence. The decision will be based on "*preuve libre*", which leaves the discretion to the judge to weigh up the probative value of evidence presented.[37]

> *"Hors les cas où la loi en dispose autrement, les infractions peuvent être établies par tout mode de preuve et le juge décide d'après son **intime conviction**."*[38]

Most lawyers have the tendency chauvinistically to endorse as indispensable that which is familiar, and indeed Anglo-Saxon lawyers are often uneasy in the face of the imprecise standard of judicial review applying in Lu-

---

[36] *Ibid.*

[37] While in civil proceedings only certain forms of evidence are admitted if their probative value is determined (French Civil Code, Art. 1341 to 1369), the Code of Criminal Procedure establishes in Article 427 the system of freedom of evidence (*preuve libre*). The Criminal Chamber of the French Supreme Court (*Cour de cassation*) has held that evidence may adduced by any means (Cass. crim., 13 October 1986: Bull. Crim. 1986, No. 282). This principle applies not only to evidence of a crime but also to the means of defence (Cass. crim., October 2 1981: JCP G 1981, IV, 389. - Cass. Crim., 12 April 1995: Bull. Crim. 1995 , No. 156), or even the age of the accused (Cass. crim., 1 December 1999: Bull. crim. 1999, No. 289).

[38] Article 427 of the French *Code de procédure pénale*.

xembourg. "*Intime conviction*" sounds too personal, insufficiently detached, not scientific and logical. The absence of rules of evidence which ensure the judicial mind is not polluted by irrelevant or misleading material makes, for the common law lawyer, even worse the risk of error. Red-blooded clients accustomed to very specific legal standards for evidence and burden of proof, for example in the United States, are likely to find such an explanation vague and unconvincing. (I was recently told by an eminent American lawyer that my explanation of the concepts was "mushy").

The notion of *intime conviction* is necessarily subjective. A definition of the term "*intime conviction*" in a leading French legal dictionary provides that it means an "*opinion profonde que le juge se forge dans son âme et conscience et qui constitute, dans un système de preuves judiciares, le critère et le fondement du pouvoir d'appréciation souveraine reconnu au juge du fait*".[39] Thus the personal belief of the judge is determinative rather than a more objective standard, such as "beyond reasonable doubt" (which implies that a reasonable person should be left in no doubt by the evidence presented).[40] An *intime conviction* is required of the decision-maker in French criminal cases, not in civil cases, confirming that a higher standard of proof will be required in the former than the latter. Even if Anglo-Saxon lawyers feel nervous about such a standard, civil lawyers are perfectly confident that the test is adequate and meaningful.

In Belgium, as in France, criminal cases are to be decided upon the "intime conviction",[41] based on the free application of the probative elements led

---

39 *Vocabulaire juridique*, G. Cornu (Broché).

40 The French Supreme Court (*Cour de cassation*) often reiterates the right given to judges to decide according to their personal belief (Cass. crim., 7 June 1988: Bull. Crim. 1988, No. 259).

41 See, e.g., Article 342 of the *Code de l'instruction criminelle:*
Art. 342. Les questions étant posées et remises aux jurés, ils se rendront dans leur chambre pour y délibérer.Leur chef sera le premier juré sorti par le sort, ou celui qui sera désigné par eux et du consentement de ce dernier. Avant de commencer la délibération, le chef des jurés leur fera lecture de l'instruction suivante, qui sera, en outre, affichée en gros caractères dans le lieu le plus apparent de leur chambre; "La loi ne demande pas compte aux jurés des moyens par lesquels ils se sont convaincus; elle ne leur prescrit point de règles desquelles ils doivent faire particulièrement dépendre la plénitude et la suffisance d'une preuve; elle leur prescrit de s'interroger eux-mêmes dans le silence et le recueillement, et de chercher, dans la sincérité de leur conscience, quelle impression ont faite sur leur raison les preuves rapportées contre l'accusé, et les moyens de sa défense. La loi ne leur dit point:

in a case. Generally, the law will attach a higher probative value to written than oral evidence. In certain cases the law will provide for a specific "preuve légale". Thus, if a party seeks to prove the existence of a legal act, such as a will or contract (as opposed to a legal fact, such as a birth or an accident), in a French civil case the law will often set out the type of evidence required and its probative value.

In Germany, the standards of proof in civil and criminal cases are stipulated in the German *Zivilprozessordnung* (ZPO) and the *Strafprozessordnung* (StPO). In criminal cases, all questions that are relevant to the verdict, and especially the legal consequences, have to be proven by "Strengbeweis", which means the proof by formal evidence which includes proof by witness, by expert, by instrument and by legal inspection. The standard of criminal proof is the court's firm conviction about the truth (*die Erforschung der Wahrheit*) that leaves the judge beyond doubt about the truth.[42]

"Vous tiendrez pour vrai tout fait attesté par tel ou tel nombre de témoins"; elle ne leur dit pas non plus: "Vous ne regarderez pas comme suffisamment établie toute preuve, qui ne sera pas formée de tel procès-verbal, de telles pièces, de tant de témoins ou de tant d'indices"; elle ne leur fait que cette seule question, qui renferme toute la mesure de leurs devoirs: "Avez-vous une intime conviction...". (Alinéa 5 abrogé; L 23-08-1919, art. 4)

[42] See section 244 of the StPO:

(1) Nach der Vernehmung des Angeklagten folgt die Beweisaufnahme.

(2) Das Gericht hat zur Erforschung der Wahrheit die Beweisaufnahme von Amts wegen auf alle Tatsachen und Beweismittel zu erstrecken, die für die Entscheidung von Bedeutung sind.

(3) Ein Beweisantrag ist abzulehnen, wenn die Erhebung des Beweises unzulässig ist. Im übrigen darf ein Beweisantrag nur abgelehnt werden, wenn eine Beweiserhebung wegen Offenkundigkeit überflüssig ist, wenn die Tatsache, die bewiesen werden soll, für die Entscheidung ohne Bedeutung oder schon erwiesen ist, wenn das Beweismittel völlig ungeeignet oder wenn es unerreichbar ist, wenn der Antrag zum Zweck der Prozeßverschleppung gestellt ist oder wenn eine erhebliche Behauptung, die zur Entlastung des Angeklagten bewiesen werden soll, so behandelt werden kann, als wäre die behauptete Tatsache wahr.

(4) Ein Beweisantrag auf Vernehmung eines Sachverständigen kann, soweit nichts anderes bestimmt ist, auch abgelehnt werden, wenn das Gericht selbst die erforderliche Sachkunde besitzt. Die Anhörung eines weiteren Sachverständigen kann auch dann abgelehnt werden, wenn durch das frühere Gutachten das Gegenteil der behaupteten Tatsache bereits erwiesen ist; dies gilt nicht, wenn die Sachkunde des früheren Gutachters zweifelhaft ist, wenn sein Gutachten von unzutreffenden tatsächlichen Voraussetzungen ausgeht, wenn das Gutachten Widersprüche enthält

Meanwhile, in German civil cases, the burden is on the parties to put forward all relevant facts. As in other countries, the court in a civil case will not actively investigate to get to the heart of the matter, in contrast to procedure in a criminal case. It is for the claiming party to furnish convincing proof. The standard of proof is lower than that applied in criminal cases.[43]

In Poland, in civil cases a court will assess the reliability and strength of the submitted evidence according to its own conviction, stemming from a comprehensive balancing of all the collected information. Detailed rules on evidence are set out in the Polish Code of Civil Procedure.[44] In Polish criminal cases, courts enjoy a wide discretion on the standard of proof to be applied, including "free assessment of the evidence", subject to the possibility for complete *de novo* review of the case on appeal.[45]

In short, standards of proof are defined differently in different Member States. Criminal cases have to be proved to a higher standard than civil cases. The biggest disparity lies between the Anglo-Saxon model which establishes strict rules of evidence and an articulated standard of proof, and the civilian standard which relies on the judge's level of comfort as to the evidence, and which has few formal obstacles to the consideration of any category of evidence. The standard of proof is either set out by statute or by established case law.

This does not mean that injustice (in the form of a false conviction or a false acquittal) is more likely under one regime, but that the regimes are different in theoretical conception. There is no single, unambiguous judicial statement of the standard of proof in EC competition matters, but that does not mean either that the judges are casual about proof or that they are unaware of the weight to be attached to different categories of evidence.

---

oder wenn der neue Sachverständige über Forschungsmittel verfügt, die denen eines früheren Gutachters überlegen erscheinen.

(5) Ein Beweisantrag auf Einnahme eines Augenscheins kann abgelehnt werden, wenn der Augenschein nach dem pflichtgemäßen Ermessen des Gerichts zur Erforschung der Wahrheit nicht erforderlich ist. Unter derselben Voraussetzung kann auch ein Beweisantrag auf Vernehmung eines Zeugen abgelehnt werden, dessen Ladung im Ausland zu bewirken wäre.

(6) *Die Ablehnung eines Beweisantrages bedarf eines Gerichtsbeschlusses.*

[43] See sections 138, paragraph 3, and 288, paragraph 1, Zivilprozessordnung.

[44] *Kodeks Postępowania Cywilnego*, Articles 228 to 233.

[45] *Kodeks Postępowania Karnego*, Articles 7 and 8.

Equally, there are no formal rules of evidence in the European Courts, as was recognised by Judge Vesterdorf in *Polypropylene*:

> *"It is important to note that the activity of the ECJ and thus also that of the CFI is governed by the principle of the unfettered evaluation of evidence, unconstrained by the various rules laid down in the national legal systems. Apart from the exceptions laid down in the Communities' own legal order, it is only the reliability of the evidence before the Court which is decisive when it comes to evaluation".*[46]

The standard of review applied by the European Courts

It may be helpful to record the order of ideas for the next sections. First, we recall the fundamental EC texts which are the basis for distinguishing between full appellate review and limited judicial review of legality. Then follows a review of the European Courts' repeated endorsements (since the *Remia/Nutricia* case in 1984) of the principle that the Courts will generally not interfere with how the Commission has exercised its discretion, while noting that in some cases the Courts have been remarkably interventionist. Thereafter we note that the Courts (like the Commission, *mutatis mutandis*) enjoy significant powers to gather facts and conduct enquiries, powers which seem perfectly consistent with the exercise of unlimited jurisdiction by the Courts. Finally, we reconsider the textual basis for asserting that "unlimited jurisdiction" extends only to penalties.

Articles 229 and 230 EC give the European Courts the legal basis to review decisions of the Community institutions. Article 229 EC (originally Article 172 EEC) states:

> *"Regulations made by the Council pursuant to the provisions of this Treaty may give the Court of Justice unlimited jurisdiction in regard to the penalties provided for in such regulations."*

Article 230 EC gives four grounds of review of legality:

> *"The Court of Justice shall review the legality of acts adopted jointly by the European Parliament and the Council, of acts of the Council, of the Commission and of the ECB, other than recommendations and opinions, and of acts of the European Parliament intended to produce legal effects vis-à-vis third parties.*

[46] Case T-7/89, *S.A. Hercules Chemicals v Commission* [1991] ECR II-1711. See also Kerse and Khan, EC Antitrust Procedure (5th edition), paragraph 8-039 and 8-040.

It shall for this purpose have jurisdiction in actions brought by a Member State, the European Parliament, the Council or the Commission ***on grounds of lack of competence, infringement of an essential procedural requirement, infringement of this Treaty or of any rule of law relating to its application, or misuse of powers.***" (emphasis added)

The grounds of review under Article 230 EC present a considerable obstacle to an appellant, being based on limited grounds of review of the way in which a decision has been taken (rather than the merits of the decision itself). The decision-making authority enjoys a wide margin of discretion.[47] Most Brussels practitioners have laboured hard to explain to a sceptical client the meaning of a "review" of "legality" rather than a "normal" "appeal" to an appellate court.

Article 229, on the other hand, contemplates that a Council regulation will grant the Court unlimited jurisdiction. Unlimited jurisdiction ("*une compétence de pleine jurisdiction*") is not defined in the Treaty but seems to be an import from French law, under which *"recours de pleine juridiction"* gives a court the power to revise the administrative act that is being challenged and even award damages against the administration being challenged. This can be contrasted with *"recours de la légalité"* which merely seeks annulment of a decision, as does Article 230 EC.[48]

---

[47] For an English lawyer, this would recall the standards of "Wednesbury unreasonableness" (*Associated Provincial Picture Houses Ltd v Wednesbury Corporation (1947) 2 All ER 680), where the Master of the Rolls, Lord Greene, stated: "It is true the discretion must be exercised reasonably. Now what does that mean? Lawyers familiar with the phraseology commonly used in relation to exercise of statutory discretions often use the word "unreasonable" in a rather comprehensive sense. It has frequently been used and is frequently used as a general description of the things that must not be done. For instance, a person entrusted with a discretion must, so to speak, direct himself properly in law. He must call his own attention to the matters which he is bound to consider. He must exclude from his consideration matters which are irrelevant to what he has to consider. If he does not obey those rules, he may truly be said, and often is said, to be acting "unreasonably." Similarly, there may be something so absurd that no sensible person could ever dream that it lay within the powers of the authority ... That is unreasonable in one sense. In another sense it is taking into consideration extraneous matters. It is so unreasonable that it might almost be described as being done in bad faith; and, in fact, all these things run into one another."*

[48] See Paul Lasok, Timothy Millett and Anneli Howard, *Judicial Control in the EU: Procedures and Principles*, OUP, 2004, paragraph 136.

Therefore, under Article 229 EC, unlimited jurisdiction connotes the power of the Court to revise the decision of the Commission that is being challenged: the question arises of whether that power to revise applies to **the decision imposing fines**, or merely to **the fines imposed by that decision**. I shall contend that it is inappropriate to refrain from looking rigorously at the grounds upon which a decision is taken as well as considering as a matter of unlimited jurisdiction the amount of the fine imposed. As always, these matters become easier to understand when put in historical context.

Deference to the Commission's findings, and light judicial review

The CFI will exercise a "comprehensive review" of a Commission decision when an allegation of error of fact or of procedural impropriety is made,[49] but has developed a practice (not imposed by the Treaty) of according deference to complex economic assessments undertaken by the Commission. This deference contrasts with the principle of unlimited jurisdiction.

The following passage is one recent example of the terms in which Community judges limit their power to intervene:

> *"The Community judicature undertakes generally a comprehensive review of the question whether or not the conditions for the application of Article 85(1) of the EC Treaty are met. It is only where it reviews* ***complex economic appraisals*** *made by the Commission that the Community judicature confines itself to verifying whether the rules on procedure and on the statement of reasons have been complied with, whether the facts have been accurately stated and whether there has been any manifest error of appraisal or a misuse of powers (Case 42/84 Remia and Others v Commission [1985] ECR 2545, paragraph 34, and Case C-7/95 P John Deere v Commission [1998] ECR I-3111, paragraph 34)".*[50]

There are a number of formulations of this principle of deference to the Commission's assessment set out in judgments going back to 1985.[51] The same

---

[49] Case T-41/96, *Bayer AG v Commission* [2000] ECR II-3383, paragraphs 67, 69 and 71.

[50] Case T-28/03, *Holcim (Deutschland) v Commission* [2005] ECR II-1357, paragraph 95 (emphasis added).

[51] See for example Joined Cases 142/84 and 156/84, *BAT and Reynolds v Commission* [1987] ECR 4487 at paragraph 62:
"It should be recalled that in its judgment of 11 July 1985 in case 42/84 Remia v. Commission (1985) ECR 2566 the Court held that although as a general rule it undertakes a comprehensive review of the question whether or not the conditions for the applications of article 85(1) are met, its review of such [complex economic] appraisals made by the Commission is necessarily limited to verifying whether the

deference to complex assessments by the Commission is accorded in other domains, such as trade protection remedies in the form of anti-dumping duties.[52]

The more there is a balancing of closely-analysed considerations of public policy, the more reluctant an appellate court will be to intervene. Thus, in a case concerning the banning of an antibiotic animal feeding-stuff additive, which had been in use for about thirty years, the CFI upheld the official determination, understandably noting that in matters of public health the Courts will be reluctant to override the public authorities. Member States disagreed, as did technical experts, as to whether there was a danger and as to the urgency of the problem. Of course, in such a case there was no question of imposing a fine, although a considerable burden was inflicted on those who made and those who used the product.[53] The Community institutions were required to seek the advice of a committee of scientific experts on animal nutrition, to undertake a scientific risk assessment and to evaluate highly complex scientific and technical facts, so it was not surprising that judicial review of the way in which they did so was limited. Note, however, that the decision was taken by the institutions after receiving advice from scientific advisers: by contrast, in a competition case, the Commission does not rely upon the findings of an expert committee. It acts on its own initiative, gathering its own evidence and pursuing its own policy priorities.

---

relevant rules on procedure and on the statement of reasons have been complied with, whether the facts have been accurately stated and whether there has been any manifest error of appraisal, or misuse of powers."

52 See Case T-413/03, *Shandong Reipu Biochemicals Co. Ltd v Council of the European Union*, paragraphs 61 and 62:
"*It is clear from the case-law that in the sphere of measures to protect trade the* ***Community institutions enjoy a wide discretion by reason of the complexity of the economic, political and legal situations which they have to examine*** ... [cites omitted]." (emphasis added)
"Review by the Community Courts of the institutions' assessments must therefore be limited *to verifying whether the relevant procedural rules have been complied with, whether the facts on which the disputed choice is based have been accurately stated and whether there has been a manifest error of appraisal or a misuse of powers* ... [cites omitted]." (emphasis added)

53 Case T-13/99, *Pfizer Animal Health v Council* [2002] ECR II-3305, paragraphs 167 to 169. See Ian Forrester, "The Dangers of Too Much Precaution", in Mark Hoskins and William Robinson, eds., *A True European: Essays for Judge David Edward*, Hart Publishing, 2003, chapter 16.

Whether a contested item in a Commission decision is deemed to be a question of "fact" or a "complex economic (or other) appraisal", will affect how the Court exercises its power of review,[54] making only a limited check of "legality", often called "light review" or "marginal review". In the case of merger control, the Court of First Instance has indicated that the EC Merger Regulation confers discretion on the Commission to carry out an economic assessment of the likely effects of a merger, but at the same time it has been very interventionist in examining the Commission's decisions.[55] In antitrust cases (on breaches of Article 81 or Article 82), by contrast, the Courts have sometimes been quite deferential to the Commission and at other times quite interventionist.[56] It is not always easy to see a clear dividing line to separate cases of rigorous factual review (as in *Woodpulp*) from cases of deference to Commission discretion.

The language of deference has been cited so frequently that it may have become a sort of judicial mantra. The words have appeared in at least fifty competition cases since 1984. There have been many more cases where the Courts have favoured deference than cases where they have exercised their unlimited jurisdiction. I am doubtful if the appraisals of evidence by the Commission deserved judicial deference in every case where the familiar words have been pronounced.

It cannot be the case that all economic appraisals are "complex". Just because an economic assessment is difficult, for example, should not mean it is deemed to be "complex". As the Commission has turned towards a more economic approach to antitrust cases, economic analysis will become increasingly central to competition cases. The boundaries of "*complex economic assessments*" have expanded over the years. The Courts' exercise of unlimited jurisdiction may, in parallel, have been shrinking. It is not easy to understand why the Courts should defer to the Commission's expertise in a particular technical or economic controversy when the Courts have themselves the power to appoint experts, economic and otherwise. Curiously, however, whereas the consequences of being found to be in the wrong have become more dire, the judicial control of such findings has, at least in appearance, become more deferential.

54 Judge Vesterdorf has recently written that the exercise of unlimited jurisdiction is in practice the very rare exception. "The Court of Justice and Unlimited Jurisdiction: What Does it Mean in Practice?", *Global Competition Policy* (June 2009).

55 See Case T-342 99 *Airtours* [2002] ECR II-2585, paragraph 64.

56 There is a remarkable contrast between *Woodpulp* and *Microsoft*.

The Consten/Grundig, Remia/Nutricia and Microsoft cases, and the notion of deference by the European Courts to the Commission

Most legal systems provide for discretion to be exercised by certain bodies in given cases. It is reasonable that the exercise of this discretion should not be subject to review in such a manner that a judge substitutes a judicial decision in place of a regulatory or legislative one. In a democracy, the state is trusted to take decisions within the scope of its powers and those of its officials. It is not my contention that the Commission should be second-guessed judicially when it sets enforcement priorities or when it promulgates new competition regulations. I do respectfully contend that light judicial review in competition cases has expanded more than is desirable, and that the Courts should consistently examine the findings of the Commission to ensure that its decisions in competition cases are just. It is interesting to note the doctrine through three cases, *Consten/Grundig, Remia/Nutricia* and *Microsoft*.

Consten and Grundig: deference to priority-setting

Consten and Grundig[57] is a seminal authority on various doctrines, including how to apply Article 81 and whether to defer to the Commission. In 1957 German Grundig agreed to appoint French Consten for an indefinite period as sole distributor of Grundig products in France. A "free rider" named UNEF bought Grundig appliances from German traders and, notwithstanding a contractual prohibition on exports, sold them to French retailers, undercutting the prices quoted by Consten. The Commission found that Grundig and Consten had violated Article 81 (formerly Article 85 EEC), and refused an exemption.

No less an authority than Advocate General Roemer doubted if the Commission had reached the right conclusion:

> *"It cannot be sufficiently emphasized that even as regards Article 85 (3) the Commission must play a much more active and positive role, especially when it finds that certain agreements result in improvements for the whole economy. In such a case, it has a far-reaching duty to seek clarification: it must raise questions on its own initiative and make conscientious inquiries together with the undertakings concerned. Precisely because we are at the beginning of the development of a new law on cartels, it would be better for the Commission to do too much than too little in this field, so long as there exists no established practice or sufficiently defined principles".*[58]

---

57 Joined Cases 56 and 58/64, *Etablissements Consten SARL and Grundig-Verkaufs-GmbH v. Commission of the European Economic Community* [1966] ECR 299.

58 Opinion of Advocate General Roemer in *Consten and Grundig*, page 370.

> *"In this connexion, further examination should be made as to what effects of a nature to promote competition are produced by the sole distributorship agreement on the market, because it is possible that such an agreement may have the effect of lowering the prices of other similar products and it may thus also in that way give consumers a share in the benefit. It is clear that the Commission did not make such examinations, especially as regards the last-mentioned (although in relation Article 85 (1) it emphasized that the effects of an agreement which were favourable to competition should be taken into account under Article 85 (3))".*[59]
>
> *"Consequently in the context of the criterion of 'share of the benefit' also it must be stated that the Commission has been guilty of a series of important errors or omissions which must certainly be taken into account in considering the decision in dispute (in so far as anything turns on the application of Article 85 (3))".*[60]
>
> *"... In consequence Article 3 of the contested decision also discloses defects of form and substance which call for its annulment".*[61]

The Court was much less critical. It found that the Commission's evaluation under Article 81(3) necessarily entails complex evaluations on economic matters. It went on to state that *"judicial review of complex economic evaluations by the Commission concerning [article 81(3)] exemptions must take account of their nature by confining itself to an examination of the relevance of the facts and legal circumstances which the Commission deduces therefrom. This review must in the first place be carried out in respect of the reasons given for the decisions which must set out the facts and considerations on which the said evaluations are based".*[62] This was, I believe, the first indication that deferential judicial scrutiny would be applied to Commission decision-making.

Now, it is to be noted that in 1966 European competition law was in its infancy. There was a lot of contradictory evidence and assertions and theories about whether territorial exclusivity was good or bad. There are arguments to be made in favour of territorial exclusivity and in favour of cross-border trading as a means of enhancing the goal of market integration. The impact of these regimes on consumers was also debated.

The Commission's refusal to grant an exemption to the controversial clauses plainly involved a degree of political and policy discretion. One can argue about whether pursuing parallel trade should have been such an im-

[59] *Ibid.*, pages 371-2.

[60] *Ibid.*, page 374.

[61] *Ibid.*, page 382.

[62] *Consten and Grundig*, page 347, paragraph 3.

portant goal, but one cannot deny that the *Consten/Grundig* case was the first of a long series of decisions on parallel trade lasting over thirty years. As a constitutional matter, the Commission was entitled to set its own goals, including that of market integration. It is not surprising that the Court deferred to such election of goals. EC competition law would have been very different if the Court had taken a more interventionist line and had followed the Advocate General. The Court did not dissent, and competition law flourished for nearly 20 years without further reference to deference in competition cases.

Remia/Nutricia: deference as a lightening of Article 81(1)

The next notable step occurred in 1985, in *Remia/Nutricia*.[63] This case, about what we would now call ancillary restraints, was approached in light of the then prevailing doctrine: the Commission defined the prohibition on 'restricting' competition contained in Article 81(1) very broadly, referring parties whose conduct was caught in this wide net to the possibility of obtaining an exemption under Article 81(3). Even if the end result – the conclusion that a given agreement or conduct was acceptable and even desirable from the point of view of competition policy – was clear, the Commission consistently considered it was to be reached, as a theoretical matter, by first condemning it under Article 81(1) and then redeeming it under Article 81(3). Agreements which were caught by Article 81(1) and unexempted were void and unenforceable. Voidness could be cured only by an exemption, only the Commission could issue exemptions, and it did so very rarely.

The *Nutricia* decision was provoked by the notification by Nutricia, a Dutch company specialising in babyfood and health products, of agreements under which it successively sold two subsidiaries, Remia specialising in the manufacture of sauces (to an individual in the Netherlands), and Luycks, a manufacturer of pickles and condiments as well as a few sauces (to a subsidiary in the Netherlands of the Campbell group). The "*Sauce Agreement*", required Nutricia not to engage in the production or sale of sauces in the Netherlands for ten years; Nutricia was required to ensure that Luycks also complied with this clause. Remia received a two-year non-exclusive licence for the 'Luycks' trademark for sale of sauces to the hotel and catering trade. The "*Pickles Agreement*" prohibited Nutricia from engaging in the sale or production of pickles in "European countries" for five years, with an exception for certain bulk sales. The buyer also accepted the restriction on making and selling sauces imposed on Luycks, by virtue of the Sauce Agreement.

[63] Case 42/84, *Remia BV v Commission* [1985] ECR 2545.

Post-sales non-compete clauses represented one of the most paradoxical exceptions to the old general rule. According to the Commission's theory, such clauses, which in a narrow sense constitute as clear and explicit restrictions of competition as could be imagined, were held not to be caught by Article 81(1) at all. This solution was achieved by an exercise in definitions. The restriction was "inherent" in the sale of business and thus was not a restriction. The question then became how much such restriction was "inherent": for how many years could the seller be obliged not to compete? Now, was the restrictive period pro-competitive, or irretrievably bad, or was it overlong but curable by shortening? The Commission found the periods of non-competition were excessively long. But it did concede that where the sale of a business covered goodwill and clientele as well as material assets, a non-competition obligation imposed on the seller may be necessary to ensure transfer of "*the full commercial value of the business*". Applying these criteria, the Commission found that four years rather than ten would have been appropriate for the Sauce Agreement; for the Pickles Agreement, it found that two years would be appropriate, and that the geographical scope of the clause should be appropriately limited.[64]

The Commission's approach made good sense to the business community but was legally controversial. Sales of businesses would be impossible without non-compete clauses. Thus they reinforce competition by increasing the number of enterprises on the market. But by arguing that a particular "restriction" is pro-competitive and therefore not caught by Article 81(1), arguments normally reserved for Article 81(3) crept into the analysis under Article 81(1).

Advocate General Lenz spelled out the problem:

> *"There can be no doubt that a total ban on competition, that is to say an undertaking not to act directly or indirectly on a certain market for a specified period, must be seen as an agreement which has as its object or effect a restriction of competition."*[65] *(2556, para B.3 (a) ii)*
>
> *"I now turn to the question whether it is possible for the prohibition in Article 85(1) not to be applied to agreements in restraint of competition which in theory fall within its scope without adopting the exemption procedure under Article 85(3). If the answer to that question is positive it will then remain to be examined*

64 See Commission Decision 83/670 of 12 December 1983, Cases IV 130.389 and IV/30.408, *Nutricia/de Rooij and Nutricia/Zuid-Hollandse Conservenfabriek* 1983 OJ L 376/22.

65 Opinion of Advocate General Lenz in Case 42/84, *Remia v Commission* [1985] ECR 2545.

what rules of law must apply in the case of such a 'non-application' of Article 85(1) of the EEC Treaty." (2558, para B.4 ii)

"Although the non-application of Article 85(1) finds no immediate support in the Treaty its permissibility is accepted in academic writings, in particular in the case of agreements for the transfer of undertakings." (2558, para B.4 iii)

"In academic writings on Community law it is argued that, taken in the abstract, restrictions on competition agreed in the context of agreements for the transfer of undertakings may in principle be regarded as satisfying the factual criteria contained in Article 85(1) of the EEC Treaty." (2558, para B.4 vii)

"I, too, agree that an exception, to the extent described above, to the prohibition of restrictive agreements laid down in Article 85(1) of the EEC Treaty is both conceivable and practicable." (2559, para B.4 ix)

So the Advocate General was endorsing the Commission's approach as sound in principle, even though he noted that academic writing was not unanimous: one of the dissenters was the formidable Norbert Koch of the Commission Legal Service. He then produced another reason to support the Commission:

"If this is right ..., a further consequence will follow regarding the scope for judicial review of the Commission's decision. Since the conditions for an exemption are outlined only in a general manner, the Commission enjoys a wide discretion even in the case of a straightforward application of Article 85(3). The Court of Justice has recognized that Article 85(3) necessarily implies complex assessments of economic matters. Similarly, where such assessments are made in the case of prohibitions of competition agreed in connection with transfers of undertakings, the judicial review must take that fact into account and therefore confine itself to determining the correctness of the facts on which the assessments are based and the applicability to those facts of the relevant legal principles. As the Court of Justice has stated, judicial review must in the first place be carried out in respect of the reasons given for the Commission's decision, which must set out the facts and considerations on which the said assessments are based."

This was a big legal step in terms of the substantive law (which was recognised with relief by commentators, including myself), and it was a deeply important constitutional initiative (less noticed at the time by commentators).

The Court followed the Advocate General. The Commission was in a sense intelligently finding a middle way to reconcile opposing concerns; navigating between the Scylla and Charybdis of stubborn prohibition and lax toleration. At this moment, the notion of ancillary restraints had not been adopted in EC law. The approach of the Commission was commendably practical (even if the precise number of years could be debated: indeed, whether the correct period should be three, four or five years was a matter of appraisal where reasonable men could reasonably differ). As regards the duration of the non-compete clause, the Court endorsed the Commission's findings that the ten years agreed by the parties was too much, and that four years was sufficient.

In upholding the Commission's decision, the Court of Justice noted, echoing Advocate General Lenz, that "*...although as a general rule the Court undertakes a comprehensive review of the question whether or not the conditions for the application of article 85(1) are met, it is clear that in determining the permissible duration of a non-competition clause incorporated in an agreement for the transfer of an undertaking, the Commission has to appraise complex economic matters*". It then added that consequently "*...the court must limit its review of such an appraisal to verifying whether the relevant procedural rules have been complied with, whether the statement of reasons for the decision is adequate, whether the facts have been accurately stated and whether there has been any manifest error of appraisal or misuse of powers*".[66]

Nutricia fertilised the small plant of judicial deference in competition matters. The bush subsequently burgeoned, being cited in dozens of subsequent competition judgments.[67] But the original seed was intended to commend the Commission's creativity in pragmatically solving a problem of principle. It was not meant, I submit, to be a shifting of primacy in the balance between the administration/prosecution and the judiciary.

The Microsoft case: deference to technical and economic assessments

The *Microsoft* case involved numerous hotly-debated factual matters concerning the design of computer operating systems, how software functions, the role of directories in networks of servers, and other topics. While these matters were assuredly technical and complex, the issues at stake were set forth with limpid clarity in the admirably accurate Report for the Hearing. The judges of the Court of First Instance were evidently able to decide on the merits of the case, as they had accurately identified the issues in dispute.

---

[66] Case 42/84, *Remia v Commission* [1985] ECR 2545, paragraph 34.

[67] See, e.g., Case 142/84, *BAT and Reynolds v Commission* [1987] ECR 4487, paragraph 62; Case T-44/90 *La Cinq S.A. v Commission* [1992] ECR II-1, paragraph 85; Joined cases T-39/92 and T-40/92 *Groupement des Cartes Bancaires "CB" and Europay International S.A.* v Commission [1994] ECR II-49, paragraph 109; Case T-17/93 *Matra Hachette S.A. v Commission* [1994] ECR II-595, paragraph 104; Case T-471/93 *Tiercé Ladbroke S.A. v Commission* [1995] ECR II-2537, paragraph 55.

However, in the *Microsoft* judgment in 2007, the formulation of light judicial review was extended to technical matters, not merely complex economic assessments:

> *"The Court observes that it follows from consistent case-law that, although as a general rule the Community Courts undertake a comprehensive review of the question as to whether or not the conditions for the application of the competition rules are met,* ***their review of complex economic appraisals made by the Commission is necessarily limited to checking whether the relevant rules on procedure and on stating reasons have been complied with, whether the facts have been accurately stated and whether there has been any manifest error of assessment or a misuse of powers*** *… [citations omitted].*
>
> *Likewise, in so far as the Commission's decision is the result of complex technical appraisals, those appraisals are in principle subject to only limited review by the Court, which means that the Community Courts cannot substitute their own assessment of matters of fact for the Commission's (see, as regards a decision adopted following complex appraisals in the medico-pharmacological sphere, order of the President of the Court of Justice in Case C-459/00 P(R) Commission v Trenker [2001] ECR I-2823, paragraphs 82 and 83 … [citations omitted].*
>
> *However, while the Community Courts recognise that the Commission has a margin of appreciation in economic or technical matters, that does not mean that they must decline to review the Commission's interpretation of economic or technical data. The Community Courts must not only establish whether the evidence put forward is factually accurate, reliable and consistent but must also determine whether that evidence contains all the relevant data that must be taken into consideration in appraising a complex situation and whether it is capable of substantiating the conclusions drawn from it (see, to that effect, concerning merger control, Case C-12/03 P Commission v Tetra Laval [2005] ECR I-987, paragraph 39)".*[68]

These paragraphs expanded the Courts' deference to complex ***technical*** appraisals as well as to complex economic ones. The familiar standard was set forth accurately in paragraph 87 referring to "*complex economic appraisals*" where the review is "*necessarily limited to checking whether the relevant rules … have been complied with, whether the facts have been accurately stated and whether there has been a manifest error of appraisal.*" The CFI's enunciation of a different standard of review in paragraph 88 is striking. Its reference to cases "*in the medico-pharmacological sphere*" to present this new standard applicable to "*complex technical appraisals*" seems unfortunate. In any com-

[68] Case T-201/04, *Microsoft v Commission* [2007] ECR II-1491, paragraphs 87-89 (emphasis added).

petition case, the Commission is not assisted by a special agency entrusted with elucidating scientific controversies and making recommendations for action. I respectfully submit that the CFI should have determined the standard of review applicable to the Commission as a competition authority, which makes independent determinations and reaches conclusions based thereon.

Thus the doctrine of deference has expanded considerably from where it stood in 1965 at the time of Consten and Grundig. It has moved from the refusing of an exemption in light of overriding concerns relating to Community policy to reach very specific cases on very specific findings relevant to whether Articles 81 or 82 have been infringed. The deference shown to "complex economic assessments" has spread, and has been referred to in scores of judgments, including some which I submit did not involve a complex regulatory exercise. If the Microsoft ruling is followed in future, deference (by which I mean either reciting the language of deference or genuinely according actual deference) now encompasses "complex technical appraisals" as well as economic ones, and does not distinguish between where the Commission is advised by technical regulatory experts and where the Commission decides a competition case itself with no such expert guidance. Among the "technical matters" could be a range of factual disputes, the determination of which connotes guilt or innocence of a competition law offence.

The phenomenon of deference has indeed spread to appeals about the level of fines, in that the Courts sometimes review in a "deferential" manner how the Commission exercised its fining discretion. A recent case demonstrates this trend:

> *"It is therefore for the Court to verify, when reviewing the legality of the fines imposed by the contested decision,* ***whether the Commission exercised its discretion in accordance with the method set out in the Guidelines*** *and, should it be found to have departed from that method, to verify whether that departure is justified and supported by sufficient legal reasoning. In that regard, it should be noted that* ***the Court of Justice has confirmed the validity, first, of the very principle of the Guidelines, and, secondly, the method which is there indicated*** *(Joined Cases C-189/02 P, C-202/02 P, C-205/02 P to C-208/02 P and C-213/02 P Dansk Rørindustri and Others v Commission [2005] ECR I-5425, paragraphs 252 to 255, 266, 267, 312 and 313).*
>
> *The self-limitation on the Commission's discretion arising from the adoption of the Guidelines is not incompatible with* ***the Commission's maintaining a substantial margin of discretion. The Guidelines display flexibility in a number of ways, enabling the Commission to exercise its discretion in accordance with***

the provisions of Regulation No 17, *as interpreted by the Court of Justice (Dansk Rørindustri, paragraph 267)"*.[69]

It is striking that the CFI refers to the Commission's discretion in setting fines. If any part of a Commission decision should be beyond deference--worthy discretion, it is the setting of the fine, which is explicitly subject to the unlimited jurisdiction of the European Courts. I question whether such an approach is consistent with a proper exercise of the Court's unlimited jurisdiction. The expansive interpretation of the term today has led one former judge to comment that:

> *"In view of the ever increasing fines imposed by the Commission, fines which now may amount to more than one billion Euros on a single undertaking and who knows how much more next time, it is my humble submission that it is now much more necessary that the Community Courts fully exercise their unlimited jurisdiction and not just verify if the (Fining) Guidelines have been followed correctly by the Commission."*[70]

4. EXAMPLES OF JUDICIAL RIGOUR IN PAST COMPETITION CASES

Despite the pronouncements concerning deference to the Commission, the European Courts have in some cases questioned, and even overturned, what appear to be complex analyses undertaken by the European Commission. This is encouraging, but the fact that it has happened in certain cases underlines the ambiguity of the definition of *"complex analysis"* in the Courts' judgments. This is the topic of the present section.

Rigorous cross-examination of a complex assessment was made in *Woodpulp*,[71] where the Court of Justice commissioned two independent economic reports in order to assess whether the Commission's economic analysis of parallel behaviour was correct.[72] It was largely on the basis of these two independent reports that the Court found the Commission decision had not established concertation regarding announced prices. The Court never

[69] Case T-116/04, *Wieland-Werke v Commission* [2009] ECR II-1087, paragraphs. 30-31 (emphasis added).

[70] See Vesterdorf, cited above note 55.

[71] Joined Cases C-89/85 *et al.*, *Ahlström Oy and Others v Commission* [1993] ECR I-1307

[72] *Ibid.*

classified the Commission's own economic analysis as "complex" and made no reference to the dicta on the limited scope of review to be accorded to complex economic assessments, even though the principle had been recognised judicially in *Remia/Nutricia* and subsequent cases.[73] The economic analysis concerned the novel theory of tacit collusion as proof of a cartel. After not classifying the Commission's economic findings as "complex economic analysis", the Court carried out an in-depth review of those findings.

The Court ordered an expert report on parallelism of prices, and took around four months to appoint the experts to carry out the analysis. They were given the specific task of assessing whether the documents used by the Commission justified the conclusion of parallelism of prices. The experts took a year to report to the Court with their findings.[74] This was not a light undertaking either for the Court or the independent economists.

After reviewing their report, the Court decided to commission a second report on the functioning of the market during the period covered by the infringement decision, analyzing the natural characteristics of the market and whether these might have led to a uniform price structure. The experts were asked to contrast this with the functioning of the market in the period prior to that covered by the Commission decision. The appointment of the experts took some five months and, again, the report took a year to produce and submit to the Court.[75]

Thus the Court took over two-and-a-half years to commission and review the economic evidence of expert economists. This was a substantial investment of time and resources on the part of the Court and led to a rigorous analysis of the Commission's economic evidence. The Court's experts viewed the normal operation of the market as a more plausible explanation for the uniformity of prices than the alleged concertation.[76] They noted shifts in market share and considered the Commission was wrong to contend that pulp producers should have exploited differences in price-elasticity in different member states.[77] Difficult to deny that this was a complex economic analysis! Certainly it directly contradicted the Commission's findings. The Court of Justice plainly was doing what the Courts have chosen to eschew in other

73 See, e.g., *BAT and Reynolds v Commission* [1987] ECR 4487, paragraph 62.

74 *Ibid.*, paragraph 31.

75 *Ibid.*, paragraph 32.

76 *Ibid.*, paragraphs 101 and 109.

77 *Ibid.*, paragraphs 119 and 120.

cases: taking the initiative to verify whether the Commission's complex economic conclusions were correct.[78] The cost of the experts was declared by the Court to be attributable to the Commission since it concerned infringements declared void in the judgment.[79]

The Court went further in *Woodpulp* than it appears to have been prepared to go in most antitrust cases since then. The Court was willing to "roll up its sleeves" at considerable expense, time and effort, and take to pieces the Commission's economic analysis. It was a novel case. It confirmed that mere parallelism is not evidence of an Article 81 infringement. It is interesting that factual findings in a number of other cases - particularly in the domain of Article 82 - were submitted to only limited judicial review.

Geitling v High Authority, one of the earliest judgments of the Court of Justice, rendered in July 1960, is another interesting example of interventionist rigour. *Geitling*[80] involved a challenge to how the Coal and Steel High Authority (an ancestor of today's Commission) had organized the selling of coal in the Ruhr. The essence of the case was whether the High Authority had correctly reduced to 20 000 tons and 6 000 tons the thresholds at which coal could be traded by certain resellers. The Court plunged into the figures, the background, the economy of coal-trading in the Ruhr, put questions to the parties, and concluded that the High Authority had gone wrong. The Court began by confirming that the High Authority had the power under the ECSC Treaty to authorize "specialization agreements or joint – buying or joint selling agreements" (ancestors of exemptions under Article 81(3) EC) provided it made a finding that certain conditions were met.

The Court began its annulment respectfully:

> *"That finding, by its very nature, comprises an assessment of the situation created by the economic facts or circumstances and, accordingly, is partially outside the jurisdiction of the Court."*[81]

---

[78] The power to order such an expert's report, as well as oral testimony, production of documents and a range of other preliminary measures of inquiry are always available to the ECJ under its internal rules, paragraph 45.

[79] *Woodpulp*, cited above note 72, paragraph 203.

[80] Joined Cases 36, 37, 38 and 40/59, *Geitling RuhrkohlenVerkaufsgesellchaft mbH and others v High Authority* [1960] ECR 423. (I am indebted to Michel Waelbroeck for drawing this case to my attention.)

[81] The Court thus respected Article 33 of the ECSC Treaty, which required a certain level of deference (no re-examination of "the evaluation of the situation, resulting

But then it struck, relying on the need to give good reasoning.

> *"In effect, the authorized agreements tend, through the mechanism of the 20 000 metric tons clause, to favour in general, or at least in fact, purchases of coal from the Ruhr, because if a trader does not purchase the 20 000 metric tons from one agency, while wishing to continue to purchase the minimum of 6 000 metric tons so as to remain eligible for acceptance by that agency, he is forced, in most cases, to purchase the remainder of 14 000 metric tons from the other agencies."*

Therefore

> *"The statement of reasons does not include any worthwhile information on this point.*
>
> *It results from the foregoing that the maintenance of the criterion of 30 000 (20 000) metric tons is not supported by sufficient reasons at law.*
>
> *...as the Court has found above that insufficient reasons have been given for the authorization of the criterion of 'Community coal', the aforementioned insufficient reasons do not render it any the more possible to assess the question whether the High Authority was justified and within its rights in reducing that criterion from 30 000 to 20 000 metric tons."*

Thus we can see that the earliest members of the ECJ were not afraid to get into details of a legal and factual controversy. Although the Court acknowledges the primacy of the Authority in assessing "economic facts or circumstances", it then took to pieces the Authority's determination, using the administrative law ground of defective reasoning.

The European Courts' practice in merger control cases

The practice of the European Courts in merger control appeals suggests the Courts are more prepared to carry out a comprehensive review of the economic analysis of the Commission in that context than in antitrust cases. The cases of *Airtours, Tetra Laval, Schneider/Legrand* and *Sony/BMG* proved that complex merger decisions involving in-depth economic analysis could be reassessed by the European Courts, both where the Commission had blocked and had cleared a merger.

In the case of *Tetra Laval*,[82] the Court of First Instance was faced with a complex analysis of conglomerate effects that were forecast to flow from the

from economic facts and circumstances, in the light of which the High Authority took its decisions") except in the case of misuse of power or manifest breach of the law.

[82] Case T- 5/02, *Tetra Laval BV v Commission* [2002] ECR II-4381.

proposed merger. It worked through the Commission's economic analysis in great detail to conclude that neither horizontal, vertical, nor conglomerate effects flowing from the merger could be expected to lead to the acquisition of a dominant position. Some of its conclusions were framed as manifest errors of assessment on the part of the Commission, such as the conclusions on possible horizontal and vertical effects of the merger on the creation of a dominant position.[83] Others were framed as the Commission not having met the requisite standard of proof.[84]

> *"140 Consequently, it has not been shown that the modified merger would result in sizeable or, at the very least, significant vertical effects on the relevant market for PET packaging equipment. In those circumstances, the Court finds that the Commission made a manifest error of assessment in so far as it relied on the vertical effects of the modified merger to support its finding that a dominant position on those PET markets would be created for the merged entity through leveraging.*
>
> ...
>
> *254 It is clear from the foregoing that the contested decision does not provide sufficiently convincing evidence to show that leveraging from the aseptic carton market would enable a dominant position to be created for the new entity by 2005 on the markets for barrier technology, aseptic and non-aseptic filling machines, plastic bottle closure systems and auxiliary equipment.*
>
> *255 At the hearing, the Commission placed particular emphasis on how the strengthening of the merged entity's position on the PET equipment markets would be the result of a cascade effect from the position acquired on those SBM machine markets. It should be noted, however, that this analysis does not appear explicitly in the contested decision and has not therefore been proved to the requisite legal standard. In any event, the merged entity's foreseeable position on the markets for PET equipment other than SBM machines, as found above, is sufficiently weak that, even if such a cascade effect were foreseeable, it would not have a fundamental effect on that position.*
>
> *256 In the absence of convincing evidence, it must be concluded that the first condition under Article 2(3) of the Regulation is not met as regards the abovementioned PET equipment markets".*[85]

The Commission appealed the ruling to the ECJ, arguing that the CFI had gone beyond its role by substituting its own assessment for that of the

[83] *Ibid.*, paragraphs 140 to 141.

[84] See, e.g., *ibid.*, paragraphs 235, 251, 254-256.

[85] Case T- 5/02, *Tetra Laval BV v Commission* [2002] II-4381.

Commission on several key points, rather than merely reviewing the Commission's decision. However, the ECJ upheld the CFI's judgment, holding that:

> *"Whilst the Court recognises that the Commission has a margin of discretion with regard to economic matters, that does not mean that the Community Courts must refrain from reviewing the Commission's interpretation of information of an economic nature. Not only must the Community Courts, inter alia, establish whether the evidence relied on is factually accurate, reliable and consistent but also whether that evidence contains all the information which must be taken into account in order to assess a complex situation and whether it is capable of substantiating the conclusions drawn from it. Such a review is all the more necessary in the case of a prospective analysis required when examining a planned merger with conglomerate effect."*

The Courts have warned of the need for prudence in predicting the future.

> *"A prospective analysis of the kind necessary in merger control must be carried out with great care since it does not entail the examination of past events – for which often many items of evidence are available which make it possible to understand the causes – or of current events, but rather a prediction of events which are more or less likely to occur in future if a decision prohibiting the planned concentration or laying down the conditions for it is not adopted".*[86]

I would submit that if the Court is willing to be robust in the field of reviewing whether decisions about mergers were well-founded, it should be even more ready to intervene when considering cases of guilt or innocence, *a fortiori* when penalties have been imposed.

5. EVIDENCE GATHERING BY THE EUROPEAN COURTS

In the following section, I will consider how the Court can get access to evidence on its own account, and how it has elaborated rules for weighing different categories of evidence.

Methods of evidence gathering available to the European Courts

As well as having access (if it wishes) to the Commission's case file, each Community Court has its own resources to examine the facts. Under their

[86] Case C-12/03, *Commission v Tetra Laval BV* [2005] ECR I-987, paragraphs 39 and 42.

powers of measures of inquiry, the Court of First Instance and European Court of Justice are each able to require the personal appearance of the parties, request information and production of documents, request oral testimony, commission expert reports and inspect any place or thing that is in question.[87] In each competition case before the European Court of First Instance, the Court will therefore have access to the factual findings of the Commission, as well as having the ability to gather further evidence for itself. Documentation is today much more voluminous than in former times, so it is rare for the Court to embark on its own fact-gathering. Nevertheless, at oral hearings in open court, the judges can and do put questions, through counsel, to the experts or employees of the parties.

Oral testimony before the European Courts

The European Courts have the power to order oral testimony, and indeed have stated that this could be a means by which an applicant's burden of proof is satisfied.[88] On the rare occasions where a case hinges on the truth of one contested factual element, there might be a formal hearing of a witness, but judges prefer documentary evidence. In modern practice, the submission of oral *evidence*, in the sense of oral testimony by witnesses, is quite rare. Indeed, there have been few formal hearings of the testimony of witnesses in the history of the European Courts. In staff cases, doctors have been heard, and in competition cases, economists have been heard.[89] However, the submission of what is in effect technical advocacy by non-lawyer experts, such as economists, is an alternative way of making technical points effectively. In *Pfizer Animal Health*, evidence in the form of expert advocacy was presented from professors of medicine specialised in hospital-borne infections, and teachers of animal husbandry.[90] Judges accept the offering of expert advocacy by

87 Rules of Procedure of the Court of First Instance, 1991 OJ L136/1, as last amended on 16 July 2009 (2009 OJ L 184/10), Article 65. Rules of Procedure of the Court of Justice, 1991 OJ L 176/7, as last amended on 28 January 2009 (2005 OJ L24/8), Article 45(2).

88 Case T- 7/89, *S.A. Hercules Chemicals v Commission* [1991] ECR II-1711, paragraph 44; ECJ rules, Article 47 and CFI rules, Article 68.

89 The CFI employed an economist for six years in the 1990s to help the judges understand economic debates in competition appeals. See Ilene Knable Gotts et al., Nature vs. Nurture and Reaching the Age of Reason: The U.S./E.U. Treatment of Transatlantic Mergers, 61 *New York University Annual Survey of American Law* 435, 498 (2005).

90 Case T-13/99 *Pfizer Animal Health v Council* [2002] ECR II-3305.

non-lawyers as part of what would otherwise, in the common law tradition, be part of counsel's pleading.

European Judges from both the common and civil law traditions informally state that they consider the benefits of speed and informality to exceed the benefits of a more rigorous laying of a foundation for testimony in the common law tradition.

Use of expert witnesses

Expert witnesses are not commonly appointed by the European Courts. *Woodpulp* was a notable exception. I suspect that many practitioners would prefer to rely on experts whom they choose, brief and present themselves, rather than having a single neutral court-appointed expert. The submissions of technical experts in areas of complexity or scientific dispute can obviously be very helpful. I have suggested[91] that it would be desirable for opposing experts to be instructed to prepare a summary of points as to which they agreed and disagreed, with a view to focussing the issues and discarding superfluous or rhetorical material. Such a practice could help avoid distortions attributable to one expert's verbal fluency and confident manner, as opposed to the other's diffidence and prudent manner. The former is not more likely to be right than the latter. I may add that it is unlikely we would require in Luxembourg the *Daubert* motion, where the trial judge in the US may consider refusing to allow testimony from an expert whom the judge thinks may confuse or mislead the jury by describing doctrines in the realm of "junk science" (doctrines which are not rooted in sober science or as to which the witness may not be a genuine authority).[92] That said, there has been an occasion where an expert who was disallowed from testifying before a US court on "Daubert" grounds was nonetheless found credible enough for his ideas to be accepted by the European Commission.

One final point about the practice of the European Courts in reviewing competition decisions is that the scope and utility of the report for the hearing can vary. Where the report shows that the Juge Rapporteur has understood the crucial points of the case, counsel are reassured that their efforts to explain have succeeded, and can hope that their efforts to convince may also succeed. By contrast, where the issues are merely faithfully repeated, without

[91] Ian Forrester, "The Judicial Function in European Law and Pleading in the European Courts", 81 *Tulane Law Law Review* 647 (2006).

[92] See *Daubert v Merell Dow Pharmaceuticals*, 509 U.S. 579 (1993).

a *triage*, counsel may fear they have failed as to the first and may be uneasy as to the second. A report that merely repeats the submissions of each side faithfully in intellectual chronological order and without ranking them, will maybe not tempt the busy judge to get to grips with an interesting case. A report for the Court containing a well-summarised, distilled account of the arguments put forward by the opposing sides will help the judges hearing a case to focus on the important details in advance of the hearing and to test the parties' arguments effectively. For example, the Report for the Hearing in the *Microsoft* case was, in the view of several practitioners including myself, the best they had seen in their career.

Use of evidence obtained in other investigations

It has been held that in a competition case the Commission may rely upon evidence obtained in other, unrelated cases. In *Dalmine*, the Italian authorities had transmitted to the Commission various pieces of evidence obtained in a separate criminal case against the company, which the Commission then used in its competition law case. The Court of First Instance ruled that the question of whether such information could be transmitted legally was one for national law, not Community law, the implication being that any evidence that arrives at the offices of the Competition Directorate in Brussels, by whatever means lawful, may be validly used as evidence.[93]

Inspection of places and things

The power to inspect places and things can be an important fact-gathering tool, although it appears that the use of these powers is rather unusual. In the *Microsoft* case, the Grand Chamber was equipped with a considerable volume of technical equipment to allow the playing of video clips, demonstrations of how software works, as well as text and diagrams. In other cases, objects submitted to the Courts have included a packet of miniature ball bearings,[94] filter masks, a carved statue of a lion,[95] a plastic basin,[96] adult dolls[97]

---

93 Case C-407/04, *Dalmine v Commission* [2007] ECR I-829, paragraph 86.

94 Case C-188/88, *NMB (Deutschland) GmbH and others v Commission* [1992] ECR I-1689.

95 Case T-113/00, D*uPont Teijin Films Luxembourg S.A. and others v Commission* [2002] ECR II-3681.

96 *Ibid.*

97 Case 121/85, *Conegate Limited v HM Customs & Excise* [1986] ECR 1007.

whose customs classification was disputed, and other miscellanea. Counsel have brought to Court, though not formally lodged, sundry items such as videogames, tubes of toothpaste, a medicine for epilepsy and of course a multitude of documents.

The next section will summarise how the Courts approach the assessment of evidence in competition cases.

An attempt to discern guidance from European Court cases on a hierarchy of evidence

The system of pleading in the European Courts is closer to the civil than the common law tradition: combinations of legal and factual assertions are put to the Courts principally in the form of written pleadings rather than in oral argument and through the use of witnesses. Language constraints of course reinforce the appropriateness of a written procedure.

Certain commentators have tried to discern what types of proof will be considered especially persuasive by the European Courts, notably Kerse and Khan in their book on EC antitrust procedure.[98] They cite contemporaneous written documents as being the traditional form of proof relied upon by the Commission, and the authors consider that the Courts will generally find this the most convincing since it was drafted *in tempore non suspecto*. However, the European Courts in recent years have become accustomed to considering oral statements in the form of leniency statements. The acceptance by the European Courts of such testimony reflects the diversity of the Commission's fact-finding process, and flexibility in the face of changing Commission policy (oral declarations are today widely used as a means of avoiding discovery entanglements). The Court of First Instance will consider the body of evidence as a whole and not individual pieces in isolation.[99] This position has been supported by the Court of Justice.[100]

In the following pages, I summarise some of the judicial and academic pronouncements on probative evidence before the European Courts, beginning with an extreme example. More than one member of the Community

[98] See Kerse and Khan, cited above note 47, paragraphs 8-039 *et seq*.

[99] See Case T-56/99, *Marlines v Commission* [2003] ECR II-5225, paragraph 28; appeal dismissed: Case C-112/04, Order of the Court of 15 September 2005 (unpublished). See also Case 48/69, *ICI* v *Commission* [1972] ECR 619, paragraph 68; Case T-141/94, *Thyssen Stahl* v *Commission* [1999] ECR II-347, paragraph 175.

[100] Joined Cases C-238/99 P etc., *PVC II* [2002] ECR I-8375, paragraphs 513 to 523.

Courts have told me that judges are guided by their nose: if something smells peculiar, they will enquire further into the source of the odour. A celebrated example of that phenomenon was the case of Italian Flat Glass. In *Italian Flat Glass*,[101] one of the earliest cases considered by the CFI, the judges examined afresh evidence relied on by the Commission in its decision. The case concerned alleged cartel activity between Italian glass producers. The oral hearing was notably tense. The CFI demanded the physical production of original documents from the Commission. The hearing was adjourned to allow the bringing to Luxembourg of the original documents as seized by the Commission staff. There followed lengthy consideration by the CFI of the evidence described in the contested decision. It Court noted that:

> *"...it is incumbent upon [the court]... to check meticulously the nature and import of the evidence taken into consideration by the Commission in the decision".*[102]

The Court observed serious flaws in the Commission's case, and even evidence of manipulation of handwritten notes by the authority. Questioning by the bench was particularly severe, a severity reflected in the judgment:

> *"The Court considers that it is self-evident and indisputable that the tenor of the note is changed completely by the omission of those nine words. With those nine words the note could be taken as clear evidence of a competitive struggle between SIV and FP on the one hand and VP on the other. At the hearing, the Commission tried in vain to supply an objectively justifiable reason for the deletion of those words".*[103]

No doubt it would not be suggested that this was improper interference in the determination of a complex technical matter.

The value of contemporaneous documentation

The fact that a document was drafted at the time of the alleged infringement before the prospect of an investigation has been cited by the CFI as being a source of particular credibility:

> *"The Court considers that it is not credible that that letter, written in tempore non suspecto, does not reflect the true situation, namely that Mr Giordano (VP)*

---

101 Cases T-68/89, T-77/89 and T-78/89, *Società Italiana Vetro SpA and others v Commission* ECR [1992] II-1403.

102 *Ibid.*, paragraph 95, emphasis added.

103 *Ibid.*, paragraph 93.

> *did not attend the meeting held on 7 November 1984 and that VP did not wish to participate in such meetings, still less initiate them.*"[104]

In *Italian Flat Glass*, the CFI carefully worked through the documentary evidence relied upon by the Commission to prove an infringement and drew different conclusions to those of the Commission, largely attributing less probative value to the evidence in the case file than the Commission had. It found, for example, that the Commission had "cut and paste" a table of customer classification from a document received from one of the parties, on the one hand, and the Commission's own reconstruction of customer classification in the case, on the other.[105] It further found that the Commission had inferred proof of an infringement for a longer duration than it logically should have from a handwritten note of 12 July 1983: while the note could evidence collusion prior to that date, it could not evidence collusion going forward.[106] Lastly, it found that while two contemporaneous notes could evidence a concerted practice, or at least detailed discussion between two parties, they did not on their own demonstrate participation in an earlier agreement, as the Commission had inferred.[107]

While the CFI did not prescribe criteria as such, it did strongly imply that contemporaneous documents are of a highly probative nature, but that the conclusions to be drawn from them must not go beyond what logic permits.

In *Hercules Chemicals*, the Court of First Instance dealt with an argument by the applicant, ICI, that the Commission had dealt with certain evidence in a one-sided and unfair way. The evidence in question was a series of ICI reports of meetings with competitors. The CFI found that the Commission could reasonably take the view that the meeting notes found at ICI's premises reflected the discussions with competitors, first because they were corroborated by various other documents, second because the identity of most of the individual authors within ICI was known to the company, and third because the meetings were chaired by different people within ICI and the reports therefore served to spread knowledge in the organisation of the outcome of previous meetings.[108] In such circumstances, the CFI deemed the burden to be on the

---

[104] *Ibid.*, paragraph 238.

[105] *Ibid.*, paragraph 205.

[106] *Ibid.*, paragraph 213.

[107] *Ibid.*, paragraph 219.

[108] Case T-7/89, *S.A. Hercules Chemicals v Commission* [1991] ECR II-1711, paragraphs 40 to 43.

applicant to provide a different explanation of what happened in the meetings, by "*... advancing exact information, such as the notes taken by its employee during the meetings in which it took part or the testimony of members of staff who attended the meetings*".[109] The applicant did not advance any such evidence and the CFI therefore found in favour of the Commission on this point.

In *JFE Engineering*, the CFI went into some detail in assessing the probative value of various pieces of written evidence as well as statements. The principal piece of evidence in the case was a statement from Mr Verluca, an employee of one of the alleged cartelists, Vallourec. A number of documents were relied upon to corroborate that statement. Among these, the Commission found "*particularly probative*" a document that had been jointly drawn up by Mannesman and Corus – two of the alleged participants in the cartel – since this was deemed to contain their collective analysis.[110]

On the other hand, a contradiction between another piece of documentary evidence – a "sharing key document" – and Mr Verluca's statements was considered to weaken the probative value of both pieces of evidence, but not to a significant extent. This was because the contradiction was deemed to relate to a peripheral element of the cartel only.[111] The CFI therefore concluded that the document "*retained some probative value such as to corroborate, in the context of a consistent body of evidence used by the Commission, certain of the essential assertions contained in Mr Verluca's statements...*".[112] The CFI continued: "*It is sufficient for a document to evidence significant elements of the agreement described by Mr Verluca to have some corroborative value in the context of the body of inculpatory evidence*".[113]

The conclusion appears to be that the European Courts are willing to accept some internal contradictions between pieces of evidence provided that the body of evidence is corroborative of the story put forward in the contested decision: a national criminal court would likely do the same.

Written documents may constitute either direct evidence or indirect evidence; the former will be considered most probative since they directly

---

[109] *Ibid.*, paragraph 44.

[110] Case T-67/00, *JFE Engineering v Commission* [2004] ECR II-2501, paragraph 257; appeals dismissed: Cases-403/04 P and C-405-04 P, *Sumitomo Metal Industries v Commission* [2007] ECR-I-729.

[111] *Ibid.*, paragraphs 281 to 283.

[112] *Ibid.*, paragraph 288.

[113] *Ibid.*, paragraph 323.

demonstrate the relevant fact, while the latter generally proves a fact that is linked to that relevant fact. Indirect documentary evidence will therefore generally serve as corroboration.[114]

The value of statements provided to the Commission

As noted, the *JFE Engineering* case rested in large part on the statement by an employee of another member of the alleged cartel, about the cartel and JFE's participation therein. The CFI went into some detail about the elements of that statement that it found probative, notwithstanding that it sought corroboration in other documentary evidence.

First, the CFI attributed weight to the fact that Mr Verluca's statement was made on behalf of his company, Vallourec, and not in a personal capacity. "*Answers given on behalf of an undertaking as such carry more weight than that of an employee of the undertaking, whatever his individual experience or opinion*".[115] This is because Mr Verluca was under a professional obligation to act in the interests of the company at the time he gave the statement and the CFI found nothing on file to suggest he had failed to fulfil that obligation.

Second, the CFI found probative value in the fact that Mr Verluca was a direct witness of the circumstances which he described, having actually taken part in cartel meetings. This finding of fact by the CFI was made in part because it was not contradicted by the parties.[116]

Third, Mr Verluca had had time to reflect on the reply he would give to the Commission if questioned since he had known for over 18 months that the Commission had documents sent from him to competitors. He had also had time to prepare written answers to the questions that were eventually put to him. It was therefore found by the CFI that he had had time to make his statements "*deliberately and after mature reflection*".[117]

Finally, the CFI found the Commission was correct to point out that the statement was particularly probative since it ran counter to the interests of the declarant.[118]

---

[114] Direct documentary evidence was discussed by the Court of Justice in Case C-204/00 P, *Aalborg Portland v Commission* [2004] ECR I-123, paragraph 236 *et seq*.

[115] *JFE Engineering v Commission*, cited above note 110, at paragraph 205.

[116] *Ibid*., paragraph 207.

[117] *Ibid*., paragraphs 208 to 210.

[118] *Ibid*., paragraph 211.

The other alleged participants in the cartel contested the value of Mr Verluca's statement and the CFI highlighted that in such a case a statement could not be regarded as constituting adequate proof of an infringement committed by those contesting the accuracy of the statement. However, the CFI did hold that in light of the high probative value of the statement of Mr Verluca, the degree of corroboration required would be less than would be the case if the statement had been found not credible.[119]

Interestingly, in *JFE* the Commission also relied on a deposition by a Mr Biasizzo, a former employee of another company alleged to be in the cartel, to a public prosecutor in Palermo, in connection with a corruption investigation. In his deposition, he provided details about the cartel. The applicants challenged the probative value of the deposition.

That the deposition was made to a public prosecutor reinforced its probative value, particularly because of the potential consequences of perjury, although such a statement made to a public prosecutor could not be given the same value as one made under oath to a court.[120]

Insofar as the CFI found contradictions between the deposition and Mr Verluca's statement, it dealt with this in the same way as the documentary inconsistencies, finding that it reduced to a limited extent the probative value of the evidence only to a limited extent, in view of the fact that the statement corroborated so many other elements.[121] Again, the CFI was applying the concept of the body of evidence.

The Commission's reliance on statements from leniency applicants is well known. Indeed, the majority of cartels are uncovered through leniency applications nowadays.[122] Under the system of "preuve libre", it appears conceivable that even a single piece of evidence may be sufficient to prove an infringement if "*its evidential value is undoubted and ... the evidence itself definitely attests to the existence of the infringement in question*".[123] In fact, in contrast to the *JFE* dicta above, there is judicial authority to the effect that only limited corroboration is needed where a single statement by a "particularly credible" leniency applicant has been provided to the Commission.

---

119 *Ibid.*, paragraphs 219 and 220.

120 *Ibid.*, paragraph 312.

121 *Ibid.*, paragraph 317.

122 Kerse and Khan, cited above note 47, at paragraph 8-040.

123 T-25/95 *Cimenteries CBR v Commission* [2000] E.C.R. II-491 at paragraph 1838 [2005] 5 CMLR 204.

> *"There is no principle of Community law which precludes the Commission from relying on a single document in order to conclude that Article 85(1) of the Treaty (now Article 81(1) EC) has been infringed,* *provided that its evidential value is undoubted and that the document by itself definitely attests to the existence of the infringement in question. In order to assess the evidential value of a document, regard should be had first and foremost to the credibility of the account it contains. Regard should be had in particular to the person from whom the document originates, the circumstances in which it came into being, the person to whom it was addressed and whether, on its face, the document appears sound and reliable".*[124]

This contrasts with Member States where detailed rules of evidence appear more conservative.

The probative value of anonymous statements

Anonymous evidence will be accepted in competition cases, meaning not only that the identity of the person giving the evidence cannot be verified (this can clearly have a bearing on the weight that should be given to that evidence), but also that the defendant cannot have the opportunity to test the evidence through cross-examination. The jurisprudence on this point states that the Commission is not obliged to cast out evidence from its file where it comes from a confidential informant, but the fact the identity of the provider is unknown can be taken into account by the Court in assessing the probative value of that evidence.[125] It seems that the Courts accept that it is sometimes necessary to protect the identity of a complainant in a competition case as a matter of public policy.

Finally

Why are these well-recognised practices as to the powers of the Courts to look at evidence and how they weigh such evidence relevant? Because their availability confirms the Courts' capacity to get to the heart of factual controversies. Some cases are purely legal; but most competition appeals will in large measure be fact-dominated. Judicial review thereof is the evident duty of the Community Courts. This brings us to the constitutional texts.

---

[124] *Ibid.* (emphasis added).

[125] Case T-50/00, *Dalmine v Commission* [2004] ECR II-2395, paragraphs 72 and 73.

6. MUST UNLIMITED JURISDICTION BE LIMITED?

The scope of the unlimited jurisdiction granted to the Courts is set forth in Article 31 of Regulation 1/2003, pursuant to Article 229 EC. Article 31 states:

> *"The Court of Justice shall have unlimited jurisdiction to review decisions whereby the Commission has fixed a fine or periodic penalty payment. It may cancel, reduce or increase the fine or periodic penalty payment imposed."*

Does the unlimited jurisdiction apply only to that portion of the decision which imposes a fine, or does it apply to the decision as a whole?

The first sentence suggests a power of unlimited jurisdiction to review any part of any decision of the Commission in which a fine or periodic penalty payment is set. The second sentence might however be read as narrowing the unlimited jurisdiction, by providing that the Courts may only cancel, reduce or increase the fine or periodic penalty payment imposed. Is the second sentence to be read as qualifying the first, meaning that the unlimited jurisdiction may be exercised only to achieve one of these three outcomes? Or is the second sentence to be read as an illustrative confirmation, namely that as to fines, the Court can increase, decrease or cancel the fine, but leaving open the Court's power to look critically at the decision as a whole?

The second view, that the Commission's unlimited jurisdiction under Article 31 of Regulation 1/2003 applies in relation to the whole fining decision, is supported by the preamble to the Regulation itself, which states:

> *"(33) Since all decisions taken by the Commission under this Regulation are subject to review by the Court of Justice in accordance with the Treaty, the Court of Justice should, in accordance with Article 229 thereof be given unlimited jurisdiction in respect of decisions by which the Commission imposes fines or periodic penalty payments."*

The drafters apparently intended by using "in respect of" that the European Courts should be granted unlimited jurisdiction over decisions imposing fines or periodic penalty payments, not merely over the level of these fines and penalty payments.[126] On previous occasions, I have found it interesting to

[126] The European Court of Justice has recognised the importance of the preamble to Regulations in interpreting the substantive provisions in a number of cases, including Case C-112/99, *Toshiba Europe GmbH v Katun Germany GmbH* [2001] ECR-I 7945, paragraph 36.

review the archives of the negotiations between representatives of the founding Member States in 1956 and 1957,[127] which revealed interesting debates between alternative views of the competition rules when drafting what are now Articles 81 and 82. Sadly, there is nothing in the Council archives on Article 229. The preparatory documents relating to Regulation 1/2003 are not much more helpful. The European Council Working Party on Competition that met on 13 and 14 November 2000 discussed Article 31 (or 32 as it was planned to be at that time) briefly, and without much attention.

> *"The Commission representative noted that this article was not new, and that it was necessary to give the Court of Justice unlimited jurisdiction in line with Article 229 of the Treaty. There were no comments from delegations".*[128]

It is interesting to compare Article 31 of Regulation 1/2003 with its predecessor, Article 17 of Regulation 17/62. While both provisions might appear to be the same, there is a tiny difference of punctuation.

Article 17 of Regulation 17/62 provided under the heading "Review by the Court of Justice":

> *"The Court of Justice shall have unlimited jurisdiction within the meaning of Article 172 of the Treaty to review decisions whereby the Commission has fixed a fine or periodic penalty payment ; it may cancel, reduce or increase the fine or periodic penalty payment imposed."*

Under the same heading, Article 31 of Regulation 1/2003 states:

> *"The Court of Justice shall have unlimited jurisdiction to review decisions whereby the Commission has fixed a fine or periodic penalty payment. It may cancel, reduce or increase the fine or periodic penalty payment imposed."*

A pedant would note that in Article 17 of Regulation 17/62 the semicolon adds a pause, while the sentence continues. Its meaning stems from the statement as a whole. Thus, using the canon of statutory interpretation *expressio unius est exclusio alterius*, the language of Article 17 can be read as merely allowing for cancellation, reduction, or increase of the fine. On this basis, what is not included in the list of the Court's options is excluded.

---

[127] See Ian Forrester, "The Modernisation of EC Antitrust Policy: Compatibility, Efficiency, Legal Security", in Claus-Dieter Ehlermann and Isabela Atanasiu, eds., *European Competition Law Annual 2000: The Modernisation of EC Antitrust Policy*, Hart Publishing, 2001, pp. 75 *et seq.*

[128] Paper from the European Council Working Party on Competition meeting on 13 and 14 November 2000, printed 17 November 2000, 13385/00 RC 19.

However, under Article 31, the listed examples of how the Court may exercise its jurisdiction form a second and independent statement. The list comes after a more general prescription, and arguably does not stem from that prescription. Had the drafters of Regulation 1/2003 really aimed to limit the scope of that provision they would not have replaced the semi-colon with a full stop. Pursuing this grammarian line, the second part of Article 31 ought to be read as an illustration and not as a constraint upon the Court's unlimited jurisdiction over the decisions.

I suggest that it is too cautious to hold that the European Courts have unlimited jurisdiction only over the level of the fine in antitrust cases. The CFI has, should have, and should exercise, the broadest possible scope of judicial review under Article 229 EC in antitrust cases. Unfortunately, however, in a number of cases the European Courts have adopted a restricted view of their power of judicial review. In particular, this has come about through an expansive interpretation of the degree of discretion left to the Commission to carry out "complex assessments", which in turn entails "light judicial review" by the European Courts.

The setting of the fine in contemporary practice is largely driven by current conventions and Commission guidelines. These contemplate the infliction of immensely severe penalties. In a cartel case, the relevant turnover of the offending company found guilty in the last fiscal year is taken as the point of departure. A tariff of 19% will be applied to that turnover in case of an offence of normal gravity. To that number is added an "entry fee" of the same amount; and the figure is multiplied by the number of years the infringement lasted. These "neutral" factors are then adapted to reflect aggravating and mitigating circumstances. The calculation is meant to get away from the accusation of arbitrary caprice in the setting of fines. One effect is that those who were lightly involved risk being treated in the same basic way as those who were heavily involved. The principle of presumption of innocence ought to imply that there would be a careful consideration of the underlying evidence to see whether it was indeed solid enough to convict the accused company, as well as whether the amount of the fine was in all the circumstances just. I submit that deference to the public authority's fine-setting discretion in such a context is not desirable.

Over the past twenty years, the Commission has produced a number of guidelines about fining which have had the effect of making the fine-setting process appear less arbitrary. It is of course proper for the Courts to verify whether the fine imposed was consistent with the applicable guidelines. But that should be the beginning of the enquiry, not its end. Unlimited jurisdiction connotes consideration of the question of whether the sum actually imposed as a fine is fair, proportionate and, in short, just. The Court accepts that the Commission can depart from its guidelines as long as it explains with good reasons why it has done so. This is perfectly just. But, conversely, if the Commission shows on the other hand that it has followed its own guidelines, this should by no means imply that the result is immune from judicial scrutiny. Guidelines which are neither binding nor imposed by secondary legislation cannot change the principle that the Courts have to exercise unlimited jurisdiction over decisions imposing fines.

According to the case law of the European Court of Human Rights, courts should be afforded full power of judicial review over criminal cases. This means that the court should have the power to rehear the evidence or to substitute its own findings of fact to replace the findings of the administrative authority. In Schmautzer, the ECtHR stated that there should in principle be no limit to the jurisdiction of the court which must scrutinise an administrative decision imposing a criminal sanction.[129] This implies a fresh review of any facts and evidence produced before a court as part of a criminal appeal, and the capacity to make new findings of fact or to reach a completely fresh outcome.

I take the liberty of invoking a celebrated dissent by a celebrated member of the House of Lords in a constitutional case, *Liversidge v Anderson*.[130] Mr. Liversidge was arrested during wartime, on 29 May 1940, on the grounds that the Secretary of State had reasonable cause to believe that he was of "hostile origin or association". The Minister declined to describe his grounds for ordering the arrest, saying that he need merely assert that he had reasonable cause. Mr. Liversidge, a volunteer RAF officer who had Russian relatives (he had changed his name from Persweig) and had had some German business connections, brought an action for false imprisonment after he had been released from custody. Probably there was some embarrassment on the official side: someone had blundered or been over-zealous. He lost at first instance, and appealed unsuccessfully up the English court hierarchy to the House of Lords where Lord Atkin spoke memorably on the topic of deference to the determination of the Minister. The core question was whether the Minister had to justify the fact that he had "reasonable cause to believe", or was his mere assertion of being satisfied enough? Four Law Lords supported the Minister: times were grave, there was an emergency, this was no time to relax vigilance, and the Minister had in good faith exercised a not unlawful discretion (and

129 *Schmautzer v Austria* appeal no. 15523/89 [1996] 21 EHRR 51, paragraph 36.

130 *Liversidge v Anderson* [1942] AC 206.

indeed, plenty of supreme court judges would have been tempted to do the same – see *Korematsu v United States*[131]). But Lord Atkin dissented in terms which caused a stir:

> *"'Reasonable cause' for an action or a belief is just as much a positive fact capable of determination by a third party as is a broken ankle or a legal right."*

> *"In this country, amid the clash of arms, the laws are not silent. They may be changed, but they speak the same language in war as in peace. It has always been one of the pillars of freedom … that the judges are no respecters of persons and stand between the subject and any attempted encroachments on his liberty by the executive, alert to see that any coercive action is justified in law."*

The speech of Lord Atkin, as we now see it, was on the right side of the slope of history.[132] Evidently decisions in the context of wartime emergencies cannot be compared to determining whether in peace time a company must pay a fine, divest a business or deal against its will. But it remains a vivid and (nowadays) much admired example of the timelessness of the proposition that judges are meant to disagree with the public authority for the benefit of all.

7. CONCLUSIONS

This article has shown how the concept of deference to the Commission's "complex economic analysis" and the "light judicial review" that accompanies it has expanded through the jurisprudence of the Courts. The European Courts are granted unlimited jurisdiction to review antitrust decisions under which fines are imposed, yet they have often appeared cautious in using this power. Separately, but in parallel, the Courts have frequently invoked the doctrine of deference to the Commission in matters of complex economic analysis, and since 2007 in matters of complex technical analysis. The level of judicial intervention from case to case varies. In some notable cases, however, the Courts have chosen to analyse in great detail even complex economic assessments made by the Commission.

The Courts should adopt a broad rather than a narrow interpretation of the scope of unlimited jurisdiction. Deference has no place in the determination of fines, or in deciding whether the evidence demonstrated that there

---

131 *Korematsu v United States* 323 U.S. 214 (1944).

132 In another, less sensitive, case, *Eleko vOfficer of Government of Nigeria*, [1931] AC 662 at 670 (Privy Council), he had said that "judges should not shrink from deciding such issues in the face of the Executive".

was an infringement in the form of a cartel involving the appellant company. It might be argued that an assessment is involved in the question of whether a refusal to deal threatened the elimination of the complainant or whether access to the asset was truly indispensable, not convenient. But even there I submit that the Courts ought not to be inhibited from examining the sufficiency of the proof.

Every day, national judges have to decide cases of medical negligence, architects' liability, construction law, tax law and criminal law, many of them of great difficulty. They are not inhibited in discharging their duty by any special notion of deference in favour of the determination of the prosecutor or public authority. Similarly, Community judges sitting in Luxembourg should not feel constrained, by reference to the doctrine of light judicial review, from rigorously investigating whether errors were made.

That general call for unlimited jurisdiction to be applied broadly is not at all inconsistent with commending deference when rulemaking is involved. Regulatory or legislative choices lie within the remit of public authorities, which are entitled to a wide discretion as to the methods of addressing a problem. No judge is likely to interfere readily with how the public authority regulates tariffs, sets pollution standards, or negotiates the terms of accession of a new Member State. Indeed, in the context of competition law it was reasonable for deference to apply to how competition legislation was framed, such as block exemptions or enforcement policy priorities. In the early days, each exemption decision was a piece of rule-making, chosen to advance the law rather than the response of an agency to a request for approval. Today the situation is different.

The fact that a task may be voluminous, time-consuming or difficult does not mean, or does not necessarily mean, that discharging it involves supervising an administrative discretion. If there is a truly complex economic assessment to be made ("the Commission considers that on balance and taking all factors into account, telecoms operators should not be allowed to engage in a specified practice") then few judges will be minded to reverse that assessment, unless something was plainly outrageous in how the decision was taken. But if the question is whether Mr. Shulz having met Mr. Garcia and Mr. Garcia having reported to his boss, and other specified alleged events having occurred, there was a single and continuous infringement of Article 81 from June 1998 to November 2007, I submit that judges should not be tempted to abstain from examining whether such a decision is, on the merits, well-founded. I respectfully submit that deference language appears too frequently in judgments of the Community Courts, in matters not calling for deference.

The debate reinforces the importance of an upstream problem, namely the inadequacies of due process within the Commission when it investigates and decides competition cases. Punitive law requires procedural safeguards at every stage of the process. Current European Commission practice simply does not deliver this, a topic beyond the scope of the present article.

It would be a pity if the notion of light judicial review were to excuse imperfect or abbreviated judicial review. It is not easy to predict whether the Courts will roll up their sleeves and get into the heart of the controversy or whether they will instead declare that the Commission has exercised a complex economic assessment which will be only lightly reviewed on the merits. I respectfully submit that it cannot be right for complex economic assessments to be immune from judicial scrutiny. Indeed, there is uneasiness among practitioners who regularly conduct appeals in Luxembourg that the wording of the judgments sometimes suggests that the Court has not brought enough critical analysis to bear on the Commission's findings. Judgments which invoke the familiar "light review" doctrine of not looking behind how a lawful discretion was exercised are often disappointing to the advocates. They suggest, indeed they assert, that the Court has elected not to be very rigorous in examining how the Commission has performed its task. I submit that too frequent invocation of the familiar phrase should be avoided, not because it is an inaccurate description of the legal scope of the Court's powers, but because at worst it could convey that the Court had ceded its responsibilities to control the public authority.

Judicial Review of Competition Law: A View from the European Union*

Controle Judicial de Decisões de Autoridades de Concorrência: uma Visão da União Europeia

Damien Geradin e *Nicolas Petit*

Sumário

1. Introdução; 2. As Funções do Controle Judicial; 3. A Importância do Controle Judicial no Direito da Concorrência da União Europeia; 4. Conclusão.

Resumo

Desde a adoção dos primeiros regimes antitruste, o controle judicial das decisões emitidas por autoridades de defesa da concorrência fomentou intensos debates na doutrina. Este artigo busca contribuir com essa discussão observando algumas questões fundamentais, muitas vezes negligenciadas, como os objetivos ou funções do controle judicial e porque o controle judicial de decisões administrativas é importante; especialmente em assuntos relacionados ao direito da concorrência. Com esse objetivo e tomando o direito da concorrência da União Europeia como pano de fundo, esse artigo, primeiramente, define as funções do controle judicial e identifica diversos indicadores que podem ser utilizados para avaliar o desempenho do escrutínio judicial. Explica a relevância do controle judicial de decisões emitidas por autoridades de defesa da concorrência em geral e em particular das decisões emitidas pela Comissão Europeia, dadas as deficiências institucionais e procedimentais da aplicação no âmbito da União Europeia. O presente artigo não analisa se os tribunais da União Europeia têm propriamente procedido ao controle das decisões administrativas, mas sugere critérios a serem observados para se proceder a tal avaliação.

Palavras-chave: Concorrência, Controle Judicial, Comissão Europeia, União Europeia.

Contents

1. Introduction; 2. The Functions of Judicial Review; 3. Importance of Judicial Review in EU Competition Law; 4. Conclusion.

Abstract

Ever since the adoption of the first antitrust regimes, the judicial review of competition law decisions has sparked intense scholarly debates. This short paper seeks to further contribute to this discussion in looking to some fundamental, yet often overlooked questions, such as the goals or functions of judicial review and why judicial review of administrative decisions is important; particularly so in competition law matters. With this goal in mind and taking EU competition law as a background, this paper first defines the functions of judicial review and identifies a set of indicators which can be used to assess the performance of judicial scrutiny. It explains why judicial review in competition law cases in general, and in EU competition law cases in particular, is of critical importance notably given the institutional and procedural deficiencies of the EU enforcement structure. This paper does not address the much broader question of whether the EU courts have properly discharged their duty of review, but makes suggestions as to how such an assessment could be made.

Keywords: Competition, Judicial Review, European Commission, European Union.

* O artigo é versão reduzida e atualizada de artigo publicado em Massimo Merola & Jacques Derenne, Eds. *"The Role of the Court of Justice of the European Union in Competition Law Cases"*, Bruylant 2011. Reprodução autorizada.

1. INTRODUCTION

Ever since the adoption of the first antitrust regimes, the judicial review of competition law decisions has sparked intense scholarly debates. This short paper seeks to further contribute to this discussion in looking to some fundamental, yet often overlooked questions, such as the goals or functions of judicial review and why judicial review of administrative decisions is important; particularly so in competition law matters. Because the authors of this paper are based in Brussels, and teach, research and practice European Union (EU) competition law, the focus of this paper will be on judicial review in the context of the European Union, although, even discounting for institutional differences, many of its observations are equally relevant to other jurisdictions.

With this goal in mind, this paper is divided into two main parts. First, on the basis of a survey of the relevant legal, economic and political science literature, it defines the functions of judicial review and identifies a set of indicators which can be used to assess the performance of judicial scrutiny. (Part 2) Second, it explains why judicial review in competition law cases in general, and in EU competition law cases in particular, is of critical importance notably given the institutional and procedural deficiencies of the EU enforcement structure. This Part does not address the much broader question of whether the EU courts have properly discharged their duty of review. (Part 3)

Finally, this paper provides a short conclusion in which we argue that judicial review of the decisions adopted by enforcers is of considerable importance to the "health" and "sound development" of competition law regimes. Judicial review is needed to achieve a variety of objectives, such as to safeguard universal values, to promote economic welfare, and/or to ensure accountability. Judicial review in competition law cases is critical, in particular as competition law is prone to serious errors, the enforcement of competition rules may seriously interferes with fundamental rights, and, the delegation entrusted to a competition authority may not necessarily be exercised in the public interest. Judicial review occupies a particularly crucial role in the EU competition law system given the institutional deficiencies that characterizes it in that the same institution investigates a case, decides on it and sets the penalty on the infringer. (Part 4).

This paper should ideally trigger additional research seeking to determine the extent to which the EU courts, or more generally courts that assume appeal functions in other competition regimes, have sufficiently performed the various functions traditionally associated with judicial review. That research could either be based on empirical analysis (through systematic review of appeal judgments) or on, more traditional, qualitative analysis (based on a critical review of appeal judgments).

2. THE FUNCTIONS OF JUDICIAL REVIEW

2.1 The case for a functional approach of judicial review

Beyond the trite assertion that judicial review seeks to protect the "*rule of law*", European legal scholarship has offered scant guidance on the functions of judicial review.[1] By contrast, other neighboring issues, such as the scope of judicial review, have exerted an almost "magnetic" attraction on European scholars.[2] In reality, within the EU legal order, the utility of judicial review is often taken for granted. This may be due to the pervasive influence of legal positivism in continental Europe, which posits the existence of judicial review.

Our intention here is certainly not to suggest that judicial review is futile. Rather, the nub of our argument is that absent an accurate definition of the function(s) of judicial review – one which moves beyond the simple assertion that judicial review serves the "*rule of law*" – there can be no rigorous assessment of the performance (or "*effectiveness*") of the judicial review mission exercised by the courts.[3] In turn, absent a suitable measure of performance, there can be no informed discussion of related legal issues, such as the optimal intensity of judicial review, *locus standi*, the adequate appeal structure (*i.e.*, ability to appeal a second time), etc. Those issues, which are of great importance to the practice of law, deserve the attention of EU legal scholars.

Given the dearth of scholarship on this issue within the EU, it is useful to consider United States ("US") legal doctrine. On the other side of the Atlantic, academic journals are replete with studies on the judicial review of congressional legislation by the Supreme Court. Since *Marbury v. Madi-*

1 See Martin Shapiro, "Appeal", (1980) 14 *Law & Society Review*, pp. 629-661. With some limited exceptions, European legal scholars have left this issue untouched.

2 See Oda Essens, Anna Gerbrandy and Saskia Lavrijssen (eds), *National Courts and the Standard of Review in Competition Law and Economic Regulation*, Groningen: Europa Law Publishing 2009; Jan S. Oster, "The Scope of Judicial Review in the German and U.S. Administrative System" (2008) 10 *German Law Journal*, pp. 1267-1296.

3 See Jean Marc Sauvé, "Les critères de la qualité de la justice", *in* Célébration des vingt ans du Tribunal de première instance des Communautés européennes, Luxembourg le 25 septembre 2009.

son, US scholars have shown a recurrent, some would say obsessive,[4] interest in the possible *inconsistency* between judicial review and democracy.[5] This scholarship provides interesting reflections on the "*justifications for judicial review*".[6] Moreover, besides judicial review of legislative action, US scholars have intensely debated the justifications for judicial review of decisions of administrative agencies – such as the Federal Trade Commission ("FTC") or the Federal Communications Commission ("FCC").[7] The following section relies on those works to elicit the various functions of judicial review.

2.2 A proposed typology of the functions of judicial review

Lawyers, economists and political scientists assign three distinct functions to judicial review. First, lawyers conceive judicial review as a means to safeguard universal values (1). Second, economists consider that the function of judicial review is to promote economic welfare (2). Third, political scientists argue that judicial review purports to ensure accountability (3). Occasionally, scholars ascribe other functions to judicial review (4).

2.2.1 Safeguarding universal values – the lawyer's standpoint

According to legal scholars, judicial review primarily purports to protect *non majoritarian* values (e.g., fundamental rights, general principles of

---

4 See David S. Law, "A Theory of Judicial Power and Judicial Review", (2009) 97 *Georgetown Law Journal*, pp. 723-801.

5 See Alexander M. Bickel, *The Least Dangerous Branch: The Supreme Court at the Bar of Politics*, 2nd ed. New Haven: Yale University Press, 1986. In brief, a large number of American scholars have challenged as illegitimate the Supreme Court's interference with majoritarian decisions taken by [democratically] elected institutions.

6 See, for a good review of the literature, Alon Harel and Tsvi Kahana, "The Easy Core Case for Judicial Review", (2010) (2)1 *Journal of Legal Analysis*, pp. 227-256; D. Law, *supra*.

7 See Stephen Breyer, Richard Stewart & Cass Sunstein, *Administrative Law and Regulatory Policy: Cases and Materials*, 6th ed., Aspen Publishing, 2006; Cass R. Sunstein, "On the Costs and Benefits of Aggressive Judicial Review of Agency Action", (1989) *Duke Law Journal*, pp.522-533; Louis L. Jaffe, "The Judicial Enforcement of Administrative Orders", (1963) 76(5) *Harvard Law Review*, pp. 865-928. Most papers, however, often fail to move beyond the blanket assertion that judicial review seeks to determine legality when there is a taking of life, liberty, or property.

law, etc.).[8] Because regulatory activity inevitably involves elected politicians/appointed bureaucrats supported by shifting majorities,[9] the scrutiny of *independent* legal experts is deemed necessary to protect core substantive rights, principles and values.

This "*rights-based*" functional approach to judicial review has two variants. A first variant regards judicial review as a means of protecting the rights of minorities, notably in ensuring (i) participation in regulatory debates; and (ii) representativeness of regulatory choices.[10] In practice, judicial review should thus primarily bear on the observance of fundamental procedural rights. For instance, when the Commission adopts regulations which harm a particular category of firms (for instance, brick and mortar firms in the field of vertical agreements or liner conferences in the field of maritime transport); imposes a remedy to a firm that harms third parties (as was, for instance, the case in *Alrosa*);[11] or clears a merger concentration adverse to certain specific businesses, those firms should benefit from full and open access to the Court, and the Court should assure that these parties have effectively had an opportunity to participate in the decision-making process.

A second, non-exclusive, variant perceives judicial review as a means to protect *all* fundamental values – not only essential procedural values, but also substantive ones – from cyclical majoritarian influence. The famous legal theorist Dworkin once summarized that view in saying that judicial review should seek to offer a "*forum of principle*".[12] Those values are not only tex-

---

8 In liberal democracies, this generally implies verifying that the applicant has not been subject to an arbitrary, capricious or mistaken decision. *See* Martin Shapiro, *supra*, p. 1.

9 See John A. Ferejohn, Frances McCall Rosenbluth, and Charles R. Shipan, "Comparative Judicial Politics" (October 2004), mimeo, at 5.

10 See John Ely, *Democracy and Distrust: A Theory of Judical Review*, Cambridge MA: Harvard University Press, 1980. *See* also Alon Harel and Tsvi Kahana, *supra*, p. 233. Because the primary victims of majoritarian systems are minorities, [standing doctrines should be broadly interpreted, so that all private and natural persons shall have a right to voice grievance against a decision/have a hearing before a reviewing court (regardless of the costs of such a standing rule).

11 See Commission Decision 2006/520/EC of 22 February 2006 relating to a proceeding pursuant to Article 82 of the EC Treaty and Article 54 of the EEA Agreement (Case COMP/B-2/38.381 – De Beers).

12 See Ronald Dworkin, "*The Forum of Principle*", (1981) 56 *N.Y.U. L. Rev.* 469, pp. 486-487.

tual ones, but encompass all the underlying moral values of the law.[13] They should be elicited by the judge through conventional techniques of statutory interpretation (textualism, theological interpretation, etc.). In the field of EU competition law, examples of such values include general principles of law (e.g., legal certainty, proportionality, etc.), but also fundamental substantive principles (e.g., the principle of free and undistorted competition, the hardcore nature of market partitioning agreements, etc.).

2.2.2 Promoting welfare – the economist's standpoint

In contrast to the "*rights-based*" approach of lawyers, economists take an "*outcome-based*" perspective on judicial review.[14] In their view, judicial review seeks to promote economic welfare through the elimination of decisional errors (2.1) and the setting of normative standards (2.2).

2.2.2.1 Eradicate decisional errors

Experts of decision-theory frameworks, such as Shavell, envision judicial review as a "*means of error correction*".[15] Put simply, judicial review aims at correcting flawed decisions, which have adverse effects on economic welfare.[16] In addition, judicial review acts as an incentives device on decision-makers, inducing them to craft welfare-enhancing decisions for fear of having these decisions struck down, with resulting negative consequences on their reputation, prestige, etc.[17] Finally, judicial review is perceived as a cheap, efficient

---

[13] See Riccardo Guastini, "Théorie et ontologie du droit chez Dworkin", (1986) *Droit et société*, pp. 17-28.

[14] Also labelled consequentialist approach.

[15] See Steven Shavell, "The Appeals Process as a Means of Error Correction", (1995) 24 *Journal of Legal Studies*, pp. 379-426. *See* also, Andrew F. Daugherty and Jennifer F. Reinganum, "Appealing Judgments", (2000) 31(3) *Rand Journal of Economics*, pp. 502-526.

[16] The appeals "*market*" leads to efficient doctrines, because there will be more – or only – appeals of inefficient, costly decisions by the parties. By contrast, efficient decisions will not be appealed by the parties. *See* George Priest, "The Common Law Process and the Selection of Efficient Doctrines", (1977) 6 *Journal of Legal Studies*, pp. 65-82; William Landes and Richard Posner, "Legal Precedent: A Theoretical and Empirical Analysis", (1976) 19 *Journal of Law and Economics*, pp. 249-307.

[17] See Richard Posner, "What do Judges and Justices Maximize? (the Same Thing Everybody Does)", (1993) 3 *Supreme Court Economic Review*, pp. 1-41. See also Steven Shavell who endorses this view *supra* p. 426.

alternative to other error-correction mechanisms, such as increases of the regulator's resources, *ex ante* impact assessments, peer review mechanisms, advisory committees, etc.[18]

Interestingly, Ahlborn, Evans and Padilla have recently sought to apply Shavell's findings to the field of competition law. They argue that judicial review can greatly contribute to reducing the likelihood of Type I decisional errors (false convictions) in competition proceedings. Because Type I decisional errors are more likely and costly than Type II decisional errors (false acquittals) in competition cases, they support a strong appeal system in this field.[19]

Of course, the views expressed in the above-cited literature are not universally held. Some economists have attempted to formally invalidate Shavell's optimistic findings on the efficiency of judicial review.[20] Other scholars have also stressed that courts may lack the information and expertise required to review regulatory decisions.[21] Recently, two US academics put forward empirical evidence to the effect that complex antitrust cases might be too complicated for generalist judges.[22] Finally, scholars have voiced concerns over a risk of "*ossification*" of agency action arising from systematic annulments.[23]

Whilst detailed discussion of these studies is beyond the scope of this paper, we view as reasonable the baseline assumption that appeals help eradicate decisional errors.

2.2.2.2 Establish normative standards

A view that many economists promote is that judicial review fosters welfare through the definition of binding normative standards (or rule-making).[24] First, the setting of a binding normative standard by a review

---

[18] *See* Steven Shavell, *supra*.

[19] See Christian Ahlborn, David Evans and Jorge Padilla, "Unilateral Practices, Antitrust Rules and Judicial Review", mimeo.

[20] See Moshe Bar Niv and Zvi Safra, "On the Desirability of Appellate Courts" (2006) 2:3 *Review of Law and Economics*, pp. 381-396 (arguing that the suppression of appeals could lead to increase in total social welfare).

[21] See Matthew C. Stephenson and Justin Fox, "Judicial Review and Democratic Failure", (August 20, 2009). *Harvard Public Law Working Paper* No. 09-47.

[22] See Michael R. Baye and Joshua D. Wright, "Is Antitrust Too Complicated for Generalist Judges? The Impact of Economic Complexity & Judicial Training on Appeals" (January 27, 2009), *Journal of Law and Economics*, pp. 1-37.

[23] See Matthew C. Stephenson and Justin Fox, *supra*, note 22.

[24] In relation to agencies rulemaking activities. *See* Thomas O. McGarity, "Some

court ensures downstream uniformity (Shavell talks of "*harmonization*").[25] From an economic standpoint, uniformity yields several positive effects. It limits transaction costs, leads to economies of scale, and eliminates negative legal externalities. In the field of EU competition law, where enforcement is decentralized, the definition of binding normative standards in Luxembourg has a positive harmonizing effect throughout the 27 Member States.

Second, when review courts affirm binding normative standards, they limit the ability of administrative agencies to promote regulatory changes in the future.[26] Binding normative standards thus contribute to legal certainty in rendering the legal environment more durable and predictable.[27] This, in turn, is often positively correlated to economic efficiency.[28] Legal certainty limits compliance costs because firms do not need to monitor the regulator's activities on an ongoing basis.

That said, the adoption of binding normative standards has a number of shortcomings. First, binding normative standards may prevent regulatory experimentation and innovation at downstream levels. Second, in legal orders applying a strong doctrine of precedent – or, more prosaically, because of *statu quo* biases – obsolete normative standards (for instance, standards that do not reflect the evolution of science) may remain in force for unduly long periods of time.[29] In this context, it has long been suggested that the case-law standards under Article 102 TFEU are no longer in line with state of the art competition economics.

Thoughts on "Deossifying" the Rulemaking Process", (1992) 41 *Duke Law Journal*, pp. 1385-1462.

25 See Martin Shapiro, *supra* p. 629. But not necessarily, *see* Steven Shavell *supra* note 16.

26 This argument is partly drawn from Andrew F. Hanssen, "Is There a Politically Optimal Level of Judicial Independence?" (2004) 94(3) *American Economic Review*, pp. 712–729.

27 This is true regardless of whether the affirmed standard involves a bright line rule or a vague notion. There is however a lively debate over the question of the content of standards in terms of legal certainty, with authors arguing that bright line, clear rules (such as per se presumptions, for instance), deliver less legal certainty than vague standards. See Ofer Raban, "The Fallacy of Legal Certainty: Why Vague Legal Standards May be Better for Capitalism and Liberalism", *Boston Univ. Public Int. L. J.* (forthcoming).

28 See Christophe Roquilly and Christophe Collard, *La performance juridique: pour une vision stratégique du droit dans l'entreprise*, LGDJ, 2010, §§27-29.

29 See Emily Hammond Meazell, "Super Deference, the Science Obsession, and Judicial Review of Agency Science", (2010) 109 *Michigan Law Review*, forthcoming.

Finally, binding normative standards only have positive economic effects if properly disseminated (to regulators and the public at large). This implies that courts should make it easy for ordinary readers to grasp the content of their decisions.[30]

2.3 Ensuring accountability – the political scientist's standpoint

Political scientists perceive judicial review as an instrument of "*good governance*". In essence, they conceive the relationship between elected governments and independent administrative agencies through the lenses of Principal-Agent theory.[31] A government – the Principal – assigns regulatory duties and powers to an administrative agency – the Agent.[32] This regulatory paradigm, which is predicated on the view that independent and expert decisions reach efficient outcomes,[33] has been followed in a wide range of sectors (e.g., monetary issues, food safety, network industries, competition law, etc.).

The delegation of regulatory powers to independent bodies, however, gives rise to a risk of "*democratic failure*".[34] Principal-Agent theory shows that under the veil of informational asymmetries, administrative agencies may pursue interests alien to the terms of the delegation (a situation described as a "*moral hazard*" problem). This risk stems from the facts that administrative agencies are prone to capture,[35] political biases,[36] behavioral failures,[37] etc.

---

30 See D. Law, *supra* note 5 p. 723.

31 See D. Law, *supra* note 5; Dirk Lehmkul, "On Government, Governance and Judicial Review: the Case of European Union Competition Policy", (2008) 28(1) *Journal of Public Policy*, pp.139-159.

32 This may be compared to a theory of delegation.

33 See Paul Magnette, "The Politics of Regulation in the European Union" in D. Geradin et al. (Eds.), *Regulation through Agencies: A New Paradigm of European Governance*, Edward Elgar, 2005, p. 6.

34 See Matthew C. Stephenson and Justin Fox, *supra*.

35 See George Stigler, "The Theory of Economic Regulation" (1971) 2 *Bell Journal of Economic Management Science*, pp. 3-21; Eric Maskin and Jean Tirole, "The Politician and the Judge: Accountability in Government", (2004) 94 *American Economic Review*, pp. 1034-1054. Majoritarian institutions – or regulatory institutions subject to political appointment – will promote populist short term measures which deviate from long term welfare. Judicial review is thus important to correct this, through the promotion of non-majoritarian rules which maximize long term welfare

36 See Matthew L. Spitzer and Eric L. Talley, "Judicial Auditing" (June 1999), *USC CLEO Research Paper* No. 98-22.

37 See Mark Seidenfeld, "The Psychology of Accountability and Political Review of Agency Rules", (2001) 51 *Duke Law Journal*, pp. 1059-1095.

A key tenet of Principal-Agent theory is that moral hazard can be defused through control mechanisms. Accordingly, political scientists have made significant efforts to devise accountability instruments, which do not undermine the agencies' independence. Among these instruments, judicial review occupies a predominant place. Many political scientists consider that *ex post* judicial review is in general superior to other accountability instruments (e.g., political or managerial controls).[38] More specifically, in political systems fraught with democratic deficit (such as the EU),[39] judicial review enjoys a pivotal accountability function.

Other scholars have, however, warned that judicial review may aggravate democratic failures, just as regulatory intervention can exacerbate market failures. First, judges might also pursue selfish motives or be influenced by behavioral biases or other cognitive quirks.[40] Second, the very existence of a judicial review system may change the incentives of administrative agencies and enhance moral hazard. Anticipating that regulatory mistakes can be subsequently rectified, administrative agencies subject to an *ex post* error correction mechanism may indeed be tempted to act carelessly.

In sum, whilst there seems to be a broad consensus that judicial review serves "good governance" purposes, political scientists remain divided over its effectiveness (in particular when compared to other accountability instruments). As far as competition law is concerned, the Commission's internal reforms of 2004 – which followed a string of annulment judgments – provide a practical illustration of the accountability dimension of judicial review.

---

38 See, however, Jerry L. Mashaw, "Judicial Review of Administrative Action: Reflections on Balancing Political, Managerial and Legal Accountability", (2005) *Revista DIREITOGV* 1(special issue 1), pp. 153-170. Yet, making officials accountable to courts enshrine a raft of contradictions: "*it supports democratic governance by making officials accountable to unelected judges. It protects individual rights while simultaneously ensuring state control*". *See* also JR DeShazo and Jody Freeman, "The Congressional Competition for Control of Delegated Power", UCLA, *School of Law Research Paper* No. 02-24.

39 See Martin Shapiro, "The Institutionalization of European Administrative Space", (11-10-2004*) Center for Culture, Organizations and Politics, Institute for Research on Labor and Employment*, UC Berkeley, pp. 1-47. The democratic deficit arises from a range of factors (absence of EU political parties, informational asymmetries which prevent direct citizenry control, absence of formal separation of power, politicization of EU Commission through multi-function portfolio, etc.).

40 See Kent Curtis, "Judicial Review and Populism", (2003) 3 *Wake Forest Law Review*, pp. 313–74.

2.4 Other functions of judicial review

A whole host of other – albeit less fundamental – functions have been ascribed to judicial review,[41] but this paper only considers the most salient of these. First, a functional theory justifies judicial review by the need to provide certain psychic benefits to addressees of regulatory decisions (such as catharsis, acceptance, etc.).[42] Knowing that they can avail themselves of "*a day in court*", addressees of decisions will tend to view regulatory interventions as more legitimate. Another function of judicial review may be to reach *settlement* over issues triggering disagreement (for instance, the interpretation of a particular provision). This function is critical to ensure social, legal and economic stability.[43]

3. IMPORTANCE OF JUDICIAL REVIEW IN EU COMPETITION LAW

As seen in Part 1 of this paper, a system of judicial review of decisions adopted by administrative authorities fulfils several important functions. It is thus desirable to entitle natural and legal persons with the right to challenge decisions of administrative authorities, regardless of the field these authorities are entrusted to regulate.

With this in mind, this Part takes an epistemological perspective on judicial review. It discusses several general features of competition law (as a discipline) which render an effective system of judicial review particularly necessary in this field, despite possible concerns of decisional "*ossification*" (the limitation of the agency's margin of discretion).[44] It then focuses on EU competition law, and argues that the need for effective judicial review is further compounded by the institutional and procedural idiosyncrasies of the enforcement structure organized by the TFEU and secondary legislation.

---

[41] Including innovative ones, such as *e.g.*, providing an insurance policy against regulation.

[42] See Martin Shapiro, *supra* note 40, p. 630.

[43] See Alon Harel and Tsvi Kahana, *supra* note 7, p. 231.

[44] Our reference to competition law(s) covers statutory legislation, other regulatory instruments (regulations and soft law) and the case-law (judgments and decisions).

3.1 Importance of judicial review in competition law

Several features of competition law make judicial review in this field particularly essential. First, competition law is prone to serious errors (1). Second, the enforcement of competition rules may seriously interferes with fundamental rights (2). Third, the delegation entrusted to a competition authority may not necessarily be exercised in the public interest (3).

3.1.1 Competition law is prone to serious errors

Lack of Conceptual Homogeneity – The successive development of antitrust schools of thoughts, such as the Harvard School,[45] the Chicago School,[46] and the post-Chicago School has created a significant degree of conceptual complexity.[47] Modern competition law regimes are no longer anchored in a firm, unitary conceptual framework. Rather, they borrow influences from distinct, and sometimes contradictory, theories; rely on diverse assumptions; and apply heterogeneous evidentiary techniques. While theoretical diversity may be a source of richness, and avoid the pitfalls of relying on one-sided theories, it may also be a source of confusion, and thus of errors, both in terms of competition policy-making, but also in terms of adjudication. Competition authorities will often be confronted with a patchwork of inconsistent theories

---

[45] See Joe S. Bain, *Industrial Organization*, John Wiley & Sons, New York, 1968; C. Kaysen and D. F. Turner *Antitrust Policy*, Harvard University Press, Cambridge, 1959.

[46] See Richard Posner, "The Chicago School of Antitrust Analysis", (1979) 127 *University of Pennsylvania Law Review*, pp. 925-943; Harold Demsetz, "Industry Structure, Market Rivalry and Public Policy", (1973) 16 *Journal of Law and Economics*, pp. 1-9.

[47] The Post Chicago school of thought draws inspiration from the literature on "*strategic firm behavior*". Post Chicago scholars consider that a myriad of manifestly innocuous business conduct may be viewed as anticompetitive in specific conditions. This is certainly true of all the types of unilateral conduct caught under abuse of dominance/monopolization laws (rebates, discounts, technological integration), as well as of other types of coordinated conducts (vertical restraints, joint ventures, etc.). *See* Steven. C. Salop and David. T. Scheffman, "Cost-Raising Strategies", (1987) 36(1) *Journal of Industrial Economics*, pp. 19-34; Steven. C. Salop, "Strategic Entry Deterrence", (1979) 69 *American Economic Review*, pp. 335-338; Janusz A. Ordover and Robert D. Willig, "An Economic Definition of Predation: Pricing and Product Innovation", (1981) 91(1) *The Yale Law Journal*, pp. 8-53.

concocted by clever plaintiffs and defense counsel.[48] This may lead to confused, and thus generally misguided, enforcement initiatives (type I errors). Conversely, this may lead to deficient enforcement, when the agency fails to take a decision for fear of selecting amongst alternative theories (type II errors).

This problem of intellectual confusion was nicely illustrated by FTC Commissioner Bill Kovacic in a recent paper, in which he claimed:

> *"In the most common form of the narrative, the Post- Chicago School offers the principal intellectual alternative to the Chicago School. The Post-Chicago literature generally defines a broader zone for antitrust intervention. One body of Post-Chicago commentary describes how, in some circumstances, exclusive dealing, tying, and other vertical restraints can facilitate the acquisition or maintenance of market power on grounds other than efficiency. Other Post-Chicago commentators have suggested how firms can use a mix of price and non-price strategies to diminish economic performance by deterring entry and expansion by rivals. Some Post-Chicago commentators accept the primacy of an efficiency framework, while others say that antitrust policy should serve distributional and other objectives. Post-Chicago observers generally express greater faith than do their Chicago School counterparts in the capacity of government institutions to make wise choices about when and how to intervene".*[49]

Evidentiary Hurdles – Enforcing competition rules is by no means easy. As in any discipline (econometrics, criminal law, etc.), which involves heavy reliance on *ex post* circumstantial evidence, competition law enforcers are routinely confronted with "*identification*" problems.[50] For instance, no one will deny that there may be instances where it is particularly difficult to determine whether the growth of the market share of a dominant firm is due to abusive conduct (*e.g.*, exclusionary pricing) or to the inefficiency of its rivals. Similarly, as in other disciplines where *ex ante* predictions must be formulated (macro-economics, investment banking, etc.), competition enforcers face daunting "*informational*" difficulties, which generate a "*speculation*" problem. This risk is particularly significant in the area of merger control, where

---

48 The risks of over- or under-enforcement of antitrust rules was outlined in Frank Easterbrook's seminal article "The Limits of Antitrust", (1984) 63 *Texas Law Review*, 1.

49 See Bill Kovacic, "The Intellectual DNA of Modern U.S. Competition Law for Dominant Firm Conduct: The Chicago/Harvard Double Helix" (2007) 1 *Columbia Business Law Review*, pp. 1-80.

50 To the exception of areas where infringements can be found on the basis of clear, undisputable evidence (*e.g.* cartels).

competition enforcers find it often difficult to determine the outcome of a proposed transaction on the competitive process.

Sophisticated Normative Standards – The demise of formalistic standards in favor of economic analysis (a development which we should all applaud) creates special challenges for competition enforcers.[51] It is far easier for enforcers to decide that a given contract contains "*fidelity rebates*" and should therefore be *per se* illegal pursuant to the case law of the EU Courts[52] than to reach the conclusion that such rebates create foreclosure effects on the basis of price-cost analysis.[53] Of course, with the limited exception of price-fixing and other hard core cartels, the application of *per se* rules to common commercial practices is inadequate (as their "*commonness*", even in the absence of market power, clearly suggest the presence of efficiencies), but the application of economic-based standards raises its own difficulties.[54]

"Subject Matter" Complexity – Gone are the days where most competition cases concerned basic goods or industries. With the rise of information technologies over the past twenty years, the economy has stumbled into a constant adaptive process, and new, complex markets appear on a daily basis. This evolution generates a significant challenge for competition enforcers in terms of expertise, monitoring, and procedural efficiency, which may translate into increased risks of decisional errors.

Costs of errors – Antitrust experts may disagree over whether Type I errors are more frequent or harmful to consumer welfare than Type II errors or vice-versa.[55] That said, there is consensus that the costs resulting from both

[51] See Fred McChesney, "Easterbrook on Errors", (2010) 6(1) *Journal of Competition Law and Economics*, pp. 11-31.

[52] For a discussion of the formalistic case-law of the EU courts in the area of rebates, see Denis Waelbroeck, "Michelin II: A Per Se Rule against Rebates by Dominant Companies?", (2005) 1 *Journal of Competition Law and Economics*, pp. 149-171.

[53] See Damien Geradin, "A Proposed Test for Separating Pro–competitive Conditional Rebates from Anti–competitive Ones" (2009) 32 *World Competition*, pp. 41-69.

[54] See Fred McChesney, *supra* note 52.

[55] See, for instance, Frank Easterbrook, *supra* note 49, at 2 for whom the cost of false positive is much higher than the costs of false negatives ("*If the court errs by condemning a beneficial practice, the benefits may be lost for good. Any other firm that uses the condemned practice faces sanctions in the name of stare decisis, no matter the benefits. If the court errs by permitting a deleterious practice, though, the welfare loss decreases over time. Monopoly is self-destructive. Monopoly prices*

types errors are serious. A first reason for this is that most modern competition laws provide for strict sanctions of an administrative or criminal nature. In a growing number of jurisdictions, cartelists can be sentenced to jail time or professional disqualifications. In others, competition law infringements are punished by increasingly severe fines. In the EU, for instance, fines have increased exponentially these last few years,[56] including in non-cartel infringements, and in a recent case have passed the billion Euro mark.[57] These fines, which have created concerns in the legal, corporate and political communities,[58] tend to be much higher than the financial penalties imposed for other types of harmful corporate offences. For instance, on 9 September 2010, the Financial Times reported that Goldman Sachs was handed down "a large fine" of £ 17.5 million by the UK Financial Services Authority (FSA) for failing to tell the regulator that it was the subject of a U.S. probe, an infringement described as of a serious nature.[59] This fine, which appears very small considering the size of the infringer, is however the second highest fine ever imposed by the FSA.[60]

---

eventually attract entry. True, this long run may be a long time coming, with loss to society in the interim. The central purpose of antitrust is to speed up the arrival of the long run. But this should not obscure the point: judicial errors that tolerate baleful practices are self-correcting, while erroneous condemnations are not."). Most competition authorities surely have a more nuanced view. *See*, e.g., Thomas Rosch, "Thoughts on the Withdrawal of the DOJ Section 2 Report", (25 June 2009) *IBA/ABA Conference on Antitrust in a Global Economy*, pp. 1-19 (criticizing the DOJ's Section II Report for downplaying "*the risk of under-enforcement (Type II error), while emphasizing the risks of over-enforcement (Type I error).*")

[56] See "Enforcement by the Commission – The Decisional and Enforcement Structure in Antitrust Cases and the Commission's Fining System", Report presented at the Fifth Annual Conference of the Global Competition Law Center, 11-12 June 2009 (hereafter, the "GCLC Report").

[57] In its recent decision, the Commission imposed a fine of € 1.06 billion on Intel on the ground that it adopted adopted exclusionary rebates contrary to Article 102 TFEU. *See* Commission Decision of 13 May 2009, COMP/37-990 Intel, available at http://ec.europa.eu/competition/sectors/ict/intel.html.

[58] See, for instance, in France the report of Folz-Schaub-Raysseguier, Rapport sur l'appréciation de la sanction en matière de pratiques anticoncurrentielles, Septembre 2010.

[59] See "Goldman Swallows £17.5 Millions of Humble Pie", *Financial Times*, 10 September 2010, 4.

[60] *Id.* The biggest fine ever imposed by the FSA came in May 2010 when JP Morgan paid £ 33.3 millions for failing to keep clients money in separate accounts.

In addition, mistaken antitrust decisions often have serious adverse consequences on welfare. A decision wrongly banning pro-competitive discount or rebates (Type I error), for instance, deprives consumers of lower prices and creates a price umbrella whose sole effect will be to protect inefficient competitors,[61] and decisions mistakenly interfering with product design, by for instance preventing efficient forms of product integration or tying, deprive consumers from smaller, cheaper and more innovative products. What makes erroneous antitrust decisions particularly costly for society is that they do not only affect the recipient of the mistaken infringement decision, but a much larger group of market actors which, as result, may refrain from adopting the conduct prohibited by that decision.[62] Similarly, in the case of Type II errors, both competitors and/or consumers may suffer from the conduct that should have been prohibited. At worse, the victim of an infringement may simply be forced out of the market, with dramatic consequences for society at large.

Hence, because antitrust is prone to costly decisional mistakes, judicial review offers a crucially important opportunity to correct the adverse effects of misguided decisions on welfare. This goes to the core of the "*outcome-based*" approach to judicial review supported by economists.

3.1.2 Competition law interferes with fundamental rights

In forbidding firms to trade freely in the market place, competition law seriously interferes with individual freedoms, such as for instance, the freedom of association,[63] ownership of property,[64] or the right to protection of personal data.[65] In many countries, those rights are protected by constitutional

[61] See Damien Geradin, *supra* note 54.

[62] See Nicolas Forwood, "The Commission's More Economic Approach: Implications for the Role of the EU Courts, the Treatment of Economic Evidence and the Scope of Judicial Review", forthcoming in C.D. Ehlermann and Mel Marquis (Eds.), *European Competition Law Annual 2009: Evaluation of Evidence and Its Judicial Review in Competition Cases*, Hart Publishing, 2010 ("*[...] competition law produces its effects principally through the many businesses who adapt their commercial behaviour so as to remain within the limits of what they perceive to be required by the law, rather than through the few whose conduct is subject to individual examination by regulator or court found to transgress the limits of legitimate commercial behaviour*")

[63] *Id*. at Article 12.

[64] *Id*. at Article 17.

[65] See Article 8 of the European Convention on Human Rights and Individual Freedoms.

texts. In addition, they may be protected by international instruments, such as the European Convention on Human Rights and Individual Freedoms (the "ECtHR").

The antagonism between competition law and individual freedoms becomes even clearer from a procedural standpoint. Competition authorities have typically the right to conduct inspections at the premises of undertakings that are suspected of anti-competitive conduct (as well as in many jurisdictions at the private homes of their executives) and to require documents (and explanations) relating to the subject matter of the investigation.[66] In addition to carrying out inspections, competition authorities can also make extremely extensive requests for information resulting in most cases in the submission of (hundreds of) thousands of documents, including private correspondence. To ensure compliance, competition authorities can usually use coercive measures to obtain the information they need for their investigations, including the power to impose very serious fines[67] or in some jurisdictions criminal penalties.[68] Few other administrative authorities have such extensive investigative powers at their disposal and, among those who have such powers, few will exercise them with the same vigour and rigour as antitrust authorities.

In addition, competition authorities may adopt decisions that seriously encroach upon property rights. This is, for instance, the case when dominant firms on an upstream market are mandated to supply downstream competitors with essential inputs (*e.g.*, access to infrastructures in cases involving network industries)[69] or even to license their intellectual property rights (as ordered by the Commission in the *Microsoft* case).[70] In some cases, competi-

---

[66] See, *e.g.*, Articles 17-21 of Council Regulation (EC) No 1/2003 of 16 December 2002 on the implementation of the rules on competition laid down in Articles 81 and 82 of the Treaty, (2003) O.J. L 1/1.

[67] See, *e.g.*, Article 23(1) of Regulation 1/2003, *op. cit.*

[68] See Section 65 of the U.K. Competition Act.

[69] In EU competition law, the main cases are Cases 6 and 7-73, *Commercial Solvents and Others v. Commission*, [1974] ECR 223; C-7/97, *Oscar Bronner v. Mediaprint*, [1998] ECR I-7791. In US antitrust law, the main cases are *United States v. Terminal Railroad Association*, 224 U.S. 383 (1912); *Aspen Skiing Co. v. Aspen Highlands Skiing Corp.*, 472 U.S. 585, 601 (1985); *Verizon Communications Inc. v. Law Offices of Curtis V. Trinko*, LLP 540 U.S. 682, (2004).

[70] See Commission Decision of 24 March 2004 (Case COMP/C-3/37.792 Microsoft), C(2004)900 final. For the relevant case-law, *see* cases C-241/91 and C-242/91, *Radio Telefis Eireann and Independent Television Publications Ltd v. Commission*,

tion decisions can be said to amount to "*regulatory takings*" when they force a company to divest some of its property as part of a remedy to an antitrust infringement or in order to obtain prior approval for a transaction ("structural remedies");[71] or when they extensively regulate the way a company can use its property rights ("*behavioural*" remedies).

In other words, competition law investigations and decisions may be extremely intrusive, and thus need to be subject to review to ensure that basic rights of the subject of competition law are protected and that abuses of power are redressed. This goes to the "*rights-based*" approach of judicial review described in Part 1.

3.1.3 Competition law may not be enforced in the public interest

Competition laws are not enforced by disincarnate institutions. Rather, the enforcement delegation vested in expert authorities is implemented through a series of sub-delegations to individual officials. This, in turn, creates a subset of Principal-Agent problems. As Wouter Wils, a long-time member of the Commission's Legal Service and the newly appointed Hearing Officer, observed several years ago in an excellent paper, officials in charge of competition enforcement may – as other officials – be subject to a variety of biases.[72] First, there is perhaps a natural, psychological inclination for an official entrusted with investigative duties to search for and give greater weight to evidence that support his belief that an infringement has occurred.[73] This

---

[1995] ECR 743; Case C-418/01, *IMS Health GmbH & Co. OHG v. NDC Health GmbH & Co. KG*, [2004] ECR 5039; *See* on this Damien Geradin, "Limiting the Scope of Article 82 of the EC Treaty: What can the EU Learn from the US Supreme Court's Judgment in Trinko in the wake of Microsoft, IMS, and Deutsche Telekom", (2004) 41 *Common Market Law Review* pp. 1519-1553.

71 Article 7 of Regulation 1/2003 provides that "*Where the Commission, acting on a complaint or on its own initiative, finds that there is an infringement of Article 81 or of Article 82 of the Treaty, it may by decision require the undertakings and associations of undertakings concerned to bring such infringement to an end. For this purpose, it may impose on them any behavioural or structural remedies which are proportionate to the infringement committed and necessary to bring the infringement effectively to an end.*"

72 See Wouter Wils, "The Combination of the Investigative and Prosecutorial Function and the Adjudicative Function in EC Antitrust Enforcement: A Legal and Economic Analysis", (2004) 27 *World Competition*, pp. 202-224.

73 See, *e.g.*, Frank Montag, "The Case for Radical Reform of the Infringement Procedure under Regulation 17", (1996) 17 (8) *European Competition Law Review*,

"*confirmation bias*" creates the risk that evidence that does not neatly fit with the theory of harm a case team seeks to prove will be consciously or, more likely, unconsciously ignored or given less importance.[74] This problem, as is well known, was a bone of contention between Intel and the Commission during the latter's investigation of Intel's rebates to OEMs.[75]

Second, in a world where performance standards are pervasive – including in large public administrations – competition officials may tend to be "*results oriented*",[76] hence leading to a pro-enforcement bias. We are clearly not suggesting that antitrust officials are dishonest or unprofessional, which they are not, but their structure of incentives will often be such that they derive greater "*value*" from the adoption of an infringement decision than, for instance, a decision to discontinue an investigation.[77] The natural inclination of antitrust officials is thus to push their case through the system. This is especially the case when officials have invested several months, or more often years, of their professional life in a given case, which they do not want to be "*wasted*" in a case dismissal. After a long and painful investigation, it may be understandably hard for an official to terminate an investigation even if the

pp. 428-437, at p. 430 (claiming that it "*is understandable in human terms that Commission officials sometimes want to push through what they perceive to be 'their' case. And it explains why arguments put forward by the parties often appear to fall on deaf ears.*"); Ian Forrester, "Due Process in EC Competition Cases: A Distinguished Institution with Flawed Procedures", (2009) 34 *European Law Review* pp. 817-843, at p. 841.

74 See Wouter Wils, *supra* note 73.

75 See Damien Geradin, "The Decision of the Commission of 13 May 2009 in the Intel case: Where is the Foreclosure and Consumer Harm?", (2010) 1 *Journal of European Competition Law & Practice*, 112.

76 See Wouter Wils, *supra* note 73 (combination), ("*Assuming that the European Commission's task with regard to the enforcement of Articles 81 and 82 is to create deterrence by detecting and adequately punishing a sufficient number of violations, with priority being given to the most harmful, one should expect the Commission, the Competition Commissioner and DG Competition to want to show to the outside world that they are fulfilling this task well. One should thus not be surprised to observe that statistics of the number of decisions imposing fines and the amounts of these fines are being published.*")

77 *Id.* ("*Similarly, to further their career and to earn the respect of their colleagues and friends, officials with DG Competition will want to show the contribution that they or their organizational division is making to fulfilling that task.*")

case for intervention is considerably weaker than initially envisaged.[78] There is nothing particularly shocking about these observations as biases are part of human nature and, perhaps regrettably, affect every profession.[79]

However, from a public policy standpoint, the negative impact of such inevitable biases is that the competition laws might occasionally be enforced out of self interest, rather than in the public interest. Of course, such failures can be contained through the adoption of "*checks and balances*". However, when they are insufficient, manifestations of such biases should be corrected through judicial review of infringement decisions.[80] This fits well with the promotion of "*good governance*" function of judicial review, which is highly valued by political scientists.

3.2 Importance of judicial review in EU competition law

In this section, we refocus our discussion on the enforcement structure of EU competition law decisions, and explain why judicial review of competition law decisions is particularly important. This is the case for three reasons. First, the institutional and procedural frameworks articulating the enforcement powers of the Commission are, as many observers would recognize, inadequate. Second, the vast enforcement powers entrusted to the Commission are not subject to sufficient checks and balances. Finally, the decisions of the Commission constitute a critical reference point for national competition authorities ("NCAs") and national courts of EU Member States.

3.2.1 Inadequate enforcement structure

One recurrent criticism about the current enforcement structure of is that the Commission combines investigative and decision-making func-

---

[78] See Forrester, *supra* note 74 ("*When diligent and honest officials investigate a case over a period of time, say four years, and then issue a statement of objections once the case is, say, 80 percent concluded, it is fully understandable that officials are reluctant to be persuaded that they were wrong. This problem of 'intellectual capture' of the Commission services is perhaps more serious.*")

[79] For instance, within investigated companies, tensions may occur between the Office of the General Counsel and the Government Affairs (GA) Department. While the natural inclination of GA executives will be to run an active media campaign, in-house lawyers will generally been more cautious. Surely, both GA executives and lawyers want to win the case, but their structure of incentives may be different.

[80] See Wouter Wils, *supra* note 73 (combination) ("*It is undeniable that the possibility of judicial review significantly reduces any risk of prosecutorial bias*").

tions.[81] While this situation may not be unique to the European Commission, there are many who doubt that it represents best international practice.[82] In the Member States, a clear separation is often made between investigative and adjudicatory functions.[83] Competition authorities typically comprise two distinct bodies: a body that carries out the investigation and another body which takes the decision.[84] Such a separation is certainly healthy in that it tends to avoid, or at least reduce, the risks of biases outlined in the prior section. It also grants the opportunity to the investigated firm to convince the decision-making body that the conclusions reached by the investigative body are flawed.

As a result, a scholarly debate has emerged as to whether the EU enforcement system corresponded to the standards established by the ECtHR,[85] in particular given the criminal or quasi-criminal nature of the fines imposed by the Commission.[86] While we do not want to enter into this complex debate, it is sufficient to say that given the extreme severity of the fines, it is not unreasonable for undertakings subject to a Commission investigation to expect the guarantees offered by Article 6 of the ECHR, according to which "*[i]n the determination of his civil rights and obligations or of any criminal charge against him, everyone is entitled to a fair and public hearing within a reasona-*

---

81 See the GCLC Report, *supra* note 57; Ian Forrester, *supra* note 74.

82 The EU enforcement structure is often compared with the US enforcement structure, which involves two distinct bodies: the Antitrust Division of the Department of Justice ("DOJ") and the Federal Trade Commission ("FTC"). While the DOJ holds extensive investigation powers, it does not have the ability to adopt infringement decisions and adopt sanctions. If the DoJ wants to bring an infringement to an end and the imposition of sanctions, it has to bring a case in a federal district court. The FTC does combine prosecutorial and adjudicative functions, but a stronger system of "checks and balances", including the intervention of an Administrative Law Judge, is part of the procedure. For a good comparison of the EU and the US Enforcement systems, *see* Wouter Wils, *supra* note 73 (combination).

83 See GCLC Report, supra note 57.

84 See Donald Slater, "Competition Law Proceedings before the European Commission and the Right to a Fair Trial: No Need for Reform", *GCLC Working Paper 04/08*, at p. 39.

85 See GCLC Report, *supra* note 57 and Ian Forrester, *supra* note 74 (claiming that the standards of the ECHR were not met). But *see* Wouter Wils, "The Increased Level of EU Antitrust Fines, Judicial Review, and the European Convention on Human Rights", (2010) 33 *World Competition,* forthcoming.

86 *Id.*

ble time by an independent and impartial tribunal established by law." Given its investigative role, the Commission hardly qualifies as an "*independent and impartial*" tribunal within the meaning of that provision, although Wouter Wils argues this does not make the EU enforcement system contrary to Article 6 ECHR. The reason is that:

> "*the European Court of Human Rights has ruled that, for reasons of efficiency, the determination of civil rights and obligations and obligations or the prosecution and punishment of offences which are 'criminal' within the wider meaning of Article 6 ECHR can be entrusted to administrative authorities, provided that the persons concerned are able to challenge any decision thus made before a judicial body that has full jurisdiction and that provides full guarantees of Article 6(1) ECHR*".[87]

Whether or not one agrees with Mr. Wils' interpretation of the European Court of Human Right's case law, the above quote makes an important point, which is that for the EU antitrust enforcement system to be compatible with Article 6 ECHR, the decisions of the Commission have to be challengeable before a judicial body that has "*full jurisdiction*". Whether this condition is met will be discussed in Part 4.

Another frequent criticism made by scholars and practitioners with respect to the EU enforcement system relates to the oral hearing provided for at Article 12 of Regulation 773/2004,[88] which investigated companies may request the benefit of once they have responded to a statement of objections sent by the Commission. This hearing process contains some defects. First, the hearing does not take place before the ultimate decision-makers, *i.e.* the College of Commissioners.[89] The hearing will be attended by the case

87 See Wouter Wils, *supra* note 73 (combination).

88 Commission Regulation (EC) No 773/2004 of April 7 2004 relating to the conduct by the Commission pursuant to Articles 81 and 82 of the EC Treaty, OJ L 123, 27.4.2004, 18. Although less frequent than in antitrust proceedings, Article 14 of Commission Regulation (EC) No 802/2004 of 7 April 2004 implementing Council Regulation (EC) No 139/2004 on the control of concentrations between undertakings, OJ L 133, 30.4.2004, 1 grants parties the right to a hearing in Commission merger control proceedings.

89 Infringement decisions are drafted are normally drafted by the DG Competition officials who investigated the case and drafted the statement of objections. They are adopted by majority vote by the Commission (*i.e.*, the College of Commissioners), on a proposal of the Competition Commissioner, following consultation with the Legal Service and other Commission services and the Advisory Committee, which is made up of officials from the Member States.

team and other Commission officials, such as members of the Legal Service or of other Directorates.[90] However, the Competition Commissioner and the other members of the College of Commissioners will not be present. In addition, in the authors' experience, the Director General of DG Competition and other senior members of the management rarely attend. The investigated company is thus given an opportunity to challenge the evidence presented by the Commission in front of the very case team that collected that evidence and used it to write a statement of objections. While the Hearing Officer, a senior official who reports directly to the Commissioner, will ensure that the hearing is conducted in an appropriate manner and the procedural rights of the parties are respected, he has no ability to decide on the substance of the case.[91]

In sum, as pointed out by one of the deans of the Brussels competition bar, the Commission is certainly a "*talented and prestigious institution*", but it "*is weakened by unique, and uniquely unsatisfactory, processes and procedures*".[92] Of course, this observation, which may seem harsh, is not targeted at DG Competition officials personally, but at the failure of the European Union to correct procedures, which though they may have appeared satisfactory when Regulation 17/62 was adopted almost fifty years ago,[93] may no longer represent best international practice. This is not to say that no efforts have been made to improve the enforcement process through the adoption of checks and balances which, interestingly enough for the purpose of this paper, were introduced as a reaction to the shock created by the striking down by the General Court of a series of merger decisions.[94] But, as we show in the next section, these laudable efforts are not sufficient.

---

[90] See Wouter Wils, *supra* note 73 (combination).

[91] Although the Hearing Officer will make comments on the substance of the case in his interim report (an internal Commission document that is not available to the parties).

[92] See Ian Forrester, supra note 74, 819.

[93] Regulation No 17: First Regulation implementing Articles 85 and 86 of the Treaty English special edition: Series I Chapter 1959-1962, p. 87

[94] See Mario Monti, "Merger control in the European Union: a radical reform European Commission/IBA Conference on EU Merger Control Brussels", 7 November 2002, SPEECH/02/545, available at http://europa.eu/rapid/pressReleases Action.do?reference=SPEECH/02/545&format=HTML&aged=0&language=EN&guiLanguage=en.

3.2.2 Insufficient checks and balances

Checks and balances should be part of every legal regime that can lead to the adoption of decisions with adverse effects on individuals (or groups of individuals). In most antitrust regimes, such checks and balances are ensured through the separation of the investigative and decision-making functions as the decision-maker will control the quality of the evidence and the strength of the case that has been put together by the investigating body. Such a separation does not exist under Regulation 1/2003.

In recent years, the Commission has, however, put into place a number of mechanisms designed to ensure some form of quality control on the work performed by case teams. First, the Commission created a Chief Economist position with the view to improve the quality of the economic reasoning contained in Commission decisions.[95] That initiative was applauded by both scholars and practitioners. In the authors' experience, the CET, which is now composed of about twenty PhD economists, has also shown independence in that it has expressed, on a number of occasions, disagreement with the theories of harm developed by case teams. The (degree of) involvement of the CET, however, varies depending on the cases and the CET has no ability to block the issuance a statement of objections and eventual adoption of an infringement decision even if it disagrees with the theories of harm developed by the case team. In addition, as "*intellectually*" independent he may be, the Chief Economist is part of the DG Competition hierarchy and reports to the Director General.

Second, the Commission developed the so-called "*devils' advocate*" panels to review the strength of the case developed by the case team.[96] These panels, which are composed of three officials of units that have not been involved in the investigation, play a useful role in that they provide a second opinion on whether the Commission should proceed with a given case.[97] The

---

[95] See Lars-Hendrik Röller and Pierre A. Buigues, "The Office of the Chief Competition Economist at the European Commission", May 2005 available at http:/ec.europa.eu/dgs/competition/officechiefecon_ec.pdf.

[96] See Mario Monti, *supra* note 95.

[97] On the scope of intervention of the panels, *see* Wouter Wils, *supra* note (combination) at 73 ("*As a rule, the peer review takes place before the sending of Statement of Objections is decided, normally in all cases applying Article 82 EC and, where appropriate, also in cases applying Article 81 EC, but in principle not in cartel cases.*")

setting up of these panels does not, however occur as a matter of course and, although it is the authors' understanding that panel members usually perform a good and thorough scrutiny of the case file, their independence is not guaranteed since these officials, as the Chief Economist, belong to DG Competition. In any event, their role is only advisory. Their opinion does not bind the DG Competition hierarchy.

Finally, the *Intel* investigation has also thrown the spotlight on the role that can be played by the European Ombudsman in competition cases. Following a complaint lodged by Intel, the Ombudsman adopted on 14 July 2009 a decision concluding that the Commission's failure to record and preserve the evidence produced at a meeting it held with a senior Dell executive in 2006 amounted to maladministration on the part of the Commission.[98] This is of course a rather troubling finding, which the General Court will certainly look at when examining Intel's appeal to the Commission decision finding that it has violated Article 102 TFEU. The Ombudsman decisions do not, however, have binding effect, which is a significant limitation.

In sum, the measures taken by the Commission to improve its enforcement processes only provide a feeble check against the institutional and procedural *lacunae* that were identified above. Such measures, which remain wholly advisory in nature, cannot be compared with a comprehensive system of "*checks and balances*" which, as constitutional theory shows, involves the possibility to block the decision making process. With the limited exception of the intervention of the Legal Service, none of this is present in the EU competition enforcement structure. In addition, those mechanisms are activated discretionarily and, thus, do not apply in all cases.

3.2.3 The influence of commission decisions at the national level

Commission decisions can have significant consequences for firms that are found to have committed an infringement of EU competition law, as well as for society as a whole. But these decisions are also a reference point for NCAs and national courts, in the course of their daily enforcement activities. EU Competition law is indeed directly applicable and extensively applied in the Member States. Mistaken decisions may thus reverberate throughout the EU, and have a snowball effect on NCAs and national courts.

---

98 See Charles Forelle, "EU Draws Rebuke in Intel Case Lapse", 9 August 2009, *Wall Street Journal*.

In addition, as the guardian of the interpretation of EU law, the Court of Justice exercises an important harmonization function, which as has been observed in Part 1 is one of the key functions attributed to judicial review.

4. CONCLUSION

Judicial review of the decisions adopted by enforcers is of considerable importance to the "health" and sound development of competition law regimes. In this paper, we have shown that judicial review may be needed to achieve a variety of objectives, such as to safeguard universal values, to promote economic welfare, and/or to ensure accountability. We have also shown that judicial review in competition law cases is critical, in particular as competition law is prone to serious errors, the enforcement of competition rules may seriously interferes with fundamental rights, and, the delegation entrusted to a competition authority may not necessarily be exercised in the public interest. Judicial review occupies a particularly crucial role in the EU competition law system given the institutional deficiencies that characterizes it.

This paper should ideally trigger additional research seeking to determine the extent to which the EU courts, or more generally courts that assume appeal functions in other competition regimes, have sufficiently performed the various functions traditionally associated with judicial review. That research could either be based on empirical analysis (through systematic review of appeal judgments) or on, more traditional, qualitative analysis (based on a critical review of appeal judgments).